U0443018

悲欣
六十
佳首

君子之交，其淡如水。
执象而求，咫尺千里。

弘一法师李叔同全传

金梅 — 著

丰子恺 — 绘

丰子恺·插图本

天地出版社 | TIANDI PRESS

目 录

生命凝思结硕果　考证剖析集大成
——代序：读金梅著《悲欣交集：弘一法师传》（初版本） / Ⅰ

引　　子	/ 001
第 一 章　津门年少	/ 003
第 二 章　沪上风流	/ 023
第 三 章　留学东瀛	/ 063
第 四 章　风云一瞬	/ 095
第 五 章　为人师表	/ 125
第 六 章　出家前后	/ 161
第 七 章　出家之因	/ 187
第 八 章　缘障贝山	/ 211
第 九 章　常住永嘉	/ 227
第 十 章　启关游方	/ 239
第十一章　参拜印光	/ 255

第 十 二 章	故地故人	/ 269
第 十 三 章	有缘与无缘	/ 285
第 十 四 章	编绘《护生画集》	/ 303
第 十 五 章	山房空悠悠	/ 317
第 十 六 章	白湖风月	/ 331
第 十 七 章	四莅绍兴	/ 349
第 十 八 章	乐育僧材	/ 365
第 十 九 章	过化民间	/ 389
第 二 十 章	《香奁集》辨伪	/ 411
第二十一章	黄花晚节	/ 433
第二十二章	无声与有声	/ 451
第二十三章	不骛名闻利养	/ 471
第二十四章	佛学系统（上）	/ 487
第二十五章	佛学系统（下）	/ 527
第二十六章	悲欣交集	/ 555

关于"雨夜楼'藏'李叔同画作"的
真假问题
　　——录以代辩并代跋　　　　/ 569

注释　　　　　　　　　　　　　/ 585

参考与征引文献主要篇目　　　　/ 599

附录：李叔同——弘一法师年表　/ 601

生命凝思结硕果　考证剖析集大成

——代序：读金梅著《悲欣交集：弘一法师传》（初版本）

夕阳、晚风、芳草、垂柳、长亭、古道、醇酒、重山，挚友别后梦断天涯的遥远，是李叔同出家前最为人熟知的曲子《送别》的画面；青灯黄卷、芒鞋锡杖、山水行脚、过午不食、衣不过三的僧徒岁月，是弘一法师的日常写照。曾几何时，只要提起弘一或是李叔同，我便不由自主地如同怀念"五四"般地神思飞驰，追想曲中浓浓的友情与英才辈出的岁月，幻念僧门淡淡的茶饭与慈悲广大的佛心。

一

对弘一法师李叔同的研究始于林子青先生。1942年10月13日，弘一于福建泉州温陵养老院晚晴室圆寂后，林子青在各地报刊登载的纪念文章基础上，设法走访或通过书信请教了与法师关系比较深切的众多人士，经过一年多的努力，于1944年9月出版了《弘一法师年谱》。这是集中研究弘一生平的最早成果。此后，尤其是进入20世纪80年代，在法师诞辰一百周年后，中国佛教图书文物馆于1984年10月编印出版了《弘一法师一百周年纪念》，海内外学者对弘一法师李叔同的研究逐渐成为热点。1996年随着电视连续剧《弘一法师》的播出，法师的名号更是流布九州，李叔同出家之谜通过角色的演绎得到了比较令人满意的解答。正是"大雄大无畏，迹异心岂殊"，由李叔同的爱国、爱民到弘一的爱国、救教，那

"无情"世界中迸射出的炽热如火的爱国情操,那黄卷孤灯下映照出的纯净如水的伟大心灵,那崎岖坎坷中磨炼出的坚强如钢的执着追求,深深打动了国人,也给今天的社会注入了一丝清凉。万众期待的"弘一法师·丰子恺研究中心"也在1998年10月28日丰子恺诞辰一百周年之际于杭州师范学院举行了揭牌仪式。今天只要我们点击弘丰研究中心网站,即可得知弘一法师的研究现状。弘一法师充满戏剧性的一生并没有随时间的流逝而被淡忘,它不断吸引着学界的关注与研究,人们对他的怀念与景仰更是与日俱增。仅20世纪90年代后期至21世纪初的几年间,海峡两岸就陆续出版了十余部弘一法师的传记作品。

《悲欣交集:弘一法师传》(初版本,上海文艺出版社1997年10月版)是学界前辈金梅先生研究弘一生平事迹及佛学成就的结晶。全书45.2万字,对长期以来弘一研究中的若干疑点和问题都做出了独具只眼的考证与剖析。书中可见金梅坚实的文学史学功底、对音乐戏剧金石书画及佛学的广泛涉猎、注重史料考据的学术风格,以及对学问精益求精、对传记写作一丝不苟的精神,其研究视野的广阔与学术见解的深刻无不令人折服。在我看来,金梅的《悲欣交集:弘一法师传》是目前所能见到的弘一传记中最为厚重的一部,称得上集大成之作。

从结构上看,全书设27章,主要以法师生平经历为线,如1—5章分别以"津门年少""沪上风流""留学东瀛""风云一瞬""为人师表"为题,叙述了李叔同的身世及其由翩翩公子一变而为留学生,再变而为教师的历程,可谓风华正茂,绚烂至极。6—7章题为"出家前后""出家之因",写李三变而为道人,四变而为和尚。8—24章以及27章则以纵式为主,纵横结合,纵中有横,横中有纵,详细叙写了弘一法师学佛后超脱生死渐趋平淡的心境及二十四载僧徒生涯的苦修持戒钻研佛经与广大佛缘。25—26章则从修持的思想体系与善巧方便的艺术形式两个视角阐述了弘一法师的佛学系统。关于弘一佛学系统的阐释,金梅不乏深入研究的心得与领悟,对弘一"以华严为境""以四分戒律为行",最后"导归净土为果"的分析总结,准确概括了弘一在探索佛性和佛境时的深度和品位。以超过三分之二的篇幅叙写弘一出家后的经历及其佛学思想体系的形成,这在弘一传记写作中是极具挑战性与开创性的,奏出了曲终前的华彩乐章。此外,关于《香奁集》的辨伪,也是极见功力的。其他版本的弘一法师传记很少有对这两个学术性很强、难度极大的问题展开剖析的,这些地方足以体现金梅先生的学术修养与水准。这样一种构思隐含并体现了金梅对弘一内在精神的理解与把握,作者说得很到位:"与同时期的高僧相比,弘一之所以更加引人瞩目,声名远播,除了自有其超越他人之处,一个不能忽略的事实是:出家前的弘一法师,不是一般的无名之辈和底层人士，而是一位朱门子弟、风流才子和艺术先驱，并早就以此而闻名大江南北。正是由于这个原因，他的出家越发地为世人所关注。就是说，弘一法师的知名度，有一部分来自其在俗时的影响；反之，李叔同之名传后世，有一部分原因，则是由于他后来出家成了佛门一僧的缘故。弘一法师，作为一个完整的人，其在俗的前半生和出家的后半生，是相关相连，相辅相成，不能分割的。"同样，我也认为，弘一之所以名传后世，既不独得力于他在艺术领域的诸般皆能、样样出色，也不仅止于他在佛学上的修为。在家出家，艺术佛学，李叔同均堪称顶级人物。

二

曾经作为当下而存在的每一个生动的历史瞬间总是稍纵即逝，对我们而言，他人的心理更是因难以捕捉而永远神秘，伟大人物的日常生活乃至隐私又总是备受读者关注，于是某些作者与图书出版商应运而生，将曾有或未曾有的瞬间凝固在永恒的纸页上。他们对码洋的热切期盼，使得今天的传记热出现了不少滥竽充数之作。这些作品或以传记方式出现，或以戏说、演义、历史小说、传记小说的名目出现。相同的是，它们将历史人物与事迹轻易地放飞在想象乃至虚构的山冈，远远地离开了人物传记应坚守的尊重史实的"地平线"。由此，我想到了莫洛亚关于真实与个性的一个贴切而生动的比喻："一方面是真实，一方面是个性。真实像磐石一样稳固；个性又像彩虹一样轻灵。"传记要把两者结合得浑然一体，这就要求传记作家要善于"观人于微"，即注意发现那些内在的反映传主性格特征的细微之处，予以凸显，而不是只从他的学问、道德、事业等大处着眼，轻轻放过了他较为隐晦、较为细微的许多地方。因为在研究上，一篇峨冠博带的文章，有时反而不及几行书信、半页日记重要；慷慨悲歌，也许反不如灯前絮语，更足以显示一个人的真面貌、真精神。金梅先生在传记写作中遵循有几分史料说几分话、以可靠史料还原人物的原则，从几个方面以实例展示了李叔同的性格特征及其形成的内在根据和发展过程，传达了传主的精神气韵与人格力量。

首先，多才多艺的"充足实力"。1—5章集中描写了李叔同在诗赋文章、金石书画、戏剧表演、音乐教育诸方面的表现，其中所引诗文事迹一方面表现出李在艺术上的多种才能，另一方面也表现了李内心的矛盾：既有青春得意壮志豪情的高歌，也有人生易逝的颓丧与悲愤及某种佛教倾向（"誓度众生成佛果，为现歌台说法身"等）；既有参与南社、任职《太平洋报》的意气风发、锐意革新，也有万贯家财荡然无存，津沪二室生计艰难的不堪重任；既是执教浙一师，首倡音乐、美术教学改革的先驱，也是令同学敬畏的"温而厉"的先生。丰子恺在《为青年说弘一法师》中这样写道："他的教图画音乐，有许多其他修养作背景，所以我们不得不崇敬他。借夏丏尊先生的话来讲：他作教师，有人格作背景，好比佛菩萨的有'后光'。"

其次，挣脱名闻利养的桎梏。金梅为此专辟一章"不鹜名闻利养"，对弘一法师出家后不受供养、不乐名闻、不作住持、不蓄徒众、不开大座的兰若岁月进行了描述。稍微留心，我们就能体会作者的用意。弘一出家前后从生活方式到日常习惯、从精神气质到信仰追求都有一个彻底的转变。转变后的弘一，可以说完全摆脱了名与利的束缚，以顽强不屈的毅力超越了自我，回归了原初的单纯宁静与广大。我想，这种转变与超越，正是弘一的令人瞠目与敬仰之处。自入山第一天起，弘一法师即立下了不当住持、不为他人剃度、不作依止师的誓愿。他是严格遵守着自誓的。如法师答应去青岛讲授律学，对湛山寺有约在先：一、不为人师；二、不开欢迎会；三、不登报宣传。传中写到一个细节：湛山寺的小和尚火头僧等对法师有些好奇，也有些怀疑，于是对法师进行了观察："叩盒式的小竹篓"里"只有两双鞋子，一双是半旧的软帮黄鞋，一双是补了又补的草鞋"；寮房里的"东西太简单了，桌子、书橱、床，全是常住预备的，没有特别添置的东西。桌上放着一个很小的铜质方墨盒，一支秃笔头；橱里有几本点过的经，几本稿子；床上放着一条灰单被，拿衣服折叠成的枕头；对面墙根立放着两双鞋，就是前天拿出去晾晒的那两双……此外，再无别的东西了。在房内，只有清洁，沉寂，地面光滑，窗子玻璃明亮——全是他老亲手收拾的，使人感到一种不可言喻的清洁和敬肃"。火头僧的细致观察加上夏丏尊回忆的法师在白马湖小住时"喜悦地把饭划入嘴里，郑重地夹起一块萝卜时的那种了不得的神情"，正是一种真正意义上的苦行僧的生存形态。自出家后，弘一"素不管钱，亦不收钱"。抗战后期，刘传声居士担心弘一法师道粮不足，影响他完成《南山律丛》的编撰，特地汇来千元供养。法师得知后，让弟子将此款及夏丏尊早年赠送的美国白金水晶眼镜一并转给了泉州开元寺以缓解寺中困难。如此简陋朴素、一贫如洗、清风两袖、不慕富贵的苦行僧生活，我想非大彻大悟、大智大勇者，其孰能之？

第三，特立独行的品性。说到底，李叔同是一个纯粹的艺术家和僧人，始终保持着一个纯粹知识分子和高僧大德所应有及特有的品性。在日本留学期间，他就"非常用功，除了约定的时间以外，决不会客"。对此，欧阳予倩是最有体会的。还有一次，是在浙一师，学生宿舍中的财物被窃了，大家猜测是某一个学生偷的。一检查，没有得到证据。夏丏尊身为舍监，深感惭愧苦闷，向他求教。他所指教的，竟是教人去自杀！这在一般人看来都是过分之举，不免荒唐；但在李叔同，他说着的时候，却是真心的流露，丝毫没有虚伪造作的成分。李叔同虽然自幼接受儒家思想的教育，也曾两次参加科举考试，但自家道中落并随着1905年科举制度的废除，他彻底抛弃了功名的幻想，立志从艺术中寻求个人的出路和救国救民之道。他不结交权贵，不趋炎附势，纯以艺事为生的品性，至其进入佛门后，始终没有改变。由于李在僧俗两界均是名声在外，加之书画造诣非凡，常有一些军政要人慕名而来，对此，法师常避而不见，仅以书字相赠。这些做法，有时显得不近人情常理，然而知道他脾气的，也无可奈何，只好作罢或自愧弗如了。

三

弘一研究界至今仍有一些不解之谜，他与日籍夫人的婚恋离别即为其中之一。爱情的神圣美好及其中或浪漫或坎坷的故事总能吸引一代又一代读者，于是有些传记作家就以此为"卖点"争夺读者和市场。对此，金梅坚持自己的一贯立场，即以史料佐证。因此，在提到日籍夫人时，金梅顺笔带过，只说"经过画人体的频繁接触，李叔同与雇用的模特产生了感情，两人成了夫妇。这样，他在结发妻子之外，又有了一位日籍夫人"，并没有展开他们的恋爱故事。不仅如此，金梅还在该页以页下注方式提出了目前掌握的相关材料中对此事的印证程度及个人看法。他说："亲友们的回忆中，也仅仅提到有这位日籍夫人，余都语焉不详。陈慧剑等多位传记作家，却将这段姻缘演义成可歌可泣的婚恋故事，而女主角的姓名又多不一。此属虚构，小说笔法也，不可深信。笔者认为，在未掌握确切材料的情形下，宁可阙如，语焉不详，决不能凭主观想象幻设故事。此传记之准则，不可不循也。"无独有偶，陈星也在其《天心月圆——弘一大师》中指出："每本传记在描绘这段优美的恋爱故事时，其情节又各各不同。单是这位日本姑娘的名字就令人眼花缭乱。如陈慧剑先生在《弘一大师传》中将其唤作'雪子'；徐星平先生《弘一大师》中称作'叶子'；桑柔先生在《李叔同的灵性》中将其叫作'千枝子'；杜苕先生《弘一大师李叔同》中又曰'诚子'……其实，这位日本姑娘究竟叫什么名字，至今没有确切的史料可以证明。"陈星的叙述说明：目前为止，人们还没有找到更多材料以解开这个谜底，也证明金梅对此事的处理是慎重严谨的。当然，由于读者群的广大与庞杂，阅读传记的出发点与目的也各不相同，所以从某种角度上讲，文学性传记可以展开想象甚至虚构，也没有谁会去追究作者的责任，但最好在图书数据中对作品的性质有所标示。而作为研究者或史学家则应始终坚守自己的学术立场，靠材料说话。

李叔同的出家是又一个吸引读者与研究者的话题，法师生前寂后有不少文章谈到他出家的远因与近因，包括法师自己的谈话与讲演。金梅综合分析了这些具体的叙述及法师出家经过，并通过与鲁迅的比较研究，从根本上说清了李叔同人生转折的全部主客观原因。金梅首先比较了李叔同与鲁迅的类似之处，如年龄相近、家庭背景相近、前期思想经历相近，为寻找救国之道和个人出路，都曾留学日本，而且在时间上又互相交错过。鲁迅留学日本的时间为1902年3月至1909年8月，李叔同留学日本的时间为1905年8月至1911年3月。其中有两年多时间他们同在东京。李学的是美术与音乐，鲁迅始而学医，后又弃医从文。大体上说，他们都把艺术视作唤醒民众的武器。1907年，李与同学演出话剧《黑奴吁天录》，鲁迅特意去观赏过。由此可见，他们具有大致相同的革命倾向。因此，金梅写道："及至民国初年，李叔同与鲁迅所走的道路，思想情绪的表现，并无太大的差别。在新旧文化正面临交替的前夕，他们是位处同一层面的人物。"接下来，金梅详尽分析了在这众多相近、相似条件下，他们却走向两条截然不同道路的诸多因素。其中最有见地的是对他们所处的人文环境的差异性比较。作者发现"从近现代一批著名人物的传记中，隐隐约约地透露出同是来自浙江（尤其绍兴一地）的那些文化人，在相互交往中，好像存在着不同统系"，进而提出蔡元培与马一浮两大统系，认为马影响了李等一批人，李又影响了他在浙一师的一批朋友与学生，因此而形成了独特的精神连锁反应。金梅指出"五四"前夕的杭州，有形无形地形成了一批以文化教育界人士为主的虔信佛教的知识分子群，其精神导师就是马一浮；并同时分析了佛事鼎盛的杭州与绍兴、北京不同的思想文化氛围，这些对理解李的出家机缘是很有帮助的。其次，对个人生态情形等的具体分析，也体现出作者的细致入微及层层剥笋的学术执着。李所钟爱的诗词骚赋、金石绘画、音乐美术等往往空灵虚幻，幻想多于实际，无可把捉。将这种爱好与需要推向极端，是很容易与佛法接近的。丰子恺曾说："艺术家看见花笑，听见鸟语，举杯邀明月，开门迎白云，能把自然当作人看，能化无情为有情，这便是'物我一体'的境界。更进一步，便是'万法从心''诸相非相'的佛教真谛了。故艺术的最高境界与宗教相通。……艺术的精神正是宗教的。"同时李在男女爱情、婚姻家庭等方面所造成的窘境，对原配俞氏和日籍夫人的负罪感，对自己年轻时期荒唐生活的后怕与忏悔等，也是他出家的另一个难言之隐。而自身长期以来的神经衰弱及由上一代传下来的肺结核病，则需要在幽静清新的环境中调养，远离嚣尘的山谷丛林，正是最理想的去处。另外金梅还颇具慧眼地分析了吴梦非回忆老师李叔同时说过的一句话，即"我在日本研究艺术时，决想不到自己会回来做一个艺术教师的"！言下有不胜感慨和怀才不遇的模样，指出理想的未能实现对李也是一种挫折与打击，加上李对浙一师以至浙江教育界的现状又不无意见，常有离去之意，这些也都促成了他的出家。最后金梅总结说："他的出家因素众多而复杂，其中既有历史的、时代的、社会的原因，又有个人经历、气质、思想、性格、心理、生理、病理的因素；既有一时一地偶然之机的触发，更有长期积淀形成的必然之因的驱使；既有表面的显现，又有深层的隐藏……总之，李叔同之出家，是种种主客观因素的综合；每一种因素都在起着作用，有的还是很突出重大的作用，但绝非只是某一个因素单独作用的结果。"直面问题，实事求是，不为尊者贤者讳，正是传记写作最可宝贵的品质。

在《傅雷传》中，金梅写了后记二，主要补写傅雷与黄宾虹的鱼雁往来及其对绘画艺术的见解，其中"绘画艺术始于写真，终于传神"的观点道出了艺术的真谛，我认为它同样适用于对传记作品的评价。《悲欣交集：弘一法师传》正是这样一部始于写真，终于传神的作品。一代高僧弘一最后在"悲欣交集"中欣证禅悦，悲见有情，示死如未死得入净土，令后人或敬仰神往，或遗憾惋惜，其间无不充盈着对生命的凝思垂想。

朱旭晨

（本文原刊《荆门职业技术师范学院学报》2005年第2期第14—17页。作者写作本文时为上海复旦大学中文系博士研究生、副教授，现为河北燕山大学文法学院教授）

引 子

从中国大陆的版图上看，在越过分别与太行山脉、燕山山脉及泰山山脉相连的冀中平原、燕山山前平原和鲁西北平原，再继续各自往东、往南和往西北方向延伸而成的天津平原，它的地貌，犹如一只畚箕，呈现出向渤海渐形倾斜之势。位于畚箕口的，是华北重镇天津市。

因了这样的地貌地势，发源于太行山脉和燕山山脉的三百多条河流，进入河北平原之后，逐渐汇聚成子牙河、大清河、永定河、南运河、北运河等五大干流，再沿着畚箕之势倾注，在天津市区的三岔河口汇合成海河，东下七十多公里至大沽入海，在自身已经很不平静的渤海之中推波助澜，兴涛作浪。汇聚成子牙河、大清河等五大干流的众多河流，统称海河水系。它的分布好似一柄蒲扇，天津位处扇把的顶端，于是有"九河下梢"之说。

天津一城的正式命名，晚至明朝永乐年间。远在辽金时代，这里还是个军事性的寨堡。后经数百年变迁，成为一座国际性的大商埠。这中间，元明两代后漕运的开通，起了关键性的作用；而盐类资源的开发，带动了商业和整个城市的繁荣与发展。

天津濒临渤海，地势低平，春秋两季气候干燥，多风少雨，日照时间长，又地处内海，虽说也有台风和潮汐的侵袭，但并不频繁。这些优越条件与日渐发达的漕运相配合，及至有清一代，天津已是长芦盐的中心散集地。源源不断的食盐生产业，培植与招徕大批经营盐业的商人。据史料记载，清康熙、乾隆年间，朝廷先是公开号召本地殷实户投资盐业，后来又以各种优惠条件吸引外地客商来津经营。《重修长芦盐新志》上说："顾天津以舟楫之便，商人乐于行官盐。"清代在津从事盐业买卖的外籍商人，主要来自江（苏）、浙

（江）、皖（安徽）等南方省份，也有少数山西出身的。大批经营盐业的商人，一旦腰包鼓胀，羽毛丰满，也就成了天津政治、经济格局中一支举足轻重的特殊势力。他们与王朝之间，形成一种相互勾结、相互利用的关系：一边用大量金钱，从对方手中买取各种特权；另一边以各种特权，换来维持其封建统治所需的财力。在这种特殊关系下，盐商们可以财势通天，迫使各级官吏视其眼色行事。段光清的《镜湖自撰年谱》中就说道："嘉庆及道光初年，地主官吏更艳商人之利，惟商人之命是听。"名闻遐迩的查家，为天津盐商首富。《清史稿·李仲昭传》中描述"商人查有圻家巨富，交通权贵"，连王公大臣都要向其折节下交。盐业买卖，既能荣华富贵，炙手可热，不少官吏、地主、高利贷者，也都纷纷跻身进来，一跃而为百万富翁。有些盐商子弟，在博取功名之后，又往往回过头来承继父业。官和商，就很难分别了。

明清两代的天津盐商，除了与官方的特殊关系，还喜欢和文人们结成一体。他们依恃财富力足，修建豪华住宅，构筑精致园林，既满足了自己享受的需要，也吸引与供养了一批文人、学者，以示自己的高雅风流。其中，以查日乾在天津西郊修建的水西庄最为著名。纂修《明史》的朱彝尊、姜宸英，以及桐城派的创立者方苞和著名书画家朱岷等，都曾应查家之邀，在水西庄长期居住，和主家宴饮唱和。风流皇帝乾隆也曾多次在这里停驾驻跸，吟诗舞墨。有些盐商和他们的子弟，自身也确有较高的文化修养，能文善诗。这种时代风习和人文景观，为有清一代的天津，创造了独特的氛围，也为英才彦俊的出现，提供了条件。

本书将要描述的传主弘一法师李叔同，就诞生和成长于以上概述的、晚清时期天津一地所特有的那般政治、经济和文化环境之中。

第一章 津门年少

1. 世家子弟

1880年10月23日（旧历庚辰年九月二十日），李叔同出生于天津市三岔河口附近一户富有的盐商之家。

在天津人的心目中，名至实归的海河起始于三岔河口。只是到了1918年，在海河裁弯取直时，河口往西北挪移了方位。老三岔河口和原北运河河身被填平改造，铺筑成现在的狮子林大街。这一带原是天津市最早的商业区和居民点之一，在李叔同出生的年代，也还是漕运的终点和盐业的集散地。从这里，可以看到当时天津市容的缩影。

在昔日的三岔河口与北运河河身交汇处南面，有条名为粮店后街的南北向马路，马路东侧，有一东西向小街叫陆家竖胡同。胡同东口2号是一所坐北向南的三合院，李叔同就出生在这所院子里。院子大门口有座不算太大，却很严正的门楼。门楼内的四扇平门，正对着院内的北房。四扇平门像影壁似的，平常日子总是关闭着，主仆人等出入，走的是门楼东面的侧门。院内青砖墁地，一棵已有年头的老梅树，傲立在院子的一角。三合院外面、胡同东口，有座庙宇叫地藏庵。西口隔着粮店后街和前街，就是早先的三岔河口。离北房背后不远，是原北运河河身，往东偏北连着金钟河，沿河"小树林"一带，在天津市内很出名。民国初年，李叔同写过一首题为《忆儿时》的歌词，其中有这样的句子："茅屋三椽，老梅一树，树底迷藏捉。高枝啼鸟，深水游鱼，曾把闲情托。"从中可以想象出当年李家三合院内外的一些景致。

李叔同祖籍浙江省平湖县（今平湖市）。父亲名世珍，以字筱楼（一作晓楼）行世。祖父李锐。李氏家族可能就在乾嘉年间，从南方招商引资时，移来天津经营盐业和银钱业的。[1]到李叔同父亲李筱楼一辈，李家已是天津盐商中的巨富之一。李筱楼家设有内局生意，柜房门前廊柱上的木制抱柱对联，上下联第一字分别为"桐"字与"达"字，由此，人称李筱楼家为"桐达李家"；又因取过"存朴堂"的堂名，也有人称之为"存朴堂李筱楼家"，以区别城内冰窖胡同的另一户李姓富贵之家。

李叔同之父李筱楼，1865年（清同治四年）入试乙丑科，连着考取了举人和进士。与他同时中举、中进士的人当中，有桐城派后期重镇吴汝纶等闻人显宦。李筱楼中举后，也曾担任过吏部主事，不几年又辞官经商，继承父业，将李家的富贵推向了顶峰。李筱楼除了正室姜氏外，还纳有张氏、郭氏和王氏三位侧室。长子文锦（字不传）为姜氏所生，娶妻后不几年就去世了。次子文熙（字桐冈）为张氏生养，自幼不太健壮。李筱楼担心，如果文熙也寿命不长，李家岂不是要断绝香火！故在67岁高龄，他又纳年仅19岁的王氏[2]。第二年（1880）生下一子，幼名成蹊，学名文涛，即后来以字行世的李叔同。传说在李叔同的母亲临盆之际，一只口衔松枝的喜鹊突然飞入产房，将松枝安放于产妇床头，又欢叫了一阵才向外飞去。长大后的李叔同确信其事，将喜鹊留下的那枚松枝，随身携带了一生，直到在泉州圆寂，还挂在他寮房的墙壁上面。这一带有神奇色彩的传说之由来，恐与李叔同后来成了高僧有关。

李叔同3岁（笔者按：本传传主的年龄，均按其虚岁记述）那年（1882），他父亲在老宅（陆家竖胡同2号，现因道路改造而不存）附近的山西会馆南路西大门（即原粮店后街62号，现因道路改造而不存），购置了一所更为宽敞气派的宅第，全家搬来居住。新宅第的前门面向粮店后街，后门在粮店前街，比起老宅，更靠近了老三岔河口。隔着海河西望，就能看到天津旧城东门外的天后宫和玉皇阁。（李叔同故居原址，位于海河东路与新建的滨海道交会处滨海道南侧，现已不存；重建的故居位置，则在滨海道北侧，距原址200米左右。）新宅第的格局呈"田"字形。整个院落由四个小院组成，分前后两大院，除各有十多间正房和厢房，还有仓房、过厅、游廊等设施。像当时天津所有大家富户那样，李家院内也有一些洋式建筑，显示着主人的阔气和文明。在"田"字中间"一横""一竖"的交叉处，有洋书房一间。这间刀把式的西屋，格式也颇为讲究：瓦顶上设有流水沟，东西两面有窗户，三层窗子，两层玻璃，一层纱窗。室内摆有一架当时还很少见到的钢琴，而床架、书柜、茶几、坐椅、写字台等，统统是红木打制。洋书房台阶下面有竹篱围成的小花园，名为"意园"。"意园"与后院游廊相通，和前院的书房、客房以及两边的房厦组成一个小巧别致的园林结构。园内有修竹盆花、山石盆景，还有金鱼缸、荷花缸、石榴树，等等，整个环境安谧清静，又不失生气。这座大门前挂有"进士第"匾额、过道内又悬着"文元"匾的院落，从外观上或从内部格局上看，都在显耀着院主的富贵与名望。每当镖局将成箱的财物从外地押进大门时，车马声喧，人进人出，更显出了主家正繁华升腾的气象。由此不难想象出，比李筱楼中举早了近二十年（道光二十七年丁未科进士）的李鸿章等清朝政要和外国驻津领事们，能够出入这所宅第的原因了。

在当时列强们划定的租界中，"桐达李家"位于奥国租界。李筱楼次子文熙，以富商士绅身份，在华人组织中担任过董事。"意园"洋书房中的那架钢琴，据说还是奥国驻津领事赠予的。

如同一般的盐商巨富，李叔同的父亲也从万贯家财中拿出一小部分，做些慈善方面的事。1930年秋天，已是出家人的李叔同，在浙江慈溪金仙寺，对青年友人胡宅梵口述其父"乐善好施"的事迹。筱楼公"设义塾，创备济社，范围甚广，用人极多，专事抚恤贫寒孤寡，施舍衣食棺木。每届秋末冬初，遣人至各乡村，向贫苦之家探察情形，并计人口之多寡，酌施衣食。先给票据，至岁暮，凭票支付。又设存育所，每届冬季收养乞丐，不使冻馁，诸如此类，不一而足。年斥资千万计，而不少吝惜，津人咸颂之曰'李善人'"[3]。

搬来粮店后街新宅院不到两年，即1884年，李叔同父亲身患痢疾，病势严重，多方延医不见好转，于是干脆停医不再治疗，不意反倒渐渐病愈了。李筱楼晚年精研理学，又信仰禅宗，他从自身病情的异常变化中意会到，自己的"舍报之日"已到，便嘱咐家人延请高僧学法上人等前来诵念《金刚经》。聆听着和缓悠远的梵音，李筱楼安详而逝，卒年72岁。临终前，他还嘱咐过家人，灵柩停家7天，请僧人们分班诵经，好由经声引领他一路向西。还要放焰口，免得饿鬼们在中途作梗。中过进士，在吏部做过官，又是津门一宗巨富，李筱楼丧礼的场面是可以想见的。而由直隶总督兼北洋大臣李鸿章"点主"，武官马三元"报门"，更增添了"桐达李家"的哀荣与势派。这一年，李叔同5岁。听到父亲去世，他独自来到卧室"掀帏探问"，有些难过，有些茫然，但并不惊慌和胆怯。在停柩发丧期间，他目睹了和尚们诵经忏礼的全过程，将每一个关节的具体情景记在了心里。十多年后，还经常和侄儿麟玉（即后以字行的圣章）等玩和尚念经的游戏。他装"大帽"和尚，在那里念念有词，圣章等在下首当小和尚，听从调遣。几个人有时用夹被，有时用床单当袈裟，地下炕上折腾个欢。

当地有位姓王的孝廉，由儒入佛到普陀山出家，回津后住在附近的无量庵里。李叔同的侄媳妇，接连遇到公公（比叔同大整整50岁的长兄文锦）、丈夫、太公过世，觉得人生没有了意味，就到无量庵里向王孝廉学念佛经，并学袁了凡记功过格。还不到6岁的李叔同，也经常跟去旁听。在庵里听会了《大悲咒》《往生咒》，回家就从头到尾背起来，且亦能学记功过格。奶母刘妈妈发现他在背诵佛经，觉得不好，让他改念《名贤集》中的格言。他就念"人穷志短，马瘦毛长""高头白马万两金，不是亲来强求亲，一朝马死黄金尽，亲者如同陌路人"这类句子，念着念着，联想到自父逝后，家人死亡相继的情景，幼小的心灵中生起了人生苦空无常的感觉。在刘妈妈的初意中，或许以为佛经上的话与《名贤集》中的那些格言不同，前者不是小孩子应该学习的。她不可能懂得，在内里，二者有不少地方恰是相通的。

2. 志学之年

父亲去世，长兄文锦又早已亡故，二哥文熙掌管"桐达李家"，以其丰厚的祖传家业，继续展现着富贵之家的门庭。

李文熙举过秀才，30岁后学了中医。1902年，他将河南省内黄县的引地（盐业）出让给了他人。1911年，祖辈留下的钱庄又遭歇业，从此家道中落，他也弃商从医，悬壶济世，在津门医家中颇得名望，被尊称为"李二爷"。李文熙的继室姚氏，和后来以教育家闻名的国民党元老李石曾之妻为同胞姐妹。1929年，李文熙去世，丧仪也还是气派的。"点主"为清末翰林刘嘉琛，"报门"的是天津警察厅厅长杨以德，"桐达李家"的遗泽也还没有完全消失。

1885年，李叔同6岁，二哥文熙担起了他的启蒙教育。一开始，文熙教他读认眼前碰到的那些字词联句。厅堂的抱柱上有父亲生前请人书写的大联，上联是清代刘文定的一句话："惜食惜衣，非为惜财缘惜福。"读到能背诵下了，二哥又告诉他："这是说，一衣一食当思来之不易，不能任意抛掷糟蹋，要养成节俭惜物的良好习惯。"叔同自幼颖悟，识字快，理解力也高。7岁那年，他跟二哥学习《玉历钞传》《百孝图》《返性篇》《格言联璧》《文选》等，一遍过去，就能琅琅成诵。生母王氏也经常教他记些名诗格言。开饭了，见到桌子还没摆正，她就用筱楼公生前所守《论语·乡党篇》之则告诫说："古人讲过，'席不正，不坐'。"古代没有桌子和凳子，都是在地面上铺席子，坐在席子上。王氏引用这句话，是指桌子还没摆正，就不能坐下来吃饭。她这样引用，既让儿子学了一条古训，又在实际生活中规范了他的行为方式。

1888年，李叔同9岁，就常云庄先生受业，接受老式的正规教育。头年读《孝经》和《毛诗》，转年读《唐诗》《千家诗》；11岁读"四子书"、《古文观止》等；12岁后，学了两年训诂、《尔雅》和《说文解字》；十四五岁时，又细读了《史汉精华》（《史记》和《汉书》的精选本）和《左传》等数种史籍。经过七八年家馆课程，李叔同在经史诗文和文字学等方面，具备了扎实的根底，为后来得以"文章惊海内"、精研佛典，打下了基础。

在受业于常云庄先生的三四年里，李叔同对《说文解字》兴致尤浓，专心致志地临摹过《宣王猎碣》等篆字碑帖。他还反复练习过刘世安临摹的文徵明手书《心经》，以至于小小年纪，作诗有"人生犹似西山日，富贵终如草上霜"等一类句子，透露了他从小倾向佛门的心理素质。

1895年，李叔同16岁时考入城西北文昌宫旁边的辅仁书院，学习制义（八股文）。和当时天津另外两处书院（三取书院、问津书院）一样，辅仁书院与官学已无多大区别，以考课为主，不再讲学。每月考课两次（初二、十六两日），一次为官课，一次为师课，分别由官方和掌教出题、阅卷、评定等级，发给奖赏银钱，以督促学业。李叔同在进入书院前，已饱读经史诗文，学有根底，加上自幼聪慧，每次考课作文，只觉得有不尽之思绪需要写出。按照格式，文章是要一个字一个字填写在格子中的，老师发下来的纸张又是有一定限量的。叔同每感到意犹未尽，纸短文长，就在一格中改书两字交卷，博得了"李双行"的美称。他的文章常常名列前茅，获得奖银。

除了辅仁这类书院，当时天津还有专授新学的洋务书院。关于这两类书院，李叔同在进入辅仁的第二年（1896）旧历五月间，曾给徐耀廷写信说："……今有信将各书院奖赏银，皆减去七成，归于洋务书院。照此情形，文章虽好，亦不足以制胜也。"在信中，他还引了小友朱莲溪的一首诗加以嘲讽："天子重红毛，洋文教尔曹。万般皆上品，唯有读书糟！"李叔同在辅仁书院，尽管有"李双行"的美称，文章又能频频得奖，但看到这般情形，学习制义的兴致也不会太高了。他在给徐耀廷的同一封信中说："弟拟过五月节以后，邀张墨林兄内侄杨兄，教弟念算学，学洋文。"由此也可以看出，李叔同幼年不只精读四书五经等传统学问，对新学也很留意。

但李叔同毕竟出身于进士之家，自身对经商又无兴趣，想要继承和光大其门楣，除了科举和功名，暂时还别无选择。这时，一份山西浑源县恒麓书院教谕思齐对诸生的《临别赠言》引起了他的兴趣。《赠言》中说：

> 读书之士，立品为先。养品之法，惟终身手不释卷……诵诗读书，论世尚友，是士人绝大要着。持躬涉世，必于古人中择其性质相近者师事一人，瓣香奉之，以为终身言行之准……古文则须于唐宋八家中师事一家，而辅之以历代作者；时文则须于国初诸老中师事一家，辅之以名选名稿。小楷则须于唐贤

中师事一家，而纵横于晋隋之间……天分绝伦者无书不读，过目不忘。此才诚旷代难逢。至于中人之资，纵不能博览兼收，而四部之中，亦有万不可不讲者……制艺之道，方望溪以"清真雅正"为主，此说诚不可易。……自来主司取士，无人不执中异不中同之说，习举业者，不可不知……应试之文，必有二三石破天惊处，以醒阅者之目，又须无懈可击，以免主司之吹求……小楷是读书人末技，然世之有识者，往往因人之书法卜其终身。其秀挺者，必为英发之才。其腴润者，必为富厚之器。至于干枯潦草，必终老无成。大福泽既不可期，小成就亦终无望。况善书之士，大之可以掇词科，小之可以夺优拔，要皆仕进之阶。有志者诚不可以忽也。

李叔同以为，思齐教谕的经验之谈，可以作为自己读书进修的圭臬和"终身言行之准则"。因此，他便亲手抄写，反复研读。从其往后的人生之路中，我们也可以明显地看出思齐教谕这番话的深远影响。

李叔同仲兄文熙元配卢氏，1889年生子麟玉时难产去世。继配姚氏，系津门盐商巨富和"天津八大家"之一"鼓楼东姚家"姚学源（1843—1914，曾任长芦盐纲总兼京引总催）之长女。姚家祖上向有家馆之设。19世纪90年代后，青年才俊赵元礼即在姚氏家馆担任西席。李叔同既然已对辅仁书院失去兴趣，就在1896年（17岁）下半年，请人教算学、读洋文的同时，由二嫂引荐，进入姚氏家馆，师从赵幼梅学习诗词文章。赵幼梅（1868—1939）为津门名士，名元礼，又字体仁，号藏斋。光绪朝拔贡，民初当过国会议员，学识渊博，诗书皆精（为"津门四大书法家"之一），有《藏斋随笔》《藏斋诗话》等著作行世。李叔同在姚氏家馆，随赵幼梅初学辞赋八股，后学填词。在诗（词）趣上，赵推崇苏东坡，愿意向李传授的主要也是苏诗（词）艺术。李原是熟读过唐诗、五代词的，现经赵师以苏诗相贯，由唐入宋，再通读两代名家名作，融会贯通，深得唐诗宋词之奥秘，诗艺词艺俱进。不只其诗"由晚唐以入北宋"，在词艺上，亦能"窥东坡堂奥"（李叔同青年时期的友人王吟笙语）。东坡好以禅语入诗，又多豪放清雅之语，这对李叔同的诗词风格产生了较深的影响。我们可从他后来所写《初梦》《满江红·民国肇造志感》等作品中所显示的"外柔内刚"的格调中看出来。

同一时期，李叔同又师从天津书印名家唐静岩学习书法金石。唐静岩（1823？—

1898？），名育厔，又名毓厚，号湖陵山樵等，以字行。原籍浙江，久居天津，以行医为业。在书艺上，唐早岁学唐隶，继又改学秦汉，但一时难脱先入为主带来的习气；后终"以博涉之功"，"一洗唐隶之习"。其"篆刻深稳，有秦汉风度，尤以转折处颇有《天发神谶》意"[4]，著有《颐寿堂印谱》一卷行世。李叔同以学有所本，博采众长，专门置备一素册，共24帧，请唐先生遍书钟鼎、篆隶、八分各体。唐先生书写完工，他则以篆书题签册名为《唐静岩司马真迹》，下署"当湖李成蹊署"，册后还钤上自刻的"叔同过目"篆字印章，唐则作一跋语，叙述了这一艺事的经过。跋文曰：

> 李子叔同，好古主也，尤偏爱拙书。因出素册念四帖，属书钟鼎篆隶八分等，以作规模。情意殷殷，坚不容辞。余年来老病频增，精神渐减，加以酬应无暇，以致笔墨久荒，重以台命，遂偷闲为临一二帖，积日既久，始获蒇事。涂鸦之消，不免贻笑方家耳。

为了让书法爱好者有一共同学习的范本，李叔同于光绪丙申年（1896）刊印了唐静岩的这一真迹。

上面提到过的徐耀廷其人，又名药庭、月亭，祖籍河北省盐山县，世居天津，时为李家桐达钱铺账房先生，比叔同年长二十多岁，叔同尊他为"五哥""大人"。徐耀廷胞兄徐子明为津门一名画家，亦擅书法金石。因家学渊源，耀廷也能书善篆。在金石书画方面，李叔同不只师从唐静岩，也把徐耀廷视作自己的启蒙师长，常向他咨询艺事。1896年夏天，有两三个月时间，徐耀廷为桐达钱铺业务上的事，旅次张垣。这期间，叔同与他频频通信。除了报告一些家中琐事、熟人近况、社会见闻、气候变化，谈得最多的，还是个人的学业和书法金石。"弟昨又刻图章数块，外纸一片上印着，谨呈台阅，祈指正是盼"（旧历五月十五日信）；"昨随津号信寄上信一函，内有篆隶仿一张，图章条一张。并有笺墨仿致函，谅必早登台阅矣"（旧历六月十八日信）；"阁下在东口，有图章即买数十块。……并祈在京都买铁笔数枝。并有好篆隶帖，亦祈捎来数十部。价昂无碍，千万别忘！"（旧历七月十五日信）……从中可以想象出，李叔同此时学习书法金石专心一致、念兹在兹的情景。

李叔同之父既有妻妾四人，如同一般封建大家庭中的妻妾关系，李家妻妾之间也不会那样平等和谐，相互间难免有些矛盾。李叔同生母王氏，位在末次，她的处境也就可想而知。李叔同说过:"我的母亲很多,我的母亲——生母很苦。"这个"苦"字,非指物质生活,主要是说她在大家庭中所处的地位低下。丈夫一去,这种情形更加突出。李筱楼病故那年,叔同母亲年仅25岁,孤儿寡母,又节妇禁多,情景是凄凉寂寥的。她盼望着儿子快快长大,成家立业,早点儿抱上孙子,好变换一下周边的环境。1897年,叔同满18岁,由母亲做主,聘娶南运河边芥园附近的俞姓姑娘为妻。俞家经营茶业生意,也算当地一户殷实人家。叔同属龙,俞氏夫人大两岁,属虎。两人是这般属相,家中老保姆就说:"他们夫妻是'龙虎斗'的命相,一辈子合不来的。"虽是迷信说法,却又不幸而言中。李叔同与俞氏夫人相处,仅有七八年光景。然而就是这七八年的时间,李叔同大部分也是在学校与社交界中度过的。

结婚这年(1897),李叔同以童生资格(未入学的学生称为童生,考入学校后为其进身之始。童生都得在本县参加考试,分正考、复考两次考试)应天津县儒学考试,学名李文涛。在这年应试中,他写了多篇文章,现在留下的有三篇,题目是:《致知在格物论》、《非静无以成学论》、"策问"《论废八股兴学论》。

既是儒学考试,就得以儒家之言为依据。李叔同应试前两论的题旨,如同一般士子作文,也是在代圣人立言,个人的见地不多。有些独到见解的是"策问"《论废八股兴学论》。文章中流露的尽管是一种微弱的声响,但仍不失为时代的声音。

第二年,即1898年春天,李叔同仍以童生资格入天津县学应考,又作了两篇课卷文章。其一为《行己有耻使于四方不辱君命论》,慨叹国家之没有人才。李叔同以为,所谓中国之大臣,多不学无术而又恬不知耻。李叔同的另一篇课卷时文,题为《乾始能以美利利天下论》。这是一篇谈资源的文章。文中李叔同提出了几项如何经营矿产的措施,并认为,培养中国自己的"矿师"最为切要。

两年来,李叔同在其所写的几篇论文中,暴露了清末国政吏治的腐败无能,透露了他忧国忧民的爱国热情。像当时的多数爱国知识分子一样,他所能探索到的也是一条实业救国之道。在《乾始能以美利利天下论》一文末尾,还有这样一段话:

> 盖以士为四民之首,人之所以待士者重,则士之所以自待者益不可轻。士习端而后乡党视为仪型,风俗由之表率。务令以孝悌为本,才能为末,器识为先,文艺为后。

可见，李叔同中年以后反复强调的"士以器识为先""应使文艺以人传，不可人以文艺传"等思想，在其弱冠之前已经开始形成。

虽说已经结婚成家，又在县学应试中用功，但李叔同和同时代的众多名士、富家子弟一样风流。在温存妻子、操练八股之余，他也热衷于唱京戏，列身票友之中。他频繁地出入梨园票房、剧坛歌台，或粉墨登场，或为名角们捧场叫好。

时有名伶杨翠喜一角，色艺出众，红遍京津，广大戏迷为之倾倒，王公贵族也为之引颈垂涎。围绕着这位名伶，当时中国政坛上还演过一出轰动南北的丑剧。合肥有段芝贵其人，是个无赖。他为巴结权贵，求得升迁，用重金买下杨翠喜献于庆亲王奕劻之子、时任农工商大臣的载振。载振则通过裙带关系，将他提升为黑龙江省巡抚。段到任后，搜刮民脂民膏，大发横财，引起公愤。御史江春霖看不过，上表弹劾。载振恐其事发，将杨翠喜嫁给了天津盐商王益孙，得以免究内幕。段芝贵被革职，杨翠喜也从此退出舞台，隐居民间。不料一波甫平，一波又起。当时上海有家名为《南方报》的小报，主持者志载希，系载湉（即光绪帝）的大舅子，瑾妃、珍妃的哥哥。总主笔为文廷式（字芸阁）的弟弟文某。志载希与文芸阁谊在师友之间，瑾妃、珍妃又是文芸阁的学生。有这样一层人事相连，志载希与文某得以悉知段芝贵与载振以杨翠喜做交易的详情。不知道他们是出于何种动机，在其主办的《南方报》上捅出了载振和杨翠喜的桃色新闻。这样一来，清政府觉得有失皇室体面，不得不下令上海道蔡乃煌，将《南方报》查办关闭了。这是有关杨翠喜的余话与后话了。

而这位杨翠喜正是李叔同情有独钟、倾慕迷恋的一位名伶。李经常去戏院为她捧场喝彩，跟她还有一段撕扯不清的情感纠葛。在移居上海偶尔北返时，即1901年，李还去京看望杨翠喜，看过之后，又写下《菩萨蛮·忆杨翠喜》二阕。

燕支山上花如雪，燕支山下人如月。额发翠云铺，眉弯淡欲无。夕阳微雨后，叶底秋痕瘦；生小怕言愁，言愁不耐羞。

晓风无力垂杨懒，情长忘却游丝短。酒醒月痕低，江南杜宇啼。痴魂销一捻，愿化穿花蝶。帘外隔花阴，朝朝香梦沉。

此时此刻，他还不能忘却杨翠喜。

19世纪末，正当李叔同问学进修之际，天津文化教育界以著名教育家严修和学者、诗人王守恂等为中心，活跃着一批多才多艺、思想倾向较为开明先进的才子名士，李与这个名士圈中之人多有交往。李叔同与这些名士们的关系，可以分成两类：一类是师友关系，另一类是艺友关系。严修、王守恂以及前面提到的赵元礼和唐静岩等，属于第一类。

严修（1860—1929），幼名玉珪，字范孙，号梦扶，室名恒斋、蟫香馆、毋自欺室等。先世为浙江慈溪人。其七世祖（始迁祖）应翘公北来经营盐业，定居天津。严修青箱传世，自幼饱读经书。18岁（1877）应院试，补廪膳生；23岁（1882）应顺天壬午科乡试，中举人，次年中癸未科进士，选为翰林院庶吉士；三年后经考试合格授翰林院编修，开始了长达八年的京官生涯；1894年授贵州学政。在黔三年中，他为该地的文化教育事业做出了突出的贡献。严修卸职离黔时，该地学界为其刻立的"去思碑"和"誓学碑"，称其为"经师兼为人师""二百年无此文宗"。严修面对中国甲午战败、被迫签订《马关条约》丧权辱国的严重局势，深切地感受到变革科举制度、造就经世致用之才的迫切性。1897年8月，他提出了在中国近代教育史上影响巨大的"请开经济特科"的主张，并在10月间上奏朝廷，意在科举之外，打开一条选拔具有西学知识和实际才能者的道路。梁启超称严修的这一奏折，实为"新政最初之起点也"。但严修也以此为封建顽固派所不悦，并失欢于他的座师、翰林院掌院学士徐桐，故从贵州返京后，被免去翰林院的职务，仅仅留了个编修的虚名。1898年初，严修以有事请假为名回了故里。此后，严以家宅为基地，或以家庭之力，或与张伯苓、王益孙等合作，开始了新式教育的实验。1905年冬，严诏署学部侍郎，及至1910年3月，由于"确见天下事决不可为"，便以扫墓为借口，再次告假回津。从此，他不复出仕，一心从事办学活动。自1898年至1928年的30年间，严修与张伯苓等创办了包括幼儿教育、小学、中学、女学、大学等在内的南开学校系列，并以此名闻遐迩。严修还是一位诗人与书法家。作为诗人，他与天津同时期的另一著名诗人王守恂，在中国近代诗史上占有一席之地。近代诗学家汪辟疆在《近代诗派与地域·河北派》一文中说："若天津严修、王守恂二家，并有诗名。"在《光宣诗坛点将录》中则说："范孙通方之彦，尤负时望，诗亦渊懿。在美时游山诸作，骏快似东坡，可诵也。"严修还被誉为"天津四大书法家"之一，其字秀逸雄浑，功力深厚。李叔同之父筱楼公与严修之父仁波公，在清同治年间已开始交往友善，李、严两家系世交。但李叔同比严修晚生20年，二人并非同代人。李与严修交往，最早不会早于他十三四岁的时候，而此前严修正在北京翰林院供职，1894年后他又远在贵州，因此，李便是有意接近严修，估计机会也不会很多。其与严修有较多接触，当在1898年初严从贵州返回津门之后，但这段时间也不是很长，因为是年秋李即南下沪上了。虽说这样，严对李的影响也是不能低估的。这一点，本传将在后面的叙述中提及。

单就诗文而言，出生于天津而能在近代中国文坛闻名者，严修之外就是王守恂了。王守恂（1864—1937），字仁安，别号阮南，晚署拙老人，与赵元礼等同在辅仁书院受教于津门著名诗人杨光仪。清光绪二十四年（1898）戊戌科进士，授刑部山西司主事。1905年后历任警法司员外郎、郎中、总办兼掌印参议上行走、法律馆纂修、河南巡警道、内务部参事、浙江钱塘道尹、直隶烟草事务局会办等职。王不只以诗才闻名，学问文章亦见重于时，为津门一著名学者。晚年与严修等组织城南诗社和崇化学会，酬唱抒怀之余，以传授传统文化为己任。著作有《王仁安集》四集和《阮南诗再存》等，所著《天津政俗沿革记》《天津崇祀乡贤祠诸先生事略》等史籍，向为方志学界所看重。关于王守恂的诗歌创作，汪辟疆在《近代诗人小传》中说："其诗学致力甚深，得力于肯堂[5]较多。其用意之作，亦复健举。"由来新夏主编之《天津近代史》第十二章"天津近代的文化·文学"中则说，王的诗篇"多与他的生活有关，或移情入景，或借景寓情，其技法是颇具功力的"，而"思想内容"则不如严修等人的作品。李叔同从十六七岁开始即与王守恂有所交往，谊在师友之间。王年长16岁，李自称王之"门人戚子"，尊王为"先生""切庵仁者"。1898年后的十多年间，二人中断了联系。1912年秋天起，李在杭州任教，后数年王则在钱塘道尹任上，二人同在杭州，便又有了较多的接触。从他们在杭州交往的情景，亦可想象出二人先前在津门时的密切。

李叔同在天津名士圈中还结识了一批擅长书画金石的艺友，交往较多的有孟广慧、王襄和王吟笙等人。

孟广慧（1868—1941），字定生，因住家内藏有汉代打击乐器錞于，故取名錞于室，号白云山人。祖籍山东邹县，清顺治年间，因先祖为官始迁居津门。孟广慧之父继尊，曾任道台，擅书法。三叔继勋，举人出身，曾任内阁中书、军机、刑部湖广司主事等职，亦能诗善画，且收藏丰富，精于鉴赏。广慧家学渊源，4岁即随父诵读诗词，5岁开始练习书法，至8岁已能写擘窠大字。考取秀才后无意仕进，以鬻字为生。在清末民初的天津书坛上，孟广慧与华世奎、严修、赵元礼被誉为"四大书法家"。作为书法大家，孟广慧之成就来自他能探源篆隶，功力深厚，又不拘一法一体。孟是甲骨文的最早发现者之一，且能从书法角度予以借鉴吸收。津门古文字学家和书法家王襄说过，孟"研求殷墟有素，于彀、宾、亘、韦诸史之笔法运用于汉隶之间，宜汉隶之独步一时，为流辈所倾倒"。在民国初年举办的全国书法展上，他的汉隶被评为"东亚第一"。其书体流畅醇茂，厚重深沉，行笔稳重圆转，不仅有篆书意趣，且融入了甲骨文的朴拙洗练，畅达挺劲，充满抒情写意的笔触，形成了酣畅、倜傥、流美、庄谨的隶书新貌。不只隶书，孟于其他各体亦精，且能"把真、草、隶、篆综合一体，又结合颜、柳、欧、赵、苏、黄、米、蔡等历代书法家特色，纳古法于新意之中，生新法于古意之外"（孟广慧哲嗣孟昭联语）。孟广慧擅临摹，11岁时写何绍基字已能乱真，后更有"津门临写南帖北碑第一好手"之称。李叔同在少年时期，即与孟广慧友善。李、孟间的频繁交往有七八年之久。最突出的一点是，李在书法起步阶段，就能像孟广慧那样追溯源头，在篆隶上下功夫。

王襄（1876—1965），字纶阁，天津人。著名殷墟文字研究家。出身于书香门第，7岁随大兄就读于私塾，11岁从叔父筠生读，18岁又拜列天津著名学者王守恂门墙，专读科举学业，1897年补县学生员。此后，他又阅读了大量介绍新学说、新思想和自然科学知识的书籍报刊。1906年31岁时，他考入京师高等实业学堂矿科，五年后毕业奖为举人，授知县，赴开封入其业师、河南巡警道王守恂幕府，为帮办文牍；1914年转入盐务部门任文牍科员，直至64岁时退休。王襄从20岁起就酷爱研究古代彝器的款识和金石之学，并学习摹印。作为书法家，王襄练笔之勤，竟至砚池磨穿。他擅长篆书，其字有"篆势盘努，拙中见巧，返璞归真"之妙。王襄之弟王钊（1883—1946），初名衡，字燮民，一字雪民。他跟兄长研究金石文字、书法篆刻，于周秦古玺、两汉印章及殷契文、金文等，均能融会贯通，规貌取神。王钊以印人著名，其所刻于章法结构尤为看重，整饬严谨中富有变化。晚年以铜器铭、贞卜文字体所作边款，风格奇特，为人喜爱，有《王燮民先生印谱》等存世。青少年时期的李叔同也雅喜古文物，常去津门文物收藏家李子明处讨教鉴赏方面的知识，并在那里结识了王襄，由王襄而得识王钊。从此，李在书画金石和文物鉴赏方面，又多了两位同道好友。

王吟笙（1870—1960），名新铭，以字行，天津人。清光绪二十三年（1897）丁酉科举人，女学的热心倡导者和实践者。自1907年在天津东马路天齐庙址创办民立第四女子小学堂，直到1929年调市教育局工作，他担任校长二十余年。王多才多艺，书画篆刻、诗词联语无一不精。他的擘窠字功力深厚，天津不少学校的匾额出自其手。所作山水粗毫皴点，气势雄浑，自成一格，有《理石山房印谱》及《啸园楹联录》十卷问世。李叔同与王吟笙是近邻，二人青少年时即友善，常在一起切磋书画金石之艺。李为王刻过印章，收入《李叔同印存》的就有四方。

李叔同在师从赵幼梅、唐静岩学习国学诗文、书法金石期间,与严范孙、王仁安、孟广慧、王襄、王吟笙等津门名流时相过从,品赏诗词文章、探讨金石书画,在这些艺术领域更是突飞猛进。叔同仲兄文熙的内侄姚惜云,作有《李叔同与我家之关系》一文。文章在描述李叔同与上述艺界名流以及其他一些杰出人士(如书法大家华世奎、画家马家桐、徐士珍、李采蘩等)交往时说,李与他们"终年盘桓,不耻下问,学与日增。但是个人见解,另有独到之处,所以他的诗、词、书、画、印刻无一不精。此外对古今金石、文玩、碑帖、字画之真赝,有鉴别能力,百无一失。在清光绪二十六年(1900)前,公认为天津一才子"[6]。对李叔同在"天津时期"已经表现出来的深厚学养和超群才华,友邻王吟笙有这样的描述:"世与望衡居,夙好敦诗书。聪明匹冰雪,同侪逊不如。……少即嗜金石,古篆书虫鱼。铁笔东汉学,寝馈于款识。唐有李阳冰,摹印树一帜。家法衍千年,得君益不坠。"朋辈曹幼占也在诗中推崇过:"高贤自昔月为邻,早羡才华迈等伦。驰骋词章根史汉,瑰琦刻画本周秦。"[7]在文学艺术上,为了涌现和造就杰出人物,社会需要创造出一定的人文环境和文学艺术氛围;而期望成才者,又能不耻下问,将自己无间地融会于那种人文环境和文艺氛围之中。李叔同青少年时期文艺创造力的生长以及往后之发展,就与他在津门时所处的那种环境和氛围有关[8]。

因着父辈的关系,李叔同幼年见过李鸿章、王文韶[9]等清廷政要。1896年旧历八月初五,李叔同致徐耀廷的信中,有这样的话:"李鸿章兄至九月初间,可以来津。王文韶兄降三级留用。"这说明,"桐达李家"在李筱楼去世后,仍与李鸿章等显贵有所联系。按理说,李叔同之于李鸿章、王文韶应为晚辈,信中却以兄称呼对方,可见二李以及李叔同和王文韶的关系并不疏远。由此也可以推想到,李鸿章当时倡导引进西方科学技术的洋务运动,对李叔同的思想不会没有影响。这是可从他应天津县学的《乾始能以美利利天下论》等课试文章中看出来的。

19世纪末20世纪初,李叔同治学和成长的年代,正值中国的多事之秋。中国自甲午战败后,由于东西方列强步步进逼,开始了被掠夺瓜分的浩劫。面对严重的内忧外患,中国知识分子中的一批有识之士,在进行着旨在变革时弊、振兴国运的尝试,爱国民众也在开展反抗入侵者的斗争,但这些尝试与斗争都没能获得成功。1895年,在国人群情激愤、要求拒签《马关条约》的浪潮中,康有为、梁启超联合各省在京会试的举人1300余人签名上书,提出

儿戏·其一

干戈兵革斗未止,
凤凰麒麟安在哉。
吾徒胡为纵此乐,
暴殄天物圣所哀。

——(唐)杜甫 诗

"下诏鼓天下之气,迁都定天下之本,练兵强天下之势,变法成天下之治"的主张,史称"公车上书"。以这一举动为发端,康、梁等维新派人物,开始了改良主义的政治活动。1897年年底,德国强占胶州湾事件促使康、梁的改良运动达到高潮。次年(1898,戊戌年)6月,光绪帝顺应民意,接受康、梁上书,下诏变法,推行新政,维新变法进入实施阶段。其基本内容是:改变现状,学习西方,发展资本主义,救亡图存。但仅仅过了三个多月,由于伪装赞成变法的袁世凯告密,出卖了维新派,慈禧太后和荣禄发动政变,慈禧以"训政"的名义,重掌国柄。历时103天的变法(史称"百日维新"),以失败告终。光绪帝被幽禁瀛台,谭嗣同、林旭等六君子被害,变法的倡导者康有为、梁启超匆忙离京,在天津国民饭店躲藏数日后流亡日本。

李叔同处于国家内忧外患的环境中,其思想情绪不会不受到影响。这在他1898年应天津县学课试的文章中也是有所反映的。他在《管仲晏子合论》中说:

> 闲尝读史至齐威王宣王世。而地方三千里,带甲数十万,粟如邱山。三军之众,疾如锥矢,战如雷霆,解如风雨。窃叹齐以弹丸之邑,何竟若是之繁盛乎!而不知溯其兴国者有管仲,溯其保国者有晏子。

李叔同以课试形式论述这段历史,很显然,是在借古喻今,就现实情景立论。他是渴望着当今时代能有管仲、晏子一类的政治家、改革家出世,以重振日渐衰颓的老大中华。作为课试文章,《管仲晏子合论》不足百字,难免简单捷说,却也透露了李叔同在康、梁维新变法时期思想倾向的一些信息。他是赞同康、梁主张的。根据其口述、由胡宅梵记录整理并经本人改正的《记弘一大师之童年》一文中说:李叔同"闻康有为戊戌之变政,似有合乎怀抱,于焉救世之心,亦日甚一日"[10]。当时,他对人说过这样的话:"老大中华,非变法无以图存。"李还在一方闲章中公开宣称"南海康君是吾师"。李叔同在彼时彼地刻下这方闲章,笔者以为,其实内含不闲。其中,除了有对康有为书法理论主张的推崇和对康有为佛学思想的揄扬(这两点,本传后面的文字中将作具体论析),无疑还包含着对康有为(以及梁启超)维新变法之举的首肯。但康、梁倡导的维新变法百日即遭失败,这就更加重了李叔同对国家和个人前途的忧虑。他在政界也认识一些人,如他家的世交李鸿章,和另一政要王文韶。但李鸿章在甲午战争和维新变法时的表现,也使他失望了。正是这位李鸿章(还有王文韶），和盘踞在紫禁城里的奕劻、荣禄等后党人物沆瀣一气，支持叶赫那拉氏镇压了维新变法运动。至此，他先前推行洋务运动时提出的所谓"外须和戎，内须变法"，后一句话的结局已如上述，而前一句话已变成了对入侵者的屈膝投降，这是在出卖国家。这般情景使李叔同痛切地意识到："北方事已无可为！"

　　李叔同的母亲由于身份上的原因，在大家庭中一直过得很不愉快。叔同结婚，虽多了个儿媳妇与她相伴，但还是解脱不了凄清与压抑。她早有远离"桐达李家"的打算。时局的变化成了她决心远走的契机。有人根据李叔同在维新变法期间的一些言论与表现，怀疑他是"康梁同党"。母亲觉得他的安全不能保障，需要出去躲一躲。而李叔同也正感觉到，北方已不是自己发展的地方，这样，就于1898年10月间中止了县学的学业，奉母携眷去了上海。

第二章

沪上风流

1. 艺坛俊杰

黄浦江畔，十里洋场，原就人才辈出，藏龙卧虎。李叔同的到来，犹如在灿烂的星空中，又闪现出一颗奇光异彩的新星。

1898年10月，李叔同在上海法租界卜邻里（位于今天的金陵东路一侧）租下几间房子，暂时住了下来。"桐达李家"是经营盐业和钱庄的，在上海申生裕钱庄也设有柜房。现在，李叔同一家人的日常生活，靠的就是这个柜房的收入。

关于李叔同的家事，及其奉母携眷南下沪上的缘由，我们还需做些补充。

按照李叔同研究专家郭长海教授的说法，李叔同是到上海来承祧李世荣的。郭教授在其所编《李叔同集》的"前言"中说："李叔同决定离开这块沉闷的地方（引者按：指天津），恰好此时在上海的叔父经商有术，颇有些资财，但是膝下无子，要叔同前去承祧。"郭教授在"前言"的一条注释中还说："李叔同来上海承祧一事，很多传记均不详其始末，故多失记。"而他是"根据李叔同在报考南洋公学时填写的履历而得知"的。[11]

所谓"报考南洋公学时填写的履历"，"得知"李来上海"承祧"的依据，是指李叔同对其三代关系的变更。李在津门填写县学课试准考证时，所填三代是：曾祖因名不传，故以"忠孝"代之；祖父为李锐，父为李世珍。而据郭教授在其所编《李叔同集》附录《李叔同事迹系年》"1898年"条中提供的史料，李到上海后，"依伯父李世荣，并为承祧，以李锟为祖父，李世荣为父，而以李锐为本生祖，李世珍为本生父"[12]。

尽管早在20世纪90年代初，由福建人民出版社出版的《弘一大师全集》附录卷所刊，李叔同于1902年应浙江嘉兴府乡试所持之四十二号准考证的照片上已经显示出，关于其三代的填写，与郭教授上述所说相同，但一直未能引起研究者们的注意，并思考其所含李叔同的一段重要家事。以此，应该说，郭教授明确提出"李叔同来上海承祧"一事，这是李叔同研究中的一个重要收获。但即便是这样，也还有一些问题需要讨论。

郭教授在"前言"中说，李世荣是李叔同的叔父，而在附录"系年"中，又说他是李叔同的伯父，前后矛盾。李世荣究竟是李叔同的伯父还是叔父呢？由于史料不足，尚是疑问，这是一点。再有一点，关于李世荣，及至目前能够见到的，在李氏后裔的回忆和相关文字中，除了李叔同在报考时填写的履历和准考证上提到过他之外，此后不要说是李氏其他亲属们从未涉及他，就是有承祧关系的李叔同，也没有再讲到过他的这位"父亲"。在往后的岁月中，李叔同只要讲到其父亲时，指的都是李筱楼。不知道这是为什么。还有一点，李世荣既然"颇有些资财"，这"资财"是否就是前面所说的申生裕钱庄呢？而李叔同既是前来承祧的，那么，如果李世荣当时还在世，不会连安顿其一家居住的房子都没有，而让他们去租房子住，过了不久，又住到朋友家去。叔同的承祧是实质性的，还是仅仅名义上的？郭教授所谓叔同"依伯父李世荣"的"依"，是真实情景的描写，还是想象之词呢？这些方面都还有待进一步厘清。

郭教授在其"前言"和附录"系年"中，提到"李叔同来上海承祧"一事时，都把时间定为1898年8月。这是不确切的。李叔同奉母携眷南下沪上，既与戊戌变法失败有关，那么他一家南下的时间，应比郭教授所说还要往后一两个月。由康、梁等人倡导的戊戌变法，作为历史事件，起始于1898年6月11日光绪帝正式宣布变法维新，到9月21日慈禧太后发动政变止，历时103天，故史称"百日维新"。郭教授是认同1898年李叔同南下上海，与戊戌变法失败有关之说的，那么李一家南下的时间绝不会是该年8月，最早也不会早过9月底10月初。按照学界一般的说法，应该是在该年10月间离津到沪的。

已在津门才华横溢的李叔同到了上海，更是如鱼得水，广有用武之地。初步熟悉了这里的人文环境，他就在文坛与名士圈中活跃起来。李叔同居住的卜邻里，离城南不远。在他来沪的前一年，宝山名士袁希濂[13]、江湾儒医蔡小香[14]等，已在华亭诗人许幻园之居城南草堂成立城南文社。许幻园（1878—1929前后）[15]，江苏云间（又作华亭，今上海市松江区）人，名镠，以字行，别号幻园居士，时人戏称其许仙，因少时作平康游，故书画家江灵鹣（1860—1899，名江标，以阁名行），又戏称其卅六鸳鸯生。著有《城南草堂笔记》《幻园集外诗》四种及与其妻宋贞合作之《天籁阁四种》等。许幻园家底丰厚，思想新进，是沪上诗文界领袖人物之一。城南文社既以许家为唱酬之所，每月会课一次，许还出资悬赏征文。李叔同开始向文社投稿应征，几次都得到好评，引起了许幻园的注意，于是被邀加入了文社。

李叔同第一次到城南文社参加课会，就是一等翩翩公子的打扮：丝绒碗帽，正中缀一方白玉，曲襟背心，花缎袍子，后面扎挂着胖辫子，底下缎带扎脚管，双梁头厚底鞋子，头抬得高高的，英俊之气流露于眉目之间。许幻园一睹其风采，即有相见恨晚之感。文社会课由孝廉张蒲友出题阅卷评定等级。张是研究宋儒性理之学的，又旁及诗词骚赋。因此，他往往也在这些范围内命题课试。课题分两种，文题当日完成，诗赋小课三日交卷。这次张所出的文题是：《朱子之学出于延平，主静之旨与延平异又与濂溪异，试详其说》。李叔同在天津时就对性理之学下过功夫，有相当根底。现在一看这个题目，稍加思索，便挥笔书写，没费多少时间，就把文章写了出来。其文思之丰富畅达，成文之疾速快当，令孝廉和众文友惊叹不绝。小题《拟宋玉小言赋》，三日后交来，其格式之规范，词采之华美，铺陈之淋漓充沛，自是出手不凡。李叔同首次会课，张孝廉评为"写作俱佳，名列第一"。慷慨爱才的许幻园，经过一年多的接触，为李叔同的风采才华所倾倒，便于1900年春将其城南草堂辟出一部分，邀请他一家搬来居住。

许氏城南草堂位于大南门附近，房子旁边有一小浜缓缓流过。浜上跨有苔痕苍古的金洞桥，桥畔的两棵大柳树已有年头了。一百多年前，上海远没有现在这样繁华热闹。僻处城南的许氏草堂一带，小桥流水，车马声稀，"东望黄浦，来往帆樯，历历在目"（许幻园《城南草堂图记》），还留有江南农村的气息。城南草堂后面的左楼名天籁阁，系许氏夫妇写字绘画处。草堂以其主人藏有续《红楼梦》八种（《复梦》《补梦》《后梦》《绮梦》《重梦》《演梦》等等），又有"八红楼"称。

李叔同住进城南草堂后，在正中客厅挂上一块名为"醨纨阁"的匾额。许幻园觉得，右边的书房也应相应地挂上一块，于是乘兴书写"李庐"二字以赠。

李叔同和许幻园意气相投，志趣契合，时常金樽对酒，诗文唱和。叔同先是填了《清平乐·赠许幻园》一阕：

城南小住，情适《闲居赋》。文采风流合倾慕，闭户著书自足。阳春常驻山家，金樽酒进胡麻。篱畔菊花未老，岭头又放梅花。

后又有七绝《和宋贞题城南草堂图原韵》[16]一首，曰：

门外风花各自春，空中楼阁画中身。
而今得结烟霞侣，休管人生幻与真。

在两首诗词中，李叔同抒发了来许氏草堂住下后，那种欣遇知己、置身良朋之中的情怀。

袁希濂、蔡小香早与许幻园时相过从，自文社活动结识了李叔同，和许一样，对他亦倾慕有加。1900年春，经江苏常熟人庞树松（1879年生，至民国初年尚在世，字栋材，号独笑，别号病红，近代诗文家，著有《灵蕤阁诗话》《红脂识小录》《吴梼杌》等）居间介绍，李叔同、蔡小香得识江阴书家张小楼，张又由李、蔡之介绍，结识城南文社盟主许幻园和袁希濂。许、蔡、李、张、袁五人顿成莫逆，结成"天涯五友"，合影留念。叔同以成蹊之名，书题合影为《天涯五友图》。病红山人（即庞树松）为该图作序。许幻园夫人宋梦仙（贞），则为合影上的五位友人一一赋诗题咏。

宋梦仙是一位有修养的才女。幼年师从清末著名政论家王弢园，能文章诗词。后又就灵鹣京卿学，画宗七芗家法，得其神韵，有出蓝之誉。李叔同的母亲与梦仙相契无间，花晨月夕，茶余饭后，常请她说诗评画，引以为乐。梦仙体弱多病，李母为其治理药饵，视同己出。梦仙与叔同也常有唱和之雅。在《天涯五友图》上，她为叔同写的题咏是："李也文名大如斗，等身著作脍人口；酒酣诗思涌如泉，直把杜陵呼小友。"对叔同的诗文才华，赞叹备至。

许、李、袁、张、蔡五人，以文会友，往返酬唱，是当时沪上文坛的一段佳话。许是城南文社的盟主，其诗词艺术，为李叔同所钦佩。李在1901年致许的信中有这样的话："前见示佳著，盥诵再四，哀艳之思，溢于毫素，佩甚佩甚！暇当掇拾数什，奉和大雅；但珠玉在前，而瓦砾恐瞠乎其后耳。"遗憾的是，不只李、许的这次唱和没能流传，五人间的相互酬唱之作也大都湮没无闻了，唯一留下的是李叔同分别写于1899年秋天和1900年夏天的两首诗。后一首即前文引录的《清平乐·赠许幻园》。前一首《戏赠蔡小香》，共四绝。蔡是名医，李以戏谑的文笔，逼真地描摹了他为女士号脉、看舌时双方的情态，从中透露出李叔同彼时彼地的某些信息，例如他对男女欢爱之情的迷恋，他的诗词作品也善于描写这类情态，等等。诗中化用"刘桢平视"的典故，更使所写情景活灵活现了起来。

许幻园所著《城南草堂笔记》三卷，李叔同为之作跋。跋语中说："……窃考古人立言，与立德立功并重。往往心有所得，辄札记简帙，兼收并载。积日既久，遂成大观。如宋之《铁围山丛谈》，本朝《茶余客话》《柳南随笔》之类。今幻园以数日而成书三卷，其神勇尤为前人所不及。他日润色鸿业，著作承明，日试万言，倚马可待，则幻园之学，岂遽限于是哉。"这些话不仅表现了李叔同对许幻园的推崇，也显示了自己学识的广博。

李叔同的兴趣和交游确也广泛。来沪不久,他购得原由清大学士、《四库全书》总编纂纪晓岚家散出的《汉甘林瓦砚》,上有纪撰写的《砚铭》,极为珍贵。李并非以奇货为可居的人。他在《游戏报》刊登启事,遍征海内名士题辞,后得33人39首,连同古瓦手拓和纪晓岚的《砚铭》印成《汉甘林瓦砚题辞》二卷,分赠友人。宋贞为题扉页,页上则署"己亥十月,李庐校印",并署"醵纨阁主李成蹊编辑"。题辞作者们既赞李叔同风雅能文,又称古瓦之奇珍可赏。

在天津时,李叔同于书画篆刻已下过不少功夫。来上海一年多后,即1900年春天,他与朱梦庐、高邕之、乌目山僧等,在福州路杨柳楼台旧址,成立了上海书画公会。

朱梦庐和高邕之系19世纪末20世纪初上海的书画名家。

乌目山僧,虽籍属梵宇,在20世纪头十年中,却是位世俗化和政治化色彩极浓的僧人,也可以说是风云一时的革命和尚。其人俗姓黄,原名小隐,清同治四年(1865)生人。幼年即在家乡江苏常熟出家,拜药龛和尚为本师,赐名宗仰,谐音俗谓中央。常熟境内有名胜虞山,又名乌目山。世称明清间著名文学家钱谦益虞山先生,宗仰仿效之,自称乌目山僧。其师药龛大和尚有相当学识,且很开明,不仅亲自传授山僧,还另请老师教他佛典以外的学问,因此山僧在国学和诗词琴棋书画方面,均有一定根基。作为佛教徒,要想风云际会,就得因人成事。山僧也果真有了因缘。19世纪末,犹太人哈同发迹于上海。其妻罗迦陵为混血儿,信仰佛法。罗到镇江江天寺(即《白蛇传》中的金山寺)进香拜佛,与正在寺中做知客僧的乌目山僧相识,两人很是投契,结成师徒关系。当时,罗三十六七岁,与山僧的年龄相仿,或许还小些,世传两人的师徒关系中隐含着一层暧昧的意味。结识罗后不久,山僧移锡海上,经常出没于政治性活动的场所。戊戌变法时,章太炎任《时务报》撰述,言论大胆激烈,人称"章疯子"。山僧与章来往密切,加入过章领导的"光复会"。章被清廷通缉逃往东洋,他怕牵连,也跟着去了日本。在那里他结识了孙中山,紧随其后投身反清革命活动。大概是过于活跃,目标太大,有人注意到他,难以存身,所以他又跟着章太炎回了上海,韬光养晦了一段时间。就在这时,山僧与李叔同等成立了上海书画公会,同时留意着时局的发展变化。两年后,山僧与蔡元培、吴稚晖、章太炎等,为教育青年树立他日恢复国权的观念和帮助失学学生继续学业,先后成立中国教育会及其下属爱国学社和爱国女校。教育会第一年的会长为蔡元培;第二年改选时,吴稚晖等以山僧和大富翁哈同夫妇相熟,能向他们募资解决经费问题为由,引导会员选举山僧为会长。山僧还算乖觉,除了动员罗迦陵每月为爱国女校提供部分经费，其他方面未下多大功夫，免得突出自己。他当了一年会长，再改选时，仍由蔡元培接任。其间，由章士钊主编的教育会机关报《苏报》，大造反清革命之舆论。"革命军马前卒"邹容，写出《革命军》一书，猛烈抨击清政府的卖国行径和对人民的残酷镇压。章太炎为之作序，又由乌目山僧活动罗迦陵资助出版。章还在《苏报》上加以推荐，扩大其影响，逐渐酿成闻名全国的"《苏报》案"。清廷密谕两江总督魏光焘搜捕蔡元培、章太炎、吴稚晖、章士钊、陈梦坡和乌目山僧等六人，控告"爱国党六人于上海会审公堂"。山僧得知信息，避入哈同家中，得免被捕。也就在这个时候，哈同的财势已达高峰。他计划在沪西建造花园，需要物色一位能总体设计和总理其事的对象。乌目山僧原是会画画的，有美学眼光，和罗迦陵又有那层关系，恰好是最合适的人选。此后，山僧在这上面花费了数年时间，到1909年，终于在200多亩高低不平、水流交错之地，建成一所颇有丘壑结构的园林。从哈同夫妇的外文名字中各取一字，命名为"爱俪园"（通称"哈同花园"）。大门口匾额上的园名，还是山僧之友、上海书画公会书家高邕之的手笔。至此，山僧在社会上的地位也达到了顶峰。哈同本人在当时的中国，连皇帝、各地军政要人都得另眼相看。而在集荣华富贵于一体的哈同花园中，园主夫妇之后，就数乌目山僧最显耀了。山僧居哈同园内，为园主夫妇讲道兴学，建广仓学会，祭祀黄帝，立经堂和华严大学，延请高僧讲授梵典，重刻日本弘教书院佛藏。辛亥革命时，陈英士与李燮和所部，各欲推举其首领任沪军都督而相持不下，山僧出面协调，劝李退让成功，并动员哈同捐金三万，以接济陈英士为首的军政府。孙中山自欧返国，山僧至吴淞口迎候，并接访哈同于爱俪园。民国成立，山僧廓然归山，谢绝交际。其在爱俪园的地位也逐渐被自己的小门生姬觉弥所取代。他就不得不离开沪上，返回镇江江天寺，从此，一心从事整理佛籍和整修山寺的工作，偶尔云游东南名山丛林，1921年7月圆寂。李叔同与乌目山僧，于20世纪起始的三四年中，在上海书画公会和爱国学社期间有些接触，后因各奔东西，几无交往了。

上海书画公会是个社团性组织，除了为同好提供品茗读画、探讨艺理的活动场所，还编辑出版《书画公会报》周刊，开始随同《中外日报》附送，后自办发行。李叔同是该刊主编，他在上面以"醲纥阁李漱同"为名，登出了自己的书印"润例"。与此同时，他又着手编印《李庐印谱》。这样，李叔同以书画金石界的新进，在这一艺术领域，引起了同仁的瞩目。

来上海一年多，李叔同年届二十。他住在城南草堂，有义兄许幻园等时相唱和，宴饮笑谈，母亲也有妻子做伴、许夫人相契。照理说，生活是平安无虞的。但上海毕竟不是自己的出生地，难免生出客居旅舍思念家乡的悲哀。北望津门，那里正在经历着庚子事变的国危民难；义和团正与洋人浴血奋战，结局还难预料，家乡笼罩着一片愁云苦雨。想到这些，李叔同的心情是不平静的。他在《二十自述诗》序中说：

> 堕地苦晚，又撄尘劳。木替花荣，驹隙一瞬。俯仰之间，岁已弱冠。回思曩事，恍如昨晨。欣戚无端，抑郁谁语？爰托毫素，取志遗踪。……言属心声，乃多哀怨。江关庾信，花鸟杜陵。为溯前贤，益增惭恧！……

他在《李庐诗钟》自序中也说："索居无俚，久不托音。短檠夜明，遂多羁绪。又值变乱，家国沦陷。山邱华屋，风闻声咽。天地顿隘，啼笑胥乖……"情绪是惆怅烦闷的，文辞是抑郁哀怨的。《二十自述诗》没能流传，《李庐诗钟》收集了哪些作品，也已无考，但其情绪与格调，仍可从作者同时期的其他作品中略得仿佛。

同一时期，李叔同作有《难得》一文，发表于《苏报》，为山阴一星相家作宣传。文章说，如修竹轩主人"得精是术"者，"近世罕见"，故欲"避咎趋利"者，"无不向求指教"。文章刊出一次，李意有未足，于是略作改动后又重登一次。李现身说法地强调说："余蒙教益，更获奇中。"因此，当听说"主人"拟返稽山镜水间，作避暑计时，李"若有所失，并为吾辈未获针指者憾焉"。他并不避广告之嫌，说："故不吝布闻，愿欲明休咎者，勿失之交臂也。"[17]文末还附上那位命相家的地址与润资。我们不能说，佛教就是迷信，但佛教中确有一部分内容，是很容易被人与命相说一类迷信联系起来的。从李叔同青年时期深信命相的思想与行为中，是否也透露出了一点儿他以后为何入佛门的信息呢？

1900年11月间，李叔同长子李准出生。叔同一如常人，年方二十，正风华焕发之际，青春得子，更是人喜雀跃之事。但如下一阕李叔同当年所作的词《老少年曲》所云：

> 梧桐树，西风黄叶飘，夕日疏林杪。花事匆匆，零落凭谁吊。朱颜镜里凋，白发愁边绕。一霎光阴底是催人老。有千金也难买韶华好。

其中不无悲叹人生易逝的颓丧之音。李叔同的这种情绪格调在往后几年中，因了环境与遭遇的浸染，又逐渐转变成为悲愤之声。

2. 辛丑泪墨

李叔同离开天津已经两年多了。虽然说，自己与文熙并非一母所生，却是一父之子，年幼时有过他的关切照拂，父亲去世后，"桐达李家"的偌大家业由文熙照管，他是一家之主，应该回去看望看望他了。何况那里还有不少熟识的师友呢。回去一趟，也好把来沪后的情况报告一下，免得大家挂念。这样，1901年（辛丑）2月间，李叔同在一阕《南浦月·将北行矣留别海上同人》的惆怅郁闷和"一帆风雨"中，北上探亲。他打算先由海路去天津，再转河南内黄县，二哥文熙正好在那里处理事务。

开始几天在海上航行，遇到的一景一物，令人畅快："风平浪静，欣慰殊甚。落日照海，白浪翻银，精彩炫目。群鸟翻翼，回翔水面。附海诸岛，若隐若现。"过后一天夜里，叔同做起梦来，梦中自己回家时，见到母亲与妻子正在相对流泪，诉说别离之苦。见此情景，自己也潸然泪下，哀感不已。醒来知是一场梦境，枕巾上却已是泪湿一片。

轮船驶近大沽口，沿岸到处是破房瓦砾，残垒败灶。叔同触景生情，悲从中来，写下七律一首，题为《夜泊塘沽》。其中有这样的句子："新鬼故鬼鸣喧哗，野火磷磷树影遮。"寂寥凄厉之气，令人战栗。

李叔同在塘沽登岸后，没能赶上早晨开往市内的火车。他拿的行李又多，需要找个客店暂驻行踪。但兵燹过后，旧时的旅馆都已颓废不存。附近倒有几间新筑的草屋，好像还在营业。过去一看，既没有门窗，又没有床几，客人们都席地而坐。问问主家有没有吃喝，回答说没有杯茶，也没有盂馔。又无别的地方可去，叔同只好进去强忍饥饿，干坐长叹。火车一天两趟，直到傍晚，他才搭上开往市内的车。沿途经过的地方，房舍大半烧毁，很少听见鸡犬之声。

李叔同抵达津城后，头几天侨寄城东姚氏家中，那是他二哥文熙的岳父家。姚家品侯、召臣昆仲，既是叔同二哥的内兄弟，也是他早年的文友。亲戚兼朋友，更多了一份情谊，就可无话不谈了。姚家人关心着叔同一家在沪的生活，知道他已得贵子，都为之高兴。

津门一批社会名流，像金石家王襄、王钊，书法家华世奎、赵幼梅、孟广慧，画家马家桐、徐士珍、李采蘩，诗人王吟笙，还有其后成为一代医学名家的朱宪彝之父朱易谙，等等,都是叔同青少年时期的知交师友,听说他回到天津,都纷纷前来看望叙旧,询问沪上文坛艺界的现状。虽说分别只两年多,交谈中却有"忽忽然如隔世"之感,令他不由得想起两句唐诗:"乍见翻疑梦,相悲各问年。"(司空曙《云阳馆与韩绅宿别》)当下所遇,岂非此境乎!

头天夜里,叔同正想躺下休息,蓦然间,狂风怒吼,草木摇动,门窗作响,金铁齐鸣。惊恐繁杂之声使他心烦意乱,难以成眠。既然不能入睡,于是拥被作诗。即景即情,得五律《遇风愁不成寐》。

> 世界鱼龙混,天心何不平?
> 岂因时事感,偏作怒号声。
> 烛尽难寻梦,春寒况五更。
> 马嘶残月堕,笳鼓万军营。

李叔同此次天津之行,正是在义和团抗击八国联军失败后不久,战争留下的痕迹到处可见。头几天,叔同除了在家晋接旧友,或外出拜访故交,他还到年幼时熟识的一些地方去观望。他留恋那些地方,寻觅着昔日留下的踪影。但一切都变了样儿,尤其是四围的城墙,已十无二三。踽踽独行中,他回想着几天来朋友们断断续续给他讲述的不久前义和团抗击八国联军的情景,以及义军失败后津门的惨状。

从甲午战争后,中国北方成了民族危机、社会矛盾的焦点,天津是进步力量和广大人民群众与帝国主义侵略者及封建顽固势力争斗较量的前沿。"戊戌变法"时两派交锋的据点,实际上就在天津。这是他自己曾经耳闻目睹的。变法失败助长了帝国主义侵略中国的气焰。八国联军意欲进犯北京,势必首先需要攻下北京的门户——天津。而数十年来,天津百姓是有反帝斗争的传统的。历史上,第二次鸦片战争中,爱国军民为抗击英法联军保卫大沽炮台而英勇奋战;1870年6月,有为反对法国天主教侵略引发的"火烧望海楼"事件,等等。如今的现实是,面对八国联军的进犯,在这块土地上,必然会有一场保卫家园的正义之战。在这场战争中,高举反帝斗争旗帜的是由广大农民组成的义和团,以及部分清军爱国官兵。他们先是在京津铁路阻击战、血战大沽炮台、誓守老龙头火车站、保卫武备学堂、围攻紫竹林租界、坚守八里桥等战役,最后在决战性的天津城保卫战中,表现出顽强不屈、视死如归的战斗精神，连入侵者都为之惊叹。看来，如果不是天津城未被攻破之前，清政府就变更了早先发布的对外宣战、联合义和团抗击敌人的国策，那么坚守城内的一万多团民和清军爱国官兵，就不会失败得如此之惨！从海光寺直扑南门的五千余名联军，曾几次想接近城墙，都被隐蔽在芦苇丛中的芦勇和猎户打得晕头转向，伤亡惨重，不得不几次往后退却。北京耶稣教美以美会派往天津递送情报的汉奸郑殿芳，将南门城墙年久失修塌陷，以及城内我方兵力虚实的情况密报敌方，侵略者在获取这一情报后，派部分工兵扮成义和团团民的模样，骗开城门，用炸药炸开了那段并不牢固的城墙，致使大批侵略军迅速乘隙而入。八国联军进城之后，横冲直撞，烧杀抢掠，奸淫妇女，一座繁华之城，顿成死城！叔同自小在津门看到的那般情景，眼下已不复存在了。八国联军攻下天津后，组成都统衙门，取代了清政府的管辖权。它们除了颁布各种禁令严治市民，就在前一个月，为了使其侵略行动不受阻碍，又下令将已有五百年历史的天津城墙拆毁，改筑马路。城墙"拆毁甫毕"，路面还没铺设，风沙裹着积尘垃圾，正漫天飞舞，一片乌烟瘴气。被强行拆去住房走投无路的众多百姓，露宿街头，沦为乞丐。墙旮旯、马路边，还横躺着不少尸体。

由现实追溯历史，由历史回归现实，李叔同思绪起伏，悲愤难平。朋友们讲到的津城陷落、城墙拆毁后的种种惨状，他在踽踽独行中，不是都亲眼见到了吗？

李叔同在天津听戚友们说，去河南的路上，"土寇蜂起""行人惴惴"，安全难以保证。这样一来，"拟赴豫中"的计划，就不能不取消了。

李叔同继续访问师友。过去在天津学习书法时，李叔同结识过几位日本同道。其中有位上冈君，名岩太，字白电，别号九十九洋生，与叔同比较熟悉。听说此君正患病住院，一天晚上，他前去探视。看样子，那时李叔同尚未学习日语，上冈也仅识得汉字不会口语。二人对话上有困难，只能靠笔谈交流。自甲午战争后，中日交恶，这次日本参与八国联军攻打天津的侵略行动。海光寺南门一带城墙失修的情报，正是由汉奸郑殿芳密报给日军，又由日军派工兵伪装后潜入城内，将城墙炸毁的。这些情形，叔同已从戚友们口中得知。人们或许会问：李叔同又为何要在这个时候，去结交日本人呢？

从李叔同记叙此次会晤的文字看，上冈其人，系红十字社中人，本人并不赞成他的国家侵略中国。李叔同与他"笔谈竟夕""极为契合"。上冈还给他说了一番要"尽忠报国"等话语。李叔同听了上冈的勉励，"感愧殊甚"，吟成《感时》七绝一章。

第二章 | 沪上风流

> 杜宇啼残故国愁，虚名遑敢望千秋。
> 男儿若论收场好，不是将军也断头。

转天，李叔同又偕上冈和另一位日本人大野舍吉、友人王曜忱等，来到他老师赵幼梅执事其中的育婴堂，几个人合了影。过了两天，叔同再次访问育婴堂时，赵幼梅跟他谈到，日本人中向其求书者甚多。叔同也告诉老师，一些日本人见他"略解分布"，很喜欢他的字，"争以缣素嘱写，颇有应接不暇之势"。到天津这些天，他已给神鹤吉、大野舍吉、大桥富藏、井上信夫、上冈岩太、塚崎饭五郎、稻垣几松等多位日本书法爱好者写了字。其中大桥富藏的字也很有名，李叔同向他要了数幅。当时住天津的日本人中还有一位千叶君，书法尤负盛名。通过赵幼梅求情，李叔同也得了他一副对联。在津期间，李叔同与这么多日本人进行了书艺交往，怪不得他要说"海外墨缘于斯为盛"了。叔同还将唐张祜《宫词》书于扇面以赠世交华伯铨，背面以北魏碑体书写来津途中自作一首（《世界鱼龙混》）。

在姚家借宿几天后，李叔同又移入旅馆。来津月余，节令已当仲春，但北方的气候依然凝阴积寒，又多狂风。遇上了风雪交加的天气，可谓严寒破骨，身着重裘，还是起栗不止。枯坐旅馆着实无聊，他就读随身带来的《李后主集》，读到《浪淘沙》词"帘外雨潺潺，春意阑珊，罗衾不耐五更寒"句，为之怅然。抚事感时，增人烦恼。叔同在《津门清明》诗中云："一杯浊酒过清明，觞（肠）断樽前百感生。辜负江南好风景，杏花时节在边城。"为了不辜负江南好风景，他该返回上海了。

李叔同这次天津之行，前后将近两月。1901年4月末，他仍由海路南下。第一夜住塘沽旅馆。长夜漫漫，孤灯如豆，凄寂中思绪联翩；第二天傍晚登轮就道，更觉怅然若失。

他这次返津探亲，虽然见到了不少师友，但未能见上二哥文熙，已是一大不快。再加上耳闻目睹了庚子事变前后津门的情景，越发地感到茫然与悲戚了。他在写于旅次的诗词中有这样的句子："前尘渺渺几思量，只道人归是谎。""海风吹起夜潮狂，怎把新愁吹涨？"（《西江月·宿塘沽旅馆》）"感慨沧桑变，天边极目时。""河山悲故国，不禁泪双垂。"（《登轮感赋》）深夜，正在幽梦中的李叔同，被嘈杂的管弦声所惊醒，"倚枕静听，音节斐亹，飒飒动人"。古人有诗云："我已三更鸳梦醒，犹闻帘外有笙歌。"叔同想，此等情景不意于今夜得之，也算是斑斓人生的一种体验吧！

船泊燕台（烟台）。这里山势环拱，帆樯云集，海水莹然，清澈见底。叔同上岸小憩，登高眺远，多日的积郁略有舒展。回到船上继续航行，又是笙琴笛管，还有清歌，交替不已。愁闷人置身其中，虽说可以差解寂寥幽怨，但张祜《宫词》曰："故国三千里，深宫二十年；一声河满子，双泪落君前。"河满一声，岂止是无可奈何的空唤，反增人回肠荡气，伤怀无已耳！李叔同倾听着那些熟悉的乐曲歌声，在枕上口占一绝："子夜新声碧玉环，可怜肠断念家山。劝君莫把愁颜破，西望长安人未还。"（《轮中枕上闻歌口占》）如同迁客，大家都在羁旅途中，离家还远着呢，愁颜伤感何能破除呵！

李叔同于是年夏天回到上海，他将此前北上探亲的经过与见闻，整理成《辛丑北征泪墨》一文，途中所作诗词亦串联其间，准备付梓（于当年5月间正式出版）。前记中说："游子无家，朔南驰逐。值兹离乱，弥多感哀。城郭人民，慨怆今昔。"

李叔同还将《辛丑北征泪墨》中的诗词作品另行辑出，寄给天津的赵幼梅先生。赵获读后，写有如下题词："神鞭鞭日驹轮驰，昨犹绿发今白须。景光爱惜恒欷歔，朝值红羊遭劫时。与子期年常别离，乱后握手心神怡；又从邮筒寄此词，是泪是墨何淋漓。雨窗展诵涕泗垂，檐滴声声如唱随，呜呼吾意傕谁知！"叔同诗中亦有"我本红羊劫外身"（《赠津中同人》）之句。古人迷信，以丙午、丁未两年为国家发生灾祸的年份。丙、丁为火，色红，未为羊，因称国家大乱为"红羊劫"。叔同作《辛丑北征泪墨》，赵为之题词，在国家遭逢八国联军入侵之后，故有"我本红羊劫外身""朝值红羊遭劫时"等诗句。

李叔同早年写作的文稿已大多散佚，诗文集《辛丑北征泪墨》一作，也就显得弥足珍贵。文章不只反映了作者个人彼时彼地的人生经历、艺事活动和思想情绪，也记下了时局变幻和人情世态。马叙伦先生在《忆旧》中说，李叔同此作一出，在上海文坛引起了不小的反响，士人盛称李为"豪华俊映，不可一世"耳。

3. 课堂内外

李叔同移居沪上前，在天津进过家馆，读过书院，上过县学，也结交过众多名士学人，在国学方面已有相当根基。但他这一时期的学习进修时断时续，不够连贯，也不够系统。诗词文章、书法篆刻，虽有一定造诣，且在文士圈中有相当影响，但从传统眼光看，那些都是雕虫小技，于个人进身立业并无多补。到1901年，他已二十又二，却未博得过任何功名，也无正当职业。父亲和本生父留下的资产，在他名下的不是小数，让他有条件在十里洋场的上海当个寓公优哉游哉，但那毕竟不是人生之正途。况且，这些年来，他已经耳闻目睹了国家屡遭动乱，感受到了命运的难以预测，如果不对自己的前途做些安排，个人、母亲、妻子以及刚生下不久的孩子，一家人的前景不就堪忧了吗？当此之际，不只李叔同本人不能不想到这些问题，他母亲也早就有所考虑。正是在这般情景下，李叔同从天津返回上海后，先是以李成蹊之名，于1901年7月底参加了上海机器制造局附设的广方言馆招生考试，被录取为成童备取生第三名。过了一个月，他于8月底又以李广平之名报考了南洋公学特班。

南洋公学（今上海交通大学前身）创立于1897年，督办系官僚买办盛宣怀，总办是他的心腹汪凤藻，资金由盛经营的铁路、电报、招商局等企业收益中支拨。学校先后开设了师范院、附属小学、中学和铁路班；1901年，根据监督沈曾植的提议，又增一特班。特班第一次招生20人，第二次招生22人，生员大多是江浙籍人，且应擅长古文。入学后，授以外国语和经世之学，以备将来经济特科之选。而所谓经济特科，既由内外大臣保荐，又需经过策论考试时事，目的在于选拔通晓时务者，实际是清朝末年改良了的科举考试之一。李叔同参加的是特班第二次招生考试，他参加这次考试，一是由于广方言馆虽然录取了他，却是备取生，如果没有正式录取生弃学，他也不能入馆学习。二是由于他前次北上探亲时，受了严修的影响。前面提到，严修于1897年10月所奏《请开经济特科折》，虽因戊戌变法失败而被一时搁置，但在不久之后清政府实行新政时，还是被有识之士采纳和实施了。1901年3月，盛宣怀决定在上海南洋公学设一特班，以备经济特科之选。关于这一信息，与盛关系密切的严修肯定会提前得知，并为自己的夙愿得以实现而高兴。此时，正在天津的李叔同曾多次到育婴堂"访赵幼梅师"。赵幼梅即赵元礼，当时正受常董严修之邀，代其主持育婴堂事务。或许就是在育婴堂访问赵元礼时，李经由赵从严修那里得到南洋公学将设特班的信息，甚或受其启发、鼓励而决定报考该班的。齐鲁书社1990年1月版《严修年谱》在叙述谱主1901年行谊时说："是年，先生每日赴育婴堂见客。"以此推断，李叔同到育婴堂"访赵幼梅师"时很可能见到了严修，并直接从严那里得到了南洋公学将设特班的信息！严修对李叔同报考特班当然是赞赏的。这是可以从第二年——1902年11月3日，当其由日本考察教育回国途经上海时，曾在南洋公学会见了李叔同得到证实的。（这在严修的《壬寅东游日记》中有记载。[18]）

南洋公学特班设立之初，即聘著名教育家蔡元培先生来校。蔡先生原在翰林院任编修，"戊戌变法"失败后，深知"清廷之不足为"，断然弃官离京南下，先是在家乡任绍兴中西学堂监督，1901年后受聘南洋公学，任特班中文总教习。

特班招生考试，分笔试、口试两项。令人惊奇的是，李叔同走进笔试考场时，发现门口竟然站着一位黄发碧眼的外国人。此人装束不伦不类，上身穿的是西服，头上却戴一顶中国瓜皮小帽，帽顶上还缀着一颗黄色的顶珠。问了旁边的考生，才知道是学校派来的监考官，名叫福开森。南洋公学是培养洋务人才的，请个外国人当监考官，又这等打扮，算是"中西合璧"的象征吧！主持口试的倒是中国人，即后来为中国出版文化事业做出巨大贡献的张元济先生。不知道张先生当时向李叔同提问的是哪类问题，据同时一起报考的黄炎培先生回忆，张提问的是"你信宗教吗？信哪一种宗教？"黄回答说："我没有信什么宗教。"于是张鼓励他说："不信仰宗教，很好。年轻人，多学点知识，以后大有可为。"[19]如果张先生也向李叔同提问此类问题，恐怕他就难以回答了吧！不过他还是考得很成功的，以总分75分位居第12名被录取。在同班同学中，李叔同与邵力子、黄炎培、谢无量、王世澂、胡仁源、殷祖同、项骧、洪允祥、贝寿同等十余人，后被公认为蔡元培的高足。

开学典礼来了多位师长，中间一位衣冠朴雅、仪容整肃，又和蔼可亲者，同学们告诉李叔同，那就是中文总教习蔡元培先生。初见之下，叔同即对这位海内闻名的教育家，仰慕中有亲近之感。他庆幸能跟名师受业，将会学到许多切实有用的知识和做人的道理。

特班日常课程，上午读英文、算学，下午学中文，间以体操等户外活动。在第一堂中文课上，蔡元培详细讲述了他的教学内容和具体安排。他说："特班生可学的门类很多，有政治、法律、外交、财政、教育、经济、哲学、科学、文学、论理、伦理等等，一共三十多门。你们每人可以自定一门，或两门，或三门。等大家各自选定后，我再给你们每人开具主要和次要书目，依照次序，向学校图书馆借书，或自购阅读。老师讲解辅导只是一个方面，而且是次要的方面，主要靠你们自己去认真阅读领会。我的方法是，要求每人每天必须写出一篇阅读札记，交上来由我批阅。"[20]学生的札记隔一二日退回一次，蔡先生都有或长或短的批语，佳者于本节文字左下角加一圈，尤佳者双圈。还规定，每月命题作文一篇，亦由蔡先生批改。经过一个多世纪的辗转流徙，李叔同当年的一篇论文留了下来，题为《论强国对弱国不守公法之关系》。文章说：

世界有公法，所以励人自强。断无弱小之国，可以赖公法以图存者。即有之，虽图存于一时，而终不能自立。其不为强有力之侵灭者，未之有也。故世界有公法，惟强有力者，得享其权利。于是强国对弱国，往往有不守公法之事出焉。论者惑之，莫不咎公法之不足恃而与强弱平等之理相背戾。

在李叔同看来，所谓"世界公法"云云，只对强国有意义，它们在享受权利之余，还可侵略弱小国家，做出恃势违情之事。因此，弱小国家断不能依恃"公法"侥幸图存，唯有自强自立之一途耳。李叔同此时这样立论，显然包含着他从刚刚过去的庚子事变以及其后订立的《辛丑条约》中获得的深痛教训。从稿面的墨迹上看，蔡元培先生在批改李叔同这篇文章时，为其重新标点过。蔡先生在李叔同的文章上加了几处眉批，并在文末总批曰"前半极透彻"，"文亦有鲜气"。

除了审读批改读书札记、命题作文，每天晚上，蔡元培还召集二三学生，去他住室中谈话，或是发问，或令自述读书心得，或谈时事感想。每个学生，隔个十天半月，都有机会聆听他一次当面教诲。其循循善诱、点拨引导的场面，一定是很动人的，可惜现在已经无法追寻了，不过从以后李叔同教育学生的情景中，也还能体察其一二。

蔡元培很重视特班的外语学习。他对学生们说："世界天天在进化，新事物天天在发现，各种学说亦日新月异，当今学人唯有具备世界新知识，才能不落人后。这就需要多学外语。"又说："现在中国被西洋各国欺侮到这等地步，我们要'知己知彼，百战不殆'，认清了自己的弱点，也要了解国际大势。而要了解国际，必须通晓外国文字，读外国书刊。英文是要读的，学日文也好，从日文中同样可以了解国际情况。大家除了在中学部插班学习英文，还可跟我学日文。我不能说日语，但能看书，用我的看书法教你们学习日文笔译……大家可以边学习日文，边作翻译，既学会了日文，也引进了西方新学，介绍了国际形势，以一新国人耳目。"[21]李叔同在南洋公学，不但打下了一定的英语基础，还在蔡先生的指导下，译出了日本玉川次致《法学门径书》和太田政弘、加藤正雄、石井谨吾三人的《国际私法》两部法学著作，并于1903年出版。这是两部我国近代法律学最初介绍国际公权与私权的译著。《法学门径书》有以"读者"名义撰写的序言。序言中说，法学"译成之书"，虽"以十数计"，但却"本末未具，先后不辨"，不能以之导人。"玉川君是书虽寥寥无多语，然真图之界之者也。吾于是多（'多'者，推重也、赞美也。——引者注）译者之卓识云。"耐轩则在《国际私法》序中说："李君广平之译此书也，盖慨乎吾国上下之无国际思想,致外人之跋扈飞扬而无以为救也。故特揭私人与私人之关系,内国与外国之界限,而详哉言之。苟国人读此书而恍然于国际之原则,得回挽补救于万一,且进而求政治之发达,以为改正条约之预备,则中国前途之幸也。"这部译著被列为由《译书汇编》杂志社编辑出版的《政法丛书》第六编。冯自由在《革命逸史》初集中说,《译书汇编》"专以编译欧美法政名著为宗旨",其于"吾国青年思想之进步,收效至巨"。李叔同在蔡元培先生指导下所译著作,能被选入是编,亦可见其意义之巨。

蔡元培先生还对学生们说:"今日之学人,不但自己要学习新知识新思想,还要用学来的新知识新思想引导社会,开发群众。而现在的民众,大多数不认字,没文化,不能看书读报。怎样才能用我们学来的新知识新思想去开发他们呢?用口语即用演讲去宣传,是一种极有效的方法。古希腊大演说家伊索克拉底就曾用他的演讲,点燃了广大听众的心灵之火。我希望我们中国,也能出现像伊索克拉底那样的大演说家,用他的口才去唤醒民众的心。但演讲是一门学问,大家平时要多多练习,必要时可以成立一个演说会,以便相互切磋,提高演讲技术。"[22]

据黄炎培先生回忆,他受蔡先生的启示与鼓励,并在其直接指导下,办起了演讲会。但多数同学操的是江浙方言,讲起来令人发笑。唯有李叔同会说标准国语,又吐字清晰。大家就请他当口语教授,按他的发音行腔学习国语。不久,黄举办了一次辩论会,题为"世界进化,道德随之增进乎,抑或退步乎?";还举办了一次演讲会,题为"试列举春秋战国时爱国事实而加以评论之",参加者都用新学的国语发言,效果很好。叔同为之欣然。[23]

南洋公学特班,因有蔡元培先生主持,学子们都感到受益匪浅。在新思想的培育方面,进步尤为显著。但这所学校自开办以来,由于校方用人不当,再加上新旧两种思想差异,部分教师和管理人员不受学生欢迎,双方早就潜伏着对立情绪。中学部第五班教员郭振瀛,经常在课堂上鼓吹《东华录》中"圣祖""武功"的思想,并严令学生不得阅读《新民丛报》等进步报刊。师生间原本就不融洽,现在郭某又来限制思想言论自由,搞舆论一律,更引起了学生的反感。1902年11月间,有学生误将墨水瓶放在郭振瀛的座位上,郭在没弄清楚情况之前,指责伍正均和另一位同学,说他们是有意在侮辱他。学生当然不服,沈步洲、胡敦复等人起来争辩,郭某恼羞成怒,要求校方处分有关学生。校方不问情由,下令斥逐了几个学生。有学生认为被逐者并非侮辱师长,呼吁收回成命,校方则令一并驱逐。最后,事情竟发展到了这样的地步:全级为请,斥全级;全校为请,则斥全校。

蔡元培出来力争，亦无济于事，愤慨之下，和其他教员一起，于11月16日率领各自的学生在操场集合，然后走出了南洋公学，酿成中国教育史上从未有过的退学大风潮。李叔同和特班同学，牺牲其保举经济特科资格，也离开了南洋公学。

蔡元培在谈及这次退学风潮的深层原因时说："论者谓为子民平日提倡民权之影响。子民亦以是引咎而辞职。"但他又毫不隐讳地说，"我在南洋公学时，所评改之日记及月课，本已倾向于民权女权的提倡""及到学社[24]受激烈环境的影响，遂亦公言革命无所忌"了。

南洋公学集体退学时，蔡元培对特班学生说："汪总办不让我们完成学业，我们应该自动地组织起来，扩大容量，添招有志求学的青年学生来进修，你们能胜任哪门功课的就当哪门功课的教师。如果愿意回乡办教育，也是很有前途的。"[25]此前半年（1902年5月），蔡元培与乌目山僧、叶瀚、蒋智由等，"以教育中国男女青年开发知识而增进其国家观念，以为他日恢复国权之基础为目的"，发起成立了前面提到过的中国教育会，蔡任会长。主要成员有章太炎、吴稚晖、黄炎培、蒋维乔等。1902年11月，该会创办爱国学社，旋即又开办爱国女校，蔡元培为总理（校长），吴稚晖为学监（教务长），吸收部分南洋公学退学学生入学。同一时期，爱国老人、著名教育家马相伯先生创办震旦学院，也接纳了邵力子等部分南洋公学退学学生，到该校肄业。

这里插叙几笔。在南洋公学特班高材生中，有后来成为国学大师的谢无量。谢与另一位后来成为国学大师和佛学大师的马一浮有特殊关系。马于1898年应浙江绍兴县县试，名列榜首。同时应考的有周树人、周作人兄弟等。阅卷流传时，马的试卷被当地一位社会贤达汤寿潜（1857—1917，字蛰龙，后为民国时期浙江第一任都督、交通总长）看到，大加赞叹，以为绍兴府出了神童，这是为家乡增光，于是主动浼人执柯，将其长女许配与他。是时，谢无量亦秉学于汤寿潜。从此，谢与马同列门墙，相契无间。1901年后，谢与马在上海合办《二十世纪翻译世界》杂志，介绍西方文化。这时，谢已在南洋公学与李叔同同班就学。因了谢的关系，李叔同始与马一浮相识，并成好友。这一机缘，对李后来人生道路的选择，具有重要意义。

回到正文上来。及至1901年，22岁的李叔同还未获得过任何功名。因此进入南洋公学的际遇，他是很看重的。李叔同便在进入南洋公学特班后的第二年（1902）秋，遇上各省补行庚子、辛丑并科乡试，他还是以李广平之名前去应试了。与他同科应试的，有后来相识并同为南社社员的王海帆先生（1845—1917，浙江余杭人，书画家）。

1902年，李叔同应浙江乡试所持之四十二号准考证上显示，他是以"嘉兴府平湖县监生"资格应试的。该证还显示，他是"平湖本城民籍"。李叔同三代以前即到天津，他又出生于斯，故其籍贯为天津，这是没有问题的。而上述准考证上所显示的，其祖籍或者说原籍，是浙江平湖县，这原来也是没有问题的。先前的各种辞书或相关书籍，凡提到李叔同的祖籍时，都是认同上述说法的，李叔同本人亦始终秉持此说。但是从20世纪80年代后期开始，关于李叔同的祖籍，却又冒出了个"山西"说，将原先明确了的问题，又悬揣迷惑了起来。李叔同祖籍究竟为何处，实有辨证之必要。

采用"山西"说的，主要是陈星先生，见于他在大陆和台湾出版的三部李叔同传记。概括起来，陈先生的依据和理由有三点：一是，李叔同侄孙女李孟娟在《弘一法师的俗家》一文中说过："我听郭氏老姨太太对我们家里的晚辈们讲过，说李家的祖上是由山西迁来的，靠串街卖布为生。……我还听家中的老保姆们讲，说我六七岁时有山西人来天津认宗续谱……"[26]李叔同次子李端则在《家事琐记》中提到，他从小就听老人们说，他们祖上"是从山西洪洞县大槐树下，随燕王扫北移民至天津的"[27]。二是，李叔同之父李筱楼，为建立山西会馆捐过钱。三是，1902年，李叔同为寄籍应考，"抑或许是他有意久居江南"，才在乡试时将籍贯填为浙江省平湖县，以后屡次这样填写，只是一种"将错就错"的行为。类似陈先生这种说法的，还有其他几位李叔同研究者，只是没有形诸文字罢了。

笔者以为，陈先生等学人的这三点依据和理由是难以成立的，依据和理由亦有三点：一是，在上引李孟娟转述的老保姆的闲谈中，原来在"说我六七岁时有山西人来天津认宗续谱"后面，还有这样一句关键性的话，被陈先生略去了，"但我祖父当时没有答应"。这是说，李筱楼的次子、李叔同的二哥文熙，并没有确认李家的祖籍是山西。至于李端将他家的祖籍系统远推到五百多年前的明朝洪武年间（即十四世纪八九十年代。其后为明成祖的朱棣，当时还是就藩于北平的燕王，故有"燕王扫北"一说），说是在几次移民浪潮中，由山西省洪洞县大槐树下迁徙到天津的这种说法，像如今不少京、津、冀一带的人，往往将山西省洪洞县大槐树下当作其遥远的祖籍之地那样，就更是一种缺乏具体根据的笼统传说了（明朝初年，确有过几次大规模的移民浪潮，但迁徙到天津的，不一定都来自"山西省洪洞县大槐树下"）。二是，李筱楼系津门有名的慈善家，号称"李善人"，山西会馆又正建在他家附近，如果他为建馆捐过钱，那么也只能视作其众多慈善举动中的一项罢了，并不能以此证明他的祖籍就是山西。何况，从山西会馆旧址挖出的十一通沿革碑碑刻来看，在其所记历次重修的资助人名单中，并无李筱楼的名字。第三，更重要的是，李叔同填籍贯为浙江省平湖县，并非如陈星先生等所说，始于1902年乡试之时，更不是为了寄籍应考随意写上的。此前多年，他曾好几次这样写过。1896年，他为刊行《唐静岩司马真迹》亲自题签，并标明"当湖李成蹊署"。浙江省平湖县在19世纪末，并不是显赫有名之地，李那时也还未去过南方，但他不仅确认其祖籍为平湖，还知道该县之古治为当湖，故又常以当湖代称平湖，这能是偶然的认领郡望吗？1899年，李到沪的第二年，题诗赠名妓雁影女史朱慧百，朱以画扇回赠，并和其原韵，在跋语中则称"漱筒先生，当湖名士"（漱筒系李叔同的名号之一）。朱慧百称谓李叔同为"当湖名士"，自然是由于李叔同自报郡望的缘故。李别号惜霜，1899年，他以苏体书写己作《山茶花》诗，上钤"江东少年""惜霜""时年二十"等三方印章。从第一方印章上看，李叔同虽未直接说自己是浙江省平湖县人，但却明确地告诉人们，他是籍隶江东一带人。1900年出版《诗钟汇编初集》时，他内题"当湖惜霜仙史编辑"，序末又标"当湖惜霜仙史识"。1901年南洋公学招考时，应考条件之一是，考生应为江浙籍人。李叔同就是以浙江平湖籍人考入该校经济特科的。同年，李为金兰之友许幻园著《城南草堂笔记》作跋，文末又署"当湖惜霜仙史李成蹊漱筒"。也是在这一年，11月22日《春江花月报》所登诗钟启事中说："题目：钱水烟袋由当湖霜仙史主课。"这些都是在1902年以前，李叔同自己确认郡望的史迹。由此可见，李在1902年应"各省补行庚子、辛丑恩正并科乡试"时，将籍贯填为浙江省"嘉兴府平湖县"，并非像一些学者所说，只是为了寄籍应考之需，更重要的是，他确认那里是他的祖先居住占籍之地。自浙江乡试报罢后，李叔同仍始终将自己的籍贯写成浙江省平湖县，诸如：刊于1902年10月2日《笑林报》上的《照红词客介香梦词人属题采菊图，为赋二十八字》一诗，署名为"当湖惜霜"；1904年作《〈李苹香〉序》，末尾署的是"当湖惜霜"；1914年，加入西泠印社时所写《哀公传》说自己为"当湖王布衣"，等等。这些都证明不是如陈星等人所说的那样，是李叔同"将错就错"的行为，而是他确信其祖籍浙江平湖的一再表现。1915年，他为"乐石社"作社友小传，关于自己，说是"燕人或曰当湖人"。这里的"燕"字，系旧时河北一地（包含今天津和北京）的别称；李叔同说自己是"燕人"，是就其出生地而言；说是"当湖人"，则是就其祖籍而言。直到1938年他已59岁时，在所持的福建省晋江县颁发的佛教徒身份证上，"籍贯"一栏中填的依然是"浙江"二字。可见他自幼年至暮年，始终确认自己的祖籍是浙江省平湖县。

还可以当作李叔同祖籍"浙江平湖"说证据的，是西泠印社所藏李叔同常用印和收入《李叔同印存》（天津人民美术出版社1995年5月版）中，有几方印章也涉及他的祖籍所在地。这些印章的印文是"当湖惜霜""当湖布衣""江东后生""吴郡子弟"等。前两方印文的含义再明白不过了。其中"当湖布衣"一方的边款刻的是："息霜夫子先生命刻。"所谓"当湖布衣"，原是李叔同对自己的谦称。如此，这方印章也明确地说明了李叔同祖籍之所在。后面两方印章的印文，虽说得有些笼统，但也表明了李的祖籍地之大致方位。据平湖乍浦李氏后裔的回忆，关于李叔同母亲的姓名、出生地、家世、嫁与李筱楼的过程讲得尤为详细具体。这些虽然都是遥远的回忆，或者带有民间传说的性质，但在平湖乍浦镇有关于李叔同先祖的回忆与传说，这本身也从一个方面说明了该地与李之祖籍的关系。乍浦镇人还在杭州湾的外蒲山上，修建了一座"文涛亭"（李叔同学名文涛），以纪念与缅怀这位与他们有着历史渊源的文化名人。

再有一点值得留意的是，李叔同的同学、同事、友人、弟子，如黄炎培、袁希濂、夏丏尊、姜丹书、范古农、柳亚子、刘质平等，在他们的回忆文章中，都说李的祖籍是浙江省平湖县。浙江嘉兴人范古农，更说李是他的"同乡人"（清末时，平湖县隶属于嘉兴府，今属嘉兴市）。

按通常的理解，所谓"籍贯"，是指某人出生于某省某县；而"祖籍"则是指其父辈以上的从出之地。以此共识，从"籍贯"上说，李叔同为天津人，而他的"祖籍"则为浙江省平湖县。我们这里讨论的是他的"祖籍"问题。

"山西"说之后，陈星先生又提出了"以母亲的籍贯为祖籍"说。陈先生在《说不尽的李叔同·乡关何处》中，由李叔同在《哀公传》自称"当湖王布衣"引申说："李叔同生母姓王。李叔同有爱母情结人所共知，他一度愿意以母姓为己姓……所以李叔同当初把自己母亲的原住地视为自己的祖籍也是可能的。"[28]这是对李叔同自认祖籍"平湖"说的一种推论，看似在认同"平湖"说，其实是坚持"山西"说，否认"平湖"说的一种说辞。陈先生的这一推论中，包含着一个难以释疑的问题，即天津离平湖有数千里之遥，如果李氏家族本身与平湖一地没有历史渊源，李筱楼何以会从那么远的地方去迎娶王姓姑娘呢？王家能把姑娘嫁给他吗？为了调和"平湖"说与"山西"说的矛盾，或者说是干脆为了否定此二说，有学者又主张说，李叔同的祖籍，既不是山西，也不是浙江，而就是天津。关于李叔同的祖籍，既然有分歧，当然需要继续探讨，但必须有可靠的（而不是传闻的、推论的、想象的）

史料作依据。笔者所不解的是，不知道为什么，一些学者就是不能认同李叔同本人（以及与之密切的师友、同事、学生等），关于其祖籍平湖，自少年至老年（而不是"一度"）一而再、再而三所作的白纸黑字的表述，而偏偏对李叔同个别晚辈的片言只语和传闻异词那样信之不疑呢？在笔者看来，关于其祖籍的表述，在李叔同的先辈或平辈没有留下任何书面文字的情况下，李叔同本人（以及与之密切的师友、同事、学生等）的表述，应该是最权威的。要说"确凿证据"，这就是最确凿的证据。为什么要绕开这些确凿的证据，让不是问题的问题成为问题，而去进行无休止的争论呢？

还是接着叙述南洋公学散学后李叔同的行谊。

1903年初，李叔同到上海圣约翰书院任教。这是一所由美国圣公会上海主教施约翰，为实践其推行高层次教育，于1879年将圣公会原辖的培雅书院和度恩书院合并而成的教会学校。初设西学、国学、神学三门课程，1892年添设正馆，教授大学课程。到1896年形成文理科、医科、神学科及预科的教学格局，为沪上唯一的高等学府。1906年在美国注册，正式命名圣约翰大学。进入20世纪后，该校更加发展壮大，成为拥有文、理、工、医、农5个学院16个系的著名大学。1947年向国民政府注册，1952年院系调整时，并入沪上其他高校。李叔同在圣约翰书院教授中文课程。他在那里结识了无锡人尤惜阴（1872—1957，名秉彝，号雪行，20世纪20年代末去南洋，后出家，法名演本，号弘如），并很快成了好友，后又成为道友。

南洋公学散学，断了李叔同有望可以步入准科举之途的经济特科。然而他仍想在这一道路上作一拼搏。1903年秋，李叔同长途跋涉前往开封（"桐达李家"曾在河南内黄县有祖传的盐引，那里自有相识可靠之人帮助），以李广平之名寄籍应癸卯科乡试。[29]但李与科举、仕途无缘，和上次一样，这次乡试又以报罢而归。这样，也就杜绝了他的仕进之心、官宦之途。

比圣约翰书院还要早4年（1875），上海已建有格致书院。这所书院是由英国驻沪领事麦华陀提议、中西绅商捐资，由英国传教士傅兰雅（1839—1928）和徐寿（1818—1884，江苏无锡人，西学译介者）等发起筹建，旨在"令中国人明晓西洋各种学问与工艺与造成之物"。始由徐寿主持院务，1885年起由王韬掌院。该院除日常课程（多为声、光、化、电、解剖、测绘、矿务、机器制造等西方学术与科技）外，还在《申报》上设一课试专栏，由沿海各关道、南北洋大臣命题季课和特课，3个月后发布课案结果，优者给奖。该院还连续9年编辑《格致书院课艺》，宣扬改良维新思想。以此，"四方风动，群彦云起"，掀起了一股绍介西方学术科技的热潮。1902年后又增设月课，一个半月后发布课案等级。格致书院与广方言馆、江南制造局翻译馆，并称清末上海三大"输入西洋学术机关"。李叔同刚到沪上不久——1899年春，就以成蹊之名开始参与格致书院的课试。及至1904年年底，整整5年间，他一共参加了12次课试。应答之题，时事洋务居多，西学次之，亦有史论。虽然李的课试文章没能留传下来，但从持续5年间应答的题目中，亦可看出其对西学之热衷和对中国社会现实问题的关注。他的课案是做得不错的。在12次征答中，8次获奖，其中一次获超等第一名，一次获第一名，三次获第三名。[30]

不再应答格致书院课试后，李叔同又以惜霜之名参与过商务印书馆的征文比赛，并获二等奖，奖金50元。应征的题目有两个，一是："我国各地交通不便，语言因以参差。今汽车汽船既未遍通，有何良策使语言齐一欤？"二是："学堂用经传，宜以何时诵读，何法教授，始能获益？"李的这次应答作文发表于《东方杂志》1905年5月第4期附录之《商务印书馆征文》。李的第一题应答作文，先是论说了语言变迁与人类进化之间相辅相成的密切关系。在他看来，一个国家，一个民族，如果语言歧异不一，"既靡合群之力，无复爱国之想"，其"渐灭之原，实基于是"。"黑奴红种"之命运，就是最明显的例子。因此，"晚近以还，蹞躇之士，佥念语言歧异之为我国大谬也，于是有改良语言之议"。针对我国当时汽车、汽船尚未遍通所造成的语言歧异的情况，李叔同以为，不能"听诸自然"，而应"假诸人力"，使之逐步走向齐一。他说"假诸人力"，则"必自教育始"。教育之道则有二：甲为"设官话学堂"，乙为"学堂设官话学科"，二者之中，"乙为先"；而"设官话学科于中学、小学，不若设于蒙学"。这不只"年愈稚，习语言愈易"，而且便于"教育普及"和"兼通文法大纲"。关于如何教授官话，李叔同还提出了一些具体方法。比如：设立官话讲习所，"择通达国文而能操纯官音者"，授之以教授官话的方法；根据各省土音不同，编写因地制宜的官话教科书，"盖教授官话，必用土音为之比较也"；编写教科书时，还需注意"异音""异字""异文法"之区别和学习之不同次序，等等。李还以他在圣约翰书院教授中文课程"译俗"一门为例说，只要将教员用土白改为用官话诵出，让学者记录下来，或仍用土白诵出，而让学者用官话译出即可。在本题作文末尾，李又以感慨之言，如此振聋发聩地提醒国人说：

乌乎，英墟印度，俄吞波兰，佥以灭绝国语为首务。然则国语顾不重哉！文明之进步系于是，国家之安危亦系于是。改良齐一，未可缓也。我国数稔以还，负床之孙，乳臭未脱，辄能牙牙学西语，趋承彼族，伺其颦笑，极奴颜婢膝之丑态。及闻本国语言，反多瞠目结舌不解者。沉沉支那，哀哀同胞，其将蹈印度之覆辙邪，抑将步波兰之后尘耶？

从本题作文中，我们既能深切地领略到李叔同当时的忧国忧民之思，还可看出其在推广官话一事上的远见卓识。他在文章中说："官音以北京音为准，非指各地官音，言亦非指北京土音言。"[31]这在当今已是常识，但在一百多年前，能如此认知者，恐怕不是很多吧。

李叔同应答第二题的文章，题为《学堂用经传议》。[32]文章一开头，指出了自秦汉以来，在经传的运用上，先后出现的两种弊端，一是，"骛其形式，舍其精神"。他说，由于"门户攸分"而"入主出奴"，及其末流，则以"笺注相炫，或以背诵为事"。二是，欲矫前弊者，则又"鄙经传若为狗，因噎废食，必欲铲除之以为快"。二者"皆偏于一，非通论也"。至近今学堂，虽有定章，特立十三经为一科，然"迹其方法，笃旧已甚，迂阔难行，有断然者"。李叔同"沉研兹道有年"。他根据历来所见所闻种种弊端，及其自身"沉研"和在圣约翰书院教学的体会，提出了学堂用经传的两种方法。一是"区时"。所谓"区时"，就是要针对受学者年龄及程度，循序渐进地安排蒙养、小学、中学时期学习十三经的次序。二是"窜订"。也就是除了《诗经》（它可以"作唱歌用，体裁合适，无事删润"）、《尔雅》前四篇等，其他经传原文，均应"删其冗复，存其精义；窜其文词，易以浅语"，以编订精要易懂的教科书。李叔同还以为，经传教科书，宜用问答体。采用这种体裁，较之章节体，"眉目清晰，条理井然"，学者读之，容易领会。李还对经传的删润比例，提出了具体的建议。《学堂用经传议》一文，显示了青年李叔同在经传上的深厚学养（他在文章中对每一经的要义都进行了准确的概括），也表现出了主张变革的进化论思想（前一题应答文章《中国语言齐一说》中亦贯穿着这一思想）。他对"笃旧小儒"的言行进行了猛烈的抨击。他说：

（这类人）其斥人辄曰："离经叛道"，是谬说也。经者，世界之公言，而非一人之私言。圣人不以经私诸己,圣人之徒不以其经私诸师。兹理至明,靡有疑义。后世儒者,以尊圣故,并尊其书。匪特尊其书,并其书之附出者亦尊之,故十三经之名以立。……(而笃旧小儒)以为圣贤之言,亘万古,袤九垓,断无出其右者,且非后人可以拟议之者。虽前人尊其义,因重其文;后儒重其文,转舍其义。笺注纷出,门户互争。《大学》"明德"二字,汉儒据《尔雅》,宋儒袭佛典,其考据动数千言。秦延君说《尧典》篇目,两字之说十万言。说"曰若稽古"四字三万言。甚至一助词、一接续词之微,亦反复辩论,不下千言。一若前人所用一助词、一接续词,其间精义,已不可枚举。……

针对此种学风,李叔同又说:

……晚近以还,新学新理,日出靡已,所当研究者何限,其理想超轶我经传上者又何限!而经传所以不忍遽废者,亦以国粹所在耳。一孔之儒,喜言高远,犹且故作伟论,强人以难。夫强人以难,中人以下之资,其教育断难普及,是救其亡,适以促其亡也。……

李叔同之所以提出上述删窜的"变通之法",正是嵛国学之长存。李在谈完学堂如何使用经传的见解后,于文章末尾所说的一段话中,更突出地表现了他的进化论思想。这段他称之为"附书的臆见"是:

乌乎,处今日之中国,吾不敢言毁圣经,吾尤不忍言尊圣经。曷言之?过渡时代,青黄莫接。向之圣经,脱骤弃之若敝屣,横流之涡,吾用深惧。然使千百稔后,圣经在吾国犹如故,而社会之崇拜圣经者,亦如故,是亦吾所恫心者也。不观英儒颉(硕)德之言乎:"物不进化,是唯毋死。死也者,进化之母。其始则优者胜,劣者死,厥后最优者出。向所谓优者,亦浸相形而劣者死。其来毋始,其去毋终。递嬗靡已,文化以进。"我族开化早于他国,二千稔来,进步盖鲜。何莫非圣经不死有以致之欤!一孔之士,顾犹尊之若鬼神,宝之若骨董，譬诸日月经天，江河行地。是亦未审天演之公例也。前途茫茫，我忧孔多。

李叔同的这段"臆见"，置诸21世纪之今日，亦不过时。

李叔同先前就读的南洋公学，原有外院（附属小学）、中院（属中学性质）、上院（属大学性质）和师范院四院。李上的特班属于专科性质。其时，该校师范院出身的沈心工，系附属小学的教师。从传统意义上说，沈与李是师生关系。沈曾执教于圣约翰书院。李在南洋公学散学后也到该院担任教师，是不是沈的推荐，现在虽无史料可以证实，但这是很有可能的。由于他曾深刻地影响了李叔同日后艺术生活的走向，因此有必要作些相关的介绍。

沈心工（1870—1947），上海人，原名庆鸿，号叔逵，笔名心工。经过县考、府考，中过秀才。1902年自费前往日本学习西洋音乐，一年后回国，很快成了中国现代学堂乐歌创作的代表人物之一。

虽然说，自鸦片战争以后，西方近现代音乐开始由传教士传入上海、广州等城市，但那大多是在教堂中演奏的"圣歌"之类的教会音乐，报刊上介绍的也都系教会音乐的知识。这种与宗教相结合的音乐，不能在民间生根，也很难为中国人所接受。因此，直至19世纪末，中国音乐界流行的还是工尺谱，并无现代的科学的作曲法。正是康有为、梁启超等维新派人士，在戊戌变法期间，倡导"诗界革命""小说界革命"的同时，提出了推广西方近代音乐和改革中国音乐的主张。康在1898年的《请开学校折》中，要求把"歌乐"列为学校教育的普通课程；[33]梁亦强调要改造国民素质，"诗歌音乐为精神教育之一要件"[34]。资产阶级革命派从社会形势的发展和审美要求出发，在批判封建礼乐的同时，也提出了变革传统音乐和学习西方近代音乐的主张，以使音乐服务于他们正在进行中的反清革命。在这种思潮的推动下，20世纪初期，沈心工、曾志忞（1879—1929，又名泽霖，号泽民，出身于上海一巨商家庭，其父为追随康、梁的著名"立宪派"人士）等一批曾留学日本的有志青年，将他们所掌握的西洋近代音乐知识和作曲法带回国内，在《江苏》等刊物上发表文章予以介绍，在南洋公学附属小学等学校中传授，并编出《学校唱歌集》和《教育唱歌集》等作为示范。此后，中国音乐界才开始出现按现代作曲法编谱的学堂乐歌。

沈心工从日本回来后，除了继续在南洋公学及其附属小学等学校教授乐歌课和音乐课，他还走向社会普及现代音乐知识。1904年春，他开办了一个乐歌讲习会，为期两个月。

李叔同亦参加了讲习会，学习音乐知识。在讲习会中，他初步学习了西洋音乐知识，并掌握了风琴演奏法和现代作曲法，并很快有了自己的创作成果。正是从这个角度，我们可以毫不夸张地说，在音乐道路上，沈心工是李叔同的启蒙老师。这就是为什么，李在日本编刊《音乐小杂志》时，要专门刊登启事，征集沈心工的相片，并许诺将以自己的画作回赠了。

自南洋公学散学，李叔同一直牢记着蔡元培先生的嘱咐，要用自己已有的知识去帮助那些有志求学而未能就学的青少年，使他们有机会补习进修。1904年秋，李叔同与黄炎培、穆杼斋、穆藕初等发起成立沪学会，推举德高望重的马相伯为会长，龚子英为经理。

马相伯（1840—1939），名良，以字行，江苏丹徒人。青年时入上海徐家汇天主教耶稣会小修院，受"神修"训练。他整整学了8年，举凡法文、拉丁文、理化、数学，以及种种新知识，无不融会贯通，毕业时名列前茅，获神学博士，由教会授神职为神甫。法国驻沪领事馆，拟聘马相伯为翻译，待遇优厚，马力辞不就，说学了法文是为中国人办事的。马治拉丁文颇有心得，梁启超、蔡元培、张元济等都曾师从学习。1872年，马相伯担任刚成立的上海徐汇公学（今徐汇中学前身）校长。此后，除一度当过清政府驻日使馆参赞外，一生主要从事教育事业。马相伯于1903年创办的震旦学院，由于接收了邵力子等一批南洋公学退学学生和革命青年，致使学院的革命色彩一时浓重，引起教会的不满，剥夺了他主持院务的权力。马又另行创办复旦公学（今复旦大学前身），有复兴震旦之意。辛亥革命后，蔡元培出任教育总长，马代理过北京大学校长之职。九一八事变后，马积极投身抗日救亡活动，为营救沈钧儒等"七君子"不遗余力。沈等出狱后，到南京拜谢马相伯，题词曰："惟公马首是瞻。"冯玉祥曾身穿上将军服，为马相伯推车。其受人尊敬的情景，于此可见一斑。马相伯于1939年去世，被尊为"国家之光，人类之瑞"。马相伯之弟马建忠，是中国第一部全面系统的语法专著《马氏文通》的作者。沪学会经理龚子英（1879—?），名杰，诸生，江苏苏州人。曾任苏州铁路公司总稽查员、上海《时报》记者，民国后任江苏财政司司长等职。他擅长数学，有《立方奇法》《求一捷术》各一卷。另著有《古歌解》，可见其对古代乐歌的喜爱。1905年春，龚因事离沪，学会日常事务由李叔同代理。[35]

沪学会的主要创办者之一黄炎培（1878—1965），江苏川沙县（今属上海市）人，字任之，清末举人，李叔同南洋公学同学。公学散学后，回家乡创办川沙小学、开群女学，并进行反清革命活动。1903年6月的一天，黄在浦东南汇新场镇举办演讲会，宣传革命思想。当时，正值"《苏报》案"发。章太炎等在该报发表推荐邹容《革命军》一书的序言及《驳康有为论革命书》等文章，鼓吹反清革命，批判康、梁保皇谬论，清政府以文章中有"载湉小丑，未辨菽麦"等文字，指为"污蔑皇帝，大逆不道"，谕令上海道会同租界工部局，逮捕章太炎，邹容后亦入狱，《苏报》被查封。黄炎培在此时举办演讲活动，自会引起当局的注意，招致衙役前去缉拿。好在有演讲会发起者之一、当地基督教堂牧师的营救，黄得以逃脱远走日本。这一事件被称为"《苏报》案"之余波。原《苏报》主笔、后主办《民国日报》的章士钊，刊出《南汇之风云》，详细报道了这一事件的经过。黄于次年回国后，加入同盟会，并任该会上海干事。他参与发起成立沪学会，也正是在这个时候。1906年后，黄与教育家杨斯盛创办浦东中学，并任首任校长。辛亥革命后，黄曾任江苏教育司司长、省教育会副会长、省议会议员等职。1917年后，黄先后创办中华职业教育社、中华职业学校等多所职教学校；1945年参与发起成立民主建国会；1949年后，历任政务院副总理兼轻工业部部长、全国人大常委会副委员长、全国政协副主席等职。黄主张"教育救国"，是中国职业教育的奠基者之一，一生于此贡献良多，为人称道。

沪学会的另外两位创办者为穆氏昆仲，江苏上海县（今属上海市）人。兄穆杼斋（1875—1937），名湘瑶，又字恕再。其家世以种田为生，到他父亲一辈，曾在上海十六铺开设一花行，家道始富。但不久破产，又入困顿。穆杼斋于1903年应癸卯乡试，中武举人。他曾任江苏咨议局议员、省议会议员、上海市议员；1915年后先后创办德大纱厂、恒大纱厂、中华第一窑厂等企业，为二十世纪二三十年代著名实业家。其与李叔同、黄炎培等在南洋公学共读期间，经常称道乃弟藕初如何好学有志气，藕初亦常去南洋公学看望其兄，李叔同等便与之相识。穆藕初（1876—1943），名湘明，以字行。13岁失学后，入棉花行当学徒。在十多年清贫的学徒、小职员生涯中，他坚持自学，且入夜校半工半读，学习英文。1900年考入海关后，他又博览群书，开阔眼界，立志求西学图自强。1909年，穆由朱志尧（1863—1955，上海人，著名实业家）等资助赴美留学，专攻农科和企业管理。1914年获农学硕士回国，先后在上海、郑州等地创办纱厂和纱布交易所、棉种改良会等，成为名闻中外的实业家。穆藕初有了钱，不忘社会公益事业，于教育文化尤为热心。他曾创办多所中小学，捐银5万两资助罗家伦等十余名青年出国留学，长年资助黄炎培主持的中华职业学校。为给俞振飞等提供学艺条件，他曾筑"韬庐"于杭州；1921年，创办昆剧传习所于苏州，造就了昆剧"传"字辈一代艺人，还出资为俞粟庐灌制唱片，留下了一批珍贵的文化遗产。20世纪20年代末，穆藕初曾任南京国民政府工商部常务次长，在推动我国近代工业的发展、引进西方现代企业管理等方面，做出了突出的贡献。毛泽东在中国现代历史进程的紧要关头，曾多次关注和评价这位爱国实业家的行动，认为在20世纪20年代与封建军阀的斗争中，穆藕初作为"新兴的商人派"代表人物，虽在"非革命的民主派"之列，却是能与革命的民主派一起打倒军阀，并打倒和军阀狼狈为奸的外国帝国主义的"国民革命"力量的一部分。[36]1936年，当外患日逼之时，毛泽东于是年8月14日致信时在上海恢复中共地下党活动的冯雪峰，专门交代他："穆藕初有联络希望否？""一有端绪，即行告我。"[37]可见穆藕初在20世纪上半叶中国风云变幻的时局中，是个举足轻重的人物。抗战期间，穆藕初担任上海救济委员会给养主任，筹供难民给养，还亲赴前线慰问抗敌将士，备极操劳。他创造的"七七"手动织机，为推动后方生产做出了贡献。1943年9月19日，穆藕初病逝于重庆，《新华日报》发表文章，称他"一生奋斗的历史，正是中华民族工业的一部活的历史""值得我们深深纪念"。冯玉祥、董必武、黄炎培、蒋梦麟、鹿钟麟、章乃器等五百余人出席追悼会。

李叔同、黄炎培、穆藕初等创立的沪学会是一个民间的教育社团，其宗旨为"研究学术""以开通风气，交换知识，图谋学界之公益"，宣传"各种致富图强之要旨，期增进群众知识"，"更力倡武学，举办兵式体操"。[38]依据其宗旨，沪学会设有义务小学，招收贫困子弟入学。李叔同在会中主持其事。学会还举办演讲会、编演文明戏等，提倡女权、民权。李叔同早年就酷爱戏剧，在天津时向孙菊仙、杨小楼、刘永奎等名角学过京剧，票演过《落马湖》《虮蜡庙》等武生戏。近年他又在上海舞台出演过《黄天霸》《白水滩》等剧目。沪学会采用戏剧形式宣扬移风易俗，正合李叔同的兴致。他写了《文野婚姻新戏册》，并系诗四首。第三首和第四首是：

河南河北间桃李，点点落红已盈咫。
自由花开八千春，是真自由能不死。

誓度众生成佛果，为现歌台说法身。
孟旃不作吾道绝，中原滚地皆胡尘。

前一首倡导个性解放、婚姻自由对生命之意义——"是真自由能不死"；后一首阐明了利用戏剧等文艺形式之重要——"孟旃不作吾道绝"。"中原滚地皆胡尘"一句，既有种族革命的含义，也有抗拒外国入侵的意向。但在后一首中，却也流露出李叔同的佛教倾向。

在沪学会工作期间，李叔同邀请沈心工来会开设乐歌课程，自己也一起听讲，继续接受西洋音乐的启蒙，并开始了歌曲创作的实践。当时，国家正处于内忧外患之际，需要大力高扬爱国主义精神。"抵制美货""抵制日货"运动初起，李叔同为沪学会作词配曲《祖国歌》一首。歌词曰：

上下数千年，一脉延，文明莫与肩。纵横数万里，膏腴地，独享天然利。国是世界最古国，民是亚洲大国民。呜呼，大国民！呜呼，唯我大国民！幸生珍世界，琳琅十倍增声价。我将骑狮越昆仑，驾鹤飞渡太平洋。谁与我仗剑挥刀？呜呼，大国民！谁与我鼓吹庆升平？

李叔同将民间曲调《老六板》减慢为四四节拍，配入歌词，创作出他的这首乐歌处女作。《祖国歌》由于"词曲贴切，主题鲜明，富有民族特色""歌颂了我幅员辽阔的华夏古国，抒发了自强不息的民族精神""一经教唱，即由沪学会传遍沪上，传遍全国，首创了国人用民族曲调配制乐歌的新风，李叔同也一举成为闻名全国的乐歌音乐家"（秦启明语）。李叔同后来的门生丰子恺，在回忆当年情景时说，他的少年时代正是中国外患日逼、屡遭国耻之际，"那时民间曾经有'抵制美货''抵制日货''劝用国货'等运动。我在小学里唱到这《祖国歌》的时候，正是'劝用国货'的时期。我唱到'上下数千年，一脉延，文明莫与肩。纵横数万里，膏腴地，独享天然利'的时候，和同学们肩扛旗子排队到街上去宣传'劝用国货'时的情景，憬然在目。我们排队游行时唱着歌，李叔同先生的《祖国歌》正是其中之一"（《李叔同先生的爱国精神》[39]）。从丰子恺的回忆，可以看出20世纪初，《祖国歌》和它的作者李叔同影响之一斑。

沈心工编写的《学校唱歌集》和另一位音乐教育家曾志忞编写的《教育唱歌集》于1904年分别在上海和东京出版后，在新兴学堂中风行一时，也引起了李叔同的注意。他以为沈、曾二氏"绍介西乐于我学界"（指他们引进了西方现代作曲法），确实值得称道。但他又觉得，这两本歌集中的歌词，"佥出今人撰著，古义微言，匪所加意"，令他"心恫焉"。这样，他打算从中国古典诗词中选择若干篇章，配以西洋或日本曲调，编谱一本《国学唱歌集》。

4. 走马章台

像同时代的不少公子哥那样，李叔同也有捧坤伶、走章台的习气。来沪后，此好依旧。1900年春，他应义兄许幻园之请，住进了城南草堂，一家人与许氏夫妇相处得融洽无间，有欣遇知己之感。但他不能忘怀于花街柳巷、青楼妆阁。1901年，他进入南洋公学，当年又做人父，秦楼楚馆的兴致却仍无收敛。两次乡试不第，南洋公学散学，情绪的郁闷、前途的茫然更促使他在声色犬马场中自我麻醉。他与沪上名妓李苹香、朱慧百、谢秋云、语心楼主人，乃至老妓高翠娥等辈多有交往酬唱。以上海之大、名妓之身价，即使有才、有钱吧，也不是轻易就能登楼入室的，李叔同之所以能与她们时相厮磨，卿卿我我，不也反映了他彼时彼地的兴致所向和不正常的生活方式吗？虽然说，其间确有这样的因素，"庚子辛丑以后，国事日非"，李叔同"一腔热血，无处发泄，乃寄托于风情潇洒间，以诗酒声色自娱"（林子青《弘一大师年谱》中语）。然而，将悲愤"寄托于风情潇洒间"，毕竟是一种变态的生存方式。况且，李自己说过，自20至26岁之间的五六年，是他一生中"最幸福的时候"。那"幸福"如果是指家庭的温馨，为何又要去寻花问柳呢？如果其中还包含着声色自娱的满足，就很难说是正常的生活方式了。

李叔同之所以流连于声色场中，除了沾染有公子哥的习气，和以此方式发泄苦闷、舒解郁结之外，还与他特定的思想观念有关。这是可以从他1904年（甲辰）春，为铄镂十一郎著人物传记《李苹香》一书所写序言中看出来的。这位传主，即为当年李叔同经常涉猎的沪上名妓之一。

为李苹香作传的铄镂十一郎何许人也？与李叔同又有什么关系？据"补白大王"、文史专家郑逸梅在《艺林散叶》第3936条中记载："章士钊著有《李苹香》一书。"再者，1903年时，原在南京陆师学堂就学的章士钊、林砺等四十余名学生，受上海南洋公学学潮影响，集体退学后到上海加入蔡元培领导的爱国学社，李叔同亦不时出入爱国学社，章得与李相识。从这些情形推测，由李作序的《李苹香》一书的作者铄镂十一郎，很可能就是章士钊的化名。

李苹香为20世纪初沪上名妓之一，尤以才女之誉称名艳炽于风流文人之中。原姓黄，名碧漪，字鬘因，小字梅宝。身入乐籍后，曾化名李金莲、李苹香、谢文漪等，以李苹香一名最著，阁号天韵（有《天韵阁诗选》《天韵阁尺牍选》出版）。其先祖系安徽徽州望族，至父辈家道中落，迁往浙江嘉兴县。

李苹香天资聪颖，自幼志在纸墨笔砚、诗词文章。性情沉静温柔，不苟言笑，终日手持书卷，吟哦不已。8岁即解排比声律之学，初作小诗，单词断句传诵于人。当地一位名宿偶见其作，讶然拍案，说是"此种警艳，当于古人遇之，至于今人，百年来无此手笔"！其倾倒者有如此。二八之年，援系求亲之人纷纷上门，均遭其父母拒绝。声言他们的女儿有志向学，富于才思，应当为她觅下佳偶才是，犹如"赵王孙之与管仲姬"，方能称心如愿。李苹香亦以此窃喜，待价而沽。其间，苹香舅父（一无赖之人）曾以计诱惑，将其卖给同邑一富贵之家。这家人虽有素封之望，但人品不洁，苹香侦破内情，誓死不从。想不到的是，后来一次偶然的受骗失足，致使其一生烟花飘荡，不能自已。

"雀屏之选，难得其人。"待字闺中的李苹香，不免有怀春之情流露。她的母亲更为女儿佳婿难觅而几以成疾。1897年春天，在上海经商的西洋人举行赛马会，李苹香在母亲和异母兄弟的带领下前去观看。此行既是为了消遣散心，也有相攸择婿的用意。玩乐的时间久了，盘缠差不多已经花光。当时，在他们隔壁住着一位潘姓客，是邻县嘉善人。此客年已三十，貌丑而善于修饰，又工于逢迎，善解人意。他发觉了李苹香一家三人困于旅馆，欲归不得，便怂恿黄家兄妹继续外出冶游作乐，由他慷慨解囊，并在生活上时时予以周济。潘的言行表面上很是义气，内里却在架设着圈套，他是盯上了少女李苹香。没过多久，这位姓潘的人果真表明了本意，谋以李苹香归他为妻。吃了人家的嘴软，拿了人家的手短。黄家母子无法拒绝，而李苹香本人又被潘的表面殷勤所蒙蔽，听从了母兄之命，终致失身于人。

这个后以潘郎称呼的无赖，其实早有家室儿女。原配夫人得知其养了外室，当然不会等闲视之，善罢甘休，在乡里造足了迫使其丈夫不得归家的舆论。潘郎其人既无长技，又无恒产，不过是个做做小生意糊口的白相人。李苹香是骗到手了，老家却不能再返，无奈中带着李家三人去了苏州。潘郎本是慵懒之辈，在生计无法维持的窘况中，不去寻找正当的门路，竟动员李苹香投身勾栏瓦舍充当妓女，自己则甘为龟奴。李苹香却也接受了这一命运安排。她以为，既然已经失身于人，再往前迈出一步，也没有什么差别，等过一段生活好转以后再作打算。但她自己难以料到的是，走出了这一步，就会在风尘路上一发而不再回归。

1901年春，李苹香与潘郎由苏州移居上海。开始当么二妓，后由一位富贵之人出资，将其擢拔为长三妓。从此，李苹香便以诗妓之名，高举艳帜，招蜂引蝶，芳名大噪于申江。

曾有无聊小报《春江花月报》戏开草榜，在300名长三妓中，将李苹香列为"传胪"，可见其艳帜之引人注目。报上还讥讽其不能割舍"鸠形鹄面鹑衣百结"的丈夫，乃是"处辱若荣""此才可惜"。其间，曾有富春名山民者（据说是东汉那位以隐居垂钓、不与当局合作而出名的严子陵的后裔），因倾倒于李苹香之诗才和性情，曾想娶她为妻，但终因李苹香既有丈夫，又身靠着一个有财有势的大员而未能如愿。不久，嘉兴老家来人控告其有辱黄氏宗族，加上龟奴潘郎殴打嫖客等事，李苹香被收审羁押，结案后由父亲领回嘉兴。本该由此洗心涤虑，从良归正吧，但此时的李苹香已不能把握自己，仅仅过了半个多月，又潜回上海。蛰居了一段时间，她又重张艳帜，一本故我。

铄镂十一郎（章士钊）的《李苹香》一书，写了传主陷入乐籍的前前后后，意在惋惜这一才女的所遇非人、所遇非时，感叹着她从不幸遭逢到自我沉沦的悲哀。

1901年初夏，李叔同由天津探亲返回上海。刚在沪上乐籍中声名大噪的李苹香，也引起了这位早就涉足北里走马章台的公子哥的兴趣。前说山民其人，或许就相识于李苹香的天韵阁。有一次，山民觞客于天韵阁，座客有铁鹤、瑟廖、冷钵斋主、补园居士等，号称惜霜仙史的李叔同亦在其列。酒阑之际，几个人即席赋诗，书赠李苹香。李叔同先吟出七绝三首，铁鹤、冷钵斋主、补园居士唱和后，又有和补园居士韵七绝四首。这七首绝句均未见于1991年6月福建人民出版社出版的《弘一大师全集》和其他李叔同的韵语类作品集。[40] 现引录如下，以补阙漏。

沧海狂澜聒地流，新声怕听四弦秋。
如何十里章台路，只有花枝不解愁。

最高楼上月初斜，惨绿愁红掩映遮。
我欲当筵拼一哭，那堪重听后庭花。

残山剩水说南朝，黄浦东风夜卷潮。
河满一声惊掩面，可怜肠断玉人箫。

慢将别恨怨离居，一幅新愁和泪书。

梦醒扬州狂杜牧，风尘辜负女相如。

马缨一树个侬家，窗外珠帘映碧纱。
解道伤心有司马，不将幽怨诉琵琶。

伊谁情种说神仙，恨海茫茫本孽缘。
笑我风怀半消却，年来参透断肠禅。

闲愁检点付新诗，岁月惊心鬓已丝。
取次花丛懒回顾，休将薄幸怨微之。

1901年秋天，李苹香有诗赠李叔同，书篚请正。诗云：

潮落江村客棹稀，红桃吹满钓鱼矶。
不知青帝心何忍，任尔飘零到处飞。

风送残红浸碧溪，呢喃燕语画梁西。
流莺也惜春归早，深坐浓阴不住啼！

春归花落渺难寻，万树浓阴对月吟。
堪叹浮生如一梦，典衣沽酒卧深林。

满庭疑雨又轻烟，柳暗莺娇蝶欲眠。
一枕黑甜鸡唱午，养花时节困人天！

绣丝竟与画图争，转讶天生画不成。
何奈背人春又去，停针无语悄含情。

057

>　　凌波微步绿杨堤，浅碧沙明路欲迷。
>　　吟遍美人芳草句，归来探取伴香闺。

由此看来，在李苹香收审羁押以前，李叔同与这位名妓是过从甚密的。

除了公子哥的习气，究竟是什么样的思想观念，致使李叔同一度频繁地出没于声色场中呢？在他为铄镂十一郎著《李苹香》一书所写的序言中透出了一点儿信息。这篇序言是从龚自珍（字璱人）的《京师乐籍说》一文谈起的。

乐籍，亦称乐户，原是对古代官妓和妓院的称谓，后泛指一切官方允许或不允许的妓院和妓女。我国最晚自三国时起，即有此类社会现象。《魏书·刑罚志》上说："诸强盗杀人及赃不满五匹，魁首斩，从者死，妻子亦为乐户。"封建统治者将那些因触犯法令或受牵连的妇女强行收入官府，令其学习歌唱吹弹，以供他们寻欢作乐。可见乐籍的设立，开始只是一种惩罚性措施，入籍妇女的活动范围也仅仅局限在宫廷官府。唐宋后演变为统治者以声色愚民、控制社会舆情的特殊形式。既然官方不予禁止，且在提倡，社会上也就有了专操此业的人。

千百年来，乐籍对道德情操的腐蚀可谓大矣，但"论世者多忽而不察"。清代龚自珍痛感于此，写下《京师乐籍说》。文章着重谈的是乐籍对士类所起的箝塞作用。他说：

>　　士也者，又四民之聪明喜论议者也。身心闲暇，饱暖无为，则留心古今而好论议。留心古今而好论议，则于祖宗之立法，人主之举动措置，一代之所以为号令者，俱大不便。凡帝王所居曰京师，以其人民众多，非一类一族也。是故募召女子千余户入乐籍。乐籍既棋布于京师，其中必有资质端丽，桀黠辨慧者出焉。目挑心招，捭阖以为术焉，则可以箝塞天下之游士。乌在其可以箝塞也？曰：使之耗其资财，则谋一身且不暇，无谋人国之心矣；使之耗其日力，则无暇日以谈二帝三王之书，又不读史而不知古今矣；使之缠绵歌泣于床笫之间，耗其壮年之雄材伟略，则思乱之志息，而议论图度，上指天下画地之态益息矣；使之春晨秋夜为奁体词赋、游戏不急之言，以耗其才华，则论议军国臧否政事之文章可以毋作矣。如此则民听壹，国事便，而士类之保全者亦众。

当然不是说，乐籍一立，世上再无"论国是，掣肘国是"之英雄豪杰。正如龚自珍在文中所说，能被乐籍牢笼的，只是"千百中材"而已，真正的英雄豪杰，是不会受其影响的。在龚自珍看来，历代统治者允许乐籍的存在，目的是利用它来泯灭志士仁人的才情斗志，使其不再"论议军国臧否政事"和写作以此为内容的文章。李叔同的见解，与龚说恰相反对，截然两歧。又由于他以为"龚子之说，颇涉影响"，有碍于文明的发达，因此借为人作序之机，写了与龚说针锋相对、为乐籍辩护的文章。这篇序言亦不见于《弘一大师全集》，故有必要将全文引录在这里。

> 向读龚璱人《京师乐籍说》，渊渊然忧，涓涓然思，曰：乐籍祸人家国，其剧烈有如是欤？既而披欧籍，籀新理，乃知龚子之说，颇涉影响。曷言之？乐籍之进步，与文明之发达，关系綦切。故考其文明之程度，观于乐籍可知也。时乎文化惨澹，民智啙窳，虽有乐籍，其势力弱，其进步迟。卑卑之伦，固匙足齿。若文明发达之国，乐籍棋布，殆遍都邑。杂裙垂髻，目窕心与。游其间者，精神豁爽，体力活泼，开思想之灵窍，辟脑丝之智府。说者疑吾言乎？曷观欧洲之法兰西京师巴黎，乐籍之盛为全球冠，宜其民族沉溺于兹，无复高旷之思想矣。乃何以欧洲犹有"欲铸活脑力，当作巴黎游"之谚？兹说兹理，较然甚明，奚俟剌剌为耶！唯我支那文化未进，乐籍之名，魁儒勿道。上海一埠，号称繁华，以视法之小邑，犹莫逮其万一，遑论巴黎！岂野蛮之现象固如是，抑亦提倡之者无其人欤？友人铄镂十一郎，新撰一小册子，曰《李苹香》，邮函索叙于余。余固未见其书，无自述其内容，第稔李苹香为上海乐籍之卓著者，君撰是册，亦非碌碌因人者。不揣梼昧，撷拾西哲最新之学说，为读是书者告。夫惟大雅，倘亦韪兹说欤？甲辰春杪，当湖惜霜。

在如何看待乐籍一事上，李叔同采取的是辩解、提倡和自身投入的态度。与龚自珍相比，他的思想观念是后退了。导致其持此观念与态度的原因，在于他颠倒了乐籍与文明的关系。从总体上说，乐籍并非诱使文明发达的因素，而是文明发达到一定阶段后出现的社会消极现象。这种现象非但不是文明的象征，恰恰是其赘瘤之一。李叔同举出法国的例子，也是似是而非、倒果为因的。法国自18世纪后的文明进步和富于"高旷之思想"，来源于它近代启蒙思想和人文主义的兴盛，并不是由于"巴黎乐籍之盛为全球冠"的缘故。至李叔同所谓"杂裙垂髻，目窕心与，游其间者，精神豁爽，体力活泼，开思想之灵窍，辟脑丝之智府"和"欧洲犹有'欲铸活脑力，当作巴黎游'"之类的说法，则是类似弗洛伊德的性爱观念（其所谓"西哲最新之学说"）了。但弗氏也仅仅局限于一般性爱与文艺创作的关系立论，并没有引申出乐籍乃促进文明的因素这类偏颇、极端的主张。法国确有诸如小仲马、莫泊桑、左拉、福楼拜等作家以妓女生活为题材，写出了举世闻名的作品，成为法国近代文明的组成部分。这些作家的创作契机，或许与其体验过乐籍情景不无关系，但其作品绝非对乐籍的肯定。他们在作品中有时也流露出对妓女的赞美之词，但那是从正人君子和蹂躏女性者与妓女们的某些品格之比较上落笔的，赞美后者，是为了加重对前者的嘲讽与鞭挞的力度。否则，他们只能写出有如龚自珍所说的那类"夵体词赋"与"游戏不急之言"了。李叔同在20世纪初是肯定和赞赏乐籍的，但当其在乐籍中"精神豁爽，体力活泼，开思想之灵窍，辟脑丝之智府"之后写出的，也只能是我们在前面引述过的那样一类夵体式的诗词作品。

李叔同对自己的生活方式也曾有过忏悔（他有"悔煞欢场色相因"的诗句），但忏悔归忏悔，行为归行为，在沪几年间，他对欢场色相一直是追逐和沉湎的。有些时候，他也议论别人，比如说"××终日花丛征逐，致迷不返，将来结局，正自可虑"（1903年致许幻园信）。实际上，自己的生活方式与他所说的"××"相较，虽有程度上的差异，但其在花丛中往返则一。对一个后来出家成了高僧的前贤，我们不应该苛责其青年时代的荒唐，但也无须刻意回避或曲加回护。李叔同之所以后来出家归佛，恰恰与他青年时代的这种生活方式有关，是觉悟后的一种反拨。这是后话，暂且不作细说。

5．"幸福期"终结

李叔同一生中"最幸福的时候"转眼间结束了。

1905年3月10日，王太夫人肺病晚期不治，在城南草堂去世，年仅46岁。叔同在母亲临终时，正上街置办棺木。回来一看，母亲已经不在了，他"没有亲送"。这就成了他一生中最大的憾事。后来，每当他讲起母亲去世的情形，常常流露出未散的余哀。

叶落归根，入土为安。使先人安息，乃人子之天职。这年7月，李叔同在沪学会附设之义务小学举行休业式后，扶灵携眷，带着全部家什，乘船返回天津。

五六年来，李叔同在上海独立门户，一家人得以自由自在地生活，又有了准儿和端儿，母亲还过得舒心愉快。但她已经走了，这么年轻就走了……一路上，叔同想到这些，心情是郁闷的、茫然的。尤其是送母亲返回故土，那里的家人将会怎样迎候她的亡灵，使她体面地回归泥土呢？这是眼下叔同最为忧虑也最无把握的事。……

母亲的灵柩已经运抵天津，但文熙与叔同兄弟俩的意见不能统一。作为儿子，叔同当然要求将灵柩移入宅内，二哥则坚持旧规，"外丧不进门"。经过亲友们调停说合，达成妥协，灵柩进入旧宅，由门房老张爷张顺吊线找正，安置于客厅正中。随后择日开吊出殡。

李叔同为母亲举办的丧仪，当时天津《大公报》记者，曾于7月底8月初，连续三次作了报道。第一次，7月23日以《文明葬礼》为题先作预告。报道说：

> 河东李叔同君广平，新世界之杰士也。其母王太夫人月前病故，李君特定于本月廿九日开追悼会，尽除一切繁文缛节，别定新仪。本馆已得其仪式及哀歌，因限于篇幅，俟再登录。

越日，以《天津追悼会之仪式及哀歌》为题，报道说，追悼会"备有西餐，以飨来宾"，并录入李叔同所拟下列《哀启》全文。

> 启者，我国丧仪繁文缛节，俚俗已甚。李叔同君广平愿力祛其旧。
> 爰与同人商酌，据东西各国追悼会之例，略为变通，定新仪如下：
> （一）凡我同人，倘愿致敬，或撰文诗，或书联句，或送花圈花牌，请毋馈以呢缎轴幛、纸箱扎彩、银钱洋圆等物；
> （二）诸君光临，概免吊唁旧仪，倘愿致敬，请于开会时行鞠躬礼；
> （三）追悼会仪式：（甲）开会，（乙）家人致哀辞，（丙）家人献花，（丁）家人行鞠躬礼，（戊）来宾行鞠躬礼，（己）散会。同人谨启。

同一天，《大公报》还刊登了两首哀歌，一为《追悼李节母之哀辞》，歌词是：

> 松柏兮翠蕤，凉风生德闱。母胡弃儿辈，长逝竟不归？儿寒复谁恤？儿饥

复谁思？哀哀复哀哀，魂兮归乎来！

另一首为《上海义务小学学生追悼李节母歌》，除了表示哀痛，反复彰显逝者的柏操贤德，其中"节母遗命以助吾学堂"一句，透露出所称上海义务小学，就是李叔同曾遵照母亲遗嘱，为其提供过资助的。从内容看，可以肯定前一首哀歌的歌词、歌曲系李叔同所作，后一首也可能出自他的手笔。8月2日，天津《大公报》又报道追悼会的现场（《记追悼会》），到会者四百余人，其中有奥工部官阿君、医官克君（叔同家处当时奥租界，其兄文熙还是租界华人组织的董事），高等工业学堂顾问官藤井、松长、单信仁司马、学务处总办严范孙，高等工业学堂监督赵幼梅，以及各学堂校长、教员等大半与会。中外来宾中，多一时之显要名流，"可云盛矣"。报道还说，"所收挽联哀词二百余首，闻将付印，以广流传"。用致悼词的方式替代孝子跪地读祭文；全家未穿白色孝袍，改穿黑色衣裳送葬；由李叔同在灵堂钢琴伴奏，请一班儿童合唱前述之两首哀歌，替代家人亲戚无休止的嚎啕长泣……李叔同为母举办丧仪的形式显得十分新鲜，在亲朋中和社会上引起轰动，说是"李三爷办了一件奇事"。从参加追悼会的人员和报纸报道看，"桐达李家"和李叔同的社会地位与声望，确非一般。20世纪初，李叔同以革故鼎新、追求新潮闻名，即在丧仪这类事物上，他也是不愿意循规蹈矩、沿袭俚俗的。而《大公报》之所以能作追踪报道，也显示了这家报纸站在时代前沿的良好倾向。

李叔同曾对他后来的学生丰子恺说过，母亲一死，他在人生路上，"就是不断的悲哀与忧愁，一直到出家"（《法味》）。所以他从那时起，易名为李哀，字哀公。

母亲是自己唯一的牵挂与安慰，现在她已一去不复返了；她的永远离去，也使自己失去了唯一的依靠。继续在天津这个大家庭中待下去，看不到自己的前途在哪里；国家又这样不景气、不振作，外国的入侵民族的灾难迭起不已……丧母后，李叔同的情绪犹如游丝飞絮，飘荡无根。往前一步，该迈向何方呢？

第三章 留学东瀛

第三章 | 留学东瀛

结束了"最幸福的时候",正处于丧母之痛的李叔同,当时年届26岁。尽管他在书法篆刻等艺事上已名满大江南北,亦能以"二十文章惊海内"自诩,但从社会所能认同的准则上回顾其前尘:两次乡试均告报罢,且科举制度已经废除,彻底阻截了他的仕进之途;南洋公学也已经不能返回;沪学会的任职,虽属义务性的善举,却并非正式的职业……就是说,到这个时候,李叔同在社会上尚未找到自己应有的位置。以其家族一时的势派,他也不是不可以继续当个公子哥,继续把玩其所喜爱的书艺篆刻,或玩票于菊坛。但从家庭的担当和人生应负部分社会责任来说,这都不是正当之举。而且,李氏家族的前景很难说就能保证他能长期无忧无虑。再者,李叔同也绝不属于寓公式的人物。他是一个对个人的作为,以及对国家、民族的前途,有所抱负的人。因此,丧母后的李叔同,其情绪诚如游丝飞絮,飘荡无根,但他必定会去寻找可以寄托、可以附着、可以踏实地确立其人生之路的去向。

当此之际,李叔同所处的津门教育文化氛围和过去十多年所造就的人际关系,不失时机地起到了引导作用。其间,严修、赵元礼等师友,以及他们与一批日本专业人士的交往和工作关系,更起了助臂之力。

戊戌变法虽然失败了,但清政府迫于自身生存的需要和社会舆论的压力,还是逐步地采取了一些变革措施。这在畿辅之地、由直隶总督兼北洋大臣袁世凯管辖下的天津,尤为明显。袁仿照日本明治维新的做法,在军事、实业、教育和社会管理体制等方面,采取了一系列变革措施。单就实业建设和实业教育而言,在当时的中国就较为先进一些。1902年,袁聘请东京音乐学校校长兼东京高等师范学校教授渡边龙胜担任直隶学校司(后改为学务处)高等学务顾问。渡边充分发挥其管理东京音乐学校时的经验,在短短的两三年内,使直隶省的教育在全国独树一帜,引人注目。1903年9月,袁根据天津道周学熙的建议,成立了直隶工艺总局,由周毛遂自荐当总办。1904年9月,周将一年多前由知府凌福彭创办的北洋工艺学堂,改名为直隶高等工艺学堂,隶属于工艺总局,并自任监督,由李叔同的老师赵元礼任庶务长,并聘请日本人藤进恒久任教务长(后任顾问)。周还在工艺总局下面设立实习工场、劝业陈列所(即原考工厂)、教育品制造所、劝业铁工厂、图算学堂、劝业会场、种植园等一系列实业教育的机构。其中最著名、最重要的当数直隶高等工艺学堂。鉴于直隶省缺乏工艺美术方面的专业人才，工艺总局聘请日本著名图案改革家盐田真担任劝业陈列所技师长，此人曾在东京美术学校当过图案科教师，还聘请东京美术学校毕业的松长长三郎为工艺部部员。[41]

严修1902年在日本考察教育时，除遍访各类学校，还与日本汉学界、艺术界众多著名人士交往，特别是与东京音乐学校首任校长伊藤修二结下了友谊。严在校长正木直彦的陪同下，参观了东京美术学校，并获赠该校《学校一览》。[42]严归国途经上海时，在南洋公学会见过李叔同。想来李会获悉严此次东游中得到的一些相关信息。1904年，严任直隶学校司督办，与该司日本人顾问渡边龙胜共事。直隶高等工业学堂、劝业陈列所等实业教育机构，虽然隶属于周学熙任总办的工艺总局，但从教育事业的角度来说，又必与严修任监督的直隶学校司关系密切，并受其指导。因此，严修也必然会和在这两所教育机构任职，与东京美术学校存有历史关系的盐田真、松长长三郎等日本人有所交往。前面谈到过，出席其母亲追悼会的来宾中，不仅有李叔同熟识的严修、赵元礼等师友，也包括此次才认识的上述日本音乐与美术工艺等方面的专家。

"直隶新政"产生的教育人文效应和突现出来的急需美术人才的现实状况，先前与严修、赵元礼等形成的人际关系，以及由严、赵等人为李叔同创造的新的人事条件（这里主要是指李与东京美术学校和音乐教育界发生联系的可能性）；再加上1905年8月中旬，直隶工艺总局派出一批由高等工业学堂庶务长赵元礼和考工厂提调周家鼎率领的师生，赴日本考察与学习[43]……就是诸如此类的因缘结合，促使在书画、音乐上已有一定基础的李叔同，在办完母亲丧仪后，迅速做出与老师赵元礼率领的一行人搭伴，赴日留学，并以专攻美术为主、学习音乐为副的决定。

在沪上临行前，李叔同填有《金缕曲》一阕，"留别祖国并呈同学诸子"。其词曰：

> 披发佯狂走。莽中原，暮鸦啼彻，几株衰柳。破碎河山谁收拾？零落西风依旧，便惹得、离人消瘦。行矣临流重太息，说相思，刻骨双红豆。愁黯黯，浓于酒。
>
> 漾情不断淞波溜。恨年来絮飘萍泊，遮难回首。二十文章惊海内，毕竟空谈何有？听匣底、苍龙狂吼。长夜凄风眠不得，度群生，那惜心肝剖！是祖国，忍孤负。

有如两千多年前的屈大夫行吟泽畔长歌当哭，李叔同说自己"披发佯狂"奔走南北，也为的是希望能找到一条拯救国家和民族的命运之路。然而，近百年来，虽有不少志士仁人抛头颅洒热血为国捐躯，却大多无济于事，没有效果，当下听到看到的，也还是"暮鸦啼彻""几株衰柳""破碎河山""零落西风"，这"便惹得、离人消瘦"。面对国家这般破败的情景，怎能放心得下呢？"行矣临流重太息，说相思，刻骨双红豆。愁黯黯，浓于酒。"写出了即将远行的词人，对祖国前途的深切关注和忧患意识。词的下半阕，是词人对自己以往生命途程的反思与猛醒。"恨年来絮飘萍泊"，在上海这些年飘萍似的生活（上海又称"淞江"，故有"淞波"之说），思想起来，直有不堪回首的切肤之痛。虽说有过"二十文章惊海内"的自得自满，但受人赞扬的愉悦，现在看来，那"毕竟空谈何有"，只是纸上谈兵和书生意气而已。有了这种反思与醒悟，词人的情绪振奋多了，决心也更加坚定了。"听匣底、苍龙狂吼。长夜凄风眠不得，度群生，那惜心肝剖！是祖国，忍孤负。"为了度脱群生于水火，拯救祖国于危难，自当不惜肝脑涂地，心剖胆裂，摩挲着匣底长剑，苍龙怒吼般向前冲去。这是李叔同东渡扶桑时的自我写照，立下的誓言。

1.《音乐小杂志》：中国第一份音乐刊物

李叔同到东京后开始一段时间，住在神田区今川小路二丁目三番地集贤馆。他一边去补习学校学习日语，一边自修美术，为报考东京美术学校做准备。同时，他也开始师从村上音二郎学习音乐。

刚来日本时，李叔同便与留日友人商量，打算编印一份《美术杂志》，他也准备了几篇稿子。正在这个时候，日本文部省颁布了《取缔清韩留日学生规则》（清朝时，日本人将中国称为清国），对中国留学生的行动严加限制，激发了中国学生的反抗运动，大批留日学生罢课归国。但李叔同"留滞东京，索居寡侣"，没有回国，拟议中的《美术杂志》是无法问世了。他改变计划，决定自行编辑一份音乐刊物。

在国内时的后两三年中，李叔同得到沈心工等音乐家的启蒙教育，并收获了初步的成果。一曲用新技法谱成的《祖国歌》，唱遍大江南北，极大地鼓舞了国人的民族自信心和反抗入侵者的斗志。由于这首歌，李叔同也一举成了全国闻名的音乐家。从这一实践活动中，李叔同深切地感受到了音乐艺术的作用。这就促使他想在介绍、传授现代西方音乐理论知识方面，向国人做些启蒙工作。1906年2月8日，由李叔同独力筹办的《音乐小杂志》第一期，在东京三光堂印就，五天后寄回国内，20日由尤惜阴在上海代办发行。这本杂志确实很小，64开，30页，但它是我国有史以来第一份音乐刊物。

在《音乐小杂志》第一期中，除登有田村虎藏、堤正夫、村岗范等几位日本著名音乐家的作品，"词府"栏中刊登了署名"日本种竹山人"即著名汉诗人本田种竹[44]的诗作《寄宁斋宁宇及林奴在浪华》，其余音乐、美术、诗歌作品和有关论著，都出自李叔同一人之手。在署名"息霜的"《音乐小杂志序》中，李叔同言简意赅地阐述了音乐的美学功能和社会功能，也表达了他创办这份杂志的因由和抱负。序言开头说：

闲庭春浅，疏梅半开。朝曦上衣，软风入媚。流莺三五，隔树乱啼；乳燕一双，依人学语。上下宛转，有若互答，其音清脆，悦魄荡心。若夫萧辰告悴，百草不芳。寒蛩泣霜，杜鹃啼血；疏砧落叶，夜雨鸣鸡。闻者为之不欢，离人于焉陨涕。又若登高山，临巨流，海鸟长啼，天风振袖，奔涛怒吼，更相逐搏，砰磅訇磕，谷震山鸣。懦夫丧魄而不前，壮士奋袂以兴起。

作者从自然界不同音响（以春秋季节的虫鸟之鸣作比）或同一音响（如山鸣涛吼、鸟啼风振之声），在人感官—心理情绪上所能产生的作用，形象地指出："声音之道，感人深矣。"但那毕竟是一种自然美，"唯彼声音，佥出天然"，如果以此启发进入创作，"若夫人为，厥为音乐"，将自然美转化为艺术美，其作用更为大矣。序言再由中外音乐发展过程上进一步论述音乐的作用时说：

繄夫音乐，肇自古初，史家所闻，实祖印度，埃及传之，稍事制作；逮及希腊，迺有定名，道以著矣。自是而降，代有作者，流派灼彰，新理泉达，瑰伟卓绝，突轶前贤。迄于今兹，发达益烈。云瀚水涌，一泻千里，欧美风靡，亚东景从。盖琢磨道德，促社会之健全；陶冶性情，感精神之粹美。效用之力，宁有极欤？

序言最后说：

> 呜呼！沉沉乐界，眷予情其信芳。寂寂家山，独抑郁而谁语？……望凉风于天末，吹参差其谁思！冥想前尘，辄为怅惘。旅楼一角，长夜如年。援笔未终，灯昏欲泣。……

表面看，序言很是凄凉悲泣，抑郁怅惘。这是就李叔同所处的环境而言。此序写于丙午年（1906）正月初三，恰值中国农历岁首佳节，笔下也就免不了流露出羁旅孤单、游子寂寞的情绪。身处彼时彼地的李叔同，其思想情绪中，更多的却是对国家前途的忧虑与茫然。处于那种环境与情绪氛围中的李叔同，以"个人绵力"编出《音乐小杂志》，越发显出了他对音乐美育作用和社会功能的重视。

《音乐小杂志》第一期"乐史"栏发表的《乐圣比独芬传》（比独芬，后通译为贝多芬），由李叔同根据日本石原小三郎《西洋音乐史》"删窜成之"。除简要介绍比独芬的生平、性格和成就外，还特别提出这位音乐家谦虚而严谨的创作态度："天性诚笃，思想精邃。每有著作，辄审订数四，兢兢以遗误是惧。旧著之书，时加厘纂，脱有错误，必力祇之。其不揜己短有如此！……氏生时不喜创作，刊行之稿，泰半规模前哲，稍事损益，然心力真挚，结构完美，人以是多之。"在仅有三百余字的传文中，用三分之一的文字去突出比独芬的创作态度，正可看出李叔同一贯坚持的"士先器识而后文艺"，这也是中国文论的优良传统。在他看来，学习比独芬，首先要从这些地方入手。与"乐史"相配合，"图画"栏刊登了李叔同以"息霜"署名的木炭画《乐圣比独芬像》。这是我国出版物上第一次刊登的西欧音乐家画像。联系到1913年李叔同在浙江第一师范学校编辑的《白阳》杂志，也登载了由其门生李鸿梁创作的比独芬像，就可以看出，他对这位德国伟大音乐家的崇敬、倾慕之情。

李叔同发现，日本人所唱的歌，"其词意袭用我古诗者，约十之九五"，汉学在日本的影响，既广且深。相比之下，中国人自己对民族文化，反而有些轻视。编辑《音乐小杂志》时，他把这一感受写成《呜呼！词章！》一文。文章中说：

> （日本作歌大家，大半善汉诗。）我国近世以来，士习帖括，词章之学，金蔑视之。挽近西学输入，风靡一时，词章之名辞，几有消灭之势。不学之徒，习为藪昌，诋諆故典，废弃雅言。追见日本唱歌，反啧啧，称其理想之奇妙。凡吾古诗之唾余，皆认为岛夷所固有。既齿冷于大雅，亦贻笑于外人矣。

（日本学者，皆通《史记》《汉书》。昔有日本人，举史汉事迹，置诸吾国留学生，而留学生，茫然不解所谓，且不知《史记》《汉书》为何物，致使日本人传为笑柄。）

这是在提醒国人，不应忘却民族文化传统，也不该在西学面前妄自菲薄。

关于《国学唱歌集》一书，李叔同在国内时，已经着手编配，到东京完稿后交由上海中新书局出版。整部歌集分为"扬葩""翼骚""修诗""擒词""登昆"五类。收录《诗经》中的《葛藟篇》《繁霜篇》《黄鸟篇》《无衣篇》；《楚辞》中的《离骚经》《山鬼》；诗词包括李白《行路难》、李商隐《隋宫》、辛弃疾《菩萨蛮·郁姑台下清江水》；昆曲有《柳叶儿·长生殿酒楼》《武陵花·长生殿闻铃》等，共计二十余首，并附以简谱。从序言和收录篇目来看，编辑的用意旨在弘扬民族文化传统，是想以音乐的形式，"琢磨道德，促社会之健全"。这与李叔同在《呜呼！词章！》中表达的思想是一致的。但不久之后，他在《音乐小杂志》的《杂纂》栏中，又发表《昨非录》一文说："去年，余从友人之请，编国学唱歌集。迄今思之，实为第一疚心之事，前已函嘱友人，毋再发售，并毁板以谢吾过。"李叔同为何要将刚刚编辑出版的《国学唱歌集》予以否定呢？

就《昨非录》一文的思路来看，李叔同是从提高国人音乐水准的角度，从歌曲形式的改革上检讨并否定《国学唱歌集》的，而并不是从内容上否定其收录的诗词作品。他在文章中说："十年前日本之唱歌集，或有用1234之简谱者。今则自幼稚园唱歌起皆用五线音谱。吾国近出之唱歌集与各学校音乐教授，大半用简谱，似未合宜。"而他自己编辑的《国学唱歌集》还在用简谱，已经不合时宜。这是他要自我否定的原因之一。与这种自我否定相配合，李叔同在《音乐小杂志》第一期上，刊出了他用五线谱谱成的《隋堤柳》《我的国》《春郊赛跑》等三首乐歌，为在我国进一步推广西洋现代作曲法树立了一个榜样。

李叔同在《昨非录》中又说："学唱歌者，音阶半通即高唱'男儿第一志气高'之歌；学风琴者，手法未谙即手挥'5566553'之曲。[45] 此为吾乐界最恶劣之事。余昔年初学音乐即受此病。且余所见同人中不受此病者殆鲜。……（今日本音乐学校唱歌科，以唱曲为主，一年之中，所唱之歌不过数首。）"在李叔同看来，学习音乐，学习唱歌，"当先练习音阶与音程"，当"以唱曲为主"，不能以会唱多少支歌为准；唱歌或学琴，不能单有"娱乐思想"，而无"音乐思想"，"宁可生，不可滑。生可以练，滑最难医"。而反观自己编辑的《国学唱歌集》，一次就推出了二十多首歌，岂非要把音乐爱好者们引向歧路么？这是他要自我否定的第二个原因。李叔同在向国人介绍现代音乐知识时，殷切期望这种现代知识能够建立在牢固的基础上面，切忌以时髦新潮替代扎实持久的努力。这是他通过《昔非录》忏悔（"此余忏悔作也"）并否定《国学唱歌集》的真正用意。

《音乐小杂志》第一期末页《文坛公鉴》中说："本社创办伊始，资本微弱，撰述乏人，故第一期材料简单，趣味缺乏……自第二期起当竭力扩充并广征文艺……"但由于文中所说的原因，加上李叔同的兴趣与精力又一时转向戏剧艺术；而且，他将报考东京美术学校，《音乐小杂志》出版一期后也就未能续刊了。尽管如此，这本杂志作为我国音乐期刊的首创之举，编辑者在音乐史上留下了不可磨灭的功绩。这本昙花般一现的刊物，在国内已经难以寻觅。所幸的是，1984年在东京图书馆发现了它，热忱的日本友人将它复印后赠送中国一份，使我们得以领略其大致面貌。

2. 东京吟唱

在国内时，李叔同已是撰作诗词的名手，且以"二十文章惊海内"自诩。来东京后，他很快就与日本有名的汉诗人森槐南（1863—1911）、大久保湘南（1865—1908）、永阪石埭（1845—1924）、日下部鸣鹤（1838—1922）、本田种竹等有了诗艺上的交往。1906年6月，李叔同加入了由森槐南、大久保湘南等领导的日本诗歌社团"随鸥吟社"。[46]这一社团每月开例会一次，每年开年会一次；每月出版社刊《随鸥集》一辑，刊登月会纪要和社员诗作。

1906年7月1日，随鸥吟社在神田八町堀偕乐园举行"副岛苍海以下十名士追荐会"，李叔同以李哀之名与会，并即席赋诗，得七绝二首。其一曰：

苍茫独立欲无言，落日昏昏虎豹蹲。
剩却穷途两行泪，且来瀛海吊诗魂。

其二曰：

>　　故国荒凉剧可哀，千年旧学半尘埃。
>　　沉沉风雨鸡鸣夜，可有男儿奋袂来。

在悲叹故国的"荒凉可哀"中，作者期望着却弊振衰的英雄出现。会后不久，李叔同又作七律一首，题为《朝游不忍池》。诗曰：

>　　凤泊鸾飘有所思，出门怅惘欲何之？
>　　晓星三五明到眼，残月一痕纤似眉。
>　　秋草黄枯菡萏国，紫薇红湿水仙祠。
>　　小桥独立了无语，瞥见林梢升曙曦。

此诗抒写了作者在异国他乡孤寂惆怅的情绪。

7月8日，随鸥吟社在上野公园三宜亭举行月度例会，李叔同以李息霜之名与会。森槐南在社内主持"李义山诗歌讲座"已久，这次例会上讲的是《送千牛李将军赴阙五十韵》。讲完后，社员们联吟赋诗，大久保湘南作起句"星河昨夜碧沄沄"，森槐南作结句"故乡款段思榆枌"，李叔同则联吟第五句"仙家楼阁云气氲"。

一日，有随鸥吟社社员玉池其人，在星舫酒家招饮李叔同（李息霜），梦香、藏六二人作陪。席间，玉池手书滨寺旧制以示，令列位和韵。李叔同即赋七绝一首，题为《昨夜》。诗曰：

>　　昨夜星辰人倚楼，中原咫尺山河浮。
>　　沉沉万绿寂不语，梨花一枝红小秋。

李叔同并即席挥毫作水彩画一幅，玉池为其作题画诗云："古柳斜阳野寺楼，采菱人去一船浮。将军画法终三变，水彩工夫绘晚秋。"

1907年1月13日，随鸥吟社依例在上野公园三宜亭举行月会，并贺新年，李叔同以李息霜之名和留日同学陆玉田与会。森槐南讲李义山《赠别前蔚州契苾使君》《灞岸》等诗。余兴仍为联吟赋诗，并行"抽签"，颁发书籍、文房用具和盆梅等赠品。李叔同得"春风吹梦送斜阳"一联句。

4月6日，随鸥吟社举行第三次年会，设席墨水枕桥附近的八百松楼，李叔同仍以李息霜之名与陆玉田及另一名中国留学生何士果三人到会。年会由著名汉诗人永阪石埭另设茗筵一席。据大会干事蓄堂醉侠所作《茶会记》记载，茗筵的摆设充满了中国风味。

> 正面壁龛（即日本客厅摆装饰品之处）挂清人[47]瞿子冶水墨老松图竖幅，花瓶插白牡丹二朵，壁龛左侧古黑漆矮几上排列：石（灵璧之重叠峰峦）、册（清胡松泉细楷）、文镇（古玉浮雕双喜文字），壁龛右侧，陈列赖山阳先生扇面、砚、墨台（端溪紫石长方形，刻螭龙）、笔、笔架（白古玉钩）、印谱、天然木（刻御制诗）……人字屏、香、席、茶等……

酒宴茶会之际，以抽签方式向与会者颁发书画石印，作为本次年会的纪念。最后，又依例行"柏梁体"联句，以尽清欢。（中国汉武帝元封三年，柏梁台筑就，帝会群臣，令席上联句，各作七言一句，每句押韵。后世仿此体联句，称为"柏梁体"。）共得联句八十二句，李叔同轮吟的第五十句为"余发种种眉髟髟"。（"种种"，发短貌；"髟"音标，"髟髟"，发垂长也。）

现有的史料显示，李叔同参与了以上几次随鸥吟社的活动。他在社刊《随鸥集》上发表的新咏旧作，除上述《东京十大名士追荐会即席赋诗》《朝游不忍池》三首，还有《春风》《前尘》《风兮》等。每次刊登李叔同（或以李息霜名、李哀名）的诗作，主编大久保湘南往往在其诗后加上三言两语的评判之词，赞扬推重之意溢于言表。

李叔同在来东京后的一段时间内（有一年半的样子），除了绘画、音乐的学习之外，便是诗词写作了。关于他这一时期的整体诗风，天理大学教授、《春柳社逸史稿》作者中村忠行的评语，最为简洁准确，那就是："他的诗风在妖艳里仿佛呈现沉郁悲壮的面影。"

李叔同来东京后创作的诗歌作品，还有七绝《初梦》（二首）和《帘衣》（二首）。1907年下半年，由于他的主要精力和兴趣已经转移到绘画和戏剧上面，不再参与随鸥吟社的活动，诗词创作也暂时停止了。

说到李叔同东京时期的诗歌创作，有必要详细澄清一下《书愤》一诗系何人所作的问题。在目前已经见到的几部描叙李叔同生平事迹的年谱、传记，以及收录其文艺作品的专集或著录其著作的系年中[48]，大多把这首诗当成李叔同的作品，但实际上是"张冠李戴"了。这一以讹传讹的谬误，延续了半个多世纪，至今仍在流传。

《书愤》系一首七律，原文是：

> 文采风流四座倾，眼中竖子遂成名！
> 某山某水留奇迹，一草一花是爱根。
> 休矣著书俟赤鸟，悄然挥扇避青蝇。
> 众生何用干霄哭，隐隐朝廷有笑声。

将此诗记在李叔同名下的始作俑者，是李叔同的弟子、最早为其撰作年谱的李芳远；而提供这一错误信息的，是李叔同的侄子李晋章[49]。1944年，林子青先生在其编著的《弘一大师年谱》（香港弘化苑己亥年重印本）"光绪三十年甲辰〔一九〇四〕"条中，不只引录了李芳远《弘一大师年谱》（原稿"二十五岁"条中关于此诗出处的记载，所谓"为其侄麟玺书簟诗"云云），还引录了李晋章致编者（林子青）信中的说法："又'文采风流四座倾'句诗，乃（甲辰年）为玺所书，此簟不知落于何方，前者为芳远兄所钞，本玺昔年背诵记住未忘，一时想起，故亟钞之以奉……"自李晋章之说和记录其说的李芳远、林子青所作年谱（尤其是林作）出，《书愤》一诗就"定而无疑"地成了李叔同的作品。后出的几部年谱、传记，为了说明此诗系李作，还都引述梁启超《饮冰室诗话》一一四节的一段记载作为旁证材料。梁在日本编辑出版了《新民丛报》，他的这段话是：

> 新民社校对房一敝簟，忽有题七律五章于其上者；涂抹狼藉，不能全认识，更不知谁氏作也，中殊有佳语。第一章末联云："行矣临流复一叹，冷然哀瑟奏雍门。"第二章末二联云："休矣著书俟赤鸟，悄然挥扇避青蝇。众生无事干霄哭，隐隐朝廷有笑声。"第三章首二联云："富春江上夕阳微，那有闲情理钓丝。神女何归洛水绿，圣人不作海波飞。"第四章首二联云："黑龙王气黯然销，莽莽神州革命潮。甘以清流蒙党祸，耻于亡国作文豪。"

一些年谱、传记在引录梁氏这段记载后，又往往引申说，由于李叔同初到日本，诗名不为人知，故其诗作竟被搁置于校对间里，后为梁氏所发现，但已"涂抹狼藉"，不复完整。意思是，李叔同的诗作，虽经梁氏发现，但由于其诗名太小，又由于书于扇面上的诗句，已不能全般辨认，因此终于没能发表。凡此种种，是否就能证明《书愤》一诗为李叔同所作呢？笔者以为，是不能如此断定的。理由如下：

一、在扇面上作画题诗，乃中国文人的传统雅致。所作之画，必为己出（便是临摹，亦为自作之一种形式），所题之诗（文），却未必都是自己的作品。《书愤》一诗，即由李叔同书，也不能说就是他的作品。

二、李晋章说，《书愤》一诗，是其三叔于1904年（岁次甲辰）为他书箑的。这一时间限定很是可疑。李晋章生于1895年，李叔同于1898年南下上海时，他才3岁，1904年时也才9岁。李叔同有可能为离别了6年的小侄子作诗书箑，并将扇子寄往天津吗？题写这样一首诗，他的小侄子能够理解欣赏吗？再说，李晋章向李芳远、林子青提供其三叔书箑的信息，是在1942—1944年（李叔同去世后一两年）。这时，离他所说其三叔书箑的1904年，已经过去了40年左右，很难说，他的记忆没有差错。

三、李晋章只说李叔同书箑过《书愤》这首诗，并没有说其三叔在书箑时标名此诗即他所作。一些人是在主观地假定《书愤》为李叔同所作之后，才搜寻和引出梁启超的话语当作凭证的。这是一种"大胆假设，小心求证"的方法，不足为据。而更重要的是，所引梁氏的一段话，除了证明《新民丛报》校对房一"敝箑"上的诗句，与《书愤》一诗部分相同和没有发表外，根本不能证明《书愤》的作者就是李叔同。梁氏当时都说，"更不知谁氏作也"，后来的人怎么反倒可以据此证明是李氏所作呢？李晋章所见李叔同书写的诗，与梁氏在《新民丛报》校对房所见一"敝箑"上的诗句相同，不能证明该诗就为李叔同所作，反过来也不能作此判断。

四、李叔同在出家之际，曾将其1907年（岁次丁未）前所作诗词，亲自厘定书写一遍。这一墨迹现收录在由夏宗禹编辑、华夏出版社1987年6月出版的《弘一大师遗墨》中。其中，并无《书愤》一诗。

五、尽管在戊戌变法期间，李叔同的思想情绪倾向于康有为和梁启超（他刻过一方"南海康君是吾师"的闲章），但至今并无史料证明，李叔同与梁启超及其主编的《新民丛报》有过何种联系。在从无交往的情况下，他能贸然将自己的作品或题写的书件（扇面之类）投寄对方吗？须知20世纪初中国出版的报刊，多系同人性质和社团所办，不是"圈子"

中人,或不熟识者,是不会轻率地投稿的。更不必说是将自己的作品寄往在外国出版、政治倾向性又十分明显,诸如《新民丛报》一类报刊了。

换言之,不能因为李晋章所见之诗系李叔同所书,也不能由于梁氏在"敝簏"上发现的诗句与李晋章所见之诗部分相同,就遽然断定《书愤》一诗为李叔同所作。

那么,《书愤》一作,究系何人之作呢?有近代诗歌史料已经证明,此诗乃民主革命者、在中国学术史和政治思想史上有相当地位的马君武先生所作。

马君武(1882—1940),名和,字贵公,广西桂林人。幼年丧父,家境贫寒,因亲友的帮助和自身的苦学不懈,得以造就其深厚的国学基础。1902年(20岁)留学日本,入京都帝国大学,读制造化学专业。时以生活费用短绌,常借写作稿费来维持。梁启超主编的《新民丛报》,就常有他的诗文发表。马一度代理任公主持过编务,两人私交甚好。1905年8月,中国同盟会在东京成立,孙中山为总理,马君武为秘书长兼广西支部长。11月,同盟会发刊机关报《民报》,马任主编,开始批判康有为、梁启超的保皇派理论,宣扬以三民(民族、民权、民生)主义为核心的革命思想。此后,马自与梁及其主编的《新民丛报》脱离关系。清政府为了扼杀海外革命力量,唆使日本当局颁布《取缔清韩留日学生规则》,掀起驱逐中国留学生中的革命派的浪潮。作为同盟会的主要负责人之一及《民报》主编,马君武被迫于1906年上半年返回国内。为了让一批回国的留日学生继续学业,马在上海创办中国公学,任总教习(教务长),兼理化教授。由于其仍热忱于反清革命活动,受到两江总督端方的追捕,又被迫于1906年年底(一说1907年年初),再次离开祖国,赴德国柏林工业大学留学。马在第二次出国之际,写下七律《去国辞》一组,共五章。诗中着重抒发了"他对腐朽无能、凶残无道的清朝统治者的不满和反抗情绪,关心祖国的出路与民族的前途,对于灾难深重的人民寄予深切的同情。去国怀乡,忧心如焚的爱国激情跃然纸上"[50]。马君武诗《去国辞》第二章,除末联首句"众生何事干霄哭",与相传为李叔同作《书愤》诗只差一个字("何事"为"何用"),其他几联的诗句完全相同;而《去国辞》其他三章(其一、其三、其四)中的部分联语,和梁启超在《新民丛报》校对房一"敝簏"上看到的那些诗句,一字不错。[51]李叔同赴日本留学时,填有《金缕曲》一词,"留别祖国并呈同学诸子"。如果他还写过包括《书愤》一诗在内的其他几首同类作品,是不会在厘定书写其早年诗词作品时,将其遗忘的。马君武组诗以《去国辞》为总题,五章只以"其一""其二""其三""其四""其五"相继标出,并无分别立题。"其二"被标以《书愤》,系他人所为。这就可以判定，所谓李叔同之诗《书愤》一作，乃是他为其小侄书篇时抄录了马君武《去国辞》中的一章。如果不是这样，马诗其他几章，岂不是有如不断引录梁氏之说的学者们所猜测的那样，也都可以当作李叔同的作品吗？（也确有作如此推断者。如秦启明作《李叔同：由名士而艺术家而高僧》[52]一文，就把马君武作《去国辞》第四章当成李叔同的作品引入文内，但由于依据的是梁启超《饮冰室诗话》一一四节中的话，所以只能引出首二联，其他几联则因无处追寻而只好阙如了。）

至于将马君武之诗书于扇面的举动，又会是一种怎样的情景呢？

马君武是李叔同同学谢无量的好友。1902年，谢在南洋公学读书时，曾与马同游扬州（马写有《偕谢无量游扬州》一诗）。可能就在这个时候，李叔同认识了马君武。马君武又是李叔同知交马一浮的朋友。从这些情形看，李叔同是熟知马君武其人的。李叔同到日本后的半年多时间中，马君武尚在东京，且是同盟会秘书长和《民报》主编，在留学生中有广泛影响。李叔同在东京很有可能还见过马君武。1906年夏天，李叔同回国度假，也很有可能在上海会晤过马君武。以马的影响力，他在二次被迫出国前所作的《去国辞》五章，不会不流传到留日学生中间，李叔同自然也会见过马的这组诗，并能背诵一部分，故有书赠李晋章之举。但书赠的时间不会在1911年之前，因他没有必要在回国之前书篇寄赠李晋章。（很可能是他学成归国后在天津家中书写，李晋章把时间记错了。）

梁启超在《新民丛报》校对房见到的那把"敝篆"以及上面书有马君武诗作的墨迹，是否与李叔同有关呢？笔者以为，此举出于李叔同的可能性不大。自《民报》成立，猛烈批判以康、梁为代表的立宪派（保皇派）之后，梁的名声迅即下降，一落千丈。《吴玉章回忆录》中说："1907年7月，梁启超的政闻社在东京锦辉馆开成立大会，同盟会员当场痛打了梁启超，四川会员并把梁的走卒白坚（四川人）打得头破血流。对这一暴力行动，人们皆大为称快，可见立宪派是何等的不得人心。"[53]赞成同盟会宗旨的李叔同，不会不留意到革命派与立宪派之间的尖锐斗争，但以他一向沉稳凝重的性格，不可能将马君武的诗书篆后送往《新民丛报》。他也知道此时的《新民丛报》，不可能发表此类革命内容甚为明显的诗歌作品。这就排除了梁启超所见"敝篆"及其上面的诗作和墨迹，与李叔同有关的可能性。但那诗词墨迹也不会是马君武自己的手笔，因为梁启超与马熟悉，自会识别。当时东京的中国留学生，大多知道先前的马君武与梁启超关系不错，因此，有这样一种可能，有人在革命派与立宪派激烈斗争之际，故意将马所作的《去国辞》，隐去作者之名书于扇面，送达《新民丛报》，给梁启超开个嘲讽性的政治玩笑。

还有一首诗的作者问题需要加以澄清。李叔同到东京不久，选词配曲作过一首《出军歌》。所选之词，系清末著名维新派人物和大诗人黄遵宪的同名诗作。原诗共八章，李叔同选了其中五章，并把次序做了些调整。黄遵宪之作，不难查对，但在由天津市李叔同——弘一大师研究会编辑的《弘一大师韵语》和萧枫编注的《弘一大师文集》等专集中，都将黄遵宪的这首《出军歌》，作为李叔同的诗歌作品收录进去。

3. 学习和传播西洋美术的佼佼者

依照史实，学术界不再有"李叔同是中国第一个美术留学生"的提法。在李之前，已有李铁夫（1869—1952）、冯钢百（1884—1984）、李毅士（1886—1942）、黄辅周（1883—1971）等人留学欧洲或日本学习西洋美术。其中李铁夫早在1887年就进入美国美术学校学习西洋美术。就是与李叔同一起参加过话剧《黑奴吁天录》演出、又同是东京美术学校油画系学生的黄辅周，也比李早一年入学。但应该说，李叔同是学习和传播西洋美术的佼佼者。这是因为，李到东京不久，就开始了向国内传播西洋美术的活动，其留学成绩又优于先行者们。他比那些先行者们回国较早，因回国后在培养西洋画师资等方面做出的贡献，被载入中国近代美术的史册。

美术兼及音乐是李叔同留学日本的方向。到东京才一个多月，他就"耳目所接"，"间以己意"，编译了几篇美术论文。他是想通过这项练习，既学习了日文，也为正在拟议中的《美术杂志》准备下稿件。杂志胎死腹中，他就把其中两篇《图画修得法》《水彩画法说略》，在留日学生高天梅[54]主办的《醒狮》上发表了。这是我国最早介绍西洋画知识的文章。前一篇中关于图画之起源与功用的说法，很是新鲜。作者认为，手势语言、音响语言、文字语言是在人类社会相继出现并不断递进，反映和帮助人们思考客观世界，相互交流认识和思想感情的符号形式。但即便是在文字语言出现之后，人类依然感觉到，文字还不足以适应日渐发达和复杂化的社会生活，也不足以适应自身日益复杂化的思想感情。他说：

……语言文字之功用，有时或穷。例如今有人千百，状人人殊，必一一形容其姿态服饰，纵声之舌，笔之书，匪涉冗长，即病疏略，殆犹不毋遗憾矣。

而以所以弥兹遗憾济语言文字之穷者,是有道焉。厥道为何?曰唯图画。

图画者,为物至简单,为状至明确。举人世至复杂之思想感情,可以一览得之。……人有恒言曰:言语之发达,与社会之发达相关系,今请易其说曰:图画之发达,与社会之发达相关系,蔑不可也。人有恒言曰:诗为无形之画,画为无声之诗。今请易其说曰:语言者无形之图画,图画者无声之语言,蔑不可也。……

这是说,图画是继言语、文字之后顺势出现的人类又一种更为高级的且反映、备考客观世界及交流思想感情的符号形式。关于这种形式,李叔同则说:

……图画者可以养成绵密之注意,敏锐之观察,确实之智识,强健之记忆,著实之想象,健全之判断,高尚之审美心。……又若为户外写生,旅行郊野,吸新鲜之空气,览山水之佳境,运动肢体,疏瀹精气,手挥目送,神为之怡,此又图画之效力关系于体育者也。

在20世纪初,李叔同所指出的图画功用,比现在经常列出的几条更为全面、丰富些。这是值得注意的。

在李叔同留学日本之前,该国已有由书画大家创立的淡白会,每月开会一次,会场多在汤岛天神鱼士楼。开会时陈设会员作品,当筵挥毫。会员仅十余人,"人品皆风雅娴静,其作品亦潇洒清疏,洵不愧淡白之名"。为了开阔学习的渠道,李叔同、曾孝谷等参加了这一美术团体。李与陈师曾结交,即在一起参与该会活动之后。每次开会时,日本人向中国留学生"当筵乞书画者尤多"[55]。

1906年7月间,李叔同考取正木直彦主持的东京美术学校西画科。入学前,他先行回国度假。

虽说可与妻儿亲友们略作团聚,但回来一看,天津这座城市已被当年入侵的八个帝国主义国家,瓜分得支离破碎,租界林立,民生凋敝。更使人悲哀的是,整个国家死气沉沉,寂然无声。触景生情,不吐不快。李叔同以诗词形式,倾诉着内心的积郁与悲愤。他在度假期间,写有《喝火令·哀国民之心死》、《醉时》和《初梦》等作品。以下是《喝火令》一阕所写：

> 故国鸣鹈鸰，垂杨有暮鸦。江山如画日西斜。新月撩人透入碧窗纱。
> 陌上青青草，楼头艳艳花。洛阳儿女学琵琶。不管冬青一树属谁家，不管冬青树底影事一些些。

全词用比兴手法，并化用古诗古事，托物言志，隐喻家国之痛，期望之切。"鹈鸰"，即"鹈鸠"，俗称杜鹃。屈原以为，杜鹃鸣声，是春暮之标志。《离骚》有"恐鹈鸠之先鸣兮，使夫百草为之不芳"句，意思是说，人们都不愿意听到杜鹃的鸣叫，如果杜鹃"先鸣"，那是春机将逝去、百花不再盛开的不祥之兆。古人又多以乌鸦喻指小人乱政。"故国鸣鹈鸰，垂杨有暮鸦"，是指外有帝国主义者入侵，内有国贼民蠹横行无忌。既是鹃啼花落，又有垂杨暮鸦，江山虽美，日已西斜，国家的前途，令人担忧。

李叔同回国度假前，所编《国学唱歌集》出版不久。其中《隋堤柳》一首，即有这样的词句："杜鹃啼血哭神州，海棠有泪伤秋瘦，深愁浅愁难消受，谁家庭院笙歌又？"在祖国山河破碎、个人又郁积着"深愁浅愁"之际，面对异邦人歌舞升平的情景，当然是难以忍受了。（"谁家庭院笙歌又？"）回到自己的国家，却又遇到了类似的情景。这就不能不为之悲哀了。王维有《洛阳女儿行》诗，写一被权贵宠幸的少妇，过着极其骄奢但又很空虚的生活。诗中有这样的句子："戏罢曾无理曲时，妆成只是熏香坐。"末后又写贫女虽美，却无人爱怜："谁怜越女颜如玉，贫贱江头自浣纱！"整首诗结意在"况君子之不遇"（沈德潜《唐诗别裁》中语），以抒发志士胸中的不平。李叔同的《喝火令》下半阕，化用王维诗意诗句，以"洛阳儿女学琵琶"，比照末尾两句："不管冬青一树属谁家，不管冬青树底影事一些些。"末尾两句化用了宋末遗民不忘先朝的史迹。《元史》和《辍耕录》中记载，南宋灭亡后，皇帝陵墓被元人发掘，遗民唐珏等人掇拾帝后遗骸加以合葬，并植以冬青树，以象征汉族正统历史之不衰。李叔同借用这一事典以提醒现实中的人们，此时正当国家处于异族入侵的危难之际，多么需要古来志士们那样的爱国精神啊！然而，你看眼前的人们，正沉湎于琵琶笙歌的表面欢乐之中，忘却了国家和民族即将灭亡的前景。选用"不管"一词，点出了全词"哀国民心之死"的主题。"帝子祠前春草绿，天津桥上杜鹃啼"；"梦里家山渺何处，沉沉风雨暮天西"；"鸡犬无声天地死，风景不殊山河非"。《醉时》和《初梦》等诗作也都表现了李叔同彼时彼刻忧国忧民的思想情绪。

9月下旬，李叔同在国内过完暑假，返回日本，进入东京美术学校学习。同班同学有曾孝谷，高一班的有黄辅周（人称二南，又自改为二难、喃喃，直隶人），稍后则有以革命画家和岭南画派开山人物著称的高剑父（1883—1971，原名高麟，后名仑，字鹊庭，以号行，"岭南画派"三杰之一）。关于曾孝谷的生平，需作些介绍。其生卒年为1873—1937（或1936）年，名延年，号存吴，别署无瑕，斋号五十步轩，以字行，四川成都人。官费留学日本。曾孝谷学的虽然是美术专业，毕业后也从事过美术教育，自己还出版过《汉和绘画集》等作品；他亦工诗，有《明湖诗集》等问世。但曾孝谷的贡献和为后世所知晓的事迹，主要是他与李叔同一起从事过中国话剧创始期的活动，后又一直从事戏剧研究，写有《五十步轩剧谈》等著作。职此之故，其名彪炳于《中国大百科全书》等工具书和中国戏剧史史册。曾孝谷有家学渊源，其父曾培系一国学家。孝谷1913年前后返回成都时，他正在编辑《四川国学杂志》和《国学萃编》等书刊，廖平、谢无量、刘师培等著名学者，都为其撰稿。谢无量系李叔同就读南洋公学时的同学，李与曾培的文字之交，是否是由曾孝谷牵线搭桥的呢？这倒也是学术史上的一件趣事。

日本是一个多雨的国家，一到10月，更是秋雨连绵，少有晴天。

1906年10月初的一天，一位年轻人冒着敲打老蓼的秋雨，正急匆匆走向下谷上三崎北町一地。他在三十番地住宅前面停止了脚步，稍微看了看这里的景致，在那被秋雨打偏了的褪色海棠花边，立有一道黑板墙，两丈多宽，环抱着一片凋零的草坪。此人系东京《国民新闻》社记者。前两天，他所在的报社听说有位叫李哀的清国人考取了上野东京美术学校，学的还是西画科，觉得这在清国留学生中是前所未有的，是条值得注意的新闻，决定派他前来采访。

这位记者边打招呼边走进了那不像正门的正门，只见一间三叠大小的门房，有一根并无装饰的粗削的木柱，上面挂着一顶麦秆编就的帽子。迎着来人的招呼声，从屋里走出来一位矮小的半老妇人，看样子是这里的女佣。

记者问："李先生在家吗？"

妇人答："在。"

听到记者的问话，从邻室飘然迈出一位高身材、圆肩膀的青年。只见他穿着织有花纹的藏青色和服外衣，系着黑绉纱腰带，头上留着漂亮的三七分发型，一副地道的日本装束。

他就是记者要采访的清国人李哀。李叔同在母亲去世后，已改成了现在这个名字。见了记者，他泰然和蔼地说："请里边坐。"

记者随他走了进去。房间也只有三叠大小，这是李哀的书斋吧。乐器、书架、椅子、茶几等什物，挡住了四围的墙壁，整个房间显得逼仄局促。只有一把椅子，李叔同热情地请记者坐下。他并不知道来客是谁，是来干什么的，因此有些不大自然和疑惑的样子。看了记者递过来的名片，他点头微笑着问："是槐南诗人的新闻社吗？"

记者说："是的，我们也经常刊登槐南诗人的作品。您认识他吗？"

李叔同说："认识。槐南诗人，还有石埭、鸣鹤、种竹等诸位诗人，都是我的朋友。我很喜欢诗，也经常写一点儿。一定向贵社投稿，请赐教批评。"

记者问："李先生在乐器方面的造诣如何？"

李叔同说："正在学拉小提琴，初入门径，还不够娴熟。我什么都想尝试一下，多方面学点技艺。最喜欢的还是油画。我留学贵国，主要是来学西洋油画和水彩画的。"

记者问："听说您考上了美术学校，请问是哪天进的学校？"

李叔同说："才几天，9月29日。"

记者问："用日语讲课您能听懂吗？"

李叔同说："听不懂。在国内学过日语，来贵国后也进过补习学校，能看些日文书籍，但听讲能力很差。我不听下午用日语讲的课，听上午用英语讲的课，英语我比较能对付。"

记者"唔"了一下，又问起李叔同的家庭情况："您双亲都在吗？"

李叔同说："都在。"[56]

记者问："您不想故乡吗？"

李叔同摇头说："不。"[57]

记者又问："太太呢？"

李叔同说："没有。我是一个人，26岁还是独身。"[58]说完笑了起来。

记者也跟着笑了笑，中止了提问。李叔同喝了杯涩茶，向记者推荐墙上黑田清辉的裸体画、美人画、山水画，以及中村等其他画家的作品，说："他们都是贵国当今的大画家呢！"接着，他又把记者引进里面六叠大小的房间，得意地介绍着桌上的几幅苹果写生画。

记者赞赏着说："真是潇洒的笔致呢！"

女佣在一旁插话说："这是李先生今天早上刚刚一气画成的。"

李叔同谦虚地说:"早上刚刚画成倒不假,但不够理想,请多多批评。"

记者临走时说:"希望以后多联系,也请经常支持我们。"

李叔同边送客人边说:"有机会一定到贵社拜访。《国民新闻》是很好的报纸,我经常拜读的。"

10月4日,东京《国民新闻》上登出了记者采访李叔同的通讯,题为《清国人志于洋画》,并配上他的肖影和画稿。[59]

李叔同的名字,随着其人生阶段的变化而不断改易。进了美术学校,他由李哀又改为李岸,并取艺名为息霜。生活方式也随之日本化,和服、早浴、长火钵,一派江户趣味。

李叔同进入东京美术学校西洋画科时,主任教授是黑田清辉,他是近代日本油画的代表人物,是日本近代美术史上继冈仓天心后最著名的指导者,也是东京美术学校西洋画科的创建者。其他著名教授还有中村胜治郎、长源孝太郎等。李叔同在西洋画科主要学习油画与水彩。他先在木炭画室画人面模型,以次打下绘画的基础。现存李叔同木炭画《少女像》的照片,原件大概就是他当时按人面模型画下的。以行家眼光看,作者的素描技巧已很娴熟,用笔生动,手法概括,又不失于空泛;人物长发垂肩,眼帘微启,若有所思,表情丰富,画面上洋溢着作者的艺术才能。[60]为了画好人体,除了在校学习,李叔同还雇了一名模特。而作于此时的《出浴》是他留存后世的唯一人体作品。画中一浴后半裸少女,坐在椅子上,袒胸露乳,双手扶把,微闭着眼睛。这幅人体画,李叔同归国时带了回来,还在天津家宅的"意园"洋书房中张挂过,一时被亲友们传为奇事。在20世纪初,中国人画裸体,并公然张挂在墙上供人观赏,的确是破天荒的事。经过画人体的频繁接触,李叔同与雇用的模特产生了感情,两人成了夫妇。这样,他在结发妻子之外,又有了一位日籍夫人。据说,《出浴》一作上所画的,就是这位日籍女子。[61]

此时的李叔同不是在学校上课,外出写生,或听音乐会,就是在公寓里画画、弹琴。

后来在南京道尹公署担任视察的韩亮侯先生,当时也在东京留学,他也喜欢音乐。一天,他在东京的一场音乐会上,发现一位衣服褴褛的听众,觉得很纳闷:这种资产阶级西洋人的音乐会里,怎么会有这样一位听众呢?这门票又怎么会被他买到呢?

散场时,韩先生和这位奇怪的听众相互打了招呼,知道都是中国人。这人就邀请韩先生到他的寓所去坐坐。韩先生为好奇心所驱,跟他走了。不多一会儿,来到一所很讲究的洋房前。[62]带韩先生来的人住二楼。韩先生一进屋，吃了一惊，满壁都是图书，书架上摆着许多艺术味极浓的小玩意儿。屋角还有一架钢琴。这情景真把韩亮侯有些弄糊涂了。

将韩亮侯带回公寓的这位怪人，就是东京美术学校的留学生李叔同。

当韩亮侯正在对这位新结交的朋友感到不解的时候，李叔同从里屋换上笔挺的西装走了出来。刚才还是衣衫褴褛的听众，现在俨然成了风度翩翩的绅士。

李叔同为新交一位朋友而高兴。作为订交，他邀请韩亮侯到外面去吃了一顿饭。

在学习期间，李叔同是很珍惜时间的。为了不浪费光阴，他的有些做法，甚至显得不近人情常理。戏剧家欧阳予倩回忆说："他非常用功，除了他约定的时间以外，绝不会客。"在外面和朋友交往的事，也是极少的。一次，叔同约欧阳予倩早晨八点去看他。欧阳住在牛达区，他住上野不忍池，两地相隔很远，总不免有些耽误，难以保证准分准秒抵达。欧阳一到那里，立即将名片递了进去，不多时，李叔同却开了楼窗对欧阳说："我和你约的是八点钟，可是你已经过了五分钟，我现在没有工夫了，我们改天再约罢！"说完，他便一点头，关起窗户不见了。欧阳是知道他的脾气的，无可奈何，只好回头就走。[63]

珍惜时间，刻苦攻读练笔，加上自身的才情，李叔同在美术专业上的学习成绩是优异的。这突出地表现在他的作品曾两次参加白马会的展览。

白马会是由日本著名画家黑田清辉主导的外光派油画团体，成立于1896年。同年，东京美术学校增设西洋画科，黑田清辉任主任教授，而教师的基本队伍多为白马会会员。在20世纪初，这一学术团体"与当时盛行的浪漫主义思潮呼应，形成日本油画的主流和具有日本特色的学院派，代表着当时日本油画界的最高水平"[64]。该会基本上每年举办一次画展，参展者多系教授级的著名画家，参展作品也代表了当时日本油画的最高水准。而李叔同（当时学名李岸），两次参与了画展。李的这段艺术经历还被记入了植野健造撰写的《白马会结成100年纪念：明治洋画的新风》（1996年出版）一书。书中这样记载：

> 1909年4月16日至5月12日，他的油画《停琴》参加了在赤坂溜池三会堂举行的第12回展，编号56；
>
> 1910年5月10日至6月20日，他的《朝》《静物》《昼》参加了在上野公园竹之台陈列馆的第13回展，编号分别为47、182、566。[65]

其中《朝》一作，还刊载于《庚戌白马会画集》（画报社，1910年6月出版）。曾对李叔同在东京美术学校学习情景作过深入调查与研究，并观赏过李油画原作的刘晓路（可惜他已英年早逝），在相关的文章中，对李的这些参展作品评论说：

> ……（《朝》）画面为逆光坐于窗前榻榻米上的日本少妇像。
> 这幅《朝》值得玩味。从题目上看，也许受到黑田清辉的留法作品《朝妆》的影响。从其特定的时间（早晨）和环境（卧室），以及画面传达的甜蜜和温馨的情愫上，可以揣摩她与画家不寻常的亲近关系——她很可能就是传说中李叔同的模特兼情妇形象。《停琴》《昼》的画面内容不清楚，而从题目及李叔同当时的生活环境和情绪分析，很可能也是表现他当时热恋的这个日本女子。[66]

刘晓路还在文章中强调说：

> ……作为一个在校的外国留学生，与同校的日本教授一起参加白马会展览是很难得的荣誉……他是迄今唯一能用史料证明两次参展了白马会的中国画家。以4幅作品连续参加两届，更显示出他当时的油画实力和水平。
> 白马会在李叔同归国的1911年停展，至1912年解散。[67]第13回是白马会的最后一次展览，以后的东京美术学校中国留学生当然便与它无缘了。[68]

按照东京美术学校不成文的规定，每个西洋画科的毕业生，都得给母校留下一幅自画像。李叔同的自画像，是由刘晓路在东京艺术大学分部（其前身即为东京美术学校）艺术资料馆所存数以万计的自画像中查找到，并以照片形式公之于国内的。观赏过李叔同这幅自画像原作的刘先生，作了如下的描述和评论：

> ……李叔同的自画像为布面，采用日本通用的12号风景型号画框规格，长60.6cm，宽45.5cm，没有装框，但至今保存完好。我仔细看过此像，并征得资料馆同意，亲手拍下135彩色反转片。其像右上方有他的亲笔题款"李，

1911"。借用考古学的语言,这叫纪年款,又为当事人亲书,具有断代意义,更与学籍档案统一。

　　李叔同的自画像与同期中国国内的油画相比,油画语言显得较为"纯正地道"。虽然是全正面,但从发型上推测,他已剪了辫子,显示出"反清"的倾向。与曾延年的一幅对比,曾的自画像讲究立体结构,以灰色背景突出面部。李岸的一幅较为平面,普遍采用点彩的手法。以后留学生的自画像多采取四分之三正面,甚至追求现代派,故意东倒西歪,而且构图、色彩、笔法上较"俏皮",唯有李的这幅为全正面。两幅的画面处理都小心谨慎,没有玩弄技巧。画面的主人公正襟危坐,酷似中国传统绘画中的写真像,但显得成熟稳重,不像后者那样面部恭顺呆滞。……[69]

　　诚然,李叔同的这幅自画像,如同初始时的其他中国油画那样,"尚未脱离中国传统画中的写真手法,带有清宫收藏的19世纪末油画肖像的痕迹"[70],但它代表了当时中国油画的最高水准。这就是2007年纪念中国油画创作一百年时,李叔同的这幅自画像,被列为初始期的代表性作品之一的原因吧。

　　东京美术学校西洋画科1911年这届毕业生,成立了一个名为"赤瓮会"的美术团体。据李叔同自己说,他与曾孝谷"亦在此会"。赤瓮会于1912年3月底至4月初在三会堂举办第一回展览会。李叔同是否有作品、是哪几幅作品参加了展览,我们就不得而知了。[71]

4. 春柳社：中国话剧运动的奠基者

　　原来就对戏剧艺术抱有浓厚兴趣的李叔同,来东京后结识了藤泽浅二郎、川上音二郎夫妇等一批日本著名戏剧家,时常向他们请教新派剧和浪人戏的表演艺术。在这一过程中,李叔同萌生了改革中国戏剧的念头。

　　日本的"新派剧"完全用普通说话的形式上演,与称为"旧剧"（和"新派剧"相对而言）的歌舞伎不同。李叔同觉得,把这种新颖的艺术形式借鉴过来,正可用以间接地宣传同盟会的主张。

　　恰好,美校同学曾孝谷和他有相同的志趣与愿望。一次,他们俩在剧院看了川上音二郎夫妇演出的新派剧，为剧情和演技所鼓动，爱好戏剧的热情、从事戏剧活动的欲望陡然增长。两人随即拜晤了藤泽浅二郎先生，说出了有意建个戏剧团体的设想，希望得到先生的帮助与指导。藤泽先生支持了他们。这样，一个由李叔同、曾孝谷发起，以唐肯、孙宗文、陆镜若、庄云石、李涛痕、黄二难（即黄辅周、周二南）等为主要成员（还有稍后加入的欧阳予倩等）的戏剧团体"春柳社"，于1906年年底，在留日学生中正式成立，并决定了首次上演的剧目。

过了一个多月，1907年2月13日，正值中国农历春节期间，有数百名留学东京的中国学生，纷纷赶往位于神田区的中国青年会，他们是来这里参加一个游艺会。这个游艺会的主旨，是为国内徐淮赈灾，救济受难同胞。大家已经听说，留学生中新近成立了一个"春柳社"，这次要在会上作第一次公演，演出名剧《茶花女遗事》。[72]还听说，剧中角色一律由男生扮演。那么，女主角茶花女马格丽特将由谁来出演呢？这是最让大家感兴趣的事。

《茶花女》为法国小仲马（1824—1895）所作，分别用小说和话剧两种体裁写成，话剧的影响更大些。题材脱胎于一个真人真事。1847年，巴黎有个名叫玛丽·杜普莱西的名妓，刚刚23岁就因病身亡。她原是农家女，为生计所迫来巴黎做工，后沦落为娼妓。玛丽美丽聪颖，平日被贵人公子哥征逐不已，病后却无人关照她。最后为她送葬的，也只有两人而已。这女子的凄凉结局，强烈地震撼了与她同龄的作家小仲马。小仲马为大仲马的私生子。其父生活放荡，无责任感，虽然后来承认小仲马是自己的儿子，却始终拒绝娶小仲马的母亲为妻。父亲的不德不义和母亲的不幸遭遇，加深了小仲马对妓女玛丽的同情。他以玛丽的身世为原型，先是创作出长篇小说《茶花女》，接着又在小说的基础上写了话剧《茶花女》。

在话剧《茶花女》中，作者为了突出人物性格，深化作品主题，虚构了一个贯串始终的名妓马格丽特与富家子弟阿芒的爱情故事。马格丽特身边，虽有那么多贵人公子哥在围绕着、追逐着，但他们都是把她作为满足色欲的对象，无一人真心爱她。马格丽特看透了这帮人的真面目，因此也从未爱过其中哪个人。忽然她得知，唯独有公子哥阿芒，未曾谋面之前，已在真心真意地关切着她的病情，并诚挚地爱着她。这使马格丽特第一次也是唯一一次，向阿芒献出了自己的爱。但正当他们在巴黎郊野消夏，并决定结合终生的时候，身处上层社会的税务局长、阿芒的父亲，前来拆散了他们的姻缘。这一爱情悲剧发生在19世纪中叶。在当时的法国，封建贵族还有很大的势力，一般非贵族出身的平民，社会地位低下，备受歧视与虐待,在爱情、婚姻上也无自由可言。处于这一社会环境中的马格丽特,身为一弱小女子,既无能力冲破阶级的樊篱,又考虑到阿芒的未来和阿芒妹妹的婚姻前景,在阿芒父亲的逼迫下,不得不牺牲个人幸福,悄悄地离开了阿芒。及至阿芒明白了事情真相,回到马格丽特身边,他的恋人已经病入膏肓,旋即永远地离他而去。小仲马在小说和剧本《茶花女》中,揭露了当时法国社会的不合理现象,抨击了封建贵族的虚伪和恶毒;与此对照,赞扬了以自由和平等为思想基础的纯洁爱情。

赈灾游艺会的其他节目已经演过,观众们终于等来了最后一个节目:话剧《茶花女遗事》。将要演出的是剧中第三幕第四和第五两场及第五幕第八场,即阿芒的父亲逼迫马格丽特放弃阿芒,以及马格丽特临终前的场次。报幕员宣布了角色的分配:马格丽特由李息霜(李叔同艺名)扮演;阿芒由唐肯扮演;阿芒之父杜瓦由曾孝谷扮演;勃吕当司由孙宗文扮演。

扮演女主角的果真是位男士。他的扮相会是何等模样?一个男人真能把女人演得惟妙惟肖么?观众们拭目以待。

帷幕渐渐拉开,舞台正面背景是巴黎郊外的一处所在,背景下面是一个乡村式厅堂;厅堂正面是壁炉,炉台上有一镜框,镶的是一片普通玻璃;壁炉两旁有门,可以看得见屋外园子里的景色。马格丽特〔李息霜〕正坐在壁炉前的沙发上。一会儿,听到有人叫门,她站起来前去开门。只见她长身玉立,发式新颖,粉红色西装与白色拖地长裙相配,给人以轻盈淡雅之感。观众们不得不叹服了:这位李息霜先生的扮相,恰是他们想象中的马格丽特呢。来客杜瓦先生〔曾孝谷〕几句寒暄后,单刀直入地道出了他此来的本意。从马格丽特的一番话语中,杜瓦看出了她与儿子相爱是真心的、无私的。他就设法从心理逻辑上利用这点,以他儿子和女儿的前途为由,迫使马格丽特放弃与阿芒的爱情。精彩的表演和扣人心弦的对白,使观众凝神谛听……

台下一片寂静,气氛凝重,李叔同所演主人公的悲剧命运,攫住了观众们的心。人物的思想性格、心理状态,主要由对话来表现,而李叔同的道白用的又是标准的国语,这在过去的中国戏剧中是没有的。因此,演出获得了成功。

这天前来观看演出的,还有其他国家的留学生。几位日本戏剧界的朋友也来了。其中有元老级戏剧家松居松翁先生。幕布一落,只见松居先生兴高采烈地向后台走去。见了马格丽特的扮演者李息霜——李叔同,和他握手为礼,祝贺说:"我在观看你演出的过程中,想起了在孟玛德小剧场观摩同一话剧的情景,你和法国大表演艺术家裘菲列扮演的椿姬(引者按:日本人对茶花女的称谓),都非常优美动人,感人肺腑。我被你的演出深深地吸引住了。只要坚持下去,你们春柳社的前景不可限量呢!"李叔同在感谢之余,进一步增强了改革中国戏剧的信心。

李叔同在钻研话剧艺术上下了很大功夫,也做了很大牺牲。就在上演《茶花女》的游艺会上,大会主持者之一、后为中国著名外交家的王正廷先生,特意报告说:"李叔同君,本来是留有美术家式小胡子的,这次为了扮演茶花女,竟将胡子牺牲了。"大家听了很是钦佩。李叔同很注重人物的扮相和姿势。他从画报上找了许多形貌、姿势各异的人物形象作参考,也准备了好些头套和服装。一个人在房间里照镜子打扮起来,自己当模特,自己琢磨,觉得哪种扮相姿势最能表现出角色的性格和在特定情景中的思想情绪,他就记录下来,作为正式演出的样子。

游艺会演出结束后,李叔同写了两首诗,题为《茶花女遗事演后感赋》[73],发表于《醒狮》杂志第二期《文苑》栏。诗曰:

> 东邻有儿背佝偻,西邻有女犹含羞。
> 蟪蛄宁识春与秋,金莲鞋子玉搔头。
>
> 誓度众生成佛果,为现歌台说法身。
> 孟斿不作吾道绝,中原滚地皆胡尘。

这两首诗是从他留日前为上海沪学会撰就《文野婚姻新戏册》后写下的四首诗中摘录编排的。前一首形象地概括了《茶花女》一剧的主题思想;后一首则道出了春柳社上演该剧的意图。前面说过,《茶花女》一剧的主旨是从爱情、婚姻的角度,抨击法国封建贵族社会的不平等现象。春柳社上演这一剧本,是因为它的主旨恰好与当时中国革命党人正在进行的反对封建主义的斗争深相契合。

春柳社的成立和首次上演《茶花女遗事》,对中国话剧来说,是破天荒的、开创性的。它标志着中国传统戏剧出现了大的变革,标志着中国从此产生了一种前所未有的新型戏剧形式——中国话剧。

亲身参与了中国话剧创始期活动,并在东京看过李叔同演出的徐半梅先生,在《话剧创始期回忆录》中说:"世界各国的戏剧,差不多都是以话剧为主,歌剧为宾;独有我们中国情形不同,一向只以歌舞为主的戏剧。所有的戏都以唱为本位,所以演戏称为'唱戏',看戏称为'听戏',在以前的中国,差不多可以说戏剧即歌剧,歌剧以外无戏剧。"确实,以国粹京剧为代表的中国戏剧,源远流长,艺术精湛,倾倒了一代又一代的观众。但随着时代的发展,观众生活、思想、审美兴趣的变化和文化水准的逐渐提高,单一的艺术形式势必会使观众感到厌倦。到19世纪末20世纪初总是《打金枝》《五雷阵》《文昭关》等几出老戏,已不能满足观众的需求了。无论形式上还是内容上,中国观众们都希望中国戏剧应该加以改革了。如何改革呢?内容当然是重要的,戏剧应该更多地贴近当代观众的现实生活。但当时中国戏剧改革遇到的首要问题,是变革形式的问题。观众们希望戏剧在形式上,首先在使用的语言上,要与他们的实际生活相靠近。如果在整出戏中减少些歌唱,多加些说白,也只是调剂调剂,还算不上大的改革;而全部废除歌唱,专用说白,是否就是大的改革,就是话剧了呢?不是的。徐半梅先生说:"因为与吾人的实际生活,还相去太远,隔膜之处很多。最显著的,便是说话不对。凡旧剧(即旧时的戏剧)中的说白,普通用所谓'中州韵',伶界中人称之为'上口白',这不是我们平日所用的言语……是另外一种只有在舞台上可以通行的言语,这是人工制造成的……这舞台上的言语,既与吾人生活实况不符,怎么可以描写其他一切生活呢?况且旧剧注重想象象征,也与吾人的实际生活,往往不易发生密切关系,因此即使旧剧中不用歌唱,也不能就把它当作话剧。"所以徐先生说"产生话剧,是要另起炉灶"的。当时国内一些人也注意到了这些情形,但缺乏切实的变革行动。结果,这一需要另起的炉灶,竟由留学日本的李叔同、曾孝谷等一批"外行们",首先给砌上了底盘,打下了基础。徐半梅在东京看过李叔同等人演出的《茶花女》,他的评价是:"这第一次中国人正式演的话剧,虽不能说好,但比国内以往的素人演剧,总能够说像样的了。因为既有了良好的舞台装置,而剧中人对白、表情、动作等等,绝对没有京剧气味,创造一种新的中国话剧来了。"[74]

李叔同等上演《茶花女遗事》一举,也引起了日本戏剧界的关注,并给他们留下了深远的印象。前面提到的松居松翁先生,不仅在看过演出之后,到后台向李叔同表示了祝贺,而且隔了十多年,他还在《芝居(戏剧)杂志》上发表题为《对于中国戏的怀疑》的文章,回忆了当时的观感,并再次给予高度评价。他在文章中说:"中国的俳优,使我佩服的,便是李叔同君。当他在日本时,虽仅仅是一位留学生,但他所组织的'春柳社'剧团,在东座上演《椿姬》(即《茶花女》),实在非常好,不,与其说这个剧团好,宁可说,就是这位饰椿姬的李君演得非常好。……化装虽简单一些,却完全是根据西洋风俗。当然和普通的改成日本风的有些不同。会话的中国语,又和法语有相像的地方。因此,愈使人感得痛快。尤其是李君的优美婉丽,决非日本的俳优所能比拟。……虽则这个剧团后来便消灭了,但也有许多受他默化的留学生们立刻抛弃了学业,而回国从事新剧运动的。可知李叔同君,确是在中国放了新剧最初的烽火……倘使自《椿姬》以来,李君仍在努力这种艺术,那末岂让梅兰芳、尚小云辈驰名于中国的剧界……"[75]

《茶花女遗事》的演出成功扩大了春柳社的影响,入社的人一天天多起来。除了中国留学生,也有好几个日本学生和印度学生加入进来。欧阳予倩在《自我演戏以来》中回忆说,他当时看了《茶花女遗事》的演出,"所受的刺激最深",便很快找到那班演戏的人,要求加入他们的团体。第一次演出成功也进一步激发了李叔同、曾孝谷等人的戏剧兴趣,决定接着改编、上演美国斯陀夫人的名著《黑奴吁天录》。

长篇小说《黑奴吁天录》,原名《汤姆叔叔的小屋》。作者斯陀夫人的全名为哈里耶特·比彻·斯陀(1811—1896)。她出身于美国北部一个著名的牧师家庭,青年时代随全家迁往距南部蓄奴州只隔一河之遥的辛辛那提。在那里,斯陀夫人目睹了广大黑奴在南部奴隶主残酷压迫下的凄惨生活,也看到了黑奴们不堪忍受压榨而进行的反抗斗争。基督教的博爱思想和政治上的民主主义理想,促使斯陀夫人以极大的同情关注着黑奴们的命运。19世纪50年代,美国解放黑奴的斗争开始形成规模。正在这个时候,斯陀夫人创作的以揭露、抨击南部蓄奴制和赞扬黑奴反抗的长篇小说《汤姆叔叔的小屋》,在一家鼓吹废奴主张的刊物上连载,引起空前反响,"让全国认识到奴隶制是个最可诅咒的东西",从而有力地推动了废奴运动的发展。正是在斯陀夫人的作品发表后不久,由林肯领导的以解放黑奴为中心的南北战争进入了高潮。林肯在一次接见斯陀夫人时,曾称她为"写了一部书,酿成一场大战的小妇人"。[76]

那么,李叔同、曾孝谷等主持的春柳社,改编和上演斯陀夫人这部名著,又有何现实的意图呢?在他们的这一举措中,包含着切实、直接的行为内涵。他们是想凭借斯陀夫人的作品,宣传介绍种族革命,继而宣传当时革命党人正在践行的"驱逐鞑虏,恢复中华,创立民国,平均地权"这一奋斗目标。

1907年7月，春柳社在东京本乡座游艺厅举行"丁未演艺大会"。专门印发了《春柳社开丁未演艺大会之趣意》，其中说道："演艺之事，关系文明至巨。故本社创办伊始，特设专部，研究新旧戏剧，冀为吾国艺界改良之先导。"这就是说，举办这次大会的主旨，是在为我国戏剧改革作一"先导"。会上演出了由曾孝谷改编的五幕话剧《黑奴吁天录》。这是中国人编创的（虽然是外国小说改编）第一个话剧剧本。演出的角色分配是：曾孝谷饰黑奴汤姆，兼饰韩德根；黄二难饰海雷；李涛痕饰贩奴者海留。另有数十名各国留学生出演群众角色。李叔同在这次演出中，担任舞台设计、绘制戏报的工作，并饰演爱美柳夫人。

从演出剧照来看，李叔同〔爱美柳夫人〕身穿自制的粉红色西装，她体态窈窕，台步柔美，性格鲜明，酷似西洋贵妇。在第四幕《狂歌有醉汉，迷途有少女》中，李叔同又饰演跛醉客一角。在流浪乐师的琴声伴奏中，独唱一曲中国风歌曲，借以推动剧情的发展。

这次改编演出的《黑奴吁天录》，最后一场将原著中解放黑奴的情节，改为黑奴杀死奴隶贩子后逃跑，突出和强化了黑奴的反抗精神。[77]日本戏剧评论界对春柳社的这次演出，也给予了热烈的反应。评论家土肥春曙在《戏剧记》中说，春柳社的"丁未演艺"与日本票友戏"不能同日而语"，它已"远远超过"了高田、藤泽、伊井、河合等诸位日本新派剧名流的表演水平。[78]《早稻田文学》发表了伊原青青园撰写的长达二十多页的剧评，认为中国青年的这种演出，象征着中国民族将来的前途。而在东京早稻田大学的戏剧博物馆里，至今还保存着李叔同等演出《黑奴吁天录》时的说明书（即《春柳社丁未演艺大会之趣意》）。

继《黑奴吁天录》之后，春柳社还于1907年冬天，演过《生相怜》和《画家与其妹》两个独幕剧。李叔同在两剧中出演少女角色，在扮相、服饰、演技等方面，都下了一番功夫。但由于剧情本身不易为观众接受，剧场效果和社会效果已不能与上演《茶花女遗事》和《黑奴吁天录》时相比。这次演出的效果不佳，加上随之而来的一些主客观原因，致使成立刚刚一年的春柳社，遇到了挫折。

据欧阳予倩在《自我演戏以来》中介绍，演出《生相怜》一剧时，李叔同"参考西洋古画，制了一个连蜷而长的头套，一套白缎子衣裙。他扮女儿，曾孝谷扮父亲，还有个会拉梵娥铃的广东同学扮情人。谁知台下看不懂，息霜本来瘦，就有人评量他的扮相，说了些应肥、应什么的话，他便很不高兴……他自那回没有得到好评，而社中又有些人与他意见不能一致，他演戏的兴致便渐渐淡下去……便专门弹琴、画画，懒得登台了！"

《黑奴吁天录》演出后的巨大反响,引起了清廷驻日使馆的注意。它觉察到了这一演出的剧外之意,遂下令凡今后参加此类演出活动者,一律"取消留学费用"。这样一来,春柳社在东京的活动也不得不中止了。欧阳予倩、陆镜若等人曾经另行组织过一个戏剧社团——申酉会,李叔同没有加入。

由于上演《茶花女遗事》和《黑奴吁天录》,由李叔同、曾孝谷等人发起成立的春柳社,于1907年一年中,在东京刮起了一股话剧旋风,掀动了当地广大戏剧观众的热情,也震惊了当地戏剧界的一批权威。诚然,春柳社的活动犹如昙花,犹如彗星,瞬间即逝了。但这一戏剧团体和它的创立者李叔同、曾孝谷等人,在中国话剧发展史上,立下了不可磨灭的功绩。因了他们的开创性活动,中国才有了话剧的萌芽,有了话剧运动的肇始期。由于春柳社的影响,1908年后的几年间,以上海为中心,雨后春笋般地出现了众多提倡话剧的戏剧团体。出现较早的有革命党人王熙普(艺名钟声)领导的春阳社,第一次上演的剧目专选《黑奴吁天录》,就是受了春柳社的启示。虽说它的演出并不成功,但起到了提醒的作用,使国人开始认识到,中国戏剧是必须改革了。而原春柳社中的陆镜若、马绛士、吴我尊、欧阳予倩等回国以后,全身心地投入其中,为中国话剧的发展和成熟不遗余力。他们组织的新剧同志会在上海演出时,将租得的谋得利小剧场,称为春柳剧场,并在开幕宣言中明确宣告,它是以直承春柳社开创的事业为己任的。

第四章 风云一瞬

1. 故土倥偬

1911年4月，李叔同从东京美术学校毕业。自1905年秋出国留学，他在日本的时间前后达五年半之久。

学成归国，李叔同先是抵达上海，将伴随而来的日籍夫人安置妥当，再继续北上回到天津。应直隶高等工业学堂[79]之聘，李叔同开始担任图画教员，从此，开始了他人生三大时期（才子、艺术教育家、高僧）的第二期——艺术教育家的生涯。

李叔同一回天津，就将住宅中"意园"旁边的洋书房布置了一番。书房配备了一套红木家具，摆上了钢琴和风琴，作为休息、备课和会客的所在。李叔同还把那幅据说是以其日籍夫人作模特儿的裸女油画张挂了出来，一时被亲友们传为奇事。

除了青少年时期结交的津门士子，李叔同在他的洋书房中，还多次接待"天涯五友"之一的袁希濂。袁比李早一年去日本留学，攻读法政专业。在李回国后不久，他也毕业，后来在天津司法部门任职。每逢假日闲暇，他就成了李家"意园"洋书房中的常客，两人回忆着"天涯五友"的聚合分散。盟兄许幻园在金兰结交不久，即去纳粟出仕，官运却一直不佳。1906年10月，他曾致信时在东京的李叔同，请求李转告老家寄些日常零用给他，其落魄之状，可以想见。"五友"中的其他两位，蔡小香忙于医务，难得其音信；张小楼去了扬州，也一时断了联系。不知金兰五友还能否再聚一堂，重温当年的兴会雀跃，风发意气？李叔同和袁希濂每次在"意园"洋书房中，回顾近十年来的人生际遇，常感慨唏嘘，沉痛难抑。

这个时候，辛亥革命即将来临。以孙中山、黄兴等为首的革命党人，在南方已经发动过多次武装起义，虽都未能成功，但仍在继续紧张地密谋与策划之中。天津系畿辅重地，肘腋生变，即能给清王朝以致命打击。因此，1906年和1908年，孙中山曾派廖仲恺来这里秘密活动，播下革命种子。天津却又是20世纪初资产阶级立宪派活动的中心，这派人物希望用和平请愿的方式，达到召开国会、实行宪政的目的，以为那样就能将国家的命运从积弱积弊中拯救出来。李叔同从日本回来的时候，正遇上各省代表齐集天津，进行第三次请愿要求清王朝速开国会之际；接着，又有东北三省代表经天津去北京进行第四次请愿之举。天津学界为了配合各地代表的请愿活动，纷纷集会，发表演说，痛斥清王朝腐败无能，朝政日非，忧国忧民，不能自已。演讲者说到慷慨激昂处，往往断指割股，蘸血写下"热诚""为国请命、泣告同胞"等血书，以明心志，以表决心。但和前几次一样，由于清政府的拒绝和直隶总督陈夔龙的镇压，这些请愿活动都失败了。但这次请愿活动却也惊醒了多数原先主张立宪救国的人，转向了即将来临的辛亥风暴的革命阵营。从时间上看，这些活动在天津出现时，李叔同已当上了工业学堂的教员，但没有资料表明，他对请愿代表和学生们的这些活动有何反应。或许是不赞成请愿的斗争方式吧！

立宪派在天津的一系列活动是失败了，而作为辛亥革命发端的武昌起义的枪声，激发和坚定了天津革命党人的热情和信念。尽管后来辛亥革命的果实落入袁世凯之手，光复天津的愿望也没能实现，但当时天津的革命党人，在响应武昌起义的过程中，也有过可歌可泣的英雄行为。在这批革命党人的英雄中间，有两个人物与李叔同有些间接关联，两人都是同盟会会员。

一位是极力推崇春柳社的王熙普（1881或1882—1911）。王又名宗成，字钟声，浙江绍兴人。前面谈到过，他曾在上海建立了话剧团体"春阳社"，以戏剧为武器宣传革命思想。可以说，他推进了由李叔同、曾孝谷开创的中国话剧运动的肇始期。王熙普不只在上海，也在天津下天仙戏院（1949年后为天津人民剧场场址，现已不存）和南市同乐茶园，演出过曾孝谷改编的《黑奴吁天录》等剧目，以其内容的切合时弊和形式的新颖，在社会上产生了广泛的影响。王熙普也因此在津门名声大振，引人瞩目。上海光复后，王曾一度担任过沪军都督陈其美手下的参谋。11月间再次来到天津，王熙普住在奥租界李叔同家附近，他的连襟汪笑侬家里，秘密召集戏剧界同行和故旧准备举事。不料有一次在汪家与人谈话时，被在座的一个陌生人听出了他的用意。此人正是袁世凯的次子袁克文。结果，王熙普被捕，当场搜出了都督的印信和文件，无法掩饰其身份和来意。经过审讯，王被判处死刑。在刑场上，王大义凛然，神色自若，高呼："驱除鞑虏，光复大汉！"

另一位是李叔同就学过的南洋公学的教员白雅雨（1868—1912），名毓崑，字铣玉，以号行，江苏南通人，时在天津法政学校任教，李大钊的老师。白雅雨为了响应南军，在北方发动武装起义，风尘仆仆于京、津、垣、滦各地。最后，由于滦州兵谏失败，被清通永镇总兵王怀庆倒挂树上残酷杀害。

王熙普和白雅雨在津门革命党人中，是风云一时的人物。他们的牺牲是当时震动津门的两大事件。从李叔同先前与他们有那种关联来说，在革命高潮中，他与他们似乎应该有些交往，在他们牺牲之后，好像也会有些反应，但现在没有资料证明李叔同当时的具体表现。

1912年中华民国成立，李叔同对此表示了热烈的欢呼。他写下《满江红》一阕：《民国肇造志感》。

> 皎皎昆仑，山顶月、有人长啸。看囊底、宝刀如雪，恩仇多少。双手裂开鼷鼠胆，寸金铸出民权脑。算此生不负是男儿，头颅好。
> 荆轲墓，咸阳道；聂政死，尸骸暴。尽大江东去，余情还绕。魂魄化成精卫鸟，血花溅作红心草。看从今，一担好河山，英雄造。

《满江红》一词，既是对民国肇造者的歌颂，也是作者在辛亥时期热情和抱负的写照。下半阕中连用荆轲刺秦王、聂政刺韩相的历史典故和"精卫填海"的神话传说，进一步写出了作者彼时彼地思想情绪的其中一方面。

但李叔同对辛亥革命和建立民国的支持，好像仅止于填写《满江红》词一类言论上的欢呼，其他方面并没有实际行为。（虽说也有下面将要提到的参与《太平洋报》编辑工作的事，但为时极短。）这是什么原因呢？

李叔同在留学日本的头一两年中，参加了一些配合反清革命和反对封建专制统治的活动，比如发起成立春柳社，组织演出《茶花女遗事》《黑奴吁天录》等剧。但他与革命党人的关系，并不是那样密切。当时孙中山、章太炎等都在日本，而当时的日本又是中国革命党人海外活动的中心，但李叔同与他们并没有多少交往。他的精力主要放在学习绘画和音乐上面。那个时候，上海则是国内反清革命的中心之一。李叔同学成归国后，也没在上海住下，而是到了天津。从他自国外归来，到再度离津南下，在半年多的时间中，天津也在经历着革命风暴的洗礼，但李叔同这一时期的活动范围，仅仅局限于课堂教授和在洋书房中会会朋友而已。在革命风暴掀起的当口，他何以会有这种生存形态呢？

这种生存形态和行动路线，固然与他的年龄和性格有关。回国这年，他32岁，已过了血气方刚的年龄；他又是一个沉默寡言、不善于外在活动的人。但主要的原因是他的个人情绪状态在起作用。他现在有了一南一北两个家，不能不考虑如何维持这种两难局面的问题。

由于正侧、嫡庶之间通常会有的那层隔阂，加上六年前在母亲丧礼问题上留下的隐痛,李叔同早就想脱离"桐达李家"这个大家庭。当年东渡扶桑,正是其行动之一。但这里毕竟还有自己的结发妻子,还有自己的骨血,回国了,不能不回来看看。然而,现在上海还有一个人在盼望着他。春节该是家人团聚的节日,但据李端回忆,他父亲从没和家人一起过过年。不必说留学在外那些年头了,便是回国后的第一个(1912年)春节,他也去了上海。他不能让那位日籍夫人,一个人在举目无亲中度岁。这些现实情况是当时牵制李叔同情绪的不能忽视的原因。再有,或许也是牵制其思想情绪和行为方向的一个更加主要的原因,即辛亥革命前后,金融市场一片混乱,各大钱庄票号借机宣布"破产",侵吞客户存银。李叔同家的百万家资,倏忽间荡然无存。用当时目睹者袁希濂的话来说,李家的资财"一倒于义善源票号五十余万元,再倒于源丰润票号亦数十万元,几至破产"。面对这种无法料及的局面,李叔同便是真心地欢呼着革命的到来,也不能不首先去考虑个人和家庭今后的生计问题。这种考虑不会不影响到他应对时局的情绪形态和行为方式。作为一个过惯了锦衣玉食、豪华气派生活的富家公子哥来说,时局的变化,使他从天上掉到了地下。在如此之大的变化面前,期望他能不虑及今后的生计而义无反顾地激流勇进,这是不实际的。况且,李今后所要维持的,还是两个家庭的生计。

老家的破产下滑,原先任教的学校又被迫关闭,加上上海还有他牵挂的人,李叔同终于在1912年春节前夕离开了故土。这一走,直到他在泉州圆寂,整整三十年间,他再也没有回来过。

2. 入盟《太平洋报》

1912年1月底,李叔同由天津来到上海。过完春节,应杨白民的邀请,他就职城东女学,教授文学和音乐。

杨白民(1874—1924),名士照,江苏松江(今属上海市)枫泾镇人。秀才出身。其父在上海经商,小有积蓄,便将全家移来城东居住。甲午战争后,杨白民意识到,中国之所以失败,乃是由于教育的落后;而日本之能够获胜,正是因了教育的兴起。人才的培养,实系国家兴衰之关键。因此,他在戊戌变法失败后,彻底放弃了仕进的念头,一意沉潜于教育的研究。1902年,杨白民自费赴日本考察教育。在一年多的考察访问中,他具体地感受到,日本自明治维新后三十多年间的教育成果对整个社会发展的影响深远,其女子教育的发达,让他感触尤为深切。在日本，女子进师范或在相关学校中学习保姆、烹饪、工艺等方面的知识，是极为普遍的事。由于女子具有较高的文化知识和专业技能，在她们哺育、教养下成长的孩子，基本素质都在较高的水平线上。杨白民有感于此，考察回国后，说服家里人腾出宅院厅堂，于1903年筹建创办了城东女学。

"女学"虽系私人办学，但由于杨白民能延揽黄炎培、肖退闇、刘季平、包天笑、雷继兴、吕秋逸等一批社会名流来校任教，师资力量极为雄厚。加上学校备有宿舍，江、浙一带如松江、苏州、无锡、嘉兴等地均有女生来校就读。这所学校除了以重节俭、尚勤苦闻名于江南，还有一个与众不同的地方，就是学生不限年龄、不论学历——凡有志向学者，都可以报名入学。最有趣的是，黄炎培当该校教员，他的夫人王纠思因了少年失学，也在校中学习。黄炎培是老师，学生们就得称王纠思为黄师母，可她又是大家的同学。更传为美谈的是，黄的两个女儿还与母亲在一个班，都受小说家包天笑的教导。杨白民从全面提高女子文化素质入手，在"女学"中设置的专业和课程较为广泛，不仅有师范科、幼稚科，还有普通科。学生们除了学习古文、算术、史地，还有书法、绘画、刺绣、手工等。书画课经常由社会上的名家来校举行讲座，并评定学生习作的等级。更与众不同的是，"女学"的烹饪课每周实习一次，请嘉宾和家长来校品味学生烧制的菜肴。"女学"也以这些特点而备受外界的瞩目。

李叔同与黄炎培是南洋公学的同学。南洋散学后，黄因"《苏报》案"的余波，1903年冬亡命日本，结识了正在那里考察教育的杨白民。第二年春回国后，黄随即到杨主持的女校担任了教员。李叔同又因了黄炎培的关系，得识杨白民，并成莫逆。从那时起，李时常关心着这位朋友从事的教育工作。1905年秋刚到日本不久，他就给杨白民写信说，如他愿意到天津"调查学务"，他"当作书绍介"，并说"彼邑学界程度，实在上海之上。去年设专门音乐研究所，生徒已逾二百，盛矣"。过了一年他又向杨白民重提此事，并附去写给周啸麟的介绍信。对周说，如杨去天津，出于他"人地生疏，且语言不通，良多未便"，拜托他陪着参观，照拂一切。从这种细心关照中，透露出李叔同对朋友的赤诚。1907年，杨再次赴日考察，与李叔同在东京"欢聚浃旬"，欣喜跃如。1910年，李叔同以清末著名诗人范伯子（1854—1904，初名铸，字无错、肯堂、伯子等，江苏通州人，清末文学家，有《范伯子诗文集》存世）的诗为联句，"独念海之大，愿随天与行"书赠杨白民；1911年，又以"白云停阴冈，丹葩曜阳林"为联句，再次书赠，对杨的倾仰追慕，漾溢于纸墨之间。而李叔同的这次离津来沪，对杨白民来说，既可契友相聚，又能为城东女学增加一份师资力量，正是求之不得的事。

实际上，李叔同在留学期间，就对城东女学的教学工作给予了热忱的关注与支持。当时，杨白民为了展示学生成绩和扩大学校的社会影响，每年校庆日举办游艺会，供社会各界人士观赏评价。1908年第五届游艺会后，杨将会报和校刊《女学生》（那时还是报纸形式，1910年后才改为杂志）寄给李叔同，请他批评指导。李看到学生们有这么好的成绩，复信杨大加赞扬，并表示下一届将有自己的作品参展和刊登校刊。1909年"女学"游艺会上，果然有李叔同寄来的两副五言绣联，校刊评语说是"气韵高古，有目共赏"之作。

未到校之前，李叔同对城东女学的支持，更突出表现在，他在学成归国前和之后的一年中（1910年4月至1911年7月），连续在《女学生》第1期至第3期上，发表了一组《艺术谈》的系列文章和一篇以文代简的《释美术》（来函）。这三篇《艺术谈》言简意赅地介绍了美术和工艺方面的一般知识及其相关的研究和教学方法；介绍了初级图画和油画、焦画、木炭画等西洋画的材料、工具和画法；还针对读者对象——女学学生将来在家政、谋生等方面的特殊需要，介绍了摘绵、堆绢、袋物、绵细工、厚纸工、刺绣、穿纱、火画、习造花、丁香编物、通花剪花、冻石画、铁画、麦杆画等十多种手工艺品的制作材料、工具和方法。李叔同将所学的西洋美术和工艺知识，向中国民众进行传播和普及。在当时的历史条件下，具有美育的启蒙意义。虽是普及和启蒙读物，但其中有些观点，现在也还值得重视。例如在《艺术谈》（一）的《科学与艺术之关系》一节中说：

> 英儒斯宾塞曰："文学美术者，文明之花。"又曰："理学者，手艺之侍女，美术之基础。"可见艺术发达之国，无不根据于科学之发达。科学不发达，艺术未能有发达者也。学科中如理科图画，最宜注重。发展新知识、新技能、新事业，罔不根据于是。是知艺术一部，乃表现人类性灵之活泼，照对科学而进行者也。

如此重视科学对艺术发达之重要，对当下国人不无提醒的作用。他在《中西画法之比较》一节中又说：

西人之画，以照相片为蓝本，专求形似。中国画以作字为先河，但取神似，而兼言笔法。尝见宋画真迹，无不精妙绝伦。置之西人美术馆，亦应居上乘之列。

中画入手既难，而成就更非易易。自元迄今，称大家者，元则黄、王、倪、吴，明则文、沈、唐、仇、董，国朝则四王及恽、吴，共十五人耳。使中国大家而习西画，吾决其不三五年，必可比踪彼国之名手。西国名手倘改习中画，吾决其必不能遽臻绝诣。盖凡学中画而能佳者，皆善书之人。试观石田作画，笔笔皆山谷；瓯香作画，笔笔皆登善。以是类推，他可知矣。若不能书而求画似，夫岂易得哉！是以日本习汉画者极多，不但无一大家，即求一大名家而亦不可得。职此之故，中国画亦分远近。惟当其作画之点，必删除目前一段境界，专写远景耳；西画则不同，但将目之所见者，无论远近，一齐画出，现代一幅风景照片而已，故无作长卷者。余尝戏谓，看手卷画，犹之走马看山。此种画法，为吾国所独具之长，不得以不合画理斥之。[80]

李叔同的这些说法，恐怕是中国较早的一种"中西比较画法"论吧。

《释美术》一文，是作者答复一位读者何为美术及手工与美术关系之提问的。李叔同说，"美，好也，善也"，"术，方法也"，"美术，要好之方法也"。在以通俗的语言对"美术"之字义作出解释后，李叔同又进一步把有关美术的观念，提升到了人类文明进步条件与表现的高度。他说：

宇宙万物，除丑恶污秽者外，无论天工、人工，皆可谓之美术。日月霞云，山川花木，此天工之美术也；宫室衣服，舟车器什，此人工之美术也。天无美术，则世界浑沌；人无美术，则人类灭亡。泰古人类，穴居野处，迄于今日，文明日进，则美术思想有以致之。故凡宫室衣服，舟车器什，在今日，几视为人生所固有，而不知是即古人美术之遗物也。古人既制美术之物，遗我后人，后人摹造之，各竭其心思智力，补其遗憾，日益精进，互以美术相争竞。美者胜，恶者败，胜败起伏，而文明以是进步。故曰，美术者，文明之代表也。观英、法、德诸国，其政治、军备、学术、美术，皆以同一之程度，进于最高之位置。[81]

文章最后以概括性的语言，对忽视美术者，提出忠告说，"人不要好，则无忌惮；物不要好，则无进步"；"万物公例无中立，嗜美嗜恶，必居其一。不重美术，将以丑恶污秽为贵乎，仆知必不然也"。文章将美术的作用，提到这样的高度，不要说在李叔同的时代，似无第二人，便是往后，好像亦无来者。

李叔同到沪不久，即于2月11日由朱少屏（1881—1941，上海人，近代著名报人，南社创始人之一）介绍，填写《南社入社书》，编号211。（有关南社的情况，后文再作介绍。）过了一个多月，李叔同又应叶楚伧、柳亚子、朱少屏等人的邀请，入盟《太平洋报》（该报创刊于1912年4月1日）。

李叔同此次离津之际，京津一带还在袁世凯的控制下。相比之下，南方尤其上海的局面很是不同。革命军在武昌城站住脚跟，极大地鼓舞了南方的革命党人。他们纷纷组织起义，夺取了各地的政权。在上海，由陈其美（1878—1916，字英士，浙江吴兴人）统领的起义军，占领了吴淞兵工厂和外国租界北面的中国城。这一胜利推动了江浙两省的革命形势，革命军很快攻克了南京。至此，长江以南各省普遍建立起共和政体。孙中山于1911年12月25日由国外抵达上海，一个星期之后，宣布中华民国成立。形势是振奋人心的，但革命任务依然艰巨，北方还没有光复，大半个中国仍在封建统治之下；而袁世凯等一批军阀，依恃手中的兵权和利用革命党人内部的妥协倾向，正在讨价还价，逼迫南方革命势力交出权力。这样，革命党人除了需要不断发展和加强军事力量，还应有舆论宣传的配合。

从历史上看，上海一地由于接受西方影响较早，从19世纪末20世纪初开始，就是中国报业的中心。在辛亥革命前一两年，革命党人在这里主办的报纸已不下十家。陈其美作为上海光复后的最高军事长官（沪军都督），是很懂得舆论宣传之重要的。因此，除了发挥已有报刊的作用，他决定办一份报纸，名为《太平洋报》。这份报纸的主要组成成员都是当时著名的革命党人：社长姚雨平（1882—1974，广东平远县人），时任粤军北伐军总司令；总主笔叶楚伧（1886—1946，江苏吴县人，近代著名报人、国民党元老，曾任国民党中央宣传部部长等职，并有《吴歌诠注》《落花梦传奇》《龟年清话》等著作存世），时任姚雨平军中参谋，由于北伐一时不能进行，姚、叶二人正滞留沪上；总经理朱少屏，时任沪军都督府总务科长、南京临时政府总统府秘书；顾问陈陶遗（1880—1946，江苏金山人，南社发起人之一），时任南京临时参议院副议长；主编（在该报分管某一编辑业务者，均称之为主编）之一柳亚子（1887—1958，江苏吴江人，南社盟主），时任南京临时政府总统府秘书；其他主编还有胡朴安（1878—1947，安徽泾县人，著名报人与学者）、胡寄尘（1886—1938，安徽泾县人，著名报人与学者）、姚鹓雏（1892—1954，江苏松江人，旧派小说家，著作甚富）等，都是南社中的著名文人。诗僧苏曼殊（1884—1918，广东香山即今中山市人）也列名主编之一，不过他总在国内、国外到处漫游，并未参与多少实际工作。他对《太平洋报》的唯一贡献，恐怕就是提供了一篇使他蜚声文坛的著名小说《断鸿零雁记》了。

李叔同也被邀担任《太平洋报》的主编之一。他在创刊号的《祝词》[82]中，抨击了清朝统治者压迫汉族、钳制舆论等种种罪恶之后说："揽二百六十余年历史之陈迹，固滴滴皆吾血也。人怨鬼怨，集于辛亥。"现在，虽然共和之事已奠大业，"师武臣力，赫然迈于前古"，但欲"使我国民人人有虐我则仇之感，而坚其同袍同泽之志"，就得用革命舆论宣传群众，鼓舞群众，而能"纪事必信，择言必昌"者，"不可谓非报界记者之功矣"。况且，《太平洋报》不仅仅为了我国民众，亦应使"识文字、能语言之民，欣欣然如拨云雾而睹苍苍之天，如闻暮夜之鼓，破晓之钟，遽然醒其迷梦。则且人人愿卷太平洋之水，浣濯洗涤其忮忿褊狭之心胸，欢然交臂，以食共和之赐，而享其祜"。所以说，《太平洋报》的任务，应"造福于世界者，尤与海水等深而同量已"！文章写得简洁明快，富有气势。但李叔同也与同时代的不少反清志士一样，在观念上存有局限性。例如他在文章开头说："天祸我民于甲乙之间，使我国民之生命财产，以逮种种自由之权，有受非我族类之宰割。"他这就把反抗清王朝封建专制统治的斗争，理解成只是一场种族革命。

李叔同作为《太平洋报》的主编之一，还担任广告部主任，负责广告和整个报纸版面的美术设计。上任伊始，李就在该报创刊号登出的《〈太平洋报〉破天荒最新式之广告》[83]启事中，该报新式广告有两个前所未见：一是"上海报界四十余年所未见"；二是"中国开辟以来四千余年所未见"。并说，该报广告部"特延请精通欧美广告术大家主持其事，代撰最新式之广告"，"研究最新式排列之方法"。李叔同所称"破天荒最新式之广告"，究竟新在哪里呢？他列出了四大特长：一是旧式广告，皆另外专排一版，不为"以看新闻为主"的读者所留意，新式之广告，则"合新闻与广告为一体"，以"使看新闻者，有不得不看广告之势"，这就扩大了广告的影响，达到了刊登广告的目的；二是旧式广告字数太多，排列紧密，不能醒目，以致即为读者所见，亦不能卒读，而新式之广告，则"文字务求简要，排列务求疏朗，使看报者一目了然"，且"能于半秒钟内贯通全部广告之大意"；三是旧式广告多以"直写事实为主"，别无他法，而新式之广告，"专研究新奇花样，或排成种种花纹，或添入醒眼之图画"，还有"小说式广告""新闻式广告""电报式广告""杂志式广告"等形式，不一而足；四是旧式广告，每以一种广告，连登数日、数月，甚至数年，"致使阅报者习见不鲜"，从而失去广告的效力，新式之广告，则可每日更换文字与形式。《太平洋报》自发表将刊登新式之广告的消息，和头几天刊登了新式广告之后，极受客户欢迎，要求刊登者甚夥，广告部有应接不暇之感，因此多次刊登广告，除了表示歉意，希望客户耐心排队等候。

李叔同主持的《太平洋报》广告和版面设计，收到了他所设想的那种效果，从而开创了中国近代报刊广告的新局面——将广告变成了一种艺术，也开创了中国近代报刊美工的新气象。李的开创性工作不只引起了时人的注目，也成为日后专家们研究的一个题目。

曾与李叔同共事《太平洋报》的职工孤芳，在一篇题为《忆弘一大师》[84]的文章中追忆说："他关于广告的设计，很有研究。在那时候中国报纸的广告除了文字之外，没有图案的，只有《太平洋报》的广告有文字，有图案，都是法师一人所经营的，而且他设计的广告，文字和图案，都很简单明显，很容易引起读者的注意，但是他没有一点儿市侩气，这是法师平日读书养气工夫很深的缘故。"我国著名报刊史专家方汉奇先生，在其《中国近代报刊史》中，称扬李叔同为"中国广告艺术的开创者"。他说："这个报纸由著名画家李叔同（弘一法师）担任广告设计，代客户进行美术加工，所刊广告有较高的艺术性，很可吸引读者，为其他报纸所不及。"[85]著名美术家毕克官先生，更对李叔同设计的广告，从艺术风格上做了深入细致的研究，并概括为以下五大特色。[86]

（一）简单明了，注重效果。运用比较粗壮的线条和黑白相衬效果，使之醒目。

（二）绘画性强。乍一看，李叔同的设计，有一种清新之感。他的设计不是描出和涂出的，更不是靠绘图工具描出的那种无生命的线和几何形。他不用刻板的点和线，而是讲究笔趣墨趣的生动性。

（三）注意生动性和趣味性。李叔同的设计，有些地方借用了漫画的表现手法，因而能够收到吸引人的效果。

（四）浓重的书法和石刻气息。这与他书法家和金石家的气质和特长有关。

（五）民族气息。这既得力于他深厚的民族文化修养，又与他能将外洋的东西加以消化有关。

李叔同主持《太平洋报》广告业务，不但开创了中国近代报刊广告的新局面，亦有理论上的探索，其为建立广告科学（广告学）所作的鼓吹，在中国广告史上，也是前所未有的。从《太平洋报》创刊之日起，李就在报上开辟专栏，刊登《广告丛谈》系列文章。在一个多月的时间中（1912年4月1日至5月4日），刊登了"小序"和五个章节（第五章刚开头就没了下文）。在这些已刊出的文字中，主要谈了广告于商业的重要性和广告的类别。"小序"开头引了英国文豪马可累和美国商家奥古登关于广告作用的言论，对商业来说，广告"犹如蒸气力之于机械，有伟大之推进力"；在商业三要件"商品""事务"和"广告"中，"广告尤为三者之原动力"。李以西方人的言论为由头强调说：

> 商家研究广告，犹军士研究战略。商业为平和之战争，广告即平和战争之战略。值此优胜劣败之时代，犹墨守数十年前之战略，鲜有不失败者。
> 广告成为招徕顾客之良法。往往有同一商品，同一实价，善用广告者昌，不善用广告者亡，是固事实之不可掩者。虽廉其价，美其物，匪假力于广告，必不可获迅速之效果。反是，以广告为主位，虽无特别之廉价，珍异之物品，然能夸大言于报纸，植绘板于通衢，昼则金鼓喧阗，夜则电光炫耀，及夫顾客偕来，叮咛酬应，始啜以佳茗，继赠以彩卷，选择不厌，退换不拒，其商业未有不繁昌者。……广告之重要有如此。[87]

关于广告之分类，李叔同认为，由于目的、标准、方式不同，广告可分为"狭义广告"和"广义广告"。前者即"吾人普通所谓之广告"，后者界限虽难确定，但李以为，"凡社会上之现象，殆皆备广告之要素"。他并风趣地举例说："如妙龄女子，雅善修饰，游行于市衢，直可确认为广告。"他还举英人著作中的例子说，美国土著酋长之羽毛饰身，正向其部下"广告其身为酋长之意"；英国女皇将其肖像镌刻于货币或印制于邮票，以至政治家之发表演说并揭之于报章，等等，都系广告之一种，并看重广告之作用的表现。而在李叔同看来，将广告分为"移动广告"（如"货币广告""邮票广告""新闻杂志广告"等）和"定置广告"两大种，最为"适切"。他又将这两大种广告中可行之方式，细分为20种，并准备一一加以具体介绍。但他在介绍了"新闻杂志广告""传单广告""书籍广告"之后戛然而止，未将《广告丛谈》继续谈下去。

李叔同《广告丛谈》中最应留意的，是作者关于建立"广告科学"的呼吁及其预言。在李为文之时，广告的重要性已在一定程度上为人所认知，但广告之为科学，则还无人思考。所以李说：

> 广告学之存在，尚未经人道及，故难断言广告为科学。然其支配之原理、原则，确凿可证。又未可斥为单纯之技术。广告发达，实在晚近，只供工商家实用而已。学者评研，殆所罕闻。譬犹经济学，逮至今日，靡不认为科学之一。然于百四十年前，殆无人识其为科学者。……"广告科学"必有宣言于世界之一日，是固可为假定者也。[88]

李还说，不能将广告视为单纯之技术，它确有其科学性在。以"簿记"为例，先前"或谓为学，或谓为术。学子主张，各据一理。逮至近世，主张'簿记学'者殆居多数。广告性质与簿记酷似，谓簿记为学，宁可卑广告为单纯之技术邪"！现在离李叔同发表上述言论，已过去了近百年，现实已经证明，他的预言是正确的，并已成了现实。中国在改革开放以后，一门新型的科学——广告学，也已经产生，并正在逐步充实和完善。虽然说，李叔同的《广告丛谈》，采取的是一种即兴式的漫谈，而且没有完稿，也还谈不上是一部严格意义上的"广告学"著作，但应该说，李是中国广告学的开拓者之一。

学习西洋美术出身的李叔同，一直致力于向国人传布西洋美术的知识与技法。他在留学期间和毕业前后，写过《图画修得法》《水彩画法说略》《石膏模型用法》《艺术谈》（一、二、三）等相关文章，但有的显得比较简略，有的显得比较零碎、不完整，所以他早就有写作一部比较系统完整的有关西洋画的著作的愿望。从《太平洋报》创刊之日起，他就开始在该报连载《西洋画法》一作。分《序言》《总论》《分论》三大部分。《分论》又分卷、分章。从已发表的部分内容来看，与先前的同类文章相比，除了更细、更充实、更系统一些，在观点上，似无多大进展。况且，按照其原定的分卷、分章计划，上卷几个章节，原拟介绍木炭画、水彩画、油画三大画种，下卷章节则拟介绍铅笔画、色铅笔画、黑粉条画、楂笔画、色粉条画和钢笔画等几个画种。但在上卷前三章介绍过木炭画、水彩画和油画三大画种后，将原拟在下卷中介绍的色粉条画等，作为第四章和第五章也写入了上卷，且从此中断连载，没了下文。如此，李叔同的《西洋画法》一作依然是一部未完成的著作，实在令人遗憾。但仍有值得注意的，那就是他在这部著作中，首次提到了学画者应该看重裸体研究的问题。他说："画人物者，必须画裸体。又，画风景画等亦须研究裸体。其他学应用美术者，亦必须先研究裸体，乃能收完全之效果。因研究裸体，凡美术上最重要之线面皆备，故研究裸体后，或学正统之美术，或学应用之美术，皆可惟意所适。"[89]这可能是在中国较早提倡裸体研究的言论了。也可以说，这是李叔同在为他两年之后首创裸体写生制造舆论罢。

李叔同在主持《太平洋报》广告和美术工作期间，兴致甚浓地提倡过"滑稽讽刺画"，即后来称谓的漫画，并专门刊登过相关的征稿启事。他自己则在1912年4月7日的报上发表过《存吴氏之面相种种》一画。这原是他画在1909年寄给曾孝谷的明信片背面的。所画系12个嬉笑怒气各不相同的面相，仔细辨认，原来每幅面相中都含有一个"曾"字。构思之新颖奇特，幽默诙谐，令人于发笑中意味到作者对同学曾孝谷的思念之情（当时，曾正由日本返国在蜀休假）。同一时期，李叔同还在柳亚子主编的《民声日报》发表了《休战》《风柳》《落日》等漫画作品。李还添印画报一大张，名为《太平洋画报》，随《太平洋报》附送。他从滑稽讽刺画征稿及中小学和女学学生手笔画征稿（他在报上也登过相关征稿启事）中选出的作品，大多登在这一画报上。从这一系列动作中，我们可以看出其有意推动中国漫画创作的良苦用意。

李叔同在东京钻研话剧期间，精读过英文版的《莎士比亚全集》。他于这位戏剧大师，有如对待乐圣贝多芬一样情有独钟，钦慕备至。到他编辑《太平洋报》的时候，曾以隶书笔意书写"莎翁墓志"四字。墓志原文古穆奥衍难以卒解，李叔同以近代英文译出。（如果转译成汉文，大意是："好朋友！看上帝的面上，请勿来掘这里的骨灰。祝福保护这些墓石的人。咒诅搬移我骨的人。"[90]）虽是汉英两种文字，但上下左右配合和谐，构成一醒目完整的画面结构。这一作品与苏曼殊为叶楚伧所作《汾隄吊梦图》，同时在《太平洋报》上登出，得到报社内外的赞誉，一时称为"双绝"。

据《南社史长编》"1912年4月1日"条中称，《太平洋报》"辟有《太平洋文艺》专栏，其体例由柳亚子、李叔同、曾延年所定"。由此可知，李叔同除主要负责《太平洋报》的广告和美术工作外，也参与该报文艺稿件的编辑工作。苏曼殊的中篇小说《断鸿零雁记》，就是经他手连载于《太平洋报》的。小说连载时，李叔同请陈师曾作插图，陈署名

109

"朽道人"，因而被诮为"僧道合作"。其实，当时苏曼殊早已返衣初服，不当以僧名称之，但不料此谶终属诸李叔同名下（数年后，李却出家为僧了）。

陈师曾（1876—1923），近代著名画家，名衡恪，号槐堂，以字行。江西义宁（今修水）人。其祖父陈宝箴、父亲陈三立，均系清末著名维新派人物；其弟陈寅恪，为现代国学大师。陈师曾在绘画上的主要贡献在于振衰去弊，使清代已至末路的山水画得以复兴。他所著《绘画史》一书，在美术界有广泛影响。

在李叔同任职《太平洋报》不久，即1912年5月间，时在南通师范任教的陈师曾来游上海，《太平洋报》特意作了报道，并刊出陈师曾大幅半身照片，外框裁为椭圆形，题曰《朽道人像》。在陈师曾来沪前后的两个月中，李叔同除请陈为苏曼殊小说作插图外，还在《太平洋画报》上接连发表了陈的十多幅作品，每幅放在版面中央，占的篇幅又大。李叔同等如此有意宣传陈氏及其画作，扩大了陈在全国美术界的影响。[91] 后来成为漫画家的丰子恺，在《我的漫画》一文中，就这样回忆说："我小时候，《太平洋画报》上发表陈师曾的小幅简笔画《落日放船好》《独树老夫家》等，寥寥数笔，余趣无穷，给我很深的影响。"以此，丰子恺曾尊称陈师曾为中国近代漫画的鼻祖。

李叔同和陈师曾之间，可以说是赞赏与信任有加。李在出家前夕，将其平生所作画幅，全部送给了北平美术专科学校，就因陈在那里任教的缘故。可惜没过几年，陈即去世，致使李叔同的作品没能保存下来。李还曾将一包篆刻作品交予杭州西泠印社，封藏在石壁之中。长期以来，人们一直以为这包篆刻都是李本人的作品。但后来凿开石壁取出这些印章一看，大部分系李的好友所刻，其中陈师曾的作品就有5方。此亦可见，李对陈是很喜欢的。

李叔同在《太平洋报》刊发苏曼殊的《断鸿零雁记》，又请陈师曾为之插图。这当然是对苏的一种重视。但作为《太平洋报》的同仁，又刊发了他的小说，苏曼殊却与李叔同并无多少来往。苏对李还有些微词，他在《燕影剧谈》一文中说：

……前数年东京留学者创春柳社，以提倡新剧自命，曾演《黑奴吁天录》《茶花女遗事》《新蝶梦》《血蓑衣》《生相怜》诸剧，都属幼稚，无甚可观，兼时作粗劣语句，盖多浮躁少年屦入耳。

从行文看，苏曼殊在东京是看过李叔同的演出的。与当时日本戏剧界的评价相比，苏曼殊于李叔同对中国话剧运动的开创性贡献估计不足，所悬的标准太高，因而有些求全苛责了。有论者说，苏曼殊的《断鸿零雁记》是经李叔同润色后在《太平洋报》刊出的。但柳亚子以为，"此语谬甚"。他在《怀弘一上人》中说："曼殊译拜论诗，乞余杭师弟商榷，尚近事实。若《断鸿零雁记》，则何关弘一哉！"柳与苏、李都是朋友，又同在《太平洋报》共过事，他的话是可信的。

李叔同虽有家室在沪，报社中也多同气相求的文人，但他喜欢离群索居，独处一隅。除了去城东女学教教课，其余时间，就一个人待在报馆三楼的一间小房子里，睡觉、看书、编稿子都在那里面。除吃饭下楼之外，很少见到他的影子。他的房门多数时候是关着的，偶尔虚掩着，有人经过，只见他总是伏在案上，运笔如飞地在写着什么，画着什么。当时报馆里的一班编辑，有如十来年前的李叔同，不脱东林复社公子哥的习气。在编完稿子以后，多向歌场酒肆征逐，或使酒骂座，或题诗品妓。便是苏曼殊有时穿着袈裟，也厕身其间，酒肉厮混。而此时的李叔同，或许早已将色相看空了的缘故吧，不再混入此等行列。

李叔同在其编辑《太平洋报》时，也在上面刊发过自己的诗词作品。如七律《咏菊》：

姹紫嫣红不耐霜，繁华一霎过韶光。
生来未藉东风力，老去能添晚节香。
风里柔条频损绿，花中正色自含黄。
莫言冷淡无知己，曾有渊明为举觞。

如七绝二首《题丁慕琴绘黛玉葬花图》：

收拾残红意自勤，携锄替筑百花坟。
玉钩斜畔隋家冢，一样千秋冷夕曛。

飘零何事怨春归，九十韶光花自飞。
寄语芳魂莫惆怅，美人香草好相依。

黄蜂何处知消息　便解寻香隔舍来

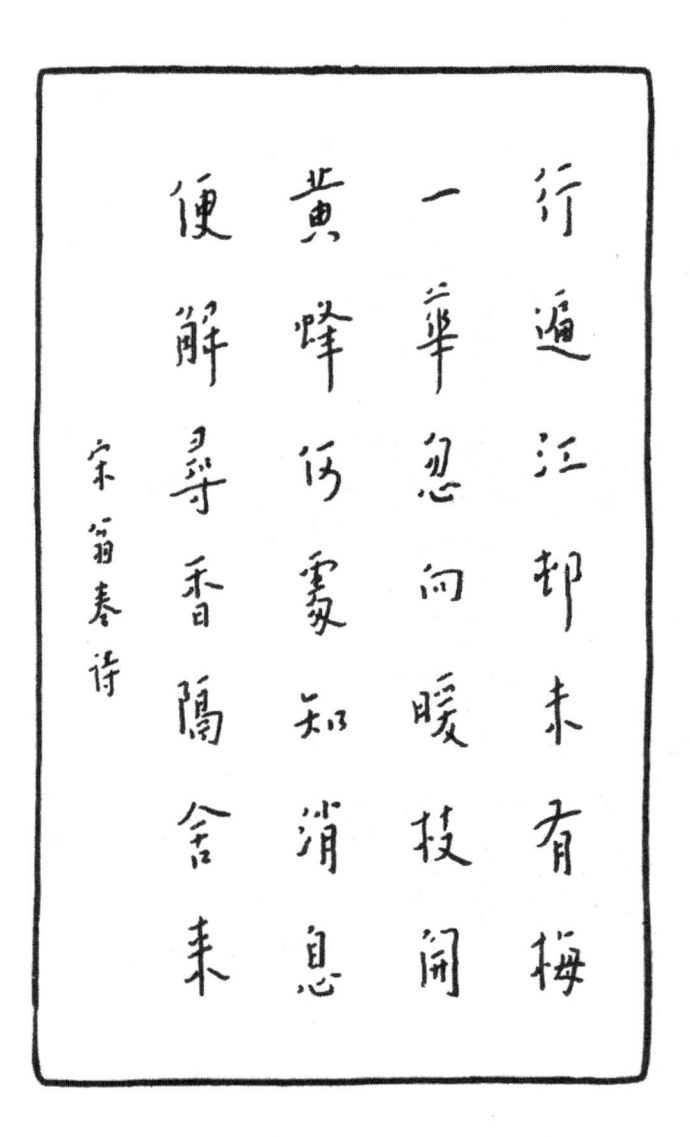

行遍江村未有梅,
一华忽向暖枝开。
黄蜂何处知消息,
便解寻香隔舍来。

——﹝宋﹞翁卷 诗

"生来未藉东风力,老去能添晚节香""寄语芳魂莫惆怅,美人香草好相依"等诗句,袒露出李叔同彼时彼地甘于淡泊寂寞,却又自命清高的心理状态,这是李叔同在时代风云中所特有的某种孤独感的反映。

李叔同是拥护辛亥革命和共和新政,并与闻其事的,如参与《太平洋报》的编辑工作等,只是他大多以艺术方式去与时代相呼应。但在特定的情势下,他也有直接的舆论表达。如在1912年5月下旬到6月下旬近一个月间,他在《天铎报》上以"成蹊"之名发表了三篇政论文章。

袁世凯窃国当政后,为了弥补财政上的巨大缺口,由财政总长熊希龄出面,一味主张向外国借债,并不惜丧权辱国。时在上海的南社中人,坚决反对这一主张。他们在5月中旬,多次召集各团体开会商议,决定倡议劝募国民捐及实施办法。作为南社中的一员,李叔同积极响应社中的号召,并迅速写出《诛卖国贼——不杀熊希龄,不能救吾国》[92]一文,刊于5月22日《天铎报》上的"铎声"栏。文章在悲叹国人正奔走相告,欢呼民国肇造,然于不旋踵间,却发现"前所希望者,全成梦呓"之后,猛烈抨击由"袁世凯主张之","唐绍仪附和之","自命为理财家之财政总长熊希龄"则"挺身而出"之,"日与资本团磋商"的大借款,"其结果也,乃竟承认外人于财政上变相之监督。而犹复掩耳盗铃,粉饰天下,引为己功,而置国家于不顾"。文章直斥熊希龄说:

呜呼!……汝具何毒心,备何辣手,而敢悍然违反我民意!贪一己目前之利禄,而忘吾民日后之困苦!汝岂尚能容于世乎!抑知国为民有,官为民仆!汝既长民国之理财,当以民心为己心,民事为己事。民国以财政之权付汝,岂非欲倚重汝,视汝为出类拔萃者乎!吾民何负于汝,而汝乃负吾民国若此!

文章还痛斥熊希龄一味鼓噪借债,而对国民捐之事充耳不闻,以致北方之国民捐不踊跃,"此真有意陷吾民国于灭亡之一征也"。文章最后呼吁北方国民效仿南方,踊跃捐款。

呜呼!事急矣!国危矣!昏聩胡涂之政府无望矣!然民国者,吾民之国也。吾民既为国家之主人,当急起而自为之。彼全无心肝之熊希龄,吾民不诛之,何待!

国库匮乏，军饷短缺，兵变迭起。这是袁世凯窃国后的一大症候。李叔同有感于此，在《天铎报》6月17日"遁职"栏发表《闻济南兵变概言》[93]一文。犹如文章题目，李感慨系之，"吾庄严灿烂之新民国，数百万铁血健儿造成之。乃何以破坏告终以来，某城兵变，某省兵变，警耗频传，日震于吾人耳鼓。岂吾庄严灿烂之新民国，非破坏于数百万铁血健儿之手不已耶"！但李又说："吾于兵何咎哉！"他分析兵变之因道："彼握兵权者，但知聚兵之术，而不知养兵之方；但知用兵之道：而不知治兵之法。"因此，他希望"兵界诸公"，应从"因停饷而哗溃"的济南兵变中吸取教训，"速善其后，勿再纵兵以殃吾民也"！

就在民国肇造之时，日本专门设立了矿务公司，开采我满洲各矿，且"迹其经营之野心，非使吾东北一片领土，实隶其版图不已"；加上"俄窥蒙古，英伺西藏"，真可谓"强邻实逼，四面楚歌"，"新民国岂不岌岌乎殆哉"！李叔同又于6月20日《天铎报》上的"遁职"栏，发表《赵尔巽如何》[94]一文。文章针对前述新民国之危局，对时任东三省总督的赵尔巽，告诫与警告兼而有之地说，"吾今为赵督告尔，宁可去一官，当据条约以死争，毋以'力阻无效'四字为卸责地步"。并希望国民"亟起而为之后盾也"。但舆论毕竟是舆论，批判的武器不能替代武器的批判，再加上袁世凯、汪精卫等卖国贼的与之里应外合，在李叔同为文后的三十多年间，不只东北三省，更有我中华大批领土，实隶于日本侵略者的统治之下。这是他不愿意看到的，却又是他所预料的现实。

在李叔同留下的全部文字中，像上述《诛卖国贼》等直面现实、悲慨遒劲、锋芒毕露的政论文章，尽管是仅此而已，却也反映了他人生这一段时期的思想倾向与文字风貌，所以特别值得我们留意。

3. 南社雅事

《太平洋报》的组成成员大都为同盟会会员，还都是文学社团南社的社员，原先不是的，不久也都加入了。李叔同就是在进入《太平洋报》之前入社的。这个时候的柳亚子，是以《太平洋报》主编之一和南社负责人而一身二任的。因此，《太平洋报》既是革命党人的舆论中心，也是南社的大本营。

南社（1909—1922）的发起人为柳亚子、高天梅和陈去病（1874—1933，原名庆林，字巢南、病倩等，江苏吴江人，近代诗人，民主革命者）。"它的宗旨是反抗满清，它的名字叫南社，就是反对北廷的标识。"[95]

这个文学社团从1909年11月，由少数文学青年在苏州虎丘张公祠初次集会成立，逐渐发展成为中国历史上最大的文学团体之一。在其极盛时期，社员多达千余人。南社除每年在上海举行春秋两季定期集会，还在北京、杭州等地办过几次临时雅集。它的社刊为《南社丛刻》，每半年编印一次，从1910年创刊到南社结束，14年间共出版了24册诗文小说集。作为中国近代文学史上的第一个革命团体，"南社被认为是孙中山所缔造和领导的革命党派大联盟——中国同盟会的一支文学部队"[96]。其多数成员都是同盟会会员，它的成长与发展，它的前行步调，和中国同盟会的奋斗目标大体一致。这也是可以从《太平洋报》成员情况及其与南社的关系中看出来的。

在辛亥革命爆发和建立民国之前，南社的多数成员，以他们的实践革命活动和诗文作品，为传播种族革命的观念和情绪，制造推翻清朝统治的革命舆论，确实是热情高涨、不遗余力的。其中有些人，还献出了宝贵的生命。1912年1月1日，以孙中山为首的临时政府在南京成立，有五位南社社员被任命为内政、教育、实业、交通、司法等部的次长，一人当选为参议院副议长，三人被任命为总统府秘书。[97]至于在省一级新政权中任职的南社社员就更多了。这也从一个方面说明，南社成员在推翻清朝统治、建立民国的过程中所起的作用。

但几乎与此同时，南社的危机也逐渐暴露出来。起初是文学观念上的差异，导致内部纷争（如柳亚子宗唐诗与朱鸳雏[98]宗宋诗的分歧，结果朱与另一成员成舍我[99]被逐出南社）；后来是由于师承系统的不同产生了成员间的隔阂（如章太炎的弟子黄侃，听不得一句于乃师不恭的话，结果与柳亚子等人时有龃龉）；再后来是由于分工上意见不一而导致领导班子分裂。（柳亚子因高天梅等人争权愤而退出南社，致使社团工作瘫痪。在姚石子[100]等多次恳请后，柳才复回南社。）政治形势的变化，部分革命党人的畏缩退却，在南社中也有所反映。南京临时政府一成立，遇到的头等问题是由革命军北伐，还是采取南北和议的方式以光复全国，结果是以革命派妥协、袁世凯上台告终。这对南社中那些主要从事政治活动的革命党人来说，无疑是沉重的打击，从此意志消沉，一蹶不振。敏感而脆弱的文人们，更充满了悲观失望的情绪。这预示着，一个曾经兴盛热烈的文学社团呈现出了滑坡衰退的迹象。李叔同正是在这个时候列名于南社的，他在其中也不可能会有更多的作为。

从南社历史资料（柳亚子的《南社纪略》）上看，李叔同被确认为南社社员，是在

《太平洋报》当编辑之前。确切的时间为1912年3月13日。

这天，南社在上海愚园举行第6次雅集，到会社员共40位。李叔同以及和他一起在东京演过话剧的曾孝谷，是首次参加集会。雅集的顺序是：愚园茶话，民影拍照，杏花楼晚宴而散。会后，李叔同为《南社通讯录》题签，并设计图案，图案既古色古香，又悦目夺人，一改过去简单呆板的程式。

1912年10月，南社举行第7次雅集，李叔同已去杭州没有参加。此后几次——第8至12次，例行雅集，他也未能到会。1915年5月，南社在上海举行的第12次雅集，李叔同虽然没有列会，但参加了紧跟着在杭州举行的临时雅集。在南社诸多定期（春秋各一次）和临时雅集中，这次杭州临时雅集，在起因、时间和活动内容上，都与以往有些不同。

轰轰烈烈的辛亥革命终以1912年2月12日清帝退位、2月14日孙中山辞去临时大总统、袁世凯登上临时大总统宝座而夭折。袁世凯却并不就此放松了对革命党人的围剿。就在篡夺总统职位不久，他察觉到革命党方面的代表人物（也是南社主要社员）、时任农林总长的宋教仁骤然崛起，威胁着他正在建立中的独裁统治，便指使其爪牙赵秉钧安排杀手，于1913年3月20日，将宋在上海火车站刺死。这一暴行引起革命党人的极大愤慨，成为以反对袁世凯独裁统治、维护共和民主体制为中心的历史上称之为"二次革命"的导火线。但"二次革命"，又终因革命党人的力量薄弱和思想不一、行动迟缓，不到两个月就失败了。革命力量遭受了这一挫折，袁世凯更加快了残民盗国的步伐。到1915年上半年，其帝制野心暴露无遗。正在这个时候，日本帝国主义者以承认其密谋中的帝制为诱饵，胁迫袁世凯接受丧权辱国的"二十一条"。5月9日，袁世凯与日本签订"二十一条"这天，正是南社在上海愚园举行第12次定期雅集之日。会上，南社的士子们面对国家外交日非的严峻形势，无不痛心疾首，悲愤万分，却又深恨书生之百无一用。柳亚子在赴愚园社集的车上，口占二首。其一曰："驱车林薄认朝暾，草草重来已隔春。至竟何关家国事，羞教人说是诗人。"在雅集会上将诗诵出，士子们为之悲痛落泪。大概是为了排遣积郁深忧吧，愚园雅集过后，柳亚子、高吹万[101]、姚石子等偕夫人前往杭州游玩散心，故作放达。

杭州原有一批南社社友，如丁氏白丁、不识、展庵三兄弟（世居杭州头发巷，海内所称"八千卷楼"藏书家，便是他们丁家），陈氏虑尊、越流兄弟，以及王海帆、林秋叶、陈穉兰、程光甫、王清夫、王漱石、沈半峰等。李叔同此时已在杭州任教，既有这么多社友前来相聚，自当参与有关活动。

柳亚子等人这次在杭州玩了二十多天，游遍了武林的山山水水，寻访了诸多古迹胜地，召集当地社友，在西泠印社举行了一次南社临时雅集。恰好能演冯小青影事的名伶冯春航也在这里演出，并在西湖孤山与柳亚子、李叔同等邂逅相逢。冯春航亦为南社中人，柳对他又一向倾慕备至，既在西湖巧遇，就为雅集增添了一项新的内容：在孤山冯小青墓畔，为冯春航此来勒石纪念。

冯小青为明末杭州人冯生的侍姬，能诗善音律，由于为大妇所不容，被置之孤山别业，不久夭折，年仅十八，埋骨西湖孤山。七言绝句："冷雨幽窗不可听，挑灯闲看《牡丹亭》。人间亦有痴于我，岂独伤心是小青。"相传为冯小青所作。

名伶冯春航（1885—1942），江苏吴县人，艺名小子和，以别于京剧青衫常子和，其演技在清末民初的剧坛上，却非后者所能相比。除青衫外，冯春航兼习花旦，《血泪碑》《花田错》《冯小青》《杜十娘》《卖油郎》等剧目是他的拿手好戏。其所演《血泪碑》一剧，尤得柳亚子等人赞许，以为"在悲剧中首屈一指，纵使铁石心肠，恐亦不能无感"。

冯春航也是南社中人，他自身的为人作派在戏剧界的印象是不错的。除了演艺精湛，由于他虚心好学，在诗词书画方面也有些功夫，所作绝句感情真挚，清新可喜。他对冯小青其人其事，不只在舞台上反复表演，还在诗词中寄情寄慨，充满了深切的同情。

这天，李叔同、柳亚子、高吹万、姚石子一行，在西湖孤山放鹤亭下，遇上了冯春航。冯与南社中另一些社友马汤楳、陈越流、丁不识、丁展庵等，正在冯小青墓前吟诗凭吊。只见冯春航口占一首，"小青遗迹尽徘徊，若梦浮生剧可哀。千古湖山一荒冢，曾移明月二分来。"（《过小青墓口占》）吟后题名于墓碑之上。马汤楳即事即景，以诗纪实，"伶官从古慕榛苓，西去明湖吊小青，生倘同时双艳质，不教避面尹和邢。"（《冯春航题名小青墓》）既与李叔同、柳亚子等相遇，冯春航希望将此因缘勒石记载，以示后人。

过了几天，柳亚子作《明女士广陵冯小青墓》散记一篇。其辞云："冯郎春航，能歌小青影事者。顷来湖上，泛棹孤山，抚冢低徊，题名而去。既与余邂逅，属为点染，以视后人；用缀数言，勒诸墓侧。世之贤者，傥亦有感于斯。"柳记和同游诸子（共二十多人）之名，由李叔同以北魏笔法分别书写勒成二碑，矗立于冯小青墓两侧。这可视为南社一班文人在辛亥革命遭受挫折之后，排遣郁愤的一种扭曲的反应方式；也可视为李叔同以往曾有过的，为优伶捧场之好的一缕余波。除书面著作外，这两块矗立于西湖孤山的碑记，乃是南社留下的极少数外观之形物。可惜，如今也已不存在了。

1916年9月24日，南社在上海举行第15次雅集。李叔同恰好休假沪上，便和学生吴梦非一起与会。会上决定重行编印社员通讯录。这本也由李叔同负责装帧设计的通讯录，格式与前三本又完全不同。原来都是洋式装订，这次改成了蓝色封面黑题签的中式装订。题签由李叔同手书，"重订南社姓氏录"，署名"黄昏老人"。翻过来的一面也是李叔同手笔，署名"息霜"，仿魏碑体。这是李叔同最后一次参加南社雅集和有关活动。

　　作为南社的一员，李叔同自1912年3月入社，到1918年8月披剃出家，六年半时间中，除上述3次集会——两次正式雅集、一次临时雅集，再没有参加过其他活动。社内有一年两期的诗文集《南社丛刻》编辑出版，他也只在1912年10月出版的第六集上，提供了一篇文章，还是五六年前发表过的旧作《〈音乐小杂志〉序》。可能是刚刚入社，也可能是有意推却的缘故吧！[102] 这就可以看出，李叔同虽然加入南社，但与这个社团的关系并不是很密切。这除了与他入社不久就离开了该社的活动中心上海有关，也与他觉察到社内的矛盾纠葛而不愿卷入有关吧！

　　1912年3月，李叔同在参与筹备创办《太平洋报》的同时，即和同学曾孝谷等人，仿照日本淡白会的活动方式，倡议成立了一个以研究文学和美术为宗旨的文艺团体，名为"文美会"。《太平洋报》创刊之日（4月1日），该会亦在报上登出消息，正式宣布成立。由李所拟的消息中称："凡品学两优，得会员介绍者，即可入会。每月雅集一次，展览会员自作诗文美术作品，传观《文美》杂志，联句，各家演讲，当筵挥毫，展览品拈阄交换等。事务所设在《太平洋报》社楼上编辑部内（引者按：实际上就是李叔同的办公室）。"

　　按照章程，文美会第一次雅集，应在报上正式宣布成立的当月。只因外地会员陈师曾、范彦殊二人，在南通州主持政教甚忙，一时未能脱身，故会期不得不延宕。直到5月中旬，陈、范二氏"适以事来沪"，李叔同和曾孝谷等决定于当月14日，在三马路大新街天兴楼召开第一次月会。与会者除陈、范二人，还有柳亚子、黄宾虹、叶楚伧、朱少屏、诸贞长、费公直、蒋卓如、余天遂、严诗庵、黄朴存、夏笑庵、沈筱庄等二十余人（实多系南社中人），均一时文学美术界之名流。而李梅庵（即玉梅花庵道士）、吴昌硕二先生，"亦以客员资格来襄盛举，且皆临时挥毫，应人之请，其豪兴正复不浅"，更为会议添彩不少。

　　李叔同曾多次在《太平洋报》上发布文美会的消息。关于第一次雅集的盛况，还连续报道了三天，[103] 为我们留下了一道20世纪初沪上文人活动的风景。其中说道：

（会场）屋共三间，一间陈列各会员交换品，书画家当宴挥毫亦附于此室；一间陈列卖品；一间陈列参考品。琳琅四壁，照眼光耀。屋虽小而颇合用，一切供应亦颇亲近，而会员往来交通复极便利。不谓于十丈红尘、万种喧阗之中，忽现此淡泊而不谐俗之冷会，与会者咸谓，为初念所不及云。……出交换品共十三人，一人有出二件或四件者，共得二十余件。其中最可宝贵者，为八十二岁老人蒋卓如先生书联，文曰："以人为纪，得天之时。"又，朽道人之梅花条幅，枝干皆用篆法画成，古色古香，洵推杰作。又，范彦殊氏之折扇，自书文美小集之律诗一首，流连文酒，感时得意之怀，溢于楮墨。得此为纪念，文美增色多矣。其他交换品十余件……或录旧诗，或抒新采，兴酣落笔，皆具特殊之长。出卖品二十余件，李梅庵氏之折扇二柄，皆两面书画，笔墨题识，趣味入古，一望而知为名手。朽道人山水二幅，气韵浑厚。李息霜氏以篆法书英字，自成派别，而不伤雅，所书系英国大文豪莎翁之诗，体裁恰好（引者按：此即前面所提李氏发表于《太平洋报》上之作品《莎翁墓志》）。曾存吴氏之花卉团扇，摹模恽派，颇有心得。沈筱庄之雕刻象牙扇骨，于三四分宽、四寸长之物，刻字八行，每行百二十字左右，细入毫芒，而笔意直逼米老，精妙绝伦。谓之魔术中之雕刻家，非过誉也。

所展参考品或为日本名家之画册，"参考印证，引增兴趣"，或为与会者得意之作，如朽道人之《残荷》，"运笔疏宕，觉秋水伊人，呼之欲出"；李梅庵之《枇杷》、吴昌硕之《梅》，皆"一时兴来之作，一洗凡近之习"。而最夺目者，则系于海屋之手卷，只见"花木数十种，穿插配合，实具苦心。异禽二十余种，共四十余尾，构图设色，迥异时流"。会上所出之交换品，则由李、曾二氏，"于尊酒微醺之际"，用抽签法彼此交换。当时，"凡出品者，皆于其所欣慰之物生无限希望。每揭一物之名，则属耳注目者举场一致，其情与盼望选举之发表都无殊异"。尤令人兴趣者，所抽之签，每与欲得者之盼望相合，真可谓"随心所欲矣"。物品交换完毕，"洗杯更酌，夜已初更矣"。

据李叔同在报道中称，文美会将同人制作品编成《文美》杂志一册，原以备临时传观会友。由于佳作甚伙，秘之可惜，故拟集资印行。这本杂志后世已难寻觅，这里特将李叔同的相关描述转录于下，以供收藏爱好者参考。

（此册）凡百余页，首文，次诗，次词，又图画十六幅，印五种，滑稽告白数种，及附录文艺纪事……叙言系姚锡钧氏所作，他为黄宾虹氏之古玺印铭，息霜氏之《李庐印谱序》，存吴氏之《与某记者论西洋书画》，（天）遂氏之《遂庐笔记》，亚子氏之《血泪碑历史》，皆饶有兴趣之作。诗词则洪思默感，沉艳浓郁，无件不精。图画中山水最多，绵密轻妙，各有家法。息霜氏之《盼》，以洋画笔墨写优美之意，实为吾国画界之创格。存吴氏之《马》，用笔设色，纯仿宋法。比较息霜氏之《盼》，一新一旧，恰是背道而驰。对照参观，可见艺术之头头是道也。朽道人之广告集图案，系用汉竹叶碑文组织而成，趣味高古，可以为亚东国粹之代表。严诗庵氏之《文美纪念碑》，别开生面，而独具匠心。……

笔者曾在一友人处，见过一册《文美》杂志，与上述息霜氏之描述相较，似不相侔，不知其真伪也。

文美会的第一次雅集，也是它的唯一一次雅集。因为过了一个多月——1912年6月30日，文美会并入李叔同也参与创办的国学商兑会，7月4日的《太平洋报》也发表了这一消息。此后，文美会好像没有再单独活动过。

"国学商兑会"的15个发起人中，只有两人不是南社社员。李叔同与柳亚子、高吹万、高天梅、叶楚伧、姚石子、胡朴安、姚鹓雏等13人，都是南社社友，一百多名会员也都是南社的旧班底。它编辑出版过18集《国学丛选》，所收诗文作品往往与《南社丛刻》重复。因此可以说，"国学商兑会"实际上是南社的一个分支。南社盟主柳亚子是江苏吴江人，人称柳编辑的《南社丛刻》为吴江派的刊物。"国学商兑会"的主持人高吹万、姚石子舅甥虽是江苏金山（今属上海市）人，会址却设在松江（今亦属上海市）张堰镇东市，因此人称其编辑的《国学丛选》为松江派刊物。李叔同与柳亚子、高吹万等创办"国学商兑会"，原意是想借此筹建一个图书馆，以收藏古今书籍，刊刻世间孤本，保存国粹。但除了编印"丛选"，其他意愿没有成为事实。[104]

有关李叔同在南社的这些活动，本属后话，这里是集中提前叙出。现在还是回到1912年年初，李叔同离津来沪后的活动上来。

1912年年初，李叔同再次南下上海，先是任教于杨白民的城东女学，后又担任《太平洋报》编辑，同时兼职于杨白民的"女学"讲习会，教授国文课程。他在教课当中，常常就当前社会重大事件和女学前途等方面命题，要求学生们在作文中表达自己的见解，以提高她们观察社会、分析问题的能力，激发她们的人生理想。他将报社和学校两处的工作巧妙地结合起来。他在主编的《太平洋报》文艺版上，不仅多次发表"女学"活动的消息，还多次成组地编发"女学"学生的作文，每篇还都加以简短的评语。比如，他对如下一些学生作文所作的批语：树爱作《为秋瑾烈士建风雨亭捐募启》和同类题材的惜穷作七绝四首，"振才媛之词笔，发潜德之幽光，启人雍容揖让，神似欧阳，诗亦爽利可诵。秋瑾烈士有知，当含笑于九泉矣"！雪子（杨白民之四女儿）作长诗《元月二十日，女子军团由上海出发江宁，会同北伐。同学张君志学、志行、黄君慧兼及姊氏雪琼均与其队，爱作长句以送之》，"掷地作金石声，不作细响。人中虎耶！文中龙耶！谁谓巾帼无英雄耶"！孟俊作《论女子欲求平权，须先求平等教育》，"议论痛刻，足为吾国女界吐气"。陆坚毅作《女子参政小言》，"气焰万丈，有旁若无人之概"。胡萃新作《论学校试验法之不可信》，"说理明快，结构整饬，所举三大端尤精当切实，名论不刊"。如此等等。李叔同还从总体上，多次在言谈和《太平洋报》按语中，赞扬了城东女学讲习会，说该会"开办仅数月，成效已斐然可观。校长杨白民君热心教育，于此可见一斑"。讲习会诸作"持论奇警，说理精激，是能发挥城东特色者"[105]。他这样做既激励了学生和主事者杨白民，也扩大了"女学"在社会上的影响，引起更多有识之士的注意。

　　李叔同在城东女学虽然没有具体教授艺术课程，但他终究是书画家和音乐家，因此，该校的艺术活动经常在他的关注之中。杨白民也很看重他在这方面的特长与作用。李在《太平洋报》工作期间，曾以记者身份报道过城东女学的艺术教育和该校举办的书画工艺展，并对学生中的佼佼者给予了热情的赞扬（如对孟书华、杨雪琼等书画作品的推崇）。在音乐方面，李叔同对"女学"的影响也是明显的。原先，这所学校中所演奏的大多是一些俚俗有余、高雅不足的音乐节目，但在李叔同的辅导下，逐渐提高了演奏曲目的层次。1918年7月18日，上海《民国日报》上登出了"城东女学音乐会"的消息，内称，"兹探悉，内有演奏乐器，如西洋音乐大家比都文、哈特、克莱孟脱所著之《沙那梯尔》《沙那太》《罗思多》等名曲，均经音乐家李叔同先生选世界名曲，编撰歌词"，云云。此时，距李叔同离开城东女学已经整整6年了。

　　辛亥革命后，社会上将以女权为中心的女子教育称之为"女学"。它是新旧世纪交替之际，中国社会所出现的维新变法和思想解放运动的一个组成部分。李叔同自"沪学会"与杨白民密切合作，在城东女学所做的一切，则为这一组成部分的具体表现。与杨白民相比，李叔同还算不上是女学教育家，但也应该说，他是一个热情的女学鼓吹者和具体实行者。与其写作《〈李苹香〉序》时的情景相比，他的社会思想是前进了一步。令人遗憾的是，他未能就此再进一步，投身于即将来临的新思潮的涌流之中，在变革社会这方面做出自己的新贡献。

李叔同这次来沪，任教城东女学，任职《太平洋报》，一方面是想有个固定的收入和安定的环境；另一方面，也是想从此能在事业上有所进展，但时局的动荡变幻没能使他如愿以偿。到这年（1912）8月，由于孙中山所领导的民主革命遇到挫折，加上经费没有保障，创刊才半年的《太平洋报》终因负债而面临闭馆。

这时的李叔同尽管还可在城东女学继续任教，但那毕竟是一所社会办学性质的学校，经济上不可能富裕，教员的薪俸不多。这样，李叔同不得不首先考虑到今后的生计问题。天津老家已经破产，不能依靠了。况且，那里还有妻儿三口需要维持……在上海待下去，固然可与日籍夫人常相厮守，然而，生活费用的来源是令人忧虑的。

陶渊明有《咏贫士》诗七首，都是以写古代贤人安于贫贱的事，抒发自己不慕荣利的心境。第一首云：

> 万族各有托，孤云独无依。
> 暧暧空中灭，何时见余晖。
> 朝霞开宿雾，众鸟相与飞。
> 迟迟出林翮，未夕复来归。
> 量力守故辙，岂不寒与饥？
> 知音苟不存，已矣何所悲！

"朝霞开宿雾，众鸟相与飞。"历来文学史家都认为，这两句诗是在暗喻嘲讽改朝换代后群臣趋附的景象。李叔同于壬子年（1912）六月，将此诗以各种字体书赠义兄许幻园，既是对许的劝勉，也是一种自勉吧。和前说《咏菊》一样（在那首诗中，作者以陶渊明为黄花举觞之事自欣自慰），这一书赠之举也表现了李叔同在改朝换代、群臣趋附的情势中，甘于寂寞、安于清贫的心理状态。

然而，谁都明白，陶渊明之所以能够"采菊东篱下，悠然见南山"，毕竟还没到揭不开锅的境地。然而万贯家财已经荡然无存的李叔同，此时此刻却遇到了一个如何获得基本的生存环境和生存条件的问题。经过再三权衡，他向老友杨白民辞去了城东女学的教职，于1912年8月下旬去了杭州，准备在那里另觅一条生存之路。

随着《太平洋报》于10月解体和李叔同前去杭州，由李等人创办的"文美会"和《文美》杂志，也自行消失了。

第五章 为人师表

这是李叔同第二次来杭州。

第一次是在1902年秋天，他以嘉兴府平湖县监生资格参加"补行庚子辛丑恩正并科"乡试，结果未能入第。那次，他在杭州住了约莫一个月光景，大概是忙于准备应试吧，没能细细游玩。只"到涌金门外去吃过一回茶""同时也把西湖的风景，稍为看了一下"。（《我在西湖出家的经过》）而这次——1912年8月下旬来杭后，他前后住了将近10年，直到1921年初夏移锡永嘉。这10年间，他多方面地领略了这座古都的自然景观和人文景观的丰富内涵。

杭州系我国六大古都之一。自2200多年前，秦朝在天目山东部余脉，紧靠钱塘江的这块山青水秀之地建立县治，隋朝在凤凰山麓依山傍水建筑州城，并开凿运河沟通南北水运和海上通道，五代吴越国和南宋赵氏王朝14个封建帝王，以此为国都，浚湖筑堤，遍植桃柳，广建园林，宫阙殿堂遍布市肆街巷；及至元代，有如《马可·波罗游记》中所说，杭州已是当时"世界上最美丽华贵的城市"，"人处其中，自信为置身天堂"。再经明清两代的锦上添花，渐形充实，杭州以其风景秀丽而闻名中外。

这一东南名胜之地的引人注目，广招四方来客，不只是由于它的风光旖旎，还因其富于浓重的宗教气息和特殊的人文景观。据历史记载，早在东晋咸和元年（326），中天竺（古印度的一个国家）佛教徒慧理东来杭州，在飞来峰下创建了灵隐寺。从那时起，杭州即有"佛国"之称。而且，这里也是道教神仙学说的渊薮之一。东晋永和二年（346），方士许迈在武林山修筑"思真精舍"，开始道教思想的传播；许方士所作12首论神仙的诗篇传诵一时，惹得大书法家王羲之由会稽频频来访，反复讨教。道家葛洪随晋室南迁来杭，在韬光、宝石山等地专事炼丹术，将道家术语附会于金丹、神仙教理的结果，道教思想得以系统化、理论化，并和儒家名教纲常思想相结合，创立了以"玄"为"自然之始祖"，以神仙养生为内、以儒术应世为外的，一种独特的儒道相杂说，对后世产生了深远的影响。笃信佛教的吴越国三代五帝，不但对保护西湖、开发西湖做出了历史性的贡献（如果他们听信谗言，为了垂祚千年而填湖建治，西湖早已不复存在了），在环湖创建、扩建寺宇方面，更有显赫业绩。据《西湖游览志》记载，杭州内外及湖山之间，唐代前已有360寺，到吴越立国、宋室南渡，增至480寺。名列西湖"四大丛林"的昭庆寺、净慈寺，以及九溪理安寺、赤山埠六通寺、上天竺法善寺、吴山宝成寺、北高峰韬光庵、月轮山开化寺、灵峰的灵峰寺、云栖的云栖寺，等等，都创建于吴越国时代；灵隐寺、中天竺崇寿院、玉泉净空院等一批寺宇，也在此时进行了扩建和改建；还建造了保俶塔、六和塔、雷峰塔和白塔，凿雕了飞来峰、烟霞洞、慈云岭等多处摩崖石刻。"一时间，山绕重湖寺绕山，红阑碧瓦点翠峦。"【106】而唐宋两位大诗人——白居易和苏东坡任职杭州，由于他们的规划和开拓，不只丰富了西湖的内涵，也使那本已诱人的景观中，融进了令人遐想的诗意。倘若没有他们分别筑起的白堤和苏堤，西湖或许会显得廓然单调吧！没有他们留下的诗篇，"湖上春来似画图，乱峰围绕水平铺。松排山面千重翠，月点波心一颗珠"（白居易）；"水光潋滟晴方好，山色空濛雨亦奇；欲把西湖比西子，淡妆浓抹总相宜"（苏东坡），杭州的形胜也不会升华到诗的境界吧！还有，如果不是元代四大画家之一的黄公望隐居西湖，作画于湖山之间，杭州形胜中的画意，后世的人们或许也不会领略得那么充分吧！宋代的杭州雕版印刷曾居全国之冠，这又使后代的藏书家们来此探宝搜珍，流连忘返……

"上有天堂，下有苏杭"这句俗话，言简意赅地道出了这江南二地的形胜之美。而20世纪初叶，与瞬息万变、繁杂嚣乱的十里洋场的上海比较起来，凝定静谧、香火缭绕的杭州，正是那类淡泊处世、专注于艺术的人，倾心向往的理想所在。

我们为什么要不厌其详地描绘杭州及其西湖的形胜呢？这次约请李叔同前来杭州的经亨颐先生，1932年9月为《弘一上人手书华严集联三百》作过一篇跋文。在提到李叔同与西湖的关系时，说过这样一段常常被人忽视而实在不该忽视的话："上人性本淡泊，却他处厚聘，乐居杭，一半勾留是此湖；而其出家之想，亦一半是此湖也。"就勾留的那一半说，以李叔同当时的心态，除了谋求生活出路，杭州的独特景观和氛围，确实也是吸引他前来的一个原因。而其出家思想之一半与西湖的关系，也将会从我们以后的叙述中得到印证。

经亨颐（1877—1938），字子渊，号颐渊，浙江上虞人。国民党左派元老廖仲恺、何香凝的亲家。20世纪初，经与李叔同差不多同时间留学日本，学的是教育，1908年回国后任浙江两级师范学堂教务长。1913年，该校改名为浙江第一师范学校（以下简称浙一师），经任校长，兼省教育会会长。先后在"学堂"和浙一师任教的有沈钧儒、沈尹默、张宗祥、鲁迅、马叙伦、夏丏尊、朱自清、姜丹书等，都是一时之英才彦俊。经主张人格教育，与提倡职业教育的黄炎培齐名当时。1921年后回到故乡，他在白马湖畔创办春晖中学，以其师资力量雄厚和教育质量之高，与天津南开中学一南一北并称于世。夏丏尊、朱光潜、朱自清、刘薰宇、方光焘、丰子恺等名家，都曾在这所学校教过书。经亨颐好金石诗词，又擅丹青书法，有《经颐渊金石诗书画合集》《爨宝子碑古诗集联》等传世。

经亨颐这次邀请李叔同来校任教，一则，俩人早就相识，虽无多少交往，李的不少朋友也是经的朋友，相互间还是比较了解的。二则，更主要的是，经既长教务，决定开设图画、音乐专修科，需要一位懂得西洋绘画和现代音乐的教员来主持这两门功课。在民国以前，堂堂中国，只有南京两江师范学堂（后改称南京高等师范学校）设有图画科，但其中的国画课只授临摹，西画课也只授临摹与静物写生。由于国内没有师资，西画课聘的是外国传教士。至音乐一门，更因没有专门机构培养而无师资来源，大多由日本教席担任。加上图画、音乐不算正式课程，不是会考科目，历来受人轻视，教员地位低下，即使有几个热心者，也只能倡导于一时而后继乏人。经亨颐为长远的中国艺术教育着想，决心改变这种局面，而李叔同则是最佳教员人选。他不仅是中国早期学习西洋画的留学生，而且又擅长国画和书法；他早就是一位作曲名家，在日本又学过西洋音乐，由他来主持图画、音乐专修科，是再合适不过了。

1. 艺术教育家

学校9月初开学，李叔同早来了十多天。

从节令上说，这时已入初秋，杭州却依然骄阳似火，暑热未退。即使在晚上，庭树静立，高楼挡风，还是闷热难耐。加上李叔同初到的几天，也许是刚刚离家的缘故，往往"竟夕寂坐"，显得无聊。

过去是神交，现在已成同事的姜丹书和夏丏尊，觉察到李叔同的无聊情态，为了排遣他的寂寞，一天傍晚，陪他去西湖游览散心。其时，"晚晖落红，暮山被紫，游众星散，流萤出林。湖岸风来，轻裾致爽"。三人在湖心亭一边品茗尝菱，一边观赏着"狂言披襟，申眉高谈"的童子，"乐说旧事，庄谐杂作"。再环视周遭，"明湖如镜，莹然一碧；远峰苍苍，若隐若现"，颇涉遐想。此情此景中，李叔同向两位新结识的友人，追忆起第一次来杭赶考遭受的挫折，感叹着当时与己同入秋闱的故交旧雨，如今已不知下落。——"真是'生者流离，逝者不作，坠欢莫拾，酒痕在衣'啊！刘孝标云：'魂魄一去，将同秋草。'吾生渺茫，实在可叹！"

从湖上归来，李叔同写下即景即情的《西湖夜游记》一作。字里行间透露出他此来杭州情绪不佳。

李叔同是一个在事业上认真负责，做一样像一样的人。即从服饰这等生活细节上说，先前做留学生，长袍马褂的装束一变而成西装革履。现在当了老师，又换上了一身布装，灰色粗布的袍子，黑布的马褂，布底鞋子，金丝边眼镜也换上了黑色铜丝边眼镜。虽是布衣布鞋，款式却很称身，色泽也很端洁，无穷酸苟且之相，但有素朴深蕴之美。在仪表上，俨然一派为人师表者的形象。李叔同一个时期的服装样式，代表着他一个时期的思想与生活状态。

学生们对这位新来的老师有所耳闻，知道他出身富贵，留学东洋，是一位翩翩公子，来杭之前，在津沪一带早已名噪一时。按照这些传闻之词和表面印象，以为他和一些时髦人物不会有什么两样，不过是将教师一职当作招牌罢了。再说，图画、音乐课程在学校中一直是不被重视的。李先生来了，就能改变这种状况吗？

正式上课了。李叔同先生的教学情形，却出乎学生们的意料。

第一堂课，师生第一次见面。同学们一见这位公子哥出身又留过洋的李先生，竟是布衣布鞋的打扮，全然不是自己想象中的形象。这已令大家吃惊不小。而更使大家感到意外的是，同学们当然知道站在讲台上的这位图画、音乐教师姓甚名谁，但这位李先生应该不会知道每个座位上的学生都叫什么名字吧？开始点名了。李先生手中并没有拿着学生花名册呢，他却准确地叫出了好几个座位上同学的名字。第一堂课下来，多数同学的姓名，他都叫得出来了。李先生竟具有这般"神奇"的表现，学生们有些不解。后来经过调查研究，才发现李先生在上第一堂课之前，早已对着学生花名册，把每个座位上学生的姓名默认一遍了。

李叔同教授的两门功课，在课程表上的钟点，还是按照当时的规定，并不增多。但他要求的课外学习时间，比其他功课都要多，都要勤。早饭、中饭后到上课前，下午4点以后，晚饭后到睡觉前，都是练习绘画或弹琴的时间。当时学校中学生宿舍的管理也很特别，早起后直到晚上9点钟回来睡觉，这么长一段时间是不能进入宿舍的。除了必要的课外活动，李叔同要求学生们将一切可以利用的时间，都用在绘画、音乐的练习上。学生们感到庆幸，他们遇上了一位从未有过的严肃认真的老师。

李叔同担任图画、音乐教师后，浙一师按照他的教学设计，建造了两个专用教室。一个是开有天窗的图画教室，两边高敞的玻璃窗上挂着落地长帘，室内排列着二三十个画架，桌上摆的是从日本购进的各种石膏模型。另一个是单独建于校园之内，四面装有玻璃窗的音乐教室。里面除了两架钢琴居中，沿墙摆着五十多架风琴。这样先进齐全的教学设备，在当时国内是独一无二的。就在这两个教室中，李叔同度过了整整6年的教学生涯。他先后开设了素描、油画、水彩、图案、西洋美术史、弹琴、作曲等课，还开设了写生课，为中国近代艺术教育，进行了一系列开创性的实践，培养了一大批日后在美术、音乐领域卓有成就的人才。

李叔同在浙一师开设的写生课。改变了我国历来临摹画帖的状况。

写生分室内写生和室外写生。室内写生又分画石膏像和模特，包括人体模特。历来采用的临摹画本的方法，只是将别人的画作重复一遍。画得再像，技术再熟练，也只能局限于默写临摹过的画面，一接触千变万化的实物实景，依然无从措手。面对实物，用目测法进行木炭写生，是训练学生构图能力和绘画基本功的最科学的方法。

在寂静而明亮的教室里，学生们一会儿手拿木炭画笔，凝视着前面案桌上的石膏模型，一会儿低下头来，在画板上精心地勾画着。李叔同在画架间踱来踱去，仔细地观察着每个学生画板上的进度。发现某个学生的构图有什么不对的地方，他就叫这位同学把座位让一让，由他来作示范表演。他坐下以后，先用炭笔测量出石膏像在画面上应处的位置，再在画稿上擦这么一两笔，附带着轻轻地说这么一句两句："格能弄嘛就好哉。"[107]学生已经明白原先画得有何不对，准确的画法又该是怎样的，他就站起来继续在画架间走动着、观察着、思考着……学生们不但要从实践上，也应该从理论上，掌握石膏写生的方法，这样才能打下坚实的基础。这就需要写成一篇系统的文章。不久，他写了《石膏模型用法》一文，发表在由他主编的《白阳》杂志第一期上。

野外写生多数是到西湖或其他风景区画风景。那个时候，人们还不知道写生是怎么回事，因此，浙一师学生到野外写生，常常遇到被干涉误解的事。虽然早有公函通报了警察厅，学生是为学业到西湖写生的，并非有其他目的，但警察们从未见过搭起三角架画画的，以为这些人是在私自测绘地形地貌画地图，这是不允许的。有一次，李鸿梁和张联辉两位学生在运司河下写生。一会儿来了个警察，先问张联辉："你是哪里人？"张说是"东阳人"。警察立即现出惊奇的脸色说："你为什么到中国来私自测绘地图？最好请你同我到局里去走一趟。"这位警察的警惕性很高，也很可嘉，可是他把浙江金华地区的东阳人，听成了"东洋人"。"东洋人"跑到中国来私绘地图，这还了得？李鸿梁知道警察听岔了，急忙解释，并告诉他："我们是浙一师的学生，出来写生的。学校早有公函通报了警察厅。你们怎么还不知道？"那警察不懂什么叫写生，给他反复解释，他仍坚持要张、李二人到局里去走一趟。后来，幸而来了另一个警察，总算见识比较高一点儿，知道是怎么回事，同原先的警察说："他们是学校里出来画风景的。"这才算了事。还有一次，李鸿梁一个人到苏州去写生。一下火车，就被警察检查上了。他们从没见过像牙膏这种装在铅管里的油画颜料，觉得奇怪，很可疑。李鸿梁给挤了一点儿出来，并再三解释是什么东西，他是干什么来的，警察们还是不信，非让他把颜料从铅管里统统挤出来不可。事情直闹到站长室，才解释清楚。可是李鸿梁的写生也无法进行了。由此可见，写生课在民国初年，确实还是一件闻所未闻的新鲜事儿。李叔同在浙一师首开写生课的意义，亦可见一斑。

为了便于写生，在李叔同的倡议下，学校给学生们定造了两条西湖划子。船落成的那天，李叔同、夏丏尊和学生们在湖上举行聚餐欢庆。或许是为了学生们从此有专船可供写生而太兴奋的缘故吧，夏丏尊先生下船时立脚不稳，跌入水中。他是下半身先扑下水的。李叔同慌忙中倒是抓住了他的一只脚，但他的身体本来就笨重，加上正是冬天，穿着皮袍，一浸水更重了，哪里还拖得动他！船身又太小，大家不便动作，只好喊着先让李叔同放了手，大家才把夏先生拉了上来。夏先生全身湿透了不说，还丢了一只金表。这也是当年李叔同在浙一师提倡野外写生的一段插曲吧。

经过一年多的基本训练，及至1914年深秋，学生们已初步掌握了绘画的一般技能。按照教学进度，李叔同接着安排了人体写生课。这在当时的中国，更是破天荒的大事。根据上过李叔同这门课的学生李鸿梁、丰子恺等人的传记资料和留下的一帧课堂现场照片，我们对彼时彼地的情景还能略窥其仿佛。

人体写生课的头几天，李叔同对学生们说："通过前一阶段的学习，你们已有了面对实物进行素描写生的初步技能，但这还远远不够。绘写人物形象，是绘画内容中的基本部分，也是绘画艺术的基本技能，我们必须学会如何画人物。当然，临摹人物画也是一种途径，但和其他临摹方法一样，并不是根本的途径。为了掌握人物画的基本画法，从现在起，我们开始学画人物写生。"

李叔同发现学生们有些不解，接着又说："所谓人物写生，就是对着真人写生作画。希望大家有个准备……"

他想说得更具体一些，所谓人体写生，就是裸体写生，但终于打住了，没有继续说下去。

学生们在兴奋中不无好奇，也有些怀疑。人体写生——裸体写生，外国艺术院校倒是早就开设了这门课程，李先生要搞的真人写生，究竟真到何种程度呢？能有人愿意到教室中站上半天，赤身裸体地供我们作画吗？

上人体写生课这天，学生们早早地进了绘画教室，静静地等候着。只见教室的每扇窗户，都用蓝色窗帘遮住了，给人以神秘的感觉。

一会儿，李叔同进入教室，走到级长那里低声说："同学们都来了吧？从今天起，凡上人物写生课，都要点一下名。"

级长环视了一下画架前的同学，回答说："李先生，同学们都到齐了。"

"很好！很好！"李叔同边说边向讲台走去，然后转过身来面向大家，接着说，"同学们也许会为今天教室里的这种布置感到奇怪。当然，这是不能怪你们的。在我们中国，这样来布置绘画教室还是第一次……"

略为停顿了一下，他又说："我现在郑重地告诉诸位，为了正规、科学地学习绘画基本功，更准确地掌握人体结构，今天我们在这个教室里进行裸体写生教学！这在我们中国是破天荒第一遭，具有历史意义。所以刚才我要级长点一下名，免得哪位同学缺席了。我们不能为某一位缺席的同学，单独补这种功课。大家都来了，这就很好，这就很好。现在请大家稍候一下，我去把模特领来。"

不一会儿，李叔同从隔壁房间里领来了一位四十来岁的男子。只见他身上披着一床薄棉被，有些羞涩地站到方桌上面。然后，他望了望李叔同，犹豫地揭下了身披的棉被，一个肌肉发达的身躯全般裎露在学生们面前。

原先，大家以为模特顶多裸露出部分身躯，羞人之处不会不遮盖的。真没想到，竟会这样彻底地一丝不挂！从未见过这般情景的学生们，有些心跳慌悚起来。有的还难为情地低下了头，有的想笑而不敢笑。一瞬间，教室里异常地寂静。

李叔同见模特已经摆好他所要求的姿势，于是说："同学们，开始作画！"

同学们抬起了头，注视着前面的模特。大家发现，从洞开的气窗中射进来的阳光，有如新式舞台上的一束追光，正集中在模特的身上，他像一尊雕塑般矗立在教室中，给人以力和美的激动。这正是人体写生需要的艺术感觉呢。捕捉到了这种感觉，学生们立刻在画板上,唰、唰、唰地勾勒了起来。站在进门处一侧的李叔同,面对此情此景,欣慰地微笑着。在中国,他终于又开创了一项史无前例的艺术实践![108](关于在中国画人体模特的事,长期以来,美术界几乎众口一词地说是始于刘海粟主持的上海美术专科学校。实际上,中国最早采用人体模特教学法的是浙江第一师范学校,主持人是李叔同。时间上要比上海美专早一年。只是李叔同当时启用的是男性模特,在社会上反响不大。而刘海粟主持上海美专,由于在1920年后又启用了女性模特,在社会上引起一场轩然大波,因而影响更大。于是人们也就以为,刘系中国采用人体模特教学法的首创者。现在来看,这是不准确的。中国采用模特教学法的第一人,应该是李叔同。阴差阳错的是,恰恰是李叔同的好友杨白民,无意中将此荣誉记到了刘海粟的名下。1917年,刘在上海张园安垲第举办学校成绩展览会,陈列有人体习作,"群众见之,惊诧疑异"。时任城东女学校长的杨白民,看后大骂:"刘海粟是艺术叛徒,教育界之蟊贼!"此后,刘在以"艺术叛徒"自号自励的同时,也享受了"开创中国人体写生"的荣誉。这可能是杨对其老友李叔同,早于三年前在杭州的创举不太了解,或者知情而不便评判的缘故吧!这一阴差阳错,造成了中国艺术史上的一段误传。)

李叔同在浙一师开设西洋美术史课程,并自编讲义,亦属国内首创,填补了中国美术教育的一个空白。每次讲授,李总是预先搜集好有关画家的代表性作品,并把画家的简历、时代背景、作品风格特点等,一一写录在纸条上面,上课时顺序取用。李的讲义,作为近代中国人自己撰写的第一部西洋美术史,自有其特殊的价值。在他出家后,学生吴梦非曾筹划出版,可惜被他阻拦未能付梓,后连原稿也遗失了。

李叔同还支持学生成立了"乐石社""桐荫画会"等业余社团,学习金石、美术。"乐石社"成立于1914年11月,成员开始只限校友,后得到金石大家吴昌硕、叶为铭等诸多西泠印社名家"左提右挈"(如因叶为铭的关照,"乐石社"学生得以免费参观西泠印社金石书画展,并获赠印人传及印学丛书,使其开阔了眼界和学习的门径),"声气遂孚","规模寖备",成为杭州又一个颇为著名的金石社团。社友们以李叔同"博学多艺,能诗能书,能绘事,能为魏晋六朝之文,能篆刻",公推其为社长。李叔同自己,并请南社社友姚鹓雏,分别写了同题文章《乐石社记》,记述了它的肇始和发展过程。李叔同在"社记"中说:"不佞昧道懵学,文质靡底。前鱼老马,尸位经年。伏念雕虫篆刻,壮夫不为。而雅废夷侵,贤者所耻。值猰狂颓靡之秋,结枯槁寂寞之侣。足音空谷,幽草寒琼,纵未敢自附于国粹之林,倘亦贤乎博弈云尔。"这就说明了,他为什么要热情支持由学生邱梅白发起成立的乐石社,并出任社长(主任)的原因。李叔同还作有《乐石社社友小传》[109],记载了二十五人之姓名、籍贯及其专长、行状等。柳亚子、经亨颐、夏丏尊、姚石子、费龙丁等南社中人,也名列其中。在其本人的条目中,李叔同这样自称:"燕人或当湖人。幼嗜金石书画之学,长而碌碌无所就。性奇僻不工媚人,人多恶之。"可谓生性自知,又矢志不移矣。

姚鹓雏的"社记",则对李叔同的"怀文抱质,会心独往,神合千祀"之旨及其为学、为人之风貌神采,极尽绘写赞美之能事。文章中有这样的话:

……〔李子〕平居接人,冲然夷然,若举所不屑。气宇简穆,稠人广坐之间,若不能一言;而一室萧然,图书环列,往往沉酣咀嚼,致忘旦暮。余以是叹古之君子,擅绝学而垂来今者,其必有收视反听、凝神专精之度,所以用志不纷,而融古若冶,盖斯事大抵然也。兹来虎林(武林一称虎林——引者注),出其所学,以饷多士。复能于课余之暇,进以风雅,雍雍矩度,讲贯一堂,毡墨鼎彝,与山色湖光相掩映!……

姚氏之于"李子"叔同,真可以说是推崇备至、倾慕有加了。

乐石社成立不久,他就编印了线装本的社员篆刻集《乐石第一集》。自1914年11月至次年6月,半年多时间中,一共编印了8集,并编印了《乐石社社友小传》一本。1915年3月30日,李叔同致信母校东京美术学校图书馆,并寄赠《乐石集》第1集至第4集四本。同年4月30日,由东京美术学校出版的《东京美术学校校友会月报》第14卷第1号上,以《在支那的李岸氏为寄赠〈乐石集〉给图书馆来翰》为题,全文登载了李叔同的信件。信上说:

拜启:恭贺母校兴盛。《乐石集》四册别封发送,谨寄贵馆。今后还可陆续寄赠,查收为盼。如能成为诸君的几分参考,幸甚之至。愚生目下就职于浙江省杭州第一师范学校。校务之余暇,组织乐石社,从事印章的研究。顿首。

三月三十日　李岸

《校友会月报》还特意加了编者按语,称校图书馆将"遵照李氏的意愿,期待同好之士阅读"。据刘晓路先生在东京艺术大学图书馆查阅发现,除了第1集至第4集,诚如其许诺，李叔同还将以后几集《乐石集》寄给了母校。书名笺条除第1集由李叔同书写，其他几集由经亨颐（石禅）、（堵）申甫、丏公（夏丏尊）、骨秋（陈伟）、（费）龙丁、（周）承德等书写。每本上都有"乐石社呈赠东京美术学校"的墨书。[110] 从第8集封面上的墨书和"李息"白文印均为李叔同所书亲印（第5集、第7集上亦钤有"李息"白文印），可以推知其他几集上的墨书，亦为李叔同所书。因为只有作为东京美术学校学生的李叔同，才有此呈赠。《乐石集》一共8集，但刘晓路先生在东京艺术大学只发现了7集，其中缺少第6集。以李叔同之心细认真，他既已承诺，是不会漏寄一本的（你看，他在1916年6月，还给母校寄去了最后一本《乐石集》）。缺少一本的原因可能有两个，一是，在邮寄途中丢失了。二是，东京美术学校当时收到后，没有及时与早先收到的其他几集归拢在一起，混杂到其他书籍中了，或者后来遗失了；也或者是在后来院校调整、合并中丢失的。李叔同还给母校图书馆寄去了一本《乐石社社友小传》，"小传"前两篇即为李叔同与姚鹓雏所作之同名文章《乐石社记》。刘晓路先生在东京美术学校的发现，对李叔同研究具有重要意义。它不只将李与学生创办乐石社的活动更具体化了，也提供了李叔同从东京美术学校毕业后，与其母校联系的情况。此外，它也丰富了中日文化交流的内涵。

学生们在李叔同和夏丏尊的指导下，还编印过一本《木版画集》，"自己刻、自己印、自己装订"。其中收有李叔同木刻作品两幅，一幅是模仿小孩画的人像，另一幅画的是停留在树林边的一头牛。美术家毕克官先生在谈到此事时说："李叔同应是中国现代版画艺术最早的作者和倡导者。也就是说，我国早在1912年至1918年间就出现了研习现代版画技法的组织，并出有成果。这件事在中国现代版画史上是不应该被疏漏的。"[111]

李叔同希望外界能够认同，并推广他在浙一师从事的美术教学的实践和成果。恰好，1915年度旧金山国际博览会即将举行，各国正在推荐美术作品，中国也建立了筹备机构。李叔同闻讯后，立即发动学生绘画各种形式的作品，经过精心挑选，向筹备机构报送了一批。结果，由于主宰者对西洋画法一无所知，加上妄自菲薄，一幅也没有通过。消息传来，学生们情绪低落，灰心丧气。李叔同也为此愤愤不平，但他还是鼓励学生说："诸位不必气馁。我们的艺术，过了百年以后，总会有人了解的。只要我们坚持不懈地按照现有的做法走下去，总会有被人承认的一天！"

历史总是要发展的，新生事物终究会被接受的，而开创者的业绩也一定会得到承认的。在20世纪初，李叔同在中国美术领域的诸多创造性实践，确是史无前例的。前辈美术家吕凤子先生对李叔同曾有这样的评价:"严格地说起来,中国传统绘画改良运动的倡导者,应推李叔同为第一人。根据现有的许多资料看,李先生应是民国以来第一位正式把西洋绘画思想引介我国,进而启发了我国传统绘画需要改良的思潮,而后的刘海粟、徐悲鸿等,在实质上都是接受了李先生的影响,进而对中国传统绘画改良运动的推行者。"[112]吕凤子是稍后于李叔同的中国画家兼教育家,也可以说是同代人,是当时中国画坛的名家和见证者。他对李叔同的评价是可信的。

作为音乐家的李叔同,早在1905年就以一曲《祖国歌》蜚声大江南北;留日期间,又编辑出版了《国学唱歌集》,或作词,或配曲,被公认为当时中国音乐界"词曲双擅第一人"。

浙一师的学生们当然知道李叔同在音乐上的造诣,但李叔同起初只教西洋画和美术史,并没有开设音乐课。后来经学生们再三请求,他才兼任了这门课程。为了做到有的放矢、事半功倍,第一次上音乐课时,他给学生们发下一张调查表,问大家学过几年音乐,还想学到什么程度。根据学生的现有程度和要求,他再编出行之有效的讲义。

李叔同对于音乐课也注重理论与实际的结合,并且身体力行,用示范的方式启发学生。他不但给学生们讲授现代作曲法,自己还创作了大批歌曲。他留给后世的六十多首歌曲,半数写于这一时期,其中包括《送别》《春游》《忆儿时》《早秋》《西湖》等几首历唱不衰的经典之作。丰子恺、裘梦痕编辑之《中文名歌五十曲》中,收李叔同作品十多种,全是他这一时期的创作。

李叔同也是诗词大家。他歌曲创作上的成就主要在歌词方面。他的歌词善于借景抒情,句式基本上采用的是中国古典律诗或长短句的结构。如《春游》:

> 春风吹面薄于纱,春人妆束淡于画。
> 游春人在画中行,万花飞舞春人下。
> 梨花淡白菜花黄,柳花委地芥花香。
> 莺啼陌上人归去,花外疏钟送夕阳。

这是李叔同作曲乐歌的代表作。李"在这首歌曲中,用淳朴自然的音乐配合清丽淡雅的歌词,旋律、和声与曲体都写得十分工整,简直无懈可击;因此长期以来成为学校合唱歌曲的典范,一直广泛传唱,历久不衰"[113]。这首歌曲被评为"20世纪华人音乐经典"的第一首合唱曲。由李叔同作词的优秀歌曲,为人所称道的,如《早秋》:

十里明湖一叶舟,城南烟月水西楼。
几许秋容娇欲流,隔着垂杨柳。
远山明净眉尖瘦,闲云飘忽罗纹皱。
天末凉风送早秋,秋花点点头。

如《西湖》:

看明湖一碧,六桥锁烟水。塔影参差,有画船自来去。垂杨柳两行,绿染长堤。飏晴风,又笛韵悠扬起。　看青山四围,高峰南北齐。山色自空濛,有竹木媚幽姿。探古洞烟霞,翠朴须眉雪暮雨,又钟声林外起。　大好湖山美如此,独擅天然美。明湖碧无际,又青山绿作堆。漾晴光潋滟,带雨色幽奇,靓妆比西子,尽浓淡总相宜。

《西湖》一词又明显地化用了白居易和苏东坡诗作中的意境和诗句。

李叔同也作曲,如《春游》《早秋》《留别》《直隶省立第一师范附属小学校歌》《浙江省立第一师范学校校歌》《南京高等师范学校校歌》《厦门第一届运动会会歌》及《三宝歌》等,其曲谱即由他所作。但他似乎更喜欢选用中外名曲(尤其是民歌和通俗歌曲的旋律),为其自作歌词或他为人诗词配谱。(如前一时期,曾为《诗经》、《离骚》的部分篇章,为李白的《行路难》、李商隐的《隋宫》、辛弃疾的《菩萨蛮·郁孤台下清江水》、黄遵宪的《出军歌》等选曲配谱;任教浙一师后,为欧阳修词《春景》、杜牧词《秋夕》、温庭筠词《利州南渡》、李白词《清平调·云想衣裳花想容》、岑参诗《送封大夫出师西征》、孟浩然诗《夜归鹿门歌》,以及古诗十九首之一《涉江》等选曲配谱。)在李叔同的歌曲作品中,由他自己作词而用他人的曲子配谱,影响最为广远的是《送别》和《忆儿时》两首。《送别》的歌词是:

长亭外,古道边,芳草碧连天。晚风拂柳笛声残,夕阳山外山。天之涯,地之角,知交半零落。一壶浊酒尽余欢,今宵别梦寒。长亭外,古道边,芳草碧连天。晚风拂柳笛声残,夕阳山外山。

《送别》的曲子原是美国通俗歌曲作者J.P.奥德威(John P. Ordway, 1824—1880)所作,歌曲的名字叫《梦见家和母亲》。由于此曲旋律优美流畅、悠远深切,李叔同便选用它为《送别》一词配曲。《送别》歌一经问世,立即风靡海内,多年来传唱不绝。电影名著《早春二月》和《城南旧事》等,选它作插曲或主题歌,更扩大了它在国内外的影响。

在电影《早春二月》与插曲《送别》之间,还有一段"插曲"的插曲。电影是根据柔石的小说《二月》改编的。柔石(1901—1931),原名赵平复,浙江宁海人,"左联五烈士"之一。1918年考入浙一师时,恰逢李叔同出家刚走。柔石对李叔同先生原是很仰慕的。他从夏丏尊先生那里得了李的一幅手书,视若珍宝,装裱成一字轴,名曰"李叔同先生入山后手迹"。李的手书是1918年中秋前二日写给夏丏尊的一封短简。

丏尊居士:
顷有暇,写小联额贻仁者。前嘱楼子启鸿刻印,希为询问。如正就,望即送来。衲暂不它适。暇时幸过谈。不具。

释演音 中秋前二日

信中之楼启鸿,字秋宾,乐石社社员,即两年后迎请李叔同去其家乡新城贝山掩关静修的那位浙一师门生。字轴落款处钤有"四十不闻道"的阴文篆章。赵子平复在字轴上作一题记。曰:

余幼鄙,不知叔同李先生之为人,然一睹其字,实憾师之不及者。共和七纪,余学武林师校,适先生弃世为僧,故又不及见其人而得其片幅。后先生知交夏先生丏尊嘉余诚,以此作赠余,余乐而藏之。此非余之好奇,实余之痼性也。赵子平复自志。

富有意味的是，柔石在题记落款下方钤有"九曲居士"白文篆章一方，似有向往李叔同师清净世界之意。字轴后由柔石次子赵德鲲收藏。而其长子赵帝江手中，则又藏有一帧柔石身穿僧衣的照片。赵帝江对访者说："照片有二寸长，一寸多宽，西式头发，还戴着近视眼镜。从脸孔可看出是杭州第一师范学校时所摄，哪一年就无从查考了。可能是李叔同先生剃发入山不久罢，因为据说那时流行过这样一种思潮……"【114】确是一种思潮，而思潮是会随时代不断变化的。1930年后，柔石成了左翼作家，也就不再恭维李叔同了。他在1930年4月出版的《萌芽》月刊第1卷第4期上发表了一篇文章，题为《丰子恺君底飘然底态度》。文章说，他在读了丰的两篇随笔后，"几乎疑心他是古人，还以为林逋、姜白石能够用白话来做文章了"。在评述到丰子恺与弘一法师合编的《护生画集》时，又说"我却在他底集里看出他的荒谬与浅薄"。这不但是在评论丰子恺，也是臧否弘一法师之举，说明这时的柔石，已与十多年前的"赵子平复"判若两人，他已由倾慕到离却李叔同了。但柔石不会想到，又过了三十多年，当谢铁骊将其小说《二月》拍摄成电影《早春二月》的时候，却把李叔同的歌曲《送别》选作影片的插曲。这又成了柔石与李叔同的一段"缘"。如果他们天上地下有知，将是欣赏乎？感慨乎？

《忆儿时》系李叔同另一首脍炙人口的代表作。歌词曰：

　　春去秋来，岁月如流，游子伤飘泊。回忆儿时，家居嬉戏，光景宛如昨。茅屋三椽，老梅一树，树底迷藏捉。高枝啼鸟，小川游鱼，曾把闲情托。儿时欢乐，斯乐不可作。儿时欢乐，斯乐不可作。

选配的则是美国通俗歌曲作者海斯（William S. Hays，1837—1907）的《我亲爱的阳光明朗的老家》一歌的曲子，舒缓的旋律中不无忧伤。

李叔同创作的歌曲之所以能广泛流传，原因是作者"有深大的心灵，又兼备文才与乐才"（裘梦痕、丰子恺《中文名歌五十曲序》）。其歌词具有高度的文学性和浓重的抒情性，且富民族特色；其曲调通俗流畅，雅俗共赏。他往往选用中国民歌曲调或外国通俗歌曲配谱，又能作必要的改动。如同样选用J.D.奥德威的《梦见家和母亲》的曲子，为自己的歌词配曲，李叔同的《送别》一歌，由于删去了原曲中每四小节出现一次的切分倚音，显得干净利落，易记易唱；而另一位中国近代音乐的先驱者、李叔同之师友沈心工，在为其所作歌词《昨夜梦》配曲时，原封不动地套用了奥德威的曲子，不太适合民族的欣赏习惯，从而限制了它的流传。

李叔同在浙一师担任音乐教员期间，创作了大量歌曲，这与其说是为了抒发他当下的思想情绪，不如更确切地说，是在为学习作曲的学生们提供一种实践的示范。

在李叔同所授的音乐课程中，学习弹琴占有较大的比重，他的要求也严。在上课弹琴前，他先给学生们讲授了各种西洋乐器的知识。发表在由其主编的《白阳》杂志[115]上的论文《西洋乐器种类概说》，就是他的讲义之一。

学生们觉得奇怪的是，他们从没见过李先生预备过琴，但他能按照学生的程度渐渐地高深起来。学生们平时有疑难的曲节去问他，他也总能立刻把指法弹给他们看。他又总是弹得那样严谨规范，无论附点、切分音、休止符、强弱等都非常注意，非常准确。这使学生们无限敬佩，也影响了他们的学习态度。

学生们课上练，课外也练。他们知道，达不到李先生规定的目标，他是不会轻易让你过关的。每周"还"曲的时候，他感到满意的，就在你的本子上写上"佳"或"尚佳""尚可"字样。遇到不满意的，他就站起来，用天津腔的江浙话委婉地对你说，"曼好，曼好，不过，狄葛浪好像还有点勿大里对。"[116]或者说，"还可以慢一点儿，狄葛浪还要延长一点儿。"碰到这种情形，你不必噜苏，噜苏也没用，他绝不会跟你说第二句话，你最好赶快坐下来，按照他的要求继续练，争取到下一周时，连同新曲子一起弹给他听，他才会在本子上给你写个较好的评语。

前面已提到了由李叔同主编的《白阳》杂志。这里有必要详细介绍一下在该杂志上刊登的李著《近世欧洲文学之概观》一文（以下简称《概观》）。

在中国，有规模和有系统地撰写西洋文学史著作，大约是"五四"以后的事。较早的一部是20世纪20年代初由商务印书馆出版的周作人著《欧洲文学史》（北京大学丛书之一）。但在此前七八年，李叔同已在这方面进行过初步的尝试了。只是学术界对李在1913年所撰《概观》一文，一直未给予应有的注意，而它是不该被忽略的。从整个中国近代文化史和中西文化交流史的角度加以考察，《概观》是一部最早出现的由中国人自己撰写的近代欧洲文学史，尽管这是一部简而又简的著作，但其开创性的意义却是明显的。应该说，李叔同是中国撰写欧洲文学史的第一人。

自19世纪70年代至20世纪前十年的四十年间，经周桂笙、林纾、伍光建、吴梼、鲁迅、周作人、包天笑、周瘦鹃等人（尤其是林纾）的努力，凡是十八九世纪欧洲主要作家及其主要作品，几乎都有了中文译本，多数译本上也有译者或他人所写的导读性的序言，但那只是谈论某一作家或某一作品的文字，宏观性的考察和综合性评述的文学史著作却迟迟没有出现。1908年，鲁迅发表《摩罗诗力说》一文，介绍了英国的拜伦、雪莱和匈牙利的裴多菲等多位欧洲浪漫主义的爱国诗人，但那是一篇从一个特定的即"立意在反抗，指归在动作"的角度切入的专题文章，还不具备"史"的品格。而李叔同的《概观》一作，从篇章结构到叙述方式已经是后来人们常见的那种文学史的写法了。遗憾的是，现在我们只能看到这一著作的第一章《英吉利文学》。不知道是因为《白阳》杂志只出版了一期，作者没有续写呢，还是已经写出全稿而散佚了呢？这就不好悬揣了。

欧洲在中世纪以后，文学史上出现过古典主义、浪漫主义、现实主义（自然主义）、消极浪漫主义（"反动力之新理想派"）等文学思潮，这对今天的文学爱好者来说，已是一般的文学常识了。而当1913年李叔同在《概观》一作的开头，以小引式的文字，简要地介绍这几种文学思潮以及剖析其相继更替的社会历史和文学自身的原因时，对中国人来说，却是一种闻所未闻的新鲜知识呢。李能进行这种介绍和剖析，说明他在20世纪初期已具有从宏观上把握欧洲文学发展进程的史识与史见。

《概观》第一章，按历史顺序评述了自18世纪末至20世纪初30多位英国作家的创作及其特征。虽三言两语，但都切中肯綮。如关于华兹华斯和柯尔律治，李叔同说："当十八世纪之末叶，冷索单调之诗文，浸即衰废。研究古诗民谣者日益众，故其文学富于清新之趣。至一七九八年华兹华斯与柯尔律治合著之《抒情诗集》乃现于世。两氏唱诗文之革新，为真挚文学之先驱，世称为近世诗界之祖。"又谓1798年为"英吉利文学诞生之年"。华氏之作"不炫奇异，然清新高远，热情奔放为其特长"；柯氏之作则"以格调之真挚，押韵之自由为世所叹赏"。关于狄更斯与萨克雷的小说，李认为"前者善描写市街之光景及下民之状态；后者善以轻妙之语调描写上流绅士社会之表里"。关于19世纪中叶英国出现的两大批评家罗斯金与阿诺德，一般人都以为罗比阿的名气更大些，成就自然会突出些，但李在《概观》中则说："阿诺德思想雄大高峻，且富于雅趣，实在罗斯金之上。"这类判断与一二十年后国内专治西洋文学史的专家们的认识大体相似，而李在这一领域中却是一个早行者和拓荒者，只是他的业绩在时间长河里被湮没不彰罢了。

李叔同留学日本，专攻美术兼及音乐。而回国后不到两年（其间又多次变易工作地点），就写出了《近世欧洲文学之概观》一作，说明他在东京时，阅读了大量日文版或英文版西洋文学的名家名作，不然，便是有相关的文学史著作作参考，也难以用简约准确的语言去描述和概括不同作家的创作特征。

1914年春天，李叔同在上海曾去城南拜访义兄许幻园。草堂旧址、楼台杨柳大半荒芜，一派萧瑟颓败的气象。"天涯五友"中的两位友人，忆及"曩日家庭之乐，唱和之雅，恍惚殆若隔世矣"。许氏出示其夫人宋梦仙的遗画，李为之题词。李叔同既"恫逝者之不作"，又"悲生人之多艰"，聊赋短什，以志哀思。

> 人生如梦耳，哀乐到心头。
> 洒剩两行泪，吟成一夕秋。
> 慈云渺天末，明月下南楼。
> 寿世无长物，丹青片羽留。

翌年秋天，李叔同应江谦之邀，兼任南京高等师范学校图画音乐教员。

江谦（1876—1942），教育家和佛学家。字易园，号阳复子。安徽婺源（今属江西）人。他先以父命受业于张謇门下，后为南洋公学师范班学员，与李叔同前后同学。南洋公学发生退学风潮那年（1902），张謇创办南通师范学堂，江谦应邀共事，先后十余年。1915年8月，江任南京高等师范学校校长，即邀李叔同来校任教；而李叔同出家的第二年（1919），他也辞去校长职务，念佛讲佛，精进不懈，佛学著作多至17种。江由教育家而信佛研佛，其间，不无李叔同的影响吧。他有一首《寿弘一大师六十周甲诗》。诗云：

> 鸡鸣山下读书堂，廿载金陵梦未忘。
> 宁社恣尝蔬笋味，当年已接佛陀光。

诗的跋语中则说：

> 乙卯年，谦承办南京高等师范时，聘师任教座，师于假日倡宁社，借佛寺

陈列古书字画金石，蔬食讲演，实导儒归佛方便门也。

李叔同自从在江谦的学校中兼课，常常需要半个月在杭州，半个月在南京。一个月里，在沪杭宁间往返多次，每次还都坐夜车，仆仆于途，劳形劳神，十分辛苦。其间，一则为了摆脱疲于奔命的劳顿，使生活安定下来；二则由于对学校当局某些做法不快，他多次想离开浙一师，专任南高师一职。但因碍于情面，不忍拂逆夏丏尊等友人的恳请，始终没能离开。同一时间，李叔同曾在西湖烟霞洞巧遇津门旧友，即时任北京高等师范学校校长的津门老友陈宝泉，陈邀他北上担任教授。李当时微笑应诺，但在陈返京不久，又去信婉言谢绝了。

2. 教育艺术家

李叔同任教浙一师改变了这所学校学生历来不重视图画、音乐二科的状况。夏丏尊说："自他任教以后，图画音乐忽然被重视起来，几乎把全校学生的注意力都牵引过去了。课余但听琴声歌声，假日里常见学生出外写生。这原因，一半当然是他对于这二科实力充足，一半也是由于他的感化力大。只要提起他的名字，全校师生以及工役没人不起敬的。他的力量，全由诚敬中发出。"

李叔同是艺术教育家，也是教育艺术家，他的教育艺术主要表现在对人对事的诚敬态度上。关于他的教育精神、教育方法及其感化力量，浙一师的师生是深有感触和有口皆碑的。

一次，学生宿舍中的财物被窃了，大家猜测是某个学生偷的。一检查，没有得到证实。夏丏尊身为舍监，深感惭愧苦闷。他向李叔同请教解决办法。李指教的办法，竟是教他去自杀。这绝不是开玩笑，李是认真地说出这一主张的。他说："你肯自杀吗？你若出一张布告，说作贼者速来自首，如三日内无自首者，足见舍监诚信未孚，誓一死以殉教育。果能这样，一定可以感动人，一定会有人来自首。这话须说得诚实，三日后如没人自首，真非自杀不可，否则便无效力。"

夏丏尊深知，这话在一般人听来，都会被认为是过分之词，十分荒唐，但这是李叔同，他说着的时候，却是真心的流露，丝毫没有虚伪造作的成分。夏也知道，如果李叔同遇此处境，也必定会那样去实行的。夏丏尊自愧弗如，难以照此办理，只能向李叔同笑谢抱歉了。当然，李叔同也没有责备他的意思。

据国画大师潘天寿的儿子潘公凯回忆，潘天寿在浙一师就读期间，果真发生过这么一件事。潘丢了一件毛衣。李叔同就在课堂上宣布："窃衣者如果不将潘天寿的毛衣归还，我就绝食，誓死以殉教育。""人人皆知李叔同先生平生不发一句虚言，言出必践。于是这件毛衣终于回到了潘天寿的手中。"[117]这就是人们经常赞叹李叔同实行的人格教育的力量了。

丰子恺在回忆录中说道，学生们第一次上李叔同的课，即有一种特殊的感觉——严肃、新鲜。摇过预备铃，学生们按照过去的习惯，还是那样不快不慢地走向教室。这次推门进去一看，情形不对了，李先生早已端坐在讲台上。以为先生还没有到而嘴里随便唱着、喊着，或者笑着、骂着的学生，更是吃惊不小。他们的各种声音以门槛为界，忽然消失了，赶紧低着头红着脸，跑去端坐在自己的位置上。

同学们刚坐好，便偷偷地仰起头来，看看这位李先生。只见他宽广得可以走马的前额、细长的凤眼、隆正的鼻梁，作成威严的表情。扁平而阔的嘴唇，两端常有深涡，作成和蔼的表情。这副相貌可以用"温而厉"三个字来描写。讲桌上放着点名簿、讲义，还有一只金光闪闪的表。黑板上早已清楚地写好了与本课有关的内容。黑板是活动的上下两块，两块上都写满了内容，上块盖着下块，用下块时把上块推开。在这样布置好的讲台上，李叔同端坐着，坐到上课铃响了，同学们进了教室，坐上了座位，他便站起来深深地一鞠躬，课就算正式开始了。这样上课与以往情形比较起来，不是很严肃、很新鲜吗？

从第一堂课起，学生们知道了李叔同的脾气，以后每当上他的课，不等上课铃摇响，已早早地在座位上等候先生了。

李叔同备课十分认真。他上一小时课，预备的时间恐要半天。他是为了要最经济、最有效地使用每节课的50分钟，才把必须在黑板上写出的内容，都预先写好了。他上课的时候还常常看表，精密地依照他预定的教案进行，一分一秒也不浪费。

有个学生在上课时不好好听讲，看别的书；还有个学生把痰吐在地板上，他们以为李先生不会看见的。实际上，他都知道，只是并不立刻去责备他们。下课了，他才用轻而严肃的声音郑重地说："某某等一等出去。"于是这位同学只好站在那里。等别的同学都出去了，他又用轻而严肃的声音，向这位同学和气地说，"下次上课时不要看别的书。"或者说:"下次不要把痰吐在地板上。"说过之后,他微微地一鞠躬,表示"你出去吧"!凡是有过这种经历的同学,从教室中出来时,大都面孔通红,显出难为情的神态。

有一次下音乐课后,最后出去的同学无心地把门一拉,撞得太重了,发出很大的声音。这位同学走了数十步之后,听到李先生正在门口满面和气地叫他回去。这位同学不得不回到李先生身边,李先生又叫他回到教室里。进了教室,李先生才用轻而严肃的声音,和气地对他说:"下次走出教室,要轻轻地关门才好。"说完,他对这位同学深鞠一躬,送他出门,自己轻轻地把门关好了才离开。

最令人难忘的是,一次上钢琴课时的情景。十几个同学正环立在钢琴四周,看李先生演奏。有个同学放了一个屁,没有声音,却是奇臭无比,大家都被包围在亚莫尼亚气体之中。同学们有的赶紧掩鼻,有的说着"讨厌"加以责备。李叔同也皱紧了眉头,但他没有吭声,仍然自管自地弹着琴,一直弹到臭气消散了,才舒展眉头。下课铃一响,他站起来一鞠躬,表示可以散课了。当同学们正想往外走的时候,他又郑重地宣告说:"大家等一等出去,我还有一句话。"大家不知道会是什么话,呆呆地肃立着。只听他用轻而严肃的声音,和气地说:"以后放屁,到门外去,不要放在室内。"接着,又是一鞠躬,表示大家可以出去了。同学们实在忍耐不住,未出室门,已经叽叽咯咯地发出了笑声。一出门口,拔脚就跑,到了远一点儿的地方,都笑弯了腰,捧起了腹。

有些时候遇到学生言行不美或犯了过失,李叔同当时不说,过后特地叫学生到他房间里去,和颜悦色、间接委婉甚至低声下气地加以开导。一次上写生课,李鸿梁没注意到李先生正在后面为同学改画,他径直走到石膏模型前面去看上面的说明卡,挡住了李先生的视线。李先生说了声"走开",声音大了点。这在李先生也许是无意的,但在李鸿梁的感觉上,好像有点不够自然,不够礼貌。李鸿梁正年少气盛,回到自己座位上,把画板故意敲了一下,以示不快,接着又离开。

吃过中饭,工友闻玉给李鸿梁送来一张纸条,说:"李先生请你去。"李鸿梁当即意识到,这一定是为了上午的事,心里不免有些惴惴然,又不能不去。他来到李先生房间门口,见李先生正在和夏丏尊先生闲谈。李叔同见了李鸿梁,并没有改变常态,而是站起来把他引进里屋,还随手把门拉上了。李鸿梁心想,这下不知道会有怎样严厉的教训呢!哪知道,李先生只是轻轻地对他说,"你上午有点不舒服吗?下次不舒服请假就好了。"说完,又随手把门拉开,说:"你去吧,没有别的事。"

李鸿梁听完李叔同的话，慢慢地走了出来。当他看到李先生已经回到自己的房间，就一溜烟似的跑回了自修室。这时，他心上涌起一种非常矛盾的情绪：一方面，如同得了大赦似的放心，轻松愉快；另一方面，又有严重的内疚，如同大石般压在心头。他虽然手里拿着一本书，但看了半天，也不知道看了些什么。等到同学们喊他去上课了，他才醒了过来，抬头一看，人已走光了。这以后有好些天，李鸿梁惭愧得不敢和李先生当面讲话。

李叔同这种"温而厉"的教育方式，在学生心灵上产生的震撼，往往使他们难以承受，长久不忘，从而再有过失，就能立即省悟。

还是李鸿梁。有一次，他从图画教室出来，高声直呼道："李叔同到哪里去了？"哪知李叔同就在隔壁房间，听到有人喊他，就从里面走了出来。李鸿梁一看事情不好，赶快走人。李叔同还没露出全身，他已经从扶梯上连滚带跳地逃了下来。近半个世纪之后，李鸿梁回忆此事时说，他边逃边听见李先生说话的声音并没什么两样，"仍很自然地在问，'什么事？'……然而我已汗透小衫了。凭良心讲，我从来没有直呼其名，就是到他出家一直到现在，还是叫他李先生，不知道为什么，那一次，竟神经错乱地失了常态！直到现在想起来，还觉得脸孔热辣辣的"。

有个最顽皮的学生说："我情愿被夏木瓜骂一顿，李先生的开导真是吃不消，我真想哭出来。"原来，夏丏尊先生也是学生们崇敬的老师，但他的脾气和对待学生的态度，和李叔同不同。他心直口快，不大注意方式方法。可学生们都清楚，他们生活上大大小小的事情，夏先生都要管，他如同母亲一般在照料着他们，因此，他们也像对待母亲似的爱着他，深知他有时骂大家几句，也是一种爱的表现。因为夏先生的头长得像木瓜，大家给他取了个绰号叫"夏木瓜"。其实，也不是什么绰号，只是一种变相的爱称。夏先生和李叔同一样，在学生们的心目中，就像是大家的父亲和母亲，只是爱的方式不同罢了。

李叔同在教育学生方面，虽说每以温和的话语出之，但温和的话语也往往只有那么简短的三句两句。这就给人造成一种严厉甚至冷漠的感觉。

李鸿梁回忆说："你说他严厉吧，他倒是很客气的；你说他客气吧，可是有时候又有点不大好讲话。虽然他满面慈祥，但是见了他总是有点翼翼然。不单是学生，就是同事对他也是非常敬畏的。"

一次，几个同学拥到日本教师本地利实先生的房间，恳请他给每个人写幅书法屏条。日本教师那里文具不完备，不肯写。同学们请他到李叔同先生写字间里去写，他连说不好。

后来探知李先生不在屋，一时回不来，他才答应，不过叫大家放哨似的在扶梯上、走廊上、房门口，都站了人，如发现李先生回来了，立即通知。

同学们说："李先生绝不会因此发恼的。"

本地先生说："在李先生面前是不可以随便的。李先生的道德文章固然不必说，连日本话也说得那样漂亮，真了不起！"

字写好了，同学们诳他说："李先生来了！"本地先生立即狼狈地跑回了自己的房间，同学们大笑了一阵。

在李叔同以温和著称的严厉态度中，包含着对学生的一片热忱和殷切的期待。他的严厉不是严酷无情，是严格深切的企盼。他在了解学生、关切学生、提携学生方面，是细致真切、不厌其烦的。1915年暑假，李鸿梁在浙一师毕业。李叔同正准备偕日籍夫人去东京度假洗温泉，临行前，他给李鸿梁写了一封信，大意是教他处世要"圆通"些，否则，不能与世相水乳。那时李鸿梁刚二十出头，又生性戆直，锋芒毕露。李叔同深知该生的禀性弱点，信中还给他附去一副对联——"拔剑砍地，投石冲天"，一幅条幅，上书"豪放"两个大字，旁系小字七绝一首，赞扬中有警诫的含义。回国前，李叔同又打来电报，叫李鸿梁去南京高师代他的课。李鸿梁刚毕业，对教学毫无经验，年纪又这样轻，还人地两生，骤然间让他去教同等程度的学生，心里难免忐忑，有些犹豫。不久，李叔同从日本回来，发现李鸿梁正在为难，便帮他做了具体细致的安排。

李叔同拿着本学期的教学进度，向李鸿梁介绍了那边学校里的一切情形，并交给李鸿梁一串钥匙，关照地说，卧室与教员休息室离得很远，每天早晨必须把自己的表与钟楼的大钟对准，号声有时候听不清楚。如果有事外出，叫车子回校，一定要和车夫说清楚拉到教员宿舍，大门离教员宿舍还有一大段路呢。吃饭时要记住，每人两双筷子，两只调羹，如果觉得不便，可以让厨房把饭单独送到自己房间里来。

最后，李叔同又交给李鸿梁两封介绍信，一封是给学校的；另一封是给他在东京听音乐会时认识的韩亮侯先生的，托他关照好李鸿梁。

第二天，李鸿梁去南京赴任。早晨刚起床，李叔同就来旅馆看他，邀他去吃点心，然后送他上火车，直到开车信号发出后才离去。在李鸿梁看来，李先生的这般细心周到，恰如父母在送儿女远行。

浙一师的学生们反复地表述过对李叔同教育精神和感化力量的印象。

第五章 为人师表

在我们的教师中，李叔同先生最不会使我们忘记。他从来没有怒容，总是轻轻地像母亲一般吩咐我们。……他给每个人以深刻的影响。伺候他的茶房，先意承志，如奉慈亲。

——曹聚仁：《李叔同先生》

弘一师的诲人，少说话，主行"不言之教"，凡受过他的教诲的人，大概都可以感到。虽然平时十分顽皮的，一见了他，或一入他的教室，便自然而然地会严肃恭敬起来。但他对待学生并不严厉，却是非常和蔼可亲，这真可以说是人格的感化了。

——吴梦非：《弘一法师和浙江的艺术教育》

……他的受人崇敬使人真正地折服，是另有背景的。背景是什么呢？就是他的人格。他的人格，值得我们崇敬的有两点：第一点是凡事认真……他对于一件事，不做则已，要做就非做得彻底不可。……

李先生人格的第二特点是多才多艺。西洋的文艺批评家批评德国的歌剧大家华葛纳尔（Wagner）有这样的话："阿普洛（Apollo 文艺之神）右手持文才，左手持乐才，分赠给世间的文学家和音乐家。华葛纳尔却兼得了他两手的赠物。"意思是说，华葛纳尔能作曲，又能作歌，所以做了歌剧大家。拿这句话批评我们的李先生，实在还不够用。李先生不但能作曲，能作歌，又能作画，作文，吟诗，填词，写字，治金石，演剧。他对于艺术，差不多全般皆能，而且每种都很出色。专门一种的艺术家大都不及他，要向他学习。……他的教授图画音乐，有许多其他修养作背景，所以我们不得不崇敬他。借夏丏尊先生的话来讲：他做教师，有人格作背景，好比佛菩萨的有"后光"。所以他从不威胁学生，而学生见他自生畏敬，从不严责学生（反之，他自己常常请假），而学生自会用功。他是实行人格感化的一位大教育家。我敢说：自有学校以来，自有教师以来，未有盛于李先生者也。

——丰子恺：《为青年说弘一法师》

李叔同任教浙一师，对改变浙江一地中小学艺术教育的状况起了重大作用。由他教导出来的浙一师图画、音乐专修科的学生，被分配到浙江各地中小学校以后，那里的艺术教育才有了革新的气象，才纳入正常的轨道。原先没有的所谓写生、图案、五线谱、合唱、复音曲等课业，也才开始出现在一般中小学校中。李叔同在浙一师任教期间，还培养出了刘质平、丰子恺、潘天寿、吴梦非、曹聚仁等一批日后卓有成就的文艺家。刘质平、丰子恺等在上海创办的艺术专科学校，继承和发扬李叔同的教育精神和教育方法，又培养了一批艺术教育人才和创作人才，如音乐家中即有缪天瑞、王云阶、钱君匋、钱仁康、江定仙、谭抒真、喻宜喧、唐学咏、俞绂棠等名家。在二十世纪二三十年代，上海、江浙一带中小学校中的艺术课教师，很大一部分是李叔同的弟子或再传弟子。

3. 师生之情

刘质平和丰子恺是李叔同在浙一师培养的两大高足。这里，一并连带叙出李与两位高足之间深厚情谊的前前后后。

刘质平（1896—1978），浙江海宁人。进入浙一师后，他耽于音乐，其他功课往往不能及格。校长经亨颐慧眼识英才，给以宽容，直至毕业。刘在音乐上的素养和他在这方面所下功夫之深，以及经亨颐能为之宽容，都与李叔同对他的精心培育有关。

在李叔同到浙一师任教那年冬季的一天，积雪盈尺，这在杭州是很少见的。刘质平刚刚作曲一首，踏雪拿去向李叔同请教。

李叔同细阅一番，久久地凝视着刘质平，若有所思的样子。刘质平没底了，不知道老师将怎样批评自己的作品，一时间惶悚羞愧，有置身无地之感。

待了一会儿，李叔同说："今晚八点三十五分，请赴音乐教室，有话讲。现在先回去吧。"

刘质平唯唯而退。离李先生约定的时间，还有好几个小时。在捱过这几个小时的过程中，他直有惶惶不可终时之感。实在想象不出，李先生将会给他讲些什么话呢！

晚上，风雪越发地狂暴施虐起来，气温骤然下降。刘质平按时前往，来到教室走廊，已有足迹在焉，有人先他而来了。但教室的门已然关闭着，声音寂然。

刘质平有些纳闷，这大风雪天的，哪位来过这里呢？他鹄立于走廊下面，耐心地等候着李先生。

过了十多分钟,教室内的电灯忽然亮了起来,门也开了,只见李先生手里拿着表走了出来。随即,李指了指表对刘质平说:"时间无误。你饱尝了风雪之味,可以回去了。"

此时此刻,此情此景,刘质平不知所以,只觉得心中有一股热浪在冲腾翻滚。从此以后,他与李叔同的师生情谊,逾日弥深。他常常对人说:"我与先生之间,名虽师生,情深父子。"

1915年,刘质平因病休学。在家养病期间,他的心里总是乱糟糟的,就是有母亲兄长的劝慰,心绪也难以平静。他便在这年暑期,给李叔同老师写了一封信,除了表达思念之情,也倾诉了郁闷、烦躁的心情,希望能得到老师的开导。刚由日本休假回来的李叔同,于9月3日给刘质平回复了一封信。信中说:

> ……尊状近若何,至以为念!人生多艰,"不如意事常八九",吾人于此,当镇定精神,勉于苦中寻乐;若处处拘泥,徒劳脑力,无济于事,适自苦耳。吾弟卧病多暇,可取古人修养格言(如《论语》之类)读之,胸中必另有一番境界。下半年仍来杭校甚善。不佞固甚愿与吾弟常相聚首也。祗讯近佳。

病中的刘质平收到老师的复信,"感激之情,难以言喻。他一字一句反复捧读老师的来信。从字里行间,他看到了老师对自己的关爱,看到了老师那种过人的'器识'。按照老师信中的指示,他找出《论语》《孟子》等典籍来读,用中华文化的甘泉来滋润自己躁动不安的心灵,寻找战胜困厄的精神力量"[118]。

1916年夏天,刘质平于浙一师毕业后留学日本,专攻音乐。李叔同依然循循善诱地关心着这位高足的修身与学业。他在信中反复地开导刘质平,为了将来"为吾国人吐一口气",现在务必注意"三宜二勿":(一)宜重卫生,避免中途辍学;(二)宜慎出场演奏,免受人忌妒;(三)宜慎交游,免生无谓之是非;(四)勿躐等急进,循序而行才是正道;(五)勿心浮气躁。还特别嘱咐说,人固不可无志气,如"志气太高""好名太甚",一遇挫折,易生厌烦之心和悲观失望的情绪,唯有"务实循序","日久自有适当之成绩"(1916年8月19日、1917年1月18日信)。

在日本留学的第二年(1917),刘质平经济上遇到了困难,家中又无力解决,忧虑重重，心神不定。这时的李叔同已在"络续结束一切"，准备入山为僧，但他为了帮助刘质平克服眼下的难处，也正在想方设法。他一方面劝告刘质平，"君春秋尚盛"，不应灰心丧气，否则，恐将"神经混杂，得不治之症""学而无成，反致恶果"（1917年1月18日信）；一方面多方奔走，疏通关系。他求助于浙一师校长经亨颐，有意为刘质平向省教育厅申请资助。在一些官僚"荐一科长与厅长尚易，请补一官费生特难"的托辞下，没有成功。李叔同又给某君写信求援。此君昔年留学时，曾受李的资助，今日又担任着某官立银行的副经理。有这层关系，李叔同心想向他借钱，不能说是唐突之举。结果是，没有回音。李叔同感慨地说，此举"虽非冒昧，然不佞实自志为婪人矣，于人何尤"！当时，刘质平需要的费用，也不过千元左右。这点钱放在十年前，对家财万贯的李叔同来说，算不得一回事。现在，他只是个靠工资维持家计的穷教员。虽有心资助刘质平，却无力一次性拿出这么多钱。多方联络又不得要领，他决定从自己工资中省下一部分，按月寄往日本，以帮助刘质平渡过难关。

1917年冬天，李叔同给刘质平写信，详细叙述了自己的收支情况和打算。

不佞现每月收入薪水百零五元。

出款：

上海家用四十元，年节另加。天津家用二十五元，年节另加。自己食用十元。自己零用五元。自己应酬费买物添衣费五元。

如以是正确计算，严守此数，不再多用，每月可余二十元，此二十元即可以作君学费用。……将来不佞之薪水，大约有减无增。但再减去五元，仍无大妨碍（自己用之数内，可以再加节省）。如再多减，则觉困难矣！

又不佞家无恒产，专恃薪水养家，如犯大病不能任职，或由学校辞职或因时局不能发薪水，倘有此种变故，即无法可设也。

接着，李叔同对刘质平说：

……倘以后由不佞助君学费，有下列数条必须由君承认乃可实行。

（一）此款系以我辈之交谊，赠君用之，并非借贷与君。因不佞向不喜与人通借贷也。故此款君受之,将来不必偿还。

（二）赠款事只有你吾二人知,不可与第三人谈及。家庭如追问,可云有人如此而已,万不可提出姓名。

（三）赠款期限,从君之家族不给学费时起至毕业时止。但如有前述之变故,则不能赠款(如减薪水太多,则赠款亦须减少)。

（四）君须听从不佞之意见(引者按:指前述之"三宜二勿"),不可违背。不佞无他意,但愿君按部就班用功,无太过不及。……

从此,李叔同按月给刘质平寄去20元,解除了刘的后顾之忧。

1918年春天,多种因缘渐渐成熟,李叔同加快了入山修道的步伐。这时离刘质平毕业还有半年多时间。他给刘质平写信说:

君所需至毕业为止之学费,约日金千余元,顷已设法借华金千元,以供此费。

余虽修道念切,然决不忍置君事于度外,此款倘可借到,余再入山。如不能借到,余仍就职至君毕业时止。君以后可以安心求学,勿再过虑……

(1918年3月24日信)

李叔同一丝不苟地履行着诺言,果真延宕到刘质平毕业回国,才出家为僧。

李叔同的此恩此情,在刘质平的心目中,超过了自己生身父母的关怀。刘也是性情中人,他没有忘却李叔同的恩德。自李出家,二十多年间,他义无反顾地承担了对恩师的供养。李在浙东云游期间,每变换一处驻锡地,常常是由他去护送安顿。他时刻关心着恩师的健康,李有疾病,想方设法送去药物,还不时地寄些补品。

1930年夏天,弘一法师李叔同驻锡于浙江上虞兰埠法界寺,花了一两个月的时间,将其依据《华严经》编纂的300副华严偈句联语,书写成册。这是他一生中规模最大、费时最多的书法作品。其间,刘质平经常抽空来看望老师,送衣送食,并为老师磨墨展纸。这件书法巨构完成后,弘一法师把它赠给刘质平收藏,后由刘在开明书店以《华严集联三百手稿》为名出版,印了1000套。由开明书店"分给研究与爱好书法者,及需要取得先师印刷品以志尊敬与纪念者"。

1932年初夏，弘一法师李叔同移锡浙江镇海县（现已并入宁波市）伏龙寺。该寺位于镇北伏龙山，始建于唐咸通三年（862），是一所已有一千多年历史的古刹。弘一法师李叔同在此驻锡期间，刘质平又专程前来看望老师，并在老师处住了一个多月。只要老师没有功课，刘就陪他说话。其间，李想起他父亲120周年诞辰快要到了，有意发兴书写大件作品《佛说阿弥陀经》，以资回向与纪念。

关于这段经历，刘质平在《弘一大师遗墨的保存及其生活回忆》[119]中说（引者按：此处所引文字，先后次序与个别字句做了些改动）：

> 先师用笔，只需羊毫，新旧大小不拘；其用墨则甚注意。民十五后，余向友人处，访到乾隆年制陈墨二十余锭奉献。师于有兴时自写小幅，大幅则需待余至始动笔。余在镇海伏龙寺，夜半后闻云版即起，盥洗毕，参加众僧早课。早餐后，拂晓，一手持经，一手磨墨。未磨前，砚池用清水洗净。磨时不需用力，轻轻作圆形波动；且不性急，全副精神贯注经上。不觉间，经书毕读，而墨亦浓矣。
>
> 先师所写字幅，每幅行数，每行字数，由余预先编排。布局特别留意，上下左右，留空甚多。师对余言：字之工拙，占十分之四；而布局却占十分之六。写时闭门，除余外，不许他人在旁，恐乱神也。大幅先写每行五字。从左至右，如写外国文。余执纸，口报字；师则聚精会神，落笔迟迟，一点一划，均以全力赴之。五尺整幅，须二小时左右方成。
>
> 在镇海伏龙寺，先师曾对余言："每次写对都是被动，应酬作品，似少兴趣。此次写《佛说阿弥陀经》功德圆满以后，还有余兴，愿自动计划写一批字对送你与《弥陀经》一起保存。"命余预作草稿，以便照样书写，共一百副。写毕又言："为写对而写对，对字常难写好；有兴时而写对，那作者的精神、艺术、品格，自会流露在字里行间。此次写对，不知为何，愈写愈有兴趣，想是与这批对联有缘，故有如此情境。从来艺术家有名的作品，每于兴趣横溢时，在无意中作成。凡文词、诗歌、字画、乐曲、剧本，都是如此。"
>
> 师还曾对余言："艺术家作品，大都死后始为人重视，中外一律。上海黄宾虹居士（第一流鉴赏家）或赏识余之字体也。"

刘质平下山后，弘一法师李叔同亦由伏龙山移锡上虞法界寺。他虽然很有兴致地为刘质平写了那么多书件，实际上，自去年——1931年秋冬以来，他因在五磊山创办律学院未成而心神不宁，加上长期咳嗽，身体一直欠佳。移锡法界寺不久，则有宁波白衣寺住持兼孤儿院院长安心头陀，来寺约他同去西安，以筹济陕西灾荒。安心头陀伏地恳请，痛哭不止。李叔同在无法推辞之下，写了一张便条，托人送交时在宁波四中执教的刘质平，以通报他将远行的消息，同时还给刘留了一份遗嘱，不过当时并未交付。刘质平得此消息，以恩师有病不胜长途跋涉，急忙赶去宁波码头劝阻。

刘质平赶到码头时，送行的人已经回到岸上，旅客们也大都进入各自的舱位，海员们正准备抽去舷梯，驶往上海的轮船即将起航。瞬息间，一片出奇的宁静。

刘质平火速奔向舷梯，登上甲板，又沿着扶梯冲向三层舱位，入舱找到了弘一法师李叔同。他苦口婆心地劝说先生不宜远行，但一向许诺践履并行的弘一法师李叔同，无意改变去陕的决定。无奈之中，刘质平只得自作主张，背起了李先生。

刘质平小心谨慎地将李先生背到岸上，未及站稳，两人便抱头痛哭起来。

而岸上的人，不知道这一僧一俗究竟发生了什么事，都在屏息凝神地观望着……

刘质平背驮弘一法师李叔同上岸的动人情景，长时间中成了人们赞叹师生之情的佳话。

刘质平之于弘一法师李叔同，还有更令人赞叹的嘉行懿德。李每次接受刘的供养，总要寄些字幅或书写的佛经作为回赠。他对刘说过："我入山以来，承你供养，从不间断。我知你教书以来，没有积蓄，这批字件，将来信佛居士们中间，必有有缘人出资收藏，你可以将此留作养老及子女留学费用。"李叔同先后送给刘的书件数量盈千，整整装了十二口字画箱子，其中包括大部分书法精品。抗日战争时期，刘质平雇船将这批字画秘密运出上海。日寇得知后，立即派出卡车追踪搜寻。虽遭到日寇抢劫，所幸李的大部精品还是被掩护保存了下来。

刘质平为保护弘一法师李叔同的这批书法精品，不能远出任职，一家人绝粮于浙西兰溪乡间，做小贩糊口。即便在这般困厄处境中，刘也没有出售过恩师的一件作品。孔祥熙曾托人出资500两黄金为美国博物馆收买李书《佛说阿弥陀经》一大堂，也遭到刘的拒绝。

刘质平的可贵，除了表现在终生不忘弘一法师李叔同的栽培与养育之恩，更主要的是，作为艺术大师的传人，他深知恩师作品的价值所在。"文化大革命"中，他已七旬高龄，冒着被批斗的危险，义正词严地对逼迫他交出李叔同艺术珍品的人说："生命事小，遗墨事大。我国有七亿人口，死我一人，不过黄河一粒沙子，而这批遗墨是我国艺术至宝，历史书法中之逸品，若有损失，无法复原。那才是真正有罪！"他舍着生命，保存了李叔同的墨宝。

刘质平发扬着弘一法师李叔同的道德风尚，也继承其未竟之业，对我国现代音乐事业贡献良多。他留下了《弹琴教本》《歌曲作法》《实用和声教材》《键盘伴奏基本练习》等编著作品，还培育了大批音乐人才。

为了纪念弘一法师李叔同，这位我国近代艺术的先驱和佛教律宗的一代传人，其祖籍所在地的浙江省平湖市人民政府，决定在该市东湖公园（现已改为叔同公园，门前的马路亦改为叔同路）内建造弘一法师纪念馆。2000年12月30日，在纪念馆奠基暨法师书法真迹捐赠仪式上，刘质平之子刘雪阳，将乃父用生命保存下来的159件法师书法作品捐赠给了平湖市人民政府。现在，这些作品已成了弘一法师纪念馆的永久性展品和藏品。刘雪阳之举，不只让一批民族和人类的艺术珍品找到了最为妥善的归宿，也是刘质平先生思想品德的发扬和光大。

丰子恺（1898—1975），又名子觊，浙江崇德县（今已并入桐乡市）人。

20世纪初，当丰子恺在家乡石门湾小镇上，为了"抵制美货""抵制日货""劝用国货"，和小学同学一起，排队游行唱着《祖国歌》的时候，他还不知道这首歌曲的作者是谁，但那昂扬的旋律、充满豪情的歌词，在他的少年胸腔中，激起了一股汹涌有力的爱国热情。

1914年，丰子恺小学毕业考入浙一师，才知道《祖国歌》的作者原来就是将要教授他们音乐、图画课的李叔同先生。这个时候，爱国运动、劝用国货宣传，仍旧盛行在大中城市，浙一师里也经常有这类活动。丰子恺入学后，从刘质平等高年级同学口中，已经听过不少关于李叔同先生道德文章的佳话，知道他是当今成就诸多的艺术大师。现在又看到，曾经西装革履的李先生，竟是一身布衣布鞋的打扮，确实为其彻底实行的爱国精神所感动了。

丰子恺上二年级的时候，图画课归李叔同教授。他先教木炭模型写生。同学们一向描惯了临摹，这木炭写生，一时无从着手。全班四十多人中，竟没有一个描得像样的。

李叔同给大家作示范，画好后，把示范画张贴在黑板上。多数同学又看着黑板上的示范画临摹，这和先前的画法没有什么不同。只有丰子恺和少数几个同学，依照刚才李先生的方法，直接用石膏写生。这时，李叔同注意到了丰子恺这个学生的颖悟。

丰子恺担任级长，为班上的事需要经常去向李叔同报告请示。一个夏天的傍晚，他又来到李先生的房间。公事报告完毕，他准备回宿舍了。刚走到门口，听见李先生在喊他。他又转过身来，走近李先生，听他用一贯的那种"很轻而严肃的声音"，又带着"和气的口吻"说，"你的图画进步很快，我在南京和杭州两处教课，没有见过像你这样进步快速的学生。你以后可以……"

李叔同没有紧接着说下去，他是想观察一下丰子恺的反应。此时的丰子恺不只为老师的奖赞感到欢欣鼓舞，更意识到在老师没有说出的话语中，包含着对他的殷切希冀。于是他说："谢谢！谢谢先生！我一定不辜负先生的期望！"

这天晚上，李叔同对丰子恺所说的几句激励性的话，决定了他一生的艺术和人生之路。他说："当晚李先生的几句话，确定了我的一生。……这一晚，是我一生中一个重要关口，因为从这晚起，我打定主意，专门学画，把一生奉献给艺术。几十年来一直没有变。"

丰子恺于音乐也有兴趣，但就其素养来说不及美术。一天早晨，轮到他还琴，这是他最恐慌的一件事。尽管已经练了好久，但在李先生面前总也弹不成一个曲调。

李叔同在旁边站着，丰子恺有些紧张，手指不听使唤，节奏混乱。李叔同说："手指用错了一个！重来！"接着又说："键盘按错了一个！重来！"丰子恺越发慌乱起来，弹成了一曲"跑马曲"。他还不及细想，李叔同已在说："去吧，下次！"

丰子恺直担心，这下李先生要不收他这个学生了。整整一个白天，他为此而惴惴不安。

到了晚上，刘质平却来找丰子恺说："李先生跟我谈起了你。他说，'丰子恺同学的学习态度十分认真，这对做事业是头等重要的。他的图画课成绩很不错，而你的音乐成绩比他好，你们今后是否可以交往，取长补短，共同提高呢？今天早晨他来还琴，尽管没有通过，不过这是由于初次还琴，过分紧张罢了。我倒很愿意收下他呢……'"丰子恺得知李先生没有嫌弃他，愿意将他收为音乐入门弟子，还主动给他推荐了一位帮助自己的学兄，终于放下了悬惴不安的心，也激起了学好音乐的信念和决心。

学校里有位姓杨的训育主任，作风简单急躁，学生们对他有些意见。一次，丰子恺同杨先生为了一件事发生口角，动手打了起来。丰子恺年轻力壮，杨先生哪能打得过他，吃了亏。杨先生很生气，要求校方立即召开全校师生紧急会议，处理丰子恺打人事件。

会议在大礼堂召开。杨先生叙述了丰子恺打他的经过，主张将这一事件上报省教育厅，开除丰子恺学籍。

杨先生讲完后，十多分钟没人吭声，会场空气很紧张，谁也不愿带头表示可否。这时，李叔同站了起来，说："学生打先生，是学生不好；但做老师的也有责任，说明没教育好。不过，丰子恺同学平时尚能遵守学校纪律，没犯过大错。现在就因这件事，开除他的学籍，我看处理得太重了。丰子恺这个学生是个人才，将来大有前途。如果开除他的学籍，那不是葬送了他的前途吗？毁灭人才，也是我们国家的损失啊！"

李叔同环视了一下会场四周，接着又说："我的意见是，这次宽恕他一次，不开除他的学籍，记他一次大过，教育他知错改错，我带他一道去向杨老师道歉。这个解决办法，不知大家以为如何？"

李叔同的话音一落，全场响起了"同意，同意！好！好！"的回音，一致赞成他的主张。杨先生也就没话好说了。李叔同在关键时刻的这几句话，又一次决定了丰子恺一生的前途走向。从此，他对李叔同更加尊敬，师生间建立了特殊的亲密关系。他常对人说："李叔同先生是我一生最钦佩的人，也是我一生最崇拜的人！"

李叔同是何等地爱惜丰子恺这个人才，但他对丰的教育也是严格的，不只关心丰的学业，也关心他道德品质的修养。

或许是前面那场师生冲突，引起了李叔同对学生道德品质修养问题的思索，不久，他叫丰子恺等几个学生到他房间去谈话。

先前，丰子恺经常见到李先生书桌上放着一本名为《人谱》（明代刘宗周著，书中列举了数百条古来贤人的嘉言懿行）的书，书的封面上有他手写的"身体力行"四个字，每个字旁都加了红圈。丰子恺觉得奇怪："李先生专精西洋艺术，为什么看这些陈猫古老鼠，而且总是把它放在座右？"这次和同学们一进李先生的房间，见他立刻翻开了这册《人谱》，指着其中一条给大家念道：

唐初，王（勃）、杨（炯）、卢（照邻）、骆（宾王）皆以文章有盛名，人皆期许其贵显。裴行俭见之，曰：士之致远者，当先器识而后文艺。勃等虽有文章，而浮躁浅露，岂享爵禄之器耶？……

念完后，他又红着脸，口吃着（李叔同是不善讲话的）说："《人谱》中的这一条是从《唐书·裴行俭传》中节录出来的，重要的是'先器识而后文艺'这句话。这里的'贵显'和'享爵禄'，不可呆板地解释为做官，应该理解为道德高尚、人格伟大的意思。所谓'先器识而后文艺'，译为现代话，大约是'首重人格修养，次重文艺学习'。更具体地说，'要做一个好的文艺家，必须先做一个好人'。一个文艺家倘没有'器识'，无论技术何等精通熟练，亦不足道。这也就是说，应使文艺以人传，不可人以文艺传。"

丰子恺和其他几位同学，早已对李叔同先生很是钦佩，特别是他致力于演剧、绘画、音乐、文学等文艺修养的同时，更致力于"器识"修养的行为方式，现在聆听了他这番话，很快意识到，李先生是希望他们，和他一样地去实行啊。丰子恺回忆说："听了李先生的话，心里好比新开了一个明窗，真是当晚一席谈，胜读十年书。我那时正热衷于油画和钢琴技术，道德和人品的修养，虽说不是不重视，但重视得还很不够。李先生那天晚上，叫我和同学们去他房间，专门说了那样一番话，实在是在提醒我和其他同学啊！我时刻牢记着李先生的话，并努力实行之。"后来，李叔同在出家前夕，把那本《人谱》送给了丰子恺。丰一直把它保存在缘缘堂中，不时地拿来翻读几段，直到抗战时被炮火所毁。避难入川后，丰子恺在成都书摊上又买了一本。

1917年后，李叔同像玉成刘质平留日深造那样，关心着丰子恺往后的发展。一天下午，李先生把丰叫来房间，对他说："最近日本画坛非常热闹。他们很注意兼收并取，从而创作出极有本民族特色的崭新风格。这种经验值得我们借鉴。你今后应该多读一些日本的艺术理论书籍，最好读原文。我从现在起，教你日语，你看怎样？"

这正是丰子恺求之不得的事。从此，李叔同又在业余时间，为丰子恺辅导起日语来。1918年春天，留日时的日本同学包括画家大野隆德、河合新藏、三宅克己、黑田清辉等，来西湖写生。李叔同心想，自己有事不能和来客一起游览写生，让丰子恺去陪同他们，丰不正好一边向他们学画，一边又练习了日语吗？于是由他向夏丏尊请假，让丰子恺代表他为4位日本画家当了3天导游。

在学习日语的过程中，丰子恺再一次深深地感受到了李叔同对他无微不至的关怀和无时无刻不在提携的热忱。遗憾的是，就在陪伴日本画家的时候，丰子恺耳闻到，他最钦佩、最崇敬也最关心自己的李叔同先生，有了入山剃度的意向……

李叔同出家后，八九年间到处云游。这期间，丰子恺曾去日本游学，回国后在上海等地从事教育工作，师生间除了书信来往，没有相聚的机会。直到1926年夏天，弘一法师李叔同云游驻锡杭州，两人才久别重逢，畅叙思念。这年夏天和第二年秋天，弘一法师李叔同两次到上海，在丰子恺家中，商定了两项计划：一是由丰子恺、裘梦痕编选《中文名歌五十曲》中所收李的曲目；二是编绘《护生画集》，由李叔同撰写说明文字，丰子恺绘制图画。

1927年秋天，弘一法师李叔同住丰子恺家期间，正值丰29岁生日。这天，丰正式皈依佛门，成为弘一法师的俗家弟子。自此，他对弘一法师的仰慕、崇敬更进一层，连说话时低而缓的调子也像乃师一般了。以至当时沪上文人中，流传着这样的话："丰子恺成了弘一法师的影子。"

关于编绘《护生画集》的具体情景，我们将在专章中另行叙述。这里需要提前告诉读者的是，丰子恺始终牢记着老师的嘱托，恪守着自己的诺言。即使在极端困难的处境中，他也在为实现老师的宏愿而努力。1937年，丰子恺随浙江大学辗转浙、赣、桂东各地。在这种逃难生涯中，他依然在1939年于桂林编绘《护生画续集》60幅，以庆贺弘一法师60生辰。1942年秋，他正打算离开遵义，前去重庆，忽然得知弘一法师在泉州圆寂。在悲恸感伤中，他订下一个计划：为弘一法师画像100帧，分寄各省敬仰弘一法师的人。一到重庆，他就画出了第一帧。1948年11月，他结束了在台湾的画展、讲学活动，来到海峡对岸的泉州，凭吊弘一法师的圆寂地——开元寺温陵养老院；又去厦门参谒弘一法师讲律处——普陀寺佛教养正院，观瞻了弘一法师的故居和他手植的杨柳，绘画一幅，题词曰："今日我来师已去，摩挲杨柳立多时。"表达了他百感交集的复杂情感。在厦门住了4个月，丰子恺完成了《护生画三集》70幅，还应厦门佛学会邀请，作了《我与弘一法师》的讲演，独特地解释了李叔同要当和尚的原因。尤为可贵的是，他在离开人世的两年前（1973），完成了《护生画集》第六集百幅图画和说明文字的绘写工作。在圆满绘制六集《护生画集》这项长达半个世纪的宏大工程中，丰为兑现老师的嘱托和自己的诺言所作的努力，不仅包含着两代人利益众生的深厚功德，也深藏着一代知识分子尊师重道的感人品质。

刘质平、丰子恺这两个学生的表现，不也衬托出了作为教师的李叔同，其教育精神、教育方法和人格力量的巨大而深远的影响吗？

第六章 出家前后

第六章 | 出家前后

1915年夏秋之交，李叔同在东京洗过温泉浴，过完暑假，绕道上海，将日籍夫人安置停当后，又独自返回杭州，继续在浙一师任教，并兼授南京高等师范学校的艺术课程。

关于南京方面的课程，平常有浙一师毕业的李鸿梁代理，李叔同则一个月去两次。除了经常要在杭州、上海、南京三地之间往返奔波，显得劳累一些，李叔同此时的生活状况，从表面上看，与以往没有多大不同。他还是学生非常尊敬的"我们的李先生"。但事后分析起来，这个时候，在他的内心深处，已开始出现了一些变化的迹象。

李叔同是爱好并擅长书画金石的。到南京高师兼职后，除了讲课，他还倡导成立了"宁社"，以联络当地金石书画界同好。他主持这个社团的活动，显得有些异常。社友们有了新作，他专借佛寺陈列展览；与社友们聚餐，他光吃蔬食，不沾荤腥；言谈中流露出导儒归佛的意向。

先前，李叔同已多次有过离开杭州的念头，有时是因为对于学校当局有所不快，有时是因为别处来请他，但都由于夏丏尊的谆谆恳留而作罢。到南京兼职不久，他又旧话重提。虽说依然拨不开夏丏尊的面子，还是留了下来，但在夏的感觉上，他要走的意愿更坚决了。

正在这个时候，夏丏尊从一本日本杂志上，看到一篇关于断食的文章，说断食是一种"身心更新"的修养方法，能使人除旧换新，改去恶习，生出伟大的精神力量。还说，自古宗教上的伟人，如释迦牟尼、耶稣，都曾断食过。文章中列举了种种断食的方法和应该注意的事项，又介绍了一本专讲断食的参考书。夏丏尊对这篇文章很感兴味。一次闲谈时，他向李叔同提到了这本杂志。李叔同听后，向夏要去了那本杂志。以后几天，两人又多次谈到过断食的事，彼此有"有机会时最好把断食来试试"一类的话。但兴味归兴味，说话归说话，他们当时并没有做过具体的决定。至少在夏丏尊，不过是说说而已，没想过以后真要去实行。时间一长，夏就把这事淡忘了。

说者无意，听者有心。李叔同读了杂志上的文章，产生了好奇心。他想：既然断食可以治疗各种疾病，自己正患有肺病、神经衰弱等顽疾，如果实行断食，或许可以痊愈呢。这件事在他脑子中盘踞了很长时间，并逐渐坚信和行动起来。到1916年夏天，他在给学生李鸿梁的信中，明确地表露了准备实行断食的意向。他说自己想实行断食，就是苦无机会。因为，断食须在寒冷的季节实行；另外，还要有一个清静的环境。这些条件现在还未具备。

1916年秋天，李叔同书题旧藏陈师曾所画荷花小幅："一花一叶，孤芳致洁。昏波不染，成就慧业。"并作题记说："师曾画荷花，昔藏余家。癸丑之秋，以贻听泉先生同学。今再展玩，为缀小词。时余将入山坐禅，慧业云云，以美荷花，亦以自勖也。"所谓"余将入山坐禅"，是指他即将实行考虑已久的断食一事。

1916年旧历十一月，李叔同终于下定决心，进行断食试验。地点选在哪里呢？他跑到西泠印社去找叶品三（为铭），和叶商量。叶是西泠印社的主持人。李叔同来杭州后，加入了西泠印社，和吴昌硕、叶品三都有交往。

叶品三说："西湖附近，有所虎跑寺。那里游客很少，十分清静，可以作为你断食的地点。"

李叔同说："听你说，虎跑寺那地方倒是很适宜的。可总得有人来介绍才对，请谁介绍呢？"

叶品三说："我有位朋友叫丁辅之，正好是虎跑寺的大护法。他也是我们西泠印社的创始人之一，不知道你是否认识他？"

李叔同说："倒是听说过丁先生的名字，只是无缘相识呢！"

叶品三说："这样吧，我写封信，请他去给虎跑寺说说。想来不会有问题的。"

李叔同在虎跑寺断食的具体时间是旧历丙辰年十一月三十至十二月十九，公历为1916年12月24日至1917年1月12日，前后20天。其间，恰好学校放年假，可以利用这个空档。临去虎跑寺前几天，他托一向照料自己日常生活的校工闻玉，先去走了一趟，看看究竟住在哪个房间好。闻玉回来说："方丈楼下有很多房子，平常都关闭着，游客也不能到那里去。只有一位出家人住在楼上，整个院子再没什么人住，很清静。我看好了，你就可以住在楼下一间房子里。走前，我先去安排妥当了。"

一切准备就绪，李叔同由闻玉陪同，比原定日期（十二月初一）提前一天进了虎跑寺。

虎跑寺为中国佛教名刹之一，位于杭州西湖西南之大慈山下，创建于唐代。相传唐宪宗元和年间，有高僧寰中与弟子性空，由南岳来此结庐，苦于无水。某夜，梦神人告知：

"南岳有童子泉，当遣二虎移来。"天明，果见二虎在离草庐不远处跑地作穴，不一会儿，即有泉水涌出。高僧遂命泉眼为虎跑泉，并在泉旁建寺弘禅，寺名依泉名，亦称虎跑寺。唐宪宗赐名广福院。唐宣宗大中八年（854），改称大慈禅寺。唐僖宗乾符年间（874—879），赐名大慈定慧禅寺。宋代以降，习惯上称为虎跑定慧寺。后屡毁屡建，现存建筑多为清同治、光绪间重建，有大雄殿、钟楼、藏经阁、济公院、罗汉堂等。整所寺院掩映于绿树青山之中，离尘隔俗，环境幽雅。

李叔同这次来虎跑寺实行断食，除了闻玉，浙一师其他人——包括其好友夏丏尊，并不知情。

李叔同有家眷在沪上，平常每月回去两次，年假暑期也回去的。阳历年假只有10天，一放假，夏丏尊便回家了，总以为李叔同也照例回了上海。夏在假满后回到学校，过了好几天没见到李叔同，有些纳闷。后来有人告诉他，听说李先生在虎跑寺实行断食呢。过了一个多星期，李才回来。一见面，夏丏尊问他道："听说你到虎跑寺断食去了，怎么事先没告诉我？"

李叔同笑着说："你是能说不能行的。况且，这种事情预先叫别人知道也不好。旁人大惊小怪起来，容易发生波折。"

夏丏尊说："可不可以给我说说实行断食的具体情形呢？"

李叔同说："这次实行断食，前后三个星期。第一个星期，逐渐减食至完全不食。第二个星期，除饮水外，全不进食。第三个星期，一反第一个星期的顺序而行之，由粥汤开始，逐渐增加食量，恢复到常量为止。"

夏丏尊问道："整个过程还顺利吗？有什么特别的感觉呢？"

李叔同说："很顺利。只是开始全断食的头一二天，有时想吃些东西，后来也就不想了。最难受的是需要饮大量的泉水。全断食那几天，心地非常清凉，感觉特别轻快灵敏，能听人平常不能听到的，悟人所不能悟到的。真有点儿飘飘然的感觉呢！我平日是每天早晨写字的，这次断食期间，仍以写字为常课，有魏碑，有篆文，有隶书，笔力比平日并不减弱。闻玉陪我一起去的，他常常给我唱些曲子，倒也并不寂寞。"

夏丏尊又问道："没写点儿文章吗？"

李叔同说："倒是颇有文思哩！但恐怕出毛病，没敢多写，只是每天把断食的情形记载下来，算是断食日记罢。有兴趣的话，回头我整理出来可以拿给你看看。自己觉得脱胎换骨过了，因此用老子'能婴儿乎'一语的语意，又给自己起了个新的名字，叫李婴。"

"唔……唔……"夏丏尊没有再深问下去。

李叔同的《断食日志》原稿，最初交予同事堵申甫保存，只有少数几个友朋阅读过。直到1947年，由陈鹤卿居士誊清后，发表于上海《觉有情》杂志第7卷第11、12期上，世人才得知李叔同实行断食的具体情形。在这一"日志"中，除了李在整个断食期中生理反应的记载，有关他信仰天理教、记诵《御神乐歌》、参与诵经活动及其彼时彼地心理心态的描述，尤为值得注意。从中，不仅可以看到李叔同实行断食试验的信仰系统，也可见出其当时整个思想情绪的走向。

日本学者滨卫一在其所著《关于春柳社〈黑奴吁天录〉的演出·李岸条》中说，李叔同的日籍夫人归国后，成了天理教信徒。

天理教系日本宗教神道（今称新兴宗教）的派别之一。其教祖为中山美伎（1798—1887）。她原是大和国（今奈良县）山边郡朝和村三昧田前川半七的长女，嫁与庄屋敷村的中山善兵卫，因名中山美伎。1837年10月23日，为其患病长子祈祷时，自称"真神"降临，要她传达神意，解救世人。后来，天理教即定此日为创教纪念日。中山美伎借咒术神符为人治病助产，并与家人一起传播"天理王命"，遂称天理教。"天理王命"是天理教信仰中心10个神的总称，也称父母神。其教义认为，世界和人类是父母神所创造的。人必须认识神的恩惠，愉快地从事日常的神圣劳动，彼此合作，相互敬爱，消除前生恶业，实现康乐世界。天理教的主要经典是《御神乐歌》（修行时的唱词）、《御笔先》（记"神示"的1711首和歌）和《御指图》（中山美伎等的言论集）。[120]

李叔同在《断食日志》中这样记载：

> 十一月廿二日，决定断食。祷诸大神之前，神诏断食，故决定之。
>
> [十二月]五日[断食前期第五日]……本定于后日起断食，改自明日起断食，奉神诏也。……又因信仰上每晨餐供神生白米一粒，……
>
> [十二月]六日[断食正期第一日]……眠前以棉花塞耳，并诵神人合一之旨。
>
> [十二月]十一日[断食正期第六日]……是晚感谢神恩，誓必皈依。致福基[121]书。

[十二月]十四日[断食后期第二日]……暗记诵《神乐歌序章》。……

[十二月]十五日[断食后期第三日]……敬抄《御神乐歌》二页,暗记诵一、二、三下目。……

[十二月]十六日[断食后期第四日]……是日午后出山门散步,诵《神乐歌》,甚愉快。入山以来,此为愉快之第一日矣。敬抄《神乐歌》七页,暗记诵四、五下目。

[十二月]十七日[断食后期第五日]……到菜圃诵《御神乐歌》。……今日抄《御神乐歌》五枚,暗记诵六下目。……

[十二月]十八日[断食后期第六日]……坐菜圃小屋诵《神乐歌》,今日暗记诵七下目,敬抄《神乐歌》八枚。……

李叔同的日籍夫人回国后即为天理教教徒,而李在《断食日志》中反复记载了他获得神诏、感谢神恩、敬抄诵记《御神乐歌》的情景,这就可以作此推断:李在入佛之前,曾经信仰过日本的天理教,这种信仰在很大程度上来自其日籍夫人的影响。李实行断食的决定,契机固起自他向夏丏尊借得的那份介绍断食一事的日本杂志,但促使其最终做出决定,并在整个断食期中作为其精神支柱之一的,却是天理教所信奉的"神诏"之力;也可以作这样的推断:李叔同在入佛之前,不只信仰过日本的天理教,而且,这种信仰成为其最终入佛的推动力之一。从这个角度说,他的试验断食,实际上是一种导神(道)归佛的"方便"(方式)。试验断食的过程推动了他归佛的步履。这不但是由于天理教"神诏"的启示,也是受了断食期间环境的影响。由于其断食试验是在佛寺中进行的,这就不可避免地会受到佛寺氛围的影响,促使其浸染其中。这在他的《断食日志》中就有记载:

[十二月]二日[断食前期第二日]……晚侍和尚念佛,静坐一小时。……摹大同造像一幅,原拓本自和尚假来,尚有三幅,明后续□□(摹写)……

[十二月]三日[断食前期第三日]……侍和尚念佛静坐一小时。……

[十二月]四日[断食前期第四日]……上楼访弘声上人,借佛经三部。……摹大明造像一页……

[十二月]五日[断食前期第五日]……午后侍和尚念佛,静坐一小时。……

[十二月]七日[断食正期第二日]……晨览《释迦如来应化事迹图》。……

自实行过"断食",李叔同又更名为"婴""欣",字"欣欣道人""黄昏老人"。回校后,他依然教课,依然写字,和先前相比,表面上没太大的变化。但他开始吃起素来,并对道学典籍发生了兴趣。他把在虎跑寺断食时的留影制成名片,分送朋友们。名片上印着这样的文字:"丙辰嘉平一日始入大慈山,断食十七日[122],身心灵化,欢乐康强——欣欣道人记。"为朱稣典书写"灵化"二字条幅,附注中,除有和名片上相同的文字和署名,所钤印章,一方印文为"不食人间烟火",另一方为"一息尚存"。在李叔同看来,他是由艺术课教师一变而为"不食人间烟火"的"欣欣道人"了。

李叔同学道的时间很短暂,他也并不是真想做个道人。自称"欣欣道人",恐怕是为了暂时掩人耳目吧。他的真实想法是要出家为僧。这是从下面的一些史实中可以看出来的。

——李叔同在虎跑寺断食期满不久,1917年1月18日,在写给刘质平的信中说:"鄙人拟于数年之内入山为佛弟子,或在近一二年亦未可知……现已络续结束一切。"仅仅过了十多天,春节刚过,他又到虎跑寺。在那里,李习静整整一个月才返回学校。

——1917年10月,李叔同去虎跑寺闻听法轮禅师说法,回来后书联呈奉,联语为:"永日视内典,深山多大年。"并有这样的题记:"余于观音诞后一日,生于章武李善人家,丁巳卅八。是日入大慈山,谒法轮禅师,说法竟夕,颇有所悟……"落款自称"婴居士"。

——1917年冬天,李叔同书桌上摆上了《普贤行愿品》《楞严经》《大乘起信论》等佛教经典,房间里供起了地藏菩萨、观世音菩萨像,还天天烧起香来。

——年底放假的时候,李叔同又没回上海家中,而是到虎跑寺去过年,适逢马一浮先生介绍他的朋友彭逊之(1876—1946)来寺习静。过了几天,彭逊之即发心出家。彭名俞,逊之是其字,别号竹泉生、盲道人、儒冠和尚、闲邪斋主人、亚东破佛等,江苏溧阳人。原为一编辑和小说家,曾主编竞立社《小说月报》多年,自作小说亦多,如《闺中剑》《泡影录》《双灵魂》《慧珠传》《歼鲸记》等,其《空桐国史》尤著名。彭亦致力于易学研究,著有《周易明义》一书。其入虎跑寺,除了习静,也是由于穷困之故。在虎跑寺,李叔同目睹了彭披剃为僧的全过程,大受感动,有意拜方丈楼上的弘祥法师为师父。弘祥法师逊却,不肯受拜，便于1918年2月25日（戊午年正月十五）把自己的师父、松木场护国寺的了悟法师请来，让李叔同拜他为师，做他的在家弟子。了悟法师为李叔同取法名演音，号弘一。从此，李叔同写信或写字，便以"演音"落款，亦自称"当来沙弥"。

——1918年3月10日，系李叔同母亲的忌日。此前两天，他去虎跑寺，诵了三天《地藏经》，为母亲回向。这以后，他做了一件海青，还学习每天做两堂功课。他的出家意向更明显了。

——1918年3月，李叔同致信刘质平说："……不佞自知世寿不永（仅有十年左右），又从无始以来，罪业至深，故不得不赶紧发心修行。自去腊受马一浮大士之熏陶，渐有所悟。世味日淡，职务多荒。近来请假，逾课时之半，就令勉强再延时日，必外贻旷职之讥（人皆谓余有神经病），内受疚心之苦。……不佞即拟宣布辞职，暑假后不再任事矣。所藏音乐书，拟以赠君，望君早返国收领（能在五月内最妙），并可为最后之畅聚。不佞所藏之书物，近日皆分赠各处，五月以前必可清楚。秋初即入山习静，不再轻易晤人。剃度之期，或在明年。"这里已经排出了入山的具体时间表。

但李叔同依然住在学校里，还在继续上课。周围的人，一方面越来越察觉到李叔同日渐浓重的佛化倾向，觉得他可能要出家；另一方面又隐约地感觉到，他好像还在等待着什么时机……李叔同等待的这个时机，就是我们在上面叙述中已经谈到的——刘质平从日本学成归来。因为他向刘作过保证：为了解决刘的留学经费问题，他一定就职到刘毕业为止。

1918年春天，离刘质平毕业回国还有三四个月。李叔同觉得，出家的因缘正在成熟，便加快了入山的准备。

一天，李叔同对学生丰子恺说："我们一起去看看程中和先生。这位程先生在二次革命时当过团长，攻打过南京。近来忽然悟道，暂时住在玉泉寺，为居士，不久将剃度为僧。"

到了玉泉寺，李叔同和程中和交谈，丰子恺不便细听，便到院子中随意转悠去了。两人谈了些什么，丰当时并不清楚。过了一段时间才意会到，李先生是在谈出家。

此后不久，学校即将放假，李叔同提前举行了考试，向校方正式提出了辞呈，并确定了入山的日期——（1918年）7月1日。[123]

离校前，李叔同料理了种种俗物、俗事。他把各种收藏物，分别赠送出去。历年所作美术作品，送给了北平国立美术专门学校；所刻所藏印章，送给了西泠印社，后由该社封存于石壁之中,名目"印藏";笔砚碑帖,送给了金石书画家周承德;所作和所藏字幅以及折扇、金表等,送给了夏丏尊,其中有已经裱装成卷轴、题名《前尘影事》的朱慧百、李苹香二妓所赠的诗画扇页,有赠歌郎金娃娃的诗词横幅,上面都留有"息霜旧藏,今将入山修行,以贻丏尊"的跋语。这本《前尘影事》集透露了李叔同年少时的风流倜傥、奔放热情,但既如此名之,又贻之他人,不也留下了他抛却前尘的心迹吗?夏丏尊获得此集,当时或稍后,曾请李叔同友人、著名书画家陈师曾及另一位友人王潋[124],分别为之题词。陈题词曰:

象管留春,麝煤记月,犹觉幽香盈把。为忆当时江左风流游冶。凭剩稿齐擅才名,访歌管首询声价。恰双双蛱蝶飞来,粉痕低映翠屏亚。

尘缘顿空,逝水谁识,春风半面,马缨花下。重展冰绡,絮影分明如画。怅今日,劳燕西东,更说甚紫娇红姹。好丹青付与知者,草鞋同样挂。

——《绮罗香》

王的题词是:

倒帽少年游,前尘泪已收,镇缠绵小字银钩,画里眉山青更远,山影外有高楼,莫莫与休休,花飞烟水流,剩吴笺犹管闲愁。弹指一声春在否?凭向取老堂头。

——《唐多令》

两首词都描绘了李叔同由繁华声歌遁入寂寥空门的那般情景。读来令人怅然若失,无可把捉。

离校头天(6月30日)晚上,李叔同将丰子恺、叶天底、李增庸三位学生叫来话别。他说:"我明天入山,相聚今夕,实在难得。希望你们今后各自珍惜……房间里剩下的这些音乐、美术书等什物,全由你们三位和吴梦非、刘质平、李鸿梁等同学处理,可按各自所学专业挑选。"

李叔同自己只留了些粗布衣服和几件日常用品。

虽说已在预料之中，但眼见李先生真要走了，这一事实让丰子恺等难以接受，忧郁悲伤得说不出话来。沉默良久，其中一位同学问道："老师何所为而出家乎？"

李叔同答："无所为。"

同学又问："忍抛骨肉乎？"

李叔同答："人事无常，如暴病而死，欲不抛又安可得？"

又是一阵沉默……长久的沉默……谈话难以进行下去。

送走了三位学生，李叔同赶紧点上红烛，握笔伸纸，为姜丹书先母强太夫人书写一篇墓志。这是早已应允，也早已构思过，一直无暇办理的事，入山前必须了结。他很快写完了墓志，落款署的是"大慈演音"。这篇墓志既是李叔同在家时的绝笔，也是他入山的开笔。

第二天，即1918年7月1日，在杭州乃至全国，只是个极平常的日子，但在浙一师，就有些不同寻常了。一清早，校园中流传着一个惊人的消息，"李叔同先生今天要出家当和尚了！"一传十，十传百，全校立即掀起一阵骚动。

不大一会儿，只见李叔同在夏丏尊先生等陪同下，急速地向校门走去，跟在后面的校工闻玉，挑着两件简单的行李。

闻讯而至的师生们簇拥在校门口，观望着、议论着。他们既有为李先生送行的意思，更多的却是为疑惑与不解而来看稀罕的，像李叔同这样一位多才多艺、前途无量的人，怎么会想到要去出家呢？

李叔同由丰子恺、叶天底、李增庸三位同学陪伴，从贡院（浙一师所在地）出涌金门，经净慈寺，一路向虎跑寺走去。离虎跑寺还有半里路的地方，李叔同让闻玉等人停了下来，不再前送。旋即，他开启箱子，披上了袈裟，穿上了草鞋。闻玉呆呆地望着他，说："李先生，您这是干什么？"李叔同说："不是李先生，你看错了。"说完，自己挑起行李，撇下众人，飞快地走向虎跑寺。任凭丰子恺、闻玉等在后面不断地哭喊着："李先生！李先生！"他也没有回过头来……

李叔同的入山为僧，在浙一师引起了强烈的反响，也为这所学校带来了一阵惘然的思想情绪。作为校长，经亨颐不能不表示他的态度。在经的日记中，有两处相关的记载。一处是在李叔同入山前夕——1918年6月30日的日记中，经写道：

> 下午五时又至校，校友会为毕业生开送别会，余述开会辞，隐寓李叔同入山，断绝之送别，非人生观之本义……

另一处是7月10日的日记：

> 晴。九时赴校行终业式。反省此一年间，校务无所起色。细察学生心理，尚无自律精神，宜稍加干涉。示范训谕之功，固不易见，以空洞人格之尊，转为躐等放任之弊。漫倡佛说，流毒亦非无因。故特于训辞表出李叔同入山之事，可敬而不可学，嗣后宜禁绝此风，以图积极整顿……[125]

经亨颐对李叔同入山的态度是"可敬而不可学"。"可敬"，说明他对李的入山是同情的；"不可学"，则表明他不赞成师生们效仿李叔同，且"宜禁绝此风"。应该说，作为一校之长和教育家，经亨颐是需要如此表态的。

李叔同入山修行这天，夏丏尊原是想送他去虎跑寺的。到了校门口，李叔同不许他再送，约期后会，两人默然而别。

8月初，夏丏尊得悉父亲有病，需要回老家照料。临走前，他去虎跑寺看望李叔同。叔同知道，丏尊对他入山习静一事，难以接受。他便对丏尊说："我先在这里做个居士，修行一年后再说。"

这倒不只是为了安慰夏丏尊，也是李叔同此时此地内心的真实打算。但夏丏尊见他身着海青，留着头发，总觉得以这副模样住在寺庙里面，不僧不俗的，有些不太协调。他就说："这样做居士，究竟不彻底，索性做了和尚，倒爽快！"

李叔同笑了笑，没说什么，送走了夏丏尊。

8月19日（旧历七月十三）上午，虎跑寺大殿香火缭绕，两侧整齐地排列着众多僧人，庄严肃穆。

随着钟声响起，主持剃度仪式的了悟和尚及阇梨师（"阇梨"为梵文"阿阇梨"的略译，规范师、导师之意）步入殿内，登坐佛像前的座位。为李叔同施行剃度的仪式即将开始。

不一会儿，李叔同由引请师导领入殿，分别在佛像前和了悟和尚、阇梨师座前恭敬作礼。礼毕，又由引请师引至了悟和尚座前，长跪合掌，静听引请师曰："夫以儒敦事父，惟重于成身。释制依师，务存于学道；庶使四仪轨度，藉此以琢磨。五分法身，因兹而成立；理须竭诚事奉，克志陈词。恐汝未能，我今教汝……"

李叔同起身站立，按引请师所教云："大德一心念！我李叔同今请大德为和尚，愿大德为我作和尚！我依大德故，得剃发出家，慈愍故。"

了悟和尚告云："可为汝作剃发和尚！"

李叔同又由引请师引至阇梨师座前，长跪合掌，静听引请师云："夫以厌处凡流，欣参宝位，将欲霸除于俗态，理宜警策于蒙心。矧在人中，必由名匠。今为汝请得一位高僧名师作剃发阿阇梨；此师诲人无倦，接物有方；故须专禀一心，恭陈三请。恐汝未能，我今教汝……"

李叔同起身站立，按引请师所教云："大德一心念！我李叔同今请大德为剃发阿阇梨。愿大德为我作剃发阿阇梨！我依大德故，得剃发出家，慈愍故。"

阇梨师告云："可为汝作剃发阿阇梨；所有教示，须当谛听！"

阇梨师言讫，按照仪式顺序，往下该是辞亲仪规。李叔同的亲属不是远在上海，便是远在天津，他们不只没来参加他的剃度仪式，连他出家这事本身，也还不知详情。没有亲属在场，辞亲一项仪礼，也就从略了。

李叔同又合掌跪地，静听阇梨师云："善男子谛听！六道之中，人身难得。人伦之中，出家者难。汝今生处人道，值佛出家；自非宿植业深，何由至此？当须建出家心，立丈夫志，誓勤学道以求解脱。南山律师云：真诚出家者，怖四怨之多苦，厌三界之无常，辞六亲之至爱，舍五欲之深著；故知一切众生，系属于四怨，恋著于三界，情缠于六亲，心耽于五欲；由是流转生死，经百千劫，舍身受身，无由解脱。汝当舍诸虚妄，回向真实。持戒修定习慧，行六度万行，学无量法门。于末世中，建立法幢，续佛寿命，令三宝不断，使众生获益；若能如是，是名真出家！可以为六道福田，作三乘因种，堪受信施，不负四恩；是以佛言：若人以四事供养四天下满足中罗汉，尽于百年；不如有人一日一夜发心出家功德。南山律师又云：若人起七宝塔，高三十三天，亦不如出家功德最胜。广在大藏不复繁引。既知此身如此尊胜，弥生珍敬，勿得自轻！"

阇梨师说罢，即取香汤，以指滴少许，灌于李叔同顶上，说偈云："善哉大丈夫！能了世无常，舍俗趣泥洹，希有难思议！"

李叔同由引请师引至佛像前，长跪合掌，教唱皈依偈："皈依大世尊，能度三有苦，亦愿诸众生，普入无为乐！"

剃度前的种种仪轨终于完成，之后是正式落发披衣。先由阇梨师为李叔同剃去四边发，留下顶上少许，再由了悟和尚将其剃去，并说偈云："毁形守志节，割爱无所亲，弃家弘圣道，愿度一切人！"

了悟和尚向李叔同授以袈裟，又说偈云："大哉解脱服！无相福田衣。披奉如戒行，广度诸众生！"

剃发着袈裟后，又举行了授三皈依的仪式。李叔同按阇梨师所教云："我李叔同尽形寿，皈依佛、皈依法、皈依僧！"

"我李叔同尽形寿，皈依佛竟、皈依法竟、皈依僧竟！"

前之三说，即所谓发善法；后之三说者，重更结嘱，意在令皈依者牢记在心，永世不忘。

至此，整个剃度仪式圆满完成，李叔同正式落发为僧。此后，他不再是世俗之人李叔同，而是以法名演音、号弘一称谓的佛门一僧了。

李叔同青少年时代的师友、时任钱塘道尹的王仁安先生，是津门熟人中最早得知他落发为僧的人。王曾赋诗二首，记叙了当时的感受，

步步弯环步步奇，常愁路有不通时。
却怜叠峰层峦处，一曲羊肠到始知。

兴来寻友坐深山，竹院逢僧半日闲。
归到清波门外路，又将尘梦落人间。

夏丏尊探视父病去了趟上虞崧厦，半月后返回杭州这天——8月20日，即去虎跑寺看望李叔同。乍见之下，大吃一惊，只见他已经剃去了短须，头皮光光，着起海青，赫然是个标准的和尚了。他赶忙问道，"叔同，何时受的剃度？"

李叔同笑着说："我已不叫李叔同了，以后该称我弘一法师或弘一大师呢。昨天受剃度的。日子很好，恰巧是大势至菩萨生日。"

"不是说暂时做居士,在这里住住修行,不出家的吗?"夏丏尊不无埋怨地说。

"这也是你的意思啊!你不是对我说,与其不僧不俗地待在这里,还不如索性做了和尚吗?我想想你说得也对,便这般实行了。只是你晚来了一天,不然,会赶上昨日剃度仪式了。那真是一种脱胎换骨呢!从今往后,我将以佛门弟子的一员,尽己所能,做一些弘法利生的事。我们是多年的知交了,以后还望得到你的照拂呢!"

夏丏尊无话可说,感慨万分,觉得上次来看叔同时,不该说那类愤激的牢骚话。可是现在已经无法挽回了。

李叔同问过丏尊父亲的病况,留他小坐,说是要写一幅字叫他带回去,作为他出家的纪念。

李叔同到寮房去写字,半个多小时后才出来。写的是《楞严经·念佛圆通章》:

大势至法王子,与其同伦五十二菩萨,即从座起,顶礼佛足,而白佛言:"我忆往昔,恒河沙劫,有佛出世,名无量光;十二如来,相继一劫,其最后佛,名超日月光,彼佛教我,念佛三昧。譬如有人,一专为忆,一人专忘,如是二人,若逢不逢,或见非见;二人相忆,二忆念深。如是乃至,从生至生,同于形影,不相乖异;十方如来,怜念众生,如母忆子,若子逃逝,虽忆何为?子若忆母,如母忆时,母子历生,不相违远;若众生心,忆佛念佛,现前当来,必定见佛,去佛不远,不假方便,自得心开;如染香人,身有香气,此则名曰:'香光庄严'。我本因地,以念佛心,入无生忍,今于此界,摄念佛人,归于净土。佛问圆通,我无选择:都摄六根,净念相继,得三摩地,斯为第一!"

《圆通章》是讲念佛方法和如何圆通获得三昧的。以其智慧之光普照一切,令众生脱离三途(刀途、血途、火途)得无上力的大势至菩萨,用心心相印、二人相忆、母子相忆,才能互忆念深的例子说明,以心中有佛、自性即佛的态度去念佛,也才能获得对无生无灭(即涅槃)理论的认识智慧,从而往生西方归于净土。而在念佛过程中,唯有将眼、耳、鼻、舌、身、意(所谓"六根"),同时收摄于念佛一念之中,不致其妄想散乱、昏沉迷昧,才能从总体上觉体圆明,从而到达所谓"三摩地"(即三昧)的境地。李叔同在上述经文后面，还加了这样一段跋语：

>愿他年同生安养，闻妙法音，回施有情，共圆种智。

跋语与经文相呼应，寄托了对夏丏尊的期望：愿他将来与自己一起同生西方极乐，共闻幽妙的佛音，并将其回施于一切有情之物，使它们都融入于不可议的妙觉之中。

对经文和跋语的奥义，虽不能一下理解明白，但老友的期望，夏丏尊还是能意会到的。因此临别的时候，他向叔同作约保证：自己将尽力护法，吃素一年。叔同含笑点头，念了句"阿弥陀佛"，感谢老友的护法之举。

落发后还须受戒。李叔同由南洋公学同学林同庄（浙江瑞安人，民国后曾任省水利局局长）介绍，移锡灵隐寺，等待受戒。

灵隐寺位于西湖之北，是全国著名的古刹，由印度僧人慧理创建于东晋咸和元年（326）。相传慧理登飞来峰时叹曰："佛在世日，多为仙灵所隐。"遂面山建寺名"灵隐"。唐"会昌法难"时寺毁。五代吴越国王钱俶命高僧王延寿主持扩建，寺院有九楼十八阁七十二殿之多，僧房一千二百余间，僧众三千余人，极一时之盛。南宋定禅林等级为"五山十刹"，灵隐寺为五山第二山。清康熙二十八年（1689），赐额云林寺，但一般仍称为灵隐寺。此寺历代高僧辈出。清末民初，由名僧慧明住持，宗风大振。李叔同来寺时，慧明法师是这里的大和尚。

关于慧明法师其人其事，僧界有很多传说。李叔同《我在西湖出家的经过》一文中有过叙述。

慧明法师是福建汀州人。他的穿着极不讲究，看起来不像法师的样子，但他待人是很平等的。无论你有无权势，是贫是富，他都一律看待。所以凡是出家、在家的各色各样的人物，对于慧明法师没一个不佩服的。

在慧明所做的事情中，最奇特的是他教化"马溜子"的方式。"马溜子"是出家流氓的称呼。寺院里是不准这帮人居住的，他们只好住在凉亭里或靠近寺院的什么地方。听到寺院有人打斋的时候，他们就成群结队地去赶斋——吃白饭。

在杭州这一带地方，寺院多，"马溜子"也特别多。一般人总不把他们当人看待，他们也就越发地自暴自弃，无所不为了。慧明法师却有一套教化"马溜子"的方法。这帮人常到灵隐寺去找慧明法师,他老人家待他们十分客气,常常布施他们一些好饮食、好衣服。只要他有的,"马溜子"们要什么,他就给什么。有时也对他们说几句佛法。

慧明法师的腿有毛病,出门坐轿的时候多。有一次,他从外面坐轿回来,下轿的时候,旁边有位僧人发现他没穿裤子,觉得奇怪,便问他:"法师怎么没穿裤子呢?"他说,在外面遇上了一个"马溜子",向他要裤子,他连忙把裤子脱下来给了"马溜子"。慧明法师做的这类事情很多。也因为这些事,不单出家人佩服他,就是"马溜子"们对他也是很敬仰的。

李叔同这次来灵隐寺受戒,寺中方丈和尚大概觉得他是文化艺术界的名人,不同于一般出家人,对他很客气,叫他住在客堂后面的芸香阁楼上。有一天,李在客堂里遇上了慧明法师。他对李说:"既是来受戒的,为什么不进戒堂呢?虽然你在家的时候,是个读书人,但是读书人就能这样随便吗?就是在家时是个皇帝,我也是一样看待他的。"

李叔同听了如同醍醐灌顶,直觉得自己的"根器"实在不足。他也想起了有关慧明法师嘉言懿行的种种传说,对这位忠厚笃实的高僧大德深感钦佩。

李叔同在灵隐寺住了近两个月,直到10月17日(旧历九月十三),才由慧明法师开堂禀授具足戒。

具足戒又称"大戒",系出家僧尼达到比丘、比丘尼阶位时所受和所奉行的戒条。戒条数目说法不一。中国僧尼自隋唐以后都依《四分律》受戒,比丘戒250条,比丘尼戒348条,因与沙弥、沙弥尼所受十戒相比,戒品具足,故名。具足戒对出家僧人的宗教生活和日常生活的各种细节,都做了繁细而严格的规定。出家人只有依照戒法规定受持具足戒,才能正式取得僧人的资格。具足戒的受戒仪式,比起剃度仪式来,更要繁复得多,俗人是无须知道了。李叔同既已受了具足戒,也就成了名副其实的佛门一僧。

李叔同受戒之后,又回到虎跑寺常住。老友马一浮赠以《灵峰毗尼事义集要》《宝华传戒正范》各一部,作为他受戒的纪念。这两部律学著作都是讲如何持戒、传戒的。老友以此相赠,自有鼓励他严守和弘扬戒律的希冀在。

李叔同回到虎跑寺没几天,听说夏丏尊的父亲去世,就以灵隐受戒所得笔墨,书写了《地藏本愿经》一节,并念诵一天,以作回向。经文名为《嘱累人天品》,内容是:

尔时世尊,举金色臂,又摩地藏菩萨摩诃萨顶,而作是言:"地藏!地

杨枝净水

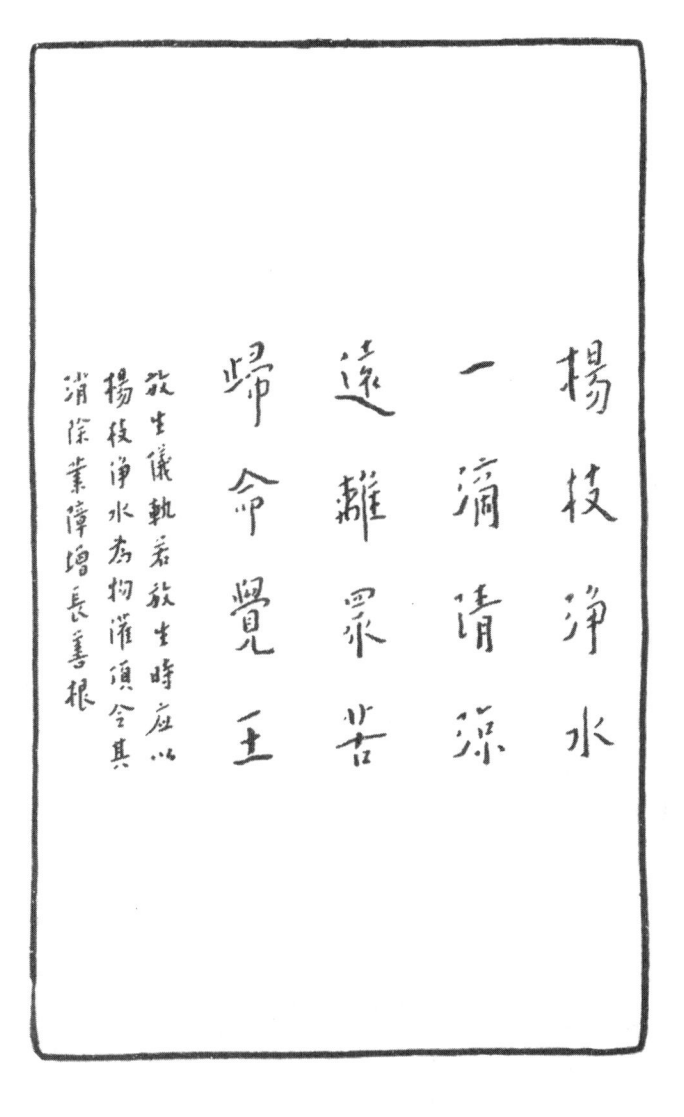

杨枝净水，一滴清凉。
远离众苦，归命觉王。

放生仪轨，若放生时，应以杨枝净水，为物灌顶，令其消除业障，增长善根。

藏！汝之神力，不可思议！汝之慈悲，不可思议！汝之智慧，不可思议！汝之辩才，不可思议！正使十方诸佛，赞叹宣说，汝之不可思议事，千万劫中，不能得尽。

"地藏！地藏！记吾今日，在忉利天中，于千百万亿，不可说不可说，一切诸佛菩萨、天龙八部，大会之中，再以人天诸众生等，未出三界，在火宅中者，嘱咐于汝。无令是诸众生，堕恶趣中一日一夜，何况更落五无间，及阿鼻地狱，动经千万亿劫，无有出期！

"地藏！是南阎浮提众生，志性无定，习恶者多。纵发善心，须臾即退；若遇恶缘，念念增长。以是之故，吾分是形，百千亿化度，随其根性，而度脱之。地藏！吾今殷勤，以天人众，咐嘱于汝。未来之世，若有天人，及善男子善女人，于佛法中，种少善根，一毛一尘，一沙一滴，汝以道力，拥护是人，渐修无上，勿令退失。

"复次，地藏！未来世中，若天若人，随业报应，落在恶趣，临堕趣中，或至门首。是诸众生，若能念得一佛一菩萨名，一句一偈大乘经典，是诸众生，汝以神力，方便救拔；于是人所，现无边身，为碎地狱，遣令生天，受胜妙乐！……"

为死者书写和念诵这一经文，意在提醒地藏菩萨，不要忘了世尊的嘱咐，将一切未出三界的众生，从恶趣中、从火宅中、从阿鼻地狱等各种处境中救拔出来，使之渐修各种无上功德。同时，也以世尊嘱咐地藏菩萨的口气，提醒众生，不管临堕或已经落入何种恶趣中，"若能念得一佛名，一菩萨名，一句一偈，大乘经典"，一切罪恶悉皆灭尽，鬼神天魔，悉皆驱散，不能再来危害。这也方便于地藏菩萨对他的救拔。李叔同出家后，常常为生者死者，书写或诵念佛经佛号佛偈，其用意就在于此了。

李叔同入山归佛的消息，就在他离开浙一师的当天，传遍了杭州；没几天，也传遍了上海；没过多久，传遍了大江南北，又传到了日本和东南亚各地，成为民国以来，中国文化教育界的一则珍奇新闻，海内外传媒竞相登载，纷纷著论评述。

但李叔同并没有把出家的事预先告诉家人。且不说远在天津、自1912年分别后再也没有见过面的结发妻子和兄长、子嗣了,便是对住在上海也还不时相聚的日本籍夫人,他也没有事先告诉。[126]

日本籍夫人是从杨白民先生的转告中,才得悉李叔同已经出家的消息,并了解到他已委托杨先生将她遣送回国的事。听到这个消息,她的忧虑与悲伤可想而知。

她对杨白民说:"看来李先生出家已成事实,无可挽回了。但日本和尚是允许有妻室的,为什么李先生要把我遣送回国呢?"听了杨白民的解释,她虽无可奈何,但又央求杨先生陪她去趟杭州,与李叔同再见上一面。杨答应了。

到了杭州,先是由杨白民单独去虎跑寺告诉李叔同,日籍夫人已经来杭要求见面的事。李叔同无法推辞,同意见面。但在寺中相聚是不适宜的,便和杨白民一起来到夫人投宿的一家湖滨旅馆。到了旅馆,杨退了出来,好让他们相聚。

据事后李叔同对杨白民所说,他给了夫人一只手表当作纪念。还对她说,上海家中的钢琴、字画等珍贵物品,她处理后可以作为回国的盘缠。夫人原是学医的,他安慰她说:"你有技术,回日本后也不会失业的。"见面时间不长,他便乘船离去了。夫人在后面失声痛哭,他也没有回头。

杨白民只好陪她回了上海。不久,又按李叔同的委托,将她送回了日本。从此,这对结婚十年的异国夫妻,佛界俗界两分开,天上人间不相闻,各自奔赴前程了。这位连名字都没留下的日本女子,归国后再无音信,但愿她在淡忘心灵创伤之后,重新获得正常愉快的生活。

关于这位日本女子的背景,在李叔同的生平史料中,始终是个谜。作家、艺术家们可以天马行空地驰骋起想象的翅膀,绘影绘声地编撰出有关他们的各种缠绵悱恻、煞有介事的动人故事;然而,李叔同本人对这位日本夫人,一向讳莫如深,不置一词。这就使人纳闷,不知道作家、艺术家们的想象所据何来?如果成了弘一大师的李叔同真是在天有灵,作家、艺术家们的编撰对他来说,岂不是十足的佛头着粪吗?

但是有一个谜团却来自李叔同的俗家弟子,即闽南十年间过从甚密的高文显居士的文字记载。李曾向高叙述过自己的身世,高根据李的叙述写过一篇《弘一大师的生平》。在这篇生平中提到:"法师的出家,却引起情魔来缠绕了。他的日本太太携着幼儿,从南京赶来(引者按:说'从南京赶来',很明显是不对的,应该是'从上海赶来'),要来和他见面。"文中三次出现"他的爱儿"的字眼,并说日本夫人"携着爱儿北上天津,交给他的家属，然后自己凄然东归，以成就他的道业"。从这些记载来看，李叔同和日本夫人还留下了子嗣。那么这子嗣以后的境况如何。现在是否还在人间？是否又繁衍了后代呢？不知道高文显的记载，真实性程度如何。这的确是个难解的谜。

　　回过头来再说李叔同的结发妻子在其出家问题上的反应，以及李叔同对她的反应采取的态度。

　　一开始，天津一家人得知了李叔同已经出家的消息，二哥桐冈曾动员俞氏夫人来杭州劝说其丈夫还俗。由于她已经伤心之至，推说"您不用管了"而作罢。但据李叔同同学黄炎培先生在《我也来谈谈李叔同先生》一文中回忆说，过了两三年（约在1921年春），俞氏夫人来到上海，要求杨白民夫人詹练一和黄的夫人王纠思，伴她到杭州来寻访李叔同。这时，俞氏夫人可能已经预感到自己将不久于人世，因此想做最后努力，劝说丈夫还俗回家，负起养家育子的义务吧！

　　三位女眷在杭州走访了好几所寺庙，最后在玉泉寺找到李叔同，要求他到岳庙前临湖的一家素食店共餐说话。李叔同不得不跟着她们来到说话的地点。

　　一边吃饭，一边说话。三人有问，李叔同才答上三言两语。直至终餐，他也没有主动说过一句，也没有抬起头来向女眷们注目过一回。

　　饭罢，李叔同即告辞归山。雇了一叶小舟，三人送到船边，他一人默默地上了船。船划动了，他也没有回过一次头。

　　三位女眷惆怅茫然地站立湖畔，望着李叔同乘坐的小舟，一桨一桨地荡向湖心，直到连人带船，一起消失在湖云深处，什么都不见……李叔同最后也没有回头一顾。黄炎培说，叔同夫人见此情景，只得"大哭而归"。

　　李叔同次子李端，生于1902年。其父出家时，他16岁。1921年时，他已19岁。如果这期间家中发生过母亲到杭州劝说父亲还俗的事，他是不会忘却的。但在他的《家事琐记》中，并未谈到有过这样的事。而黄炎培先生既是李叔同的同学，回忆中又提到了自己的妻子和友人杨白民的妻子，说明他的那些记忆并非一无来历。关于李叔同妻子劝说丈夫还俗一事的事实，很可能是杨白民夫妇及黄的妻子陪同李的日籍夫人赴杭劝说李还俗。在黄炎培的印象中，则将此事记成是他妻子与杨白民之妻陪同李叔同发妻赴杭劝说李还俗了。如果这个推断可以成立，那么本传前面提到的杨白民陪同李叔同日籍夫人赴杭劝说李还俗的情境中，还应该有杨的妻子詹练一与黄炎培的妻子王纠思参与。现场的情景也要复杂些。

李叔同在浙一师的最后两三年间，作过不少歌曲，谱写了他心境的变幻。他的学生、后为著名文学家的曹聚仁先生认为，其中《落花》《月》和《晚钟》三首，显示了他三种心境的递嬗过程。

《落花》代表第一境界。

> 纷，纷，纷，纷，纷，纷……
> 惟落花委地无言兮，化作泥尘。
> 寂，寂，寂，寂，寂，寂，
> 何春光长逝不归兮，永绝消息。
> 忆春风之日暄，芳菲菲以争妍。
> 既垂荣以发秀，倏节易而时迁，春残。
> 览落红之辞枝兮，伤花事其阑珊，已矣！
> 春秋其代序以递嬗兮，俯念迟暮。
> 荣枯不须臾，盛衰有常数！
> 人生之浮华若朝露兮，泉壤兴衰；
> 朱华易消歇，青春不再来。

这是李叔同中年后"对于生命无常的感触"。这个时候，"他是非常苦闷的"。"艺术虽是心灵寄托的深谷，而他还觉得没有着落似的。"不久，他醒悟到另一境界，即《月》中所描绘的境界。

> 仰碧空明明，朗月悬太清。
> 瞰下界扰扰，尘欲迷中道！
> 惟愿灵光普万方，荡涤垢滓扬芬芳。
> 虚渺无极，圣洁神秘，灵光常仰望！
> 惟愿灵光普万方，荡涤垢滓扬芬芳。
> 虚渺无极，圣洁神秘，灵光常仰望！

李叔同既然有这般"超现实的想望,把心灵寄托于彼岸",于是,顺理成章地会走向《晚钟》的境界了。

> 大地沉沉落日眠,平墟漠漠晚烟残;
> 幽鸟不鸣暮色起,万籁俱寂丛林寒。
> 浩荡飘风起天杪,摇曳钟声出尘表;
> 绵绵灵响彻心弦,呦呦幽思凝冥杳。
> 众生病苦谁扶持?尘网颠倒泥涂污。
> 惟神愍恤敷大德,拯吾罪过成正觉;
> 誓心稽首永皈依,瞑瞑入定陈虔祈。
> 倏忽光明烛太虚,云端仿佛天门破;
> 庄严七宝迷氤氲,瑶华翠羽垂缤纷。
> 浴灵光兮朝圣真,拜手承神恩!
> 仰天衢兮瞻慈云,忽现忽若隐。
> 钟声沉暮天,神恩永存在。
> 神之恩,大无外!

歌词中说得再清楚不过,所谓"晚钟的境界",就是与尘世截然有别的彼岸,也就是佛的境界。进入了这种境界,就能悉灭众生的痛苦,校正颠倒的尘网,纯净污秽的泥涂;就能拯救人类于惑乱,使之由罪恶成就正觉。人在遇到种种一己之力难以摆脱的困境时,总是希冀着能有一种超人、超自然的境界助他一臂之力,得以安宁,得以超脱。李叔同在俗世的最后几年,逐渐发觉了"晚钟"这样美妙的境界,他自会舍弃一切,努力奔赴了。

……

夏丏尊先生在很长一段时间中,曾在李叔同的出家问题上有过内疚;后来又感到,他的内疚可能是一种"僭妄"。他说:"如果我不苦留他在杭州,如果不提出断食的话头,也许不会有虎跑寺马先生、彭先生等因缘,他不会出家。如果最后我不因惜别而发狂言,他即使要出家,也许不会那么快速。我一向为这责任之感所苦,尤其在见到他作苦修行或听到他有疾病的时候。近几年以来,我因他的督励,也常亲近佛典,略识因缘之不可思议,知道像他那样的人，是于过去无量数劫种了善根的。他的出家、他的弘法度生，都是夙愿使然，而且都是稀有的福德，正应代他欢喜，代众生欢喜，觉得以前的对他不安，对他负责任，不但是自寻烦恼，而且是一种僭妄了。"（《弘一法师之出家》）

诚然，夏先生起初的那种内疚与不安，那种为"责任之感所苦"，是把李叔同的出家之因简单化了；但在笔者看来，夏先生后来的那种认识，同样是对李叔同出家之因的一种简单化。

第七章 出家之因

第七章 | 出家之因

究竟是什么原因，导致李叔同这样一个多才多艺、前途远大的人，终于落发为僧、隐遁丛林呢？

在大千世界中，人生的取向、人生的价值，可以且实际上也是多种多样的。这并非是说，李叔同之成为僧人，就是他人生前途的终结。他之后的成就也是不言而喻的。我们提出这个问题，只是想说明，和同时代、同一类型的人相比，李叔同并不是完全不可能选取和他们相同的人生道路，他却终于走了入山为僧之一途，这中间必有其诸多复杂的原因。剖析这些原因，不是没有意义的。

我们先介绍一下李叔同的自述，然后再谈我等俗人的看法。

在《我在西湖出家的经过》这篇著名文章中，李叔同把他出家的原因，分为"远因"和"近因"两种。

李所举影响其出家的"远因"，是指以下一些具体经历。

一是，在他5岁以后，就时常和出家人见面，时常看见出家人到他家里来念经拜忏。他的家庭中弥漫着一股信佛的倾向。他在十二三岁时，也曾学过放焰口等一类佛事。这也就是说，他在幼年时期就种下了信佛的因子。

二是，西湖佛教氛围的影响。李叔同任教的浙一师在钱塘门内，离西湖很近，只有两里路光景。钱塘门外靠西湖边，有一家名叫景春园的小茶馆。李叔同常常一个人出门，到这家茶馆的楼上去吃茶。楼下有许多茶客，大都是摇船抬轿的苦力。楼上吃茶的往往只有李叔同一人，很清静。他一边慢慢地品着茶，一边凭栏观赏西湖的风景，隐约中也能听到从众多寺院传来的钟声梵呗。吃完茶，回校的路上，他还常常顺便到附近有名的大寺院——昭庆寺里去转转。

1913年夏天，李叔同在西湖广化寺里住了好几天。他并不住在出家人的范围里，而是住在该寺旁边一所叫作豆神祠的楼上。这所祠是专门供在家人借住的。他有时也到出家人住的地方去看看。在那里，他初次观察到了出家人的一些生活方式和修行方式，心里"觉得很有意思呢"。

那个时候，李叔同和友人们也常常坐船到湖心亭去吃茶。一次，学校请一位名士演讲。那位名士傲气凌人，一副官僚丑态。李叔同和夏丏尊不屑于闻名士演讲，便去湖心亭吃茶。路上遇见一位神态洒脱的和尚，两人很是羡慕。夏丏尊说："像我们这种人，出家当和尚倒是很好的。"李叔同频频点头，觉得夏丏尊说得"很有意"。

丛林密集，僧人众多，钟声梵呗时有所闻——西湖这一特有的人文环境，有形无形地强化着李叔同自幼种下的佛化因子。经亨颐先生所谓李叔同"出家之想"，"一半是此湖"，就是这个意思吧。

李叔同所说影响其出家的"近因"，主要是指他在1916年年底至1917年年初实行断食一事，以及1918年8月间，夏丏尊所说"与其不僧不俗地待着这里，还不如索性做了和尚"，这几句牢骚话对他的激发。后来有一次，李叔同在群众场合，当着夏丏尊的面说："我的出家，大半由于这位夏居士的助缘。此恩永不能忘！"即指这种激发。

关于断食的具体过程和夏丏尊说出牢骚话的情景，前面已有详细叙述。这里需要补充的是，李叔同在断食期间所见僧人和寺庙生活的情景，以及此后遇到的其他一些事件对他的影响。

李叔同在虎跑寺方丈楼住下后，常常看见一位出家人（后来才知道他是弘祥法师），在他的窗前经过，见他总是十分欢喜自得的样子。李叔同便时常找他交谈，这位出家人也时常拿些佛经来给李叔同阅读。

李叔同说，他幼年虽也见过一些出家人，"可是并没有和有道德的出家人住在一起……也不知道寺院中的内容是怎样，以及出家人的生活又是如何。这回到虎跑寺去住，看到他们那种生活，却很喜欢而且羡慕起来了。我虽然在那边只住了半个多月，但心里头却十分的愉快，而且对于他们所吃的菜蔬，更是欢喜吃。及至回到了学校以后，我就请佣人依照他们那种样的菜煮来吃。这一次我之到虎跑寺去断食，可以说是我出家的近因了"。

李叔同对"虎跑断食"，这个导致其最终出家的"近因"，是很看重的。其间，他再三提及的是西泠印社叶为铭的助缘。

关于叶为铭，我们在前面提到过，这里再做些介绍。叶为铭（1866—1948），字品三，号叶舟，又号盘新，别署铁华庵，浙江杭州人。他是著名篆刻家。1904年，叶与吴隐（石潜）、丁仁（辅之）、王禔（福庵）等在杭州孤山创立西泠印社。主要著述有《列仙印玩》《松石庐印汇》《铁华庵印集》《逸园印辑》《西泠印社小志》等。由于"创社四英"都不肯出任社长，故直到1913年，西泠印社才选举著名书画篆刻家吴昌硕为首任社长。

在李叔同的艺事活动和培育人才的过程中，叶为铭的热忱支持确是"可感"的；但就李叔同的整个人生进程而言，更重要的是，叶为铭在其中所起的作用，乃是促使其出家的助缘之一，也可以说是构成导致其最终出家的"近因"之一。因此，李叔同特别感谢当初"绍介"他去虎跑寺实行断食实验的叶为铭。这就是为什么李在剃度前后的二十来天中，两次致信叶为铭，以表"饮水思源"之意了。一次是在入山前两天（1918年6月29日），信中向叶报告了他将入山的信息与时间。信中说：

前承绍介澹云和尚，获聆法语，感谢无量，兹奉扇头一，又瓮庐印纸百张，便乞交龙丁。此外有日本畴村印人手镌丁未朱白历，滨虹所藏印稿，日本滨村藏六手制刻印刀，皆赠社中。弟定于后日入虎跑寺，通讯乞寄：闸吐街裕丰南货号转交虎跑寺李□□收，即颂

叶舟社长大安，小影一叶呈奉足下。

李婴顿首【127】

第二次信写于1918年8月下旬，信中说：

不慧已于十三日卯刻依了悟大师剃度，命名演音，字弘一。向依仁者绍介之劳，乃获今日之解脱。饮水思源，感德靡穷，敬书"南无阿弥陀佛"六字奉诸座右，愿他年同生极乐，聆妙法音，回施有情，共圆种智……

叶舟大居士座下　演音顶礼

李叔同在这封信中，除了向收信人报告他已于是年旧历七月十三（公历8月19日）正式剃度出家，还首次透露了导致其出家的助缘之一。而这后一个方面，却是很少为李叔同研究者们所留意的。过了将近两年，李叔同在浙江新城写给叶为铭的信中还在说："忆音剃染大慈，实贤首绍介之德。今入山办道，谢绝人事，后此不复相见，亦未可知也。惟愿同植净因，同生极乐，同度众生，同成佛道，尽未来际，不相舍离，书不尽言，惟努力自爱。"可见，李叔同在虎跑寺的断食实验，对其人生进程的影响确是巨大的。

用他自己的话说，他之所以能到虎跑寺去进行断食实验，那是由于叶为铭"绍介"的

缘故。人们可以这样设想，如果没有叶为铭的"绍介"，或者叶为铭"绍介"的不是佛教场所虎跑寺，而是一般的民居或是别的什么地方，李叔同便是在那里进行了断食实验，往后他是否会出家为僧，或是否很快会出家为僧，那就很难悬揣了。

也是按照李叔同自己的说法，虎跑寺断食这个"近因"还有延续。他说："到了民国六年的下半年，我就发心吃素了。在冬天的时候，即请了许多经……于自己的房间里，也供起佛像来……亦天天烧香了。到了这一年放年假的时候，我并没有回家去，而到虎跑寺里面去过年。……"

在李叔同出家的近因中，不能忽略马一浮对他的影响。

马一浮（1883—1967），幼名福田，后又更名为浮，号湛翁，以字行，晚年自署蠲叟或蠲戏老人，浙江绍兴人。幼年从母亲学，8岁能作诗，9岁诵《楚辞》《文选》，颖悟异常，记忆力惊人。10岁起从同乡举人郑墨田学习3年，后又刻苦自学，博览群籍，学业大进。1898年，年仅16岁的马一浮应县试，名列榜首，同时考取的有周树人、周作人兄弟等。其应试文章被阅卷官汤寿潜（民国后为浙江省第一任都督、交通总长）大加赞赏，以为绍兴府又出了神童，主动将长女汤孝愍许配给他，并将他和谢无量同列门墙，收为弟子。越年，马父病笃，17岁的马一浮便与汤孝愍成婚，以为儿女结婚冲喜，可以减轻父亲病势。婚后夫妻恩爱，情感深挚，但马一浮并非一味儿女情长，不久就与谢无量前往上海同文会堂学习英文、法文、拉丁文。1901年冬，马一浮在安葬父亲后，又离别妻子重往上海游学。他广泛交友，结识了马君武、邵力子、黄炎培等一大批新进有识之士。这次到沪后，他在自学之余，还与谢无量、马君武等合办《二十世纪翻译世界》杂志，介绍西方先进的科学文化。1902年，夫人汤孝愍遽然病故。此后，马一浮一心向学，没有再娶。1903年和1904年，马一浮远游美国，一边做清政府驻美使馆留学生监督公署秘书，一边大量阅读西方文学、哲学原著，并做翻译流传。回国途中，他又在日本滞留半年，学习日文、德文。马是第一个将《资本论》引进中国的人，也是最早移译塞万提斯《堂吉诃德》和托尔斯泰《艺术论》的人。

在20世纪开始的五六年中，马一浮治学的重点在西学，而1906年后的十年间，他治学的重点则在国学。为了治学，他借住在杭州外西湖年久失修的广化寺，日夜苦读，看完了多达3.2万余册的文澜阁藏《四库全书》，并写下大量读书札记。

民国成立后，首任教育总长蔡元培邀请马一浮出任教育部秘书长。马碍于乡谊赴任，但二十多天后即辞职返杭，一心致力于国学研究。1917年开始，马一浮把治学的重点转向佛学；10年之后（1927年开始），又返回国学领域，并把佛学融入国学之中，形成了他独有的国学研究体系。

马一浮之研究佛学从其学术进程上说，起始于1917年，但他接触佛学和表现出一定的佛化情绪，却要早得多。母亲命他所作的菊花诗，以及来自祖辈遗传的"平生志岩穴"的隐士倾向，固属道家思想，然道家与佛家是紧密相连的。而他在答复友人何以不再续娶时所说的"人命危浅，真如早露，生年欢爱，无几时也。一旦溘逝，一切皆成泡影"，很明显的，已是佛教观念和情绪的表现了。至其登在《新民丛报》上的一些诗，如"身前不住阎浮界，死后应生他化天。自性华严离我我，有情流转自年年。静排诸相观空焰，闲凿千山种白莲。独问须弥最高顶，众生无语月孤圆"等，更是典型的佛教观念与情绪的流露了。

李叔同早在1901年至1902年就读南洋公学期间，因同学谢无量、邵力子、黄炎培等人的关系，就与马一浮相识，但当时并无深交。此后十多年间，两人又中断了联系。直到1917年以后，李与马同在杭州，才继续有所交往。而正是从这以后，李在与马的交往中，因马的"熏陶"，对世事、人生、生命的含义"渐有所悟"，从而更加坚定了出家为僧的信念。这是从下列一些史实中能够得到印证的。

——李叔同出家为僧的信念，起始于1916年年底至1917年年初在虎跑定慧寺实验断食之后。他在结束断食后第6天（1917年1月18日）写给刘质平的信中说："鄙人拟于数年之内入山为佛弟子（或在近一二年亦未可知）……"这就是说，李叔同在1917年年初已萌生了入佛之念，但究竟何时实行，尚未明确日期。而就在这个时候，李开始与疏隔了十多年的马一浮重新有了交往。

——1917年4月8日，马一浮致信李叔同说："壁上琴弊。向者足下欲取而弹之，因命工修理，久之始就。曾告徐君，便欲遣童赍往；未辱其答，恐左右或如金陵。比还杭州，愿以暇日，枉过草庵，安弦审律，或犹可备君子之御耳。"

——旧历丁巳年十二月初六（公历1918年1月18日），马一浮致信李叔同说："昨复过地藏庵，与楚禅师语甚久。其人深于天台教义，绰有玄风，不易得也。幻和尚因众启请，将以佛成道日往主海潮寺，遂于今夕解七。明日之约，盖可罢已。海潮梵宇宏广，幻和尚主之，可因以建立道场，亦其本愿之力，故感得是缘。月法师闻于今日荼毗，惜未偕仁者往观耳。"

——旧历丁巳年十二月二十八（公历1918年2月9日），马一浮致信李叔同说："昨游殊有胜缘。今晨入大慈山，入晚始归，获餐所馈上馔，微妙香洁，不啻净土之供也。长水大师《起信论笔削记》，善申贤首之义，谨以奉览。故人彭君逊之，耽玩义易有年，今初发心修习禅观。已为请于法轮长老，蒙假闲寮，将以明日移入。他日得与仁者并成法侣，亦一段因缘尔。"

——紧接着的就是前面所说的，旧历戊午年春节期间（公历1918年2月中旬），李叔同到虎跑寺过年，适遇由马一浮介绍来寺习静的彭逊之。另据李叔同早年友人、时任钱塘道尹的乡贤王仁安在《惜才》一文中记载："余友李叔同，习静定慧寺，约往谈赴之。座上客四人，皆倜傥不羁，相与谈论，皆聪明俊伟士也。率通内典，并于儒书国故，娓娓然有卓识焉。一为彭君，在十日内即剃度；一为陈君，为月霞僧弟子；一为刘君，曾受菩萨戒；一为马君，矢为佛弟子，断绝肉食。是四君子者，志相同，道相合。……"文中所说马君者，即为马一浮大士。王仁安提到马一浮时，特别点出了他"矢为佛弟子，断绝肉食"这一点。彭君者，即春节前来寺的彭逊之。彭在这次定慧聚谈后10天即落发为僧。李叔同则受其感动，于旧历戊午年正月十五（公历1918年2月25日）亦皈依了悟和尚，法名演音，号弘一。

——当李叔同在马一浮的"熏陶"下，于1918年3月在给门生刘质平的信中明确表示，他已"渐有所悟，世味日淡"，并拟"宣布辞职"，"入山习静"之后，马一浮则继续影响着他的人生意向。1918年6月12日，马给李叔同送上多种佛典，如《三藏法数》第四册、《天亲菩萨发菩提心论》二册、《净土论》一本等，还向他推荐省庵法师《劝发菩提心》一文，说是此文"语亦警切，可导初机"。

——再往后，便是丰子恺在《陋巷》一文中所描写的，乃师在出家前几天往访马一浮的情景了。丰在文章中说道，两位先生的谈话他"全然听不懂"，"只是断片地听到什么'楞严''圆觉'等名词，又有一个英语'philosophy'（引者按：意即哲学）出现在他们的谈话中"[128]。这次谈话持续了好几个钟头。可见，此时的李叔同是把马一浮当作善知识看待的，甚至可以说，他是把马作为自己的精神导师和入佛指导的。就是在这次长谈后几天，李叔同才毅然决定正式出家的。

在促使李叔同下决心出家的过程中，马一浮的"熏陶"和影响的确是巨大而深刻的。而在李出家之后，马依然关注着他佛门中修行的事业，并尽力推阐其宏法之举。李在《四分律比丘戒相表记》自叙中说："余于戊午七月，出家落发，其年九月受比丘戒。马一浮居士贻以《灵峰毗尼事义集要》并《宝华传戒正范》，披玩周环，悲欣交集，因发学戒之愿焉。"这又说明，李在入佛之后能潜心于律学的研究，除了佛学家徐蔚如的提醒，也是受了马一浮的启示吧！

李叔同关于其出家之"远因"与"近因"的自述，当然是可信的。其中，也确实涉及他出家的一些原因。但在笔者看来，他之所述，只不过是说出了促使其出家的某些机缘而已，而机缘则往往是一些表面性的因素，它们的作用也仅仅局限于"触媒"和"契机"的层面。导致某一人物思想发生根本性变化的，则是更深层次的主观和客观的种种原因；便是"触媒"和"契机"，如果不以深层次的根本原因为依据，如果不是深层次的原因在推动，不只是所起作用有限，甚至以"触媒"或"契机"之象出现的可能性都不会存在。这就是说，导致李叔同最终出家的，除了他自己所说的那些"远因"和"近因"，更有其复杂的深层原因在。李叔同的自述是一种以佛解佛的说法，尽管也说出了某些原因，但这是一种脱离了整个社会环境、脱离了个人思想性格特征和以往全部人生历程的分析法。以这种方法，是难以从根本上说清一个人发生人生裂变的全部真实原因的。我们也不能要求李叔同自己去说清这种原因。

这里，我们拟对李叔同与鲁迅加以比较性研究，以期从这种比较中剖析出导致其出家的诸多因素。

这两位文化名人，相互间只知其名，并无直接交往。唯一一次间接性的关系是，1931年3月初，鲁迅在上海内山完造家里见到李叔同书件《金刚般若波罗蜜多经偈》，"一切有为法，如梦幻泡影；如露亦如电，应作如是观"，十分赞赏，委托内山代觅李的墨宝，内山即将家藏的字幅"戒定慧"转送了他。这在鲁迅日记中有记载。但这两位文化名人，有不少类似之处或可加以比较之处。

李叔同出生的次年——1881年9月，鲁迅诞生，李比鲁大不到一岁。他们是同时代人，也可以说都是浙江籍人士。李虽生在天津，祖籍却是浙江嘉兴府平湖县。由平湖越过杭州湾，南岸就是名闻天下的绍兴府——鲁迅的故乡。李以平湖县监生在杭州参加过乡试，后又在那里教书、出家。

李叔同和鲁迅均系封建没落家庭出身。两家都曾经是名门望族，祖上都当过官、经过商。李家的情形，我们已经介绍过。绍兴周家，虽说到鲁迅出生时，只剩下四五十亩水田，已算不上"大户"，但毕竟还是"小康之家"。鲁迅的祖父周福清，还在京中做官。破败没落，是以后十多年间的事。

李、鲁二人的青年时期，正值19世纪末20世纪初。他们所面对的是一个外患日逼、内忧日重的局面。西方列强以其船坚炮利，不断地瓜分着中国这个东方大国；而腐朽没落的清朝统治者，在入侵者面前步步退让，为求得苟延残喘，不惜出卖国家和民族的利益。面对这种局面，作为爱国青年，李、鲁二人当时都具有变革故国的维新思想。李因涉嫌"康梁同党"，戊戌变法失败后远走上海。鲁的思想情绪之激进，也是大家都熟悉的。

　　为了寻找救国之道和个人出路，李叔同和鲁迅都曾去日本留学，在时间上又相互交错。鲁于1902年去日本，前后7年；其中有两年多时间，李与鲁同在东京。李学的是美术与音乐。鲁开始学医，后又弃医从文。从大范围上说，二人都把文艺视作唤醒民众的武器。1907年，李与曾孝谷等创立的春柳社，在东京编演话剧《黑奴吁天录》，鲁迅特意去观赏过。在留学期间，李、鲁又都具有大致相同的革命倾向。鲁于1908年成为蔡元培、陶成章、章太炎等领导的光复会会员；至于李叔同，也有研究者说他于1906年加入同盟会，此说目前虽无史料加以证实，但李以文艺（戏剧）为武器所作的宣传，其宗旨、其步调和同盟会是一致的。

　　从以上叙述可以看出，直到民国初年，李叔同与鲁迅所走的道路和思想情绪的表现，并无太大的差别。在新旧文化正面临交替的前夕（五四运动前七八年），他们是位处同一层面的人物。但辛亥革命后一两年，二人的倾向却开始出现了歧异，而且越来越明显地在走向两条截然不同的道路。

　　辛亥革命后的七八年间，中国政局动荡不安，各种政治人物此起彼伏：南北和议，孙中山交权让位；二次革命，反袁斗争；袁世凯称帝；张勋复辟……有如走马灯一般变幻莫测。其间，还有与李叔同同是南社中人甚至在一起呼嚎过、呐喊过的宋教仁、陈其美等被害事件的相继发生；还有那位由李叔同编发过著名小说《断鸿零雁记》的诗僧苏曼殊，因忧国愤世而病逝于上海广慈医院……变化异常的社会情势，既可销损人的正常意志，改变其人生的正常航向，也能磨炼和强化人的正常意志，坚定其人生的正常航向。李叔同与鲁迅在辛亥革命后七八年间那种社会情势面前的表现，也说明了这一点。

　　一个——鲁迅，更加积极入世，直面人生，七八年之后，成为五四运动的先驱者之一，掮起新文化革命的大旗，在反帝反封建的前沿阵地，勇猛地进击着，坚韧地战斗着。另一个——李叔同，却在逐渐地远离着时代的旋涡，规避着人间的纷扰。这个书生名士、风流才子，先前曾以"二十文章惊海内"鸣高自许，也被人以"直把杜陵呼小友"称誉过；先前也曾以"度群生，那惜心肝剖？是祖国，忍孤负！""男儿若论收场好，不是将军也断头"等诗句，慷慨过、激昂过。辛亥革命后七八年间，他却显出了神经衰弱和无力把握社会情势的窘态，一步一步地退隐着、逃避着。从社会革命思想上说，李叔同初期表现了要求变革的一定热情，但也仅仅是一种表面的空洞感兴，没有鲁迅那样扎实的思想根基。李于1912年加入了革命文学团体南社。而这个时候，该社已是强弩之末，他在其中不可能再有多大作为。关于南社，鲁迅两次说过："他们叹汉族的被压制，愤满人的凶横，渴望着'光复旧物'。但民国成立以后，倒突然无声了。我想，这是因为他们的理想是在革命以后，'重见汉官威仪'，峨冠博带。而事实并不这样，所以反而索然无味，不想执笔了。"（《现今的新文学的概观》）"以后有些人甚至成为新的运动的反对者。"（《对左翼作家联盟的意见》）作为南社的一员，李叔同在该社解体（1922年）前的四五年间，不只对社会革命感到"索然无味"，对整个社会人生也感到"索然无味"了。这就终于导致其不久之后，揜影于山林，隐身于兰若了。

在20世纪第一个十年中，李叔同以其在文学、美术、音乐、话剧、书法、篆刻等领域中的开拓性成就，奠定了他一代艺术大师的地位。但就在中国社会历史进程需要其充分发挥出众的智慧与才华之时，他却一反往昔的行踪风采，从时代的风涛中抽身而出，抛妻别子，遁入空门，芒钵锡杖，青灯黄卷，水边林下，高蹈息止，一心往生西方极乐，早证无上菩提。这不是太可惜了吗？为什么会出现这种局面呢？我们进一步从一些侧面，将他与鲁迅比较，是可以捕捉到某些信息的。

先从家庭环境与个人生态上说。李、鲁二人虽都出身名门望族、官吏之家，但比较起来，李家更殷实些，破落得也晚些。鲁迅出生后十多年间，相继经历了祖父入狱（因代人向乡试主考官买通关节被判"斩监候"）、曾祖母去世、父亲久病不治等劫难，致使一家人的生活和安全不得保障。鲁迅与二弟曾在舅父家避难，被称为"乞食者"。在父亲患病期间，又"几乎每天，出入于质铺和药店里"，从比他高一倍的柜台外"送上衣服或首饰去，在侮蔑里接了钱"，再到与自己一般高的柜台上给久病的父亲买药。鲁迅在少年时代，"从小康人家而坠入困顿"的路途中，领略了"世人的真面目"；从个人的遭遇和阅读历史书籍中，开始看到封建宗法制社会的种种弊病。在日本留学时，幻灯片上中国看客们在侵略者面前麻木不仁的景象，给鲁迅以极大的刺激；辛亥革命前后，从秋瑾和徐锡麟的牺牲、王金发的变质、袁世凯的篡权、张勋的复辟，鲁迅意识到了旧势力不甘心退出历史舞台、

垂髫村女依依说　燕子今朝又作窠

牧笛声中踏浅沙,
竹篱深处暮烟多。
垂髫村女依依说,
燕子今朝又作窠。
——(清)高鼎 诗 虞愚 书

新势力的不易取胜。这些没有销损鲁迅的意志，而是更加磨炼了他的韧性与锐气。在舅父家避难，鲁迅有机会体会到劳动农民的痛苦，从农家子弟身上看到了质朴的品格。这对他今后人生道路的选择，也产生了深刻影响。而李叔同虽系庶出，5岁时，父亲又去世，母亲在大家庭中无地位，他本人却没有委屈过。用他自己的话说，至少在26岁以前，由于母亲的呵护照料，他是幸福的。在这段时间中，作为富家子弟，他在物质生活上是无虞的。除了上学念书，他有时间与金钱多方结交名士，出入书香门第，切磋诗词骚赋，摩挲金石书艺；也有兴趣与精力，沉湎梨园舞榭，为坤伶歌郎捧角叫好，还能走马章台，厮磨金粉，卿卿我我，颠倒神魂。避祸海上的头几年，这种生活也没有多大改变。他在日本留学的气派，鲁迅是不能相比的。他不只有单独的住所，还雇了个模特画人体素描，继而与之同居。除元配外，他又多了个外国籍夫人。在这些情景里面，不能排除发泄郁达夫式苦闷的因素，但毕竟是一种颓唐与茫然的表现。人称李叔同为"风流才子"，不单是对其出众才华的赞誉，恐怕也有讽喻的贬义在。

辛亥革命夭折以后，李叔同如果能够继续推进先前有过的忧国忧民的思想情绪，虽不一定能像鲁迅那样激进前驱，但也未必会皈依佛门的。然而他终于从时代潮流中退身落荒了。除了一般社会思想上的幼稚，不能认识革命的曲折性与复杂性，缺乏鲁迅那样的韧性外，也与他从小过惯衣来伸手、饭来张口的舒适生活，因而经受不起挫折有关。在辛亥革命前后，他家的百万资财，一夜间荡然无存。如此遭际，不必说已不能重温以往的繁华景象，连基本生活也难以保障了。李叔同在艺术上堪称富有开创性的天才，但应对生活处境方面，却是个捉襟见肘的人。由繁华坠入困顿，加深了他儿时就有的世事变幻无常且人生苦、空、虚无的感觉，从而对自己的前景茫然无措起来。正是在这个关口，佛事鼎盛的杭州一地的氛围（这点下面还要谈及），以及周围师友们的影响，催速了李叔同迈向佛门的步履。

从浸染的家庭文化氛围、所受的教育，以及个人志趣禀赋上说，李叔同与鲁迅亦有不同。李生长在一个信佛的家庭，耳濡目染，不会不受影响。他对佛事场面常常表现出特有的敏感。从佛家眼光看，李叔同从小就种下了视世事如霜露闪电、人生如西山落日等一类通达佛门的"根器"和"法缘"。

鲁迅幼年也接触过一些佛经上的故事，还拜一个和尚为师，取法名为"长庚"，以后又以此为笔名。但他在意的不是因果报应的佛理，而是那些"带复仇性的，比别的一切鬼魂更美、更强的鬼魂"。他应募充当过骑马招魂的"义勇鬼"。他听得更多、更感兴趣的是老祖母和长妈妈讲述的民间传说、神话故事。他还听过太平军的故事、辫子来历的故事，这些故事对他"最初提醒了满、汉的界限"，播下了对清朝统治者憎恨的种子。

李叔同与鲁迅开始接受的都是儒家文化的教育，但由于志趣与禀赋上的差异，各自吸收的侧重点不同，后来的趋向更形歧异。鲁迅虽对儒家文化有怀疑，在早期的文化学习中，却也吸取了它注重实践的一面。青少年时期，他对野史杂著、笔记小说和生物学等抱有浓厚的兴趣；进入高等教育阶段，选学的又是采矿学和医学这类需要科学精神和求实态度的专业。他的视野开阔，吸收又广。在南京求学时，他就接触了达尔文的进化论、赫胥黎的天演论和穆勒的自由论等西方科学、民主思想。这对形成他坚实的社会革命和文化革命思想，促使其在今后的时代潮流中，奋勇又踏实地前行，无疑起了奠基性的作用。相形之下，李叔同在其志趣与禀赋支配下接受的教育和文化影响，非但显得狭窄，基础也不牢固。作为才子，李的幻想多于实际，且有些逞才使气。他是个在幻想中追求精神生活的人。诗词骚赋、金石书艺、音乐美术是其所学与钟情之所在。这些门类的文学艺术往往空灵虚幻，无可把捉。李长年浸淫其中，主要又是为了满足其精神生活的需要。将这种爱好与需要推向极端，是很容易与佛法接轨的。李的得意门生丰子恺，在提到乃师何以皈依佛门时，这样透彻地讲过：

> 他怎样由艺术升华到宗教的呢？当时人都很诧异，以为李先生受了甚么刺激，忽然"遁入空门"了。我却能理解他的心，我认为他的出家是当然。我以为人的生活，可以分作三层：一是物质生活，二是精神生活，三是灵魂生活。物质生活就是衣食。精神生活就是学术文艺。灵魂生活就是宗教。"人生"就是这样的一个三层楼。懒得（或无力）走楼梯的，就住在第一层，即把物质生活弄得很好，锦衣玉食，尊荣富贵，孝子贤孙，这样就满足了。这也是一种人生观。抱这样的人生观的人，在世间占大多数。其次，高兴（或有力）走楼梯的，就爬上二层楼去玩玩，或者久居在里头。这就是专心学术文艺的人，他们把全力贡献于学问的研究，把全力寄托于文艺的创作和欣赏。这样的人，在世间也很多，即所谓"智识分子""学者""艺术家"。还有一种人，"人生欲"很强，脚力很大，对二层楼还不满足，就再走楼梯，爬上三层楼去。这就是宗教徒了。他们做人很认真，满足了"物质欲"还不够，满足了"精神欲"还不够，必须探求人生的究竟。他们以为财产子孙都是身外之物，学术文艺都

是暂时的美景，连自己的身体都是虚幻的存在。他们不肯做本能的奴隶，必须追究灵魂的来源，宇宙的根本，这才能满足他们的"人生欲"。这就是宗教徒——世间就不过这三种人。我虽用三层楼为比喻，但并非必须从第一层到第二层，然后得到第三层。有很多人，从第一层直上第三层并不需要在第二层勾留。还有许多人连第一层也不住，一口气跑上三层楼。不过我们的弘一法师，是一层一层的走上去的。弘一法师的"人生欲"非常之强！他的做人，一定要做得彻底，他早年对母尽孝对妻子尽爱，安住在第一层中。中年专心研究艺术，发挥多方面的天才，便是迁居在二层楼了。强大的"人生欲"不能使他满足于二层楼，于是爬上三层楼去，做和尚，修净土，研戒律，这是当然的事，毫不足怪的。做人好比喝酒：酒量小的，喝一杯花雕酒已经醉了，酒量大的，喝花雕酒嫌淡，必须喝高粱酒才能过瘾。文艺好比是花雕，宗教好比是高粱。弘一法师酒量很大，喝花雕不能过瘾，必须喝高粱。我酒量很小，难得喝一杯高粱而已。但喝花雕的人，颇能理解喝高粱者的心。故我对于弘一法师由艺术升华到宗教，一向认为当然，毫不足怪的。

艺术的最高点与宗教相接近。二层楼的扶梯的最后顶点就是三层楼。所以弘一法师由艺术升华到宗教，是必然的事。……

……艺术家看见花笑，听见鸟语，举杯邀明月，开门迎白云，能把自然当做人看，能化无情为有情，这便是"物我一体"的境界。更进一步，便是"万法从心""诸相非相"的佛教真谛了。故艺术的最高点与宗教相通。……艺术的精神正是宗教的。

——《我与弘一法师》

李叔同入佛后的僧友亦幻法师，在《弘一大师在白湖》一文中，从一个特定的角度——文字欣赏（喜欢何种风格的文字），对比了鲁迅与李叔同的"转变"问题。他说：

弘一法师好欣赏每本著作的文字。据我的观察，他的兴趣是沉溺在建安正始之际。对于诗亦一样。不过他不喜欢尖艳，他好陶潜和王摩诘一派的冲淡朴野。他有一册商务国学丛书本的右丞诗，曾用许多圈点，并且装上一个很古雅的线装书面，给人猜不出是什么书，而且常和那本长带身边的古人格言在一起。我想鲁迅翁亦很好六朝文学，如他抄编的那本《古小说钩沉》，弘师见到必很高兴。这是一本鲁迅翁在北平绍兴会馆时代修养文学而抄集的书，待等《呐喊》出版受到中国文化界热烈地欢迎，不得不把作风就此改变。而弘师呢？他出家后第一部著作，是仿效道宣律师的文字写成之《四分律戒相表记》。这书出版后，颇受到世界佛学家之称许……所以他不肯把写作的工具轻易掉换，就越发沉溺于鲁迅翁初期之所嗜不欲自拔。他们两个在文学上的天才，大抵相颉颃，不同处就在于转变问题。

亦幻法师仅仅看到鲁迅翁在"五四"前后文学作风上的"转变"，这当然是片面的。将这种"转变"的原因，归结为"《呐喊》出版后受到中国文化界热烈地欢迎"，更是一种倒果为因的看法。但亦幻法师看到了李叔同这一"在文学上的天才"，与鲁迅"大抵相颉颃"的人物，在"五四"前后，之所以没有发生如同鲁迅似的那种转变，就在于他"越发沉溺于鲁迅翁初期之所嗜不欲自拔"的缘故。将亦幻的话引申一下，就可以这样说：一个——鲁迅，在时代正反两方面的教育影响下，从六朝文学及其文字作风中摆脱出来，追随并推动着时代风潮，不断地前进了；另一个——李叔同，却在时代和六朝文学及其文字作风负面作用的影响下，与时代风潮的距离越来越远了。

造成李叔同、鲁迅不同归趋的，还有人文环境上的差异，包括各自承师交友的不同、所处地域的氛围有别。古称会稽的绍兴，早在吴越争霸时即为要地，在近现代政治思想史上更加引人注目。从这座古城中，走出过秋瑾、徐锡麟、陶成章、蔡元培等一批杰出人物，他们对近现代中国社会历史做出了重大贡献。在辛亥革命前后，秋瑾、徐锡麟、陶成章的革命情绪和献身精神，为鲁迅所钦佩。蔡元培更是鲁迅服膺的前辈，蔡当教育总长，鲁成了他的属员。还有章太炎，浙江余杭人，和鲁迅也是大同乡，在辛亥革命前后，同样被他所尊敬。鲁留学东京，拜章为师，跟他一个字一个字地讨教文字学。但鲁后来回忆说，他当时到章那里去听讲，"并非因为他是学者，却为了他是有学问的革命家"（《关于太炎先生二三事》）。在20世纪第一个10年前后，这批绍兴籍（或说浙江籍）先进人物的思想与活动，对南方革命形势的形成，起了不小的推动作用，也对鲁迅思想的发展产生深远影响。

从近现代一批著名人物的传记中,隐隐约约地透露出,同是来自浙江(尤其绍兴一地)的那些文化人,在相互交往中,好像存在着不同的统系。李叔同就与上述那些绍兴籍人士并无联系。他在南洋公学时,已是蔡元培的学生,但离校后,基本上隔绝了与蔡的关系。李留学期间,鲁迅也在东京,还看过李演的戏,但二人并不相识。李所交往和服膺的,是另一批绍兴籍(或说浙江籍)的文化教育界人士,其中尤以马一浮为代表。(马与鲁迅、周作人同科中第,但他们也并无交往。)李年长马三岁,在学问尤其学佛一事上,却将马当作大知识和善知识敬重的。李曾向丰子恺说过:"马先生是生而知之的。假定有一个人,生出来就读书,而且每天读两本(他用食指和拇指略示书之厚薄),而且读了就会背诵,读到马先生的年纪,所读的还不及马先生之多。"[129]对马的广博精深,李是自叹弗如了。在谈到其学佛经过时,李叔同又对丰子恺说:"我的学佛是受马一浮先生指示的。"[130]李的出家为僧,在很大程度上也受了马所宣传的佛学的影响。这在他1918年3月写给刘质平的信中,说得再清楚没有了(此信在前面已多次提及,这里无须重复了)。

需要指出的是,李叔同出家为僧,虽说受了马一浮的熏陶,但马本人却是学佛、信佛而不出家的。作为佛学家和国学大师,马一浮的佛学观点是"儒佛互摄"说。他认为,"佛学千言万语,不外两事,所破者为感染执着,虚妄分别,此皆习心。所显者为真如涅槃,此即本心。儒家所谓私欲或己私,即习心,一名人心。所谓天理、良知、明德,即本心,一名道心"。因此,"从本源上看,儒佛等是闲名,孔佛所证,只是一性。果能洞彻心源,得意忘象,则千圣所归,无不一致"。马一浮提出过"菩提涅槃是一性,尧舜孔佛是一人"之说。就是说,从心源上考察,儒佛是一致的。基于这一主要观点,马一浮研究佛学的指导思想,也就不像一般佛教徒那样,去追求什么超生脱死免受轮回之苦,或者去求得什么福报善果;而是想从佛典中,找出其与儒家心性义理之学共同之处,是为了"探索本心,去掉习心"。这就是说,马一浮是从探索、整合中国哲学思想,从修身养性、完善人性,从健全心理机制的高度去研究佛学的。(参阅马一浮《与蒋再堂论儒佛义》)从这个角度上说,李叔同之所以出家为僧,恰恰是没有完全把握其精神导师思想实质的表现。

李叔同来杭州浙一师时,原在这里任教的鲁迅已经离开两年,并在绍兴参加光复活动后,应蔡元培之邀去了南京,随即又转赴北京。这里值得注意的是,杭州与绍兴、北京的不同思想文化氛围。在20世纪第一个10年前后,先进思潮与革命氛围主要在南方,绍兴则是策源地之一。很明显,这与此地涌现了秋瑾、蔡元培、鲁迅等一批思想先进的杰出人物有关。

随着时间的推移，北京又成了现代革命思想的发源地。蔡、鲁北上以后，在他们的影响下，在北京形成了一个江浙籍的先进知识青年群。而此时的鲁迅在思想行动上，又是以李大钊、陈独秀为旗帜的。相比之下，杭州虽也是省府所在，但在辛亥前后和"五四"以前，新思潮的气氛反而不如绍兴活跃，更不能与北京比拟。这是有原因的。江浙一带，寺庙林立，香火旺盛，杭州更形突出。"五四"前夕，马一浮在此地广宣佛学，影响了包括李叔同在内的一大批文化教育界人士，并在较大范围内，造成了一种独特的精神连锁反应。马影响了李等一批人，李又影响了他在浙一师的一批朋友与学生，如夏丏尊、丰子恺、刘质平等，可以数出名字的就有二三十人之多。而夏、丰等人反过来又影响了李叔同。李之尽早剃度为僧，不就与夏的促动有关吗？从这些情形看，"五四"前夕的杭州，有形无形地形成了一批以文化教育界人士为主的虔信佛教的知识分子群，其思想精神导师就是马一浮大士。它与同时期在北京形成的，以李大钊、陈独秀等为思想精神领袖的知识分子群，其志趣、其氛围，是很不相同的。李叔同与鲁迅，分别处身于一南一北两种明显不同的地域思想文化氛围中，其前行的道路更加有异了。鲁迅在北京深入研究中国历史，并把握到其吃人本质的同时，又亲身感受了它的种种弊端，从而增强了与之斗争的决心与勇气。他一步一步地愈加入世，终于成了新文化运动的前驱者之一。与此同时，李叔同却在弥漫着梵呗香缕的西子湖畔，一步一步地越发出世，终于出家，成为再兴南山律的一代高僧。

  李叔同的逐渐佛化并最终出家，不只有家庭环境、地域环境和人际交往方面的影响，也与他置身其间的时代思潮的潜移默化有关。伴随着中国近代社会的急剧动荡，传统文化受到了前所未有的冲击，人们面临着存在与意义的双重迷失，需要一种契应时代之需的思想观念，以解决社会和人心的种种问题。当此之际，佛教文化受到了部分寻找出路的先进中国人的青睐。最突出的是康有为、谭嗣同、梁启超等人，将佛教当作宣扬其新社会大同理想的思想工具和精神依托。康作《大同书》，就是依照佛教四谛说，"人世界而观众苦，从佛法救世的角度，解释人间种种苦难及其成因，最后以大同极乐的境界展现了戊戌变法、政治变革的社会理想"。谭作《仁学》，则以《大同书》中构设的"大同极乐境界"作为实践的目标，并用佛教华严宗的教理来为其政治理想作注解。梁亦写下《论佛教与群治》等著名论文，以为佛教具有的智信、兼善、平等、普度众生等特征，正可用来救国、救民、救心。他们借重佛教理念构设的社会政治理想，很是为当时的民众所接受。从实现其社会政治理想的角度出发，康、谭、梁等一批人，又大力张扬着佛教"我不入地狱，谁入地狱""有一众生不得度者，我誓不成佛"的救世精神，以为这种精神有助于培养人们无私无畏、为国为家自我牺牲的品质与意志。戊戌变法失败后，谭嗣同直面刑场英勇就义，即为他力行佛教大无畏精神的最好印证。而佛教自贵其心、不依他力的精神，又恰好适应了近代中国知识分子张扬个性、独尊自心、冲破封建罗网的精神需求。另外，近代中国学术界，又有一部分人，为了将停滞不前的、以儒学为主的中国传统哲学思想推进一步，也从佛教哲学中吸取着养料。如马一浮，即为其代表之一，他试图建立儒佛合一的思想体系。[131] 如此等等。在19世纪末20世纪初，中国思想文化界掀起了一股高扬佛学的时代思潮。出身于富有佛教气息之家，并称康有为是他老师的李叔同，处在这一时代思潮之中，不会不受其影响。但李叔同是从另一方面接受了这种时代思潮的影响。康、梁等人之假借佛教，旨在变革社会现实，而不是亦步亦趋地去实践佛教本身的种种理念，他们也没有真正成为佛门中人。李叔同却在时代思潮的熏陶下，对于佛教，不仅仅是假借而已，他是要直接实践真正意义上的佛教的各种理念。同是一句"我不入地狱，谁入地狱"的佛言，在谭嗣同，是为了推翻封建王朝而甘愿抛头颅洒热血；在李叔同，却是从标准的佛教理念上去理解并实践之，所以他的牺牲精神只能以苦行僧的方式出之，充其量只是为了将众生度向虚幻的西方极乐世界，而不是从根本上去改变他们的现实生存方式。正是由于完全从佛教本身的理念上，接受了19世纪末20世纪初我国所特有的那股高扬佛教思想的时代思潮的影响，李叔同才一步一步地迈向了佛门。

这里，还需单独谈一谈李叔同在男女情爱、婚姻家庭等方面的生活方式，对其出家为僧的影响。对于这个问题，及至目前[132]，几乎所有李叔同的传记作家和研究者们，都采取了正面回避的态度。表现在两个方面，一是讳莫如深避而不论。意思是，对李叔同这样一位为世人所崇敬的高僧，谈论这类问题是很不敬的。二是片面地赞美颂扬。认为中年后李叔同之所以远离声色犬马，以至最终抛妻别子遁入空门，乃是为了普度众生，救人于色恶之域。这两种态度和观察问题的方法，考之李叔同的实际情形，是值得商榷的。

讳莫如深避而不论，并非科学的、实事求是的态度。这样做既不能使后世的人们了解李叔同的"全人"，也不能全面地探寻其最终出家的原因。这里的要害是，用出家为僧掩盖了他先前的男女情爱、婚姻家庭生活的状况，进而回避了后者对其最终出家为僧所起的作用。

实际考察起来，男女情爱、婚姻家庭生活与其出家为僧的关系，在李叔同的思想和行为中，并非那样简单。与其说，他的出家为僧是由于将二者对立起来的结果，不如更确切地说，是因为他无法面对和克服自己造成的窘境，因而用出家为僧的办法，以期一了百了，不了亦了之。

　　李叔同为自己造成了怎样一种窘境呢？李身系庶出。他的母亲在李筱楼的四个妻妾中，位列末座，而且二十岁刚出头就守寡了。其处境之艰困，人格之不能独立，李叔同是耳闻目睹的。他也很同情母亲的处境，不止一次地对人这样说过："我的母亲——生母很苦！"就因了自己母亲的身世，李叔同对纳妾行为，原是很反感的。但他后来也走了父亲一路，除原配夫人外，又娶了个日本夫人，使一个年轻的外国女子重复了他母亲的命运。1911年4月从日本归国后，李叔同在天津家中住了仅半年多，1912年年初就离津赴沪，从此再也没有回去过。这对他的结发妻子，不能不说是感情和人格尊严的极大伤害。这个时候，中国已开始进入民主共和的年代。社会制度的变化，尽管只是形式上的，但毕竟也是一种历史的进步。此前的李叔同，有过反对封建意识的倾向，包括由其母亲的遭际引发的对纳妾行为的反感。然而，进入民国后的李叔同，假如反躬自问的话，他自己不正处于自相矛盾的时代错误之中吗？随着时间的推移，他会越发察觉到，他对两位女性的负罪感，不但是精神上的，还有物质上的负担。（先前引述过，1913年夏天，李叔同在写给盟兄许幻园的信中有这样的话，"家国困穷，百无聊赖，速了此残喘，亦大佳事""写件来当报命，奈弟近来大窘困，凡有写件，拟一律取润"【133】。此亦可见其彼时彼地有物质上不胜负担之感。）百万家财破产，一介书生要维持两地的家室，李叔同有不胜重负之感。这又强化了他在婚姻家庭生活上存在的难以改变和摆脱的窘境。这种窘境又加增了他的负罪感。在这种负罪感的支配下，他逐步采取了有意回避和摆脱窘境的态度。

　　天津的家，早已不再回去了。那么上海的家呢？自1915年夏天，与其日本夫人从东京度假回来，他也不像先前那样跑得勤快了。最后，终于发展到采取彻底逃避的一步，在事先既不告知天津家人，也不告知上海日本夫人的情况下，以出家为僧的方式，将其长期不能改变和摆脱的窘境，干脆抛诸脑后，以不了而了之。实际情形是这样，但李叔同不敢正视自己出家行为背后的另一个动机，而用出家为僧，就得抛妻别子的结果，将这一行为方式中所包含的深层原因之一掩盖了起来。众多僧人，当其采取出家一途之际，原因是错综复杂的，除了普度众生的良好愿望，亦有其个人的难言之隐。这是无须回避的。笔者以为，在探寻李叔同出家之因时，也需作如是观。

　　除了有意摆脱一妻一妾的窘境，在李叔同出家为僧的原因中，不能说没有他对自己年轻时期荒唐生活的后怕与忏悔,这是另一个难言之隐。佛教戒律"五戒""八戒""十戒",以及多至二三百条的"具足戒",其中都有一条最基本的戒律,即"不邪淫"。邪淫者,非己之妻室(或丈夫)而行欲事之谓也,即与自己妻室(或丈夫)以外的女人(或男人)发生两性关系。在"八戒"中,不只有"不邪淫"一条,还有不去歌舞娼妓场所的规定;而在四十八轻戒中,甚至把与异性对坐也列为戒律之一。按照佛教轮回说,人生的善恶果报,有如车轮旋转不断重复,其生其死,循环不已。而无论生还是死,都是极痛苦的事。现世触犯了某一戒律的人,不但将在地狱中受尽折磨,即使重新投胎,还得一生一世经受报应之苦。现世邪淫者,来生再为人形,其妻室(或丈夫)儿女,必有与他人犯乱行欲之事。李叔同与一般无文化的人不同,他在出家之前看过不少佛经,知道了各种戒条的含义。如此,他就不会不去反思自己年轻时,在男女之事上的种种荒唐和越轨行为。越是反思,他就越发地感觉到后怕,担心其来世的万劫不复。如何是好呢?佛理佛规上说,出家为僧,在空门中边忏悔边修行,即为从这种后怕状态中获得摆脱之一途。诚然,入佛修行是向善之举,既可普度众生,亦可完善自身人性、纯净自身灵魂。但就某些佛门中人而言,他们之出家为僧,除了感到世事难以预测,或因某种挫折失去了生存俗世的欲望,相信唯有西方极乐世界、东方净琉璃世界可供往生。不能不说,这还与他们幡然觉悟,以及由觉悟而起的对自身以往罪过的后怕忏悔有关。对李叔同来说,在其诸多出家之因中,恐怕也不能排除这一点吧。

李叔同的学生吴梦非,在一篇回忆文章(《弘一法师和浙江的艺术教育》)中说道,有年暑假,吴在西湖避夏,李叔同忽然坐了一只没有布篷的划子去访他,并邀他同去游览。在船里,李叔同对吴说:"我在日本研究艺术时,绝想不到自己会回来做一个艺术教师的!"言下有不胜感慨和怀才不遇的模样。吴还说,当时日本人的报纸《日日新闻》上,也发表过一段关于李叔同的消息,大意是:中国早期留学东京美术学校毕业生李岸,回国以来,怀才莫展,而郑曼陀之流,专画美人月份牌,收入倒可惊人……从吴梦非的回忆中,不也间接地透露了一点儿李叔同为何出家为僧的信息吗?

李叔同是个十足艺术家型的人,当教师不是他留学东京美术学校的本意。回家不久,家中很快没有了丰足的恒产,为了养家糊口,他不得不执起了教鞭。执起教鞭,又总是于心不甘;当个艺术家吧,恐怕连养家糊口也不易保证。这是当时李叔同遇到的两难处境之一。在浙一师,尽管有夏丏尊等挚友,与校长经亨颐也是不错的朋友,但李叔同对校政以至浙江教育界的现状，又不无意见，因此常有离去之意。李叔同是个性情中人，每次表示要走，一经夏丏尊恳请挽留，又抹不开面子一定要走。这又是他遇到的一种两难处境。克服两难处境，就得有两全之策和适当的机缘。偶然的一次断食试验，夏丏尊的几句牢骚话，强化了李叔同早年埋下的佛化因子，终于使他找到了摆脱各种两难处境的途径——出家为僧。

在其出家之因中，还必须看到生理病理的影响。李叔同长期患有神经衰弱症，而由上一代传染的肺结核病，在当时有如当今之癌症，不能治愈。患有这两种顽症的人，需要在幽静清新的环境中调养，而远离嚣尘的山谷丛林是最理想的去处。再则，李叔同虽有较高的文化修养，也曾出国留学，受过近代科学的影响，但在对待疾病一事上，却和同时代不少迷信的人那样，以为病乃前生有孽、今生有罪而来，吃素念佛则是消魔祛灾之一法。在疾病面前，多多念佛，多行善事，便是今生不能祛除，来生亦可不患。1913年7月13日，李叔同曾致信许幻园，在提过"今日又呕血……速了此残喘，亦大佳事"之后，又说："但祝神谶去冬已为兄言，不吾欺也。"[134]我们无法揣测李叔同对许幻园所说"神谶"的具体内容是什么，他所说的"神谶"也不一定就是佛的预言，不过，它是可以与佛的预言相通的。所以，正在"呕血"中的李叔同，固有"速了此残喘，亦大佳事"的想法，他还是作了"但书"。李是有神论者，且深信按照神谶去做，是可以治好他的病症的。这是可以从日后李叔同经常劝告病家多多念佛，或自行为他们念佛写经的言行中得以证实的。

不能仅仅以"生性有缘""看破红尘""向往西方极乐世界""普度众生"等普泛概念和出家人的一般情景，替代对李叔同出家原因的具体剖析；也不能简单地将其出家的原因，归结于一时一事一因上面，以偏概全。他的出家之因众多而复杂，其中既有历史的、时代的、社会的原因，又有个人经历、气质、思想、性格（李叔同是一个孤僻、不适应繁复人际关系、喜欢独处的人）、心理、生理、病理等因素；既有一时一地偶然之机的触发，更有长期积淀形成的必然之因的驱使；既有表面的显现，又有深层的隐藏……总之，李叔同之所以出家，是种种主客观因素的综合；每一种因素都在起着作用，有的还是很突出重大的作用，但绝非只是某一个因素单独作用的结果。

第八章 缘障贝山

灵隐受戒，李叔同成了严格意义上的佛教徒。所以，我们在以下的行文中，将以弘一法师或弘一大师称谓之，简称弘一、法师、大师，尊称弘公。由艺术教育家变为佛教徒，这是李叔同整个人生路上最后一次也是最大一次转折。从此，他可以不再为人世间的俗务所纠缠、所烦恼。往生西方，超生脱死，成了他今后言念举止的唯一指归。

出家乃大丈夫事，非王侯将相所能为。弘一法师由繁华荣禄之境遁入枯寂贫窘的佛门，表现了非常人所能有的大智和大勇。但他出家为僧的时间，要比原定计划提前了一年。应该承认，他思想上的准备并不是很充分的。因此，在刚受完佛教仪规的整饬之时，他有着特殊的茫然，比如今后常住何地，如何修持等，心中是没底的。

这个时候，弘一的朋友马一浮先生正在嘉兴佛学会讲授《大乘起信论》。会长范古农[135]在佛学界名重一时，为人所向慕。弘一便于1918年10月，趁机道出嘉兴。此去，既是为了听马一浮讲经，也是要向范古农居士请教出家后的方针。

嘉兴位于太湖之南，杭州湾以北，是著名的杭嘉湖地区之一。嘉兴佛学会设在市中心的精严寺藏经阁。精严寺系嘉兴最大丛林，始建于东晋，已有1500多年历史。相传晋成帝时，由尚书徐熙舍宅为寺。寺中有井能发光，人称灵光井，寺也因井而得名灵光寺。宋真宗大中祥符年间改为今名。寺中有始建于唐显通七年的尊胜陀罗尼经幢两座，有12间石屋收藏石经，有吴越国王安放的佛国金塔，还有收藏各种版本的藏经阁。佛学会会长范古农虽与弘一法师初次见面，但对其艺术才华和能摒弃放逸专修梵行的决心，早已倾慕备至。见他虚心请教出家后的方针，范便诚恳地说："你刚刚出家，如果不习惯住在寺庙里面，可在我们佛学会居住。这里有大量藏经，可供你慢慢阅览。嘉兴和平湖毗邻，可以说也是你的故乡呢！"

马一浮讲完经课回了杭州，弘一则留了下来。他一边阅藏，一边整理佛学会的经籍，为之著录标签。阁中有清藏全部，他也为之检理。茫然的情绪慢慢地凝定了下来。

弘一毕竟是一时闻人、书画大家，人们以得到他的墨宝为幸。他的出家之举，又为他的笔墨增添了神秘色彩。他刚在嘉兴住下，就有不少人慕名前来求宝。书画金石，文雅之事，但以出家人的观念，同属离却摒弃的俗务。面对热情的求请，弘一有些为难了。他问范古农:"已经抛弃的旧业,难道可以再做吗?"

范古农说:"你如果能以佛语书写,令人喜见,以种净因,这也是佛中之事,又有何妨?"

弘一便请人买来笔墨纸张,先写了这样一幅联语,"佛即是心心即佛,人能宏道道宏人",送给寺里。接着就为范古农和求字者一一书写,都是横额、条幅,也都是佛号和短句佛语,如"阿弥陀佛""南无阿弥陀佛""以戒为师""心明如镜""是心作佛""应无所在",等等。

当时,"天涯五友"之一的许幻园,听说老友出家的消息,特意赶来嘉兴探视。想到昔日在城南草堂晨夕相处,探讨文章,酬唱互答的人生乐趣,想到叔同曾经有过肥马轻裘、风流倜傥的岁月,再见之下,老友已是草鞋破衲、危坐经室中的僧人,许幻园有世事难测、人生无常之感。二人相对,竟没有了以往共同的语言。弘一为他写了一幅联语:"忍辱波罗蜜,无量阿僧祇。"意思是:为了超脱生死,抵达彼岸,誓在异常久远的时间中,忍辱负重,抛却俗世的一切。弘一写此联语,既在表明自己的心迹,也有对老友的劝勉之意。

这是弘一书写经偈,与人结缘的开始。

在精严寺住了不到两个月,杭州海潮寺请法一禅师主七[136],马一浮招之前往,弘一便离开了嘉兴。这次在禾(嘉兴古称"禾")居留时间不长,弘一却与范古农结下了深厚情谊。他对范之为人、学识推崇备至,曾不止一次地说过,他一生中最服膺的当代缁素有二人,于僧为印光法师,于俗则为范古农;说二公"解行皆美……为宏法之善知识",若能亲近,当获益匪浅。

弘一回到杭州,驻锡玉泉寺。他的老友程中和以及玉泉居士吴建东也在这里。

玉泉寺位于杭州栖霞山与灵隐山之间,离著名的岳坟不远。相传南齐僧人昙超曾在这里说法,寺龄已经很长了。寺内有泉眼,一顿足,即有水涌出,状类珍珠,晶莹明净,遂以泉名寺。方池亩许,养鱼其中,以供游人观赏,被列为西湖三十六景之一,名"玉泉观鱼"。来杭州游玩,不观此景,算是虚行西湖了。清康熙年间,曾改寺名为"清涟",但一般人仍以"玉泉"称之。弘一与玉泉寺特有缘,先后4次在这里住过。

他这次回杭州,正值岁(戊午)暮年(己未)初,老友来访频繁。此时的他每见友人,已非佛书不书,非佛语不语了。每以自身的觉悟,提醒友人们佛理之不可违,佛法之不能不信。

先是杨白民踏雪来访。杨于前此半年许，曾陪叔同日籍夫人来杭，未能挽回这对异国夫妇的家庭离散。他只得陪着叔同夫人回到上海，又按叔同之托，处理了他沪上的家产，将其夫人送上了东归路。杨这次来杭，除了在岁暮之际，看望孤灯古庙中的老友，也是要把他受托之事的处理情况作一交代。已经抛妻别子割情断爱的弘一法师，唯有默默倾听，偶有一两句感谢之类的话，再无别的反应。他为杨白民手书《训言》，并作题记。《训言》中说：

古人以除夕当死日。盖一岁尽处，犹一生尽处。昔黄檗禅师[137]云：预先若不打彻（撤），腊月三十日到来，管取你脚忙手乱。然则正月初一便理会除夕事不为早；初识人事时便理会死日事不为早；那堪荏荏苒苒，悠悠扬扬，不觉少而壮，壮而老，老而死；况更有不及壮且老者，岂不重可哀哉？故须将除夕无常，时时警惕，自誓自要，不可依旧蹉跎去也。

题记中则有这样的话："余与白民交垂二十年，今岁余出家修梵行，白民犹沉溺尘网。"以佛教徒的观点来看，生死乃此岸的人生大事，无论生与死，都是痛苦的。摆脱生死处境的唯一途径是力修梵行，往生彼岸乐土。在弘一看来，他是以为自己已经觉悟到了这一点，才有出家修行之一举。他同时觉悟到，自己的这一举动也有点晚了些，超脱生死的事，即从开始懂事的时候就着手进行也"不为早"。老友杨白民却还未觉悟，仍在尘网中沉浮，蹉跎着岁月。这是必须点醒的。

弘一还为杨白民在另一纸上，书写了十善法，勉其多做善行，少犯愆尤。这十善法是：不杀生，不偷盗，不邪淫（此三项属"身业"）；不妄语，不两舌，不恶口，不杂秽语（此四项属"口业"）；不贪欲，不瞋恚，不邪见（此三项属"意业"）。

"天涯五友"之一的袁希濂，留日归国后，当了司法人员。他的任职之地，时与李叔同行踪巧合。1912年后，袁亦先后由天津到上海、杭州等地充当法曹。在李叔同未出家之前，袁和李叔同、夏丏尊三人，公余之暇，经常徜徉于苏白二堤，在细语倾谈间，领略着美丽的湖光山色。中间有段时间，袁曾调任永嘉（温州），1918年年底再调杭州时，李叔同已出家为僧，加上忙于自身公务，二人相见的机会不多。第二年，袁又奉调武昌。临行前，专程到玉泉寺和弘一法师告别。

弘一对他说："你前生就是个和尚，劝你从现在起朝夕念佛，多读佛书，方能回向当来，证得善果。当今大德印光法师，去年在扬州刻经院刻印了一部《安士全书》，是清朝人周梦颜的佛学著作，讲佛理十分彻底，不可不读。"

此时的袁希濂觉得与老友有些隔膜，没谈多久，郑重而别。袁后来再回忆这次告别时说："顾余当时对于念佛未起信心，而《安士全书》无从购觅，且身为法曹，更无与僧侣往来之机会。然念念不忘《安士全书》也。直到民国十五年在丹阳县任内，始得《安士全书》。急披读之，始恍然于学佛之不可缓，乃于署中设立佛堂，每晨念佛，并跪诵《大悲忏》，顶礼诸佛菩萨。十六年交卸后，急寻印光法师皈依之。是年腊月，乃从根本上师持松师父学密。直至今日，未敢一日懈怠，是则余学佛之机，不可谓非弘一大师启迪之也。"（《余与大师之关系》）

噫！袁希濂其人，前生果真一僧乎？弘一又何以识得其根器哉？

袁希濂之后，又有新结识的范古农来访。范于每年春首暑期，必来杭州佛学会讲经。1919年春天，他在讲完《十二门论》[138]后，率领会友前来玉泉寺，请弘一法师开示念佛。法师以收集《华严经普贤行愿品疏钞》相托，并约范古农夏天再来杭州讲演此品。

按照佛教仪规，僧人每年有三个月时间不得外出云游，需在僧籍所属的寺院静修，接受供养，相互检讨过失。这种仪规称为"安居"，又叫"结夏"。中国僧人的结夏期为旧历四月十六至七月十五。

1919年初夏，弘一法师回到虎跑寺，第一次过出家后的结夏期。

唱赞颂是结夏期中的日课。弘一法师从华德禅师学唱，在他僧手录的基础上整理成《赞颂辑要》一册，并作弁言。赞颂亦称赞呗，起源于曹魏，具体来说，是由曹操之子曹植创制。弘一在弁言中说：

陈思王曹植，因诵佛经，以为至道之宗极。乃制转读七声，升降曲折之响，世皆效之。后游鱼山，闻有声特异，清扬婉转，遂仿其声为梵呗。今所传有"鱼山梵"，即其遗制也。……歌唱赞颂，其利益甚多：一能知佛德深远，二体制文之次第，三令舌根清净，四得胸藏开通，五处众不惶，六长命无病。以是名山大刹，于休夏安居之时，定习唱赞颂为日课。……

弘一在虎跑寺结夏期间，老友夏丏尊来访。他检出原先书写的《楞严经》四节，另加

跋语后贻之。这几节经文是:

> 佛言:"善哉阿难! 汝等当知,一切众生,从无始来,生死相续,皆由不知常住真心,性净明体。用诸妄想,此想不真,故有轮转。汝今欲研无上菩提,真发明性,应当直心酬我所问! 十方如来,同一道故,出离生死,皆以直心。……"

> (佛言:)"文殊! 吾今问汝,知汝文殊,更有文殊? 是文殊者,为无文殊?"(文殊答言:)"如是,世尊! 我真文殊,无是文殊。何以故? 若有是者,则二文殊。然我今日,非无文殊,于中实无是非二相!"(佛言:)"此见妙明,与诸空尘,亦复如是。……"

> (佛言:)"富楼那! 想、爱同结,爱不能离,则诸世间父母子孙,相生不断。是等则以欲贪为本,贪、爱同滋,贪不能止,则诸世间卵、化、湿、胎,随力强弱,递相吞食。是等则以杀贪为本。以人食羊,羊死为人,人死为羊,如是乃至十生之类,死死生生,互来相啖,恶业俱生,穷未来际。是等则以盗贪为本。汝负我命,我还汝债,以是因缘,经千百劫,常在生死;汝爱我心,我怜汝色,以是因缘,经千百劫,常在缠缚。唯杀、盗、淫,三为根本,以是因缘,业果相续。……"

> (佛言:)"若我灭后,其有七比丘,发心决定,修三摩地,能于如来形象之前,身燃一灯,烧一指节,及于身上,热一香烛,我说是人,无始宿债,一时酬毕。……"

夏丏尊过去没有接触过佛学,面对弘一书赠的四条佛经语录,除了欣赏老友的书法艺术,虽也感觉到内中包含着他的期望,但对经文本身的含义,并不理解,一时只有感谢的份儿。过了一段时间,当他反复读过《楞严经》全文时,对弘一书赠的这几条语录,才仿佛有所意会。一以大乘佛学学理,在主体(人)和客体(外部事物及其现象)之间,存在一种心性本体,也称真心本体。这种心性本体自身照理应该是清净寂然,灵妙光明,常住本位,没有生灭变化的。但明极而生妄动变态,妄动变态即有人和山河大地各种主体客体的物质物理现象产生。在人,也就有了与眼、耳、鼻、舌、身、口、意相连的,色、声、味、触等各种欲望产生。由于对这些欲望的无限贪心，也就有了始终与疾病痛苦、你争我斗、互相啖食、因果相报（这类现象不但发生在人与人之间，也在人与万物之间）等相连的生生死死、轮回不已的人生。弘一书赠的第一节、第三节《楞严经》经文，是在告诫人们：为要出离轮回不已的生死之苦，就得经过静修，断绝各种欲望、各种贪心，以到达"性净体明"的"常住真心"的境界。在这两节经文中，与佛陀释迦牟尼对谈的阿难，是佛陀的堂弟（斛饭王之子），降生于佛陀成道之日，后随其出家，在佛陀十大弟子中，称"多闻第一"；富楼那，亦称满慈子，在佛陀十大弟子中，以雄辩善论、通晓佛法著名，称为"说法第一"。第二节中与佛陀对谈的文殊，亦称曼殊师利，以锐利威猛的智慧辩才出名，其修养已达菩萨果位，世称"文殊菩萨"。第二节经文是说，人的真身和名号，非唯一致无二，还都是心性本体变态而来的空尘幻缘，因此都不应该迷恋执着，重要的是如何把握到本觉正觉的真正本元，以免被肉体和声名所累。第四节经文的意思倒是清楚的，然而，香烛燃烧及身，果真有那么大的效力，能把一切罪恶宿债消除殆尽吗？这在夏丏尊，恐怕也一时难于理解和接受吧！

结夏期将结束的前几天，虎跑寺有一小黄犬卧病不起，看上去十分可怜。弘一法师约请几位僧人，为它念佛超度，并作《超度小黄犬日记》云：

> 七月初八日，风定，晴。午后小黄犬病不起，请弘祥、弘济及高僧共七人与余，为小黄犬念佛。弘祥师先说开示，念《香赞》《弥陀经》《往生咒》，绕念佛名后，立念。小黄犬（犹）不去。由弘祥师再开示，大众念佛名。小黄犬放溺，呼吸短促而腹不动，为焚化。了悟老和尚、弘祥兄及余所书经佛像……小黄犬深呼吸一次乃去。察其形色，似无所苦，观者感叹，时为申初刻。旋与弘祥、弘济及三高僧送葬青龙山麓。

法事及于旁生，弘一法师悲悯恻隐之心于此可见。

结夏期过后，弘一法师挂搭灵隐寺。刚刚住下，《太平洋报》时的同事胡朴安到访。胡赠诗一首。诗曰：

> 我从湖上来，入山意更适。日澹云峰白，霜青枫林赤。殿角出树杪，钟声云外寂。清溪穿小桥，枯藤走绝壁。奇峰天飞来，幽洞窈百尺。中有不死僧，

端坐破愁寂。层楼耸青冥，列窗挹朝夕。古佛金为身，老树柯成石。云气藏栋梁，风声动松柏。弘一精佛理，禅房欣良觌。岂知菩提身，本是文章伯。静中忽然悟，逃世入幽僻。为我说禅宗，天花落几席。坐久松风寒，楼外山沈碧。

弘一看了胡朴安的诗，当即以"慈悲喜舍"四字书答，却又对胡说："学佛不仅精通佛理而已，还需付诸实际行为。主要的是，事事出之以诚。我并非禅宗，又没有为你说禅语，你的诗中却有'为我说禅宗，天花落几席'等诗句。这是不应有的诳语了。"

胡朴安说："朴安囿于文人陋习，想不到犯了佛门诳语之戒，罪过，罪过。法师能如此坦诚直言，可见持律之精严矣！值得朴安学习！"

弘一在《玉泉居士墓志铭》一文中说："居士姓吴，字建东，梵名演定，复名衍，闽浦城杨溪尾人。改元后七年，余始剃染，与程子中和住玉泉，闻居士名。……翌年冬，结期修净业。十二月八日共燃臂香，依天亲菩提心论发十大正愿。"从行文顺序来看，内中提到的"十二月八日"，系旧历己未年日期，以公历推算，该是1920年1月28日。弘一于是日，与程中和、玉泉居士吴建东共燃臂香[139]，依天亲菩提心论发十大正愿，表示决心修行净业，以往生西方。

5月的西湖已是一片葱绿，节令将入夏季。到1920年这个时候，弘一出家快两年了。原来，在他的意念中，避开人际的纠葛、世事的纷扰，即为出家的愿望之一。出家修行，就得有一个幽僻清静的环境。可是这一年多来的实际情形又是怎样呢？弘一在俗时的生涯，毕竟太引人注目了，加上众多老友的真心关怀和出家之举造成的神秘色彩，追踪来访的人总是不断，弘一有不胜应酬之苦。他需要觅得一处僻静之地，以便掩关静修。

南通实业家和教育家张謇（季直），为祈嗣得应，在其家乡修了一所狼山观音院。原有的和尚太恶俗，张有意另请一位勤朴诚净的僧人或居士主持院务，心目中有两位合适的人选，一是弘一法师，一是太虚法师。张的门生江谦（易园），前些年掌南京高师校政时，曾邀李叔同担任过教员。另外，法师旧友欧阳予倩正在南通办伶工学校，门生刘质平亦在该校任教。去年秋天，张謇通过这些熟识法师的人联系，请他前来观音院住持。法师没有遽然应允，他想问清详情后再酌去就。但过了半年多，代询详细情形的友人未有回音，院方也没有再次表示"肫诚之敦请"，此事也就搁下了。不过，弘一法师与南通还是有些因缘。有一典籍《僧伽六度经》，系敦煌写本，后被英人斯坦因劫走，存英伦博物馆。1935年，佛教学者叶恭绰从子、英国文学研究家叶公超（1904—1981，名崇智，广东番禺人，后为外交家），自英国带回此经摄影。弘一法师应范成法师之请，依以书写刻石，置于南通狼山僧伽大圣道场。

南通没能去成，恰好有家在新登的浙一师门生楼秋宾来信，邀请法师前去贝山习静休养；并说，可以辟出一块山地，供老师"筑室掩关"。

新登又名新城，位于杭州西南，富春江畔（今属杭州市富阳区）。县内有贝山（又称贝多山、官山、北山），高两千余尺。是间8月至来年4月，积雪盈尺，久不融解。法师觉得贝山正是一处静修终老、往生西方的理想之地，因而接到门生来信后十分欣喜，决定前往。

远走新城筑室贝山，在弘一的心目中非比寻常，需事先做些准备。第一件需办的事，应去上海一趟，与老友杨白民等告别。这一两年来，白民为处理自己遗留的俗世之事，可谓尽心尽力，克尽友道，太为难他了。此去新城，回返无日，自己怎能一走了之？质平此时亦在上海，也须和他打个招呼。再说办道资金还未筹足，也需要白民、质平等扶持。这样，弘一便于旧历三月中旬去了上海。（关于这一行踪，有弘一先后写给杨白民、刘质平的信得到证实。给杨白民的信无日期，《弘一大师全集》书信卷[140]将其列为旧历四月，这一推测不确。从此信内容和另一封给刘质平信的日期推算，应为旧历三月下旬。信中说，"在沪欢聚，为慰。音不久将入新城山掩关，一心念佛。晌承仁者及诸旧友竭力维持，办道所需，已足可用。自今以后，若非精进修持，不惟上负佛恩，亦负君等之厚德。故拟谢绝人事，一意求生西方，当来回入娑婆，示现尘劳，方便利生，不废俗事。今非其时，愿仁者晤旧友时，希为善达此意也。"）

第二件事还需要等候新城方面门生楼秋宾有关盖房的筹备情况。弘一在1920年[141]旧历三月二十八致刘质平的信中说："新城工匠近皆耕植迫忙，寺舍能修理速就与否，未能决定。"土木之事，即在民间，亦不可擅动，于佛界中人更应郑重其事。何时动身前去新城，弘一还需要等待因缘。

这年旧历四月二十一，为弘一亡母诞辰五十九周年。法师敬书《佛说无常经》全文回向，以资亡母冥福。这部经典最早由大唐三藏法师义净译出。经文说：

> 如是我闻，一时薄迦梵，在室罗伐城逝多林给孤独园。尔时佛告诸苾刍（引者按：通译比丘），有三种法，于诸世间，是"不可爱"，是"不光

泽",是"不可念",是"不称意"。何者为三?谓"老、病、死"。汝诸苾刍,此"老病死",于诸世间,实不可爱,实不光泽,实不可念,实不称意。若老病死,世间无者,如来应正等觉,不出于世,为诸众生,说所证法及调伏事!是故应知,此老、病、死,是不可爱,是不光泽,是不可念,是不称意。由此三事,如来应正等觉,出现于世,为诸众生,说所证法及调伏事。尔时世尊,重说颂曰:

外事庄彩咸归坏,内身衰变亦同然;唯有胜法不灭亡,诸有智人应善察;此老病死皆共嫌,形仪丑恶极可厌;少年容貌暂时住,不久咸悉见枯羸;假使寿命满百年,终归不免无常逼;老死病苦常随逐,恒与众生作无利。

尔时世尊,说是经已,诸苾刍众,天龙药叉,健闼婆,阿苏罗,皆大欢喜!……

以佛教观念,"老""病""死"三法,是令人痛苦的,但它们又都来自"生"之一法;人而不"生",又何来往后的"老""病""死"三法呢?因此,"生"本身就是"老""病""死",这三种"不可爱""不光泽""不可念""不称意"人生现象的根源。《无常经》是佛陀在世时,专门用作为生西的比丘讽诵的。经文意在告诫他们,不要为了留恋生途,在未来世中再去投胎做人,再去经受一次又一次"老""病""死"的痛苦;而唯有生前多行善举,断绝恶道,才能彻底超脱生老病死,往生西方。法师手书此经回向亡母,也是为了愿她早日生西吧。

法师将之新城贝山,又敬书"南无阿弥陀佛"洪名六字,并摘录蕅益大师警训及《三皈依》《五学处》(即五戒)等,拟请丁福保[142]主持的上海医学书局付印流通,广结善缘。书件题记中说,"明蕅益大师云:念佛工夫,只贵真实信心。第一要信,我是未成之佛,弥陀是已成之佛,其体无二。次信娑婆的是苦,安养的可归,炽燃欣厌。次信现前一举一动,皆可回向西方;若不回向,虽上品善,亦不往生。若知回向,虽误作恶行,速断相续心,起殷重忏悔,忏悔之力,亦能往生,况持戒修福种种胜业,岂不足以庄严净土?"

依据佛理,只要将自己所修的善业和功德施给他人,也就是不断地为生灵或亡灵诵经念佛或书写佛经佛号,就能使生灵平安、亡灵超度,诵经念佛或书写佛经佛号者本人,先前即有一差二错的恶行,死后亦能超度往生极乐世界;先前无罪愆者,如能将所修善业和功德施给他人，其能往生极乐世界，不是更定而无疑吗？这就是佛门中常说的"回向"之举，也是弘一法师入佛以来，不停地诵经念佛、书写佛经佛号的奥秘之所在了。

在杭的知交门生，既得知法师将去贝山掩关，便于旧历六月中旬的一天，假城内银洞桥虎跑寺下院为他饯行。有送他佛经的，也有送他诗句的，表示分别的庄重与憾惜。老友马一浮赋诗七律两首，题为《弘一上座将掩室新登北山复绝处假此赠别且申赞喜》。诗曰：

> 平地翻登百丈崖，涅槃有路绝梯阶。
> 何人把手成相送，弟一安心是活埋。
> 古庙香炉非去住，晴空连榻莫差排。
> 白豪影里看行道，偏界莲华眨眼开。

> 消息应闻木马嘶，住山锹子任轻携。
> 了无一物呈高座，不见当前有阇黎。
> 何必渡河兼过岭，是谁曳耙与牵犁。
> 他年放出关中主，始信东方月落西。

友生们已经到来，法师却仍在和一班和尚绕着佛像念经。丁丁的铜盏声，很有韵律地传入来客的耳中，顿起一股清凉愉快的感觉，与刚才在街道上听到的嘈杂声一比，真是"一在天之上，一在地之下"了。

饯行的宴会自然是一色素餐，友生们倒也吃得别有滋味。

斋宴过后，大家在食堂中闲坐，与法师絮絮话别。法师指着座中的夏丏尊说："我的出家，大半由于这位夏居士的助缘，此恩永不能忘！"

法师如此说法，夏丏尊听后不禁面红耳赤，愧疚得无以自容。在夏此时此刻的思想里，他是觉得，一来，自己尚无信仰，还以为出家是不幸的事，至少是受苦的事，而先前的李叔同、现在的弘一法师，则能身体力行，修持种种苦行，让人见了常常不忍。二来，法师是因为他的"助缘"而出家修行了，自己却竖不起肩膀，依然浮沉在醉生梦死的凡俗中。因此，他在深深地感到对法师应负责任的同时，也很是难过。

临行之前，法师又专书"珍重"二字赠别夏丏尊，并有题记说："余居杭九年，与夏子丏尊交最竺（笃），今将如新城掩关，来日茫茫，未知何时再见？书是以贻，感慨系之矣。"大有此去不归之意。

弘一法师去贝山筑室掩关，且有在那里终老之意，这使一向与其相处甚得的程中和居士，动了随行相伴、为弘一作护关的念头。他当即决定正式出家，也请了悟和尚作剃度师。了悟为他取名演义，号弘伞。在佛门辈分上，成了弘一的师弟。马一浮亦作七律两首，为他送行，题为《灵璧程中和居士脱白即入新登北山奉此赞喜兼以赠别》。[143]

1920年旧历六月二十，弘一、弘伞两法师离开杭州这天，马一浮、夏丏尊、堵申甫、姜丹书、范古农、李鸿梁、蔡冠洛等友生们送至钱塘江轮船上，直到解缆而别。

一行人伫立江岸，眺望着茫茫水雾中的江轮，正渐去渐远……良久，不知是谁叹息一声，说："何时能再见两位法师呢？……"

弘一、弘伞来贝山后，暂住楼秋宾家中。筑室的事正在筹备，但颇不顺利。

在楼家，弘一反复讽诵着《佛说无常经》，并写下长篇序文一篇。他是应丁福保之请，准备连同来前书写的经文一起付梓流传。他在长序中认为，经常讽诵是经，能得七大利益。经文说，"老""病""死"（"生"亦一样）和整个人生，是苦、空、无常的，因此"不可爱""不光泽""不可念""不称意"，但如能经常讽诵是经，则可"痛念无常，精进向道"，其利一。是经正文300字，加上偈颂，也仅有千余字，"文约义丰，便于持诵"，其利二。按照佛陀的意思，比丘讽诵经典，均不应作吟咏声，"唯诵是经，作吟咏声，妙法稀有，梵音清远，闻者喜乐"，其利三。"此土葬仪诵经，未有成轨。佛世之制，宜诵是经"，其利四。"斩伐草木，大师所诃。筑室之需，是不获已。依律所载，宜诵是经，并说十善。不废营作，毋伤仁慈"，其利五。"是经附文，临终方诀，最为切要。修净业者，所宜详览"，其利六。"讽是经偈，逝多林中，窣堵波畔"，能真切地感受到佛陀在世时的音容芳规，其利七。七大利益中的第五利，关涉伐木营作之事。弘一这次来贝山，"将筑室掩关，鸠工伐木"。他反复讽诵《无常经》，原因之一就是为了排除伐木筑室时出现"别相""异相"等障缘。

障缘终于没能排除。来贝山不久，山洪暴发，泥石翻滚，计划中用作掩关静修的居室，没有筑成。弘一来贝山前，借得《弘律藏》三峡，还从日本请来有关南山律的"三疏"（唐道宣律师著《四分律删繁补阙行事钞》《四分律含注戒本疏》《四分律随机羯磨疏》）、"三记"（宋元照律师著《行事钞资持记》《羯磨疏济缘记》《戒本疏行宗记》），准备在贝山穷研律学。终因筑室不成，"未能如愿"。

筑室计划受挫，弘一、弘伞移居楼家附近的灵济寺。在这一寺院中，弘一做了几件佛事。

（一）为弘伞丧母书写《佛说梵网经菩萨心地品菩萨戒》一卷，"惟愿福资亡者，得见诸佛，生人天上"。

（二）是年旧历七月十三，是大势至菩萨圣诞，也是弘一剃度两周年。弘一敬书《佛说大乘戒经》一卷，"惟愿四恩三有，法界众生，戒香熏修，往生极乐"。

（三）旧历七月二十九，为地藏菩萨圣诞，弘一又敬书《十善业道经》一卷，愿法界众生，"以此净业正因，决定往生极乐"。

一进旧历八月，贝山即积雪凝寒，气温骤降，不宜居住。弘一、弘伞沿富春江下移衢州，驻锡北门外二十里处的莲华寺。该寺面临莲华溪（今为该地村名）而建，故得名。莲华溪"上驾石梁三虹，空谷幽涧，名胜甲浙东"。相传该寺始建于北宋建隆年间（960—962），后倾圮。清康熙四年（1665），由僧乾敏重建。乾隆五十五年（1790），僧永传增建禅堂，历时9年完工。殿庭宏敞雄伟，其规模为三衢。

在贝山时，弘一因写经过多，目力受到严重影响。来衢州后，遵照印光法师劝告，以息心念佛为主。写经一事，除手书并合辑装订了几册《阿含经》，没再多做。念佛之余，他不是到寺园莲花池数鱼休息，便去莲华溪畔漫步徜徉，捡拾滩头的奇石赏玩。

弘一在衢州莲华寺日子一久，便引起了地方上各界人士的注意，纷纷前来拜谒参礼。他最乐于会面的，是识字不多的劳动者和知识分子，对天真未泯的孩童，尤为喜爱；最不乐意接见的，是官僚士绅和军界人士。有位团长慕名来访，三访三拒，不免气愤，说弘一法师瞧不起武人。一位关心法师的人觉得不能得罪武人，劝他还是见一次为好。法师说："这位团长无非想要我一张字，我就送他一张佛号就是了。烦你转交吧。"团长想要的字是得到了，但他终究没能见到法师其人。

有位老居士带他幼小的孩子来访，法师一见，抚爱备至。小朋友当场写了一幅二尺小楹联，法师为他题写跋语，并说是小朋友的书法，自己还不及。

钦敬法师的人很多，赞扬他和善亲切，平易近人。那些被拒之门外的人，却说他脾气古怪，有架子，不好接近，等等。

江苏吴江人尤墨君，先前和法师同是南社中人，现在衢州当中学教员。法师在衢州挂单后，两人有较多的交往。尤爱好书法，一有空暇，便跑来莲华寺，向法师讨教如何写字。法师主张先碑后帖，但为何要按这种次序，他却没有明说。尤以自己的理解问他："习字先临碑，是要得其古趣，后写帖，是要具有媚态。是不是这样？"法师只是微笑着点了点头，不再作答。

尤墨君有意将弘一法师出家前的诗词文章编成一本小册子，以其有过"息霜"的别署，取书名为《霜影集》。法师并不反对，但他还是说："若录我的旧作传布，诗词悉可删去。我三十岁以前所作诗词，多涉绮语，格调又很单一，实在不值一看。"顿了顿，又说："不过你要真能编成一本小册子，刊出后，寄一本给北京的李圣章。圣章为朽人仲兄之子，俗家后辈之贤者，将我的这些作品寄给他，聊表纪念吧！"

看过尤墨君编选的目录，法师说："一首赠王海帆的诗，我不记得有此事，可以删去。以前送南社的诗稿，不少系友人代笔，未经我酎酌，甚为淆乱。我的意思是，传播著作，宁少勿滥；再有，绮语之类尤宜屏斥……非善业之故。"这样删来删去，也就所剩无几了。拟议中的《霜影集》，终究未能编印出来。

筑室贝山专研律学的计划受阻，在衢州莲华寺住了三个多月，辛酉年（1921）正月，弘一和弘伞又归卧钱塘，卓锡玉泉寺。

弘一还是觉得，"杭地多故旧酬酢"，干扰太多，不能"息心办道"（1921年旧历三月初五致毛志坚信）。因此，他在玉泉寺披阅四分律、阅读本土诸师有关注疏的同时，依然寻觅着一处适宜久住静心修持的所在。

第九章

常住永嘉

第九章 | 常住永嘉

这时，南洋公学同学、浙江瑞安人林同庄来玉泉寺说，永嘉山水清华，气候温适，又安静少打扰，可去那里专心修治佛典。弘一法师闻之欣然，有意前去驻锡，便请林同庄设法介绍。在玉泉寺常住的吴建东（玉泉居士），向与弘一友善，性格刚正不阿，好义忘利，得知弘一意向，也主动写信给他熟识的永嘉缁素，说是法师去后，"凡所需求，无虑难继，有某在耳"。不久，弘一接到当地吴璧华、周孟由两位居士邀请，便料简行装，拥锡去瓯。

永嘉乃古称，又谓永宁，即为现在的温州市。又因其地处瓯江下游，别称为"瓯"。瓯北为著名的风景区雁荡山脉。永嘉有两所远近闻名的古刹：一是位于瓯江孤心屿的江心寺，南宋时即被列为全国"五山十刹"之一。永嘉状元王十朋梅溪及第之前，在寺中攻读经史，曾撰下一幅名联，"云朝朝，朝朝朝，朝朝朝落；潮长长，长长长，长长长消。"另一古刹是庆福寺，俗称城下寮，坐落于大南门外飞霞洞前，背山面水，环境清幽。民国初年，名僧寂山上人来寺驻锡，增筑精舍，扩建道场，从者云集，极一时之盛。

弘一法师于1921年旧历三月下旬离开杭州，绕道上海前往永嘉。

法师在上海候船期间，许多当上高官的旧相识热情地招待他去住豪华的房子，他都拒绝了，情愿住在南市一所小小的关帝庙（雅称护国院）里。对其心仪已久，却一直无缘得见的国画家刘海粟先生，得悉法师卓锡沪上，便来庙中拜谒请益。海粟见到这位曾经风流倜傥、奢华一时的富家公子哥，如今光脚穿着一双草鞋，身着满是补丁的衲衣，房间中只有一张破旧的板床，竟难过得哭了。法师却双目低垂，脸容肃穆，无限尊严中透露着自信与满足。也许是当下道已不同吧，两位相继开创过中国男女模特写生的画坛名师，初见之下没有多少话好讲。刘海粟请法师写一幅字留作纪念，法师只是写了"南无阿弥陀佛"洪名六个字……

时在上海新华艺术专科学校任教的李鸿梁等几个原浙一师学生，得知李先生将去永嘉办道，以后见面的机会少了，便请他到学校中为大家写字留念。法师答应了。

写字之前，他嘱咐弟子们不要让别人知道有这件事。李鸿梁等便派出十多位艺专的学生，从楼门起直到大门口，沿路都站上人，以防有不速之客闯入。

写字过程中，有位同学问法师："如果现在有人请法师作画，您将怎样？"法师只是微笑,没作回答。

李鸿梁说:"倘有人来请画,也可以,日后等他来取的时候,仍将原素纸还给他,叫他自己去看,看得出什么就是什么吧。"

法师听后大笑起来。写完字,他和大家合摄了一影。

在关帝庙里住了几天,法师应老友杨白民邀请,移住城东女学。他曾在这所学校教过一段时间美术和国文课。有位叫朱贤英的女生,学习很努力,人也谦虚稳重,经常拿着绘画习作请李先生判正指教,是位艺术上很有前途的学生。没过多久,朱贤英却因病辍学,回家休养了。前两年,贤英侍母去普陀山朝拜,礼敬观音大士,受了三皈依,从此信上了佛教。这次听说已经出家的李先生来了上海,立即赶到城东女学拜见老师。十年阔别,各自都有了不小的变化。过去的李先生成了今日的弘一法师,朱贤英则已步入中年,且一副病态的模样。师生相见,不免感叹岁月的流逝、人生的无常。朱贤英向老师诉说了病后信佛的经过。法师欣慰地说:"听说你信佛至笃,修持无间,实在难得。"

朱贤英回答:"也还没有进入学佛三昧,请老师多多开示。"

法师说:"我最崇拜当代大德印光法师。他所倡导的持名念佛,实是学佛的最佳、最便捷的途径。我正是按他所示,专心持名念佛的。"

朱贤英问道:"什么叫持名念佛?"

法师回答说:"就是不干别的,比如不参禅,不打坐,不观想,而是专心念佛陀的名字。可以念'阿弥陀佛',也可以念'南无阿弥陀佛'。口念、耳听、心念,念到心中充满一片佛声,全无其他杂乱思念,以致口不念而心念。"

朱贤英听后深自庆幸,终于从老师这里领受到了学佛的门径。她向法师表示:"日后将按老师所嘱,不再旁骛他法,唯有一心持名念佛。"

法师微笑着念道:"阿弥陀佛!善哉!善哉!"

法师原想见一下分别了十五六年的老友穆藕初,终因穆不在沪上而未能如愿。他手写三经一帙赠穆藕初,作为对穆的怀念与祝愿。这些书件,一为《佛说五大施经》,一为《佛说戒香经》,一为《佛说木穗子经》。("木穗子"可为念珠。佛经云:"当贯木穗子一百八个,常自随身。")"每经系以赞扬劝修语,并附行人常识数则,简约明显,妙契时机。"这些书件,后由穆藕初"特付石印,用广流通,以慰大师弘扬佛法之深心,并尽朋友见闻随喜之至意"(尤惜阴所作法师写经题记)。

法师这次在上海待了五六天。搭船赴瓯这天，杨白民、夏丏尊、李鸿梁、朱贤英等在沪友生，都来黄浦江边送别。惜别之际，夏丏尊想起了法师去年离杭去新城的情景，便祝愿他此去一无障缘，修持通达。

弘一初到永嘉，曾息影于江心寺，后由吴璧华、周孟由两位居士介绍，卓锡庆福寺。从此，开始了他永嘉十年的行化生涯。其间，曾有多次短期或较长时间外出云游，包括两次远涉南闽，但永嘉庆福寺始终是他僧籍所属的常住地。他每次外出，通常是从永嘉启程，云游一段时间，又回到永嘉。

这里，在未叙述弘一法师到瓯后的行化事迹之前，先辨析一下他离杭来瓯的时间问题。多数年谱、传记和有关资料，大都将法师来瓯的时间说成是1921年旧历（辛酉）三月初，还说同年四月，他又由永嘉前往上海一次。这是不准确的。据笔者推断，法师离杭来瓯的时间，应为旧历三月下旬至四月初；至于说，四月间他又由永嘉前往上海一次，这种可能性是没有的。其理由是，（一）1921年旧历二月二十七，弘一在致杨白民的信中，虽然这样说过，"音定于下月初十左右，同程、吴二居士及其某上人至沪，搭轮赴温"；但是，直到同年旧历三月初十，他由杭州发出的致杨白民的信中还说，"现在程、吴二居士因事他往。俟二居士返杭，即订期赴温州，期前再以函通告仁者"。这就是说，旧历三月初十以前，弘一法师还在杭州。（二）弘一于旧历三月初五致信毛志坚，其中说道："……音以杭地多故旧酬酢，将偕道侣程、吴二居士之温，觅清净兰若，息心办道……今后通函，寄杭州城内万安桥下银洞巷四号。廿日左右，当再来沪，临时必可一晤也……"以上述三封信中所说的情形推断，弘一离开杭州，道经上海，再去永嘉，当在旧历三月底四月初了。弘一在手书《佛说十二头陀经》经末题记中确实说过："辛酉三月十日，居上海护国院。"从以上引述的信件看，旧历三月初十，弘一还在杭州，这里又为何要说"三月十日，居上海护国院"呢？这是他有意为了表示其原定计划的缘故；在弘一看来，他原定三月初十由杭至沪，"搭轮赴温"，后被改变行期，那是因他人的牵扯，并不关他本人的事。弘一这种独特的时间观，我们早已从他先前对待欧阳予倩不遵守约会时间的态度中见到过了。（三）弘一在1922年写的《题朱贤英女士遗画集》中也的确说过："去岁四月，余来沪，居城东（女学），贤英过谈半日，勉以专修持名念佛，勿旁骛他法。"但这是过了一年后的记载，所说四月，只是个大概的时间，此其一。弘一于三月底四月初来到永嘉，来后没几天，即宣布掩关静修，不可能在刚来几天并有约法三章的情形下，他又离开永嘉前去上海，此其二。某些年谱、传记说，弘一（1921年）"四月因事至沪，居城东女学，为女弟子朱贤英开示念佛法门"；但尚无史料证明，弘一因什么特别重要的事，在刚离沪去瓯不几天，又需要由瓯到沪呢？如果仅仅是"为女弟子朱贤英开示念佛法门"的事，写封信就能解决，他是不会自毁约法而专门去趟上海的。况且，"题记"中也并没有说是为了给朱贤英开示而特意到沪，只说他在上海城东女学时，"贤英过谈半日……"云云，此其三。从这三点来看，弘一所谓1921年旧历"四月，余来沪，居城东（女学）"，实际上就是指他三月底四月初，由杭州去永嘉，绕道上海这一次，并非到了永嘉后没几天，又一次前往上海。如果这一推断可以成立，也就可以进一步证明：弘一由杭州绕道上海前往永嘉的时间是1921年旧历三月下旬至四月初。至于缁素两界，在当时或日后回忆弘一这段经历时，将其由沪到瓯的时间定为旧历三月初，依据的则是他本人在诸如手书《佛说十二头陀经》题记中，故意更改了实际时间表的说法，是不能信以为真的。

年初在杭州，弘一即开始精心研读四分律和唐宋以来的有关注疏。他在后来编竣的《四分律比丘戒相表记》自叙中说道，那时"以戒相繁杂，记诵非易，思撮其要，列表志之。辄以私意，编录数章。颇喜其明晰，便于初学"。四月来永嘉住进庆福寺后，为了集中精力穷研律学，编制这一表记，他立即宣布闭关，并自约三章。约文中说：

> 余初始出家，未有所解，急宜息诸缘务，先办己躬下事。为约三章，敬告同人：
>
> 一、凡有旧友新识来访者，暂缓接见。
>
> 二、凡以写字作文等事相属者，暂缓动笔。
>
> 三、凡以介绍请托及诸事相属者，暂缓承应。

过了一个多月，他又以印刷品《掩关谢客简》，分寄丁福保等师友。简文说：

> 敬启者：不慧痛念生死事大，无常迅速。自今以后，掩关念佛，谢绝人事。谨致短简，以展诀别。他年道业有成，或可启关相见。凡我师友，希垂鉴焉！

庆福寺住持寂山上人知道弘一原为富家子弟和艺术界名人，但出家后竟能严持戒律，刻苦精进，因此在他来寺后，视同活菩萨一般钦敬供奉。考虑到他是过午不食的，特意将全寺午饭时间提前到十点钟。

弘一在来瓯不久写给夏丏尊和杨白民的信中说，他将"掩关谢客，一心念佛""如无障缘，期以二载，圆满其业（至后年春初止）"。闭关之后，除了初期遇上亡母王太淑夫人六旬冥诞，书写过《赞地藏菩萨忏愿仪》一卷和《佛三身赞颂》三种，以为回向，他把全部精力和时间都用在披读四分律上，读律之暇，又"时缀毫露"。有了寂山长老的悉心关照，加上自己严守约法，闭关三个月，他就编出了《四分律比丘戒相表记》初稿，为以后不断充实完备、细琢细磨打下了基础。

编完表记，写经两种——《佛说无常经》《佛说略教诫经》，作为亡父37周年讳日的纪念；接着又手书《增壹阿含经》《杂阿含经》和《本事经》，辑录《根本说一切有部毗奈耶犯相摘记》等经文多种。

这就很快到了1921年年底。弘一接到夏丏尊来信，信中说："我发心素食以来，在心理上，还只是觉得信佛只是信了一半，信得不够虔诚。每次看到你那种赤诚、牺牲的宗教家风，献身于佛道的不休息精神，再回想你往日在艺术上的成就，以及青年时代的生活，前后对照，如挥鞭断流，便使人汗颜不已。因此，我现在开始实践佛家的修持生活，每天早晚持'阿弥陀佛'圣号，愿师在光中加被。我今天在佛道上刚刚起步哩。"

读到夏丏尊的信，弘一十分欣慰。此前8月间，他曾在给夏的信中说道："义海渊微，未易穷讨，念佛一法，最契时机。"那是对老友的一种期待。现在，丏尊终于迈出了关键性的一步，真该为之高兴。欣喜之际，弘一挥毫书写蕅益大师[144]、天如禅师[145]、二林居士[146]等高僧大德法语数则，以贻丏尊。

趁未老未病，抖身心，拨世事，得一日光景，念一日佛名，得一时工夫，修一时净业，由他命终，我之盘缠预办，前程稳当了也。若不知此，后悔难追！

——天如禅师语

待无累而修行，何如藉修行而脱累，且尘劳逼迫，正可警悟苦空，磨砻情性。世情淡一分，佛法自有一分得力。娑婆活计轻一分，生西方便有一分稳当。

——蕅益大师语

>   轮转生死中，无须臾少息，犹复熙熙，如登春台。曾不知佛与菩萨，为之痛心而惨目也！幸赖善缘，得闻法要，此千生万劫转凡成圣之时。尚复徘徊歧路，乍前乍却，则更历千生万劫，亦如是而止耳！况辗转沦陷，更有不可知哉！
>
> ——二林居士语

弘一在文末加了这样的题记："丐尊居士发心念佛，为写先德法语，以督励之。"愿他早证菩提。

为夏丏尊写过字幅，弘一又想起另一位远在上海的好友杨白民。三年多前，自己剃度出家时，曾有手书训言提醒过白民老哥，可他至今依然沉溺于尘网世俗之中。看来还有必要再次予以点拨哩。给他写点儿什么呢？弘一想起了法常首座的辞世词，就手书此词，送给白民老哥吧！

>   此事楞严尝露布，梅花雪月交光处。一笑寥寥空万古。风瓯语。迥然银汉横天宇。蝶梦南华方栩栩，斑斑谁夸丰干虎。而今忘却来时路，江山暮，天涯目送飞鸿去。

来瓯将近一年，弘一深感寂山上人的慈悲护念，关怀备至，依律又需奉寺主为依止阿阇梨。

一天，弘一前来寂公关房畅谈。说话间，他忽然从袖子中拿出一份启事，表示拜师之意。寂公顿感愕然，说："余德少薄，何敢为仁者师？"

弘一说："我以永嘉为第二故乡，庆福作第二常住，为了能使我安心办道，恳请师父收下弟子为幸。"

寂公再三辞谢，当下没有应允。过了两天，弘一带着毡子，邀上吴璧华、周孟由两位居士，又来到寂公关房。他把毡子铺在椅子上，请寂公坐在上面，要行拜师礼。

寂公还是谦让不允。弘一便向空座礼拜，定要尊他为师。经吴、周二居士从旁恳请，寂公才含糊其词地算是应允了下来。

几天后，弘一还在当地报纸上刊出了拜师的声明。从此，他无论在寺里修持，还是外出云游来信，始终尊称寂山上人为"师父大人"，自称弟子。寂山上人对这层关系，时常感到不安。三年后，当弘一办道庆福寺下院茶山宝严寺时，寂山上人去信请他以后勿用弟子自称。弘一回信说，当继续以师礼事奉上人，且永不改变。信中写道：

师父大人慈座：

顷奉法谕，敬悉一一。……弟子到此以来，承唯善师兄诸事照拂，慈悲摄护，感激无既。以后恩师与唯善师兄晤面时，乞常常随时为之谆托一切，至为深感。又弟子在家时，实是一个书呆子，未尝用意于世故人情。故一言一动与常人大异。此事亦乞恩师婉告唯善师兄，请其格外体谅而曲为之原宥也。弟子以师礼事慈座，已将三载，何可忽尔变易？伏乞慈悲摄受，允列门墙，至用感祷。……

弘一既然如此赤诚，寂山上人只好任其自然了。

弘一法师继续在庆福寺关中披阅着多种律学经典，随时补充和修订着《四分律比丘戒相表记》。间歇中，也穿插了不少善事胜行。

去年，即1921年旧历四月初，弘一由杭来瓯途经上海，曾与女弟子朱贤英过谈半日，勉以专修持名念佛，不旁他法。朱贤英道念灵动，至心信受，弘一为之庆幸。但言犹在耳，贤英却以幻缘既尽，西方可适，过早地离开了人世。"净业始萌，朝露溘至"，得知这一消息，弘一有无限的慨叹。贤英的同窗们将其遗作辑为一集，准备影印流布，以志哀思。弘一应邀为画集撰写题词，叙述了与朱贤英的前后因缘。

篆刻一艺，系弘一在俗时的三绝之一（另两绝是诗词、书画）。他虽与夏丏尊交谊深久，却从未向这位老友出示过自己的篆刻作品。这在他的心目中，或许也是一种缺憾。想到自己老之将至，应及早弥补这一缺憾，便在旧历二三月间，以"大慈""弘裔""胜月""大心凡夫""僧胤"等别署，刻印五方赠予夏丏尊，以供其山房清赏。

以佛家观点看，篆刻与书法等俗事，有玩物丧志之嫌，出家人应予摒弃。以此，弘一为刻印五方，写了题跋。除说明缘起，还专门提到：

十数年来，久疏雕技。今老矣，离俗披剃，勤修梵行，宁复多暇耽玩于斯？顷以幻缘，假立臣名（引者按：以篆刻家张人希考证，"臣"字为"私"字之篆文书体），及以别字，手制数印，为志庆喜。后之学者，览兹残砾，将毋笑其结习未忘耶？

弘一之于夏丏尊，真可谓是念兹在兹了。刚刚刻送五方印章，又为夏书写了《集灵峰蕅益大师诗句》、晋王乔之作《念佛三昧诗》；今年夏天和秋天，又相继为夏手书了妙叶、幽溪、莲池等大师的法语，还手书了苏轼画阿弥陀佛像题偈等多件作品。他如此频繁地写赠老友，其用意可用他集联蕅益大师的两句诗概括。

万古是非浑短梦，一句弥陀作大舟。

这年夏天，温州遭遇飓风暴雨，墙倒屋塌，田园汪洋，众生受害。这中间，却有一桩奇事发生。风雨过后的第二天，即有吴璧华居士前来庆福寺，向弘一法师报告他的亲身所历。居士称，头天晚上，他卧身墙侧，在默念佛号中入睡。及至夜半，忽然墙壁倾圮，他被埋在瓦砾泥土之中。家人怀疑他可能已被砸死。等到大家奋力除去砖土，一看，他竟安然无恙，口中还在呢喃着"阿弥陀佛"。再看，他的颜面和肢体，也没有丝毫损伤。这让家人惊叹不已，深深地感觉到佛恩神力的浩荡无边。弘一法师听后，在庄严的念佛声中，脸上漾起一抹粲然的微笑……是巧合乎？是佛恩乎？信仰不同的人，会有不同的解释。弘一法师则在以后的二十来年中，每谈及念佛的好处，常以这一奇事为佐证。

温州风暴过后不久，弘一法师身患严重痢疾，药物治疗也不见起色。他疑惑自己将从此不起。寂山长老关怀备至，前来存问。当问到如何才好时，弘一说："大病从死，小病从医。今是大病，从死就是了。"

长老赶紧说："上人不必多虑，不会那么严重。"

弘一说："不是弟子多虑，我有感觉，弟子来寺一年多，恩师关照之恩难报。现在还有一个唯一的要求，请恩师照准……"

长老安慰着说："有何要求尽管提，小僧当尽力而为。"

弘一说："待我临终之时，将门窗之类紧紧关闭，再请几位法师助念佛号。气断六个小时之后，用这床榻上的被褥将我缠裹，送投瓯江江心，以结水族之缘。"

前来探视的大小和尚听了法师和寂山长老的对话，不觉悲从中来，痛哭出声……但一

第九章 | 常住永嘉

个奇迹出现了，就在"从死"等待中，法师的病却霍然而愈。这是否又是佛恩的浩荡无边，致使其获此解脱？抑或佛陀为了显示其无限的恩威，故意让弘一法师经此一劫呢？

病愈后，弘一又拿起早已开始撰写的《警训篇》，这是他根据蕅益大师的代表作《灵峰宗论》摘编的格言集录而成。年底竣稿时，他又另起了个名字——《寒笳集》。无论对方内人还是方外人，就提高道德情操言，这一编著，有不可忽视的启迪意义。

在关中时，弘一为庆福寺斋厨陈阿林写了一篇往生传，记其日常行状和去世经过。阿林面黄颧削，无福德相。每次开饭，他均合掌致礼。餐毕收拾碗盆，常呆呆地站在那里，直视着弘一，见法师吃得不多，他则愀尔改容，必穷其故。他有肺喘病，咳嗽不止，但并不介意操作的劳苦。晚饭后，常和众僧一起诵念《阿弥陀经》，持佛名号，"吭声凄紧，声绝同侣"。一天中午，阿林来到弘一室中，身穿新衣，仪表至伟，很是高兴的样子。就在这天傍晚，阿林回家后，宿疾转剧。临终那天早晨，嘱咐家人瀹汤，自己擦拭了身体，卧床念佛，泊然而化。弘一在为他所作的《庖人陈阿林往生传》中"赞"说，陈阿林并非勤修净行者，"然观其生死之际，脱焉无所累。人谓阿林愚，是其所以不可及也夫"！在法师看来，在生死之际，能够脱然无累，泊然而逝，正是众生所应追求的最后境界。以此观之，陈阿林并非真是愚蠢之人。

在钱塘时，虎跑寺为弘一法师派过一名少年侍者。这位侍者一面侍候法师，一面接受他的教育。法师既教他写字学文化，也教他念经做功课，还教他怎样处世接物，认真做人。法师曾教他写过很多格言，例如，"放宽肚皮容物，立定脚跟做人"；"律己宜带秋气，处世须带春风"；"临事须替别人想，论人先将自己想"；"心志要苦，意趣要乐，气度要宏，言动要谨"；"径路窄处留一步与人行，滋味浓处减三分让人嗜"；"以恕己之心恕人则全交，以责人之心责己则寡过"，等等。少年人进步很快。到他18岁那年，即1921年旧历正月，弘一带着他对当家和尚弘祥法师说："他家里很穷，也没有兄妹，我看他五官端正，让他出家好了。"弘祥法师让少年侍者拜了弘一为师，取法名"宽愿"，号"祖贤"。这是弘一在佛门中正式接受的唯一一个弟子。移锡永嘉时，宽愿也跟着来了。

弘一对培养佛教人才是很留意的，只是来永嘉之后，很快就向僧界反复表示，以后不再收受入门弟子，也不会出任住持之类的任何僧职，唯以念佛修持普度为己任。

庆福寺又派了一位少年与弘一同住，以护持一切。过了一段时间，这位少年受弘一的感化，也萌生了出家为僧的念头。弘一为了成全这位少年，竭力向寂山上人予以推荐。开始，寂公觉得侍者年龄太小，识性未定，将来良莠难知，没有应允。

几天后，弘一又请来吴璧华、周孟由两位居士，为少年侍者求情。一进寂公禅房，弘一即在师父面前长跪不起，要求恩准少年侍者出家。他说："假如以后他有什么违越行为，由吴、周二居士负责担保。"

寂公见弘一这般恳切，只好笑而答应，便让少年侍者拜弘一为师。

弘一既有不再纳徒的前约，岂能担下师父之称？他让侍者做了弘伞法师的徒弟。弘伞为其取名"因弘"，内含因弘一引荐出家之意；因弘又在名字后面加了"白伞"二字，全称"因弘白伞"，意思是，因了弘一而拜弘伞为师，一名之中，暗含了他师从二师的因缘。同为随侍，因弘以照料弘一法师的日常起居为主；从杭州带来的宽愿，负责接待来客，对外联络，师父外出云游也由他陪伴的时候多。

因弘白伞成才后，当了庆福寺寺主。

1923年春天来临的时候，弘一法师已在永嘉庆福寺中整整掩关静修了两年。终于按照原定计划，圆成其愿。这是弘一整个僧腊岁月中，第一次这样长期的掩关静修。往后，他准备到外地一些丛林中走一走，把云游和掩关静修、弘法利生结合起来。

第十章 启关游方

第十章 | 启关游方

上海浦东人穆藕初，在其《五十自述》[147]一书中说：

> 有某君者，二十年前创沪学会之老友也……嗣后赴日求学，贤名籍甚，邻邦人士惊为稀有。……回国后任教职多年，余虽不常见，然私心甚钦崇之。越若干年，忽闻某君将出家，来申与诸故旧话别。余时方兴高采烈，从事于实业。闻君发出世想，心窃非之。而君竟毅然决然脱俗出家，作苦行僧。虔治律藏，足不履地，严持净戒，示范人天。……癸亥二月中，余自北省归来，闻律宗某大师有来沪之消息。惟时节因缘动多牵绊，以故行期蹉跎。直至三月底，方始抵沪。……

穆先生文章中所谈"某君""律宗某大师"，即为弘一法师。由此得以证实，法师于癸亥年（1923）三月底由永嘉转道杭州抵达上海。这时，离他前年由杭州转道上海去永嘉整整过去了两年。[148]他严格地遵守了掩关的誓约，上海是他启关游方的第一个去处。他这次来沪，是要和佛教居士林的尤惜阴居士合作撰写一篇《普劝发心印造经像文》。

20世纪初，弘一法师和穆藕初在沪学会期间，曾为抵制外国货物侵占中国市场，一起振臂高呼过、慷慨激昂过，但往后20年，他俩却走了两条截然不同的路。穆在留美回国后，成了沪上一位颇有成就的实业家，李则成为空门一僧。穆在实业救国的过程中，也常常遇到各种障碍与挫折，有难于应付的窘境。就在弘一法师来沪之际，穆正为棉纺厂人事纠葛，愤然辞去了总经理的职务，"心绪甚恶劣"。因此，当他听说有"世外高人"来沪的消息，顿感"仿佛一轮皓月临幽室"，立即放下一切，专诚赶到弘一法师挂搭的沪北太平寺（普陀山三圣寺下院）礼谒参拜。

穆年长4岁，又是昔日好友，但一见弘一"目光炯炯，气象万千"的容貌，竟有些拘束敬畏起来，叙了一会儿旧，才慢慢放松自如。他把多年来在弘一出家问题上心存的疑虑，一一提了出来，弘一给了他圆满的答复。末后谈到佛教与时局的关系，穆说："我最近正在阅读有关东西方文化和哲学的书。见到有些书上对佛教颇有诋毁，断言说：'假使佛教大兴，中国之乱更无已时。'"

穆对这类过甚之辞，虽不以为然，但信向佛化之心，却又非常浅薄。他又接着说："我仅仅知道佛教是出世的，而我国衰败至此，非全力支持，恐国将不国，所以恕我直言，我不甚赞成出世的佛教。不知弘公将何以教之？"

弘一说："居士之所见，属于自利的小乘一派佛教。出家人并非属于消极一派，其实积极到万分。这，试看菩萨四宏愿就可知道。何谓四宏愿？就是：众生无边誓愿渡；烦恼无尽誓愿断；法门无量誓愿学；佛道无上誓愿成。一切新学菩萨，息息以此自励，念念利济众生。救时要道，此为急务。推行佛化，首在感移人心，以祈慈愿咸修，杀机永息，并非希望人尽出家。出家须有因缘，而出家人亦讲孝悌忠信，亦主张尽力建设，造福苍生。至于某些谈论中西文化的人，以为佛教大兴，中国之乱更无已时云云，其实作者并未真正知晓佛教之精义，只是在那里徒逗私议，浪造口业而已。口唱邪说，障人道心，罪过非轻，殊堪悯恻。……阿弥陀佛！"

少顷，弘一又竭力勖勉穆藕初今后勤看佛经，清净心地。他说："凡现在地位甚高之人，夙生地位亦甚高。万勿被眼前的富贵地位所迷惑。"

穆藕初在回忆这次和弘一会见，对其深远影响时说：

余经此一番开示后，觉佛教自可以纠正人心，安慰人心，使人提起精神服务社会。本诸恶莫作，众善奉行之主意，做许多好事于世间。故余深信佛教于人生有大益。但余喜在家自修，不愿向热闹场里造因，而取烦恼之果。

他还用以下韵语，道出了撰写《五十自述》一书的主旨。

世界原无事，吾人自扰之。痛心由失者，追悔已嫌迟。一切凭谁造，贪嗔更带痴。咸疑生恐怖，性海浪翻时。好事成残局，艰难只手支。机缘来莫喜，世味耐寻思。寄语当途客，咸宜慎设施。前车应借鉴，补益有毫丝。

在穆藕初这位实业家的韵语中，不也透出了一点儿佛心佛意么？而这，是弘一法师的影响所致吧。

南京高等师范学校校长江谦，得知弘一法师游方沪上，也来太平寺拜谒。谈话间，法师建议江谦读一读明代高僧智旭的著作《灵峰宗论》，并向江谦详细叙述了他师承系统的主要导师之一智旭的生平事迹。

智旭，字素华，别号"八不道人"，晚号"蕅益老人"。俗姓钟，名标明，又名声，字振之，古吴木渎（今属江苏苏州市）人。生于明万历二十七年（1599）。晚年定居浙江灵峰，故其门人将他的言论集命名为《灵峰宗论》。高僧圆寂于清顺治十二年（1655）。智旭年少时，不但不信佛，还著文"辟异端""灭佛老"。17岁，因读明代先贤、高僧袾宏（即莲池大师）《自知录》和《竹窗随笔》等著作，有所领悟，不再谤佛，将其所著《辟佛论》付之一炬。20岁，因闻《地藏本愿经》，发出世之心。24岁，在杭州五云山、莲池大师当初结庵地云栖寺正式出家。从此，智旭"遍阅律藏，方知举世积伪"，"尽谙宗门近时流弊"，"决心宏律"。智旭信奉过天台宗，但并非以此为限。他喜欢抓阄问佛决定意向。32岁，他打算注疏《梵网经》，做四阄问佛：一曰宗贤首，二曰宗天台，三曰宗慈恩，四曰自主宗。抓了几次都是台宗阄，于是究心台部，但又不肯为台家子孙，"以近世台家与禅宗、贤首、慈恩各执门庭，不能和合故也"。智旭门人说，如果以为智旭独宏台宗，那是在以耳代目了。他取别号为"八不道人"，也是由于古之儒、禅、律、教四家"不敢为"，今之儒、禅、律、教四家"不屑为"的缘故。他有意将各宗各派融会贯通起来。智旭原是奉行比丘戒的，自35岁这年七月十五，燃顶香六炷，拈得菩萨沙弥阄之后，又决意舍弃比丘戒而做"菩萨沙弥"。他说，这是因为目睹了不少受过比丘戒的僧人行为与戒律相悖，不如当个"菩萨沙弥"更能符合实际。智旭对于当时佛教界的不正之风，感慨系之。他说："诸方师匠，方且或竞人我，如兄弟之阋墙；或趋名利，如苍蝇之逐臭！或妄争是非，如痴犬之吠井；或恣享福供，如燕雀之处堂。"他觉得，当时之佛教界有"三可痛哭"：戒多伪谬，"遂令正法坠地，僧伦断绝"，一可痛哭也；教乘不讲，"遂令禅门诃为葛藤糟粕"，二可痛哭也；宗门败坏，"盲修瞎练"，流弊泛滥，三可痛哭也。还有"三可哀愍"，一者，"借佛法图利名，无实为人之心"；二者，"但知己长，不知人长，但见人短，不知己短，株守一得，向无佛处称尊"；三者，"但为大以欺佛，不从具体处着眼"。在智旭看来："法运日讹，老成凋谢。兽蹄鸟迹，交于中国；乳臭小儿，竟称宗主，拈花微旨扫地至此，不惟可悲，亦可耻矣！"身为佛界中人，他甚至痛骂"法师是乌龟，善知识是忘八"。为了匡正时弊，他从自己做起，自出家之日起，誓不敢称证、称祖，犯大妄语；誓不敢摄受徒众，登坛授戒，后来又誓不应丛林之请开大法席。……

弘一说："智旭的这些言行，虽在当时曾被视为'异物''寇仇'，却是值得我等后世佛教人深思的。"在向江谦介绍智旭的生平事迹之后，弘一还特别提到了智旭由儒入佛、以佛释儒、以儒附佛的情景。

在智旭看来，儒家"人心惟危"的"人心"与佛教的"真心""真如"，儒家的"尽心知性"与佛教的"明心见性"，儒家的"忠恕"与佛教的"直心"等，都是一个意思；而儒家所讲的"五常"，也与佛教的"五戒"相等，"世、出世法"，也"皆以孝为宗"的。智旭著《周易禅解》，自称是"吾所由解《易》者无他，以禅入儒，诱儒知禅耳"。他著《四书蕅益解》，目的在于：从《论语》中开发出"出世光明"；以《中庸》《大学》"谈不二心源"；对《孟子》一书，是要"饮其醇"而"存其水"，使其更加精纯。……

"总之，"弘一说，"智旭注解四书，是为了'助发圣贤心印'。"接着又对江谦说："建议你读一读《灵峰宗论》，无论对初步了解佛理，还是加深对儒学的理解，甚为有益。"

江谦在回忆与弘一法师的这次会见时说："癸亥遇师沪上，教读《灵峰宗论》，受益无穷。"他在《寿弘一大师六十周甲诗》中又写道：

细读灵峰宗论教，别来旦夕未能忘。
千年儒佛相攻案，至是铿锵会一堂。

这次在上海期间合作的《普劝发心印造经像文》一文，由弘一法师详细提示纲要，尤惜阴居士具体演绎撰就。文分六大部分：

一、印造经像之功德。

二、印造经像之机会。

三、印造经像之方法。

四、发愿文之程式。

五、写时画时之注意。

六、结论。

第一部分开头说：

众生沉沦于苦海，必赖慈航救济，而后度脱有期。佛法化导于世间，全仗经像住持，而后灯传无尽。以是之故凡能发心：对于佛经佛像或刻或写、或雕或塑、或装金或绘画——如是种种印造等法，或竭尽己心独立营办，或自力不足广劝众人，或将他人已印造者为之流通为之供养，或见他人之方印造者为之赞助为之欢喜。其人功德皆至广至大，不可以寻常算数计。何以故？佛力无边，善拔诸苦；众生无量，闻法为难。今作此印造功德者，开通法桥，弘扬大化，遍施宝筏，普济有缘。其心量之广大，实不可思议，故其功德之广大，亦复不可思议也。……

印造经像，究竟有何功德，有何利益，文章列出了十大方面：

一、从前所作种种罪过，轻者立即消灭，重者亦得转轻。

二、常得吉神拥护。

三、夙生怨怼，咸蒙法益，而得解脱，永免寻仇报复之苦。

四、夜叉恶鬼，不能侵犯；毒蛇饿虎，不能为害。

五、心得安慰，日无险事，夜无噩梦。

六、至心奉法，虽无希求，自然衣食丰足，家庭和睦，福寿绵长。

七、所言所行，人天欢喜。

八、愚者转智，病者转健，困者转亨；为妇女者，报谢之日，捷转男身。

九、永离恶道，受生善道；相貌端正，天资超越，福禄殊胜。

十、能为一切众生，种植善根。

《普劝发心印造经像文》于第二年（1924）附刊于商务印书馆印行的《印光法师文钞·增广本》第四卷，是弘一法师最早问世的一篇较大规模的佛学著作。

在虎跑出家的弘一弟子宽愿法师，这次随侍来沪。完成了《普劝发心印造经像文》的写作，师徒俩才有时间轻松一下。

一天，弘一微笑着对弟子说："宽愿，我带你到大东门去吃面，这家面店的老板会特别给我们加料，味道十分好，也不要付钱的。"

宽愿心想："怎么吃了面可以不付钱呢？"但他不敢多嘴，只管跟着师父去吃面了。

到了大东门青龙桥附近的一家面店里坐下，弘一对宽愿说："早先，我家住在这附近

天地为室庐　园林是鸟笼

百啭千声随意移,
山花红紫自高低。
始知锁向金笼听,
不及园林自在啼。
——(宋)欧阳修《画眉》诗

的鸡毛弄内。从日本回来后,就住这家面店的楼上,与面店老板很要好。"

不一会儿,面店老板娘过来招待,弘一问道:"老板在吗?"

老板娘回答说:"他去世已经多年了……师父认识他?"

弘一不再说什么,要了两碗素面。师徒俩正默默地吃着,老板娘又过来说:"这位大师父,我男人在世时,有一位很要好的朋友,记得是姓李的,什么名字我记不起了。他原在杭州两级师范学堂教书,听说是教画画、唱歌的。师母是一位贤惠的日本女子,夫妻俩感情也很好。他们就住在这楼上。"说到这里,老板娘叹了口气,接着又说:"可是,不知怎么的,这位李先生突然出家做了和尚,忍心丢下日本太太不管了!可怜呀,这位日本师母每天哭丧着脸,伤心得饭也不吃,觉也不困,我们劝她也没用。最后孤苦伶仃地回日本去了。"

老板娘说罢一番话,瞟了师徒俩一眼,似乎想从他们身上得到什么信息。她问道:"不知道你们两位师父认识不认识那位和尚?"

宽愿自然不敢吱声。弘一法师则毫不动容,静静地听老板娘说完,然后淡淡地回答说:"哦!你说的那位和尚,我认识,但不知道他现在到哪里去了。"

认识的老板已经去世,老板娘也没有客气不要钱。弘一说完话,付了钱,和宽愿离开了面店。回住处的路上,宽愿只见弘师默默地走着,不知道在想些什么,他自然不敢重提刚才面店中的话头了。

在太平寺,弘一依据北京新刊补陀(即普陀)光法师(即印光法师)校定本,标写元魏昙鸾所著《往生论注》一书。刚开始这项工作,即因背染癣疥,加上时入夏季,弘一便按来沪前在杭所约,由宽愿陪同归卧钱塘,以行结夏安居。

在杭期间,弘一为西泠印社书写《阿弥陀经》一卷。不久,由山阴吴熊舍资,仁和叶为铭监造,在西湖边建起弥陀经塔一幢。西泠印社特请名匠俞庭辅、吴福生、王宗濂、赵永泉四人,将弘一所书经卷镌刻于石幢,以为纪念。

弘一受戒时的大师父慧明法师,正在灵隐寺讲授《楞严经》,弘一前去听法。好几年没见到慧明法师了,弘一觉得他老了许多。头发斑白了,牙齿也已大半脱落。拜谒之下,弘一感怆悲叹,泪落不止。

夏末秋初的时候,弘一又离开杭州杖锡南行,经由绍兴[149]二莅衢州。

三年前,弘一因缘障贝山,曾初次移锡衢州莲华溪。他在这里潜心读经,开始编撰《四分律比丘戒相表记》。"清流澹泞,林木萧疏""高蹈之侣,乐是游居,遂其冲挹之性",莲华溪的环境是很适合他修持晋道的。

弘一这次来衢州,多数时间住在莲华寺和祥符寺,其间也曾去三藏寺和南湖寺挂搭。除继续治律、修改"表记"稿本、参与寺中的佛事活动外,他还与当地高士明哲频频往来,广结善缘。

空谷幽涧,佳蕙生焉。莲华寺旁莲华村,多隐士君子。弘一前次卓锡期间,结识了医生冯明之其人。冯氏通晓医典,博学穷研,但能"蔑视荣利,无闻于世,蔬食长斋,栖贫自澹"。弘一和冯氏交往,已深感投契无间,相与欣然。而冯氏介绍的另一位乡贤汪梦松的高轨懿行,更使其钦慕不已。

"汪梦松藏书甚富,床头案角,积帙千卷。他家无资蓄恒产,生活清贫,但只要手中有点钱,必去书肆求购,见到旧刻善本,不惜负债买下。汪是一位店员。白天,在老板家料理店务,晚上,便退居一室,陈书览卷,每每四鼓乃寝。二十年来,未尝一日间断。汪于书无所不观,经史之外,旁及汉宋训诂义理,三唐文词、书画篆刻之术,无不博涉会通。汪梦松亦通金刚心经,持名念佛,信奉净土宗。"上次弘一听过冯明之的这番介绍,曾致词延请汪梦松,以一睹其夷旷之致。不巧的是,那时汪正外出营业,未能获见。弘一去永嘉后,曾接到过汪的来书,"词况冲美,欣若暂对"。两人都盼望能有会晤的一天。

弘一这次来莲华寺没几天,冯明之带着汪梦松、胡嘉有舅甥来访。在弘一的印象中,汪"容仪温蔼,不事外饰,从容谦语,雅相知得"。一经交谈,有如故交。后来,汪、胡舅甥又多次到弘一住处拜访。法师与汪论及史传词章、书法篆刻,汪能一一举出其来龙去脉、派宗流别,不知道的人还以为他是一位老师宿儒。人称汪善贾,他的雅思润才却很少有人知道。弘一为这一空谷佳蕙不能被世人所赏识而惋惜。胡子(嘉有)亦如其舅,姿性不群,潜心道味。弘一每以梵典出示梦松,胡子往往过来伏案寻览。遇到不明白的地方,梦松为他释义讲解,指事曲喻,牖导周至。

应冯明之之请,弘一为汪梦松写了一篇《汪居士传》(传中"梦松"作"梦空"),嫌其不详,又作补遗,极言汪之家世多舛、人品学识。莲花溪滩头多赏玩之石,弘一曾将掇拾的两枚,书赠汪梦松。一枚上写的是"放下"二字,另一枚上题了宋朝临济宗志芝禅师的一首诗。诗曰:

千峰顶上一间屋,老僧半间云半间。

昨夜云随风雨去，到头不似老僧闲。

其对汪之器重，可见一斑。

三衢一地有弘一浙一师时期的同事与学生，一天，学生杜宝光来访。杜说："在浙一师，我和丐因（引者按：指蔡丐因）虽未能亲受教诲，但大师艺术精湛，早负盛名，况当盛年，丰仪素服，风神潇洒，乃校中一颗彗星，为全校师生员工所共仰。"

法师听完微笑着说："在此又结善缘！"

杜宝光问起法师的起居饮食生活习惯，法师说："我是持非时食戒的，过午不食。穿着也很简单，衣不过三，一衣一履要用多年。出家人讲究惜福。物者福也，惜物就是惜福。惜福、习劳、持戒、自尊，这四个方面，也是在家居士应该躬行的呢。"

杜宝光叩别时，法师送他一幅佛号。在"南无阿弥陀佛"后面写有三行小字："一句弥陀，性本自空，星皆拱壮，水尽朝东。一句弥陀……"

程本一是弘一浙一师的入门弟子，曾数次到莲华寺看望老师。再坐春风，聆听教诲，感到异常愉快。最后一次，他拿来一条毛巾敬奉老师。法师婉拒不受，说是旧的尚可使用，丢了可惜，并嘱咐他要以惜物惜福的精神去培育人才。

浙江江山人毛善力当时在衢州第八师范供职，爱好书法篆刻，亦有信佛倾向。与弘一法师相识后，他多次写信咨询佛法，还要求法师为他起个梵名。毛原名世根，号子立、梅泉居士。法师为他命名"慈"，字曰"慈根"。法师将离衢州，毛善力依恋哀恳，希望对他的命名作一释义，以为纪念。

法师说："经论中言'慈'之处很多。现在只举一端，以说明其大趣。《华严经》修慈分中说：'凡有众生，为求菩提，而修诸行。愿常安乐者，应修慈心，以自调伏。如是修习于念念中，常具修行之六波罗蜜。速得圆满，无上正觉。''六波罗蜜'者，是指六种从迷界渡到解脱境界的方法。《梵网经》中说：'若自杀，教人杀，乃至一切有命者，不得故杀。是菩萨应起常住慈悲心、孝顺心，方便救护一切众生。'佛教术语中'常住'一词，有两个意思，一是指僧侣常居住在某个寺庙中，一是指某物经常存在、永恒不息的意思。这里是指第二个意思。'方便'一词，是指某种巧妙的手段、方式方法。再看《观无量寿佛经》中对'慈'义的解释，'上品上生者，有三种众生，当得往生。一者，慈心不杀，具诸戒行。'佛教讲往生西方极乐世界有九个阶段，'上品上生'是第一阶段。如来制戒，不杀为首。所以说，修慈心者，戒杀为先。希望你自励励他，善弘戒杀一事。守住了这一戒，将利益终生，也才能不负我为你起名为'慈'的本意。"

毛善力诺诺称是。法师又说："我再送你一偈，将上面所说的'慈'字的含义概括在里面：'慈者德之本，慈者福之基。云何修慈心，应先戒残杀。若人闻是说，至诚心随喜。离苦受诸乐，往生安养国。'安养国者，就是西方极乐世界。毛居士，现在你理解'慈'名的含义了吗？"

毛善力频频颔首，感谢大师引经据典深入浅出的解释，使他懂得了以"慈"为名的要谛。唯有努力奉行不杀一戒，方能不负大师的殷切期望。

弘一法师在衢州大中祥符寺卓锡之际，正遇上善男信女们在这里设立佛教会。他随喜赞助，捐献了手边经常诵读的几种佛经和全部《藏经》《续藏经》，并倡议设立看经会，以广泛流传。（住持妙玄法师为了保护弘一法师奉献的这批佛典，不久在后殿专门建造了藏经楼。）为了纪念二度莅临衢州莲华寺，弘一法师离开时，还将一部从东瀛请来的《行事钞》送给了寺里。

法师这次来衢途中，经过绍兴时，曾答应开元寺寺主撰写一篇募建殿堂疏。在莲华寺住下不久，即完成了这一著述。腊月间移锡大中祥符寺，遇上寺中安葬原住持朗月照禅师，他参与了窆礼仪式。事后，又写下《大中祥符寺朗月照禅师塔铭》一文，赞扬了禅师一生不慕钱财、乐善好施、"抗行竣节，与世寡和"的古德遗风。

及至1924年旧历四月，弘一法师驻锡衢州已半年有余，离开永嘉也一年多了。那里缁素两界的友人们已多次来信，"敦促"其尽早返回，"继续掩室"。情谊殷挚，不能推辞。况且，永嘉还是自己的第二故乡和第二常住。再者，四月初，衢州市内有设立普利道场的盛事，他入城随喜时，由于居室不洁，潮气侵染，得了寒热病，已经缠绵多日。为了养疴，也需要换换环境，他打算返回永嘉了。

弘一这次在衢州，和上次一样，没有拜谒过，也没有接待过当地任何一位军政官员。临行前两天，他却专程前往北门白果巷，拜晤79岁的吴子弓先生。吴老先生治说文、易经、精通考据性理之学，是当地一位饱学之士，所作诗文，亦不同凡响。其为人嵚奇磊落，性托夷简，在民众中口碑甚佳。法师前去拜晤，一来表示钦慕，二来是想请吴老先生为他书一"旭光室"室额，作为二次来衢的纪念。明代蕅益大师名智旭，是他敬仰的前贤之一。他把此次在衢住过的关房，取了这么个名字，以显示其在智旭的光照中修持精进的决心。

朝曦入檐，沉寒在袖。暮春的浙江，一大早还有些寒意。吴老先生又眼力微盲，只能写写大字。但见法师如此恳切前来，他便庄严将事，焚香扫地，举笔拜手，方才落笔，并对法师说："老朽虽各书未工，然诚意为贵矣！"

法师后有《旭光室额跋》一文，记叙了这次拜晤的情景。文章赞扬吴老先生："安德忘贫，不慕荣利。三衢多耆宿，君其首出矣！"其敬佩如此。

1924年旧历四月十九，法师自衢州启程，经松阳、青田，于四月二十五回到永嘉庆福寺，结束了自去年春天启关以来的第一次游方生涯。

他是带着一身病痛回来的。旧历六月下旬，在写给俗家侄儿李圣章（关于弘一这位侄儿的情况后面再作介绍）的信中说，他在衢州染上的寒热症，一直"缠绵未已""延至五月初七八日乃愈"；其时又"并患咳嗽痰滞，迄今已将三月，虽颇减轻，仍未止息，想已转成慢性疴疾"。因此，回永嘉后，"拟继续掩室，一以从事修养，一以假此谢客养疴"。信中还说："朽人近年已来，神经衰弱至剧，肺胃心脏，并有微恙，故须节其劳瘁，息心静养也。"

弘一在庆福寺继续掩关，一边读经静修，一边修改定稿《四分律比丘戒相表记》。他觉得"数年以来，困学忧悴"，就因了编写这部著作，"遂获一隙之明，窃自幸矣"！现在需要赶紧杀青，以及早刊行流布，利益众生。进入旧历八月，他终于完成了这项工作，以后只是细琢细磨锦上添花的事了。他感到有些轻松和喜悦，想出去散散心呢。

瓯江流贯的雁荡山脉，向为浙东形胜之地。春夏秋三季，这里是游览观光的好去处。弘一来永嘉已经3年多时间，却一直没有机会饱览过雁荡瓯江的山光水色、旖旎景观。

这天——旧历八月十七，早晨，弘一将《雁荡山图》铺展在案桌上，他是想仔细了解一下自己所在的地理环境。看着看着，他被雁荡山脉的雄奇翠拔、多姿多彩深深地吸引了。不知为什么，他忽然想起了远在沪上的老友杨白民。旋即又想到，何不将雁荡山脉的形势描摹下来，邮寄白民老哥，约他前来一起游览观赏呢！……"对！这确是一个很好的主意。"弘一自言自语着。

但就在这天傍晚，弘一收到了杨家的来信。从信的开头看，好像是白民的手笔，接着，却又历述起"家父"的"病状"等事。弘一心想："白民无父久矣，何缘说此？"他感到有些惊诧起来，急着翻到第二页纸，突见署名为白民女儿杨雪玖。他即刻意识到："白民殁矣！"……

不久以前，弘一因湿热症和胃炎，"几濒于危"。近来刚刚有些好转，却又传来这样的消息！他绕屋长叹，悲痛不已，"二十年来老友，当以白民老哥最为亲厚。今白民殁矣！……人生无常，友情亦不能天长地久么？"

得知老友病故，弘一即复信雪玖贤女。信中说："自明日始，当力疾为尊翁诵经念佛；惟冀老友宿障消灭，往生人道天中，发菩提心，修持净行。当来往生极乐，早证菩提。"

过了两天，又去信嘱咐雪玖贤女："尊翁既逝，贤女宜日诵《地藏菩萨本愿经》（有正书局《功德经》皆有，价三角余）及《阿弥陀经》，并持阿弥陀佛名号，以报深恩。早晚诵发愿文三遍。"他还为杨雪玖拟定了以下发愿文：

以此诵经持名功德，回向亡父杨白民居士。惟愿亡父业障消除，生人天上。觉心普发，净业勤修，往生西方，早成佛道。

写完信，弘一陷入了深长的悲哀与茫然中。他回忆起七八年前的往事，那年夏天，自己在虎跑、灵隐出家受戒，白民去杭州看望时，曾为他写过训言，题记中提醒他及早安排生死大事，不能再"沉溺尘网"，陷于世俗中不能自拔。但白民老哥"荏荏苒苒""悠悠扬扬""依旧蹉跎"了六七年，不知道他临终是否觉悟了人生苦空无常的道理呢？

斋经三译，繁简各殊，并有所长。后三藏法护等译出的《佛说八种长养功德经》，也是此类经典。这一译本中的受八戒文，辞理辩畅，超胜旧译，净行之侣依是诵说，更为方便，但流传未广，承用的人也不多，这是很可惜的。最近玄父居士[150]正有意倡缘，弘布此经。如能将其精心书写出来，提供后贤广闻诵念，这不也是对白民老哥的一种回向吗？弘一想到这里，便净手磨墨，焚香礼拜，一笔不苟、一字不简地开始书写《佛说八种长养功德经》。花了整整两天时间，才将全经写完。这是他近年来书写最长的一部经文，也是他为后世留下的一部书法杰作。

接着，弘一又开始了另一项更为宏大的佛事工程——全文书写定稿不久的《四分律比丘戒相表记》，一旦因缘成熟，就影印流布。

光阴荏苒，岁月流逝。甲子过后是乙丑——1925年，弘一法师年届四十又六。他感到，自己已经进入了晚年，但还有很多自利利他的事情要做；晚年如晚霞，应有一片别具绚丽的光彩，辉映于人间天上。童年时期，他爱读唐人李商隐的诗。其中一首《晚晴》诗，他更喜爱不已。

> 深居俯夹城，春去夏犹清。
>
> 天意怜幽草，人间重晚晴。
>
> 并添高阁迥，微注小窗明。
>
> 越鸟巢干后，归飞体更轻。

此时此刻，他在反复吟诵中，对全诗有了新的体悟。颔联所写，久雨转晴，傍晚云开日霁，万类顿觉增彩生辉，人的精神为之一爽。久遭雨潦之苦的幽草，由于余晖的沐浴，平添了盎然生意。末联中写到，亟待归巢的飞鸟也因了余晖的抚慰，归飞的体态轻捷而快适了。在弘一法师看来，诗中蕴涵的境界，或许正道出了他目前所处的境地和所持的意向。西天晚晴令万物生辉，令归鸟体轻，这是何等美妙的因缘呵！佛界的妙音，不也有如久旱之后的甘霖吗？我弘一法师，不也因为沐浴了它的恩泽，在人生的归途中，才感受到了无累而身轻么！佛音本身是广大久远没有终极的，受其恩泽之照而辉发光彩的人生，尽管是短暂的，但它又是值得看重的。所以说，人间又是重晚晴的。

重读李商隐的诗，弘一觉得，将自己的住处命名"晚晴院"，是最合适不过的了。于是请永嘉长者陶文星老先生和张蔚亭居士，分别书写了"晚晴院"匾额。两匾集于一堂，相映生辉。从此，弘一书写佛号、法语或经籍，落款处又多了个室名和别号。

自去年——1924年旧历四月返回永嘉，弘一在庆福寺关房中边养息边静修了整整一年——这是他第二次较长时间的掩关闭室，身体有所恢复，念兹在兹的大事——修订定稿和书写《四分律比丘戒相表记》也已经完成，同时还完成了《五戒相经笺要》校补。

还有一件令弘一兴奋的事：多年来再三向当代大德印光法师恳求列为门人的愿望，终于有了实现的可能。现在，他正等候时机，前往普陀山参拜。

第十一章

参拜印光

第十一章 参拜印光

杭州湾和东海交汇的汪洋中，自北向南，陈列着数十个大大小小的岛屿。这些岛屿大都以山为名，舟山为其中的大岛之一。在其右侧东南方向不远处，有一岛屿名普陀山，岛虽不大，但因它在中国佛教史上的特殊地位而闻名于世。

普陀山隶属舟山群岛，面积仅12.76平方公里。最高峰称佛顶山，海拔291.3米。山上有白华、锦屏、大小雪浪、象王、达摩、正趣诸峰，起伏有势，绿浪如潮。整个岛屿环山为海，浅沙碧波，海阔天空，又独具空寂渺远的佛教情调。传说唐代有古印度僧人来此，见到观音菩萨在这里说法，并授以七色宝石。又传说五代后梁贞明二年（916），日本僧人慧锷自五台山请得观音像乘船归国，航行至普陀山触礁受阻，不能继续前行。慧锷和尚便将观音像留在岛上，并造寺供养，称为"不肯去观音院"。再往后，又因《华严经》上有善财童子曾参谒观音菩萨于普陀洛伽之说，便将这个小岛称为普陀山，将其东面的另一小岛称为洛伽山，两岛全称普陀洛伽山。从这以后，山上逐渐增建了普济寺、法雨寺、慧济寺三大寺院，以及观音洞、梵音洞、盘陀石、南天门、西天门等众多佛迹。其声名远播日本、东南亚各国。普陀山与五台山、九华山、峨眉山合称中国佛教四大名山。

普陀山三大寺之一的法雨寺，初名海潮寺，明万历三十四年（1606）赐额"护国镇海禅寺"；清康熙三十八年（1699）又赐"天花法雨"之额，遂改名法雨寺。由于该寺位于普济寺的后面，俗称后院。规模宏大壮丽，院内的九龙殿系清初由明故宫拆迁而来。千百年来，普陀山是十方僧人居士善男信女们朝拜不息的圣地，而法雨寺由于位处后院，环境洁净幽雅，更是历代高僧大德卓锡静修的所在。

1925年旧历五月下旬，在法雨寺的一间关房内，一位年老的法师，按照其平常的日程安排，该干什么还是干什么，原先怎么干的还是怎么干，一切都没有什么特殊的变化，好像旁边根本没有第二个人似的。而实际上，这几天来，他的身前身后、身左身右，有另一个远道而来的僧人在。这位身材瘦长、风神清朗、年龄要小二十岁的中年僧人，从早到晚，正以无意的姿态，在有意地观察着老法师的一言一动。他看到，老法师于惜福一事最为看重，衣食住等方面都极为粗劣，力斥精美。每天早晨，他仅食白粥一大碗，问他怎么一点儿咸菜都不吃，老法师说："我初来普陀的时候，早饭是有咸菜的，但我是北方人，吃不惯，因此改为光吃白粥不吃咸菜，已经三十多年了。"食毕，每以舌尖舐碗，至极尽方止。又看到：午饭时，老法师与一般僧人一样，也是一碗饭，一碗大众菜。食毕，又每以开水注入碗中，涤荡其余汁，即以之漱口，旋即咽下，唯恐轻弃残余之饭粒菜汤。

中年僧人还看到：老法师一人独居，事事躬自操作，没有侍者帮助。每天，他自己扫地、拭几、擦油灯、洗衣服。他自己如此习劳，为常人作模范，故见到有懒惰懈怠的行为，他都提醒规劝。

老法师不但自俭，对人亦极为严厉。一天，来了位客人，留在寺内用餐。客人在碗里剩了些饭粒，老法师大声呵斥说："你有多大福气，竟如此糟蹋粮食？"客人唯唯，重新端起饭碗，将残剩的饭粒仔细地吃光。再一次，有客人将冷茶倒弃在痰桶里，也被老法师呵斥了几声。

这位老者就是当时海内宗仰的印光法师，因为他常年住在普陀山法雨寺，缁素间称他为法雨老人。在他身旁的中年僧人，正是本传传主李叔同——弘一上人。

印光法师（1861—1940），法名圣量，别号常惭愧僧。陕西邰阳（今合阳）县赵陈村人。俗姓赵，名绍伊，字子任。邰阳古称有莘，有昔贤伊尹躬耕处，印光俗名绍伊，以志景仰。印光在兄弟三人中排行最小，幼年随长兄读四书五经，颖悟异常，被誉为童中秀才。因读程朱理学，经常有辟佛的言论。15岁后，病困数载，反思往年所言所行，始悟前非，返而信佛。20岁（1881年）从道纯和尚出家于陕西终南山莲华洞寺。第二年，在兴安县双溪寺印海法师座下受具足戒，皈依净土宗，专意于念佛三昧。受戒前，他曾在湖北竹溪莲华寺充当照客，晒经书时，读到一本《龙舒净土文》，得知念佛法门。印光一生自行化他，以净土为归，就是从此时发端的。后印光听说北京怀柔县红螺山资福寺，系彻悟大师所创的净土道场，便于1886年辞师前往。一住三年，净业大进。1893年，印光随普陀山法雨寺住持化闻和尚移锡南来，在寺中不担任任何僧职，只任寺中常住首座，主理藏经，安居藏经楼钻研典籍，精修净业。先后闭关三期，达九年之久。1904年首次出关，协助谛闲法师去温州头陀寺迎请藏经。事毕，旋即北归，仍住法雨寺藏经楼专志潜修。1912年，上海狄楚卿居士创办中国第一个佛教刊物《佛学丛报》。1914年，有高鹤年居士参礼普陀后，将印光法师的数篇文稿带回上海，送交《佛学丛报》，以"常惭愧僧"的署名公开发表了。接着，又陆续登出了印光法师的另一些著作。读者对这些文章大为叹服，印光法师从此为缁素两界所瞩目。

1917年和1918年，佛学家徐蔚如居士（1878—1937，名文蔚，号藏一，以字行，浙江省海盐人），在天津、北京相继出版了《印光法师信稿》《印光法师文钞》。这时，正值李叔同出家前后，印光的著作也引起了他的注意。1920年，徐蔚如又将印光的数十篇文章合辑两册，拟交上海商务印书馆和扬州藏经院分别刊行。弘一应约为《印光法师文钞》撰写以下题词。

是阿伽陀，以疗群疢。
契理契机，十方宏护。
普愿见闻，欢喜信受。
联华萼于西池，等无量之光寿。

他还在题词的"叙"中说："余于老人向未奉承，然尝服膺高轨，冥契渊致。"在跋语中又说："老人之文，如日月历天，普烛群品，宁俟鄙倍，量斯匡廓。"显示出他对印光法师的无限崇敬与感佩。

印光法师的文章佛理深邃，文义典雅，却能以明畅显露、通俗易懂的形式出之，从而赢得了众多善男信女的喜爱。两册《文钞》一出，立即风行海内；而梁启超等闻人的极力推崇，更扩大了该书及其作者的影响。梁赞扬说："古德弘法，皆觑破时节因缘，应机调伏众生。印光大师，文字三昧，真今日群盲之眼也。诵此后，更进以莲池、憨山、紫柏、蕅益诸集，培足信眼，庶解行证得，有下手处。启超具缚凡夫，何足以测大师，述所受益，用策精进云尔。"此时的梁启超虽说已从时代风潮中退下身来，但其一言一动，仍为世人所留意。梁本来又是研究佛学的，他对印光著作的评价，自有其特殊的社会作用。曾经服膺过康、梁的弘一法师，在佛学进修上，也不会不受梁启超推崇印光的影响。

约定在为《印光法师文钞》撰写题词不久，弘一法师即与印光通信联系。弘一写给印光的信没能保存下来，但从印光的复信和弘一致他人的信件中，亦可见出他写给印光信件的大致内容。

1920年7月26日，印光在复信中说："书中所说用心过度之境况，光早已料及于此，故有止写一本之说。以汝太过细，每有不须认真，犹不肯不认真处，故致受伤也。"从印师复信中可以看出，这年春夏，弘一法师在杭州和新城贝山期间，由于写经过多，色力日衰，损害了健康。其中有些写经、写字，在印光看来，属于不必过于认真的应酬之事。所以印师劝告他说："观汝色力，似宜息心专一念佛，其他教典与现时所传布之书，一概勿看，免致分心，有损无益。应时之人，须知时事。尔我不能应事，且身居局外，固当置之不问，一心念佛，以期自他同得实益，为唯一无二之章程也。"

1921年旧历四月初，弘一由杭州到永嘉庆福寺没几天，就给印光法师写信，报告他即将掩关静修的打算，并请印师提示"最后训言"和如何"感通"到达"三摩地"（即"三昧地"）的境界。印师复信说：

接手书，知发大菩提心，誓证念佛三昧，刻期掩关，以期遂此大愿。

光阅之不胜欢喜。所谓最后训言，光何敢当！然可不尽我之愚诚以奉之乎？虽固知座下用此种络索不着，而朋友往返，贫富各尽其分，则智愚何独不然？但尽愚诚即已，不计人之用得着否耳。窃谓座下此心，实属不可思议。然于关中用功，当以不二为主。心果得一，自有不可思议感通。于未一之前，切不可以妄躁心，先求感通。一心之后，定有感通。感通，则心更精一。所谓明镜当台，遇影斯映，纭纭自彼，与我何涉？心未一而切求感通，即此求感通之心，便是修道第一大障。况以躁妄格外企望，或致起诸魔事，破坏净心。大势至谓都摄六根，净念相继，得三摩地，斯为第一。……

在永嘉掩关期中，弘一还写信给印光法师，向他请教如何刺血写经。印光除具体介绍了刺血写经的利弊、方法和前人的经验，着重谈了修行入道的关键所在。他说：

座下勇猛精进，为人所难能。又刺血写经，可谓重法轻身，必得大遂所愿矣。虽然，光愿座下先专志修念佛三昧，待其不得，然后行此法事。倘最初即行此事，或恐血亏身弱，难为进趋耳。入道多门，惟人志趣，了无一定之法。其一定者曰诚、曰恭敬。此二事虽尽未来际，诸佛出世，皆不能易也。而吾人以博地凡夫，欲顿消业累，速证无生，不致力于此，譬如木无根而欲茂，鸟无翼而欲飞，其可得乎？

弘一写过一些经，所用字体，有不合格的地方。印光在信中提醒他说：

……写经不同写字屏，取其神趣，不必工整。若写经，宜如进士写策，一笔不容苟简。其体必须依正式体。若座下书札体格，断不可用。古今人多有以行草体写经者，光绝不赞成。所以宽慧师发心在扬州写《华严经》，已写六十余卷，其笔潦草，知好歹者，便不肯观。光极力呵斥，令其一笔一画，必恭必敬。……方欲以此断烦惑，了生死，度众生，成佛道，岂可以游戏为之乎？当今之世，谈玄说妙者，不乏其人；若在此处检点，则便寥寥矣。

弘一按照印师的教诲调整了写经体格，获得印师的赞许。但印光又告诫他，不能像某些人那样，"非为书经，特借此以习字，兼欲留其笔迹于后世"，或仅为"未来得度之因"。印光说："书经乃欲以凡夫心识，转为如来智慧。比新进士下殿试场，尚须严恭寅畏，无稍息忽。能如是者，必能即业识心成如来藏，于选佛场中可行状元。"他还提醒弘一，要警惕"我慢自大之派头"，"学一才一艺，不肯下人，尚不能得，况学无上菩提之道乎"？

印光的这些点拨是引导弘一法师掩关永嘉的指针，也是"求感通""得三摩地"的慈筏。弘一越来越服膺这位后来被尊为中国净土宗第十三祖的大师了。1922年旧历正月二十一，在致王心湛的信中，弘一法师说："普陀光法师为当代第一善知识，专修净土之说，允宜信受奉行，万勿游疑。"王心湛，即王心三，浙江绍兴人，章太炎曾在《王心三二三事》中介绍王于清末追随徐锡麟从事反清革命的事迹。王晚年学佛，自号真如。弘一在1925年旧历二月初四致王的信[151]中，又说："朽向印光法师致书陈情，愿厕弟子之列。"但未得印光之许。去年，即1924年阿弥陀佛诞日，他"于佛前燃臂香，乞三宝慈力加被"，"复上书陈情，师又逊谢"。及至年底，在其"再竭诚哀恳"之下，印光法师"方承慈悲摄受"。弘一说，他为此"欢喜庆幸，得未曾有矣"。这是他出家七八年来梦寐以求的一大愿望，怎能不及时抓住机缘呢？因此，当1925年旧历五月初，有友人相邀时，他便于当月中旬前来普陀山，虔诚地向印光法师行弟子礼了。弘一在印光法师身边待了7天，除目睹印师一系列日常修行方式，还聆听了印师的诸多教诲。印师嘱咐说："因果之法，为救国救民之急务，必令人人皆知，现在有如此因，将来即有如此果。善有善报，恶有恶报。想挽救世道人心，必须从此入手！"

印光法师的在家弟子中，有不少是受过高等教育甚至留学欧美的人，当时有王大同、徐伟等前来参拜请益。印师并不与他们高谈阔论佛学哲理，他所说的常常只是一句话："专心念佛,不骛其他!"弟子们听了印师的告诫,一一信受不疑,绝无轻视念佛的意思。弘一曾与王、徐两位居士晤谈,交流向印师请益的心得。临别时,弘一送王大同精书佛语一幅,写的是:"儒门逃出学参禅,面壁功夫胜十年。记得印公有一语,上人行德迈前贤。"

7天中,弘一耳闻目睹了一代大德的嘉言懿行,这深刻地影响了他往后的行。

除了被其日常修行中习劳、惜物(惜福)等盛德所熏染,7天参礼中,弘一从净土宗第十三代祖师印光那里受到的最大影响,应该说是持名念佛、往生净土的佛学观念了。这在他回到永嘉后,写信答复邓寒香居士问学时,明显地表现了出来。

邓寒香的来信中,有如何破除"我执""我见"等提问。所谓"我执",是指坚定而顽固地相信自己的身心有常住不灭的实体,即相信佛教所否定的世俗的"我"的存在。作为"我执"之一的"我见",则指那种认为"我""我所"是真实存在的实体之见解。这与佛家认为"一切皆空""因缘而现",即认为宇宙万物本身并不存在,仅仅是各种因缘聚合的结果之观点相反,故被看成是错误的。以佛家眼光看,"我执""我见"是应该破除殆尽的。怎样破除呢?弘一在信中说:

> 窃谓吾人办道,能伏我执,已甚不易,何况断除?故莲池大师云:"当今之世,未能有证初果者。"夫初果,仅能断见惑,已不可得,遑论其他。彻悟禅师云:"但断见惑,如断四十里流,况思惑乎?"故竖出三界,甚难甚难。若持名念佛,横出三界,较之竖出者,不亦省力乎?蕅益大师亦云:"无始妄认有己,何尝实有己哉!或未顿悟,亦不必作意求悟。但专持净戒,求生净土,功深力到,现前当来,必悟无己之体。悟无己,即见佛,即成佛矣。"又云:"倘不能真心信入,亦不必别起疑情,更不必错了承当。只深信持戒念佛,自然蓦地信去。"由是观之,吾人专修净业者,不必如彼禅教中人,专恃己力,作意求破我执。若一心念佛,获证三昧,我执自尔消除。较彼禅教中人专恃己力登出三界者,其难易,奚啻天渊耶!若现身三昧未成,生品不高,当来见佛闻法时,见惑即断。但得见弥陀,何愁不开悟。……

只要持名念佛,人生现前当来的一切问题,无不迎刃而解。这正是印光佛学的核心所在,也是此次弘一参礼印光的主要思想收获。

关于弘一法师前往普陀山参礼印光的时间问题，有作一考辨澄清之必要。笔者见到的，有以下几部年谱、传记：林子青编著《弘一大师年谱》（弘化苑己亥年重印本）及修订后之《弘一法师年谱》（宗教文化出版社版）；《弘一大师年表》（《弘一大师全集》附录卷，福建人民出版社版）；陈星著《天心月圆——弘一大师》及所附年表简编（山东画报出版社版），《芳草碧连天——弘一大师传》及所附年表简编（河北人民出版社版）；陈慧剑著《弘一大师传》（中国建设出版社版）：钱君匋主编《李叔同》之五《年表》（上海人民美术出版社版）；秦启明编《李叔同生平活动系年》（分别收入秦编《弘一大师李叔同讲演集》，中国广播电视出版社版，《弘一大师李叔同书信集》，陕西人民出版社版）；朱经畬编《李叔同——弘一法师年谱》（收入《李叔同——弘一法师》，天津古籍出版社版），等等。这些年谱和传记都将弘一前往普陀山参拜印光的时间定为1924年旧历五月（或阳历6月）。这是不准确的。

弘一法师本人曾三次谈到他前往普陀山的时间：（一）1925年旧历五月初七致俗侄李圣章信说："尔（迩）有友人约偕往普陀……"（二）1925年旧历十月二十三自温州致李圣章信说："五月往普陀山，参礼印光法师，六月返温。八月将如钱塘，抵海门，乃知变乱复作，因滞留上虞、绍兴者月余。本月初旬归永宁，仍止庆福……老友丏尊曾撰序《子恺漫画集》文，刊入《文学周报》，略记朽人近状，附邮以奉慧览。"（三）1941年在晋江檀林乡福林寺念佛期讲《略述印光大师之盛德》中说："余于民国十三年曾到普陀，其时师年六十四岁。"（着重号为笔者所加。）笔者以为，应以上述弘一法师第一、二次所说时间为准。原因是：（一）这是当时的记述，自然要比16年后的追述准确。况且，即以《略述印光大师之盛德》中所说（"其时师年六十四岁"）推论：印光生于1861年，64岁那年正是1925年，弘一说"余于民国十三年曾到普陀山"，显然少算了一年。（二）第二次致李圣章信中提到的夏丏尊序《子恺漫画集》文，作于1925年10月28日，刊于同年11月8日出版的《文学周报》第198期。弘一致信李圣章是同年旧历十月二十三，阳历是11月下旬，此时，他显然已经看到了《文学周报》第198期，故说"附邮以奉慧览"。弘一将夏的文章推荐给李圣章，说明其确认该文记述的准确性。弘一是在同一封信中谈及他"五月往普陀"和推荐夏文的，因此完全可以肯定，他前往普陀山是在1925年旧历五月，绝不会是1924年旧历五月。（三）1924年旧历六月二十一，弘一致俗侄李圣章信中说："……四月初，衢州建普利道场，朽人入城随喜。以居室不洁，感受潮秽之气，因发寒热（非是疟疾），缠绵不已；延至五月初七八日乃愈。又其时并患咳嗽痰滞，迄今已将三月，虽颇轻减，仍未止息，想已转成慢性疴疾……朽人于四月十九日自衢州起行，廿五日达温。比拟继续掩室，一以从事修养，一以假此谢客养疴……"此信中说得再清楚不过了，弘一于1924年旧历四月下旬由衢州返回温州后的两三个月中，被疾病"缠绵不已"，因此决定"继续掩室"，既进修又养疴，并无外出的计划，身体状况也不允许他外出云游。

上列诸多年谱、传记的作者们明明看到过也引证了1925年弘一致李圣章的两封信，也看到过并引证过夏丏尊序《子恺漫画集》一文，却又将弘一前往普陀山参礼印光的时间往前提了一年，从而在文本的叙述上出现了前后矛盾的破绽。在《略述印光大师之盛德》讲演中，弘一明明说到他前往普陀山那年，印光64岁，作者们却没去推断一下那年该是何年，只是不假思索地依从了他误算一年的"民国十三年"一说。那么多作者以讹传讹了半个多世纪，的确是不应有的粗疏了！

1925年旧历六月中旬，弘一从普陀山参礼印光回到永嘉，打算稍作休整后，前往中国佛教四大圣地的另一名山——九华山。他计划由南京溯江而上，途经芜湖，看望一直无缘谋面的崔祥鸿居士。其母去年九月去世，崔在居丧期中念佛诵经一心回向，实属可嘉。前去看望崔居士，既可一慰其久念之心，也借此诵些经文佛号，助其回向之举。

然而，就在这个时候，弘一收到了崔祥鹍的来信，报告其弟祥鸿居士已于日前亡故。他又陷入了深深的悲哀之中。老友杨白民谢世不到一年，现在又走了一位神交至友。如此相契互怀的人，连见上一面的愿望都不能实现，人生之缘竟这样地难以相逢！

崔祥鸿，字旻飞，芜湖商业学校教员。1912年秋天，李叔同到杭州浙一师任教，由朋友介绍，开始与崔函问往返，两人十分投契。差不多与李同时，崔也与当时不少知识分子一样，逐渐流露出佛化的倾向。1918年夏天，李叔同入山披剃之前，分散其身外之物，将其中一部分图书、珍玩送给了崔祥鸿。崔在家中特意辟出一室予以陈列，还供上佛像，焚香诵经。这既是对叔同的深切怀念，也是为其采取的一种特殊的护法方式。不久，他又率领家人，依照弘一教授的佛教仪规，一一禀受了三皈依。其时，崔母年逾九旬，也一起皈依了佛法，且有超乎寻常的虔诚。老太太不认字，初学佛典有困难，祥鸿耐心地为之曲喻善释，详细讲解，还用大字将经书写出，一字一字地教她读诵领悟。不多时间，老太太居然能一字不错地依文读诵《阿弥陀经》《心经》《大悲咒》等经咒。由于祥鸿的劝化，崔母信受日深，道念日坚。去年九月下旬，崔母卧床不起，祥鸿连续几天中夜不寐，在母亲床边诵读《阿弥陀经》《地藏菩萨本愿经》等佛典，助其正念，以生安养。老太太临终之际，突然起身端坐，目光凝视佛像，手势作礼佛状，唇吻间呢喃着佛号，不知不觉中安详从化。老母去世后，崔祥鸿于"七七"期中，将几种佛典分别诵念49遍和百遍，并持阿弥陀佛名号和地藏菩萨名号数万遍，以此功德回向亡母，愿她花开见佛，早证菩提。

崔母去世，弘一应祥鸿请求，先写过《崔母往生传》，意犹未尽，又作《补遗》和《崔旻飞居士诵经荐母记》两篇。除传述崔母诚信从化的经过，还突出地记载了崔祥鸿以佛事母生其信解的事迹……但现在，祥鸿也已走上了生西之路。……

崔祥鹍来信说，其弟弥留之际，还在惊呼其母，说是见到了母亲和金索银索等。在弘一看来，像崔祥鸿这样的孝子，人间实在难得。因此，他为祥鸿所作的碑铭，碑主的其他事迹一概删略不提，只举其以佛事母一项。他认为，只此一项，已足为后世之模范。碑铭引用莲池的话说："人子于父母，服劳奉养以安之，孝也。立身行道以显之，大孝也。劝以念佛法门，俾得生净土，大孝之大孝也。"

旧历八月初，弘一由永嘉启程，打算绕道杭州去南京，再从那里前往九华山。半道上听说江浙战事又起，便在宁波上岸滞留下来，挂单于四明山四大丛林之一的七塔寺云水堂。

时在宁波执教的老友夏丏尊得到消息，来云水堂看望弘一。两人自沪上一别，已整整4年没有见面，也很少有信件来往。

云水堂里住了四五十个游方僧。统舱式的房间排列着上下两层的床铺，弘一住在下层。一见丏尊来访，他笑容可掬地赶紧迎了出来。在走廊的板凳上坐定后，弘一对丏尊说："到宁波三天了。前两天是住在一个小旅馆的。"

夏丏尊说："那个旅馆不十分清爽吧！"

弘一说："很好！臭虫也不多，不过两三只。主人待我非常客气呢！"

没等夏丏尊问及，弘一主动和他说了些在轮船统舱中，茶房待他怎样和善，在七塔寺挂单又怎样舒适等内容。夏丏尊惘然了，这位过去何等讲究衣食住行的公子哥，现在竟能这样心满意足地适应简陋素朴的生活环境，究竟是一种什么样的人生境界在吸引他呢？静默了一会儿，夏丏尊邀请他明天同去白马湖小住几日。弘一起初有些犹豫，说是再看机会吧。经夏丏尊再三恳请，他终于答应了。

白马湖在上虞县（今属绍兴市）和余姚县（今属宁波市）之间，旧属上虞地界，旧称渔浦湖，周二十余公里，四面环山，重岫叠蝴，碧水荡漾。滨湖诸山36涧，悉汇于湖。湖中有癸巳山、羊山、月山。北魏地理学家兼散文家郦道元在名著《水经注》上谈到白马湖的沿革时说，其创始时塘堤屡修屡坍，百姓以马祭祀保佑，故名白马潭。民间则有这样的传说：晋代县令周鹏举，尝乘白马入湖中不出，人以为地仙，故名白马湖。围湖渔村农舍，田园如画。每到夏季，绿树成荫，湖水送爽，是一个消暑纳凉的好去处。白马湖有杭州西湖似的风景，却比西湖更幽静，是一个读书静修的好所在。

李叔同成为弘一法师后3年，即1921年，经亨颐在白马湖畔创办了春晖中学。夏丏尊也应经先生的聘请来校主掌日常教务，把家也从杭州搬回了故乡。他在白马湖北面山脚下盖了3间平房，其中一间书斋名为"平屋"（其散文集亦以此名之）。但春晖中学繁盛兴旺、为人瞩目的时间并不长，到1924年冬、1925年春，因为教育方针、教学方法上的分歧，前面提到过的那批一时之秀，又先后离开白马湖边，转入丰子恺在上海江湾创立的立达学园了。夏丏尊虽尚未去沪，也已经脱离春晖中学，在宁波一所中学临时担任教职。这次与弘一见面，是偶然巧遇。

弘一的行李很简单，铺盖是用一条磨破的席子包裹的。到了白马湖，他们就住在春晖中学留宿客人的春社里。夏丏尊替他打扫了房间，弘一自己打开铺盖，先把那破破的席子丁宁珍重地铺在床上，摊开了被子，再把衣服卷了几件当作枕头。然后拿出黑破不堪的手巾，到湖边去洗脸。

一直在旁边看着弘一做这些事情的夏丏尊，忍不住问道："这手巾太破了，替你换一条好吗？"

"哪里，还好用的，和新的也差不多。"弘一把那条破手巾珍重地张开来给夏丏尊看，意思是它还不很破旧呢。

夏丏尊是知道弘一持过午不食戒的，一天只吃两顿饭。第二天不到11点钟，给他送来了饭和两碗素菜。昨晚说起饭食时，弘一坚持只要一碗菜，夏丏尊觉得他太清苦了，还是给加了一碗。

夏丏尊在旁边陪着弘一。虽说是两碗菜，也不过是萝卜、白菜之类的农家日常菜蔬，可是在弘一看来，已经是僧人不应享受的盛馔了。他仔细认真地把饭一粒一粒地划进嘴里，用筷子夹起一块萝卜时流露出来的那种郑重其事和了不得的神情，夏丏尊见了，几乎要流下欢喜、惭愧的泪水。

第三天，经亨颐先生家管饭。经先生送来了四样菜，夏丏尊作陪。有碗菜里盐、酱加多了，夏说："这菜太咸了！"

弘一却说："好的！咸有咸的滋味，也好的！"在他看来，只要能吃的东西，都是美味佳肴，滋味无穷。

弘一寄寓的春社，和夏家相隔一段距离。住了两天，他就对夏说："不必再往这里送饭了，很不方便的。我可以自己到你家里去吃。"

夏丏尊说："没什么不方便的。何必让你来回奔走呢？"

弘一笑着说："乞食是出家人的本分嘛！走点路算什么？还是我去吃吧。"

夏丏尊又说："那么遇到雨天，还是给你送来吧。"

"不要紧的。下雨天，我有木屐哩！"弘一说出"木屐"二字时，从神情上显示出，俨然是一种了不得的法宝一般。看到夏丏尊还是有些不安，他又说："每天走些路，也是一种很好的运动呢！"

弘一这样坚持，夏丏尊也只好主从客便了。

到夏家去吃了一天，弘一又叮嘱说："一碗青菜已经蛮好，千万不要再搁香菇、豆腐一类东西了。五月间我在普陀山参礼印光法师，见他早饭光是一碗白粥，中午吃的菜里，连油都不搁的。相比之下，我要比他奢侈多了。在惜物一事上，我还得向印师学习呢！"

夏丏尊不愿再违背老友的修持准则了，以免好意反而干扰了他一心追求的境界。况且，弘一这次在白马湖边没住几天，又远引它去了。

弘一走后，夏丏尊却陷入沉思。他由几天来耳闻目睹弘一的一言一行，联想到整个人类的生存方式和生活境界问题，也想到了生活态度和艺术境界的关系问题：

在弘一看来，世间竟没有不好的东西，一切都好。小旅馆好，统舱好，挂单好，粉破的席子好，破旧的手巾好，白菜好，萝卜好，咸苦的蔬菜好，走路好，什么都有滋有味，什么都了不得。

这是何等的风光啊！宗教上的话且不说，琐碎的日常生活到此境界，不是所谓生活的艺术化了吗？人家说他在受苦，我却要说，他是在享乐。当我见他吃萝卜、白菜时那种愉悦丁宁的光景，我想：萝卜、白菜的全滋味、真滋味，只有他才是如实地尝得了。对于一切事物，不被因袭的成见所束缚，都还它个本来面目，如实地观照领略，这才是真解脱、真享乐。

艺术的生活，原是观照享乐的生活。在这一点上，艺术和宗教实有同一的归趋。凡为实利或成见所束缚，不能把日常生活咀嚼玩味的，都是与艺术无缘的人。真的艺术不限在诗里，也不限在画里，到处都有，随时可得。能把它捕捉了，用文字表现的是诗人，用形及五彩表现的是画家。不会作诗，不会作画，也不要紧，只要对于日常生活有观照玩味的能力，无论是谁，都有权去享受艺术之神的恩宠。否则，虽自号为诗人、画家，却仍是俗物。

和弘一法师相聚数日，夏丏尊深深地感悟到了这些，同时也自怜自憾起以往囫囵吞枣般的生活状态。过了大半生，平日吃饭穿衣，何尝想到过真的滋味！乘船坐车，看山行路，何曾领略到真的情景！虽然愿意从今留意，但是去日苦多，又因自幼未曾经过好好的艺术教养，即使自己有这个心，何尝有十分的把握！真是言之怃然！

正当夏丏尊怃然惆怅间，弘一浙一师门生丰子恺的漫画集要出版，来信请他作序。他就以这次与弘一在宁波、在白马湖相聚的经过和由此引发的种种联想、感慨，作了序文的内容。

旧历十月初，弘一回到永嘉庆福寺。身已回，心却犹在白马湖那边。

一天，弘一去颐渊居士（经亨颐）家造访。见他案上有一白玉镜，高二寸余，晶莹光洁，上右棱少圆，他悉方角。居士说："将镌字其上，曰《石禅□□碑》[152]，隶书直写，体近宝子[153]；惟中间二字，阙而不具，种种拟议，讫未适当。"弘一劝以"皈佛"二字补之。颐渊问其义，他解释说："皈与归同，回向之义。居士昔学孔老，今归佛法。有如面向东者，转而向西。"说话间，他又转旋其身，形容向东、向西之状。颐渊见此情形，欢欣踊跃，连连称善，"好！好！就这样定下了。"

原来，这是十月十六凌晨弘一所做一梦。这天"后夜"，"晨钟既鸣"，弘一复作"假寐"，"梦在白马湖'春社'，晤颐渊居士"。居士听了他一番建议，正"踊跃称善"间，他的梦便醒了，而"钟声犹未绝也"。"朝曦既上"，弘一"追忆梦中形状、语言，濡笔记之"，写下《〈石禅皈佛碑〉题记》一文，并图画白玉镜形，以奉颐渊居士。所记"梦中言状，一切如实，未增减，冀以存其真也"。在记到"昔学孔老，今归佛法"一语时，还加了说明："居士昔之学，非专崇孔老者，此据梦中之言记之。"[154]

第十二章 故地故人

第十二章 | 故地故人

方入新岁，即1926年旧历正月，弘一法师收到天津俗家二哥桐冈来信，告知其妻室已于正月初三去世。弘一虽身为佛门中人，早已抛妻别子，断绝红尘，但面对这样的消息，也不会无动于衷，毫无反应。修道圆满，佛性高深如弘一，说到底，究竟还是众生里面的一个。再说，他还不止一次地自责过，当初出家时，没有取得妻子的同意。他和她，毕竟共同生活过六七个年头，还生养了两个儿子。这中间，自有不可全然泯灭的人之常情。还有，他除了这位元配，又有过外室，这对俞氏夫人，也是一笔情分上的亏欠呢。

李叔同成了弘一法师，他的妻子郁郁寡欢，没了生的意趣。她先是带着两个孩子，在李叔同盟兄李绍莲家住了一段时间。心情略为平静后，回家办了个刺绣班，以打发寂寞无聊的岁月，终因依然寂寞无聊，没有继续下去。这些，弘一虽不会知道得很具体，然而其情景，他也能想象得到吧。他之所以常常拒收家中来信，除了表明其道念坚固，不能说其中没有惧怕面对家庭实情的隐衷在。——他是怕家中的俗情，动摇了自己的道念吧！现在妻子已经死去，单从应该自行赎罪以免轮回之苦，或依佛理让妻子早日升西这个角度说，弘一对妻子之死，不能不做出既不悖人世常情，又合乎佛道修行的反应。假如他果真一无反应，岂不是把佛道与人道彻底对立了起来吗？那样的话，佛道不就成了难以理喻的怪物？

弘一在收到俗家二哥来信后的反应是：他给寂山上人写了一封信，表露了为妻子亡故之事，有意"返津一次"的愿望，只是"现在变乱未宁，弟子拟缓数月，再定行期，一时未能动身也。再者，吴璧华居士不久即返温，弟子拟请彼授予神咒一种，或往生咒，或他种之咒。便中乞恩师与彼言之。弟子现在虽禁语之时，不能多言，但为传授佛法之事，亦拟变通与吴居士晤谈一次，俾便面授也"。这就是说，他之所以一时未能动身，一是因为"变乱未宁"，二是想等吴璧华回温后，学得几种神咒，以便一旦返津，作悼念亡妻之用。信中所说"禁语之时"，是指他正在掩关静修，按例是不能与外界交往的。

然而，说是"拟缓数月，再定行期"，实际上，弘一"返津一次"的计划，始终没有兑现。从后面的叙述中可以看到，过了数月，他由温州到了杭州，不久，又由杭州经上海去了江西庐山。第二年夏天，虽又有"往天津一行"之说，但同样没有兑现。

关于弘一法师李叔同原配俞氏夫人的生平事迹，人们知之甚少，以至连她的卒年，在李叔同的研究者中都成了问题。为了纠正沿袭已久的讹传，这里有必要对俞氏夫人的卒年作一考辨。

及至目前，在诸多弘一法师李叔同的传记、年谱（包括本传初版本《悲欣交集：弘一法师传》及所附年表）中，都将俞氏卒年说成是旧历壬戌年正月初三，即公历1922年1月30日。最早如此记载的，是1944年出版的林子青先生所作《弘一大师年谱》，后出的他人著作都沿用其说。林作年谱在"民国十一年壬戌（1922）大师四十三岁"一条中说："是年……正月，得其俗兄自天津来函，谓其在家之妻室已谢世，嘱师返津一行。"林著做此判断的依据有二，一是，弘一法师写给温州庆福寺寺主寂山长老的一封信。信中除有被年谱引录的话，还这样说道："但现在变乱未宁，弟子拟缓数月，再定行期，一时未能动身也。"二是，1944年，弘一法师俗侄李晋章写给年谱作者的信，信中说道："俞氏三婶（即大师在俗德配）故于十一年正月初三……"上述林著中的判断及其依据，被学者们沿用了半个多世纪，其准确性从未有人怀疑过。但笔者最近在重读李叔同次子李端先生文章《家事琐记》（以下简称《琐记》）以及其他相关史料之后，觉得林先生的判断及其依据是靠不住的。

李端先生在《琐记》第五部分中说："我母亲活了不到五十岁，在我二十二岁那年的正月初三故去的。"应该说，在诸如母亲去世的年代这类问题上，作为儿子的记忆，要比他堂哥提供的材料更准确些，而且，李端的记忆更具体些，因而其可信度更高些。李端生于1904年，他22岁那年该是1926年。母亲去世那年自己多大岁数，这是常人都会牢记不忘的，此其一。其二，俞氏比弘一大两岁，1926年，弘一47岁，俞氏则49岁，正与李端"我母亲活了不到五十岁"的说法相吻合。如果俞氏故于1922年，李端就不会说她"活了不到五十岁"，而是会说她"活了四十多岁"，是在他18岁那年故去的了。因此，笔者以为，在俞氏夫人的卒年问题上，应取李端之说而不应再沿用李晋章的回忆和林子青先生的推断，即否定"1922年"说而改用"1926年"说。

与俞氏夫人卒年有关的，还有弘一法师写给寂山长老一信的时间问题。原信仅标明日月——"正月廿七日"——而无年代，林子青先生之所以将其推断为写于1922年（以此又依据信中的内容进而推断为俞氏夫人的卒年），可能因为该信抬头中尊称寂山长老为"恩师大人"的缘故，而弘一法师又恰是在这年春天拜寂山为师的。但这种推断是缺乏说服力的，这从信中亦可得到一些令人起疑的信息。例如，当弘一法师于1922年正月间有意拜寂山为依止师的时候，寂山曾拒绝过（他是觉得自己的德望不足以为弘一法师之师），直到弘一法师找来周孟由、吴璧华二居士为其劝请（这在亲近过寂山长老的何胜杰、因弘白伞法师以及弘一法师浙一师门生、温州人陈祖经等人的回忆文章中都有记载），寂山才勉强答应下来。这就是说，1922年正月间，吴璧华居士在温州家中并未外出，但弘一法师那封信中却说："吴璧华居士不久即返温，弟子拟请彼授予神咒一种，或往生咒，或他种之咒。"将信中涉及吴璧华的行踪与弘一法师拜师的情形加以对照，就可看出，弘一法师此信并非写于1922年正月。再如，弘一法师信中说，他"一时未能动身"奔丧，是因为"变乱未宁"的缘故。林子青先生在有关注释中说："是年（引者按：即指1922年）张作霖与吴佩孚交战于长辛店称'奉直战争'，故曰'变乱未宁'。""奉直战争"又称"直奉战争"，共两次，第一次确实发生在1922年，但具体时间在该年4月。便是按林先生所说，上述弘一法师致寂山之信写于1922年，其具体日期——正月二十七（公历2月23日），离发生第一次"奉直战争"的4月也还有一个多月呢！就是说，在具体时间上亦不相符合。由此可见，弘一法师所谓"变乱未宁"，并不是指林子青先生注释中提到的"奉直战争"。另一个旁证是，同年四月初六（5月2日），弘一法师曾给其俗侄李圣章复一长函。信中简要叙述了他20年来的经历。其中说道："（辛酉）三月如温州，忽忽年余，诸事安适，倘无意外之阻障，将不他往。当来道业有成，或来北地与家人相聚也。"如其在家妻室确系这年去世，他在致侄儿信中谈到去北地"与家人相聚"问题时，就不会这样表述吧！

按李端先生的记忆，将其母亲的卒年定为1926年旧历正月初三（公历2月15日），以否定沿用了半个多世纪之久的"1922年"说，这不只是因为李端在这个问题上的记忆更具权威性可靠性，还由于可以连带着将上述弘一法师致寂山之信的写信日期判定为1926年正月二十七（3月11日），从而免却按"1922年"说解读此信时出现的种种史实上的矛盾。当时的形势是，1925年冬，国民革命军在第二次东征消灭广东军阀陈炯明残部之后，紧接着又于1926年年初开始了以推翻北洋军阀统治为目标的北伐战争。弘一法师信中所谓"变乱未宁"，即指这一局势而言。至于信中提到的吴璧华居士的行踪，亦可与吴的实际情况相符了。其人自1924年后的两年多时间中，先后在东北、内蒙古、北京、武汉、南京、九江等地从事弘法活动，直到1926年春天才回过家乡温州一次，同年即病逝于杭州。

1926年暮春的一天，弘一法师从杭州招贤寺，给上海立达学园的丰子恺寄去了一张邮片（明信片），上面说："近从温州来杭，承招贤老人殷勤相留，年内或不复他适。"

6年前，丰子恺将赴日的前几天，曾在杭州闸口凤生寺向他的老师——弘一法师告别。从那以后，他"仆仆奔走，沉酣于浮生之梦"，6年来一直未得与老师再见。这天接到老师的明信片，丰子恺非常高兴。他在《法味》一文中说："那笔力坚秀，布置妥帖的字迹，和简洁的文句，使我陷入了沉思。做我先生时的他，出家时的他，六年前告别时的情景，六年来的我……霎时都浮出在眼前，觉得这六年越发像梦了……"

　　过了三四天，丰子恺约上他的老师、弘一的老友夏丏尊先生，专程前来杭州，看望法师。

　　来杭的第二天早晨，丰、夏二人乘车前往招贤寺。走进正殿的后面，招贤老人出来热情地招呼。他说："弘一师日间闭门念佛，只有送饭的人出入，下午五时才见客。"

　　他诚恳地挽留丰子恺和夏丏尊暂时坐谈。在殿后窗下的椅子上就座后，夏先生同他交谈了起来。

　　这位被缁素尊称"招贤老人"的和尚，就是七八年前常住玉泉寺的程中和，丰、夏二人都是见过的。程出家后法名弘伞，现为招贤寺住持，故有这等尊称。

　　没谈多久，丰子恺和夏丏尊说，先去办些别的事，下午按时再来。

　　5点钟的时候，丰子恺和另外几个也想见见弘一法师的朋友来到招贤寺，法师和夏先生已坐在山门口湖岸边的石埠上谈话了。

　　见了丰子恺他们，法师马上立起身来，用一种极为欣喜的笑颜相迎着。丰始终偷看着他，这笑颜直到将一行人引进山门，还没有变更。

　　大家在殿旁的一所客堂中坐下，一时相对无言。

　　是夏丏尊先打破沉默，在介绍了与丰子恺同来的几位朋友后说："这几位对佛学都很有兴致呢！请法师多多开示。"

　　其中一位朋友提出了关于儒道、佛道的种种问题，又缕述其幼时念佛的情形和家庭状况。此人说话时，必垂手起立，法师一再微笑着举起右手，表示请他坐下。他却直立如故，不变其态。法师只得保持笑颜，双手按膝听他讲话。弘一听过后说："初学修佛，最好是每天念佛号。起初不必求长，半小时、一小时都好。惟须专意，不可游心于他事。要练习专心念佛，可自己暗中计算，以每五句为一单位，凡念满五句，心中告一段落，或念满五句，摘念珠一颗。如此则心不暇他顾，而可专意于念佛了。初学者以这步工夫，最为要紧。还有，念佛时不妨省去'南无'二字，略谓'阿弥陀佛'。可依时辰钟底秒声而念，即以'的格

（强）的格（弱）'的一个节奏底四拍合'阿弥陀佛'四字，继续念下去，效果也与前法一样。"

谈了一会儿，微雨飘进窗来，大家就起身告辞了。

丰子恺回上海后没几天，法师又来信说："音出月拟赴江西庐山金光明会参与道场，愿手写经文三百叶分送各施主。经文须用朱书，旧有朱色不敷应用，愿仁者集道侣数人，合赠英国制水彩颜料Vermilion数瓶。……欲数人合赠者，俾多人得布施之福德也。"

丰子恺与夏丏尊等七八人合买了几瓶水彩颜料，又添附了10张夹宣纸寄去，并请法师预示赴庐山道经上海的时间，以便到站相候。

这以后，丰子恺去了趟故乡石门湾。回上海时，带来了一包法师出家时送他的照片。

放了暑假，丰子恺天天袒衣跣足，在过街楼的家里写意地度日。研究油画的友人王涵秋，刚从日本回国，暂时住在他家里。

一天早晨，丰和王涵秋吃过牛奶早点，坐在藤椅上，翻阅着法师的照片。阿宝和瞻瞻（即长大后的丰陈宝、丰华瞻姐弟）两个顽童，在外屋地上做着游戏。

法师的照片中，有穿背心拖辫子的，有穿洋装的，有扮演《白水滩》里十三郎的，有扮演《茶花女》中马格丽特的，有作印度人装束的，有穿礼服的，有古装的，有留须穿马褂的，有断食17日后的……丰子恺边看照片，边回想着法师前半生的种种经历。……

忽然有一个住在隔壁的学生，张皇地跑上楼来说："门外有两个和尚在寻问丰先生，其中一个，样子好像是照片上见过的李叔同先生。"

丰子恺心想，准是李先生来了，他是去江西庐山参与金光明会道场的。赶紧下楼一看，果然是李先生和弘伞法师站立在大门口。

丰子恺没料到李先生会来到他江湾的家，所以初见之下，略微有些慌张失措，立了一会儿，才延请他们上楼。自己先快跑几步进入外屋，伏在两个孩子的耳朵上说："陌生人来了！"等姐弟俩收拾了玩具，空出一条道来，他才请两位法师登堂入室，介绍过那位研究油画的朋友，让他们坐下休息。

静默了一会儿，丰子恺才问起两位法师的行程和居所。

弘一说："前天来上海的，住在小南门灵山寺。等江西来信后，才能决定动身赴庐山的日期。"略为停顿了一下，他又特意站起来走近丰子恺身边，放低声音说："子恺，今天我们要在这里吃午饭，不必多备菜，只须早一点儿好了。"

丰子恺忙走出来，一面差阿宝去买汽水，一面叮嘱妻子即刻准备素菜，必须于11点钟开饭。他是知道两位法师过午不食的。还记得有人说过，一次，杭州的朋友在素菜馆里办了一桌盛馔，宴请出家不久的李先生午餐。陪客到齐已经午后1点多钟，李先生只吃了一点儿水果。

丰子恺对妻子说："家离市区比较远，买东西不方便，今天这顿饭只能草草将就了。好在李先生也不会计较的。"叮嘱完妻子，他又回到室内和两位法师说话。

弘一法师来丰家的消息，很快传遍了左邻右舍。邻居们纷纷前来求见。

丰子恺心想："今日何日，真梦想不到书架上这堆照片的主人公，竟会坐在这过街楼里。这些照片如果有知，恐怕要逃出来抱住这个和尚说，'我们都是你的前身吧！'"他把刚才正看着的那包照片，又从书架上捧出来，送到弘一法师面前。

弘一脸上显出一种超然而虚空的笑容，兴味津津地一张张翻看着，为大家说明当时的情景。那神情，像是在说别人的事情一样。

一位邻居问起他家庭和出家的情形，弘一淡淡地说："天津家里还有阿哥、儿子、侄儿等一大帮人。起初写信告诉他们我已出家，他们来信说不赞成，再去信说明，就没回信了。在家的妻室，今年初已经去世。由于交通不便，我没有回去送葬，心里觉得很对不起她的。现在和我有些通信联系的，是一位在北京教书的侄儿……"

吃过午饭，还不到12点钟，法师颇有谈话的兴致。研究油画的王涵秋知道他是中国艺术界的先辈，便拿出许多画作来同他长谈细说地讨论。法师有时首肯，有时也说些意见。

在丰子恺看来，和一向随俗的弘伞法师不同，弘一法师往日的态度总是很谨严肃穆的，今天却有些异常了，显得很随便的样子，不只亲自找上门来，还主动提出要在这里吃饭，说话也多。这是很少见的。除了谈艺术，他也和在座的人随意地议论着世事人情。说到快意处，禁不住地笑起来。丰子恺想：由俗入僧，又由僧入俗，这是他修养功夫深了一层的缘故吧！丰后来回忆此情此景时说："寂静的盛夏的午后，房间里充满着从窗外草地上反射进来的金色的光，浸染着围坐笑谈的人，我恍惚间疑是梦境呢！"

7岁的宝儿，从外屋进来，靠在丰子恺身边，咬着指甲注视着两个和尚的衣裳。

弘一法师说："宝儿的一双眼睛生得很开，很是特别，蛮好看的。"

丰子恺说："宝儿很喜欢画画，也喜欢刻石印呢！"

两位法师要宝儿给他们各刻一方。弘一在印章石上写了一个"月"字、一个"伞"

字，叫宝儿刻。宝儿侧着头，汗淋淋地抱住印床刻了起来。

弘一法师一瞬不瞬地看着正在奏刀的宝儿，轻轻地对弘伞说："你看，专心得很呢！"又转向丰子恺说："像现在这个年龄就教她念佛，一定很好。可先拿因果报应的故事讲给她听。"

丰子恺说："她本来就怕杀生的。"

弘一看了看脚底下说："这地板上的蚂蚁很多。"意思是，这就很难使宝儿的慈悲心生长呢。他终竟是一位随处都在注意修持的法师，对一切生物要比常人有心得多。

话题转到城南草堂和超尘精舍，弘一法师兴奋地说："这真是很好的小说题材！我没空来记录，两位居士可采作材料呢。"接着，他叙述了寻找草堂和精舍时遇到的奇缘。

原来，弘一法师这次来沪后，因为庐山的通知没到，客居无事，挂单的灵山寺又在小南门，离他过去住过的金洞桥不远。他也晓得，离小南门不远的大南门，有处念佛的地方叫超尘精舍，于是想去看看。就在来丰家的前一天，他步行到大南门一带去寻访。跑了半天，没找到超尘精舍，便改道访问故居城南草堂。

"哪里晓得，"弘一说，"城南草堂的门外，就挂着超尘精舍的匾额，所谓超尘精舍就设在城南草堂里面。进去一看，装修一仍如旧，不过换了洋式的窗户与栏杆，重新油漆了一遍，墙上也添了些花墙洞。从前我母亲居住的房间里，现在供上了佛像，有僧人在那里做功课。……"

沉思片刻，弘一又说："城南草堂附近的风物变换很大，河浜没有了，填没后建了一条马路。金洞桥也没有了。我走到转角上过去就有的一家老药铺，药铺里的人都已经不认识。问他们，才详细知道，近年来填浜修路和城南草堂已经变换主人的情形。许幻园把城南草堂倒给了一位五金商人。不知道那位五金商人，是因为信佛还是别的缘故，又把房子送给几个和尚讲经念佛了。"讲到这里，弘一显出异常兴奋的神情，顿了顿又接着说："真是奇缘！彼时彼刻，我真有无穷的感触啊！"

弘一把"无穷"二字的拍子拉得很长，直使丰子恺感到一阵鼻酸。

讲完了寻访过程，弘一提议说："两位居士如果有兴趣，约个时间，我陪你们去看看。"

丰子恺说："那就明天一早吧！"

傍晚，弘一法师参观过立达学园，又看了看他赠给学园的《续藏经》，回了灵山寺。

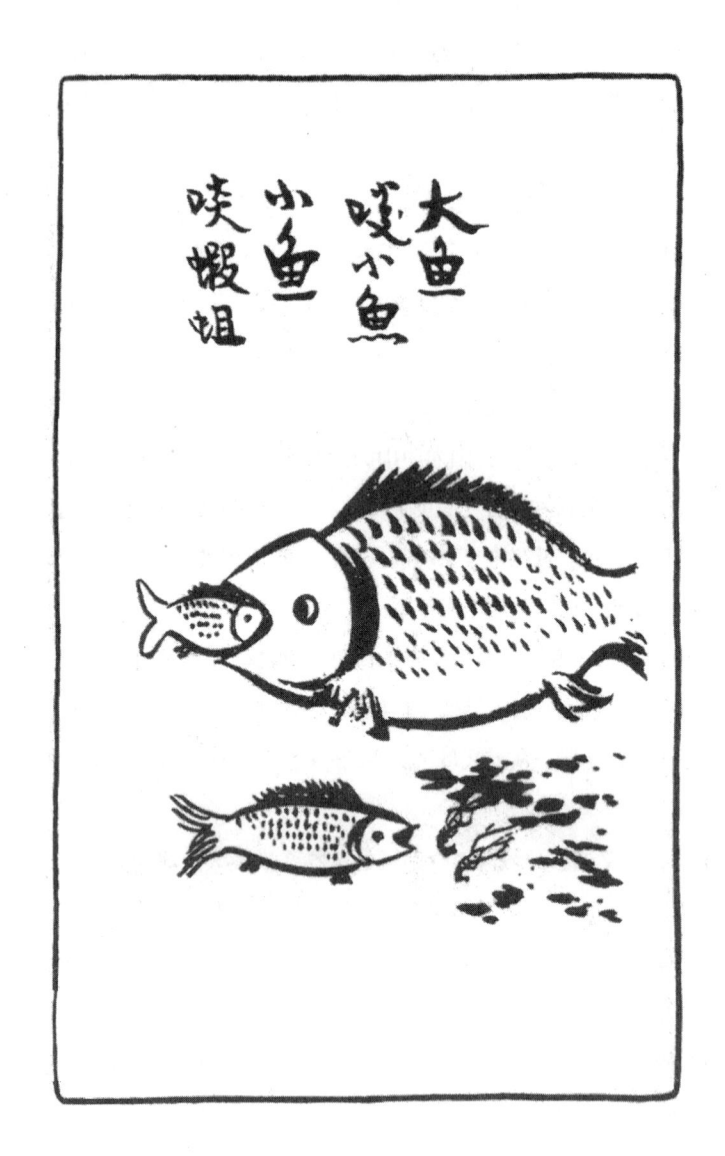

大鱼啖小鱼　小鱼啖虾蛆

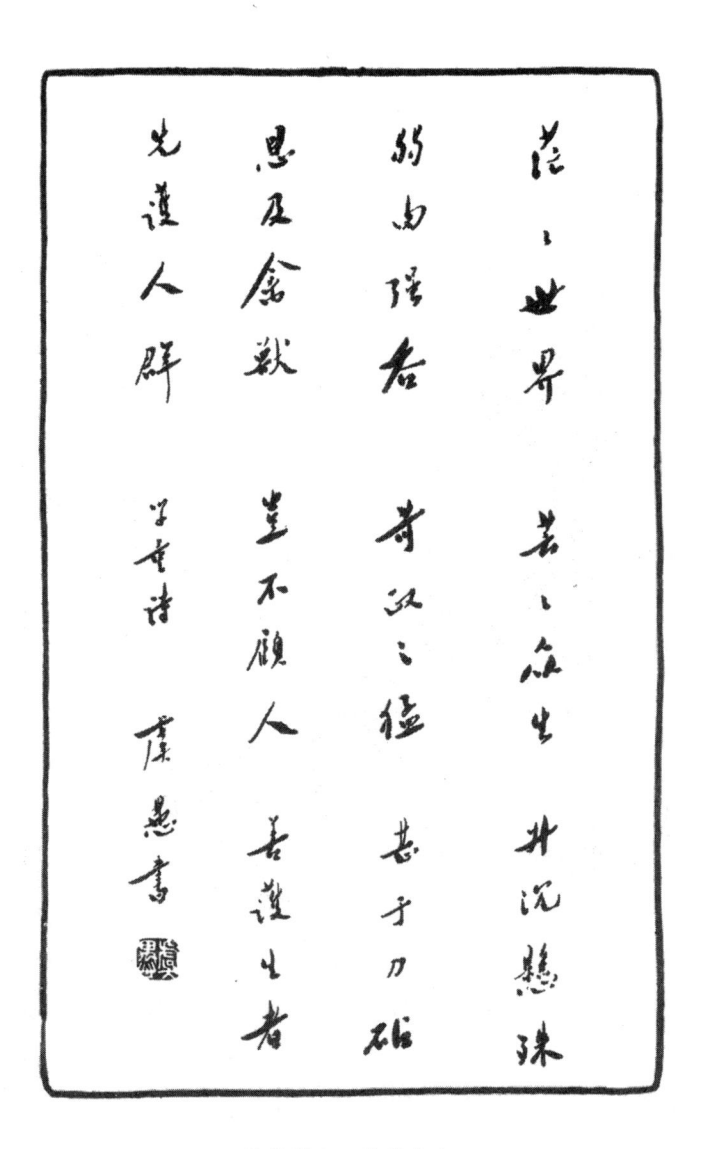

茫茫世界，芸芸众生。
升沉悬殊，弱肉强吞。
苛政之猛，甚于刀砧。
思及禽兽，岂不顾人。
善护生者，先护人群。

——学童 诗　虞愚 书

第二天上午9点钟模样，丰子恺带上王涵秋和一位邻居来到灵山寺，弘一法师早在那里等候了。江西已经来了通知，弘伞法师去码头买票，托运行李，今天晚上他们将上船动身前往庐山。

弘一将一册《白龙山人墨妙》递给丰子恺，说："这是王一亭君[155]送我的，现在转送立达学园图书室吧。"说完，他赶紧换上草鞋，一手照例挟了一个灰色的小手巾包，一手拿了一顶两只角已经脱落的蝙蝠伞，陪丰子恺等去看城南草堂。

来到草堂外面，法师一一指点着原先的四周环境：哪里是浜，哪里是桥，哪里是柳树，哪里是他当年进出常走的路，哪里是那家小药铺，等等。进入院内，他又一一指点着：这是挂草堂匾额的地方，这是当年和许幻园家共同使用的客堂，这是他的书房，这是他私人会客的客室，这楼上是他母亲的住室……

里面一位穿背心的和尚，发现弘一等人在院子里指指点点，便用宁波话招呼他们进屋坐坐。弘一谢了他，说："我们是看看的，不坐了。"又笑着说："这房子，我在二十多岁的时候，曾经住过几年。"

那和尚打量他一下，说："哦！你住过的！"

丰子恺觉得，今天虽然亲眼看到了城南草堂的实物，感兴却远不及昨天听法师讲的时候那样浓重，眼前的房子、马路、药铺等，也不像昨天听他讲的时候那样美妙而有诗意。那宁波和尚打量弘一法师，然后说出那句话的时候，在丰子恺眼前仿佛显出了二十多年来法师前后变化的两幅对照图，刹那间起了一种人生的悲哀。直到从草堂走出来的时候，他还沉浸在遐想之中："如果李叔同先生没有这母亲，如果他母亲迟几年去世，或者母亲现在还在世，这局面又会怎样呢？恐怕他不会做和尚，我不会认识他，今天也就不会来凭吊这房子吧！那么，又是谁在操纵着制定这局面的权力呢？……看来，人生的局面是由各种机缘造就的。"

一行人离开草堂前，弘一问那宁波和尚道："这房子原先的主人叫许幻园，上人知道他现在住哪儿吗？"

和尚说："知道的。离这儿不远，金洞桥下新铺的马路边上，有间小平房，幻园居士就住在那儿。很好找的，门口摆着一张代人书写家信的桌子呢。"

虽说环境有了不少变化，但毕竟故地重游，弘一带着丰子恺等找到了许的住处。

房子那么低矮，还破旧不堪。曾以草堂为雅舍，在沪上风流一时的文社盟主许幻园，如今却寄身于这等简陋的房舍！"天涯五友"结盟之时，恐怕谁也不会想到后来的变化吧！然而，终于见到了眼前的事实。

法师在门外呼喊多声，幻园才从屋里步履蹒跚地挪了出来。他早就知道叔同成了佛门一僧，8年前还在嘉兴见过一面。因此，当弘一突然站在面前时，他还是辨认了出来，"喔，你是叔同，不，是弘一法师吧！"

在弘一看来，如果不是专程寻访，几乎要认不得幻园义兄了。仅仅七八年工夫，幻园的头发已经斑白，身体有些伛偻，耳朵也有些重听了！此情此景，直让法师鼻酸心颤：人生，真是变幻迅捷、荣枯难测吗？

问起目前的生计，幻园流着泪说："还谈何生计呵！为人佣书，藉易升斗，一人糊口而已！"

弘一不愿触动义兄的隐痛，唏嘘感叹一阵，把话题转向以往的回忆，这才使许幻园破涕为笑，暂时忘却眼前的窘景。

然而，他俩的追叙前尘，让陪坐者丰子恺等观之，恍如痴人说梦，有意在麻醉自己。听着听着，也不禁为之涕泪沾襟了！

不到11点钟，丰子恺等请法师在城隍庙一家素餐馆用午餐。席间，法师谈到世界佛教居士林的尤惜阴居士，说他为人如何信诚，如何乐善，如何静心于佛理的宣传，等等，勾起了丰子恺等想见见尤居士的兴致。

饭后，几个人来到闸北佛教居士林。弘一法师把丰子恺等人引到三楼后，自己先行几步，在一间房子的玻璃窗上轻轻叩了几下。很快，里面走出来一位50岁模样的半老者。只见他刚跨出门槛，旋即五体投地拜伏在法师脚下，好像要抱住他的脚面一般。法师却仅仅浅浅地一躬罢了。

丰子恺等在后面发呆愣神，直到那半老者起身请大家进屋，三人才恢复平常知觉。丰子恺心想，尤惜阴如此倒地拜伏，是在按照佛教仪规行弟子礼吧！这就说明弘一法师在这位居士心目中的地位之高。

新建的佛教居士林是四层洋楼，外观庄严灿烂，里面的设备也极尽奢华。刚进楼的时候，丰子恺心中不免生疑：这种建筑和设备，与和尚的刻苦修行，不是相去太远吗？见了尤惜阴居士那虔恭诚恳的态度，又见他朴素的衣着和屋子里的简单陈设，丰子恺自譬自解着，"和尚是对内的，居士是对外的。居士其实就是深入世俗社会作现身说法的和尚。至于居士林的华丽奢侈，恐怕是一种对世俗的方便吧！"

弘一法师正在佛教居士林的消息，不胫而走。在一楼佛堂中拜忏念佛的善男信女，公推庞契诚居士来三楼找到尤惜阴，请他出面恳求法师为居士们开示在家律要之精义。法师不便推托，下楼作开示演讲。

他对居士们说："凡初发心人，既受三皈依，应续受五戒。倘自审一时不能全受者，即先受四戒、三戒，乃至仅受一二戒都可。在家居士既闻法有素，知自行检点，严自约束，不蹈非礼，不敢轻率妄行，则杀生、邪淫、大妄语、饮酒之四戒，或不可犯。

"惟有在社会上办事之人，欲不破盗戒，为最不容易之事。例如与人合买地皮房屋，与人合做生意，报税纳捐时，未免有以多数报少数之事；因数人合伙，欲实报，则人以为愚，或为股东反对者有之。又不知而犯，与明知违背法律而故犯之事，如信中夹附钞票，与手写函件取巧掩藏，当印刷物寄，均犯盗税之罪。"

说到这里，法师举了一个他今天乘车买票的例子。按规定，从西门到闸北海宁路，照例从西门到东新桥，三等客票五分；从东新桥再到海宁路，票价又五分。法师说："需分两次买票，共一角。不能取巧只买一次，漏掉一次。"

接着，他又继续开示说："凡非与而取，及法律不许而取巧不纳，皆有盗取之心迹及盗取之行为，皆结盗罪。非但银钱出入上，当严净其心，即使微而至于一草一木、丁纸尺线，必须先向物主明白请求，得彼允许，而后可以使用。不待许可而取用，不曾问明而擅动，皆有不与而取之心迹，皆犯盗取盗用之行为，皆结盗罪。"

从佛教居士林出来，丰子恺的耳边还在回响着刚才法师开示的声音——佛教义理中，自有引人向善、升华人性、净化社会的道德规范。这些规范，非唯佛门中人不能须臾放纵离却，即为世俗之人，也应奉行恪守吧！

丰子恺等要送法师回灵山寺，法师说："不必了，大家回去吧！这一带的路我都熟悉，不会走错的。等我从江西回来时再行聚会。"他拍拍手巾包又说："买电车票的铜板不少呢！"边说边转入一条小弄而去。

旧历六月中旬，弘一和弘伞来到匡庐，先后驻锡大林寺和青莲寺。大林寺位于庐山牯岭，分上、中、下三寺。中大林寺为晋代高僧慧远所建。远公在庐山隐居三十多年，著书立说，结社（莲社）弘法，着力倡导往生极乐世界的学说，被公认为中国净土宗的始祖，庐山亦成为当时南方佛教中心之一。青莲寺因其寺址在庐山大月峰麓之青莲峰，故得名；又一说是因纪念唐代大诗人李白（号青莲）而建。

弘一在旧历七月底从庐山牯岭写给蔡丏因的信中说："溽暑之候，有如深秋，诚清凉之胜境也。"弘一之所以来庐山，也是为了避暑养病、调适身心。夏季的天堂不在杭州，而在匡庐。虽为僧人，弘一在依据气候变化择地而居这一点上，与世俗之人并没有什么两样。

弘一在庐山，除了参加金光明法会，大部分时间是在研读《华严疏钞》，为日后重新厘定这部佛教典籍做些准备。

旧历八月上旬，弘一在庐山收到蔡丏因来信，信中有"印经蔫亡"的设想。弘一复信以为"甚善"，并"拟写《华严经十回向品初回向章》（自'佛子云何为'下，讫于'一切诸佛皆称叹'）"。为此，他希望蔡速寄四尺夹贡纸若干张。收到蔡寄来的所需纸张后，他便开始写。用了约一个月的时间，到九月二十，在"寒夜篝灯"下完成了这部法书。弘一是很看重这部法书的。他在将书件寄给蔡丏因的附信中说，"此经如石印时，乞敦嘱石印局员万不可将原稿污损，须格外留意"（1926年旧历十月十四信）。过了5年，在写给蔡丏因的信中，与另一书法作品《华严集联》相比时又说，"集联"一作，"体兼行楷，未能工整。昔为仁者所书《华严初回向章》，应是此生最精工之作，其后无能为矣"（1931年旧历四月初八信）。蔡丏因则在回忆录中说，大师在庐山所书《华严初回向章》含宏敦厚，饶有道气，比之黄庭。太虚法师也推为"近数十年僧人写经之冠"[156]。

旧历九月的庐山，已经围炉取暖，一进十月，更行严寒侵骨了。弘一在将书法精品《华严经十回向品初回向章》挂号寄出后，于十月中旬"下山返杭"了。

第十三章 有缘与无缘

第十三章 | 有缘与无缘

1926年下半年，由国共合作领导的北伐战争迅猛推进。旧历十一月间，弘一法师下庐山回杭州之时，正值国民革命军第二、第三路军分别进攻江西、福建、浙江、安徽、江苏等地，歼灭军阀孙传芳主力之际。身为方外一僧，法师本可以深居兰若，静心念佛，但宇宙间并无真正的方外之地，只要吃着人间供给的五谷杂粮，世事就会不找自来。以利益众生为己任的空门中人，也不可能决然躲开尘世俗事，否则，恐怕连一方遁迹之地都难以确保。既有此类理想，俗世也不会遗忘了他们。

随着国民革命军的到来，浙江等地的权力由国民党人所掌握。任何热潮，都难免会有偏颇。姜丹书在《弘一律师小传》中说："民国十六年春，杭州政局初变，锐气甚盛，已倡灭佛之议，欲毁其像，收其宇，勒令僧尼相配。"这就直接危及了佛教的命运和僧尼的生存。在这种紧急情势面前，弘一法师不得不或者也不能不起而抗争了。

法师先是致函老友、浙一师教员堵申甫说："余为护侍三宝，定明日出关。"堵是法师的护法，法师嘱咐按其所列名单，约请部分主政者来他驻锡的常寂光寺座谈。那是些对佛教抱有偏激态度的人。会前，法师准备了劝诫墨妙若干纸，到时人赠一纸。

座谈这天，预约的人并没有全部出席，原先准备的墨妙，恰与实际到会人数巧合。这种情形好像是有"前知"似的，堵申甫等颇以为奇。到会者拿到的字幅，是否人尽相同，对他们是否都有针对性的劝诫作用，这就不能悬揣了。但见这些人手拿字幅，默默不语，只是在那里低头观赏着。其中有个叫宣中华的人，原是法师的学生，时在省党部任职，负责宣传工作。法师特意请他坐在身边，婉言规劝。此君平日健谈善辩，这天却难置一词，脸上还冒出了羞惭的汗珠。

法师却依然心有余悸，觉得这件事还没有彻底解决。旧历三月十七，他又致函蔡元培、经亨颐、马叙伦、周少卿、宣中华等人，申述了对佛教新旧两派的主张和如何整顿的意见。蔡元培系法师的老师，时任国民党浙江省政治分会委员，并代张静江省主席一职；马叙伦为国民政府教育部次长；周少卿为省教育厅长。这些人此时在杭州"建设一切"，法师才给他们写了一信。信中说：

闻子师等在青年会演说，对于出家僧众，有未能满意之处。鄙意以为现代出家僧众，诚属良莠不齐。但仁等于出家人中之情形，恐有隔膜。将来整顿之时，或未能一一允当。鄙意拟请仁等另请僧众二人为委员，专任整顿僧众之事。凡一切规画，皆与仁等商酌而行，似较妥善。此委员二人，据鄙意，愿推荐太虚法师及弘伞法师任之。此二人，皆英年有为，胆识过人。前年曾往日本考察一切，富于新思想，久有改革僧制之弘愿。故任彼二人为委员，最为适当也。至将来如何办法，统乞仁等与彼协商。对于服务社会之一派，应如何尽力提倡（此是新派）；对于山林办道之一派，应如何尽力保护（此是旧派，但此派必不可废）。对于既不能服务社会，又不能办道山林之一派僧众，应如何处置；对于应赴一派（即专作经忏者），应如何严加取缔；对于子孙之寺院（即出家剃发之处），应如何处置；对于受戒之时，应如何严加限制。如是等种种问题，皆乞仁者仔细斟酌，妥为办理。俾佛门兴盛，佛法昌明，则幸甚矣。此事先由浙江一省办起，然后遍及全国。……

蔡元培等不会不顾及各个方面——诸如弘一法师与他们几位收信人以往的种种特殊关系、法师在缁素间的影响等，从而认真考虑法师的意见。结果是，此信发出后，灭佛之议不再纷扬流传。

还在去年，即1926年旧历十一月间，法师收到俗侄李圣章发自巴黎的信，通报了今春回国的消息。旧历四月下旬，李圣章回到上海，将来杭州探望三叔。法师即于四月二十九复信李圣章，详细告知了来杭州如何找他的路线等情节。

李圣章（1889—1975），系弘一法师二哥李桐冈次子，名麟玉，以字行。早岁读家塾10年，1908年从天津南开中学毕业，又在京师大学堂（北京大学前身）上了两年预科。他只差其三叔9岁，叔侄俩是幼年同玩的伙伴，感情较好。李圣章随其姨夫李石曾将去法国留学，临行前，刚从日本留学回来的三叔，送他一方青洋绉绣白花、四边缝有小狗牙的小手绢，说："这是你母亲当年绣给我的。她生下你就殁了。你将出远门，现在把它还给你，留着当个纪念吧！"

李圣章在法国住了11个年头。其间，1918年，他担任过"华法教育会"秘书。（"华法教育会"由蔡元培、吴玉章等与法国友人合作组建，是个以沟通两国文化教育为宗旨的民间机构。）1919年巴黎和会期间，在法、英、比等国的中国留学生，发起成立"国际和平促进会"，与国内反帝爱国的五四学生运动相呼应，以阻止我国代表在和约上签字。李圣章是这个组织的秘书之一，又是留法同学会的秘书。为阻签和约一事，他曾多次和同学们到中国南北两代表团进行交涉。和约签字前夕，北洋政府外交总长、北方代表团团长陆徵祥，托病躲入医院。学生和华工会推举李圣章为代表前往医院，向陆转达民意，坚决反对在和约上签字。陆竟拒不出见，激起了群众的愤怒。经过一段时间的交涉，才由北方代表团成员之一顾维钧，将李圣章带入陆徵祥的病室。临来之前，李圣章借了一支手枪揣在大衣口袋里，准备与陆拼死一斗。李圣章转达了群众要求，陆徵祥沉默不语，顾维钧在旁边说："陆总长绝不会签字。"陆只好点了点头。由于北京五四反帝爱国运动的胜利，中国终于没在巴黎和约上签字，这与国外留学生们的呼应支持分不开，李圣章则在其中起了突出的作用。

李圣章是"五四"前后，颇有影响的一位学生领袖。1921年学成归国，他先后担任北京大学、中法大学等校教授、中法大学校长等职。1926年，他参加"三一八"反对段祺瑞的学生运动，并和徐炳昶等人创办《猛进》周刊，遭到段执政的通缉。鲁迅的文章《大衍发微》中曾记有此事。中华人民共和国成立后，李圣章曾担任过重工业部顾问、北京工业学院副院长、全国政协委员等职务。

1926年至1927年，李圣章趁教授五年休假一次的机会，受姨夫李石曾委托，前往法国视察里昂中法大学，为其订立章程，内有里大校长需由国内中法大学校长聘任等规定。1927年旧历四月下旬，李圣章由法国乘船抵达上海，奉父亲之命前往杭州看望三叔，并劝其还俗。

李圣章上次（1921年）回国后，就与分别了10年的三叔取得了联系，经常有书信来往。弘一法师在第一封，即1922年旧历四月初六致李圣章的信中，叙述了他10年来的人生经历和出家前后的情形。这封信可以说是法师的一篇自传。

李圣章这次来杭州，在法师驻锡的常寂光寺住了一个多星期。他看到三叔的生活那样艰苦：早晨用咬扁的柳条枝沾点儿盐水鼓捣几下，算是刷了牙；一天只吃两顿饭，菜里也没什么油水；穿的是千补百衲的破旧衣衫……种种情景，直让李圣章心酸掉泪。但几次劝其还俗，三叔却不为所动，只答应以后有机会回天津看看家人。他对侄儿说："我出家时，事前没和你三婶商量，使她很难过。去年她去世，我也没能回去送葬，心里一直觉得很对不起她。"

侄儿要回天津了，法师给了他一些手写的经书和对联，还送了他一件僧袍，说是给第二个侄孙李炳的。李炳不久夭亡，李圣章把这件僧袍作装裹，一起葬于地下了。

李圣章奉命到杭州劝说三叔还俗没有成功，回天津后，父亲对他说："你安心在北京教书，少操心家里的事。"李桐冈这样说，是怕儿子受三叔影响，李家再出第二个和尚。

李圣章劝说三叔还俗未果的两个多月后，即1927年7月上旬，其姨夫李石曾又来杭州寻访弘一法师。

李石曾（1881—1973），名煜瀛，以字行，直隶（今河北省）高阳人。其父李鸿藻，为清末名臣。吴稚晖参加科举考试，李鸿藻为阅卷官。从这层关系说，李是吴稚晖的老师。后来，吴任教南洋公学，又成了李鸿藻之子李石曾亲友李叔同的老师。世界真是太小了。李鸿藻历任军机、工部、吏部、兵部和总理衙门大臣等要职，在对外事务上，他极力反对李鸿章等洋务派一味求和的做法，以清流议政名重京师。李石曾系其三子。李（石曾）留学法国期间加入同盟会，组织世界社，出版《新世纪》周报，介绍无政府主义和欧洲社会党活动，1911年回国；武昌起义后在天津组织同盟会支部，出版《民意报》，欢呼辛亥革命的到来；后长期致力于中法文化交流和教育活动，1912年在北京创办留法俭学会，设立留学预备学校；1920年分别在北京、法国里昂创立中法大学；曾任北京大学教授、北平大学和北平师范大学校长；1924年起任国民党中央监察委员，抗战中从事外交活动，胜利后任总统府资政；1949年去瑞士，1956年后定居台北。以其资历，李石曾属于国民党元老。李石曾娶津门盐商姚氏女为妻，与李叔同二哥桐冈系连襟。有这层亲戚关系，加上年龄相仿，李石曾青年时期就与李叔同有较多接触。他经常到天津戚家，与李叔同等一班同好相聚欢乐，高谈阔论，切磋唱和。后两人一东一西出国留学，分道扬镳；1911年，两人又相继从东西洋回国，在天津重新聚首。不久，李叔同离津南下，一去不回。此后，由于人生道路的日趋相歧，两人已十多年无缘会面。作为出家人的弘一法师，素有不见官方人士的习惯，更不会主动去会见李石曾。但李石曾并没有遗忘这位青年时期的伙伴，况且，他俩的情谊又在戚友之间。时在北平大学任教的李圣章，自然会向李石曾谈及来杭州看望三叔并劝其还俗未果的情况。这就有了李石曾亦来杭州寻访弘一的事。

李石曾并不清楚弘一驻锡哪座庙宇，招贤老人开始也没向他透露弘一的行踪。他曾数次去了玉泉、招贤两寺，都未能相遇。7月9日，由招贤老人陪同，他前往灵隐后山本来寺，见到了正在那里避暑静修的弘一法师。

除李石曾在《弘一法师手书佛说梵网经跋》中记下这次会见，并说"得两师赠以佛学书多种"，二李在本来寺究竟谈了些什么，后人已难以确知。从1927年旧历八月三十法师致蔡丏因信中所说（九月）"初三日赴沪，即往天津一行"，以及同一时间法师二哥来信看，李石曾这次来杭与法师叙谈，必有承接上次李圣章劝其还俗和转达其亲属怀念等话题，这才勾起了他"往天津一行"的念头，并事先写信通知了他二哥，提到了如何筹措路费等具体细节。

法师回津的动念，在其家属间引起了热烈的反应和殷切的期待。旧历八月二十，李桐冈在写给法师的信[157]中说：

> 三弟如晤：获晤手书，得悉弟有意返津，欣慰之至，兹特由邮（局）汇去大洋一百元，望查收后趁此天气平和，交通无阻，即刻起身回家，不必游移，是为至要。至居住日期及衣服、谢绝亲友等项事，悉听弟便。再赴津船名，起身前务必先仔细来信为要。专此即问近好。
>
> 　　　　　　　　　　　　　　　　　　　　　兄桐冈手书
> 　　　　　　　　　　　　　　　　　　　　　八月二十日
>
> 再彼时收弟信时，适麟玺儿、叔谦女在座，余云汝叔有意回家事极可快，惜需款甚巨，余一时手头拮据，奈何奈何。家中经准侄[158]喜事，已借贷千余元尚未弥补，一时无款。麟玺闻而雀跃曰："儿愿筹此款。"四姑也赞成，拟凑百元，惟未知由杭至津二人旅费足用否？遂与麟玉儿去信，回信云二人旅费由杭至津七十元已足用，百元尚有余，伊亦愿加入拼凑等语。此等小事，本不必令弟知之，但儿女辈体亲之心，盼叔返津相见之切，聊表孝心，亦可爱也。录之以博一粲。万望俯念其诚，勿负其意是盼。又及。

路费已经寄来，天津的亲属们正翘首相望。上次妻室谢世，没有回去送葬，不久前圣章、石曾又先后来杭劝说，如果再不回去一趟，于情于理，就很难说通了！再说，自己的年纪越来越大，回家的机会也恐怕越来越少了。

1927年9月底的一天，早就想见一见弘一法师的著名文学家和教育家叶圣陶，在饭后上班路上，发现劈面过来的三辆人力车，中间一辆上坐的是丰子恺先生，前后两辆坐的是两位和尚，后一辆上的那位，清癯的脸，颔下有稀疏的长髯。叶圣陶想：那准是弘一法师了，这次或许能实现见一见他的愿望了。第二天，他真的接到了丰子恺约他星期日去功德林会见弘一法师的信件。

法师由弟子宽愿陪同，来沪后住江湾丰子恺家。他打算将托送《四分律比丘戒相表记》的事办妥后，再往天津探亲。

夏丏尊、丰子恺在功德林餐馆招待法师，一是想介绍几位对他仰慕已久的朋友；再就是让他和日本友人内山完造相识，具体商谈向日本分赠《戒相表记》的细节。

在南京路功德林楼上，法师站在靠窗左角光线最明亮的地方，脸上略带微笑，细小的眸子里放射着晶莹的光。每当一位陪客进来的时候，由夏丏尊或是丰子恺居间介绍，法师则双手合十，表示欢迎。

叶圣陶、李石岑[159]、周予同[160]等近十位客人，已分别就座长方桌两旁，等候着另一位与今天宴会主题密切相关的客人——内山完造先生的到来。法师坐在右排上首，悠然地数着手里的念珠，每数一颗，默诵一声阿弥陀佛。大家默默地坐在那里，好像没多少话要同法师交谈似的。或许是僧俗殊途、尘净异致造成的矜持吧，餐室中的气氛有点儿寂寞凝注。事后，叶圣陶在回忆此情此景时说："晴秋的午前时光，在恬然的静默中经过，觉得有难言的美。"

内山完造，即为鲁迅与之有过颇多交往的内山书店老板。夏丏尊事前告诉过他，弘一法师是过午不食的，因此他在11点前赶到了功德林。

餐会当然是素席。作陪的几位友人看到法师用那双曾经挥洒书画、弹奏音乐的手，郑重地撷起一荚虹豆或是一片蔬菜，欢喜满足地送入口里去咀嚼时的神情，直惭愧自己平时狼吞虎咽的吃相。

"这碟子里是酱油吧？"法师指了指说。

以为法师要酱油，坐他旁边的人就把酱油碟子移到他面前。

"不，是内山居士要。"法师说。

果然，内山先生道谢后把碟子拿了过去。法师于无形中体会到了他的愿欲。

李石岑先生是位哲学家，爱谈人生问题，写过《人生哲学》《人格之真诠》《中国哲学十讲》等著作。席间，他请法师谈一点儿有关人生的意见。

"惭愧，"法师虔敬地回答说，"没有研究，不能说什么。"

法师这样回答，容易使人误解。学佛的人对于人生问题没有研究，依通常的见解，至少是一句笑话，是他有研究而不肯说吧！但看看他那恳切的神情，又觉得不该有这样的想法。他说话的神情，说明他的确没有研究过所谓的人生问题。研究某种东西，是要与其接触的，法师一心持律，一心念佛，他没余裕再去接触别的东西。不谈人生问题，谈佛学？大家又觉得不是餐桌上的话题，所以只好彼此客气地吃饭。

饭后，法师与内山先生稍作寒暄。内山知道法师曾留学日本，就用日语同他谈话。看神情，内山的话，他都懂得，但又好像把日语全然忘了的样子。

法师用五六年时间几易其稿编定的律学巨著《四分律比丘戒相表记》，由穆藕初出资于近期出版。夏丏尊拿着这本新出版的著作对内山先生说："法师的意思是，想把30册交给您，代为分赠日本有关方面。"

内山道着谢，说："法师的隆情厚意，我很感动，尽力办好吧。不过还要请问法师，您希望送给哪些机构呢？"

夏回答道："法师说一切都拜托您了。"

内山因此书之缘，以及稍后代送《华严经疏论纂要》一书，和弘一法师通过几次信，法师送给他几幅法书。其中写有"戒定慧"的条幅，他后来转送鲁迅先生了。

离开功德林时，法师说："约定了去新闸路太平寺拜见印光法师，哪位居士愿意，可以一起去。"

印光法师的名字，大家是晓得的，也见过他的文钞。有机会见见这位现代净土宗的大师，自然很好。同去者有七八人。

说着大伙拔脚便走。法师光脚穿一双布条缠成的行脚鞋，步履稳健而轻捷，始终走在前面。同行者中，竟没有人快过他。

比法师年轻十几岁的叶圣陶也在后面走着。半天来所见法师的种种情景，让他产生了不少感触。他边走边想着：

——弘一法师的行止笑语，真可谓纯任自然，使人永远不能忘怀。然而，在这背景后面，却是极严谨的戒律。丏尊先生曾经说过，他叹息中国的律宗有待振起，可见他的持律是极严的。他念佛，他过午不食，都是为的持律。但持律能到非由"外铄"的程度，人便只觉得他一切纯任自然了。

——弘一法师的心境，似乎非常之安宁，躁忿全消，处处自得。他似乎以为这世间十分平和，十分宁静，自己处身其间，甚而至于会把它淡忘。这是他把所谓万象万事划开了一部分，而生活在留着的那一部分之内的缘故。宗教家和艺术家大都采用这种生活方式。并不划开一部分而生活的人，除庸众外，不是贪狠专制的野心家，便是社会革命家了。

——弘一法师与我们差不多处在不同的两个世界当中。比如我，就没有他这种宗教的感情与信念，要像他这样的生活是不可能的。不过我自以为有点了解他，也真诚地敬服他这种纯任自然的风度。哪一种生活方法好呢？这是愚笨的无意义的问题。只有自己的生活方法好，别的都不行，这是夸妄的人的想法。有位朋友曾经说过，他不曾遇见过这样一个人，使自己愿意把自己的生活与这个人对调。这是踌躇满志的话。人本来应当如此，否则，浮漂浪荡，岂不像没舵之舟？但那位朋友还说过，尤为要紧的是，同时得承认别人也未必愿意把他的生活与我对调。这就与夸妄的人不同了。有了这样的认识，才会不去菲薄他人，从而也能获致他人的尊敬。人与人之间，彼此因观感而化移的事是常有的。虽说各有各的生活方法，但相互间并无不可破除的坚壁。所谓圣贤者转移了什么什么人，就是这么一回事吧。不过，那种板着面孔专门菲薄别人的人，是绝不能转移了谁的。……

弘一法师的一言一默、一行一止，引发了叶圣陶的诸多联想。半天聚会，对他来说，可谓是如坐春风了。

一行人很快就来到太平寺的山门。寺役进去通报时，弘一法师从包袱里取出一件大袖僧衣，恭而敬之地穿上身，眉宇间异常静穆。沿街的一间僧房里，有个躯体硕大的和尚，刚洗了脸，背部略微佝偻着站在那里。他就是鼎鼎大名的印光法师。弘一法师带着一行人，向印光法师的僧房走去。

只见弘一法师跨进房内，便对印光法师屈膝拜伏，动作严谨而安详。在随行者以往的印象中，弘一法师是和尚里的浪漫派，见到他现在这种行状，又觉得他完全不像先前所想象的那般模样。

两个和尚，一个清癯灵盈，一个粗黑壮硕。当二人并肩坐下的时候，在叶圣陶等人的印象中，形成了绝妙的对比，一个是水样的秀美、飘逸；另一个则是山样的浑朴、凝重。

这是弘一法师第二次参礼印光。他合掌恳请说："几位居士都欢喜佛法，有的曾经看过禅宗语录，今天随同弟子前来拜见法师，请有所开示。慈悲，慈悲。"

"嗯，看了语录。看了什么语录？"印光法师的声音带有神秘的意味，话里面或许就藏着什么机锋吧。

没人答应。弘一法师便指指李石岑，说这位居士看过语录的。

李石岑说，他并不专看哪几种语录，只是跟从某先生研究过法相宗的义理。

印光法师说："学佛需得实益，只是嘴里说说，作几篇文字，没啥意思的。对人来说，眼前最要紧的事是了却生死，生死不了，非常危险。你跟从学习的那位先生，只说自己的那一套才对，别人念佛就是迷信。他真不该那样说呢。"他说话的声音有点儿严厉，还间以呵斥。听他训示的几位来客，屏息静气，面面相觑。

弘一法师再作第二次恳请，希望就儒说佛法的会通之点给大家有所开示。

印光法师说："儒说佛法，二者本就一致，无非教人父慈子孝、兄友弟恭等。不过儒家说这是人的天职，人若不守天职就没有办法。佛家则用因果来解释，那就深奥得多了。行善便有福，行恶便吃苦。人，谁愿意吃苦呢？"

弘一法师第三次"慈悲，慈悲"地恳请，说跟来的几位居士想请几部讲经义的书。印光法师说，这里书很多，大家可以自选几种带回去。

临别时，弘一法师又屈膝拜伏，恭敬之至。等到大家走了出来，他又郑重而轻捷地拉上了印光法师的两扇房门。

听了印光法师开示时的语气、声调，看了他的动作神态，叶圣陶等几位访客觉得，比较起来，弘一法师好像青原上的一棵小树，毫无愧怍地欣欣向荣着，但他没有凌驾于其他卉木而上之的那种气势与魄力。

事后，叶圣陶记叙了这天会见弘一、印光法师的经过，为中国现代散文史贡献了一篇名作——《两法师》。所以说，就因叶先生的这一名篇，弘一和印光两法师，才更加广泛地为现代中国人所熟知。

弘一法师在丰子恺家等候着天津之行的时机。丰子恺正与弘一的另一位学生裘梦痕选编一册《中文名歌五十曲》，原就准备选入几首法师在俗时创作的歌曲。现在老师恰好在这里，不但可以请他指点如何选编的原则，也能把他的具体曲目确定下来。经过几次商谈，他们确定以下述两个方面作为选编的标准："对于曲要求其旋律的正大与美丽；对于歌要求其诗歌与音乐的融合。"具有"深大的心灵""又兼备文才与乐才"的弘一法师，他在俗时所作的歌曲，被选入了13首。

法师在丰家等候期间，有几件与"缘"有关的事，很富意味。

从去年开始，丰子恺在楼上的房间中，摆上了释迦牟尼像，并设置了供桌。一天晚上，丰与老师长谈。交谈中，丰请老师为自己的房舍取一堂号。法师让他在小方纸片上写了许多自己喜欢而又能互相搭配成词语的字，分别团成纸球后撒在佛像前的供桌上，抓阄定夺。丰子恺连抓两次，都是个"缘"字，于是定其堂号为"缘缘堂"。不知道是丰子恺有缘，还是弘一法师有缘，反正从这天晚上开始，作为中国现代著名画家和作家的丰子恺，有了"缘缘堂"这个堂号，从而也有了以堂号命名、声闻中外、独具一格的"缘缘堂随笔"。这是与弘一法师有关的一"缘"。

还有一"缘"。也是在一天晚上，丰子恺上楼与法师闲谈。法师脸上流溢着喜悦之色，顺手从书架上抽出一本书来，指着作者的名字对丰说："写这书的谢颂羔居士，你认识他吗？"

丰子恺见他拿的是作者赠送的《理想中人》。这书原是放在书架下层的，只因小孩子喜欢玩火车的游戏，前两天被拿出来铺在床上，当作铁路。后来火车开毕了，这书没有放回原处，放到了书架中层的外面最容易拿着的地方，现在被法师抽着了。丰子恺回答说："谢颂羔君是我的朋友，一位基督教徒……"

"他这书很好！是本很有益的书。这位谢居士住在上海吗？"法师又问。

"他在北四川路路底的广学会中当编辑，我是常常同他见面的。"丰子恺说。

提到广学会，法师表现出浓厚的兴趣。他说："广学会创办很早。我年轻时住上海的时候，广学会就已经成立了，会员当中有许多热心而真挚的宗教徒。有个外国传教士叫李提摩太，在中国很有名。他曾经关心过佛法，翻译了一本《大乘起信论》。"从广学会的历史归结到谢颂羔的著作《理想中人》，法师又再次赞扬了这本书，并说："我住在这里，一向不看你这书架上的书，今天偶然在最近便的地方随手抽着了这一册。读了很感激，还以为你书架上大概有不少这类书。但检点了一下，别的都是关于绘画、音乐方面的日文书。因此说，能抽到谢颂羔居士的这册书，确是很奇妙的'缘'呢！"

法师这样说，丰子恺便想人为来造成法师与谢颂羔相见的"缘"，趁机说："几时我邀请谢君来这里谈谈，先生以为如何？"

法师说："请他来，很对人不起的。"话是这样说，脸上却表现出盼望的神色。

过了几天，法师写了一幅横额，即"慈良清直"四个字，让丰子恺送给谢颂羔，表示请他来谈谈的意思。

谢颂羔见了横额，又听丰子恺说了事情原委，感激地说："下星期日，我去府上拜访法师。"

约定的这天，丰子恺家的邻居陶载良备了素斋，请法师用午餐，丰子恺和谢颂羔被邀作陪。席间，一个虔诚的佛教徒和一个虔诚的基督徒相对而坐，愉快地谈笑着。丰子恺见此光景，浮想联翩，由造成这次法师与谢颂羔相见的"缘"，瞑想到人世间种种"缘"的奇妙……后来，丰把法师和谢颂羔相见的前后经过，以及由此而引起的种种联想写成文字记载下来。于是，中国现代散文史上又有了一篇充满佛意的名作——《缘》。

弘一法师在丰子恺家住了将近一个月，终于没有兑现"天津一行"的计划。

在法师准备返回永嘉的前几天，丰子恺对他说："先生，有一件事想请您成全，不知道能不能办到？"

法师温缓地说："什么事？但说无妨！"

丰子恺说："您可能已经感觉到了，近年来我也有了佛化的意思。前年的五卅惨案，去年的三一八屠杀，今年的四一二政变，令人痛心疾首的事件接连发生，人性变得越来越凶残了。我以一介书生，虽有愤慨，却无力执戈弄枪地去改变这种局面，只能以手中的一支笔，做些净化社会的事。但便是这样，也需要一种精神支柱。这些日子，我从先生身上，深切地感受到了佛的灵光的照耀，感受到了您的慈晖的熏染，对佛法、佛理，对佛所宣示的境界，有了更深一层的体悟与向往。您能为我证授皈依吗？"

"你要皈依？"乍听之下，法师有些意外，但他立即想起了这些天来在丰家的所见所闻：一尊释迦牟尼佛像，端端正正地被安置在供桌上，佛像旁边的两炷香，轻烟袅袅，幽香扑鼻。原来，子恺家中有这些摆设，有这种氛围，并非仅仅因为我住在这里的缘故，他自己也有了这种向往。想到这里，法师欣然一笑，说："子恺，你要皈依，很好。这是彻悟人生的必由之路。看来，你的因缘开始成熟了。"

法师决定为丰子恺证授皈依，并为他取了个"婴行"的法名。为丰取这个法名，在法师看来，也是有意要与自己当年在虎跑寺断食后，按老子"能婴儿乎"一语改名为"婴"的含义联结起来，表示人间又有一人开始新生。

1927年10月21日（丁卯年九月二十六），即丰子恺29周岁这天，在他家一楼客堂中摆上了供桌、佛像和果品。一个庄严的仪式即将举行。

香烛点燃了，弘一法师站到释迦牟尼像跟前，随即，丰子恺在他身边跪了下来。两人手中各拿一册《地藏菩萨本愿经》。法师先唱了一段佛曲："炉香乍爇，法界蒙熏……"尔后，丰子恺随着法师唱念"三皈依"。

  皈依佛，皈依法，皈依僧。

接着，丰子恺又按法师指示的顺序，忏悔自己的业障，发"四弘誓愿"。

  我昔所造诸恶业，皆由无始贪嗔痴。
  纵身口意自所生，一切我今皆忏悔。
  ……
  众生无边誓愿度，烦恼无尽誓愿断，法门无量誓愿学，佛道无上誓愿成。
  ……
  自皈依佛，当愿众生，体解大道，发无上意。
  自皈依法，当愿众生，深入经藏，智慧如海。
  自皈依僧，当愿众生，统理大化，一切无碍。

丰子恺念完"四弘誓愿""三皈依"，恭敬如仪，向释迦牟尼像礼佛三拜，然后又转向他的皈依师弘一法师深深地拜伏一次。

弘一法师缓缓地展开头天晚上写好的《说皈依文》，面向丰子恺庄重地念道："今有信士丰子恺，于丁卯年九月二十六日正午，发菩提心，尽形寿，皈依三宝，永志不渝。祈诸佛菩萨慈悯纳受……"

念完皈依文，法师又对丰子恺说："从今天起，你是一个正式的佛门弟子了。以前种种譬如昨日死，明日种种犹如今日生，你要持道修心，戒妄去邪，以一颗悲悯之心去包容世间的罪恶……

"佛门弟子需要奉行一定的戒律。戒律繁多，主要是五戒，五戒中又以三戒最重要。对在家居士来说，与其不能同时实行多戒，不如从一戒一律做起，切实而有效……"

丰子恺听了法师的一番训诫，点头称是，心悦诚服，表示决不有污佛门灵光，不辜负恩师的再度培育，慈悲加被。

此时此刻，法师悲欣交集，感慨万千，丰子恺过去是自己最得意的学生，如今又成了自己的佛道弟子，这两重特殊关系、两重深缘厚谊，非唯今生今世，即在未来际中，恐也难得呢！

"天涯五友"中的三友——袁希濂、张小楼、许幻园，得知法师在江湾丰子恺家小住，便相约前来看望。四位友人在过去写影过"天涯五友"的照相馆，重摄了一影。法师为《天涯四友写影》作题记，语多感慨。"题记"中说：

> 余来沪上，明年，岁在庚子，共宝山蔡小香、袁希濂、江阴张小楼、云间许幻园诸子，结为天涯五友，并于宝记像室写影一帧。尔来二十有八年矣。重游申渎，小居江湾缘缘堂。蔡子时已殂化，惟袁、张、许子犹数过谈，乐说往事。乃复相偕写影于宝记像室。……

这可以说是弘一法师此来沪上遇到的又一"缘"了。

人生在倏忽无常中变幻着、流逝着。"天涯五友"中的蔡小香早已去世，许幻园也在这次江湾聚会后不久命归道山。关于他们两人，都可以不谈了。弘一则是"五友"中最早参透上述那层底蕴的人，在佛门中已经静修了将近十年。为了往生西方乐土，他还需要更加艰苦卓绝地去胜造善绩功德。袁希濂亦在今年（1927）卸去官职，皈依印光法师，并从持松师父学密。这次见了弘一法师，其道念越发坚固了。一次下雨天，有个和尚乞讨车资，跪倒在袁希濂面前，袁见状，不顾弄脏了新买的皮大衣，也如法炮制跪了下来。路人觉得好奇，一个上等人，怎么和乞讨和尚对跪了？其实，这正表现了袁希濂对佛法的虔诚，因为按照佛门规矩，只有和尚接受居士的跪拜，不能反其道而行之的。现在和尚先跪下了，他岂能站着应对？袁还有出奇的一招。佛教仪规中放焰口一节，需有多位僧人参与，并伴之以铙钹喧阗。袁却能独自一人徒手为之。时沪上首屈一指的富翁欧司·爱·哈同患病，屡经药治不见起色。这个犹太人不信基督上帝，偏爱佛陀佛理。其妻罗迦陵更是一名虔诚的佛门弟子，见哈同病势很重，便托人请来袁希濂放焰口，救济饿鬼，驱邪镇宅。袁居然一人做完了这套仪式。哈同事先并不知道，听了袁的念念有词之声，以为是哪里在开音乐会，声音怪好听的。"五友"中另一友人张小楼呢？在江湾聚会后不久，他也皈依了佛法，专修密宗，精进不懈。张虚于后嗣，仅有一个女儿。自从女儿嫁了爱国民主人士李公朴，他有半子之依，倒也可以说是老怀称善。不料爱婿被国民党特务暗杀,女儿成了寡妇,张小楼在抑郁中死于上海。他所笃信的佛教,也没能保佑其命运顺遂畅达。至此,"天涯五友"终于风流云散,各归虚空了。这是后话。

去年这个时候,弘一法师去庐山,在上海候等江西来信期间,重游故居,有城南奇缘。今年,又遇上"缘缘堂"的"缘"、会见谢颂羔的"缘"、丰子恺皈依的"缘",以及"天涯四友"重摄一影的"缘",一"缘"连着一"缘",可谓缘分不浅!然而,他却未能获得天津之行的"缘"。亲属们正翘首南望,盼其北归,但他终于在上海滞留一阵之后回了永嘉,使兄长子侄们空等了一场。不知道这又何缘之悭?

在世俗观念中,"因缘"一词,是作为一个统一的、完整的概念理解的,并无"因"和"缘"的分别,有时还将其简化成为"缘"一词。而在词源学上,"因缘"是个佛教术语。按其本义说,这一概念包含着"因"和"缘"两层含义。"因"指产生某种结果的直接原因,"缘"则指其间接原因。比如一朵盛开的花,花种为使其盛开的"因",土壤、阳光、雨露、肥料等则是使其盛开的"缘"。通俗地说,"因"为内部条件(或称内因),"缘"为外部条件(或称外因)。从人和外界关系上说,也可以将"因缘"概念理解为主观条件("因")和客观条件("缘")的结合。在自然界,"因"和"缘"是不能分割,也不分主次的;没有花种,或者没有土壤、阳光、雨露、肥料等,都不能出现鲜花盛开的景观。但在社会现象中,"因"和"缘"却有主次之分和轻重之别。某件事情能否办成,固然不能没有"缘"的因素,但"因"的作用往往更加重要。弘一法师不能成行前往天津探亲,缺乏路途安全和他所期望的家庭环境(他希望家属们不再提起还俗的事)等这些"缘",确是原因之一种;但更重要的,恐怕是他的主观条件准备不足。他的不能回家探亲,表面上的原因是无"缘",内里却是他自身无"因"或少"因"吧!

按照佛理,弘一法师如能不避安危(实际上,并非像某些年谱、传记所说,当时津浦线上不安全。因李桐冈信中就说"交通无阻"),回家探亲,以抚慰家人久盼之心,不正好体现其大慈大悲的心肠么?但法师最后还是改变了北行探亲的计划。究竟是什么原因呢?从其二哥桐冈的复信,和侄儿李圣章以及戚友李石曾曾到杭州劝其还俗(此事未果之后,叔侄间不再有信)等情形来看,法师对回家一事,是存有种种顾虑的。

弘一不得不考虑,若一旦回家,将怎样面对年轻时被他抛却的亡妻之灵?又怎样面对从小失去父爱,由伯父借债帮助结婚的长子和还未成家的次子呢?亲属们或许已经谅解了他抛妻别子出家为僧的选择,但他自己一旦面对家中的种种现实情景,能漠然置之、无动于衷吗?况且,先前已有侄儿等劝其还俗之举,一旦回家后,若他们又旧话重提呢?他之所以最后取消北上探亲计划,更深层的原因,不能不说是由于他不敢面对和有意逃避可以预料到的种种家庭现实情景;或者说,他是恐惧一旦面对种种家庭现实情景,很可能会动摇了他的佛心道念。

从其为一些居士撰写的传记等文字看,弘一法师在对待五伦问题上,仍有儒家思想的痕迹。这次在上海参礼印光法师时,他又听了印师关于在父慈子孝、兄友弟恭上儒佛会通一致的开示。这就是说,弘一及其奉行的佛法,并非真的主张一入佛门,六亲不认。但弘一在对待自己的家庭问题上,不能不说又有些无情无义的意味。这只能做如下的解释:他在不少方面有负于自己的亲属,而又缺乏勇气去面对自己造成的现实局面;因为一旦面对那种局面,尴尬之状还在其次,主要是很可能会摇撼了他苦苦守持的佛心道念。因此,在涉及与其亲属关系的敏感问题时,他常常有意无意地把出家与亲情对立起来。从这个角度上考察,不能不说,及至20世纪20年代后期,在弘一的佛心道念中,是存有某些做作成分的。取消天津之行,表面上看,好像是他佛心深厚道念坚固的表现,内里却正是其尚未深厚坚固的结果。真正佛心深厚道念坚固的佛门中人,并不也无须刻意回避家庭亲情等种种世俗之事吧!在这个问题上,为法师曲加回护,恐怕也没有必要吧!

弘一这次在沪上期间,曾将宋代佛眼禅师偈句"聋人也唱胡笳曲,好恶高低自不闻",书赠夏丏尊。这与其说是对夏的劝勉,不如更确切地说,是他的自我写照。在他看来,有如聋人吹奏的胡笳之曲,只管自己去诵经念佛,外界(包括其俗家)的种种烦恼事,自可"不闻"不问了。

第十四章 编绘《护生画集》

第十四章 | 编绘《护生画集》

佛门有一修炼之法,叫作"诛茆宴坐","宴坐"即坐禅。在山中选一僻静的空地,诛锄草茅,安一绳床,结跏正坐。顶脊端直,不动不摇,以坐自誓,90日为一期。

1928年春,弘一法师由永嘉庆福寺移锡东南之大罗山(一名泉山)伏虎庵。5月起,在该山诛茆宴坐。

这年秋末冬初,法师再次到沪,为的是编定《护生画集》和书写题词。

有关编绘《护生画集》的事,起因还在一年以前。

随侍印光法师的青年佛教学者李圆净居士(1900—1950,名荣祥,广东三水人,中年学佛,著有《佛法导论》等),对弘一法师早就倾慕有加,便在那次(1927年10月初)新闸太平寺匆匆一见后没几天,一个温风拂面的清晨,前往江湾立达学园参拜法师。第二天,丰子恺拿了两幅戒杀漫画,往访李圆净征求意见。李一见那两幅漫画,欣喜地对丰说:"子恺兄能画这类作品,在当今之世,实为发扬护生其理的无上利器。真该继续绘画一批,以结集济世。"悲天悯人的丰子恺,接受了李圆净的恳请。同时想到,两年后(1929)法师年届五十,如果绘制一批戒杀护生画结集出版,正可作为恩师五十寿辰的纪念。

丰回到家里,向法师谈了李圆净的设想。法师觉得,这的确是个很好的题目,表示全力支持,并让丰约来李圆净,一起商定了大体规划。一幅图画配上一篇说明文字,丰子恺绘制图画,法师撰写说明,印刷、出版、发行等则由李圆净负责,争取在法师50寿辰时与读者见面。

初步定下编绘《护生画集》的计划,法师便回了常住地——永嘉庆福寺。此后半年多的时间中,或是先由丰子恺将绘就的画幅寄给法师,请他审查提出修改意见,并撰写说明文字;或是先由法师写出文字,由丰子恺绘制相应的画面。在这一来一往的过程中,法师多次致信丰子恺、李圆净。在信中,他不仅对整个画集的编绘思想反复做了原则性的指示,对字之大小、所占地位如何与画面相称相谐,以至用哪种纸张、如何装订、如何发行等具体细节,也都条分缕析、毫不苟简地予以指点。以为唯其如此,才可能引起阅者的美感,收到预期的效果。法师的信既显示了一位老一辈艺术家和虔诚佛教徒的严谨作风,也表现了对晚辈的热忱提携。而他的那些意见,即使对今天的文艺创作和书籍的编辑出版,也不无参考价值。例如，他在信中说：

>　　……发愿流布《护生画集》，盖以艺术作方便，人道主义为宗趣。……
>
>　　　　　　　　　　　　（1928年旧历九月初四致丰子恺信所附短跋）

>　　……此画集为通俗之艺术品，应以优美柔和之情调，令阅者生起凄凉悲悯之感想，乃可不失艺术之价值。若纸上充满残酷之气，而标题更用"开棺"、"悬梁"、"示众"等粗暴之文字，则令阅者起厌恶不快之感，似有未可。更就感动人心而论，则优美之作品，似较残酷之作品感人较深。因残酷之作品，仅能令人受一时猛烈之刺激。若优美之作品，则能耐人寻味，如食橄榄然。……
>
>　　　　　　　　　　　　（1928年旧历八月二十一日致李圆净、丰子恺信）

>　　朽人之意，以为此书须多注重于未信佛法之新学家一方面，推广赠送。故表纸与装订，须极新颖警目。俾阅者一见表纸，即知其为新式之艺术品，非是陈旧式之劝善图画。……
>
>　　　　　　　　　　　　　　　　（1928年旧历八月十四日致丰子恺信）

　　丰子恺、李圆净寄送的画幅，多数系伤生、杀生之作。为了突出正面宣传护生的主题，法师将这些作品，颠来倒去地排列了多次。他在信中说：

>　　因此书，名曰《护生画集》，而集中所收者，大多数为杀生伤生之画，皆属反面之作品，颇有未妥。今依朽人排定之次序，其第一页《夫妇》，为正面之作品。以下十九张（惟《农夫与乳母》一幅，不在此类）皆是反面之作品，悉为杀生伤生之画。由微而至显，复由显而至微。以后之三张，即是《平等》及新增加之《忏悔》、《平和之歌》，乃是由反面而归于正面之作品。以《平和之歌》一张作为结束，可谓圆满护生之愿矣。
>
>　　　　　　　　　　　　（1928年旧历八月二十一日致李圆净、丰子恺信）

第十四章 | 编绘《护生画集》

可见法师一副悲天悯人的慈悲心肠和对宣传效果的重视。只是由于当时丰子恺所作画幅的限制，在后来正式出版的《护生画集》第一集中，警诫杀生之作还是多了一些，未能全体现弘一法师从正面宣传护生济世的宏愿。

《护生画集》的编绘前后是有变化的。按照初拟的计划，原先只收24幅图画和说明文字，并无编绘续集的打算。读者对象只限"国内之人"。到1928年9月，已编出了初稿，国学大师马一浮的序言也已经写就寄来。这时，李圆净建议，画集出版后可赠送日本有关各界。法师觉得此议很好，但须"大加整顿""非再画十数叶，从新编辑不可"，如此，"非再需半年以上之力，不能编纂完美"（1928年旧历八月二十二日信）。丰子恺、李圆净在考虑法师的这些意见时，连带想到了画集原为庆祝法师五十寿辰而作，便进一步建议，将规模扩大到五十幅，既可与弘师五十寿辰有机配合，赠送外国友人也可显得更庄重像样些。法师对丰子恺、李圆净的设想，自是欢喜赞叹，积极合作。他又补写了十几则说明文字，并于1928年旧历十一月初，冒着风雪严寒亲往沪上，指导一切，书写题诗。

画集于1929年2月，法师五十寿辰前由上海开明书店出版。但这时仍无编绘续集（即后来的第二集）的打算。直到1939年，避寇广西宜山的丰子恺，为了越年庆贺法师六十寿辰，才有续绘画集的设想，并想到：既然第一集以五十幅画庆贺弘师五十寿辰，那么续集就得以六十幅庆祝其六十寿辰。这个设想很快得到了时在泉州的法师的赞许与合作。他为续集写了几则题偈，书写了全部文字，由此也引出了他更大的规划与期待。他致信丰子恺说："朽人七十岁时，请仁者作护生画第三集，共七十幅；八十岁时，作第四集，共八十幅；九十岁时，作第五集，共九十幅；百岁时，作第六集，共百幅。护生画集功德于此圆满。"（转自丰子恺《护生画集自序》）又说："朽人若在世，可云祝寿纪念。若去世，可云冥寿纪念（此名随俗称之，甚未典雅）。或另立其他名目。总之，能再续出四编，共为六编，流通世间，其功德利益至为普遍广大也。"（1939年旧历十月致丰子恺信）时值寇势凶恶，丰子恺处于逃难流亡、生死未卜之际，受法师这宏大的嘱咐，惶恐异常，担心辜负了恩师的重托，所以复信这样说："世寿所许，定当遵嘱。"

《续护生画集》出版后两年，即1942年，弘一法师在泉州圆寂。但在此后的三十多年间，不管世道如何多变，个人遭际何等坎坷，丰子恺始终牢记着对恩师的承诺。按正常进程，第六集应于1980年出版。丰子恺虽身经"文革"中的磨难，但他终于在1975年9月逝世之前，秘密地完成了百幅图画的绘制和说明文字的写作，并请书法家朱幼兰一一书写。

忏悔

人非圣贤，其孰无过，
犹如素衣，偶著尘浣。
改过自新，若衣拭尘，
一念慈心，天下归仁。

丰子恺为报师恩，为践宿约，以其刚毅之意志、真挚之感情，画出护生画精品百幅，以待机缘。1978年，弘一法师的弟子、新加坡佛教总会副主席广洽法师回乡赴沪。他被丰子恺的高尚情操感动，展阅遗稿，百感交集，什袭珍藏，亲携去乡返星（新加坡），以筹出版。《护生画集》第六集终于在1979年弘一冥寿百岁之时，由香港时代图书有限公司出版，并再版了第一至第五集。这样，我们才能看到一部完整的、全面实现了弘一法师和丰子恺等遗愿的六集《护生画集》。1993年，深圳海天出版社印制了精美的套封六册《护生画集》。这是中国大陆首次完整地出版这部巨著。

叙述过整套《护生画集》的编绘出版过程，再来续说与弘一法师直接有关的该画集一二两集的事。

为这两集《护生画集》，法师除书写了全部文字（这是他为后世留下的书法精品之一），还分别以"贤瓶道人"和"即仁"为名，撰作题诗33首（第一集）、题偈4首（第二集），共37首。

在谈及这些作品时，法师对丰子恺说："朽人已十数年未尝作诗。至于白话诗，向不能作，今勉强为之。初作时，稍觉吃力。以后即妙思泉涌，信手挥写，即可成就。其中颇有可观之作，是诚佛菩萨慈力冥加，匪可思议者矣。但念生死事大，无常迅速，俟此册画集写毕，即不再作文作诗及书写等。唯偶写佛菩萨名号及书签，以结善缘耳。""此画集中，题诗并书写，实为今生最后之纪念。而得与仁者之画及李居士之戒杀白话文[161]合册刊行，亦可谓殊胜之因缘矣。"他又嘱咐说："但朽人作此白话诗事，乞勿与他人谈及。"（1928年旧历八月信）这是因为，按照佛教观念，绘画、音乐、诗词之类，都是人间俗事，非佛门中人所为。法师之所以隐去真名，署以"贤瓶道人"和"即仁"，也是这个缘故吧。

这些题诗、题偈的内容，大致可以分为三类。

第一类以法界众生与人同体为主题，普劝世人长养慈心，放生戒杀。例如《今日与明朝》《亲与子》《儿戏》《沉溺》《倘使羊识字》《乞命》《喜庆的代价》《囚徒之歌》《诱杀》《倒悬》《尸林》《蚕的刑具》等。这些文字依据画面所提供的形象，描写出鸡、鸭、猪、羊、鱼、鸟等动物被捕杀饕餮时恐怖狼藉之情状，以期触动唤起人的怜悯爱护之心。这是一种反面的提醒和警告。从佛教观念来看，一切众生和作为众生之一的人，是同体的，没有区别。以此，丰子恺的那些画面和法师的说明文字，与其说是在戒杀生物，不如更确切地说，是在戒杀人类。

第二类借助动物间相亲相爱、生离死别之情，唤起人类的护生意识。例如《生的扶持》《母之羽》《诀别之音》《生离欤？死别欤？》等。《生的扶持》画面是两只螃蟹，背驮着另一只受伤少足的同伴。这是将它扶持到洞穴中去休养吧。题诗则说："一蟹失足，二蟹持扶。物知慈悲，人何不知？"《母之羽》的画面是四只小鸡，围绕着一堆羽毛，恋母之态令人凄心。题诗说的是："雏儿依残羽，殷殷恋慈母。母亡儿不知，犹复相环守。念此亲爱情，能勿凄心否？"法师还在文末注明了这一构思来源于《感应类钞》。该钞说："眉州鲜于氏，因合药碾一蝙蝠为末。及和剂时，有数小蝙蝠，围聚其上，面目未开，盖识母亲而来也。一家为之洒泪。"诗中所作感叹："物知慈悲，人何不知？"这是在启告世人，不只要爱护生物，人更应相爱。

第三类是一组正面宣传护生的文字。如《仁兽》一作，法师在文尾特意加上了这样一段说明文字："儿时读《毛诗·麟趾章》，注云，'麟为仁兽，不践生草，不履生虫。'余讽其文，深为感叹。四十年来，未尝忘怀。今撰护生诗歌，引述其义。后之览者，幸共知所警惕焉！"《老鸭造像》一诗曰："罪恶第一为杀，天地大德曰生。老鸭札札，延颈哀鸣。我为赎归，畜于灵囿。功德回施群生，愿悉无病长寿。"文末有这样的说明："戊辰十一月，余乘番舶，见有老鸭因于樊，将斋送他乡，以饷病者，谓食其肉，可起沉疴。余悯鸭老，而将受戮，乃乞舶主，为之哀请，以三金赎老鸭。归属子恺图其形，补入画集，聊志遗念。"这段文字不仅说明了法师到沪编定《护生画集》的某些情景，也表明他是一个以身作则的大慈大悲的护生者。《农夫与乳母》一诗，从牛对人的恩德——供人牛奶、为人耕作，昭示出人们不能忘了它的养育之恩而将其屠杀，由此还赞扬了西方人道主义学者"不啖老牛肉，淡泊乐蔬食"的美风。它如《生机》《雀巢可俯而窥》《冬日的同乐》《中秋同乐会》《凤在列树》等篇，描述和赞颂了重视护生之后出现的人与自然界一片和谐共乐的动人境界。

《护生画集》之第一集和第二集，相距十年。第二集与第一集相较，负责绘画的丰子恺，其作风渐近自然，而书写题诗的弘一法师，亦人书俱老。至于内容旨趣，前后更有很大的不同。始终关注《护生画集》的夏丏尊，在第二集序言中说："初集取境，多有令人触目惊心不忍卒睹者。续集则一无凄惨罪过之场面。所表现者，皆万物自得之趣与彼我之感应同情，开卷诗趣盎然，几使阅者不信此乃劝善之书。盖初集多着眼于斥妄即戒杀，续集多着眼于显正即护生。戒杀与护生，乃一善行之两面。戒杀是方便，护生始为究竟也。"夏丏尊的观察与评论是正确的，但"初集多着眼于斥妄即戒杀"，对法师来说，实有其不得不然的原因。他当时只能在现有的画幅中进行挑选与排列。尽管他向丰子恺、李圆净反复申述过有关宗旨，但两位居士或许是由于时间上的限制，或许是由于对法师拟定的宗旨领会不透，因此最后提供的画幅，还是斥妄之作多于正面宣传的护生之作。

这其中有几个插曲。

有一次，法师到丰子恺家，丰请他坐藤椅子。他把椅子轻轻地摇动了几下，然后才慢慢地坐下去。起先，丰不敢问法师为何摇动椅子，后来见他每次都如此，便启问个中缘由。法师回答说："这椅子里头，两根藤条之间，也许有些小虫子伏着。猛然坐下去，会把它们压死的，所以先摇动几下，慢慢坐下去，好让它们先行走避。"

在丰子恺家编定和书写《护生画集》的时候，法师为印制佛教经典，曾向坊间购请过一批仿宋活字。由于病其字体参差，行列不匀，他又发愿自写铜模字，以制成大小活字。回永嘉后，他便依据字典部首，聚精会神地逐一书写。每天写数十字，偏正肥瘦大小曲直稍不当意，必重新写过。这期间，他数次去函沪上，将书写进程和体会报告夏丏尊，意思是让夏在上海早做如何镌刻的准备。但一个月后，他又中止了书写。夏丏尊询问何以不再续写，他回信说，除了技术和健康（"余近来眼有病"）等原因，主要是，"……其中有种种之字，为出家人书写甚不合时宜者。如刀部中残酷凶恶之字甚多。又女部中更不堪言，尸部中更有极秽之字。余殊不愿执笔书写"（1929年旧历四月十二日信）。刀部之字多杀伤气氛，尸部之字多污秽腥臊，女部之字则犯比丘戒律，弘一法师不得不停止了书写字模一事。其悲悯恻隐、洁净爱美之心和恪守戒律之严，于此亦可见一斑。

先前提到，法师在杭州虎跑寺，曾为病死的小黄犬诵经超度并写有日记。后驻锡厦门鼓浪屿日光岩，见到一只小猫被狗咬死，他又痛彻心肺，发心为亡猫诵念《往生咒》十部。

一年冬天，法师掩关闽南蓬壶普济寺，见有老鼠饥寒交迫，动了恻隐之心，将有意剩下的饭食定时放置墙隅，施行所谓"爱鼠常留饭"的办法。久而久之，老鼠每于中午11时闹钟一响，必出来向法师求食。老鼠也实行过时不食的戒律了！法师还命寺役搜集破布废棉，为老鼠结窠。这又有如《华严经》所云，"我于一切众生，当如慈母"了。

弘一法师不仅反复弘扬戒杀护生的意义，更在实践中身体力行，做出榜样。

《护生画集》第一集出版后，社会反响热烈。大中书局、大法轮书局、佛学书局等多家佛教出版机构相继翻印，更扩大了它的流通范围。据一位《护生画集》的研究者统计[162]，第一集的版本有15种之多，每一版本每次印刷少则1500册，多则5000册，这些数字相加，其流布之广可以想见。这样的发行量，在当时的出版物中是很少有的。此外，还有几种英译本问世，如中国保护动物会于1933年8月初版、由黄茂林翻译的英译本，首次印数也有1500册。

但社会上对《护生画集》的看法，褒贬并不一致。例如，曹聚仁就提出过不同的意见，并由此导致丰子恺与他产生纠葛，最终绝交。

丰子恺和曹聚仁都是浙一师的学生，先后师从李叔同。关于二人绝交的原因，曹聚仁写过一篇题为《朋友与我》的文章。文中说道："……《中学生》复刊了……我就把旅途所见……一一记了下来。也说了子恺兄的愤恨之情。大概，我引申了他的话，'慈悲'这一种概念，对敌人是不该保留着了……哪知……子恺兄看了大为愤怒，说我歪曲了他的话，侮辱了佛家的菩萨性子。他写了一篇文章骂我……"

曹聚仁所说"骂"他的文章，是指丰子恺发表在《少年先锋》上的《一饭之恩》。抗战爆发后，曹曾在浙江兰溪老家，接待过逃难途中的丰子恺一家，请他们吃过一顿饭。所以丰的文章用了这么一个题目。丰写这篇文章是源于听人说："曹聚仁说你们的《护生画集》可以烧毁了！"由此，他针对性地发表了对护生画的见解："他们都是但看皮毛，未加深思；因而拘泥小节，不知大体。《护生画集》的序文中分明说着：'护生就是护心……救护禽兽鱼虫是手段，倡导仁爱和平是目的。'"又说："我们为什么要'杀敌'？因为敌人不讲公理，侵略我国，违背人道，荼毒生灵，所以要'杀'。故我们是为公理而抗战，为正义而抗战。我们是'以杀止杀'，不是鼓励杀生，我们是为护生而战。"

丰子恺在另一篇文章《则勿毁之已》中又说："顽童一脚踏死数百蚂蚁，我劝他不要。并非爱惜蚂蚁，或是想供养蚂蚁，只恐这一点儿残忍心扩而充之，将来会变成侵略者，用飞机载了重磅炸弹去虐杀无辜的平民，故读《护生画集》，须体会其'理'，不可执着其事。"

1950年出版《护生画集》第三集，丰子恺又在两千多字的自序中，用一千多字专门谈了护生画的宗旨和意义。可见其护生信念之坚定和维护护生画的不遗余力。

但丰子恺为护生画一事而和曹聚仁绝交，实在是误会所致，是由于两人的信仰和观察问题的角度不同。丰以佛教眼光，自然十分看重护生画的作用与意义。从其奉行的护生观念上看，他也确实没有把护生与抗战杀敌加以对立，相反，他是想把二者统一起来，把护生作为抗战的一种补充。但平心而论，丰子恺及其老师弘一法师等人的护生观念，在平时是可以理解也容易理解的，在特定的社会历史时期——比如遭受外敌入侵、需要民众起来抗战杀敌的时候，笼统地提倡护生，就不易为人所理解，甚至会引起误解了。你向敌人去要求护生，敌人能接受吗？能由于你在提倡护生而改弦易辙，放下屠刀立地成佛吗？你向正在遭受侵略的孩子们去提倡"爱护蚂蚁"，免得他们"将来会变成侵略者，用飞机载了重磅炸弹去虐杀无辜的平民"，这是不是又弄混了对象、时间和地点呢？曹聚仁虽然并不信佛（至少在彼时彼地是那样），但未必就不赞同护生吧。丰以为曹说他们的《护生画集》可以烧毁了，只是听别人传言而已。曹在彼时彼地有"'慈悲'这一种概念，对敌人是不该留存着了"的想法，也不能说是错的。彼时彼地，在曹聚仁看来，恐怕是觉得护生的作用与意义再大、再重要，也不能替代抗战杀敌本身吧！或者是觉得，在彼时彼地，笼统地倡导戒杀护生有副作用的缘故吧！以此来看，丰子恺由于误解而与曹聚仁绝交，是很令人遗憾的。在丰、曹两位学生争论和最终绝交的过程中，人们没有看到他们的老师弘一法师的任何反应，但可以猜测到的是，他恐怕是倾向于丰子恺一边的吧！

佛门的有些主张与行为，俗人是难以理解与接受的。但从现代人应有环保意识这个角度上说，除了苍蝇、蚊子、臭虫、老鼠，以及庭中杂草等一类危及人类健康和生存状态的动植物，无须戒杀保护，佛门倡导的戒杀护生论，的确有可取之处。

戒杀护生必与吃素相连。但即使是素食主义者，为健康计，也难免与杀生行为发生直接或间接关系。这就有了矛盾，形成一种悖论。如何自圆其说？英国文学家萧伯纳是提倡素食的。当一位朋友向他咨询："假如我不得已而必须吃动物，该怎么办？"萧翁回答说："那么，你须杀得快当，不要使动物多受其痛。"这话引起了英国素食主义者的不满，攻击萧的失言。其实，萧的主张和态度，倒是更为理性一些，显得通脱灵活而可行。他是从人本位立论的。唯有以是否有益于整个人类的生存、发展和提高为准则，戒杀护生才有积极的意义。但愿这不是多余的题外话。

及至11月下旬，《护生画集》已经编好，弘一法师准备返回永嘉城下寮。这时，听说友人尤惜阴居士也在上海，多年不见，就想去看看他。

一天下午，法师在客栈中找到了尤惜阴，只见尤和另一位居士谢国梁正在收拾行李。法师问道："两位居士准备去哪里呢？"

尤惜阴说："弟子等到暹罗（引者按：今泰国）教化去，明天就动身。"

法师听了觉得很欢喜，便说："好得很！明天我同你们一起去！"

和尤惜阴做伴的谢国梁是浙江台州人，号仁斋，早年留学日本，学习法政，与袁希濂为前后同学，回国后服官东三省。传说有一天，谢在路上遇到一位僧人，对他说："我与你前生是道友，现在特来渡你出世呢。"谢听了惊骇不已，从此开始吃素，追随弘一学佛，后正式出家，法名寂云禅师。

弘一和两位居士没说多少话，赶紧回到丰家，把该办的事办完，也做些上路的准备。

第二天上午，天还没亮，弘一由丰子恺陪同赶到十六铺码头，动身到暹罗去。

这年——1928年11月底，弘一法师在厦门候轮期间，由于身体不适，加上陈嘉庚之弟陈敬贤和当地佛教界人士的挽留，取消了前去暹罗的打算。他在厦门等地滞留了四五个月，到第二年春天回到永嘉庆福寺。当年秋凉初起之际，他再次渡海前往闽南，到第三年——1930年春天，仍返回第二常住。弘一这两次在闽南的时间，虽然不是很长久，却成了他最后10年定居该地的契机和因缘。为了行文的方便，关于法师头两次去闽南的情形，本传将在以后的章节中集中叙述。现在，接着描叙他在浙东的习静生涯。

第十五章 山房空悠悠

第十五章 | 山房空悠悠

弘一法师将永嘉庆福寺当作第二常住，前后达十二年之久，但后四五年中，这里仅仅成了他不断变换去处的一个短期落脚点。他主要的游方地是在杭州湾以南的绍兴、上虞、慈溪，以及和舟山隔海相望的镇海、宁波等处。有山就有庙，有庙就有佛。在位于天台、四明、会稽三山余脉的浙东一地，同样丛林密布、香烟飘拂，千百年来，为众多高僧大德和善男信女所神往。

浙东一地，还有其独特的历史背景和文化氛围。

这里在天台、四明、会稽三山怀抱中，有以东汉孝女命名的曹娥江，从南往北一路流淌。当其快要汇入杭州湾之前，突然在百官镇转向了西北。这个百官镇，即为古县治上虞的所在地。这里曾矗立过为孝女歌功颂德的著名的《曹娥碑》。而东晋时期，上虞县西南四五十里处的东山一带，则为一代名士、风流宰相谢安出仕前的隐居地。谢在20岁左右时，曾多次借故推辞朝廷征召。其中有一次，扬州刺史庾冰看中了他，三番五次派人前来，请他出任掾属。庾冰正在执政，又是皇亲国戚，谢安无法推托，只得赴任，但也只是敷衍了一个多月，又找个借口辞职，归卧东山。谢安虽和当时的风流名士一样，以清谈不仕、逍遥山林为标榜，在骨子里，这个谢氏家族的代表人物，却是儒道相兼、内儒而外道的，他之所以迟迟不肯出山，只是时机不到而已。一则，他年轻的时候，有谢尚、谢奕、谢万等人在统治阶层中代表着谢氏家族的利益；二则，当时谢氏家属尚属"新出门户"，还不足以和声势烜赫的桓氏（温）一族相抗衡。及至谢尚、谢奕相继去世，谢万又因兵败被废为庶人，谢安清楚地意识到，如果再高卧东山，不步朝廷，将危及自身及其整个谢氏家族的前途。于是，他告别盘桓了二十余年的东山，在不惑之年重新出仕了。而且，他以其一流的才质气度，很快登上了宰相高位。谢安辞官回山和再度出仕的过程，人们将其浓缩成了"东山再起"这一千古名典。围绕谢安隐遁养望的东山居所，曾经有过谢公调马路、"白云""明月"堂和蔷薇洞等名胜古迹。当年李白曾游过东山，写下不少名句，如"但用东山谢安石，为君谈笑靖胡沙"，"暂因苍生起，谈笑安黎元"，"不向东山久，蔷薇几度风？白云还自散，明月落谁家？"表达了对谢安的向慕与怀念。

谢氏家族的又一代表人物、谢安的侄子谢玄，因病退职，在离乃叔居所不远的东山另一所在，建造起始宁别墅，可惜只住一年就去世了。他的孙子谢灵运，则在始宁别墅中住了三年，怡山悦水，吟诗作赋，优哉游哉。谢灵运虽有意做官，终因不理政务、放荡不羁弃市广州，却又开了中国山水诗创作的先河，成为谢氏家族中真正千古不朽的人物。

　　谢安、谢灵运等在东山隐居期间，与之往来的，有一批东晋和南朝的清谈名士，如王羲之和王献之父子、孙绰、许询、支遁、王弘之、孔淳、昙隆等，其中支遁和昙隆二人，还是当时的高僧大德。他们在谢家园林别墅中，不只谈玄论道，品评人物，还论佛辨宗，争说空有。而谢灵运就是一位集儒、道、释于一身的人。他曾到过庐山，为名僧慧远的白莲社开凿了东、西两个流池，并要求入社，慧远因他思想复杂没有接纳。但谢灵运酷好释家之言，并精研佛经，却是事实。他参与过一场佛法的论辩。名僧竺道生在《涅槃经》还未全部译成汉文之前，就提出了即便为罪孽深重和冥顽不化之人，亦能成佛，以及人们可以"顿悟"佛法、立地成佛的主张。竺道生的这些主张，当时被以法勖等为代表的一批僧人视为异端邪说，并将其革出教门。后来全本《涅槃经》译出，恰与竺道生的观点一致，于是道生和尚又被认为见识卓越、孤明先发的高僧。可谓彼一时此一时矣！在竺道生孤立无援之时，谢灵运却极力支持了他的观点，并写出在中国佛教思想史上具有重要意义的《辨宗论》。此亦可见谢氏对佛法佛理的卓异见解。谢因仕途不畅退隐东山，和昙隆等僧人谈说佛法，更成了一个日常的节目。与曾祖辈的谢安在此养望时期比较起来，谢灵运隐居其间的东山周边地区，佛教气息更加浓重了。

　　"东山"这个原本非常具体的地名、山名，成了后世隐遁者高卧栖息之地的代名词。弘一法师在与友人的通信中，常常把他行脚游方所至的上虞、绍兴、慈溪等地，笼统地称之为"东山"，并非随意出之。

　　还有浙东天台、四明、会稽三山怀抱中的剡溪，在有唐一代，是一条吸引过众多文人骚客的名河。据唐诗研究者们统计，为追慕魏晋遗风和汉代及先秦文化余绪，乃至史前传统，有唐一代游过剡溪的诗人多达270余位。其中李白、杜甫，一个四入浙江，三入越中，二上天台；一个20岁深入台、越一地，游览达4年之久。它如"苏李""沈宋""鲍谢""元白""三俊""三绝""三罗""三色""四友""四名士"以及"十哲"等一代名流大家，都曾到剡溪游弋唱酬，啸傲山林，写下大量脍炙人口的诗篇，对唐诗艺术的形成和发展做出了贡献。因此，曾有学者提出了剡溪为"唐诗之路"的命题。

　　至于古称会稽郡、今为绍兴市的浙东这方迷人的土地，以其山水风光之旖旎，历史文化之悠远，一向为南中国风景点最为集中的地区之一。三山三江（富春江、浦阳江、曹娥江）的佳山丽水，以及层出不穷的重峦叠嶂、激流飞瀑、奇洞幽穴、明湖秀屿，直让历代名士们流连忘返，赞叹不已。而治所山阴则是一座千古名城。禹陵、禹庙告诉人们会稽一地开发历史之久远，及其称名之由来。越王台、越王寨、越王墓记载着春秋时越王勾践，在这里卧薪尝胆十年生聚打败吴王夫差的踪迹。一座人称西施山的低平小丘，令人想起那位绝代佳人的种种传说。城南会稽山麓与平原毗连处一座山峦，又使人记起王献之的形容："在山阴道上行走，山水之美，令人应接不暇。"兰渚山下的兰亭和《〈兰亭序〉碑》，虽系后世模仿之物，却也仿佛透露了当年王右军与友人修禊（喜游）的盛况……

弘一法师在浙东绍兴、上虞、慈溪、宁波等地往返来回，徜徉流连，恐怕也是被以上简略谈及的地方独特历史背景和文化——佛教氛围的遗韵余绪所吸引吧。

1928年旧历四月十九日，弘一从永嘉庆福寺给丰子恺发出一信。其中有这样的话：

> ……城垣拆毁过半，又复中止（因有人反对）。故寓楼之前，尚未有喧扰之虞。惟将来如何，未可预料耳。晌承仁者及夏居士为谋建筑庵舍，似非所急（因太费事吃力）。朽意且俟他年缘缘堂建成，当依附而居。今后如无大变化可不移居，若有变化拟暂寄居他处，以待胜缘成就，诸希仁等酌之。

从中可以看出，法师已经感觉到永嘉非久留之地。他虽然因"太费事吃力"的缘故，暂时还没有答应夏丏尊、刘质平、丰子恺等友生为其建筑庵舍的设想，但也在考虑着今后的栖止和供养问题。丰子恺有意在老家德清石门湾，建造一所名副其实的"缘缘堂"，但当时丰在上海工作，即使"缘缘堂"在德清建成，法师去那里"依附而居"，双方也多有不便吧。再说，当时社会上传说"政府有毁寺之议"，也并非仅仅是流言，而是事出有因，且有迹象。去年在杭州，要不是法师挺身而出"护持三宝"，那班新贵少年的灭佛驱僧之说，未必不会实行。还有，明年——1929年，法师年届五秩，岁龄越来越大，健康状况又每况愈下，再到处行脚游方居无定所，恐也不胜其累了。这种种情由，促使法师不得不实事求是地面对现实，准备将来。"未雨绸缪，早建新居，贮蓄道粮，他年寺制或有重大变化，亦可毫无忧虑，仍能安居度日。"（1929年致夏丏尊信）因此，这次在丰子恺家编定《护生画集》期间，当刘质平、夏丏尊、丰子恺等再度提及建筑庵舍一事，他就首肯了友生们的深情厚谊。

列名倡议为弘一法师筑居者共7人，即刘质平、经亨颐、周承德、夏丏尊、穆藕初、朱稣典、丰子恺，除了穆藕初，其他6人都是法师浙一师的同事或学生。不久，他们发布了一个《筑居募款启》。启文中说：

> 弘一法师，以世家门第，绝世才华，发心出家，已十余年。披剃以来，刻意苦修，不就安养；云水行脚，迄无定居；卓志净行，缁素叹仰。同人等于师素有师友之雅，常以俗眼，愍其辛劳。屡思共集资财，筑室迎养，终以未得师之允诺而止。师今年五十矣，近以因缘，乐应前请。爰拟遵循师意，就浙江上虞白马湖觅地数弓，结庐三椽，为师栖息净修之所，并供养其终身。事关福缘，法应广施。裒赖腋集，端资众擎。世不乏善男信女，及与师有缘之人。如蒙喜舍净财，共成斯善，功德无量。

从大的地理位置上说，白马湖隐没于四明山和会稽山余脉的东山之中，往西隔着一条曹娥江，五六十里外的那个所在，恰是谢安、谢灵运祖孙栖迟养望谈玄论佛处。弘一法师这位现代隐士和高僧，当其首肯夏丏尊、刘质平、丰子恺等友生，在白马湖边建造庵舍时，也就有意无意间，与1600多年前东山上的"居士"们，声息相通了起来。

法师赞成在白马湖边建造山房，除了其山光水色和温润气候，宜于他休养身体、静心晋道，还因为当时经亨颐、夏丏尊等友人在这里有家。经先生不时前来居住，夏家也有眷属和佣仆留下看守，春晖中学又有不少同事，这都便于照料法师的日常生活。

经过半年多筹建，山房于1929年夏初落成。三间平房高高地挂在一座小山的东麓，缘数十级石阶方能上达。虽说是一般庵舍，倒也有些寺庙的意思。其中两间前面有走廊，比较敞亮。后来，法师将其命名为"晚晴山房"。

这年旧历九月二十是弘一法师五十寿辰。四月间，他由厦门返回永嘉，当即致信夏丏尊，说是"今夏，或迟至秋中""决定来白马湖正式严格闭关"。八月底，他前来收拾新居。所谓山房，还只是个外壳，里面没有厨灶、厕所等设备，需要动工构造；炊事用具及油盐米豆等物，也该一一采买添置。好在有惟净法师陪伴，这些劳作之事可以委托他去办理。但这需要资金。法师便向夏丏尊等山房发起人提出，有必要设立一个基金会，"以后每月领取之食用费，作为此会布施之义而领受之"（1929年旧历八月廿九信）。看来，他是要在白马湖"正式严格闭关"了。

但仅仅过了一天和随后的七八天中，法师又接连三次致信夏丏尊和丰子恺。信中除了详细说及准备迎请杭州虎跑寺弘祥法师来白马湖居住的因由，还反复解释了自己的下一步安排。关于迎请弘祥法师一事，信中说：

>……前者仁等来函，曾云山房若住三人，其经费亦可足用云云。朽人因思，现在即迎请弘祥师来此同住。以后朽人每年在外恒勾留数月，则山房之中居住者有时三人，有时二人，其经费当可十分足用也。仁等于旧历九月月望以后（即阳历十月十七八日以后）来白马湖时，拟请由上海绕道杭州，代朽人迎请弘祥师，偕同由绍兴来白马湖。弘祥师之行李，乞仁等代为照料。至用感谢。迎请弘祥师时，其应注意者，如下数则：
>
>（一）仁等往杭州时，宜乘上午火车至闸口，即至闸口虎跑寺，访弘祥师。仁等即可居住虎跑寺一宿。次晨，偕同过江，往绍兴。所以欲仁等正午到杭州者，因可令弘祥师于下午收拾行李，俾次晨即可动身。
>
>（二）仁等晤弘祥师时，乞云："今代表弘一师迎请弘祥师往他处闭关用功。其地甚为幽静，诸事无虑，护法之人甚多；但不是寺院，亦不能供养多人。仅能请弘祥师一人，往彼处居住。倘有他位法师欲偕居者，一概谢绝。即请弘祥师收拾行李。所有物件，皆可带去。明晨，即一同动身云云。"
>
>（三）弘祥师倘问，其地在何处？仁等可答云："现在无须问，明日到时便知。"其余凡有所问，皆不必明答。朽人之意，不欲向（其）他僧众传扬此事。因恐（其）他僧众倘来白马湖访问者，招待对付之事甚为困难，故不欲发表住处之地址也。
>
>（四）并乞仁等告知弘祥师云："此次动身他往，不必告知弘伞师。"恐弘伞师挽留，反多周折也。
>
>（五）朽人自昔以来，凡信佛法、出家、拜师傅等，皆弘祥师为之指导一切。受恩甚深，无以为报。今由仁等发起建此山房，故欲迎养，聊报恩德于万一也。弘祥师所有钱财无多。其由闸口至白马湖总总费用，皆乞仁等惠施，感同身受。

"迎养"弘祥师,以"聊报恩德于万一",这是可以理解的,但迎请的方式,给人以故弄玄虚之感;特别是绕开弘伞师一节,从两人过往的关系上说,似有不近情理处。

关于下一步的安排,法师在信中说:

……朽人于今春,已与苏居士【163】约定,于秋晚冬初之时,往福建一行。故拟于阴历九月底,即往上海,或小住数日,或即乘船而行。

(以上,1929年10月3日致夏丏尊、丰子恺信)

……(秋后往闽闭关之事,是为宿愿,未能中止。他年仍可来居山房,终以此处为久居之地也。)以上之意,如仁者与发起诸居士及施资诸居士晤面之时,乞为代达。因恐他人以新居初成,即往他方或致疑讶者。故乞仁者善为之解释,俾令大众同生欢喜之心也。……

(1929年重阳朝致夏丏尊信)

法师在信中还有这样的话:

……山房建筑,于美观上甚能注意,闻多出于石禅之计划也。……余对于山房建筑落成,深为庆慰。甚感仁等护法之厚意也。(同上)

早先,弘一法师"决定来白马湖正式严格闭关",并将弘祥师迎来一起居住供养;从上述信中的内容看,他对山房的建筑好像也没有什么意见;但刚到白马湖,他又变更计划,说是住不了一个月,就得去闽南闭关。先前与苏慧纯有约,"未能中止",只是一种说法,但并非促使其变更计划的真正原因。原因是什么呢?法师的学生李鸿梁,在其五十寿辰的前一天,就到了白马湖,送上祝寿的礼物多面千手观音菩萨像。李仔细地看过刚建成的晚晴山房。他在《我的老师弘一法师李叔同》一文中有这样的话:"或因时间关系,建筑很草率。在法师的词色间,亦可以推知其不惬意,且因募捐事,更非其所愿,所以他后来很少在此居住。"

1929年10月22日(己巳年九月二十),弘一法师五十寿辰(按公历计算的实岁五十寿原则在翌年）。这天，夏丏尊、刘质平、李鸿梁等友生们，聚集在经亨颐先生的"长松山房"吃面，为法师祝寿。法师在友情的包围中，向大家一一分送了寿辰纪念品、新出版的《护生画集》。接着又书写一联，"天意怜幽草，人间重晚晴"，赠予夏丏尊，既述己志，又勉老友。席间，绍兴徐仲荪居士谈到，他准备买些鱼虾放生白马湖。法师觉得，这也是个极好的祝寿题目，便请刘质平协助促成此事。

第三天五更时分，法师偕老友夏丏尊、门生刘质平、居士徐仲荪、徐全茂等多人，从白马湖边驿亭站出发，步行前往百官镇，买回十多斤鱼虾。

上午9时许，秋阳初照，薄纱般的雾气在白马湖上轻拂飘荡。法师先行走到湖边，用小木盆舀了一盆清凉洁净的湖水，又从湖边树木中折下一枚杨枝，然后，开始庄严而愉悦地施行名为"杨枝净水"的放生仪规。他用杨枝蘸着净水，为鱼虾们一一灌顶洗礼，使其消除业障，增长善根。

做完放生仪规，法师等一行人跨上小船，轻舟漾波，将鱼虾一一放入湖中。鱼虾们一入湖水，自由自在地摇曳着身躯，向四周游去。岸上簇立观望的人群，兴高采烈，拍手称快。面对此情此景，法师流出了欣悦的泪水。在他眼前，浮现出马一浮大士在《护生画集》序中描述的那般境界。

>……圣人无己，靡所不己。情与无情，犹共一体。况同类之生乎！夫依正果报，悉由心作，其犹埏埴为器，和采在人。故品物流形，莫非生也。爱恶相攻，莫非惑也。螺动飞沉，莫非己也。山川草木，莫非身也。……水草之念空，斯人羊之报泯，然后鹊巢可顿，而窥鸥鸟可狎，而至兵无所容其刃，兕[164]无所投其角，何复有递相吞啖之患乎！……

有关这次放生的情形，法师应刘质平之请，后有散文《白马湖放生记》一作，并别书一纸，赠刘子作为纪念。

过完五十寿辰十来天，法师恳请惟净师留守白马湖照料山房，自己则计划返回温州后再下南闽了。

据夏丏尊在《我的畏友弘一和尚》[165]中记载，弘一将要离开白马湖之前，有一天，夏邀他乘船一览湖上风光。闲谈中，不知怎的话题转到了明代四大高僧之一的蕅益大师。

（另三位高僧是莲池、紫柏、憨山。）蕅益名智旭，是弘一佩仰的佛门中人，他曾颜其住室为"旭光室"，以表示自己将永远在智旭的光照之下，在佛门中一步一步地前行。夏曾读过蕅益言论集《灵峰宗论》所附的传记，上面说他在20岁之前，是一个竭力谤佛的人。后来在发心重注《论语》的过程中，注到《颜渊问仁》一章时，不能下笔，于是就出家为僧了。当了和尚以后，他做过一部《蕅益四书解》。这次夏在和弘一闲谈的过程中，提到了这部书，并对弘一说，他搜求这部书已经多年，却一直未能找到。

弘一说："《四书蕅益解》前几个月已经出版了。有人送我一本，我也曾快读过一次。"

夏丏尊好奇地问："蕅益的出家，据说就是为了注《四书》。他注到《颜渊问仁》一章时，据说不能下笔，这才出家的。《四书蕅益解》里对《颜渊问仁》一章不知注着什么话？我倒要想看看呢。"

弘一回答道："我曾翻过一遍，似乎还记得个大概。"

夏急忙问："大意怎样？"

弘一笑着问："你近来怎样，还是惟心净土吗？"

"……"夏不好说什么，只是点着头。

"《颜渊问仁》一章，可分两截看。孔子对颜渊说，'克己复礼'。只要'克己复礼'本来具有的，不必外求为仁。这是说，只要能'克己复礼'了，'仁'就足够了，和你所见到的惟心净土说一样。但是颜渊还要问'请问其目'，孔子告诉他'非礼勿视，非礼勿听，非礼勿言，非礼勿动'，这是实行的项目。'克己复礼'是理，'非礼勿视'等是事。所以颜渊下面有'请事斯语矣'的话。理是可以顿悟的，事非脚踏实地去做不行。理和事相应，才是真实工夫，事理本来是不二的。蕅益注《颜渊问仁》章大概如此吧，我恍惚记得是如此。"弘一微笑着滔滔不绝地说。

"啊，原来如此。既然书已经出版了，我想去买来看看。"夏丏尊说。

"不必，我这次回温州去，把那部书给你寄来吧。"

弘一走后不到一个星期，夏丏尊就收到了他寄来的《蕅益四书解》。夏连忙翻到《颜渊问仁》章去看。夏在回忆文章中说："不看犹可，看了不禁'呀'地自叫起来。原来蕅益在那章书里，只在'回也虽不敏，请事斯语矣'下面注着'僧三拜'三个字，其余只录白文，并没有再说别的什么话，出家前不能下笔的地方，出家后也似乎不能下笔。所谓'事理不二'等说法，全是和尚针对了我的病根临时为我编的讲义！"

第十五章 | 山房空悠悠

弘一出家前夕，将自己以往的临古法书送给了夏丏尊。十余年来，夏一直什袭珍藏着。此次弘一在白马湖时，夏曾"偶出珍藏"，与其"共话前尘"。夏以"选印公世"这些法书为请，且求法师"亲为题序"。法师同意了老友的要求，10月间到厦门南普陀寺不久，他便为《李息翁临古法书》写了一篇序言。在序言中，他一方面想到，"耽乐书术，增长放逸，佛所深诫"，对夏丏尊选辑其过去的临写碑帖，内心有所不安；另一方面又觉得，"研习之者能尽其美，以是书写佛典，流传于世，令诸众生欢喜受持，自利利他，同趣佛道，非无益矣"，还是同意了夏丏尊的这一善举。

法师第二次来住晚晴山房，是在转年，即1930年夏天。从其四五月间与夏丏尊、刘质平、丰子恺等人的通信来看，这段时间中，法师由于环境所迫，身心疲惫，情绪不佳，常流露出"早日生西"的念头。旧历四月二十八，法师从永嘉致信夏丏尊说：

……今年正月（旧历，以下同），在承天寺居住之时，寺中驻兵五百余人。距余居室数丈之处，练习放枪并学吹喇叭，及其他体操唱歌等。有种种之声音，惊恐扰乱，昼夜不宁。而余则竭力忍耐。至三月中旬，乃动身归来。轮舟之中，又与兵士二百余人同乘（由彼等封船）。种种逼迫（轮船甚小），种种污秽，殆非言语可以形容。共同乘二昼夜，乃至福州。余虽强自支持，但脑神经已受重伤。故至温州，身心已疲劳万分。遂即致疾，至今犹未十分疾愈。

庆福寺中，在余归来之前数日，亦驻有兵士，至今未退。楼窗前二丈之外，亦驻有多数之兵。虽亦有放枪喧哗等事，但较在福建时则胜多多矣。所谓"秋荼之甘，或云如荠"也。余自念此种逆恼之境，为生平所未经历者。定是宿世恶业所感，有此苦报。故余虽身心备受诸苦，而道念颇有增进。佛说八苦[166]为八师，洵精确之定论也。余自经种种摧折，于世间诸事绝少兴味。不久即正式闭关，不再与世人往来矣。……以后通信，唯有仁者及子恺、质平等。其他如厦门、杭州等处，皆致函诀别，尽此形寿不再晤面及通信等。以后他人如向仁者或子恺询问余之踪迹者，乞以"虽存如殁"四字答之，并告以万勿访问及通信等。

……

……惟身心衰弱。又手颤、眼花、神昏、臂痛不易举，凡此皆衰老之相耳。甚愿早生西方。……

……并向马居士致诀别之意。今后不再通信及晤面矣。

在这种身心状态中，法师于旧历五月间来到白马湖晚晴山房。

旧历五月十四是夏丏尊45岁生辰。夏专程从上海赶来，邀请法师、经亨颐到他的小梅花屋共餐蔬食。经本是教育家，1925年辞去春晖中学校长从政，不久即遇上1927年国共分裂，他为国家的前途悲观愁苦。在夏丏尊的寿宴上，他借酒浇愁，诉说往事，有无限的沉痛。当经回忆到昔日三人同在钱塘的种种良辰美景赏心乐事，今日不可复得时，法师潸然泪下，感伤不已。经以画祝贺夏的生辰，自题云："清风长寿，淡泊神仙。"法师则在画上作一题记，中写《仁王般若经》苦空二偈以贻之。

生老病死，轮转无际。事与愿违，忧悲为害。欲深祸重，疮疣无外。三界皆苦，国有何赖？

有本自无，因缘成诸。盛者必衰，实者必虚。众生蠢蠢，都如幻居。声响皆空，国土亦如。

宁波白衣寺寺主安心头陀，得知弘一法师移锡白马湖，前来恳请，约其往甬。法师以刚来山房，需要修整静养婉拒。头陀声泪俱下恳求不已，法师再难推托，只好一起上路。

夏丏尊过完生日后亦来宁波，住在一家旅馆里。这时，浙一师老同事钱均夫正"于役甬江"。钱去旅馆看望夏丏尊，夏对他说："你不是时常想念着弘一法师吗？正好，他现在正驻锡白衣寺，明天早晨我们一起去看他。"

钱均夫，名家治，皈依谛闲法师[167]后法名显念，系大科学家钱学森之父。据钱学敏在《日月璧合·风雨同舟——记钱学森夫妇》[168]一文中说，钱均夫是吴越钱武肃王（852—932）的后代。浙江杭州人，博学多才。早年东渡日本学习教育、历史、地理；回国后，相继就职于浙一师和时在北京的教育部。由于他的思想比较进步，文笔超凡逸俗，尤喜古典文学、诗书、字画，因而颇得鲁迅的赏识，彼此视为知己。在鲁迅的日记中，可见到他俩友好交往的多次记载。[169]钱均夫和弘一法师的关系，据钱在以"显念居士"之名发表的

第十五章 | 山房空悠悠

《悼弘一法师》中说："余之初识师也，距今三十四五年前，在东瀛留学，有时邂逅于集会场所，然尚未及订交也。民元师应聘来杭，任浙江一师教职，时余亦在一师任课，彼此上下教室相值，或遇开教务会议时相与研讨，始知师之沉默寡言，和蔼可亲。而其立品之高超，学识之渊博，又为余所铭刻于心而未尝或忘者。"

从这些记载来看，钱均夫和李叔同在日本留学时即已相识，但仅仅是在集会场所打打招呼而已。《鲁迅日记》中最早记述到钱均夫的日期是1914年1月22日，这就证明，钱在这年年初已去北京教育部任职。钱与李叔同在浙一师共事只有一年多的时间，且无多少交往，但他对李的学识、人品是很钦佩的。钱皈依佛法，做了居士，拉近了与李的距离，常常想念起这位出家为僧的友人来。现在法师既在宁波，钱均夫便与夏丏尊相约，第二天一早前往白衣寺来看望他了。

法师一见钱均夫便说："听说你已皈依三宝，走入光明之路，很好很好。今在甬埠，有两事必须做到：一件是谛闲老法师适在观宗寺讲经，应抽暇至少须往参听一座，以结善缘；另一件是，应到天宁寺参谒由滇省来游之虚云[170]老法师。此老法师入定可到二十一日之久，为目前海内所不易遇见者。"

弘一在宁波期间，安心头陀以他和虚云法师二老聚会，胜缘难遇，在白衣寺设斋供养表示欢迎，并专摄一影作为纪念。

在宁波待了没几天，弘一又回到白马湖晚晴山房。

对于南闽、永嘉，弘一有不得安居之苦。在白马湖，他面对的又是一种什么样的情形呢？去年迎请弘祥师的计划没有实现，曾在这里照料山房的惟净法师也早已行脚他方。旧历五月间，弘一致信丰子恺说：

……余本拟在白马湖过夏，因是间近来兵士忽至，昨日曾到山房扰乱。又闻夏宅即拟移至上海，今后一人居此，诸事困难，现已决定往金仙寺亦幻法师处或他处，二三日内即拟动身也……所有前托带来各件，皆拟从缓。

这样，他在晚晴山房前后住了不到一个月，圈点完天津新刊本《行事钞》，与刘质平商榷了《清凉歌集》，移锡附近法界寺去挂单了。

法界寺位于上虞县横塘镇广丰村杨家溪畔。唐天宝二年（743）建造。初名利济院，宋大中祥符年间改名法界寺，也称得上是一座古刹了。因其临近白马湖，俗称湖顶院。弘一由晚晴山房移此挂单，从其写给夏丏尊等人的信来看，他的感觉是适意的，有在这里长期居住闭关静修的意思。他对夏丏尊多次说过这类话：

> ……居此已数日，至为安适。气候与普陀相似。蚊蝇等甚稀，用功最为相宜。居此山中，与闭关无以异也。以后出家在家诸师友，有询问余之踪迹者，乞告以云游他方，谢客用功，未能通信及晤谈，云云。……

弘一在法界寺书写《华严经三百偈句联语》时，门生刘质平曾来这里照料老师，为他磨墨抻纸。刘遇幼儿殇逝，心情悲戚。法师安慰他说："数月前曾听你说过，依星命者的说法，今年暑假期内令堂或有意外变故。如今母存而子殇，这或许是因为你的孝恩感动了神明，致有此报呢！幼儿夭折，确实令人伤痛。不过，若是母亲去世，那就不可再得，而幼子夭折，还可再生佳儿。希望你能做退一步想，自行节哀不生忧戚；而正应该因了母亲的康健，更生庆慰之心。希望你自今以后，放开胸怀，广结善德，上祝萱堂延年益寿，下愿再生佳儿，继续家业。如此，方能于事有济。如果一味悲戚，则就诸事难成了。"

对恩师的这番异常理性化的独特慰语，刘质平唯有心领称是，再说悲痛之类的话就显得多余了。

弘一是喜欢清静的。初来法界寺，他便觉得这里很适合闭关用功精进修持。但它毕竟是个荒野小庙，只有两三个和尚和一个佣工在维持着山门，缺乏伴侣，香火稀少。如此情景在弘一看来，又显得过于冷落和凄凉了，生活上也有诸多不便。于是，当秋叶飘落、冷风渐紧的时候，他在写完《清凉歌集》中的五首歌词——《清凉》《山色》《花香》《世梦》和《观心》之后，便东移慈溪金仙寺挂单了。

关于白马湖边的晚晴山房，这座凝结着一批友生深情厚谊和慈悲心肠的庵舍，自建成以来，弘一法师仅三四次短暂地住宿过，或在那里存放些书籍杂物。不久，随着法师定居南闽，夏家移居上海，接着又遇到战争的破坏，空悠的山房终于倾圮在乱石杂草之中。所幸的是，20世纪90年代初期，上虞弘一大师研究会成立后，由其牵头筹划，在白马湖边易地重建了晚晴山房。

第十六章 白湖风月

第十六章 白湖风月

宁波市西北，慈溪县（现为市）地界有座小镇，名叫鸣鹤场，镇西有座辉煌大庙金仙寺。寺门面对宽阔的白洋湖（简称白湖），背靠嵯峨的峙山。寺庙的前半部坐落平地，后半部则沿山而上，路人只见其黄墙耸天，延绵无际，不知其大几何。据史料记载，该寺始建于梁大同年间（535—545），初名精进庵。唐乾元年间，改名福林寺。宋治平二年（1065）赐额金仙寺。历元、明、清诸代，时兴时衰。其兴盛时，吸引各方游僧上千人。现代名僧太虚、芝峰、常惺、印顺、竺摩、会觉诸师，都曾驻锡于此。

慈溪和浙东其他县一样，也是丛林众多、香火缭绕之地。金仙寺往东，走完鸣鹤场狭长的街道，再走完一道长堤，就有一座小庙，土名石湫头。石湫头往南，翻过五座山头，又有一座规模比金仙寺更为宏大壮观的庙宇五磊寺。

鸣鹤场一地，是爱国华侨吴锦堂（1855—1926）的故乡。吴本是普通农家的孩子，长大后流落上海，受雇于一家日本餐馆，后东渡扶桑，发达致富，成为富商巨贾。吴不忘故国，倾其资产建设桑梓。他投资兴建的锦堂师范，以其规模之大、造就人才之多，名闻省内外。吴因此而与弘一法师在俗之友聂云台[171]和陈嘉庚，并称20世纪中国的"办学三贤"。吴锦堂于家乡建设还有其他方面的贡献。金仙寺门前的白湖，即由他出资筑岸建堤。一条堤岸，从东到西，长达数里，光洁坚致，气势恢弘。沿湖的民房也由他出钱重建。层层别墅式的房舍，依山傍水，梵音相绕，在旧中国堪称世外桃源。

1930年10月的某天，薄暮时分，金仙寺住持亦幻法师[172]正在寺前小憩。不一会儿，从镇西来了个僧人。只见他身背一卷不大的行李，手提一只小藤筐，步履匆匆地沿着白湖堤岸走来。没等这位僧人走近寺门，亦幻法师已经兴高采烈地迎了上去。他一边从来僧手里接过藤筐，一边说："弘公，您老怎么没预先打个招呼定下日期，好让小僧前去码头接您哪？就这么不声不响地独自来了！"

这来僧正是弘一法师。他回答道："本来早该到这里了，在绍兴办了点事，又伤风咳嗽了几天，结果给耽误了。"

1928年冬天，弘一法师在厦门南普陀寺小住，结识了时在闽南佛学院任教的亦幻、芝峰[173]等多位法师。第二年冬天，弘一再去闽南时，亦幻法师已来慈溪出任金仙寺住持。他以为亦幻法师管领白湖风月，堪为他的烟雨同伴，便请芝峰师写了一封信告知亦幻，他回浙东后要来白湖同住。现在，他带着《华严经注疏》和道宣律师的著作，真的惠临白湖了。亦幻法师当然是很欢喜的。看到弘一法师带来的衣服被帐，仍都补衲而成，他倒并没有感到奇怪和不理解。弘一法师这种犬儒主义行脚僧的生存形态，亦幻在厦门时已经见惯了。只是他这么大年岁，还孑然一身地过云游生活，上下轮船火车，总有种种不便吧。亦幻法师想到这些，心中不免兴起一种不敢加以安慰的忧忡。

弘一法师在金仙寺住下后，主要功课是为徐蔚如居士主持的天津刻经流通处校勘一部《华严经注疏》、一部灵芝的《羯磨济缘记》，同时致力于华严宗诸疏的研究。每日饭后，弘一必朗诵《华严经普贤行愿品》数卷，回向四恩三有，作为助生净土的资粮。

亦幻法师和弘一隔室而居。亦幻还很年轻，不免有些孩子气，爱偷偷地在弘一法师门外听他用天津口音发出诵经的声音。他觉得，弘一法师的诵经，字义分明，铿锵有韵，节奏浓烈，能摇撼人的性灵。听这种诵经声，比自己念诵还有启示的力量，所以每站上半天无倦容。在这种时候，他常常想起印度的世亲菩萨本信小乘，只因听了他哥哥无著菩萨在隔室诵念《华严十地品》，就转向信仰大乘的故事。并想由此实证，六祖大师听人诵念《金刚经》，彻悟向上一著的那般功夫！

是年十月十五开始，宁波观宗寺弘法社主讲静权法师[174]来金仙寺宣讲《地藏菩萨本愿经》。静权法师为我国佛教天台宗的现代高僧，其主要思想是"教在天台，行归净土"。《地藏经》记录了佛陀释迦为其生母说法的内容，提倡子女应当孝敬父母。静权法师年轻时攻读过儒学，倾心儒家孝道，因此擅讲地藏一经，理解精微，独步一时，有"活地藏"的美誉。这次他来金仙寺讲经，弘一参加听讲，两个月中没缺过一座。

静权讲经，先念一段经籍原文，后串讲演绎，予以发挥。一天晚上，他用低沉的音调念道：

佛告定自在王菩萨……有佛出世，名清净莲华目如来。……像法之中，有一罗汉，福度众生，因次教化。遇一女人，字曰光目，设食供养。

罗汉问之，欲愿何等？

光目答言："我以母亡之日，资福救拔。未知我母，生处何趣？"

罗汉悯之，为入定观。见光目女母，堕在恶趣，受极大苦。罗汉问光目言:"汝母在生,作何行业,今在恶趣,受极大苦?"

光目答言:"我母所习,唯好食啖鱼鳖之属。所食鱼鳖,多食其子。或炒或煮,恣情食啖,计其命数,千万复倍。尊者慈悯,如何哀救?"

罗汉悯之,为作方便,劝光目言:"汝可志诚念'清净莲华目如来',兼塑画形像,存亡获报。"

光目闻已,即舍所爱。寻画佛像,而供养之。复恭敬心,悲泣瞻礼。

忽于夜后,梦见佛身。金色晃耀,如须弥山,放大光明。而告光目:"汝母不久,当生汝家。才觉饥寒,即当言说。"

其后家内,婢生一子。未满三日,而乃言说,稽首悲泣,告于光目:

"生死业缘,果报自受。吾是汝母,久处暗冥。自别汝来,累堕大地狱。蒙汝福力,方得受生,为下贱人。又复短命,寿年十三,更落恶道。汝有何计,命吾脱免?"

光目闻说,知母无疑。哽咽悲啼,而白婢子:"既是我母,合知本罪。作何行业,堕于恶道?"

婢子答言:"以杀害、毁骂二业受报。若非蒙福,救拔吾难,以是业故,未合解脱!"

光目问言:"地狱罪报,其事云何?"婢子答言:"罪苦之事,不忍称说。百千岁中,卒白难竟!"

光目闻已,啼泪号泣,而白空界:"愿我之母,永脱地狱。毕十三岁,更无重罪及历恶道。十方诸佛,慈哀悯我。听我为母,所发广大誓愿:若得我母,永离三途,及斯下贱,乃至女人之身,永劫不受者。愿我自今日后,对'清净莲华目如来'像前,却后百千万亿劫中,应有世界,所有地狱,及三恶道,诸罪苦众生,誓愿救拔,令离地狱恶趣。畜生饿鬼等,如是罪报等人,尽成佛竟,我然后方成正觉。"

……

佛告定自在王:"尔时罗汉,福度光睹,即无尽意菩萨是,光目母者,即解脱菩萨是。光目女者,即地藏菩萨是。"……

这是《地藏菩萨本愿经》中《阎浮众生业感品第四》中的一节故事。静权法师在串讲演绎中，特别提到这段经文、这个故事所包含的孝思在伦理学上的意义。他提醒听众们："便是出家做了僧人，作为人子，依然不能忘了母亲的养育之恩。如果忘却，岂非禽兽不如？！……"

静权法师正在发挥着经义，忽听堂下有一僧人呜呜咽咽地失声痛哭起来……听众为之愕然惊惧，不知所以。作为主讲人的静权法师也被弄得目瞪口呆，中止了讲演，等待哭泣的僧人自行平静下来。

这位哭泣者不是别人，正是刚来白湖不久的弘一法师。等他慢慢平静之后，大家才意会到，并不是什么人在触犯他伤心，而是经文中的故事勾起了他对亡母的怀念；那滚热的泪水，原是他追忆母爱的天性流露。这样，大家也就原谅了他。但弘一自己事后察觉到，在这种庄严场中，实在不该失态破坏了法缘。为了告诫自己，他书写了蕅益大师的一段警语作为座右铭。

内不见有我，则我无能；外不见有人，则人无过。一味痴呆，深自惭愧；劣智慢心，痛自改革。

并附按语说：

庚午十月居金仙，侍静权法师讲席，听《地藏菩萨本愿经》，深自悲痛惭愧，誓改过自新。……

亦幻法师生性硬性怕俗累，原先对母亲漠不关心，自从彻悟弘一法师听法涕泣并为之感动，开始关心他母亲暮年的生活，中间还替其亡师月祥上人抚慰了一次他那80多岁茕独无依、晚景萧条到极点的老母。亦幻后来说："弘师对我做过这样浩大的功德，他从没知道。"这是指弘一法师在孝道上对他的感化。

静权法师开始讲经时，弘一的生日刚过不久。一天，弘一在谈笑中说到去年九月经亨颐、夏丏尊等友人，为他祝嘏并放生白马湖的情形。亦幻法师顺着弘一的话题，要求他也在白湖留个纪念。弘一沉默了一会儿说："这样吧，趁这四众云集都来听经的机会，我们就在大殿里发个普贤行愿吧!"

弘一事先精心结构并书写了一张仪式单。到了选定的那天,亦幻法师搭起红祖衣,站在主持台上领众如仪。大殿两边站着近百位四众弟子,东序由静安长老任维那[175],西序由静权法师、炳瑞长老为班首,弘一则站在亦幻背后的拜凳上,跟着亦幻顶礼,颉之颃之。

拜完普贤行愿札,集体午餐。也许是这种罕遇的场合,反把空气搞得太严肃了。说话者寥寥无几,相互合掌致敬的动作倒有数十次之多,成了"寂寞的午餐"。大家没把菜吃完就散席了。事后,弘一责怪亦幻法师不该这么铺张。亦幻说:"你不知道,一般和尚的习惯,做过功课是一定要吃的!"弘一觉得,今年的生日过得很无谓。

听静权法师讲《地藏经》的同时,弘一也在小范围内讲授律学。讲"三皈""五戒",用课本是他自己的著作《五戒相经笺要》。讲座设在他住宿的丈室里。他曾为这住室起名"华藏",以篆文书写的横额下面有跋文,曰:"庚午秋晚,玄人晏坐此室读诵《华严经》,题此以志。"因为偏房说法的缘故,听众只有亦幻、桂芳、华云、显真、惠知五人。静权法师很恳切地要求也来听讲,被弘一婉言拒绝了。

家在白湖附近的青年人胡宅梵,时来金仙寺听经学佛,由亦幻介绍,认识了弘一。胡为弘一的静穆气度和慈蔼被人的感染力所吸引,一见兴感,写了篇题为《见了弘一法师》的文章,登在《现代僧伽》上。胡原名维铨,别署谪凡,弘一见了文章,为他更名宅梵,说:"生天终须堕落,惟学佛方能超越三界。"还嘱咐他,应以念佛惜福为要务。

一天,弘一法师送给胡宅梵一部《弥陀经白话解》。胡问:"《弥陀经》已经有白话解了?我正想译解呢!"

法师说:"《地藏经》还没人作白话解,你何不试试呢?"

胡说:"未入佛智,恐难胜任。"

法师说:"你可以按字面解释,如果未妥,当代为修正。静师正在这里讲解《地藏经》,你该仔细认真地听一遍,可为将来作解的借助。"

胡宅梵开始《地藏经白话解》的写作,弘一又送他自己手写的《地藏经》科文十余帧、《地藏经科注》一部、《演孝疏》一册,供其参考,也是对胡的一种鼓励与期望。在弘一法师的指导下,胡宅梵后来写成《地藏经白话解》,法师为之写了序言和题眉。这部书成了白话译解佛教典籍的传世之作。

胡宅梵请做皈依弟子,弘一法师痛快地应允了。为胡行了皈依礼,赐名胜月;又赠以亲手圈点的《普贤行愿品》一部，嘱咐他每日读诵。书的末尾钤有"蠲戏斋"的印章，法师说："这是我出家后刻的，见到的人并不很多。"他还问胡宅梵想看哪种佛典，胡宅樊说《大智度论》。过了几天，法师专门请来了两部智论，一部木刻本留着自己阅读，一部排印本送给胡宅梵。胡喜欢写诗，有《胜月吟滕》一册，法师为他题写了书名。

胡宅梵是当地人，弘一法师多次询问过他家离白湖多远，看样子是想到胡家一行。胡趁机邀请他到家午餐，法师欣然允诺。

去胡家的那天，胡的父亲特地治理素餐，郑重招待。胡出示妻子书写的经文《普门品》，法师为之题签，并赐法名月慧。饭后回金仙寺，法师兴致勃勃，一路步行。正是春暖花开时节，刚走一会儿，法师脱下一衣交给胡宅梵，胡接过衣服说："这就很像沙弥了。"法师说："不可，须受沙弥戒，方能称沙弥。"经过一个叫上辔的地方，胡建议顺道观赏，法师也高兴地答应了。来到上辔，法师在湖塘边伫立远眺，说是这里的风景氛围，极像永嘉的平阳坑，远隔尘嚣，静穆清秀，很适宜于出家人居住呢。

胡宅梵是弘一法师几个入门弟子中的一个，也是他情有独钟的一个。法师平时辄避来人，有来访者，常常婉谢拒见，唯独对胡宅梵一见如故，每有垂询，胡云善则善之。他曾对胡熟识的一位法师说："施主物不可受，惟胡居士之物可受。"可见其对胡宅梵信任和赞赏之深。嘻，弘公与胜月，莫非有夙缘欤？

十二月下旬，静权法师在金仙寺讲经圆满。静安长老发起施食及授幽冥戒之举，弘一书其父母等眷属数人牌位，悲泣供奉。应静权法师之请，又书写地藏经二十八种利益两方幅，以为纪念。

经筵解散僧众云归之时，已是雨雪霏霏，朔风刺骨地生寒。白湖冰冻寸许，可以供人赛跑。文字上的工作也不能进行了。体弱畏寒的弘一法师，只好动身回永嘉城下寮去过冬。亦幻法师、胡宅梵等送他坐上乌篷船过姚江，互道保重，依依不舍。亦幻后来回忆说，彼时彼地，师情道谊，有不禁黯然的感伤……

1930年岁暮凝寒时节，弘一法师回到永嘉庆福寺。不久即为辛未年（1931）春节。其间，他致信门生刘质平说：

……《清凉歌》屏幅已写就，付邮挂号寄上，乞收入。朽人近来精力衰颓，远不如前。不久即拟往远方闭关，息心用功，不问世事。……

（1931年正月初三信）

稍后，又致信夏丏尊说：

昨诵惠书，承施资，至感。已甚足用。山房[176]潮气全除，至用欣慰。唯此次余返驿亭[177]时，仅携带薄棉被一件，其他蚊帐被褥等，皆存法界寺中，以是之故，未能在山房止宿。且俟秋凉时，再当来山房也。动身之时未定。早者二十左右，至迟者在月底。……

（1931年正月初九信）

弘一自剃度出家以来，不断地寻找着理想的人生境界。然而，十多年间，即在人称远隔红尘世事的丛林兰若中，好像也没有找到他心目中的一方净土。这样，他依然需要芒鞋锡杖，仆仆于途，到处行化，到处寻觅，在行化中寻觅，在寻觅中行化……他由慈溪金仙寺回到永嘉庆福寺，仅仅住了不到一个月，又离别瓯江，移锡上虞法界寺。

年岁渐大，疾病增多，加上去冬以来几地奔波，弘一刚到法界寺就病倒了。

法师得的是疟疾。病重那几天，冷如入冰窖，热如火上燎。身在荒山寒寺，缺医少药，又无人照料，着实苦煞了弘一法师。但他也有特殊的治疗方式，彼时彼地，唯有"连诵普贤行愿品偈赞，略无间断，一心生西，超脱生死"。他后来对弟子蔡冠洛说，由于"连诵普贤行愿品偈赞"，居然"境界廓然，正不知有山河大地，有物我之感"，病症竟慢慢地有了转机。病重期间，弘一做了最后的打算，立了这样的遗言："弘一谢世后，凡寄存法界寺之佛典及佛像，皆赠予徐安夫居士；其余之物皆交法界寺库房。"徐系春晖中学教员，对法师多有照料，故有此信受。

弘一是把患病视作替代众生受苦的一种机遇。在他的意识中，每次得病，尽管痛苦不堪，道念却可坚固一层。他觉得，自己既未到尽形寿之时，还需要在佛化道上继续前行，因此病体稍有好转，便写信给刘质平，嘱其寄些药物和补品，以将养身子，自利利他。也就是在这个时候，他决心改变学律的路向，弃有部而就南山。

1918年，叶恭绰（1881—1958，广东番禺人，曾任国民政府铁道部长，后从事文化慈善事业，著名居士、大护法）和徐蔚如等佛教学者，在北京发起举办"戊午讲经法会"，拟请宁波观宗寺谛闲法师北上宣讲。当时，徐蔚如在天津创立刻经处，开始专刻南山律书。徐听说刚刚出家的弘一法师宗有部而轻南山，便趁南下迎请谛闲法师之机，在杭州会晤弘一法师，劝请他发愿重兴南山律教。徐规劝说："自古至今，出家的法师们，讲经的多，讲律的少。尤其近几百年来，没有专门研究律学的，就有也不彻底。因此，您出家后可以研究律学，把中国的律宗重振起来。"

在徐蔚如规劝后，弘一"虽未敢谤毁南山"，亦有兼学之意，但其研律的重点仍在有部，并编成《有部犯相摘记》一卷、《有部自行钞》一卷以发扬之，于南山三大部[178]却仍未用心穷研。及至20世纪20年代末，徐蔚如费资数万金、历时十年的南山宗律书渐次印出。在其影响下，弘一法师学南山之意亦渐次增进。这次在法界寺病后不久，他终于在佛前发愿，"捐弃有部，专学南山。随力弘扬，以赎昔年轻谤之罪"。他发心编辑南山律三大部纲要表记，并立即着手进行。

旧历四月下旬，弘一法师在病体稍有好转后，又有意移锡别处。他在四月二十一致胡宅梵的信中说："余于月底或下月初，拟到金仙寺或五磊寺过夏。"究竟去哪座寺庙，他一时未能决断，便做数签拈验。就在这个时候，原在金仙寺的栖莲法师出持五磊寺，委托胡宅梵写信迎请弘一法师前去驻锡。弘一在复信中说到他拈签决定去向的情形：

> ……拈得往五磊寺之签。其时余决不知栖莲法师往彼之事也。故即写信片，通知仁者。至次日，即二十二日，乃有友人来此，即托彼付邮。而此片付邮之日，即是仁者写信与余告知栖莲法师住持五磊之日。（仁者之信尾写二十二日）因缘巧值，诚不可思议也。余始颇以为与五磊寺老和尚无有深交，若往彼居住，或有未便。今得尊函，乃为释然。可见世事皆有一定因缘，非凡夫之心所能预拟妄测也。

五磊寺位于慈溪县宓家埭乡五磊山，相传开山于三国东吴赤乌年间（238—251），距今已有1700余年。时有印度来华高僧那罗延尊者，在五磊山结庐传经。唐文德年间（888）建灵山禅院，宋改称五磊普济院，明永乐间定名为五磊禅寺。历代名僧辈出。清初五磊寺住持宏觉禅师为顺治钦命的一代国师。民国初年，天台宗名僧谛闲大师在此主持法席，弘扬法华教义，寺誉远播。

弘一法师初到五磊寺的一段时间，天未明亮便起床来到大殿，亲击钟鼓，导众念佛。在他的影响下，五磊寺之道风更形隆盛了。

一天，法师对上山来看望他的胡宅梵说："五磊寺承宁波观宗寺谛（闲）公法派，道风之盛，可以说是全国之冠。一共九位和尚，而过午不食者有四人，悉修净业，持戒严谨。我亦当遵守奉行。过去，我未受过菩萨戒，现在趁你在山上的机会，当自誓受戒，以为纪念。"说完，他在堂中挂上明人名画地藏菩萨像，供养鲜花一束，开始自誓受菩萨戒。戒文中说：

> 我名演音，仰启一切如来，已入大地诸菩萨众。我今欲于十方世界佛菩萨所，誓受菩萨学处净戒中。从今身至佛身，尽未来际，永远信守五重戒：不杀生，不妄语，不邪淫，不盗窃，不酤酒。此谓律仪戒、摄善法戒、饶益有情戒。
>
> 如是学处，如是净戒，过去一切菩萨已具，未来一切菩萨当具，普于十方现在一切菩萨今具；于是学处，于是净戒，过去一切菩萨已学，未来一切菩萨当学，普于十方现在一切菩萨今学。

胡宅梵在山期间，法师将亲自装订的《地藏经》一部和手书赞偈数幅相赠，并为他一字一句地讲解《华严经》《原人论》等佛典。"华严五祖宗密说，'须行依佛行，心契佛心，返本还原'。"法师嘱咐胡宅梵说："唯有如此，方能如五祖之言，'断除凡习'。"

夏天，胡宅梵再次上山看望恩师。弘一说："你来太好了。金陵刻经处有结缘书籍寄到，可谓巧值。"

胡宅梵说："今日为余三旬初度。"

弘一紧接着说："真是凑巧。今日亦为先吏部公一百十九岁冥诞。"说完，即书其因缘于《弥陀经疏钞》为赠；又嘱胡宅梵为其亡母王太夫人印造地藏像多幅，以资回向，早消业障。

蜀僧显真法师在五磊寺专修净业，勇猛精进，道业显著。弘一为之推崇备至，约其发起求生西方之普贤愿。显师刺血誓愿，弘一用他的鲜血，当即写下发愿文。列名誓愿的，有弘一、亦幻、文涛、显真、栖莲等法师，还有苏慧纯、胡宅梵等居士，共十余人。

绿满窗前草不除

程明道窗前茂草覆砌。或劝之芟。明道曰:"不可,欲常见造化生意。"又置盆池,畜小鱼数尾,时时观之。或问其故。曰:"欲观万物自得意。"

——《人谱》

看这些情形，弘一在五磊寺的兴致甚高，因缘殊胜。但不久之后，为创办南山律学院一事，弘一和住持栖莲法师意见不一，分道扬镳了。

弘一前次在法界寺发了专学南山律的誓愿，这次在五磊寺自誓受菩萨戒时，又发弘扬南山律誓愿。为了实现"生宏律范，死归安养"的誓愿，他打算创办一所南山律学院。五磊寺位于山巅，远离嚣闹，环境适宜，他向住持提出了建立道场的设想。期以三年，演讲南山律宗三大部，以成一期化业，使众生均沾法乐。栖莲法师同意了他的建议。

办道场需要资金。栖莲约上金仙寺的亦幻住持前往上海，寻找时在那里的宁波白衣寺安心头陀，请他帮忙到一品香寓所向朱子桥将军募款。

朱子桥（1874—1941），名庆澜，以字行（又作子樵），浙江绍兴人。他是前清附生，曾在东北、四川等地军警界任职。辛亥武昌起义，朱以四川第三十三协统领被推为民军副都督，旋因政见不同而引退。民国后，朱历任黑龙江督署参谋长、民政长兼护军使、巡按使等。袁（世凯）死黎（元洪）继后，朱改任广东省长，授勋三位，加卓威将军。张勋复辟，朱首先通电申讨。孙中山回广东，西南各省开展护法运动，朱参与擘划，任广东新军司令官，后改任广西省长，未就，退居沪上。1922年起，他曾任中东铁路护路军总司令兼哈尔滨特别区行政长官三年；1926年5月，执政府任以胶澳商埠督办，未就，并从此退出政治生涯，献身社会福利事业，专心办理赈济，拯救灾黎；1927年鲁豫旱灾，发动平津东北慈善团体，募款购粮，挽救灾民数百万人；1929年，国民政府委以赈灾委员会常务委员、东北赈委会委员长；1930年陕西旱灾，赤地千里，饥馑载道，朱力筹灾款赈济，并设灾童教养院，收容大批灾童；1931年，长江大水泛滥六七省，朱主持赈灾，以工代赈。九一八事变后，往来前线后方，一面拯救灾民，一面支援义军抗敌。1941年1月，他终因辛劳过度病死于西安，民众誉之为大慈善家。

朱子桥与弘一法师早已相互心仪，只是还无因缘见上一面。这次亦幻、栖莲和安心头陀三位和尚前来，朱将军听说是为弘一法师弘律而募款，痛快地先拨了1000元开办费，并说以后用多少报多少，他都可以设法解决。

募到款项，办道场的事算是有了个好的开头。但栖莲和尚识见太浅，道念不固，事情刚刚有个开头，就被他弄糟了。他在上海定制了几本大而厚的缘簿带回五磊寺，硬是让弘一法师在上面做篇化缘的序文。这已经使弘一够难受的了。及至讨论章程时，栖莲的胃口愈弄愈大，弘一看破了他借助化缘办学聚敛钱财的不良用心。安心头陀去过泰国，熟悉怎样办学，弘一拟请他出任南山律学院院长，栖莲却持异议，并流露出自任之意；而安心头陀又从上海来信说，坚决要求律学院仿效泰僧实行吃钵饭的制度，还说是朱子桥将军等人的意见。这更使弘一感到注重形式的无谓。

律学院还未开办，就遇到了种种不快。弘一觉得，唯有放手退让之一途，才能表明自己的决心。他便离开了五磊寺，移锡宁波白衣寺佛教孤儿院，还将那块自己书写的"南山律学院"的招牌，挂到了白衣寺门前。住了几天，他又去了上海，准备从那里前往厦门。

这般经过给弘一造成了极大的心理创伤，他对亦幻法师说："我从出家以来，对于佛教向来没做过什么事。这回使我能有宏律的因缘，心头委实是很欢喜的。不料第一次便受了这样重的打击，一月来未能安睡，精神上受了很大的挫伤，看经念佛都无法进行。照这种情形，恐非静养一二年不可。"他在致胡宅梵的信中也说："余近二月来，因律学院事牵掣逼迫，神经已十分错乱不宁。披阅书籍，往往不能了解其义。（昔已解者，今亦不解。）几同废人。"

看来，弘一法师应该是有些神经衰弱了。其实，这是世无绝尘之地的一个例证，只是作为高僧的弘一法师不能正视罢了。这个例证说明，便是号称远隔红尘的佛门，也不可能完全与红尘隔绝，佛门之内，也不可能没有一星半点红尘俗务。弘一自身的境界，或许是很高洁的，但他以自己的境界去要求一切僧人，其愿望虽无可非议，但他太脱离实际了。这样一来，当他的佛教理想在佛门的实际情形面前碰了壁，也就难免神经衰弱了。弘一在持戒奉律方面是很坚韧的，在实际生活（包括佛门中的部分实际生活）面前又是很脆弱的：一则缺乏思想准备，二则无充分的应对能力。这样的性格和气质也正是当初导致他出家的原因之一。

栖莲法师见事情弄糟，情急智生，一面立即上道追踪，请回弘公，一面请亦幻法师和安心头陀从中说情调解。

弘一与栖莲在杭州见面会谈。在弘一看来，虽然精神上遭受了巨大的打击，但不能从心办学，讲律弘律，不免对不起自己的良心与素志，因此，他觉得与其烦闷不快，不如回去与栖莲法师做彻底的解决。

1931年年底，弘一回到五磊寺，提了十个问题。栖莲法师将自己的回答作为两人的契约。

（一）于五磊寺团结僧伽，恭请弘一法师演讲毗尼（引者按："毗尼"是梵文"律"的旧音译），不立律学院名目。

（二）造出僧材之后，任彼等分方说法，建立道场，以弘法为宗旨。

（三）暂结律团，在法师讲律期内，无有院长院董名称。

（四）大约几年可以造出讲律僧材，随法师自为斟酌。

（五）倘法师告假外出者，任法师自由。

（六）一旦造出讲律僧材之后，任法师远往他方，随处自在，并与律学院一切事务脱离关系，不闻不问。

（七）凡在学期内大小一切事务，总任法师设法布置，听法师指挥，无不承顺。

（八）凡在学期内，倘有与法师不如意之处，任法师随时自由辞职，决不挽留。

（九）以上所定各条件，完全出于栖莲本意，决无法师意见；倘以后于以上条件有一件不能遵守时，任法师自由辞职，决不挽留。

（十）聘请律师二人，担保以上各条件，各不负约。

在创办南山律学院的过程中，特别是在募款一事上，栖莲和尚确实暴露了存心不良之一面。但客观地说，在五磊寺创办律学院的动议，最初是由弘一提出的，此事意欲圆满，需要双方的和谐配合。栖莲和尚尽管有错，但是作为住持，屈尊请回弘一，不能不说是一种悔过的表现。然而，从上述十项契约的内容以及订立的过程来看，似乎只是契约一方——弘一法师的一厢意愿；虽说契约系由弘一提出问话，栖莲自愿回答而成，但其间不无强加于人和以名声压人的意味。在弘一一方，只要权利而少义务的意愿，不能说是平等待人的做法吧。借用一句世俗的话：捆绑不成夫妻。尽管栖莲和尚如此宽容地迁就着，但没过多久，弘一还是取消前议，离开了五磊寺。造成这种结局，能说单是栖莲一方的原因吗？

弘一从五磊寺下山，在金仙寺住了近一个月，已临旧历辛未年年底（1932年年初）。他应镇海伏龙寺住持诚一法师迎请，由胡宅梵陪同前去度岁。伏龙寺背山面海，风景秀丽。弘一在这里驻锡，却从未出关欣赏过山光水色。他在关中致力于律学研究，还亲手装订了一部规模甚大的《南山律学丛书》，不无自喜地对人说："人只知我能金石书画，不知我更能装书哩！"

南山律学院未能办成的阴影，在弘一的心中时隐时显。大概是为了还愿，也可能是为了某种忏悔吧，壬申年（1932）春节刚过，他又突然从镇海伏龙寺回到白湖金仙寺，说是要发心教人学习南山律。他问住持亦幻法师说："还有人肯发心学律吗？"

亦幻欣悦得手舞足蹈，认为机会难得，便动员雪亮、良定、华云、惠知、崇德、纪源、显真等法师都来参加学习。他自己则愿意做个负责行政的旁听生，好好地来办一次佛学教育。

第十六章 | 白湖风月

一天上午，弘一邀集诸僧到他的房间。大家散坐在椅子上，他则坐在床沿，用谈话的方式讲了一会儿"律学传至中国的盛衰派支状况，及其本人之学律经过"。他在白湖举办的第二次律学讲座，就这么开始了。讲完这个题目，他就提出三个问题考核学员们学律的志愿：（一）谁愿学旧律（南山律）？（二）谁愿学新律（一切有部律）？（三）谁愿学新旧融会贯通律？要大家填表答复。只有三人填的是第一志愿，弘一认为唯有他们的根器可学南山律，满意地录取为正式学生，其余的都被列为旁听生。

正式开讲时，教室设在方丈大楼，是由弘一亲自选定的。室内没做什么布置，只是直线形地排列了几张方桌，因陋就简到极点。

弘一每天讲两三个小时四分律，其他时间由学员们自己熟读熟背去消磨。他对学员要求十分严格，不但禁止看课程以外的书籍报章，连大小便都得向他告假。但在讲了"四波罗夷""十三僧伽婆尸沙""二不定"等几种戒律后，讲座中辍了，前后共15天。弘一又匆匆地离开白湖，再次去了伏龙寺。

讲座原是订过章程的，经过弘一半月之内三改四削，最后却变成了函授性质，分设于龙山、白湖两地。有些像流动施教团似的组织，可又没有正式的名目。崇德、华云两位学生，奉命随他同去伏龙寺，大概是要对他们进行偏房授学吧。可是半月之后，他们也返回了白湖，说是又有别种原因，弘一要走了。

弘一法师这次为什么要来白湖发心讲学，为什么又很快中辍呢？身为当事者的亦幻法师，写过一篇题为《弘一大师在白湖》。文章在谈到这两个问题时说，弘一这次回到白湖讲学的动机，"全出于还愿性质"。何谓"还愿性质"？一是，指他前年在白湖讲律时间太紧促，未能尽心尽意；二是，如前面说到的，指他对南山律学院未能办成一事，不无内疚之心。至于中辍的原因，据弘一自己说，是因为这次在白湖讲律时未穿大袖海青，乃为荒谬之举，违反习惯，虽经炳瑞长老慈悲纠正，内心已有感戴，但有如此过犯，自己还是感到无尽的惭愧与冒失。意思是说，有些无脸见人吧。这或许是促使他退心律学教育的原因之一。但正如亦幻法师在信中对他所说："宏法各有宗风，法师胡为而歉然呢？"

那么是不是学员们有什么缺点，使他感到不堪造就呢？亦幻以为，如果弘一法师真有这种看法，"未免太失察"，"学生们甚至于大小便都不能自由行走，对禁书报不能翻阅，这些条件都能做到实行二周了，诱而教之来弥补知识的贫乏，应属有望"。亦幻说，弘一法师这次中辍白湖的讲座，"或许就为每日讲律使他感到'累赘'，不能如向之悠然可为自己

347

工作"。联系到弘一法师在五磊寺与栖莲法师订立的契约内容，以及后又自行离却的情形，笔者以为，亦幻法师的说法是比较符合弘一法师的心绪、气质和性格的。诚然，弘一法师是严守佛门戒律的，但即使在佛门中与他人相处时，他又往往是以能否自行悠然为前提的。这恐怕是他先前才子气的遗习尚未脱尽的缘故吧？便是经过佛海的沐浴，任何僧侣都不可能彻底洗净作为"人"的秉性与气质。对弘一法师，也应作如是观。

弘一法师既是一个理想主义者，又是一个我行我素的孤独者和自由主义者。在严格恪守戒律的范围内，他又希望能够自由自在地到处云游，研究律学，不愿为他事所累。作为僧侣，他有自己一套独特的思维方式和生存方式，要求他人尊重他的思维方式和生存方式，这无可指摘；可是，他又常常要求他人，将各自的思维方式和生存方式，纳入自己的规范，一旦他人的思维方式和生存方式对他有所妨碍，他就感到"累赘"和"不能如向之悠然"了，他就可以不顾他人将会怎样而我行我素了。他能严守戒律，却不能履行和他人一起订立的契约和章程，就是一个明证。

亦幻法师在上述那篇文章中，说到自己的一次经历。他在武昌佛学院，跟过名教授陈达（1892—1975，字通夫，浙江余杭人，社会学家，著有《人口问题》《中国劳工问题》等）、史一如（1870—1925，原名锡绰，字裕如，法名慧圆，皈依太虚法师并追随太虚讲学与著述，有《佛教伦理学》等著作）诸先生，读书比较浪漫，也比较广泛。这次弘一法师在白湖讲律，布置他圈读《四分律行事钞资持记》，并嘱咐他以分科判工作。亦幻对弘一的吩咐，基本上是照办的。他只是觉得，灵芝大师的《资持记》虽为律学名著，但它毕竟是疏释律祖道宣的《行事钞》之作。就是说，《行事钞》是律学原著，《资持记》是注释性的辅助读物。在亦幻看来，《资持记》"如训诂家之解经，有时把《行事钞》的文义支离破碎得端绪纷披，虽然渊博，初学读之很难引起盎趣"。弘一由于过分崇拜灵芝和《资持记》，因而禁止学员们直接阅读《行事钞》一书。亦幻说，这样"反使我们时兴'数典忘祖，多歧亡羊'之感。我禁不住学律反而要求来破戒，到他房内携出《行事钞》参阅。啊！这举动引惹他不满了。善知识的教诫，理由纯粹出于热望学人的深造，我是为求知而研究学问的，我敢回口什么吗？我喜乐地把那本书仍庋藏到书橱，决定用加倍的脑力来实验法师的严峻教授法效率，决定以深入来报答法师诲人不倦的殷勤"！作为学生，亦幻只能这样说。其实，亦幻在这件事情上是不算错的，倒是弘一法师有些过于刻板和强求他人适于己意吧。以这种方式处理与学员的关系，白湖律学讲座不能继续办下去，也是情理中的事了。

第十七章

四莅绍兴

第十七章 | 四莅绍兴

1932年春天，弘一法师从白湖移住镇海北边的伏龙山（俗称龙山）。才十多天，他又将随他上山学律的崇德、华云两位法师打发回白湖，说是他有别种原因，要走了。

此后不久的一天，弘一走在上海兆丰路上，寻找着开明书店的门牌。找到后，他便径直上楼，站在编辑部门口。

"弘公大师，您老人家什么时候到的？"书店老板章锡琛先生迎上前去问道。

还是小青年的装帧美术家钱君匋，先前并未见过弘一法师，但他作为丰子恺的学生，弘公是他的太老师呢。丰先生和另一位太老师夏丏尊先生，经常给他提到这位太老师的书法如何超脱，以无态而备万态，为人又如何清高拔俗、艰苦卓绝，等等，他心中产生了希望一瞻弘公风采的念头。不久以前，钱协助夏先生编辑出版了《李息翁临古法书》，更强化了欲见弘公的思绪。这天，他正在埋头看稿，没有理会有谁上楼来了。听到章先生的招呼声，才知道来人正是自己久盼一见的弘一大师，便赶紧抬头注视。

只见一位和尚站在办公室门口，门正好成了框子，把他嵌在中间。他高约一米七，穿着宽松的海青，因为面形清癯、神情持重，虽在微笑，却有一种自然的威仪，把身体也衬托得很高，目光清澈，有如净化后的秋水澄潭，一眼见底，毫无矫饰。上唇下巴有些胡髭，异常地率真可爱。五十出头，并不算老……在钱君匋看来，见到这位久盼的法师，不亚于见到他祖母一样，一阵清凉之气，从脊梁上直向全身扩散开来，人世间一切俗套伪饰，一刹那间都卸净了。

钱君匋还沉浸在种种感受之中，法师已经走上前来问候了："居士好！"他的嗓音低而沉厚。

"法师好！"钱君匋赶紧站起来说。

"这位钱君匋小弟是丰先生的学生，您的再传弟子呢！"章锡琛介绍说。

"善哉！善哉！"法师注视着钱君匋说。

法师入座后，钱君匋端来一杯清茶。法师接过茶杯，发现这位初次见面的再传弟子有些拘束，便和蔼地招呼他坐下。钱知道自己是晚辈，不敢多言，坐在一旁听章先生和法师交谈着。

"丏尊居士好吗？他家里怎样？"法师两眼睁得圆圆的，显出很关切的神情。

"很好！"章锡琛说。

"阿弥陀佛！我一直放心不下，才来看他的。好久没收到他的信了。"法师双手合十，欣慰地点点头。

"等一会儿就来，我叫人去请他。"

"不用，不用。小僧先来问一下，问清楚了，当然是自己走着去。"

"不！我叫辆车送您老人家。"

法师淡然一笑，大口喝着茶。

屋里沉静起来。关于人生、艺术、教育、宗教……许多问题，一齐集中在钱君匋的喉头，他原想当面向弘公一一请教，现在似乎都在他的淡然一笑中获得了答案，又何必用语言文字，再落言筌呢？弘公的那种无声的人格坦现，那种令人有如荒漠饮甘泉的甜意，浸润着钱君匋这位晚辈的心脾。

钱君匋想再次为他倒水，法师摇摇手，那力量是不可抗拒的，只好让他自己动手。

喝完茶，法师迈着稳重的脚步走了。钱君匋跟着章锡琛送到门外，仍然没有说出一句话来。

第二天上午10点多钟，夏丏尊在海门路寓所请法师吃饭，作陪的有叶圣陶、周予同、章锡琛、丰子恺、刘质平，法师新结识的钱君匋也被请去了。

几样素菜，干净爽目。法师只吃两样——白菜和萝卜，别的菜不伸筷子，大家都理解他，并不强求。边吃边谈，轻松愉快。

谈到对联艺术，法师说："前两年去厦门，在南普陀天王殿前当中两根石柱上，看到陈石遗[179]老先生的一副对子：'分派洛迦开法宇，隔江太武拱山门。'文有气魄，字也老健可观，不可多得。但那里的大醒法师[180]以为后面三字不如改为'涌浮图'，更有画意。可见联语之难作。我写的《华严经集联》，只有末一字讲平仄，不在声律上讲究，没有闲空推敲啊。"

夏丏尊回忆到西湖之夜、白马湖之夜种种往事，法师垂下眼睑，默默不语。看样子，他也沉浸到那些往事之中，只是在极力保持着平静无绪罢了。即使是标榜远离尘世、淡忘世情的出家人，对以往的世间生活，恐也一时难忘吧。但既为僧人，又必须极力忘却那些人间往事，因此，法师在此时此刻，唯有默默不语之一法。

饭后，法师要退入夏寓客房休息。邀来作陪的友生们都有些依依不舍，显出异常黯然的神情，此情此景也感染了钱君匋这位再传弟子。弘公这样自苦，在他是求仁得仁，而钱君匋却以为他老人家应当吃得好一点儿，把身体搞结实，多活几年，多留下一些艺术珍品。作为正在倾心于艺术的后生晚辈，钱君匋对弘公的出家一举，感到非常惋惜。弘公是绝顶聪明的人，看出了这位晚辈的想法，异常平淡地对钱君匋，也是对其他几位友生说："历经百劫，故人犹健，茫茫人海，不必苛求。佛经上不是说'一切有为法，如梦幻泡影，如露亦如电，当作如是观'吗？望诸位居士善自珍重，多植善根。阿弥陀佛！"边说边双手合十，脸上流漾着慈祥殷切的表情。

友生们走了。明天，法师也要离开夏家，与丏尊分别。不知道今后能否再次聚首，他也有些茫然哩。

去年——1931年秋天，在创办南山律学院过程中，弘一法师与五磊寺住持栖莲法师意见不合，飘然离去。那时，广洽法师正来信催他前往厦门过冬。原本早就约好，每年去过冬的。前年秋天在金仙寺听静权法师讲经直至年底，未能如约。而去年秋天，法师离开五磊寺后来了上海，打算转往厦门。只因九一八事变，时局混乱，路途不宁，法师在夏丏尊、刘质平、丰子恺等友生劝说下取消南下计划，又回了五磊寺。而眼下这次来上海，没别的事要办，看看朋友而已。他对崇德、华云法师说是"有别种原因"，不过是想结束律学讲座的借口罢了。

和去年返程路线一样，法师这次离开上海后，也绕道去了绍兴。自从他在浙东行化，十年来，这是第四次莅临绍兴了，也是和李鸿梁、孙选青、蔡丏因等弟子们，第三次欢聚这座古城。

弘一法师第一次来绍兴，是在1923年秋天。他是去衢州路过这里，卓锡开元寺，故有住持闻愿法师之请，后来写了一篇《绍兴开元寺募建殿堂疏》。

法师第二次来绍兴，是在1925年秋天。[181] 他在10月23日致俗侄李圣章的信中说，这年"八月将如钱塘，抵海门，乃知变乱复作，因留滞上虞、绍兴者月余"。"如钱塘"，是准备转去南京，再去安徽九华山，因"变乱"而未果，到了宁波，夏丏尊将其迎往白马湖留居多日。由白马湖又到了绍兴。因此蔡冠洛（丏因）文《廓尔亡言的弘一大师》中说，"弘一法师从白马湖到绍兴来"，但他所记的时间有误，不是1923年（那是前面所说的另一次），而是1925年秋天。

听说法师要来绍兴，在当地任教的李鸿梁、孙选青、蔡冠洛等门生一起到船埠去迎候。这些年轻人虽说都是法师的弟子，但在老师出家后，都很少见到他。尤其是蔡冠洛这位未曾直接受学的弟子，对老师的生活情状，知道得更少些。

船到了，门生们一一地见了面。法师那副在白马湖已使夏丏尊感到心酸的行李，蔡冠洛见了，更是感慨万千。"真想不到名盛一时，以西洋画奏庇亚诺擅长的李叔同先生，竟是这样地简朴；而且，他对这些破败的东西，还爱惜得如同珍宝，不肯轻易丢弃。他是过惯豪奢生活的，大家也都见过他演茶花女时身穿艳美服装的照片，真想不到，他会俭朴到这种样子。俗话说：'出家是大丈夫事，公侯将相所不能为。'抛妻别子，舍弃田宅，还不怎么难，而要把多年熏习，例如他所具有的造诣深厚的那种能画擅奏的艺术习气，一概抛弃，专心一致地去追求他所希望的涅槃，这却绝不是一般人所能做得到的。"蔡冠洛跟随在一行人后面，边走边想，将法师送往住宿地。

李鸿梁在龙山南麓第五师范留有卧室。法师这次初到绍兴时，就住在这里。饭食由李家送来。他总是说："菜太好了，我们出家人，不应该吃这样的菜。"李家将菜由四色减到两色，他还是嫌太精细了。

住室的环境很别致。窗外树木蓊郁，伸手可触，小鸟常常飞来桌上，窥人读书。只是附近的小学生们在下面闹得厉害。法师住了几天，就搬到城东草子田头普庆庵去了。

普庆庵是童姓家庵，又地近城郭，来往的人少，很是僻静。法师在庵中住了半个多月，颜其住室为"千佛名室"。他写了三百多张佛号。一百张存蔡丏因处，两百张交给李鸿梁和孙选青，嘱咐他们分赠有缘的人。法师在庵中发现了一块太平天国碑，可惜是还魂碑，字迹已不易辨认。

蔡丏因等常来普庆庵看望，但并没有和法师多交谈，法师也总是"廓尔亡言"的神态，很少开口，双方只是默默地面对面地坐在那里。蔡丏因等虽然有许多问题，关于人生的，或是关于佛法的，很想请教一些，但看到他那副真诚而无言的态度，慈祥而带着微笑的颜面，似乎一切都已经解决了，已经明白了。这恐怕就是人生应有的态度，佛法终极的趋向吧！那就不必别有所求了，不必再用言语来解释了，如果落了言筌，反而会亏损这具体而现实的道范呢。每次看到法师"廓尔亡言"的样子，蔡丏因便想到，世尊在灵鹫山上举办的那种不立语言文字、拈花示众的法会，应该说是最美满、最能启人智慧的法会了。

当时，蔡丏因正在研究唯识学，也还是有些疑问，有意质正于法师，苦于没有机缘。他想起一桩公案。有一回，在杭州听一位法师讲经，可以提出问题讨论。他就提了这样的疑问："世尊在因地，为了伤害了一只鹰，竟至受尽苦报，但为什么又说，念阿弥陀佛的名号，就能带业往生呢？理可通得，事却有碍。请求开示。"那位法师虽然对他说了许多话，但总不能解除他心中的困惑。现在弘一法师在这里，正是请他释疑解惑的机会。后来有一次，蔡丏因终于壮起胆子，打破沉默，向法师提出个案。

法师听了蔡丏因的叙述和质疑，当时只是微微一笑，并不回答什么话。直到他将要离开绍兴回永嘉时，送了蔡丏因一幅预先写好的横披，前面是"南无阿弥陀佛"六个大篆字，后面是许多蝇头小字，写的是明朝灵峰蕅益大师、云栖莲池大师等大德的法语，那都是针对蔡丏因的问题所下的针砭。其中有这么几段：

佛为初机之人[182]，必深谈理性，欲其以理融事，不滞于事也。若为深位菩萨，必广谈事相，欲其以事摄事，不滞于理也。不滞于事，则一事通达一切名理，事理无碍；不滞于理，则一事通达一切事名，事事无碍。

——蕅益大师法语

法师引录这段法语，意在点拨蔡丏因：事理本是相融无碍的，因此，既不能把事与事、理与理、事与理分割开来，也不能死心眼地执着于某一具体的事、具体的理，这样才能由一事通达一切名理，由一理通达一切事名，事理无碍，事事无碍。简言之，在事理面前，要善于连譬引类、举一反三，切忌胶滞执着于一事一理。

我劝你咬钉嚼铁，信得西方，及切切发愿持戒修福，以资助之。无禅有净土，万修万人去，但得见弥陀，何愁不开悟。此千古定案，汝不须疑。

——蕅益大师法语

著事而念能相继，不虚入品之功。执理而心实未明，反受落空之祸。

——莲池大师法语

杨枝净水

毛道凡夫，火宅众生。
胎卵湿化，一切有情。
善根苟种，佛果终成。
我不轻汝，汝毋自轻。

——（唐）白居易 偈

此画为放生仪式，与护生画初集末页相同，宜参观之。

引这两段法语，在法师看来，是想坚定蔡丐因念佛的信念和决心。一心念佛，时时念佛，念而深信，念而开悟，必得生西；犹豫不决，念而不信，念而心不明，反受其祸。

弘一法师第三次来绍兴则是去年，即1931年的秋天。他由上海返回五磊寺途中，先在杭州停留了几天，正遇上虎跑定慧寺元照禅师往生极乐，由安心头陀对龛说法。弘一与栖莲、弘伞法师、徐仲荪居士等一起参与了念佛回向的轨仪。这次由杭州来绍兴后，卓锡戒珠讲寺。

高僧兼书法家的弘一法师，自然知道这座戒珠讲寺的来历，知道与它有关的历史故事和民间传说。

晋代大书法家王羲之出任会稽内史，在戢山南麓建立宅舍，时称王家山。王与一老僧相交甚洽，往来密切。一天，王得到一枚明珠，晶莹可爱，朝夕把玩。岂料明珠突然不翼而飞。王怀疑老僧所窃，又不便明说，遂与之日渐疏远。老僧心知蒙冤，也不便申辩，一日夜里，竟圆寂而去。王羲之听说后，不免怅然。没过几天，他的一只爱鹅不食而死，家人宰杀时，才发现明珠为白鹅误吞。王悔之莫及，决定舍宅为寺，并亲题"戒珠讲寺"匾额，以明珠之事警戒自己的处世为人。这是流传很广的"鹅珠"故事的来历。

不知道是人们根据王羲之酷爱白鹅的事迹，杜撰了这一传说，还是将原有的传说附会到他的身上，这都无关紧要，王羲之对鹅的喜爱的确是事实。便是白鹅闯祸之后，他亦不改爱鹅的初衷。王建造宅第之初，即在门前辟有养鹅池和洗砚池。两池并立，在王羲之，绝非偶然的配合，而是有意为之。这表明了他对白鹅习性与书法艺术之间相互联系的独特发现、独特理解。他的爱鹅之情和他钻研书法艺术有关。王羲之认为，执笔时食指应如鹅头那样昂扬微曲，运笔时则像鹅掌拨水，方能使精神贯注于笔端。清代书法家包世臣，以诗歌形式总结了王羲之的这一书法见解："全身精力到毫端，定台先将两足安；悟入鹅群行水势，方知五指力齐难。"

王羲之爱鹅心切，常常不惜代价。一日，他见茂林修竹间，有一群白鹅嬉戏水上，煞是可爱。王有意买下白鹅。一打听，鹅的主人是一位道士。道士得知王的来意，心中窃喜，不露声色地说："我这鹅是不卖的，倘若右军大人定想要，请写一本《道德经》来交换吧。"王欣然同意。这本经就是后来闻名于世的《黄庭经》。李白有诗曰："山阴道上如相见，应写《黄庭》换白鹅"，即典出于此。

作为书法家的弘一法师，是一位博采众长、多方吸收的艺术家。在其冲淡静远的书艺境界中，也借鉴了王右军等魏晋书法家洒脱与飘逸的书风。和戒珠讲寺遥遥相对，蕺山北麓有蕺山书院，明代哲学家刘宗周曾在此讲学。刘所作《人谱》一书，为弘一法师一生所爱读，并将其有关内容录入他的《格言别录》等编著之中。法师莅临蕺山，住进戒珠讲寺，是对王羲之、刘宗周的一种追慕吧。

法师在青年时代，初喜晚唐诗，后由唐入宋，学习填词，受陆游、苏东坡影响较深。这次在绍兴，与李鸿梁、蔡丏因等同游放翁读书处一快阁，并摄影留念。这也是倾慕陆游爱国情怀和豪放词风的一种表现吧。

离开绍兴前夕，法师在戒珠讲寺与李鸿梁、蔡丏因和印西、普行二上人等门生弟子话别。李鸿梁、蔡丏因要为法师写像，并提出为他纂述年谱。

蔡丏因说："师乃当代龙象，佛界大德，应化事迹极为显著，宜于生前自定年谱，以示后人。也免得身后事迹模糊，以讹传讹。"

法师说："实在惭愧，平生无过人行为足供撰述。有所记忆，容他日再为仁等言之。不过现在可为仁等说说当年出家的原因。我七八岁时，即有无常、苦、空之感，及至母亲去世，益觉四大非我，身为苦本。其后在虎跑出家，全仗这些宿因。当时有这样一种感觉：非立即披剃不可，可是又不知其所以然。没有其他什么顾虑，唯一忧心的是家室不许我出家当和尚，但终以一叹置之，决然离俗为僧。……"沉默片刻，又说："虽说为僧已十几个年头，可真是乏善可述啊！惭愧！惭愧！"

蔡丏因请求道："法师可否谈谈诵经学律的情形？"

法师说："念佛虔诵《华严经》，《普贤行愿品》一卷尤为重要。它是一经之关键，深文奥义，简明易诵。是品可赞可传，可行可宝，实是修行之机枢。至于学律，初涉有部，近返南山之初宗，与今日盛行的金山、常州一派异科。"

法师还谈到这次来绍兴前在杭州停留的情形，说："元照禅师示疾，众法师为他助念佛号，有净土相出现，定生西无疑。荼毗[183]后，我得到舍利三粒。"说话间，出舍利相示，色微黄，质坚逾金石。众弟子一一观赏，叹为稀有。看法师欢喜悦然的神色，荼毗后化为舍利，正是其向之、往之的美好未来。

临别时，法师将一部福州鼓山版《金刚经》送给李鸿梁，一部《寒笳集》送给蔡丏因。

……

弘一法师前三次莅绍，都是在枫叶初丹、槲叶初黄的秋天，而眼下这次，也是最后一次，则在（1932年）春光明媚之时，驻锡于他第一次来绍住过的寺院——开元寺最后一进。

得知法师来绍的消息，李鸿梁提前到寺中通报，寺中说这屋子已经划入警察局的范围。由于是法师来信指定的，李鸿梁只好到警察局去商量，警方知道弘一其僧，答应借住。

一日闲谈间，法师提及他以前住乡间一座寺庙时，有天深夜盗贼窜来搜寺，用手电筒在法师窗口照射，他正卧在床上，忽然觉得桌上的闹钟已经停止，盗贼们似无所觉，或者以为这是间空房子，没多加注意就走了。盗贼一走，闹钟又走动起来。法师说，他平时是按钟声节奏念佛的，对钟的走动声音特别留意。李鸿梁等听了他这一叙述，觉得颇有神话意味。

弘一这次在绍兴住的时间最短，几天后就去了镇北伏龙寺。由伏龙寺又去了慈溪金仙寺，旋即又返回伏龙寺。在为前来探视的门生刘质平精心写完《阿弥陀经》等书件后，他则由伏龙寺移锡至上虞法界寺。这已到了1932年的夏天。

从上海—绍兴回来后半年多的时间中，弘一时而在伏龙寺，时而在金仙寺，时而在法界寺，每到一寺，待的时间都不长。也看不出他有什么特别具体的原因，要如此频繁地变换住处。有可能是，他在五磊寺和金仙寺两次办学未果，心绪不是很安宁的缘故。在他自己看来，或许是在浙东一地的僧侣中，找不到知音吧。

弘一法师到法界寺不久，就发生了前面叙述过的故事。宁波白衣寺安心头陀恳请其同去陕西赈灾，只因有门生刘质平的劝阻而又返回法界寺。过了两个多月，从8月11日开始，法师突患伤寒，"发烧甚剧，殆不省人事。入夜，兼痢疾"。昏迷中惊呼着印西法师（弘一浙一师门生，时出家杭州）的名字。延至14日，病情才稍有好转。8月19日，法师致信夏丏尊说：

　　……如此之重病，朽人已多年未患。今以五十之年而患此病，又深感病中起立做事之困难（无有看病之人），故于此娑婆世界，已不再生贪恋之想，惟冀早生西方耳。阳历九月十日以后，仁者或可返里。其时天气已渐凉爽（已过白露节）。乞惠临法界寺，与住持预备商量临终助念及身后之事，至为感企。此次病剧之时，深悔未曾预备遗嘱（助念等事）。故犹未能一意求生西方，惟希病愈，良用自惭耳。今已病愈，乞仁者万勿挂念。……

第十七章 | 四莅绍兴

同一时间，法师还致信刘质平说：

……近来老体仍衰弱。稍劳动，即甚感疲倦。再迟十数日，夏居士必返白马湖。当与彼商量，预备后事，并交付遗嘱，可作此生一结束矣。……

法师所要交付的遗嘱，即为6月底拟去西安时所写而未交刘质平者。原是：

刘质平居士披阅：

余命终后，凡追悼会、建塔及其他纪念之事，皆不可做。因此种事，与余无益，反失福也。

倘欲做一事业与余为纪念者，乞将《四分律比丘戒相表记》印二千册。

以一千册，交佛学书局[闸北新民路国庆路口（即居士林旁）]流通。每册经手流通费五分，此资即赠与书局。请书局于《半月刊》中，登广告。

以五百册，赠与上海北四川路底内山书店存贮，以后随意赠与日本诸居士。

以五百册分赠同人。

此书印资，请质平居士筹集。并作跋语，附印书后，仍由中华书局石印。（乞与印刷主任徐曜垩居士接洽。一切照前式，惟装订改良。）

此书原稿，存在穆藕初居士处。乞托徐曜垩往借。

此书可为余出家以后最大之著作。故宜流通，以为纪念也。[184]

夏丏尊得悉弘一病卧兰皋（上虞法界寺山名），立即电告法师病中惊呼的门生印西，嘱其前去照料。印西接到电报，不顾酷暑炎热，日夜兼程，自西湖北山灵峰寺，步行来到师前，侍奉汤药。两个多月后，师疾苦始闲。法师康复后，为印西集书古德偈语，大小屏联数帧，并说这些书件写得甚为得意，其玄妙处恐非寻常书家所能知悉。法师还刻印一方送给印西。这是法师出家以来有数的奏刀之一，"奇珍尤甚"（印西：《弘一法师》）。

时令已入秋季，天气一天天凉起来。江浙一带，冬天的气温虽然并不很低，但住房内都无取暖设备，实际上比北方还要寒冷。以弘一的身体，是很不适应的。他又想起了前两次在南闽过冬的情景，而那里僧俗两界的朋友们也正不断地来信催促他前去弘律行化。这样一来，他给刘质平、孙选青、蔡丏因等分别写信，请他们帮助处理、托运他分存几处的书籍行李，加紧了离别浙东、三下南闽的准备。

1932年10月19日清晨，弘一由上虞兰阜下山到驿亭站，乘火车抵达宁波后，即登永川号轮船回到永嘉。

永嘉是弘一的第二故乡，庆福寺是他的第二常住。在他断断续续驻锡的12年间，这里发生了不少变化。20世纪20年代末，由于大南门一带城墙渐趋倾圮，继而又被逐段改建马路，庆福寺已与周围环境不相协调了。

由弘一法师和吴璧华、周孟由居士保荐始为僧人的因弘法师，后来当了庆福寺寺主。前两年，他与寂山上人和弘一法师等商量，决定改建殿宇，易其方位，以协形相。在筹建过程中，弘一法师为《永嘉庆福寺缘册》题词，以号召集资。

弘一这次回到永嘉时，庆福寺的改建工程即将圆满。寺分二进，山门高耸，面对碧波粼粼的绕城河，庄严而深幽。弘一步入后进，大雄宝殿内的三圣像已初具神态，这原是在他的指导下，由乐清塑像高手黄崇寿用三块巨大的香樟木雕凿而成，想来再加贴金，定会辉煌灿烂、慈光四射呢！看到这些，弘一有些激动，不由得流下欣悦的泪水。山门的寺额还空缺着，寂山上人和因弘法师正等着他回来后书写呢。

弘一来到寺院东边的"晚晴院"。虽然已经改建过，但格局仍和先前没有多大变化，仍是三间二层楼，坐西朝东，背靠大殿，前有围墙与天井，整齐严谨，肃穆清净。他在南下之前，将在这里居住。上楼稍作休息后，他磨墨铺纸，挥毫题写了"庆福寺"三个篆书大字，古朴穆静，自然冲逸；又为大殿书写了"极乐庄严"的匾额和几副石柱长联。

弘一出家14年来，有12个僧腊归属于庆福一寺。他对这里的一砖一瓦、一树一花，充满了深深的眷恋。他在这里完成了一生中最宏伟的律著《四分律比丘戒相表记》，也完成了律学思想的转变，并初步形成了其佛学思想系统。他对寺中的僧侣尤其是寂山长老和因弘法师，更有一层难舍之情。现在，他将离开这里，很难预料今后是否还有回返的因缘！离别之际，该对他们留下一些什么样的赠言呢？在之后的几天中，他陆续书写了以下一些联语。

入于真实境，照以智慧光。

这是《华严集联》，书赠庆福寺的。

临行赠汝无多语，一句弥陀作大舟。

这一联语是书赠因弘法师的。

念佛方能消宿业，虔诚自可转凡心。

这是印光法师的联句，现在书赠西贞法师吧。

众缘闲处尽，一念看来孤。

这一联语原是初来永嘉时，应寂山长老的请求书赠，现在重写一遍，一以重赠长老，一作大殿中的柱联吧。还有诸多朱书屏条"南无阿弥陀佛""南无地藏菩萨"，横披"法喜充满""老实念佛""勇猛精进"，等等，是赠给寺中每位僧侣的，每幅上都写有内容不同的跋语。

弘一在庆福寺、在永嘉的佛缘，终于告一段落。1932年11月26日，他从这里出发，登轮南下。缁素两界的友人们聚集在码头上，与他依依惜别。……

第十八章

乐育僧材

第十八章 | 乐育僧材

1. 举办"南山律苑"

1932年11月底，榴花、桂花、菊花、白兰花、山茶花、水仙花……众多鲜花同时盛开的季节，弘一法师来到厦门。这是他第三次莅临南闽。

弘一法师第一次来厦门是在1928年初冬。那次，原是和尤惜阴、谢国梁等结伴，由上海经厦门去泰国教化的。到厦门后，一行人得到著名华侨领袖陈嘉庚先生的胞弟陈敬贤居士[185]的热情接待，由他介绍，暂时住在南普陀寺方丈楼。那时经常来谈谈的有性愿法师[186]、芝峰法师和大醒法师等当地僧界著名人物。住了几天，弘一法师觉得闽南的气候温和，山川灵秀，又见一般人士情意恳切，风俗醇厚，悠然心喜，于是改变计划，有在此久住终焉之意。于是尤惜阴、谢国梁去了曼谷，他则留了下来。

到了旧历十二月中旬，法师由性愿介绍，应寺主转逢上人邀请，去南安小雪峰寺过年。

小雪峰寺位于南安县（现为市）洪濑镇杨梅山南麓，原为唐乾符年间（874—888）义存禅师（皇旨赐号真觉大师）的葬亲墓地。义存禅师被闽王王审知聘为国师，并在福州建造名为雪峰寺加以供养。后人在其老家葬亲墓地又建一座寺庙，名为"小雪峰寺"，以与福州的祖寺有所区别。

浙江天台人陈海量，当时正漫游闽南，在小雪峰寺遇上了仰慕已久的弘一法师。19岁的陈海量对佛教还很惘然，弘一法师以爱语摄授，他却问道："究竟有没有鬼神？"弘一不做正面回答，而是说："可读佛书，日后自然会知道。"法师并以《竹窗随笔》《大乘起信论直解》《印光法师文钞》等十多种经典相赠。陈朝夕披览，深怀庆慰。遇到疑问，就请弘一剖解。弘一又送了他几本禅宗的书，他十分高兴，表示愿意学禅。弘一说："很好。法无高下，难易在人。你乐意习禅，说明你夙因有自。"说完，他又把一部从金陵刻经处请来的《宗范》送给陈海量，说："你想习禅，须要读一读这部书，以防歧路。"还说："应念南无阿弥陀佛，求生西方极乐世界。"

弘一法师在小雪峰寺过完年，又回到厦门，住在南普陀寺闽南佛学院的小楼上。他看到佛学院的学僧虽然不多，只有二十几位，但态度都很文雅，很有礼貌，师生间的感情也很不错。他时常赞美他们。

一天，芝峰法师和弘一法师谈起佛学院的课程安排，向他征求意见。芝峰说："门类分得很多，时间的分配却很少，这样下去，恐怕没有什么成绩。弘公以为如何是好？"

弘一法师说："可以把英文和算术等删掉，佛学却不可减少，而且还得增加。就把腾出来的时间教佛学吧！"

芝峰法师和其他教职员，都很赞成弘一法师的意见。从这以后，学僧们的成绩比过去有了明显的提高。

自小雪峰寺相识，弘一法师与青年陈海量成了忘年交。法师回厦门，陈追随而来，住在慧泉寺。一次，法师到慧泉寺看望陈海量，陈说："僧多浊俗，且少戒行，为之憎厌，难生信仰。我自己知道，不应该有这种想法。可是贡高我慢，不能祛除这种想法，怎样才能医治我这种毛病呢？"

弘一法师说："说人过失，殊非所宜，彼不如法，干卿底事？出家沙门，凡圣交参，吾乌从知，而起我慢自失功德，况一切众生，皆是过去父母，未来诸佛。作如是观，敬尚不遑，矧敢慢耶！"

陈海量听后心悦诚服。送弘一法师下山时，路上遇到一位僧人。其僧看似椎鲁愚钝无所知，法师却对他伏地礼拜，恭敬有加。陈海量意会到，法师是在树立榜样，以身作则，不由得大惭起来。自此以后，他就不敢再轻视僧人了，也慢慢开始信仰佛教，成为弘一法师甚为喜欢的在俗弟子。后来，两人在浙东五磊寺、金仙寺又相聚过两个多月。陈向弘一法师请益颇多，弘一法师对他亦关心备至。

陈回天台山居念佛，弘一法师虑其寒冷，曾从数百里外惠致棉袄。悲心顾复，有如慈母。陈数次梦见弘一法师，大声呼唤恩师之名。从佛眼看，此亦一段前世因缘呢。陈海量后在上海，协助另一位著名居士陈无我编辑佛教杂志《觉有情》，于弘扬佛法用力甚勤。

弘一法师在南普陀寺住了三个多月，到1929年4月间，怕天气很快热起来，便取道福州返回永嘉。在福州停留时，弘一法师在鼓山涌泉寺藏经楼，发现清初刊本《华严经》及《华严疏论纂要》等古本佛典，叹为近代所稀见，决定立即倡缘。

弘一法师第二次来南闽，是在1929年10月底。他先是住在南普陀寺，过了几天，因为寺里要做水陆，不安静，便搬到太平岩去住。水陆圆满，他又回到南普陀寺，住在前面的老功德楼上。

和上次离开时的情景相比，闽南佛学院的学僧增加了两倍多，已有六十多人，但管理方面、纪律方面，却远不如从前那样令人欣喜了。弘一法师有感而发，为佛学院写了《悲智训语》，手书以赠。训语说：

> 有悲无智，是曰凡夫。悲智具足，乃名菩萨。我观仁等，悲心深切。当更精进，勤求智慧。智慧之基，曰戒曰定。如是三学，次第应修。先持净戒，并习禅定。乃得真实，甚深智慧。依此智慧，方能利生。犹如莲华，不著于水。断诸分别，舍诸执着。如实观察，一切诸法。心意柔软，言音净妙。以无碍眼，等视众生。具修一切，难行苦行。是为成就，菩萨之道。我与仁等，多生同行。今得集会，生大欢喜。不揆肤受，辄述所见。倘契幽怀，愿垂玄察。

院长太虚法师作《三宝歌》歌词，弘一法师为之谱曲。这是他出家以来首次谱曲作歌。

很快又到旧历年年底。南安小雪峰寺主转逢上人再次邀请弘一法师前去度岁。弘一法师与转逢同庚，这年都是50岁。除夕那天，陪同前来的太虚法师倡议说："今夕可为二老合做百岁寿。"并口占一偈，表示祝贺。偈曰：

> 圣教照心，佛律严身。内外清净，菩提之因。

这次在小雪峰寺过完年，弘一法师没回厦门，而是去了泉州承天寺。

承天寺位于泉州市崇阳门东，鹦鹉山南麓。始建于后周显德年间（954—960），初名南禅寺。宋景德四年（1007），赐名承天寺，又名月台寺。占地5万多平方米，规模宏大，气宇庄肃，被誉为"闽南甲刹"。

弘一法师这次移锡承天寺，是应月台佛学研究社创办人性愿法师之请来讲课的。研究社初办几个月，常住的经忏很少，每天有工夫上课，所以收效很是明显。弘一法师讲了两回写字方法。遇有闲空，他还整理寺中的古版藏经，编成了一份目录。

弘一法师在承天寺住了将近3个月，到1930年4月中旬，还是怕天气很快热起来，他又回了永嘉。

而眼下这次，即1932年11月底，是弘一法师第三次前来厦门。从此，开始了他持续10年的闽南应化生涯。除短暂地去过一次青岛外，他再也没有离开过闽南这方土地，直至圆寂生西。

弘一法师这次来闽不久，沪上报纸登出消息，说他已经圆寂。为了辟谣，他即复信俗侄李晋章。信中说："数年前上海报已载余圆寂之事，今为第二次。记载失实，报中常常有之，无足异也。……星命家言，余之寿命与尊公相似，亦在六十岁或六十一岁之数。寿命修短，本不足道，姑妄言之可耳。"姑妄之言，自当姑妄听之，然弘一法师之寿命，不幸被星命家所言中，这也是一种巧合吧。

厦门不只有山有水，风景秀丽，四季如春，气候适宜，且寺院林立，香火缭绕，是南中国著名的旅游胜地和丛林重点区之一。弘一法师在厦门，驻锡次数较多，居住期间应化事迹较为突出的，有南普陀寺、妙释寺、日光岩、万寿岩、中岩等寺。

南普陀寺位于厦门五老山下。五老山五峰并列，山上松竹苍翠，岩壑幽美，名山古刹，相得益彰。寺始建于唐代，初名普照寺，五代时释清浩改建为泗洲院，宋代重建恢复原名。元、明后历有兴废。清康熙年间，靖海将军施琅重建时，以厦门地处南海普陀山之南，与南海普陀寺共同供奉观世音菩萨，故改名南普陀寺。1924年转逢和尚任住持。1925年秋，寺内成立闽南佛学院，太虚法师为院长。

妙释寺坐落在厦门百家村，初名慧日室，原为比丘尼妙圆所居。尼示寂后，清咸丰年间僧恒心驻锡于此。同治年间僧意愿募资扩建，改名妙释寺。民国后僧善契重兴寺务，请得频伽藏、碛砂藏各一部，设立佛学图书馆，以庋藏佛典丰富著称。

日光岩位于鼓浪屿最高峰龙头山顶峰，俗称龙头山。岩顶天风浩浩，极目远眺，茫茫大海，波浪滔天。明末清初，民族英雄郑成功在此屯兵，操练水师，至今尚存山寨遗迹。山麓有日光寺。每当朝阳初升，阳光照射山石和寺内，故名。寺始建于明万历十四年（1586）。清乾隆二十五年（1760）僧瑞林募修，改称日光岩寺。

万寿岩，一名山边岩，位于厦门北郊禾山之东。寺后有古松数株，因有"万寿松声"胜景，故名。有巨石叠成岩洞，名松声洞，洞右为佛寺，始建于宋宝庆年间（1225—1227）。

中岩位于厦门东郊狮子山中部，介于另两处寺院万石岩和太平岩之间，故名。磴道曲折，殿宇错落，景致幽静。传说古时山中栖息鹧鸪特多，以此俗称鹧鸪岩。又传说，这里曾是郑成功读书处。

厦门丛林之繁密，香火之旺盛，善知识之众多，这在弘一法师看来，的确是其得以进修升华、往生极乐的一方理想之地。他从这里开始，一肩梵典，三件衲衣，芒钵锡杖，仆仆于途，往来于闽南各地。如果说，先前的浙东12年，是弘一法师修养自我、探索门径的12年，那么往后的闽南10年，则是他逐渐成熟、利他为主，终于功德圆满成为一代高僧的10年。浙东曾是他饱受痛苦、意气反复的辛酸地；而闽南则是他虽也艰苦卓绝，却又不断奋进、大放异彩的处所。

弘一法师这次来厦门，起初挂锡山边岩，辑录抄写完《地藏菩萨圣德大观》，由性愿老法师介绍，移住妙释寺。性常法师[187]将自己的卧室让了出来，弘一法师手书长联表示谢意。联语为《华严经》偈句："戒是无上菩提本，佛为一切智慧灯。"

弘一法师在妙释寺住下后，应住持善契法师之请，在念佛会期宣讲《净土法门大意》。一些人将净土宗视作小乘，说它是消极的、厌世的、送死的，仅于个人解决如何好死的法门。针对这种识解，弘一法师说："修净土宗者，第一须发大菩提心。"即以往生言，唯求自利亦不能往生，因为这与佛心不相应，佛是以大悲心为体的。既以大悲心为体，就得常发代众生受苦，常抱救济众生之宏愿。这种"愿以一肩负担一切众生，代其受苦"的宏愿，不只在空间上是无限的，在时间上也是无限的。依佛经上的说法，就是要把"不可说、不可说"（即无限）的"许多世界"和"久远年代"中的众生所受之苦，"我愿以一人一肩之力完全负担"，"决不畏其多苦，请旁人分任"。因此说，"既为佛徒，即应努力作利益社会种种之事业，乃能令他人了解佛教是救世的、积极的"，并非只于个人临终运用的一种法门。

旧历年年底，弘一法师又在妙释寺念佛会期讲《人生之最后》一题。题分六章：（一）病重时；（二）临终时；（三）命终后一日；（四）荐亡等事；（五）劝请发起临终助念会；（六）结语。以佛眼看，病重临终乃"人生最后一段大事"，如何应对，岂能须臾忘却！弘一法师告诫说，"当病重时，应将一切家事及自己身体悉皆放下。专心念佛，一心希冀往生西方。……临终之际，切勿询问遗嘱，亦勿闲谈杂话"，恐被干扰念佛，以致"牵动爱情，贪恋世间，有碍往生耳"。法师又比喻说："残年将尽，不久即是腊月三十日，为一年之最后。若未将钱财预备稳妥，则债主纷来，如何抵挡？吾人临终时，乃是一生之腊月三十日，为人生之最后。若未将往生资粮预备稳妥，必致手忙脚乱呼爹叫娘，多生恶业一齐显现，如何摆脱？"怎样准备往生的资粮呢？除了平日修持念佛，临终之际更要放下一切，只管念佛。

弘一法师将《人生之最后》讲课记录，整理补充后付刊流布。他在后写的弁言中，叙述了这一讲稿所起的巨大作用。时有了识律师卧病不起，日夜愁苦，一见弘一法师讲稿，悲欣交集，立即放下身心，努力念佛；还扶病起床，礼大悲忏。弘一法师记叙说，其"吭声唱诵，长跪经时，勇猛精进，超胜常人！见者闻者，靡不为之惊喜赞叹，谓感动之力有如是之剧且大耶"？了识律师为弘一法师弟子，彼此"深相契合"。弘一法师得知其读了《人生之最后》的情景，为他写了一首《病中发愿偈》。内云："我婴诸病苦，数月久缠绵。今发弘誓愿，自利利一切。若寿命将尽，愿早生西方。速证无生忍[188]，普利众含识[189]。若寿命未尽，愿即获轻安。誓以此残生，舍身护正法。"了识得的是肺病，在当时系不治之症，即以药治亦无回春之望。这在了识本人和他人，都是不言中事。在这种境况下，弘一法师倡导的一心念佛，平静了他"日夜愁苦"的烦躁，从心理作用上说，在往生西方的空幻希冀中，或许真能减轻其一二痛苦呢。至于翌年仙逝后，是否真的到了极乐世界，那只有冥冥中的了识自己才能回答，俗人是无法测度了！

癸酉年（1933）新岁，弘一法师是在万寿岩度过的。他刻了一方闲章，送给同住的了智上人。印文是温庭筠的一句诗："看松月到衣"。篆刻一事曾是弘一法师在俗时的三绝之一，自削发以来，碍于佛门之规，已很少制作了。因此，这方新刻闲章，羡煞了周围的佛门同道，纷纷叹为难得的稀世之宝。

正月初八，弘一法师由万寿岩移住妙释寺，为念佛会期讲《改过实验谈》。演讲结合其自身30年来的实践，将自我修养归纳为三个次第：（一）"学"。首先应多读佛书和儒书，这是"详知善恶之区别及改过迁善之法"的开始。考虑到有人觉得佛儒之书浩如烟海，无力遍读，亦难于了解，弘一法师特别推荐了一部清人金缨纂辑的《格言联璧》。说他自幼年开始，即读此书，归信佛法后，亦常常阅读，"甚觉其亲切而有味"。（二）"省"。"既已学矣，即须常常自行省察，所有一言一动为善欤？为恶欤？"（三）"改"。省察以后，知道是过的，即"痛改之""力改之"。弘一法师说："改过之事，乃是十分光明磊落，足以表示伟大之人格。"他还引出《论语》子贡的话警策大家："君子之过也，如日月之食焉。过也人皆见之，更也人皆仰之。"改过迁善的方法很多，弘一法师从自己的实践出发，举引了十个方面：一、"虚心"；二、"慎独"；三、"宽厚"；四、"吃亏"；五、"寡言"；六、"不说人过"；七、

"不文己过";八、"不覆己过"(前者指一般过失,后者单指得罪他人之处);九、"闻谤不辩";十、"不瞋"。每个方面,弘一法师或以圣贤的范行,或以古训加以印证阐发。关于"慎独",在引出《论语》中曾子"十目所视,十手所指,其严乎",诗曰"战战兢兢,如临深渊,如履薄冰"等语之后,弘一法师说:"此数语余所常常不能忘者也。"在讲到"闻谤不辩"时,弘一法师引了这样一些古训:"何以息谤,曰无辩!""吃得小亏,则不至吃大亏。"并引申说:"余三十年来屡次经验,深信此语真实不虚。"

演讲《改过实验谈》时,正值旧历新年期间。一般过年,门上贴春联,人多穿新衣,见面说"恭贺新禧,新年大吉"。弘一法师则说,作为素信佛法之人,所谓"新"者,"乃是改过自新也"。常人晤面"恭喜"云云,"所以贺其将得名利",而信仰佛法之人所说的"恭喜","所以贺诸君将能真实改过,不久将为贤为圣","并能利益一切众生耳"。

这次演讲的头天晚上,弘一法师做了一个梦。梦见自己变成少年之身,正跟随一位儒师在路上走着。走着走着,听见身后有人在歌唱《华严经》偈句,仔细辨认,正是贤首品中的几偈。音节激越,撼动肺腑,令人不忍离去。二人返身走去,看个究竟。走近一看,有十多个人正席地而坐,中间一人在操练丝弦,另一个长髯老人,即是歌唱偈句者。长髯老人前面摆着一张纸,上有大字一行,写的好像是《华严经》经名。弘一法师的梦中之身领悟到,老人是在以歌唱的形式宣讲佛法,便深深地敬仰起来。他想加入席地者中间,便问道:"还有空隙的地方容我等坐下吗?"其中一人说:"两边都空着,你们坐下吧!"正当弘一法师化身脱鞋入座之际,梦便醒了。

梦醒后,弘一法师回忆刚才听到的《华严经》贤首品偈句,好像是"发心行相五颂",为了免得忘却,立即点灯书写下来。

菩萨发意求菩提　非是无因无有缘
于佛法僧生净信　以是而生广大心
不欲五欲及王位　富饶自乐大名称
但为永灭众生苦　利益世间而发心
常欲利乐诸众生　庄严国土供养佛
受持正法修诸智　证菩提故而发心

> 深心信解常清净　恭敬尊重一切佛
> 于法及僧亦如是　至诚供养而发心
> 深信于佛及佛法　亦信佛子所行道
> 及信无上大菩提　菩萨以是初发心

第二天一早，弘一法师对同住的性常法师叙述了昨晚的梦境，并说："得此奇梦，乃是我居闽宏律的一个预兆呢！"五天后，法师又在手书偈语上加一跋语，详细记述了梦中经历的情景，以赠普润（即广洽）法师。

梦中有兆，弘一法师便开始了讲解律学的准备。在写出《四分律含注戒本讲义》之后，从旧历正月二十一起，法师先后假妙释寺和万寿岩，举办名为"南山律苑"的讲座，讲解唐代道宣律师的律学名著"南山三大部"[190]和宋代元照律师疏会道宣"三大部"的"灵芝三部记"[191]。整个讲座包括五个学程：

第一学程　《四分律含注戒本疏》《四分律比丘戒相表记》。

第二学程　《四分律随机羯磨疏》。

第三学程　《四分律删繁补阙行事钞》《四分律删繁补阙行事钞资持记》；自阅道宣律师另一律学名著《四分律比丘尼钞》及其他。

第四学程　重讲《四分律含注戒本疏》，自阅道宣律师另一律学名著《四分律拾毗尼义钞》。

第五学程　重讲《四分律随机羯磨疏》。

参加"南山律苑"的学员有性常、瑞今、广洽、广义、了识、善契、妙慧等十数人，都是当时亲近弘一法师的青年法师。在第一学程讲课过程中，弘一法师穿插着叙述了他弘律的本愿和遇到的种种挫折。他说道："余于初出家受戒之时，未能如法。准以律义，实未得戒。本不能弘扬比丘戒律，但因昔时既虚承受戒之名，其后又随力修学，粗知大意，今欲以一隙之明，与诸师互相研习，甚愿得有精通律仪之比丘五人出现，能令正法住于世间，则余之宏律责任即竟。故余于讲律时，不欲聚集多众，但欲得数人发弘律之大愿：肩荷南山之道统，以此为毕生之事业者，余将尽其绵力，誓舍身命而启导之。"

在谈到前两年浙东创办律学院未果情形之后，弘一法师又说："（五磊寺办学失败）以后有他寺数处，皆约余往办律学院，因据以前之经验，知其困难，故未承诺。惟于宁波白衣寺门前存一南山律学院筹备处之牌，余则允为造就教员二三人耳。以后即决定宏律办法：不立名目，不收经费，不集多众，不固定地址等。此次在本寺讲律，实可谓余宏律之第一步。……余业重福轻，断不敢再希望大规模之事业。惟冀诸师奋力兴起，肩负南山一宗，高树律幢，广传世间。此则为余所祝祷者矣。"

弘一法师讲到过去的经历和挫折，言语间充满了沉痛与感慨；谈到未来的希望，又表现出他坚定与求实的品格。讲毕第一学程中的《四分律含注戒本疏》，弘一法师特书戒经偈语，赠予性常法师，以为初次听律之遗念。偈语云：

> 世尊涅槃时，兴起于大悲。集诸比丘众，与如是教戒。莫谓我涅槃，净行者无护。我今说戒经，亦善说毗尼【192】。我虽般涅槃，当视如世尊。此经久住世，佛法为炽盛。以是炽盛故，得入于涅槃。

1933年旧历五月初三，值灵峰蕅益大师圣诞。这天，弘一法师撰写《学律发愿文》，既贺大师圣诞，又勉南山律苑学僧发奋学律。文曰：

> 学律弟子等，敬于诸佛菩萨祖师之前，同发四宏誓愿【193】已。并别发四愿：一愿学律弟子等，生生世世，永为善友，互相提携，常不舍离。同学毗尼，同宣大法，绍隆僧种，普利众生。一愿弟子等，学律及以弘法之时，身心安宁，无诸魔障，境缘顺遂，资生【194】充足。一愿当来建立南山律院，普集多众，广为宏传。不为名闻，不求利养。一愿发大菩提心，护持佛法，誓尽心力，宣扬七百余年湮没不传之南山律教，流布世间。冀正法再兴，佛日重耀。并愿以此发宏誓愿，及以别发四愿功德，乃至当来学律一切功德，悉以回向法界众生。惟愿诸众生等，共发大心，速消业障，往生极乐，早证菩提。

"南山律苑"讲座先是在厦门办了4个多月。1933年5月上旬，弘一法师应转物和尚之请，带着一班学律弟子前往泉州开元寺，在寺院西北侧尊胜院结夏安居，并继续讲律。

开元寺位于泉州西街紫云境，始建于唐垂拱二年（686），初名莲花寺；唐开元二十六年（738）改称开元寺；元至元年间全称为开元万寿禅寺，为泉州三大丛林之首。开元寺规模宏伟，占地7万平方米，有支院120所，尊胜院为支院之首，系开元寺肇基之地，唐匡护禅师为开山鼻祖。

弘一法师驻锡的尊胜院为一排平房，有六间僧房和一间小厅。屋前空地，栽植花木，人迹罕至，环境幽静，适于出家人念佛学律。随来的学僧两人合住一间，弘一法师单住的一间，右边为水陆堂，系早晚自行礼诵之所。在弘一法师的引导、督促之下，院内纪律严谨，学风纯正。每日早、中两餐，过午不食。除了上课、自习，很少闲谈，晚上准时就寝。听律时一色海青，以示尊重。弘一法师为尊胜院作一长联，联语曰："南山律教，已七百年湮没无闻，所幸遗编犹存海外；晋水僧园，有十数众弘传不绝，能令正法再住世间。"这表达了他和弟子们弘扬南山律教的誓愿。

在尊胜院，弘一法师一边讲律，一边圈点南山三大部。为了让学僧们深入领会南山律学，也要求他们做些圈点工作。有时穿插着讲些古德格言，以策励学僧的身心践履。7月底，弘一法师依《瑜珈师地论》录出《自誓受菩萨戒文》，命学僧们在佛前按戒文自誓受戒。8月间，他将先前的讲课笔录编为《含注戒本随讲别录》《戒本羯磨随讲别录》[195]两本演讲集付印流布，并编成《南山道宣律祖略述》《毗奈耶质疑编》[196]等律学著作；11月间，写出《梵网经菩萨戒本浅释》，嘱弟子瑞今法师等前往厦门妙释寺，代座宣讲；至11月底，终因兵荒马乱，时局不安，"南山律苑"讲座不得不中止。

整个讲座历时将近一年。除主要讲授南山律学，弘一法师还为学僧们讲过《地藏菩萨之灵感》《授三皈依大意》《敬三宝》《杀生与放生之果报》《常随佛学》《改习惯》等题目。这是弘一法师首次有计划开展的讲律活动，也是时间最长和较为完整的一次。他对这次讲律的效果十分满意，历久不忘。当时致芝峰法师的信中就说："此次讲律，听众甚盛。寄住寺中者六七人，皆自己发心过午不食。内有二人，患肺病甚剧，又有一人正在呕血不止，卧床不起之时，而立刻停止晚餐，不顾身命，尤令人感佩。现已讲《羯磨》，若欲深造，非有三五年之工夫专心研习不可。听众中有二三人誓愿甚坚固，或可发心专修也。"（1933年3月3日信）四年后（1937），他又回忆当时的情景说："当时许多学律的僧众，都能勇猛精进，一天到晚地用功，从没有空过的工夫；就是秩序方面也很好，大家都啧啧地称赞着。""有一天，已是黄昏的时候了，我在学僧们宿舍前面的大树下立着，各房灯火发出很亮的光；诵经之声，又复朗朗入耳，一时心中觉得有无限的欢慰……当时的景象，却很深地印在我的脑中……这是永远不会消灭，永远不会忘记的啊！"（《南闽十年之梦影》）

"南山律苑"结束不久,弘一法师应月台(即承天寺)随喜佛七法会之请,代为拟订泉州《梵行清信女讲习会规则》。常人谓"南闽无比丘尼为憾事"。弘一法师在"规则"的序言部分,先就这一问题作了说明。他认为依照佛律,唯有实行"八敬法"[197]的女人,方能允许出家为尼。然而,数百年来,"尼行'八敬法'者,殆所罕闻。乖违律制,摧坏大法",因此,"南闽无比丘尼,非憾事也"。接着,又针对清信女的称谓问题说:"清信女者,优婆夷[198]译意也。然其文字犹非雅驯,号召未便。兹以私意定名曰梵行。梵行者远离淫欲行也。受五戒者唯断邪淫,不名为梵。今正邪皆断,方乃名梵行也。"关于讲习会规则,弘一法师在列出期限、内容、讲法等项之后,特意加了如下一段说明性文字。

> 此规则甫撰就时,曾就正某师。某师谓教导女众罕有实益,易致讥谤,劝中止此事。窃尝反复审思。某师之言,固属正见。然若办理如法,十分谨慎,力避嫌疑。例如教师须延老宿,听讲不须对面(学者东西互向,教师一人面佛),课余不许闲谈,寄宿应在寺外。此皆某师所深虑者,今能一一思患预防,格外慎重,庶几可以免讥谤乎?谨述某师忠告,并赘拙见,以俟有道匡正焉。

不知道弘一法师的意见,是否被泉州梵行清信女讲习会所采纳。如果真按他的设想实行起来,那种"学者东西互向,教师一人面佛"的讲学格局,的确是佛门中的一种奇观呢!

"南山律苑"讲座结束后,弘一法师应寺主之请,由弟子传贯陪同,于腊月间前往晋江草庵过冬度岁。

草庵位于晋江万山峰苏内村,最初以草木构筑,故名。据碑载,原为隋代十八硕儒的读书处。经历代重修,现为单檐歇山式石构建筑。庵内依崖镌有波斯摩尼佛一尊,成于元初,容貌慈祥,风格独特,为我国也是世界上仅存的一处摩尼教[199]遗迹,故草庵又称为光明寺。

作为"南山律苑"的余绪,弘一法师于癸酉年除夕(1934年2月13日),在草庵意空楼登座佛前,为传贯法师和从厦门特意赶来陪伴度岁的性常法师,选讲灵峰蕅益大师《祭颛愚大师爪发衣钵塔文》,以作开示。

颛愚大师为明代高僧,俗姓赵,名观衡,霸州人。14岁时遇五台山惠仁老宿得度,历参达观、雪浪、云栖等大师。入曹溪,礼憨山老人,被目为"三十年所罕见者";老人赠以法语千言，遂嗣其法。居江西云居山7年，振扬宗风，顿成净土。后卓锡石城（今南京市），道誉闻于吴楚。其"尚质朴""绌虚文""不肯苟合时宜""不肯悬羊头卖狗脂""甘淡薄""受枯寂""不肯受丛席桎梏而掣其羁縻"等品格和作风，在佛门中有口皆碑。颛愚作为佛门耆宿，对晚于自己的灵峰蕅益大师关爱有加，二人结为"志操相携"的忘年交和法侣。颛愚圆寂后，蕅益等将其"爪""发""衣""钵"四物，建塔留念，启教后人，并写有情理并茂、气势磅礴的塔文。睹物思贤，忆念当年，蕅益对颛愚法师特立独行、砥柱中流的高风亮节，推崇备至，咏叹再三；其寄慨时弊、抨击恶浊，又沉痛深透，几于流涕。文中说：

> 当今知识，罕不以名相牵，利相饵，声势权位相依倚；如翁古道自爱者有几？当今知识，罕不以掠虚伎俩，笼罩浅识，令生惊诧；如翁平实稳当者有几？当今知识，罕不侈服饰，据华堂，恣情适意；如翁破衫草履、茅茨土阶者有几？当今知识，罕不精选侍从，前列后随；如翁躬自作役，不图安享者有几？当今知识，罕不同流合污，自谓善权方便，慈悲调顺；如翁不肯苟殉诸方，甘受担板之诮者有几？……某每悲如来正法，一坏于道听途说、入耳出口之夫。再坏于色厉内荏羊质虎皮之徒。其父报仇，其子必且行劫。尤而效之，何所不逞。翁之爪发衣钵幸存，则翁之道风未灭，必有闻而兴起者，庶共砥狂澜于末叶乎？……

弘一法师于除夕之夜开示此文，表现了他对颛愚、蕅益等先贤的钦敬追慕，以之为师的高标远引，也体现了他对晚辈的严格要求和深切期望；而此时此刻读诵讲解此文，其现实的忧虑悲愤，又溢于言表神情之间。开示完毕，弘一法师书一横幅"绍隆僧种"赠予性常法师，以为纪念。第二天，即甲戌年春节，弘一法师没有休息，再次为传贯、性常、僧睿等弟子，讲授《四分律含注戒本》。

弘一法师在草庵住了一个多月。其间，他曾参拜龙泉岩十八石佛，始知这里原是十八硕儒读书处。硕儒们后来一一进登高升，荣华富贵。弘一法师观后感慨系之，撰书对联昭告后人，谓"石壁光明，相传为文佛现影；史乘载记，于此有名贤读书"；后又写下《重兴草庵记》，叙述了这段陈年旧事。从其述事题句来看，虽在歌颂"文佛现影"之功德，然对硕儒们于此读书而能"后悉进登，位跻贵显"，又不无赞叹之意。如此行文立意，似与佛法的四大皆空说、弘一法师宣讲颛愚事迹的主旨不无矛盾了。1934年3月，弘一法师应常惺、会泉二法师之请，前去厦门南普陀寺。离开草庵时，他以寺名二字分别嵌入联语之首，书门联一幅。

草藉不除，便觉眼前生意满；
庵门常掩，毋忘世上苦人多。

2. 倡立"佛教养正院"

从1925年起，厦门南普陀寺就设有闽南佛学院，太虚法师和常惺法师先后主持过院务。十来年间，四方衲子负笈来学者，已有数百人。学风之盛，曾为全国佛学院之冠。当时海内外知名的法师，多半出自该院学僧。但近年来，学院纪律逐渐松弛涣散，学风亦日形蜕化，由各种原因酿成的风潮不时发生。时任方丈兼院长的常惺法师，有意借重弘一法师的威望与学识，请他前来讲学和整顿学风。

弘一法师是第五次来到南普陀寺。开始他住在寺前的一所小楼上，后移入寺后的兜率陀院。他来寺一看，察觉佛学院学僧不听约束已成风气，要想整顿，一时也无从着手。在讲了一次《大盗戒》之后，以机缘尚未成熟，再没过问院中的事。

闽南佛学院既一时难于整顿，弘一法师对发展僧教育和培养青年佛学人才，又有了新的设想。他准备重起炉灶，另办一所教育机构，并嘱咐瑞今法师立即着手进行。

《易经》上有"蒙以养正"的话，弘一取其义，将新办的教育机构定名为"佛教养正院"。名字定下后，弘一又亲自草拟章程、书写院额、订定教科用书表；并建议常惺方丈聘请瑞今法师为养正院主任、广洽法师为监学、高文显居士为讲师，自己则主要担任训育课程。佛教养正院很快招收了一批学员，与闽南佛学院同时教学。

在已有闽南佛学院的情况下，另外开办一所佛教养正院，这一举措让一些不了解其品德和用意的人误解了，以为弘一法师是在抢占风水、鸣高自许。实际上，他只是想在力所能及的范围内，踏踏实实地为培养青年佛教徒做点能见成效的事。世上有些事情，一旦被歪风邪气所纠缠，欲要拨乱反正、正本清源是很困难的，还不如另起章程从头开始。事实也说明了这一点。新成立的佛教养正院，由于制度健全、规矩严明、气氛新颖，声誉日隆。比起后期闽南佛学院，成效显著得多。

以弘一法师的想法和闽南佛学院的教训，对于青年佛教徒来说，固然要学习佛理、佛法，但正如佛教养正院的院名所示，更重要的是思想和品德的修养。因此，他有时来院讲学，不但重视教理之传授，还尤看重戒行之培育。

弘一法师奉行的教学原则是学行兼顾，事理圆融。他鼓励学僧们要精读《高僧传》《嘉言录》《格言联璧》等化育人格的书。在训育课程中，他的身教更重于言教，常用"以恕己之心恕人，则全交；以责人之心责己，则寡过"等古训严格要求自己，先责己不责人，处处以身作则，在学僧中起着潜移默化的深刻影响。

虽说一入佛门，在佛陀面前人人平等，实际上，寺院中人也是三六九等，加以严格区分的。执事僧和一般清众，在生活上是很有差别的，招客（即茶房）之类的待遇更低。而弘一法师对待寺内的法师、学僧、招客等都一视同仁，平等相待。遇到招客来送水送饭，他总要合掌还礼，表示谢意。自己责任范围内的事出了问题，即使不是自己直接造成，也总是首先检查自己。有几位学僧偷看了《薄命鸳鸯》《可怜她》等佛门严禁的黄色小说，他没有先去责备那几位学僧，而是内疚自责，伤心落泪，忏悔自己教导无方。偷看禁书的学僧得知后，深受感动，决心悔过自新，清净心地。

佛教养正院一入正规，日常院务既由瑞今法师在兢兢业业地管理着，教学由高文显负责，弘一法师也去讲些课程，但有差不多一年时间，他的主要精力放在研读校点佛典上面。校完从日本请回的南山三大部之一的《随机羯磨疏》，他写下长跋一篇，赞扬天津刻经处徐蔚如居士为完善南山这一巨著做出了贡献，认为（徐居士）"正古本之歧误，便初学之诵习，宏护律教，功在万世！居士校刊诸书（引者按：指律学书籍）近两千卷，当以此册为最精湛。而扶衰救弊之功亦最伟矣！"跋语亦再次表达了他弘律的决心："誓愿尽未来际，舍诸身命，竭其心力，广为弘传。"

弘一法师于明末清初宝华山高僧见月律师情有独钟，每执卷环读其著作，"殆忘饮食，感发甚深"，"环读"数十次，"含泪流涕者数十次"。读见月律师自述其行脚事迹之著作《一梦漫言》，既加眉批，又作序作跋。序言中说："师一生接人行事，皆威胜于恩。或有疑其严厉太过，不近人情者。然末世善知识多无刚骨，同流合污，犹谓权巧方便，慈悲顺俗，以自文饰。此书所述师之言行，正是对症良药也。儒者云：'闻伯夷之风者，顽夫廉，懦夫有立志。'余于师亦云然。"可见其对见月律师推重之因、之情。

情犹未尽，意亦未尽。弘一法师又"对觅舆图"，划线展示，并作《华山见月律师行脚图跋》予以说明；还参照别传撮录，编成《见月律师年谱》一作。到这里，弘一法师追踪前贤之脚步仍未停止，发誓明年（1935）还要"往华山礼塔"。而每当深夜卧床，追忆见月老人种种遗事，又"落泪不止"，其为"痛法门之陵夷也"。

历来的情形是，斋主们或因寿诞，或因疾病，或因荐亡超度，往往请僧数人，做诵经拜忏水陆焰口等佛事。看似很有规模，实则徒具形式。印光法师等为力克其俗其弊，在江浙一带创建念佛会，竭力倡导念佛一式，以为此等佛事，既简便又能生实效。厦门虽为佛教重镇，但直到1934年秋万寿岩建立念佛堂，才开始有这种佛事形式。这在弘一法师看来，实为佛门之龙象、僧中之芬陀，因此特意前去参加开堂仪式，并发表讲演。在演词中，他反复征引印光法师的论述，极言念佛一事的种种益处。例如引证印师的话说："以现今僧多懒惰，诵经则不会者多；而又其快如流，会而不熟，亦不能随念。纵有数十人，念者无几。惟念佛[200]则除非不发心，决无不能念之弊。又纵不肯念，一句佛号入耳经心，亦自利益不浅。"（《与徐蔚如书》）弘一法师以为："自今以后，决定废止拜忏诵经做水陆等，一概改为念佛。若能如此实行，不惟闽南各寺念佛堂可以维持永久，而闽南诸邑人士，信仰净土法门者日众，往生西方者日多，则皆现前诸居士劝导之功德也……"（《万寿岩念佛堂开堂演词》）对创办念佛堂的居士们，予以热情的赞扬。

这年秋天，弘一法师在南普陀寺接获上海李圆净居士来信，报告了即将印行福州鼓山古版藏经目录一事，令他再度回忆起第一次由闽返浙时，途经福州发现古本《华严经》和《华严经疏论纂要》的喜悦，也回忆起他所影印的《华严经疏论纂要》一书在东瀛引起热烈反应，国内却依然湮没无闻的不快。前年（1932），李圆净居士劝请观本法师前往鼓山整理经版编成目录。现在李居士有意将目录刊印流布。这的确是一件值得赞叹助缘的事。想到这里，弘一法师决定响应李居士之请，为《福州鼓山庋藏经版目录》作序鼓吹。这时，他已由南普陀寺移住万寿岩。写完序，过了年，他又离开厦门，前去泉州等地弘法行化。

弘一法师对闽南佛学院的具体事务，虽然不加过问，但对它该如何培育僧材，亦在其关注之中。他有感于近些年僧侣们盛昌学问、不尚操履的弊端，移居万寿岩后，特从莲池大师的《缁门崇行录》中选择四门，以供佛学院作为课本讲解，并作"选辑序"说：

> 明季禅宗最盛，而多轻视德行。云栖撰《缁门崇行录》以匡救之，厥功伟矣。近岁僧众盛倡学问，不问操履。余尝劝学院主任者，应用是录为教本，以挽颓风。岁晚多暇，为选择拟先讲解者而标志之。十门[201]之中，清素、严正、高尚、艰苦四门，选者较多，亦以针对时风，补偏救弊耳。……

也许有些流言蜚语，使弘一法师有所警惕，或者是他对实际操持者十分放心吧，佛教养正院创立之后，他却有意识地与其保持了若即若离的关系。养正院创立第一年，他住在南普陀寺，但只是从旁提醒瑞今法师和高文显居士，在办学中应该注意些什么事项。学僧们找来要求开示，他也只是告诫说，"阅读佛书，万不可像看报纸那样，走马观灯，一过目便了事，须要细心玩索。每天或看一两段，或仅数行，三翻五转，以文会意。牢记勿忘，方得实益。"或者说："开端之处如觉难领会，不妨从中间比较浅显处先读。"等等。此外，从史料记载看，养正院创办第一年，弘一法师没有正式讲过一次课。

1938年春厦门沦陷，持续了4年之久的佛教养正院最后解体。在这4年间，弘一法师一共为佛教养正院讲过5次课。第一次在1936年2月养正院开学日，讲题为《青年佛徒应注意的四项》，内容还是养正院创立之初，他所训示的要"惜福""习劳""持戒""自尊"等，只是联系自己出家以来的实践，作了详细的阐述。

第二次是从1936年3月下旬开始，讲解四分律戒本，前后一个多月。听众除养正院学僧，还有外界人士。开讲前，弘一特意嘱咐广洽法师，将关房的门放大些，"以便在关内讲律，听众在关外，列席而听也"（致广洽法师信）。这是弘一唯一一次为养正院讲解律学，此前此后，他讲的都是训育方面的内容。

第三次在1936年年底，讲的是《十善业道经概要》。"十善业"，即"十善"，实际上是五戒的调整与扩充，即在五戒中去掉不饮酒，再加上"不两舌"（不挑拨离间）、"不绮语"（不花言巧语）、"不恶口"（不骂人）、"不贪欲"、"不瞋恚"、"不愚痴"。弘一这次讲课，没留下记录稿，具体讲了些什么，已不得而知了。

第四次在1937年3月，讲了两个题目：一是《南闽十年之梦影》，二是《关于写字的方法》。在第一个讲题中，弘一回顾了三下南闽的经过，谈了关于僧教育的意义。

到1937年，弘一法师来闽南首尾十年（包括先前短期的两次来闽）。在谈到十年来的行脚生涯和自我修养时，他说："我在这十年之中，虽说在闽南做了些事情，成功的却很少很少，残缺破碎的居其大半。我常常自我反省，觉得自己的德行实在十分欠缺。因此，近来我自己起了一个名字，叫作'二一老人'。

"什么叫'二一老人'呢？这有我自己的根据。记得唐代大诗人白居易《除夜寄微之》首联第二句是'一事无成百不堪'，留头去尾，我把它改为'一事无成人渐老'。这是'一老'。另外'一老'，借用的是清代吴梅村临终绝句'一钱不值何消说'。这两句诗的开头都是个'一'字，所以我就用来做自己的名字，叫做'二一老人'。意思是，十年来我在闽南所做的事情是并不完满的，而我也不怎样去求它完满了！

"诸位要晓得，我的性格是很特别的，我只希望我的事情失败；因为事情失败不完满，这才使我常常发大惭愧、大内疚，能够晓得自己的德行欠缺，自己的修养不足，才能督促我努力用功，努力改过迁善！一个人如果事情做完满了，固是好事，但也容易心满意足，洋洋得意，反而增长贡高我慢的念头，生出种种过失来。"

关于僧教育，弘一法师着重强调的是：要深信善恶因果报应的道理和佛菩萨的灵感。他说，唯有深信这两点，"才有做佛教徒的资格。须知善有善报，恶有恶报，这种因果报应是丝毫不爽的！又须知：我们一个人所有的行为，一举一动，以至起心动念，诸佛菩萨都看得清清楚楚，明明白白。一个人若能坚定地相信这一点，他的品行道德，自然会一天比一天地高起来"。这里，如果将"佛菩萨的灵感"，改为群众的眼睛，弘一法师的这番话，不只局限于佛教徒，对一般人亦有告诫的意义了。俗话说，"群众的眼睛是雪亮的""若要人不知，除非己莫为"，即此之谓也。弘一法师又告诫说："要晓得，我们出家人（所谓僧宝）在俗家人之上，地位是很高的。所以品行道德，也要在俗家人之上才行！倘品行道德仅仅和俗家人相等，那已经很难为情了。何况不如！又何况十分的不如呢！……如果我们出家人做人做事太随便，就会闹出话柄来。为什么会随便呢？就因为不能深信善恶因果报应和诸佛菩萨灵感，这个道理的缘故。倘若我们都能真正生信一十分坚定地相信，我想就是把你的脑袋砍掉，也不肯随便了。"

《关于写字的方法》一题，是弘一法师在南普陀寺为佛教养正院所作的"最后演讲"。虽也讲了些如何写字的具体方法，但通篇贯串的主题是学佛与写字的关系，强调出家人学习佛法高于学习写字，学习写字是为了宣传佛法。他反复对学僧们说："出家人假如只会写字，其他的学问一点儿不知道，尤其不懂得佛法，那可以说是佛门的败类。须知出家人不懂得佛法，只会写字，是非常可耻的。出家人唯一的本分，就是要懂得佛法，研究佛法。

不过，出家人并非绝对不可以讲究写字，但不可用全副精神去应付写字。有空的时候写写字，也未尝不可。如果写得有个样子，能写对子中堂送与人，以为弘法的一种工具，也不是无益的。

"倘然只能写得几个好字，不专心学习佛法，虽然人家赞美你的字怎样的好，那不过是'人以字传'而已！我觉得：出家人字虽然写得不好，若是很有道德，那么他的字也是很珍贵的，也是能够'字以人传'的。如果人是不足传的，即能'人以字传'，也是一桩可耻的事。就是在家人，这也是可耻的，何况佛门中人呢！要'字以人传'，不能'人以字传'！

"《法华经》有云：'是法非思量分别之所能解。'我便借用这句子，只改了一个字，那就是'是字非思量分别所能解'。因为世间上无论哪一种艺术，都是非思量分别之所能解的。……我觉得最上乘的字或最上乘的艺术，在于从学佛中得来。要从佛法研究出来，才能达到最上乘的地步。所以诸位若学佛法有一分的深入，那么字也会有一分的进步，能十分地去学佛法，写字也可以十分的进步了。"

弘一法师特别喜欢花卉。前几年冬天的时候，他常到南普陀寺来，看到大殿、观音殿和两廊旁边的栏杆上，排列了很多很多的花。尤其过年的时候，更是花团锦簇，争芳斗妍，令人爱煞。有一种名叫"一品红"的花，闽南人称为圣诞花，顶端的叶子均作红色，非常鲜艳，非常好看，可以说是南国特有的一种风味，特有的一种色彩。每当残冬过去、春天快要来临的时候，把它摆出来，好像是迎春的样子。有了它，气象也为之一新了。

弘一法师这次来佛教养正院讲课的时候，正值冬末春初，原来心中预料着，又可以看到许多的"一品红"了。岂知来后一看，院中空荡荡的，尽是其他花草，没有"一品红"，他感到很伤心，也很疑惑，以前那么多的"一品红"到哪里去了呢？找来找去，找了很久，最后在新功德楼那里，见到了三棵，还都是憔悴不堪，颜色不大鲜明，很怨惨的那种样子，也没什么人去赏玩了。触景生情，有感而发，弘一法师讲《关于写字的方法》，在进入正题之前，先讲了一段由"一品红"的遭际引发的观感。他说："于是使我联想到佛教养正院的情景，过去的时候，也曾经有很光荣的历史，像那些'一品红'一样，欣欣向荣，有无限的生机；可是现在，也有些衰败的气象了。养正院已经开办三年，这其间，自然有很多可纪念的史迹。可是观察其未来，我很替它悲观，前途很不堪设想。我现在在南普陀寺这里，还可以看到养正院的招牌，下一次再来的时候，恐怕看不到了。这一次，也许可以说是我在这里为佛教养正院所作的最后一次演讲了。……"

弘一法师的语气中充满了悲凉和感慨。事实却不幸而被言中！随着弘一法师这次演讲后不久远去青岛，加上军队进驻，特别是一年后厦门的沦陷，持续了整整四年的佛教养正院终于无形中解体，一如南普陀寺院落中不见了鲜艳的"一品红"。这对关心僧教育的弘一法师来说，是"很伤心"的事。但佛教养正院办学四年，确也造就了一批青年佛学人才，弘一应该有所安慰了。

1938年旧历十一月十四，弘一法师在泉州承天寺，第五次也是最后一次为佛教养正院学僧讲课，题目是《最后之□□（忏悔）》，采用的是谈话方式。据旁听的梅石书院学生陈祥耀回忆："……法师眼见养正院的生徒们，由幼小而长大，抚驹策骥，不禁感平生于畴昔，追思以往，抚念将来，并自检讨当时的生活……"在不胜感慨中，寓含"激励后学之深心"。（《弘一法师在闽南》）法师说，"佛教养正院已办有四年了。诸位同学初来的时候，身体很小。经过四年之久，身体皆大起来了。有的和我也差不多。啊！光阴很快。人生在世，自幼年至中年，自中年至老年，虽然经过几十年之光景，实与一会儿差不多。

"就我自己而论，我的年纪将到六十了。回想从小孩子的时候起到现在，种种经过，如在目前。啊！我想我以往经过的情形，只有一句话可以对诸位说：就是'不堪回首'而已。

"我常自己来想：啊！我是一个禽兽吗？好像不是，因为我还是一个人身。我的天良丧尽了吗？好像还没有，因为我尚有一线天良，常常想念起自己的过失。我从小孩子起，一直到现在，都在埋头造恶吗？好像也不是，因为我小孩子的时候，常行袁了凡的功过格[202]；三十岁以后，很注意于修养；初出家时，也不是没有道心。虽然如此，但出家以后，一直到现在，便大不相同了。因为出家以后二十年之中，一天比一天堕落：身体虽然不是禽兽，而心则与禽兽差不多……"

从开始谈话，弘一法师的神态一直是很严肃的，只是说到"禽兽"的比喻时，也许他自己觉得想入非非的可笑吧，才露出了轻微的笑意。他略作停顿后又说：

"我的天良虽然没有完全丧尽，但是昏聩糊涂，一天比一天厉害，抑或与天良丧失也差不多了！讲到埋头造恶的一句话，我自从出家以后，恶念一天比一天增加，善念一天比一天退失。一直到现在，可以说是醇乎其醇的一个埋头造恶人。这个也无须客气，也无须谦让的了。

"就以上所说看起来,我从出家后已经堕落到这种地步,真可令人惊叹!其中到闽南以后十年的工夫,尤其是堕落的堕落。……到了今年,比去年更不像样子。自从正月二十到泉州……弄得不知所云。不只我自己看不过去,就是我的朋友(引者按:此处指弘一的忘年交李芳远)也说我:以前如闲云野鹤,独往独来,随意栖止;何以近来竟大改常度?到处演讲,常常见客,时时宴会,简直变成一个'应酬的和尚'了……尤其是今年几个月之中,极力冒充善知识,实在是大为佛门丢脸。别人或者能够原谅我,但我对我自己绝对不能够原谅,断不能再如此马马虎虎的过下去。……"

弘一法师以自我忏悔的形式,对学僧们寄以深切的企盼,希望他们首先在人格修养上,做一个合格的僧人。最后,他引出龚自珍的一首诗,结束了对佛教养正院学僧们的最后一次谈话。

> 未济终焉心飘缈,万事都从阙陷好;
> 吟到夕阳山外山,古今谁免余情绕?

这是龚自珍《己亥杂诗》第二七二首("渔沟道中题壁"一首),原诗第二句为"百事翻从阙陷好"。

龚诗起句"未济"一词,系《周易》六十四卦最后一卦的卦名。《周易·序卦》中说:"物不可穷也,故受之以'未济',终焉。"在整个六十四卦顺序中,"未济"一卦表示两层意思:一是,六十四卦以它作终结,含有事物的发展变化是无穷无尽的;从卦形、卦象上说,这一卦显示水火不相配合,也就是事情使用不上,无济于事。但依《周易》所说,正是由于事物不可能是十全十美的和孤立存在的,而是相因相反,并以此而无穷无尽地变化着、发展着。因此,龚自珍诗说"百事翻从阙陷好",有"阙陷",才有相因相反的变化和发展。"夕阳山外山",原是宋代诗人戴复古《世事》中的一句,意思是夕阳虽是美好的,但毕竟瞬间西沉,不会长久了。中国古代诗人常以"夕阳"的美好比喻人的晚年。龚诗说"吟到夕阳山外山,古今谁免余情绕",是说人在旅途(也可引申说是人到晚年),面对夕阳西下的美好景色,想起古人有关的诗句,往往难免会被种种人间的情怀所萦系、缠绕。历来研究家们以为,龚自珍的这首诗写的是他与江苏清江浦妓女灵箫之间的感情纠葛,以及对她的恋恋"余情"。是否如此,我们可以不去细究。

这里的问题是，弘一法师为何要在题为《最后之□□（忏悔）》的谈话结束时，引出龚自珍的这首诗，作为向佛教养正院学僧们的临别赠言？在我们看来，其中至少包含着弘一自身的两层心理。一是，在他的心里，即为高僧大德，其修持何等超拔，也不可能完全涤净人间的一切情怀。从其谈话中所作的忏悔内容来看，他是说，他也不能全然摆脱名闻利养等一类人间情怀。而他之所以引出龚自珍"古今谁免余情绕"的诗句，言外不无请大家理解原谅之意。如此看来，他对当初李芳远的提醒批评，似乎并非全然心悦诚服和不折不扣地予以接受。不然，他何以在三四年之后，还要在一封回信中，一五一十地向李芳远说明："此次朽人至泉城，未演讲，未赴斋会。仅有请便饭者三处，往之……此次至泉城，朽人自己未接受一文钱。他人有供养钱财者，皆转呈寺中或买纸用。往返之旅费，由传贯任之。"李芳远的提醒批评，尽管是一种好意，但确实有些苛求了。对此，作为高僧大德的弘一法师，本可一笑了之。然而，他写了那样的回信（而且还不止一次），这就使人读来有些撇清之感了。"古今谁免余情绕？"多作解释，反而多了一分俗情。

二是，弘一法师在《最后之□□（忏悔）》中说："……（我）到现在，所做的事大半支离破碎不能圆满，这个也是份所当然。"他还说过，他不希望自己的事做圆满了。这就是所谓"百事翻从阙陷好"的意思。"不圆满"，既是"份所当然"，也是促使自己继续上进的一种契机、一种动力。弘一法师引出龚诗，正是其自我警诫的一种表现。一方面，他看到自己所做的事很不圆满，自己还有人间的"余情"俗念；另一方面，他看到这些不足，正是为了要更加精进不懈地继续习静、继续修持，以涤荡一切凡情俗念。由此，从佛教眼光看，弘一法师终于和龚自珍有了区别。龚的思想中，虽有佛化的成分，但说到底，他终究是一位反对封建专制主义的世间斗士。当年听过弘一法师吟诵龚诗的陈祥耀，在《纪念晚晴老人》一文中说：

……"才子中年多学道"，定盦你岂不又告诉我们这句很可玩味的话么？但是负才使气的定盦，究竟和我们从早就倾心收敛的老人殊其途辙，我们的老人，结果完成他修道的德业，定盦只合走完他诗人的途路，老人的身心得着永远的和平，得着永远的安息，定盦却不免于要永远的陷在矛盾和悔恨中，使我们只合对老人有敬爱而对定盦有同情；因此由我们的俗眼看来，高僧才子，原同是多情气类，至他们的不同的归向，学佛的可以说这是他们的所"觉"的高下，我呢，只能说这也是他们的"性"的不同了。

这的确是他们的"性"（性格、气质以至人生观、社会观）的不同。对于高僧和才子的不同归向，俗眼和佛眼的判断是很不同的。不只对弘一与龚自珍，于弘一与郁达夫，也是如此。郁在访问弘一后的诗作中说："中年亦具逃禅意，两事何周割未能。"依佛眼看，郁的确有可憾处；依俗眼看，他却大可不必遗憾。郁自己说未能割断的是"何周"两事，其实，他的人间情怀要宽广得多，不然，他在抗战期间，绝不会采取与弘一法师截然不同的救国方式，以致最后被敌人杀害。他的救国方式及其归向，世人和佛门中人，或许会有不同的评价吧！

第十九章 过化民间

第十九章 | 过化民间

1935年旧历四月十一日,薄暮时分,弘一法师由广洽法师护送,从泉州市南门外码头搭上古帆船,出泉州湾北上。经过一夜航行,第二天清晨在古镇崇武改乘小舟,于中午前抵达惠安县界内的净山。弘一法师此行,是来古刹净峰寺养静修持广传佛法的。

去年年底至今年年初,弘一法师在厦门万寿岩有几项佛事活动:开讲《阿弥陀经》和《净宗问辨》、编撰《弥陀义疏撷录》、点校《梵网经古迹记》、互校扶桑本与天津刻本《行事钞资持记通释》。杖锡来泉后,他在开元寺宣讲《一梦漫言》,编定《见月律师年谱》并作跋语,后到温陵养老院小住半月。

泉州四季常温,古称温陵。养老院院址原为唐代闽贤首科进士欧阳詹的家庙"不二祠",后又为宋代大儒朱熹讲学处"小山丛竹书院"。院中有朱子祠过化亭,亭额已缺,弘一法师应院董事会叶青眼居士[203]之请,补书亭额一方,并作题记,既叙述其变迁,又写自己与朱子的因缘。文中说:"泉郡素称海滨邹鲁,朱文公尝于东北高阜,建亭种竹,讲学其中,岁久倾圮。明嘉靖间,通判陈公重建斯亭,题曰过化,后又毁于兵燹。迩者叶居士青眼欲复古迹,请书亭额补焉。余昔在俗,潜心理学,独尊程朱。今来温陵,补题过化,何莫非胜缘耶?"同时为叶青眼书"南无阿弥陀佛"中堂一幅,《华严经》经句联语一对,"持戒到彼岸,说法度众生"。还有不少求书者,弘一法师一一应允书赠。做完这些佛事,他便航海前来净山,开始第一次过化民间的弘法活动。皈依弟子叶青眼送别时说:"此次州人都来向公求字,少来求法,不无可惜。"弘一法师微笑着说:"我的字即是法,居士不必过为分别。"

惠安县在泉州市东北,是闽南丛林比较集中的县之一。著名古刹,县中除净峰外,还有科山、灵瑞山、瑞集岩寺和晴霞、普莲堂等十多所,尤以净峰寺名闻遐迩。寺在净峰之巅,故名;因净峰又名净山,故寺又名净山寺,始建于唐咸通二年(861),现存寺宇为清光绪三十年(1904)重修。佛殿旁有李仙祠(又称仙祖庙),相传该地为李铁拐故里,故有此祠。

弘一法师在净峰住下后,即为李仙祠作一门联,云:"是真仙灵,为佛门作大护法;殊胜境界,集僧众建新道场。"李铁拐为道教崇奉的"八仙"之一。在弘一撰写的门联中,实行佛道合流，道教神仙成了佛门的护法。弘一还为净峰寺客堂撰了一联，云："自净其心，有若光风霁月；他山之石，厥惟益友明师。"

弘一对净峰的环境十分喜欢。他致信上海友人夏丏尊说："净峰寺在惠安县东三十里半岛小山上，三面临海（与陆地连处仅十分之一），夏季甚为凉爽，冬季北风为山所障，亦不寒也。小山之石，玲珑重叠，为书斋几上所供之珍品。"又说："……徙居山中……山乡风俗淳古，男业木、土、石工，女任耕田、挑担。男四十岁以上多有辫发者。女子装束更古，岂惟清初，或是千百年来之遗风耳。余居此间，有如世外桃源，深自庆喜。"（1935年旧历五月信）这里的确是隐者们得其所哉的好去处。弘一以为是找到了一方可供其最终通往西方极乐的理想之地。他对陪送入山的广洽法师谈到自己的心愿时说："昔日我灵峰老人，三十三岁始入灵峰，即有偈云：'灵峰一片石，信可矢千秋。'又云：'聊当化城，毕兹余喘，自非乐土，终弗与易矣。'余今年已五十又六，老病缠绵，衰颓日盛，久拟入山，谢绝人事，因缘不具，卒未如愿。今岁来净峰，见其峰峦苍古，颇适幽居，将终老于此矣。"

弘一法师自剃度以来，到处讲经弘法，行化结缘，但回顾其以往十六七年的历程，他的行踪范围，主要在浙东和闽南各大丛林，结缘的对象主要也是在籍的佛门中人。这对于一心净化世间、普度众生的高僧，不能不说是一种局限。从第三次来闽以后，弘一法师意识到了这一点。因此，以来惠安为开端，除了间歇性的闭关静修和因著述在寺内集中一段时间，他有意识地扩大了行脚范围。尤其到了晚年，年龄渐大，他越发感觉到光阴紧迫，形寿有限，便将很多时间和精力，投向芸芸众生之中。他深切地希望着，在往生西方的途程中，能有更多的缁素伴侣，与自己携手并行，齐成佛道，同证菩提。这次到惠安弘法，是他行化民间的第一次尝试。后来几年，法师又有在漳州、安海等地的民间弘法活动。

弘一居净山、温陵、安海等地，有弘法日记传世。为了使深爱这位高僧的广大读者了解其慈向大众的宏大悲愿，以下在继续叙述其深究和弘扬佛法时，将摘录他自己记述的"奔走农村"、过化民间的一些事迹。

现在，我们就按照其所记日程和行脚路线，跟着他重新回到彼时彼地。

位于惠安县东南的崇武半岛，系防御外侮的一处要地。明万历二十年（1592），在岛上建筑石头城，时称崇武城。民族英雄戚继光曾据此抗击入侵的倭寇。崇武石头城后来发展成一座镇子。清乾隆二十七年（1762），在镇东门靖江村建造普莲堂一所，作为惠邑在家优婆塞持斋念佛的庵堂。这里的居民有世代相传、子孙承续拜佛持斋的习惯，故普莲堂俗称子孙堂。1935年旧历四月十六日，弘一法师因堂主丁心镜邀请，来普莲堂弘法。四月十七至十九日连续三天，他为道友们开讲《三皈五戒》《观音菩萨之灵感》和《净土法门》。

四月二十一日，弘一法师为亡母冥诞，在净峰寺开讲《华严经普贤行愿品》，至五月初一讲完。

五月初三，为灵峰大师圣诞，在寺讲大师事迹。

六月初七，在寺开讲《四分律戒本疏行宗记》，至六月二十一日讲完第二册。

七月三十日，为地藏菩萨圣诞，在寺讲《地藏九华山示迹大意》。

八月初五，弘一法师为亡父讳日，在寺开讲《华严经·普贤行愿品偈颂》，至初七讲完。当地听众甚多，大半为耶教徒（基督徒）。

关于耶教徒听受弘一法师讲法，有这样一段故事。

净峰山下有所小学的校长叫庄连福，是位耶教徒。他听说高僧弘一法师已来净峰弘法，便与附近礼拜堂的传道师陈连枝相偕上山往访。不料进入山门时，他们被随侍弘一的传贯法师拦住。他们说明了身份及来意，传贯法师却以为宗教信仰有异，互不相容，因而不许他们拜见弘一法师。庄校长等说，耶教的教义是"舍身救人"，佛教的宗旨是"救苦救难"，二者的济世之心是一致的，有些问题还想向弘一法师请教呢。但传贯还是不肯引见，他们只好怏怏而归了。

第二天上午，庄校长正在教室上课，偶然转过头来，发现有位和尚长跪在教室门口。他很惊讶，不知道发生了什么事情，急忙走出教室，把那和尚扶了起来。这才认出，他就是昨天下午阻拦他们入寺拜见弘一法师的那位和尚，于是请他到办公室喝茶。传贯法师坚不受请，站在门口说："小僧传贯，是奉师父之命特来向你们赔罪道歉的，怎么还能让你们接待呢？"说着，从怀里取出一本《华严经》和弘一法师手写的四幅单条赠送给庄校长。

原来，昨晚传贯法师将庄校长等来访被他阻拦的情由禀告了弘一法师。弘一听后，当即晓示他的做法是错误的，吩咐他今天上午务必下山登门赔罪。庄校长深深为弘一法师博大的胸怀所感动。当他知道弘一法师这几天正向信众讲法，便和好几位耶教徒每天上山来聆听法音了。

弘一在净峰，曾手书清末惠安人庄贻华诗作《咏净峰寺》。诗作者与那位小学校长同籍同宗，同为漆园后人。由误会而佛耶（也可以说是佛道）合流，也是弘一法师在惠安所遇一缘吧。

旧历八月二十七日，性愿老法师由弘一法师陪同前往崇武镇西门晴霞寺，代其开讲《法华经普贤品》，至八月二十九日讲讫。每天听众百人左右，为惠安空前未有之盛会。

弘一法师初到净峰寺，曾在院内种植菊花一畦。十月下旬，菊花"犹复含蕊未吐"。弘一将赴泉州，临行有感口占一绝，聊以志别。诗曰：

我到为种植，我行花未开。

岂无佳色在？留待后人来。

十月二十二日，弘一离净峰，在惠安城内留宿。十月二十三日上午，法师在城西科峰山南麓科峰寺讲《佛法大意》，听众多为附近群众，为其中五人证授皈依。

十一月初，弘一应泉州承天寺戒堂开堂师之请，在戒期会作通俗性演讲，题为《律学要略》。弘一说："既是露天演讲，听众不只是受戒的僧侣，还有很多外人。这正是一个使大众种植善根的极好机缘，所以我特别愿意来与诸位谈谈。"在三天时间中，他主要讲了两方面的内容：（一）戒律传入中国的历史过程、四分律的流派与消长、南山律的由来；（二）三皈、五戒、八戒、沙弥沙弥尼戒、式叉摩那戒、比丘比丘尼戒和菩萨戒等诸多戒法的真相和受戒的方式。

弘一法师以为，近几百年来戒律之松弛、佛门之放逸，固然由于戒法的严格繁重，致使其走向了反面，但缺乏执法行仪的师资也是原因之一。他以受沙弥比丘戒之不易为例，沉痛地说："若受沙弥戒，须二比丘授。比丘戒则至少要有五比丘授。倘若找不到比丘的话，不单比丘戒授不成，沙弥戒也授不成。我有一句很伤心的话要对诸位讲：从南宋迄今六七百年来，或可谓僧种断绝了！以平常人眼光看起来，以为中国僧众很多，大约有几百万之多。然据实而论，这几百万中要找出一个真比丘，怕也是不容易的事！如此，怎样能授沙弥戒和比丘戒呢？

"我们生此末法时代，既没有能授戒的人，如何会得戒呢？诸位听到这种话，心中一定十分扫兴。或者以为既不得戒，白吃辛苦，还不如早日回家为好，何必在此辛辛苦苦做这些极无意味的事情呢？但如此怀疑是很不对的。我劝诸位应该好好地镇静地在此受沙弥戒比丘戒才是！虽不得戒，亦能种植善根，兼学种种威仪，岂不是好？另外，如果将来想学律，也必须先挂名受沙弥戒和比丘戒，否则，以白衣学律必受他人讥评。所以，你们在这儿发心受沙弥戒比丘戒，实在是很好的事！"

承天寺戒期会圆满结束，弘一法师在温陵养老院住了十多天后，又因当地居士邀请，于旧历十一月十九日由专员黄元秀陪同，二次前往惠安，住城内黄善人家。[204]十一月二十日，弘一到西郊科山寺演讲，题目是三年前在厦门讲过的《人生之最后》。讲毕，法师为10人证授皈依。

十一月二十一日上午，弘一法师为一人证授皈依。下午，乘马远行，去20里外许山头东堡村。该村昆山南麓有古刹瑞集岩。是寺始建于明朝初年。传说有一位高僧为丹青妙手，曾在寺中东壁画有一株紫荆树，以此又称紫岩寺。画中紫荆随斜阳倒映，树影延展到龙潭港边沿，自东堡至龙潭港5里间氤氤氲氲，瑞气咸集，故有瑞集岩之称。现存寺宇，系清同治年间重建，不知道是否还有瑞气荡漾，氤氲着一方土地？弘一到东堡后，住在童子许连木家中。十一月二十二日，弘一在瑞集岩寺讲经。二十三、二十四日两天，弘一在许童子家讲演，并为20人证授皈依和五戒。

二十五日上午，弘一法师到后尾，宿刘清辉居士莱堂，下午演讲佛法。

二十六日上午，弘一法师到胡乡，寓胡碧莲居士莱堂，下午讲《阿弥陀经》，至二十八日讲毕，为17人证授皈依及五戒。

二十九日上午，弘一法师到谢贝，寓黄成德居士莱堂。三十日讲佛法。

十二月初一午后弘一法师回到惠安城内，寓李氏别墅。翌日去城北如是堂。是堂由明朝进士曾承芳所建，为惠邑释家优婆夷常住道场。堂额三字出自明代著名书法家张瑞图手笔。弘一当天在堂中作演讲，听众近百人。为斋堂常住王红姑证授皈依，赐法名惠红。

弘一法师自四月来净峰，除中间离开半个多月，此次在惠安境内先后弘法7个多月。他在《惠安弘法日记叙》中自称："虽未能大宏佛法，而亦随分随力小有成就。"此行讲法17次，听众近千人；为42人证授皈依、37人证授五戒。

弘一法师二次来惠安乡间弘法不久，因住宿黑暗潮湿的屋子，受潮气感染患了风湿性溃疡。拖延到阳历年年底，实在难以再抱病弘法，加上净峰寺换了住持，相互并不熟悉，弘一法师便于1936年初回到晋江，住进草庵。

弘一法师归卧草庵，即发高烧，神志昏迷。一天中间，下臂溃坏十之五六，尽是脓血。又发展至上臂，渐次溃坏。没几天，脚面上又生出极大的冲天疔，足腿尽肿，内热、臂疮、足疔并发，病势凶险。观者无不为之寒心。一般情形，这类足臂症状中只要患上一种，如不能及时治疗，即可丧失性命。何况二症并发，又何况兼发高烧，神志昏迷！有几天，法师已显危险症候。直到七八天后，高烧才开始减退，神志清醒起来。这时，他便放下一切，专意念佛，求生西方极乐世界，并向护持身边的弟子传贯法师交代了如下遗嘱。

  命终前，请在布帐外助念佛号，但亦不必常常念。命终后，勿动身体，锁门历八小时。八小时后，万不可擦身体及洗面，即以随身所着之衣，外裹破夹被，卷好，送往楼后之山凹中。历三日，有虎食则善；否则，三日后即就地焚化。焚化后再通知他位，万不可早通知。余之命终前后，诸事极为简单，必须依行，否则是逆子也。

  友僧们不忍弘一法师即行西归，诵经七天，忏悔乞愿，祝其"起死回生"。法师终于能够勉强下床，能够策杖步行了，便由广洽等扶持，转往厦门就医。

  厦门佛教养正院的学僧们，听说弘一法师病倒晋江草庵后，除致信问候，也曾念佛七天，为他忏悔祝愿。现在，弘一法师住进了南普陀寺，学僧们纷纷前来探视看望，要为老法师做点儿什么。弘一法师为弟子们的一片热忱所感动，说："这次得病后，幸赖仁等诵经忏悔，消灾祛难，才得以起死回生，重来厦门与诸位见面。实在感谢无尽！感谢无尽！"

  弘一法师由道友蔡吉堂居士介绍，请黄丙丁医生治疗外症。黄系厦门名医，留日医学博士，医术高超，医德高尚。他对法师钦慕已久，敬其为人，连续药治、注射、电疗四个多月，所需医药费"五六百金"，分文不收。法师心有不安，多次请蔡居士转达酬谢之意，询问黄博士有何要求，黄才希望能有大师的几幅法书。法师手书《心经》一卷，大小字幅数件，并用应付医药费用定做了几个《大藏经》木箱，上镌黄博士施助的字样。这一因缘才算了结。

  在谈到这次生病经历时，弘一法师说："此次大病（内外症并发），为生平所未经过，历时近半载，九死一生。虽肉体颇受痛苦，但于佛法颇能实地经验，受大利益，亦昔所未有者也。"（致夏丏尊信）经过这次大病，他的道念越发坚固，念佛弘法的信念也越发殷切了。还在草庵时，广洽法师去探视他，询问病况如何，他说："你不要问我病好没有，你要问我念佛没念佛……这是南山律师的警策，向后当拒绝一切，闭关编述南山律书，以至成功。"

刚转来厦门时,弘一的外症还很严重,但他仍视若无事,弘法如故。1936年旧历正月底,弘一即在佛教养正院讲了一次训育课。三月下旬起,他又为养正院和院外人士讲解四分律戒本一个多月。

五月间,弘一法师外症痊愈,篆书《华严经》偈颂自勉,"能于众生施无畏,普使世间得大明",附记则曰:"勉力作书,握管生疏,无复儿时故态,衰老寖至。"

病愈后的弘一法师,更加努力奋发起来。移居鼓浪屿日光岩后,即着手编写《南山年谱》,并拟编《灵芝年谱》;手书《药师如来本愿功德经》一卷,为传贯法师亡母回向;为回向亡友金咨甫,又手书《金刚经》一卷,"愿彼业障消除,往生极乐世界,早证无上菩提,普度一切众生"。作《奇僧法空禅师传》,刊于《佛教公论》。同一时间,为了继续前年开始的《佛学丛刊》的编纂工作,他致信夏丏尊、刘质平、广洽法师等人,或委托其从日本名古屋其中堂书店请购大量扶桑古本律学名著和一般经籍,或请其将他存放某处的佛学书籍托运厦门。在写给蔡丏因的信及所作言中,弘一法师详细地谈及了《佛学丛刊》的编纂方法和指导思想。他说:

……将来共出几辑?似未可预定。若无有销路,主事者厌倦,即出二辑为止。否则可以续出。每辑之形式不同,未可分类标写部名。……如第一辑所选者,以短、易解、切要、有兴味、有销路为标准……且拟每辑变换面目,以引起读者之兴味也。……第一辑所收者,经论、杂集之部类略备。第二辑多为警策身心、克除习气之作。第三辑为佛教艺术。……

(1936年4月23日信)

……[世界书局]局主纂辑丛刊,其意至善。以末世学者恒厌烦广,而乐简文;又复艰于资财,睎求廉直,故辑丛刊,惟选经律论译本,及此土撰述卷帙少而易领解者;复精密校刊,廉其值价,广以流布。阐传佛法,利益众生,局主宏愿,盖如是也。

——《佛学丛刊序》

可以看出,在弘一法师看来,编纂《佛学丛刊》的宗旨之一,是向社会上一般人普及

众生

是亦众生，与我体同。
应起悲心，怜彼昏蒙。
普劝世人，放生戒杀。
不食其肉，乃谓爱物。

佛学，种植善根。这是他过化民间的又一项善举。先前编成的丛刊第一辑，即将在上海排印，他又着手第二辑的编纂，并致力于整理和校读从日本请购的扶桑本佛学古籍，一一为之作序。

一个插曲。为了编辑《佛学丛刊》和深入钻研，弘一法师曾开具一份《购书单》寄给上海夏丏尊，托其向日本名古屋其中堂书店请购一批扶桑本佛籍。这份书单为文学研究家王伯祥[205]先生所见。王喜弘一书法，却无缘获致成幅者，这次见了书单，如获至宝，便另抄一份副本由夏寄往日本，原件则被他留下，装成一手卷。后来，著名文学家和教育家叶圣陶先生为题"弘一上人买书帖"，夏丏尊为之作跋，叙述了王伯祥得此书单的经过。以此因缘，法师的这一手迹得以留在国内，现为王氏后人所收藏。

不知道是王伯祥先生直接向弘一法师索要过墨宝，还是由夏丏尊代求，自从有了那份"购书单"的因缘之后，弘一法师曾多次给王寄书件。1939年，因"伯祥居士嘱题"，为其书屋题过"书巢"二字匾额。后又为他写过《华严经》偈颂集联："圆满法界月，清凉功德池。"《华严经》经句，"犹如大地，能作一切众生依处""以无碍眼等视众生"等。"清凉""大地""无碍眼"云云，对"众生"均不无启示，于文学家尤为重要。

1942年，弘一法师圆寂不久，上海《觉有情》杂志出版《弘一大师纪念号》，曾根据王伯祥先生保存的原件，将弘一法师致其中堂书店的信件及"购书单"制版刊出，并加编者按云："大师平日常搜佛学典籍，以助研究，于律部尤然。曾向日本采购古本多次。此为其第二次请经之书启及书目。"

另一插曲亦可记在这里。弘一法师在俗时（任教浙江省立第一师范学校）有一门生叫李季谷。李后来留学日本，毕业于东京高等师范，继又留学英国。回国后历任北京大学、北京师范大学讲师及北平大学教授等职。1932年，李季谷得到一幅法师的墨宝，上面写的是《华严经》偈句。四年后（1936，丙子年），李请陈垣先生[206]在法师字幅上题写七绝一首。诗曰："未知名号未尝参，喜共壬申五十三。敢在佛头施罪过，韩非老子竟同龛。"诗末既有跋语，"季谷先生属题弘一法师书丙子立夏陈垣"，又加自注："弘一法师书《华严经》偈末署云：'沙门胜力，壬申年五十三。'故次句及之。"陈先生虽未见过弘一法师，但二人同岁，故就法师字幅末署作诗第二句为"喜共壬申五十三"。陈先生研究佛教史，并多建树，却并不信佛，因此又有末句"韩非老子竟同龛"的比喻。但不管怎么说，一位高僧，一位佛教史学者，两人的名字并存于同一字幅上面，的确是缥素联袂的一段佳话。

第十九章 | 过化民间

李季谷能促成这一文字因缘，自有其一定的方便。20世纪30年代，此人担任北平大学女子文理学院文史系主任、教务长等职务。这所学校的校长恰好是弘一法师的俗侄李圣章。李季谷既是大学文史系主任，自会与时任辅仁大学校长的史学家陈垣有些交往，而陈垣与同是大学校长的李圣章，相互之间也不会陌生吧。只是陈先生起先未必知道弘一法师系李圣章的三叔，也可能没有专门关注过其人其僧。但在李季谷看来，既与三人有那般关系，手中又存有弘一法师的字幅，就会很自然地引出请陈垣在法师字幅上题诗的主意了。

从表面看，李季谷的这一主意是好事。但世事之复杂，人际关系之错综，又往往出乎人们的意料。弘一法师也是鲁迅先生所推崇的人物（至少他很喜爱法师的字，专门收存过法师的墨宝）。然而，又恰恰是李季谷这个法师的门生，为鲁迅所不齿。就在李季谷促成陈垣与法师的文字之缘前后，鲁在致曹靖华（1897—1987，原名联亚，靖华为其笔名，河南卢氏人，翻译家和散文家，译著代表作有《铁流》等）和李霁野（1904—1997，安徽霍邱人，作家、翻译家，著有《回忆鲁迅先生》等，译著有《简爱》等）的几封信中，对他的品质大加挞伐。说他"卑鄙无聊，但他一定要过瘾，这是学校和学生的大晦气；以前他是改组派，但像风旗似的转得真快"；还说他"实在是坏货一枚，今夏在沪遇见，胖而昏馈，不足与谈"。又说，"横肉可厌之至，前回许宅婚礼时，我在和一个人讲中国的Fascisti（法西斯蒂），他就来更正道，有些是谣言。我因正色告诉他：我不过说的是听来的话，我非此道中人，当然不知道是真是假。他也很不快活。但此人之倾向，可见了"。鲁迅说"今夏在沪遇见"李季谷，说不定李来沪之前，他刚在北平让陈垣在法师字幅上题了诗。这样说来，李季谷的行为，又有损于两位大师的清名了。

这年——1936年秋天，鼓浪屿念佛会约请弘一法师前去开示。法师在复信中，重述其信仰净土宗和崇仰印光法师之意，并嘱咐会友们经常阅读印师嘉言录，说："每次仅阅一二段，不必多。宜反复研味其义，不可草草也。"

闽南佛学院有学僧明銮法师[207]者，前来请问净土宗入门初步。弘一法师答复说："净土宗有二种：一是专修，一是兼修。专修者，如印光老法师所教，诵《阿弥陀经》外，惟念一句阿弥陀佛，念至一心不乱，乃至开悟得通，此专修法门也。我亦非常赞喜。兼修者，如前诸祖师，皆是提倡禅净，或密净，或教净等双修，俱无不可。此是随众生根机而定，不能局限于一处。至于学法相宗者，也可回向往生西方，见弥勒菩萨。如《普贤行愿品》中所说：'惟此愿王，不相舍离，于一切时，引导其前，一刹那中，即得往生极乐世界。到已即见阿弥陀佛，文殊师利菩萨，普贤菩萨，观自在菩萨，弥勒菩萨等。'就是这个意思。不过我所修持的，以《普贤行愿品》为主，以此功德回向往生西方，可以说是教净双修了。正因为这样，经律论三藏，都是我所欢喜研读的。"

著名文学家郁达夫（1896—1945），1936年冬，任职于福建。他早就对弘一法师倾慕不已，认为"现在中国的法师，严守戒律，注意于'行'，就是注意于'律'的和尚……总要推弘一法师为第一"（转引其《记广洽法师》）。但他一直没有机会得识弘一法师。这年年底——12月30日，郁来厦门游览南普陀寺，得知弘一法师正驻锡禾岛，便请陪他参观的《星光日报》记者赵家欣先生，向时在寺中的弘一弟子广洽法师提出了拜谒弘一法师的请求。第二天，郁由广洽和赵家欣陪同渡海至鼓浪屿日光岩，拜见了弘一法师。赵在《郁达夫访弘一法师》一文中，记述了这次会见的情景。

> 达夫对弘一法师（李叔同）这位曾经是艺术才能出众的前辈倾慕已久，见面时，弘一法师对他的名字却很生疏。达夫于1913年（引者按：应为1911年）赴日，李叔同1918年出家，当他开始写小说，蜚声文坛时，李叔同已是脱离凡尘的出家人了。他对郁达夫一无所知，拱手致意，略事寒暄，赠与佛书，也就告退了。[208]

郁氏回到福州，就这次与弘一法师的见面吟成七律一首。其小序和原诗是：

> 丁丑春日，偕广洽法师等访高僧弘一于日光岩下，蒙赠以《佛法导论》诸书，归福州后续成长句却寄。
>
> 不似西泠遇骆丞，南来有意访高僧。远公说法无多语，六祖传真只一灯。学士清平弹别调（弘一法师著有《清凉歌集》），道宗宏议薄飞升。中年亦具逃禅意，两事何周割未能（弘一法师亦著有《临终讲义》诸书）。

郁达夫访问弘一法师是在1936年12月31日，旧历尚属丙子年冬；作诗已在1937年春，但由于二者相距时间不长，故在小序中将访问的日期混淆为丁丑（1937年）春日了。

郁诗首联起句"不似西泠遇骆丞"，用了唐代诗人宋之问（656—712）在西湖（西泠泛指西湖）灵隐寺无意间遇到骆宾王的传说。骆宾王（约640—684），浙江婺州（今义乌）人，唐代诗人。时人虽以"卢（照邻）、骆（宾王）、王（勃）、杨（炯）"并称为初唐四杰，骆却以为"若论才名，吾愧在王前，耻居卢后"，其自负如此。入仕曾为侍御史，亦很显要。唐高宗晏驾，武则天做了女主，自称金轮皇帝。骆宾王看不过，上疏请立庐陵王为帝，不宜反唐为周。武则天见了，不胜大怒，遂贬其为临海县丞。故郁诗中称其为"骆丞"。李敬业反武后，骆氏所作的《讨武曌檄》中，有"蛾眉不肯让人""狐媚偏能惑主"，"一抔之土未干，六尺之孤何托？""请看今日之域中，竟是谁家之天下！"等语，后世称之为千古名句。李敬业举兵失败，骆宾王岂能独存？自然要走得没踪没迹了。一说他削发为僧，遁入丛林之中，并说稍晚于他的诗人宋之问，曾在西湖灵隐寺与其偶然相遇，向他讨教诗词创作，骆为他吟成了两副联语的下句。郁达夫将这一传说入诗，一则，以宋之问无意间遇到骆宾王，来衬出他"南来有意访高僧"一句；二则，恐有以骆宾王、宋之问怀才不遇比喻李叔同和自况之意。郁诗二联中的"远公"，是指东晋高僧、佛教净土宗初祖慧远（334—417，俗姓贾，山西宁武人）；"六祖"是指唐代高僧、禅宗六祖和禅宗南宗创始人慧能（638—713，俗姓卢，河北范阳人），其所作偈语"菩提本无树，明镜亦非台，本来无一物，何处惹尘埃"，被五祖弘忍视为得禅宗之真谛，故将法衣传授予他。禅宗主张不立文字、不落言筌，只要把握住了佛教上称之为"一灯"的觉悟心（梵语菩提心），即一心清净去掉妄念，便能成佛。无论慧远的净土宗，还是慧能的禅宗，都主张心入定佛即出现，故不必多说什么。净土宗还通过一心念佛达到心定成佛的境界，禅宗则认为，连佛号都不必去念，只要自行去掉了一切妄念，就能达到内外不受干扰自心清净成佛的境界。郁诗所说"远公说法无多语，六祖传真只一灯"，既指以上这种境界，也是对弘一法师会见他时没多说什么话之情景的描述。郁诗第三联两句是对弘一法师佛法修养和所达境界的赞美与羡慕，末联二句是说，作者自己中年以后，虽也有向禅入佛的愿望，但终究由于割舍不了俗世之情而未能如愿。"两事何周割未能"一句用了《南史·周颙传》中的事典："文惠太子问颙：'卿精进何如何胤？'颙曰：'三途八难，共所未免，然各有累。'太子曰：'累伊何？'对曰：'周妻何肉。'"一个（周颙）无法抛却妻子，一个（何胤）不能没有口福，这是标志俗世人生的两件事。郁达夫说，他也割不断这两件事，因此，难以像弘一法师那样，走上出家为僧之一途。

  弘一法师在日光岩驻锡期间，因偶然机会，得识永春童子李芳远。童子知道弘一法师喜欢花卉，送来了几株水仙花。1937年年初，弘一法师离日光岩移住南普陀寺。当时，水仙花犹含蕊未吐，他便将花头取出准备带走，所用器皿则如数交回寺中，一无损坏。他还手书《佛说无量寿经》一卷，并装订成册，藏以木匣，刻以手书科目，蓝青加金，奉赠寺主清智上人，既以纪念半年来在日光岩的日日夜夜，也是为了答谢寺主的供养厚恩。

弘一法师移住南普陀寺后，除了协助瑞今、广洽法师主持佛教养正院的僧教育并亲自讲课外，还在佛学院开讲律学课《随机羯磨》。一次，他与克定上人[209]、传贯法师等随意共谈，说到佛学的进修问题，弘一颇多感慨。他说："现在有志僧青年，多趋求文字，学习外典，尽弃己业，佛门前途，深可悲叹！殊不知国文与佛经，并不相关。假如光从国文入手，即以大学毕业之材学研究佛经，依旧门外汉。论文法，经文比国文超过得多多。"又谈到普度众生问题，弘一说："菩萨度生，须观因缘成熟方可行化，不得机缘，唯有拱手待之矣。"

一天，弘一法师外出见闻有感，回来后将所见三事书示胜进居士[210]。

一、余买价值一元余之橡皮鞋一双，店员仅索价七角。

二、在马路中闻有人吹口琴，其曲为日本国歌。

三、归途凄风寒雨。

如此三事，弘一法师之特意书示他人，不无深意在矣。在法师看来，第一件事显示出世俗间对僧人的同情，这是值得赞叹的。第二和第三两事，却就令他不快了。与台湾一海之隔的厦门，向为侵略者所垂涎。20世纪30年代后，日本军国主义者派遣大批浪人，混迹厦门等华南城市，鼓噪喧嚣，寻衅滋事，为大规模入侵中国制造借口。法师记下的第二件事，正是此等情景，字里行间透露了他对时局和民族危机的深深忧虑。第三件事看似是一种自然现象的描述，与第二件联系起来，又衬托出了他彼时彼地的悲愤之情。

1937年，弘一法师58岁。以当时人的寿命，这个岁数已算不小了。但他依然壮心不已，志在四方。旧历四月间，他致信高文显说："余需用《英语分类会话》一册，仁者如有，乞以惠施；否则乞为购之，以小册者为宜也。五十八岁复温习英语，亦一趣闻也。"据高文显说，弘一法师有意到南洋群岛一带，由新加坡再转泰国，去教化那些久不闻正法的岛民。这就需用英语会话小册子，正是为出国做准备。只因不久应湛山寺之请去了青岛，回来后又抗战军兴，路途阻隔，南洋之行没能如愿。

抗战爆发，闽南交通不便，生活条件很差，弘一法师却不避艰险，风尘仆仆，行脚各地，为众多的善男信女讲经证授，解惑释疑，净心超度。

1938年年初，过完旧历新年，弘一法师由泉州开始了第二次过化民间的弘法行程。春天和冬天，有两次时间比较集中的讲演和证授活动。为了纪念，他曾把这些活动内容以日记形式写寄高文显（见1939年旧历二月二十三日信），后又摘出编为《泉州弘法记》。

弘一法师此次在泉州、惠安不满两个月，为养老院、救济院、慈儿院、学校等处讲演13次，证授三皈依者近百人；书写字幅近千件，平均每日有40件赠予僧俗两界，可见其结缘之广。

前几年，弘一法师已多次来过泉州，这一次，却特别打动了当地人的心弦，集中了公众的视线。因为这一次，他对泉州各界人士好像有意改变了态度，特别注意广结法缘，不只写了许多字，说了许多理，还破例赴了几回宴。

弘一法师在承天寺和开元寺讲《普贤行愿品》等佛典时，其神色之安详，态度之谦逊，声调之铿锵，风骨之洒脱，有肃然可敬之容，盎然可亲之相，给人留下难忘的印象，听众们受到的启迪尤深。有位叫陈祥耀的听众就这样说过，弘一法师的这般风貌，"是庄严？是慈悲？是亲切？是和善？什么是佛化静修深养的境界？什么是艺术陶情适性的功夫？什么是真机？什么是化境？什么是悠然澄远的表现？我从法师身上找到了些什么呢？我找到了这些。"

昭昧国学的教员李幼岩、汪照六、顾一尘等前来拜访弘一法师，汪、顾两位先生还一同皈依做了他的在家弟子。顾一尘爱好诗章，写有《饮翠庐四时漫兴》，法师为他作《饮翠庐题记》，还送了他不少法书，其中一幅写的是石屋和尚《山居诗》："过去事已过去了，未来不必预思量。只今只道即今句，梅子熟时栀子香。"这是在告诫世人，一个人应该不眷恋过去，也不必虚幻地等待着将来，而要着着实实地抓住现实，把握住现实。唯有这样，才能不虚度光阴。这是一种切实而认真的人生态度，也是弘一法师一贯的精神境界。

因了顾一尘等教员的关系，弘一法师与昭昧国学有着深厚的因缘。一个黄梅细雨的星期天上午，他到该校演讲，引起了学生们的极大兴趣。面对一群天真无邪的学生，他显出很兴奋的样子，脸上不时地带着微笑。讲到释迦牟尼出家的动机时，他那种有意提高嗓音、轻轻挺起胸部、微微开着笑眼的神气，多么地有趣啊！讲完课，他在学校图书馆吃了素餐。餐毕，为图书馆题写了"无上清凉"四个大字。

旧历三月下旬，弘一法师由泉州复往厦门，原是想去福州弘法的，由于时局吃紧，路途不宁，未能成行。四月初，法师又由厦门前去漳州弘法。走后第四天（阳历5月12日），厦门沦于日寇之手。

弘一法师这次漳州之行，第一站驻锡于南郡案山南山寺。是寺系闽南著名古刹之一。原为唐太傅陈邕府第，因建筑规制超高，朝廷以为违章，准备惩处宅主。由于陈女金花献宅为寺，并入山为尼，其父得以赦免。现存寺宇为清朝光绪年间重建。

5月11日，弘一法师在南山寺演讲，缁素听众近百人。

6月中旬，弘一法师移住漳州东门浦头祈宝亭。是寺建于明朝，清嘉庆、道光间重修。中堂供奉的观音菩萨与他处不同，长有须髯。传说某一天，有工人数百，在漳州江东桥附近挖山取土，山将倾陷，却无人觉察。在这危急关头，观音菩萨化作一长有长须长髯的妙龄少女。挖土工人觉得奇怪，纷纷从山洞中出来观看，等到最后一人刚走出洞口，山就塌陷了。当地人为了感激观音菩萨显灵救众，遂建寺供奉。6月19日，弘一法师在祈宝亭为漳州道友和诸善信宣讲《佛法大意》。

是年闰七月十三，为弘一法师剃度20周年。这天，漳州诸善信在祈宝亭南面的尊元经楼，为法师诵经忏悔。法师为诸善信开讲《阿弥陀经》，回向众生，同证菩提，并为数十位士女证授皈依。两天后讲经圆满，法师又为诸善信开示。按宋慈云忏主说二土（娑婆世界、极乐世界）修行难易十种，以苦乐对照形式制成《苦乐对览表》，呈奉经楼以为纪念。录古德格言，"只今休去便休去，若欲了时无了时"，书赠当地中国农业银行行长许宣平居士。

弘一法师此次在漳州四阅月，当地各界尤其文化界人士为之兴起，先后皈依者数十人。

旧历九月二十，弘一法师自漳州经同安去晋江安海，应丰德法师之请，在水心澄渟院留居匝月。水心亭位于安海镇西安平桥之中央，故云水心，又名中亭。寺中供奉观音菩萨，故俗称观音亭，始建于清道光元年（1821）。传说宋代智渊和尚修建安平桥时，曾有险情出现，也是幸赖观音大士显圣扶持，才得以完工。这一传说延至清代，镇人为报答观音大士功德，在桥中央建水心亭作为纪念。弘一法师在水心澄渟院，为各界人士多次作佛法通俗讲演，题目为《佛法十疑略释》《佛法宗派大观》《佛法学习初步》等。集会说法，听众多至七百余人。寺院仄隘，容不下那么多听众，只好假附近金墩宗祠作讲。法师这次在安海的讲演记录稿，后由澄渟院法会汇集成册，刊布流传，书名为《安海法音录》。其间，法师曾往镇北龙山寺礼佛，为该寺书题"绍隆佛种"篆字匾额一方。

十月下旬，弘一法师由安海前往泉州，继续开展弘法证授活动。他在《泉州弘法记》中记载：

> 十月下旬，在清尘堂，讲《药师如来法门》一次。
> 十一月初旬，在承天寺，讲《金刚经大意》一次。法院曾院长请讲。十一月下旬，在承天寺，讲《最后之□□（忏悔）》一次。为养正院学僧讲。
> 十二月一日始至旧历己卯年正月廿四日，闭关谢客。

石有纪其人，原是弘一法师浙一师的学生，20世纪30年代中期后在闽南著名侨乡安溪县当县长。安溪县毗邻南安，距泉州不远。法师这次刚来泉州，从当地友人刘延灏处听到石有纪在安溪的消息，便托刘氏捎信，请这位门生前来一聚。石得知后，脑海中立即浮现出24年前，李先生在浙一师教授他们的种种情景，也想起了李先生的出家之举在校园中引起的强烈反应。自那以后，他一直不清楚李先生的行踪。只是在很多年之后，有同学告诉他，一个春雨连绵之日，在上虞百官镇附近的凉亭里，遇上了头戴斗笠、背着包裹的李先生，是一副苦行僧的样子。以后又过了十多年，石有纪仍未见过李先生。这次刘老先生说李先生就在泉州，并请他前去会面时，石有纪趁公事之便，立即赶来拜谒。

一个暮色苍茫的黄昏，石有纪在承天寺大殿右边一个大院的尽头一间小小的矮屋里面，见到了分别已经24年的李叔同先生——现在该称他弘一大师了。

房间是那么窄小，一几一榻之外，仅能容膝。师生二人对坐着，谈些别后的事情。

弘一法师特别关心经亨颐和夏丏尊的情况。石有纪说："经先生已经仙逝。夏先生前年冬天在上海见过的。"

"经先生晚年太不得志，夏先生近来又死了个儿子，他经营的开明书店和美成印刷所，统统被炮火糟蹋了。"看来，法师对两位老友的情况知道得很详细，谈起他们的事，言词间不胜唏叹。法师接着说："我早就告诉过他们，人生一切，都是空的。"稍顿，他又转换了口气，哈哈大笑着说："不要紧呵，经先生书画千古，夏先生文章千古啊！"

已是深秋天气，有点儿寒意了。法师却神采奕奕的样子，只穿一件短短的袈裟。

石有纪问道："会冷吗？"

法师说:"出家以后,身体更健康了,每日过午不食,即使严寒天气,也不过着件把夹衣呢。"

约莫谈了两个小时,石有纪起身告辞,法师擎着一盏油灯把他送到小屋门口。这晚相聚,在师生二人看来都是值得纪念的。临出大院时,一位亲近弘一法师的和尚对石有纪说:"老法师从来不肯会客的,出家二十年,也很少点过灯,今天对你是很例外了。"

过了几天,石有纪接到弘一法师的一封信,信中附了他写的一幅单条,一副对子。对子写的是《华严经》经句,是勉励石有纪好好做官的。单条上写的是一首唐人李益的五言律诗《喜见外弟又言别》。

十年离乱后,长大一相逢。
问姓惊初见,称名忆旧容。
别来沧海事,语罢暮天钟。
明日巴陵道,秋山又几重。

信中说:"录唐人诗一首,颇与仁者在寺相见情景似……"亦可见弘一法师心中的感慨了。后来,石有纪每到泉州,都来拜见老师。法师也依然把石有纪当作小孩子看待,总是很亲切地与他谈话。

一次,法师对石有纪说:"明年(1939)我整整六十岁了,很想到浙江去看看许友。"

石有纪说:"目前海路不通,想去白马湖山房,须乘汽车绕道江山,老师恐怕不胜长途之劳呢!"

第二年(己卯)正月初一,弘一法师又给石有纪写信说:"献岁发春,朽人世寿六十,为多写字以结善缘,贵友如有求余书者,余愿书写奉赠。"看样子,由于交通阻梗和身体原因,弘一法师去浙江不成,要以多多写字、广结善缘来度过六十诞辰了。

泉州市北郊有清源山,耸立于晋江平原,最高峰海拔四百九十余米,为泉州一地的主山。有乳泉从洞中流出,又名泉山,泉州之名,亦由此而得。唐宋间,泉州曾因此山而改名清源郡。清源山有三峰,三峰中旧有三十六洞天,以中峰的清源洞、紫泽宫,左峰的赐恩岩、瑞像岩、碧霄岩等诸胜最为著名。清源洞则为第一山中的"第一洞天"。相传南宋绍兴年间,有裴道人在此洞中蜕化成仙,故又称蜕岩,别号纯阳洞。进山门,沿级上高台,有一列背东面西的寺宇，系元代所建。中有明代抗倭名将俞大猷的炼胆石、俞手书的"君恩如山"四字摩崖石刻。左峰也有一山寺，为清代和近代建筑，佛殿供有天然岩块雕成的观音造像一尊，法相庄严。寺后一天然石室，上刻"高山仰止"四字，传说是唐代欧阳詹的读书处。刻在山寺石柱上的一副楹联"不必文章称大士，虽无钟鼓亦观音"，出自明代思想家李贽之手。整座清源山林泉清翠，奇石嵯峨，自唐以来，向为闽南旅游胜地，有"闽南蓬莱第一山"的美誉。弘一法师喜其幽美，早已心向往之。戊寅年十二月初（1939年1月），应寺主元前法师之请进住清源洞，闭关静修，披阅佛典。其间，漳州人士在东门外云洞岩修建鹤鸣祠，以祀明代蔡鹤峰和清代略庵居士两位前贤。弘一法师应请为祠篆书"南无阿弥陀佛"名号以祝并加题记。记中说："……时余方览《王遵岩集》，有《寿鹤峰布衣序》，[211] 因得窥其所学，粹然一出于道。略庵居士好善乐施，惠及乡里，并以学行垂诸不朽。余维暗短，未能歌赞令誉，敬书佛号，以斯功德，回向菩提。并愿见闻随喜，同植胜因，齐成佛道云。"这是在将佛儒汇于一流了。

弘一法师在清源山闭关谢客近20天，于旧历年年底回到泉州承天寺，从己卯年（1939）岁首开始，继续从事讲经弘法活动。《泉州弘法记》中记载：

（己卯）正月元旦始，在月台别院，即关房内，讲《药师经》，共十日。

正月廿五日，因阅省府令将使僧众服兵役事，在寺演讲一次，安慰僧众，倘此事实行时，愿为力争，并绝食以要求，令大众毋惧。虽往永春，亦仍负责。

二月五日始，在月台别院，讲《裴相发菩提心文》，共三日。

二月十日始，在承天寺，讲《药师经》，共七日。

二月十九日，在朵莲寺，讲《读诵华严经之灵感事迹》一次。

二月二十日，在光明寺，即世斋堂，讲《持诵药师咒之方法》一次。

二月二十二日，在温陵养老院，讲《地藏菩萨之灵感事迹》一次。

此次讲经弘法活动，持续到旧历二月下旬。"记"中已经透露，弘一法师结束泉州佛事后，将去永春山中闭关静修。

自1938年春至1939年春，泉州—惠安—泉州—厦门—漳州—安海—泉州，弘一法师第二次过化民间，弘法讲律，证授皈依证授五戒，整整奔波了一年。为何如此劳碌，如此紧迫？弘一是有想法的。他在致丰子恺、高文显、李芳远等人的信中，反复这样说过：

今年（引者按：1938年）所以特往闽南各地，随分随力弘扬佛法者，因余在闽南居住，今已十年，深蒙闽南诸缁素善友爱护，尔来老态渐增，不久即往生极乐。故于此数月之内，勉力弘法，以报答闽南诸善友之厚恩耳。

第二十章 《香奁集》辨伪

第二十章 《香奁集》辨伪

在弘一大师闽南十四年行化事迹中，《香奁集》辨伪是非常突出的一项。

1933年小春十月，弘一大师在泉州开元寺尊胜院弘法讲律、圈点《南山钞记》告一段落。一天，他与广洽法师等坐车去泉州之西的净觉寺，道经南安县境内的葵山，发现路旁矗立着标示晚唐诗人韩偓墓道的石碑。大师欣喜若狂，当即下车瞻谒，颇有"裂裟和尚伏碑前"的意味。从此，他开始了持续七八年之久的为韩偓辩诬、为《香奁集》辨伪的活动。

韩偓（844—923？），唐京兆万年人，字致尧（尧字一作光），小字冬郎，自号玉樵山人。

偓为人耿介宽容，敢于直言。在仕途上不急不躁，谦让退后，史称"唐代完人"。龙纪元年举进士，召拜左拾遗，以病不就。后迁累左谏议大夫，宰相崔胤让其管些财务上的事，他也接受了。中书舍人令狐涣为人机巧灵活，昭宗（李晔）有意让他当宰相。过了几天，又有些后悔，对韩偓说："让令狐涣当宰相，许会误事，还是得先用爱卿。"韩偓推辞说："涣乃再世宰相，他知道该怎样履行职责。况且，陛下已经有所许诺，不能随意更改。"昭宗说："我未尝面命，有什么可怕的？"韩偓说："许诺令狐涣的事可改，为什么单单许诺臣的事就不可改变呢？"昭宗如此欲其相者三次，韩偓都推辞了。偓还竭力向昭宗推荐御史大夫赵崇，称其劲正雅量，有宰相之才，准绳中外之能。昭宗知道韩偓是赵崇的门生，能这样地推崇老师，对偓容人谦让的度量越发叹赏了。

在朝时，韩偓向为昭宗所倚重信赖。昭宗被逆臣韩全诲、周敬容等劫至凤翔，韩偓连夜追到今日湖北地界，君臣相见，恸哭不已。偓后迁兵部侍郎、翰林承旨。君臣二人常在一起密议国家大事。有人嫉偓，向昭宗挑拨说："韩偓常把宫内的一些事泄露出去，不能同这样的人共图国政。"昭宗愤怒地说："卿有官属，日夕议事，为什么你不让我与韩学士见面商谈呢？"

昭宗对逆臣刘季述手下一帮人非常痛恨，有意除恶务尽。韩偓进言说："陛下诛刘季述时说过，同党皆赦免不问，现在又要一律诛杀，谁不怕死呢？暂时忍一忍，以后再说吧！朝廷各种官员加上牵属不下两万人，陛下就是杀他六七个为首作恶的，也未必有效，反倒促进了他们的反叛之心。陛下的权力本来就分散在四面八方，不宜再涣散人心了。上下一心，摄领权纲，天下才可治理啊！"昭宗靠近韩偓说："这件事，朕就只对你一人说说罢了。"

宰相韩贻范服母丧，昭宗有意诏其还位，需要韩偓起草诏文。韩偓上书说："贻范处丧未数月，这么快让他回来就位，有伤孝子之心。相府里的事，一位宰相就能办理。陛下如果真的看重贻范之才，就应该等其满了居丧期再召他回来，何必让他入朝时峨冠博带，回到家中泣血于灵柩之侧呢？哀伤而废务，勤政则忘哀，都是不合人情之事。"有人威胁韩偓说："你不写诏文，想找死吗？"韩偓说："腕可断，这个诏书我决不写！"

一次宫中有宴，主持者让韩偓与京兆郑元规、威远使陈班同席侍宴，他拒绝说："学士不与外班接。"主持者一再邀请，他不得已暂时坐了下来。等郑元规、陈班一到，他又走开了。中原大军阀、梁王朱全忠和崔胤临陛宣事，其他人都从座位上站了起来，唯独韩偓始终不动，还说，"侍宴无辄立，二公将以我为知礼。"朱全忠认为韩偓瞧不起他、刻薄他，崔胤也很不高兴。朱想诛杀韩偓不成，又在皇帝面前诬告他有罪，终于将他贬谪去当濮州司马。韩偓临走，昭宗紧握他的手，流着眼泪说："我左右无人矣！"

哀帝（李柷）继位，有意召韩偓还宫，重新起用，韩偓不愿入朝。过了两年，朱全忠代唐称帝，建立梁朝，韩偓更不愿进京了，携其眷属南下福建，依从了闽王王审知。

韩偓最后几年，隐居南安九日山。那里至今还有他一些行踪遗迹。前说矗立有韩偓墓道碑的葵山，即与九日山相距不远。

韩偓不仅是一位政治人物，也是晚唐的重要诗人。其诗以律绝为主，多写艳情，辞藻绮丽，史有"香奁体"之称。晚年所作，则以抒写唐末政治变乱及自身遭际者为多，感时伤怀，风格慷慨悲凉。他的主要作品有《唐书·艺文志》著录《香奁集》一卷，又《金銮密记》五卷。后人辑有《韩内翰别集》（又称《玉樵山人集》）传世。近代编辑出版的，则有桐城派晚期重镇吴汝纶评注、其子吴闿生补注的《韩翰林集评注》本。

或许由于父亲李筱楼与评注《韩翰林集》的吴汝纶是同科进士，弘一法师很早就知道吴汝纶其人，并接触过他评注的韩诗（弘一法师说"儿时居燕，尝诵偓诗"）；加上清朝末年的现实状况，与千年前韩偓身处的历史环境有某些相似之处，尤其在思想情绪和人格素质上的合拍相引，弘一法师与韩偓特别有缘。唐代末年，叛逆作乱，政局不稳，最终导致改朝换代。韩偓不愿意附逆助虐，避地来闽，隐居而终。其耿耿忠心，可与日月争光。弘一法师对韩偓的品格早就十分钦佩，现在自己也到了南闽，到了韩偓当年的隐居地，还发现了他的墓道碑，从其佛家眼光看，这又是一层缘分。

自那次发现了韩偓墓道碑，弘一法师和广洽上人后来又两次前去踏勘考察。他们在墓碑前摄影留念，在墓碑后面的山岩间仔细地寻觅过墓地。原先的墓碑系一花岗岩，上面阴刻楷书"唐学士韩偓墓"六个大字，由清末举人曾遒所书。由于风雨剥蚀，碑字旧涂朱色早已脱落。法师致信俗家弟子、南安人高文显说："仁者寒假返里时，能以洋漆（朱色）再涂治之，尤善……再有，余前往山麓觅偓墓不得。仁者能于附近各地详为寻觅，或能发见亦未可知也。"[212]（1935年旧历十一月信）弘一法师的钟情与推崇，也引起了闽南人士对韩偓的重视。一向关心古迹的泉州老进士吴增（桂生），恳请华侨黄仲训资助，在南安丰州葵山之麓重修了一座韩偓墓。

这里插叙一笔。有出生于南安的梁鸿志其人，为"弘一法师在闽修复唐诗人韩偓墓作诗寄之"。诗中曰："冬郎吾辈（乡）人，邈然千载上。其诗我所熟，尚友忘辈行。虽怀经世意，屡让危时相；虎须曾手捋，报国意殊壮……人生贵忠义，儒释同所尚；独怜今士夫，怀贤如畏谤。何年返乡国，一叩诗人藏；更欲寻法师，忏我文字障。"此诗写于1933年，日本帝国主义者发动侵华战争的九一八事变两年后。诗中既有对韩偓敢捋虎须、刚正报国之行的歌颂，亦有对当下士风不振之弊的微词。单看一时一诗，作者似为一介忠义之士。然而，正是这个梁鸿志，在写作此诗后没几年，堕落变节，屈膝投敌，成为汪伪政权的头面人物——一个十恶不赦的汉奸卖国贼。如此，其先前所作诗句，也就成了他对自己的一种极大嘲讽。令人不解的是，《弘一大师全集》附录卷中收入了梁鸿志的诗作，却又不做应有的说明。韩偓和弘一法师地下或天上有知，能领受容纳吗？

弘一法师对韩偓这位晚唐诗人的诗作和在南安等地的事迹，更加留意起来。先是想重新编辑和出版韩偓诗集。他致信蔡丏因说："……偓晚年居闽不仕，为唐末完人。拟刻其诗稿。乞仁者托人代为抄写《韩内翰别集》（每半页十行，每行廿四字）及《韩偓传》（拟刊于卷首），以备付印。"（1934年旧历正月初七信）接着，他又责成高文显为韩偓作一传记，以旌扬其忠烈刚正的崇高人格。

俗家弟子高文显（1912—1991），别号胜进，福建南安人。弘一法师第三次来闽住厦门南普陀寺，当时高文显还是厦门大学心理学系的学生，也寄宿在同一寺内，得与弘一法师相识。从此，高亲近弘一法师多年。弘一法师的不少宣佛讲演，由他记录整理。抗战期间，高文显南渡菲律宾执教。后来又去英国留学，获得博士学位。在致夏丏尊的信中，弘一法师这样谈过高文显及其一家："高君自幼蔬食，其母及姊亦尔。全家信佛法，高君与姊不婚不嫁，故其家庭与寺院无异。"（1937年正月初四信）高文显故里是南安县水头镇埕边乡，他的家乡有一座远近闻名的古刹，叫作"双灵寺"，建于清嘉庆七年（1802），已有100多年的历史。关于这一古刹，当地有这样的传说，水头镇人高钟卓第三女名榜，因辞婚绝粒，持斋21年，于嘉庆六年十一月二十六成佛。高家第四女名瓜，亦因辞婚绝粒，持斋19年，于嘉庆九年三月初八成佛。乡民以真身塑像祭祀，称为"灵女"，将供奉两位灵女的寺庙称为"双灵寺"。弘一法师与高文显结识时，双灵寺住持宏贤法师，即为高之生母。1937年12月中旬，高氏母子曾迎请弘一法师莅临双灵寺，宣讲《梵网经菩萨戒本浅释》，并书一条幅，"愿一切众生悉得成佛"，赠双灵寺供奉。

有了编写韩偓传记的计划，弘一法师便与高文显等弟子开始搜集有关历史记载和韩偓在南安等地的传闻逸事。

1935年秋，弘一去惠安弘法，高文显随侍。在当地图书馆中，高在一本名为《螺阳文献》上，发现一首韩偓当年游惠安松洋山时所作佚诗，题为《松洋洞》。诗曰：

微茫烟水碧云间，拄杖南来渡远山。
冠履莫教亲紫阁，袖衣且上傍禅关。
青邱有地榛苓茂，故国无阶麦黍繁。
午夜钟声闻北阙，六龙绕殿几时攀？

经查对，《全唐诗》韩偓卷中并没有收入这首诗。高文显将全诗抄呈，弘一即戴起眼镜，反复披诵，说此诗系韩偓所作无疑。"因为诗格的高超与忠愤，都可以断定是孤臣亡国后的悲歌。"弘一对获得此诗，十分地欣喜，回泉州后，立即将其书成中堂一幅，作为云游惠安的一大纪念。

隔了几天，泉州昭昧国学的李钰先生来访。弘一法师又欢喜地告诉李先生，他在惠安获得韩偓佚诗一首，还当场念诵了一遍。李先生也逸兴大发，约定与弘一法师第二天往游南安名胜和东晋时代建在九日山上的延福寺。

九日山和葵山在泉州之西的丰州，地属南安。中唐时做过宰相、后被贬为泉州别驾的姜公辅，还有躲避天宝之乱南来的诗人隐士秦系，都曾在这里留下不少佳话。这里也是韩偓隐居南安时常到的行踪之地。

韩偓在一首题为《南安寓止》的七律中写道：

> 此地三年偶寄家，枳篱茅屋共桑麻。
> 蝶矜翅暖徐窥草，蜂倚身轻凝看花。
> 天近函关屯瑞气，水侵吴甸浸晴霞。
> 岂知卜肆严夫子，潜指星机认海槎。

据元代人注释，此诗作于癸酉年（913）。以此推算，韩偓至迟在辛未年（911）已来南安隐居（"此地三年偶寄家"）。壬申年（912），韩偓作七律一首《赠僧》。

> 尽说归山避战尘，几人终肯别嚣氛。
> 瓶添涧水盛将月，衲挂松枝惹得云。
> 三接旧承前席遇，一灵今用戒香熏。
> 相逢莫话金銮事，触拨伤心不愿闻。

吴汝纶在评注此诗时说："《唐诗鼓吹》解此诗未得本旨。此因僧为唐帝旧人，自触其故君故国之思耳。此乃乱后相遇之作也。"九日山上有东晋时代留下的延福寺，韩偓不仅在此游览过，还遇上了"唐帝旧人"，触发了"故君故国之思"。这首《赠僧》诗可能就是赠给已成为九日山僧的"旧人"的。弘一法师曾多次上九日山，登高士峰，吊姜相坟，诵《赠僧》诗，与高文显、李钰等同游者，频频地谈论着韩偓，说他"与韩偓不知道有什么宿缘"，一提到他的名字，就"无限地欢喜"。

据福建永春县名儒郑翘松所著《永春县志·流寓传补遗·韩偓》记载，韩偓在福州住了三年，己巳年（908）春天，自沙县抵邵武，拟去江西，又被闽相急速召回。韩偓来南闽，本想依靠王审知有所作为，岂料王氏父子不能抗节讨逆，以申大义于天下，终于到南安九日山隐居下来。此前，他曾在永春两年。永春旧为桃林场治地。韩偓在桃林场居住期间，赋诗不辍。查吴汝纶评注本《韩翰林集》所收诗作，自《此翁》以下数十首，《香奁集》所收《多情》等首，都写于这里。

弘一法师结识不久的童子李芳远，即为永春县人。通过他，弘一搜集到韩偓在永春的部分史料。李芳远致信法师说，韩偓居住永春陈山岩时，在山中建过一个小亭，每逢月夜，独携七弦琴，去亭中弹奏。又在亭边杨柳树中与月相见，题诗多首。亭子已废，尚有迹象可辨。偓在陈山岩所作之诗，多已散佚。今剩陈山岩殿前石刻一联，为偓所题。联语是："千寻瀑布如飞练，一簇人烟似画图。"李芳远后又向弘一法师报告说，陈山岩寺后有偓诗一首，雪山寺那里亦有存诗两首，大约都是石刻。

李芳远提供的这些材料，弘一法师非常重视。他致信性愿法师说："偓能弹琴，昔无记载。偓之笔迹他处绝无，今闻陈山岩有联及诗，雪山寺亦有诗，可谓稀有，至用欢忭。拟请性公老人（引者按：即性愿法师，时在菲律宾弘法，兼永春普济寺住持）托永春诚实可靠之善友，偕一拓字之工人，携带纸墨及拓字用具，亲往陈山岩及雪山寺，拓摹各数份。后学愿得两份。此为稀有难得之宝。以此拓本张诸座右，不啻与偓相晤谈也。"（1938年旧历十一月致性愿法师与胜进居士信）言词间表现出对韩偓钦慕备至，一往情深。这里需要补正的是，"韩偓能弹琴"，并非如弘一法师所说"昔无记载"。《韩翰林集》卷二中收有一首题为《南亭》的五言排律可证。诗曰：

> 每日在南亭，南亭似僧院。
> 人语静先闻，鸟啼深不见。
> 松瘦石棱棱，山光溪淀淀。
> 堑蔓坠长茸，岛花垂小蒨。
> 行簪隐士冠，卧读先贤传。
> 更有兴来时，取琴弹一遍。

诗中所说的这个"南亭"，是否就是在陈山岩所建的那个亭子，虽很难确定，但通过这首诗，韩偓已经说明，他是会弹琴的。

经过两三年的努力，材料已基本备齐，高文显便着手《韩偓评传》的撰写工作。《韩偓评传》如何撰写，从一开始，高文显就得到了弘一法师的具体指导。说得更确切一点儿，整部书稿的主旨和思路都是出自弘一法师，高文显仅仅是一位执笔者。其中主要一章《〈香奁集〉辨伪》，从高文显的回忆文章来看，很可能就是弘一法师的手笔，或者主要行文出自弘一之手。

关于撰写《韩偓评传》的主旨，以及主要论点和论据，弘一法师作过多次表述。他说：

……最要者，为辨明《香奁集》决非偓作。[《辞源》中《香奁集》（在香字部）一条，已为考据辨证。乞检阅之。]卷首即须标明此事，以后再详论之。（书中须前后二处辨正此事。所以再说不嫌重复者，恐阅者于此事不注意也。）

近代《香奁集》流通甚广，以此污偓，实为恨事。偓乃刚正之人，岂是作香奁诗者？

……所主要者，即是辨正《香奁集》，与偓在南安时诸遗事耳。《新唐书》中所载诸事，唯择其有兴味者略记一二，其他皆仅举大纲。

——1935年旧历十一月十三日致高文显信

……（《韩偓评传》）此书乍观之，似为文学书。但其中提倡气节，屏斥淫靡，亦且倡导佛法，实为益世之佳作。

——1936年立春前一日致夏丏尊信

……（吴闿生为《韩翰林集评注》所作跋语）谓《香奁集》为假物寓兴而作，非是实事，此亦旧说。乃至今人作香奁诗者何尝不以是自文其过也。

——1941年二月致高文显信

归纳起来，弘一法师责成高文显撰写《韩偓评传》的主旨有两个：一是，辨明《香奁集》非韩偓所作；二是，"提倡气节""屏斥淫靡""倡导佛法"。其主要论点与论据有三个：一是，韩偓乃忠烈刚正之人，不可能去写香奁之作；二是，历史上已指出过，《香奁集》乃他人假托韩偓之作；三是，所谓"假物寓兴"之说，乃是作奁体诗者的一种掩饰之词。

由高文显执笔、经弘一法师反复修改定稿的《韩偓评传》于旧历丙子年（1936）十二月初完成。弘一法师时住厦门南普陀寺。为敬祝这一佛门胜事圆满成功，弘一邀集佛教养正院部分学僧，在其所居之小楼，设一牌位上供。学僧们分两排对立，法师当维那，如世俗之追荐仪式。又命高文显中立虔拜，恍如与韩偓有关之家属。"功德"做完后，法师笑着说："千年后尚有人为韩偓追荐，可谓奇闻一桩。"

《韩偓评传》一稿于1937年上半年交给了夏丏尊主持的上海开明书店编辑部，且已排出校样，不久即可出版。就在这个时候，遇上了日本军国主义进一步入侵，开明书店总厂在八一三事变的战火中烧毁，《韩偓评传》和其他书稿一样，毁于战火之中。这对作者和弘一法师来说，是很痛心的事。但弘一并没有因此气馁，而是紧接着继续搜集资料，准备重新编写。上文中列举的有些史料，就是在此之后搜集到的。高文显在回忆中谈到，"法师说，也许因为对着韩偓赞美太过了，所以遭着不幸呢！因为他在韩偓的传记中曾有一章《〈香奁集〉辨伪》，用十二分的考古癖，把《香奁集》证明是伪作，而说韩偓绝不是做香奁诗的人，因此把韩偓在文学史上做着唯美派的总代表的地位推翻了，难道韩偓不起来反对吗？（因为佛教徒是相信有灵魂的。）所以嘱我从新编纂，再谋出版，以慰忠魂。"（《弘一法师的生平》）高文显又花了两年多时间，重新写成《韩偓评传》一稿，弘一法师亦再为其撰序。[213] 序言中对韩偓的品格和高作传记的意义，做了这样的评价。

> 唐季变乱，中原士族徙闽者众。偓以孤忠奇节，抗忤权奸。既遭贬谪，因隐南闽。蔬食修禅，冥心至道，求诸季世，亦希有矣。
>
> 胜进居士为撰偓传，以示青年学子，俾闻其风者，励节操，祛卑污，堪为世间完人，渐以重修佛法，则是书流布，循循善诱，非无益矣。夫岂世俗文学典籍，所可同日语耶？……

此序比前二序，进一步点出了弘一法师推崇韩偓，以及他与韩偓特别有缘，从而为他作传的另一重要原因，即韩偓隐居南闽后，"蔬食修禅，冥心至道"这一层。

从1939年以后及至其圆寂前一年（1941）写给高文显等人的信来看，在谈到重新编纂《韩偓评传》一事时，弘一法师依然是原先的主张。因此，关于续作尤其是为《香奁集》辨伪一节的主旨、论点和论据等，仍可按前面归纳的几点略加评述。

第二十章 《香奁集》辨伪

无论《香奁集》是否系韩偓所作，如果单从提倡气节、屏斥淫靡、倡导佛法这一角度上说，批评那种专事于描绘女性体态、闺阁思春、男女欢悦情景的所谓"香奁体"诗词，也是情理中事；即从世俗眼光看，这种批评和屏斥亦有其积极的意义。某种特定情景下的艺术性描绘不论，一般地说，香艳肉感的淫靡艳词，确实不利于人品的提高和气节的培育。弘一法师和高文显编纂《韩偓评传》之时，又正值二十世纪三四十年代国家和民族处于生死存亡之际，在那种时代背景下，通过对《香奁集》的辨伪，以收到屏斥纤软浮艳、提倡刚正忠烈之目的。不论两位作者最初的构想是否明确地包含着这层时代意图，但在客观效果上，的确会有如此积极的现实意义和现实价值。这是不能否认的。

但具体到《香奁集》是否系韩偓所作，弘一法师与高文显（主要是弘一法师）所作的考证辨伪，无论论点还是论据，均显得说服力不足。诚然，韩偓乃忠烈刚正之人，就通常观念中这类人的人品及其思想性格的构成因素和外在表现而言，他们似乎不会去写作被称之为"香奁体"的诗文。然而，人性及其具体思想性格的构成是很复杂的，作为诗人、作家，其创作作风更不会是单一的，所以，不能绝对地说："偓乃刚正之人，岂是作香奁诗者？"此其一。

其二，刚正忠烈如韩偓，即有香奁体的创作，且已存留后世，又何损其人格之光辉？面对他复杂的思想性格和创作作风，后世之人既无须将其刚正忠烈之一面，与其对声色犬马的兴趣以及在诗词中有所表现之另一面，截然对立起来，以为非如此就无法彰显其人格之光辉；不能因其有香奁之作而否定韩偓人格之伟大，更不能专以低级趣味，津津乐道其香奁之作，以致掩蔽了韩偓人格之亮色以及整个诗作的格调。总之，无论从哪个角度上，抓其一点而不及其余的做法，都不是对韩偓这一具体历史人物和诗词大家的整体且完整的把握与评判。关于吴汝纶、吴闿生父子编纂的《韩翰林集评注》本，弘一法师是反复提到过的。而小吴在为该评注本所作的跋语中说：

> 韩致尧为晚唐大家，其忠亮大节亡国悲愤，具在篇章；而含意悱恻，词旨幽眇，有美人香草之遗。……世之称翰林者，徒以其香奁诗耳，或谓香奁为和凝之作嫁名于韩，方虚谷已辨其非。夫志节皦皦如韩致尧，即香奁何足为累，此固不必为讳。然世之知致尧者，惟此则不幸。苟无香奁之作，不且湮没而无闻矣乎！名之显晦有时，或显矣，而其孤怀所寄，乃益以汩丧而莫彰。此尤秉

只影向谁去

元好问云:"太(泰)和五年乙丑岁,予赴试并州,道逢捕雁者云:'今日获一雁,杀之矣。其脱网者悲鸣不能去,竟自投于地而死。'予因买得之,葬之汾水之上,累石为识,号曰雁丘。并作雁丘词:问世间情是何物?直教生死相许。

天南地北双飞客,老翅几回寒暑。欢乐趣,别离苦,就中更有痴儿女,君应有语。渺万里层云,千山暮雪,只影向谁去?横汾路,寂寞当年箫鼓,荒烟依旧平楚,招魂楚些何嗟及,山鬼暗啼风雨。天也妒,未信与、莺儿燕子俱黄土。秋千万古,为留待骚人,狂歌痛饮,来访雁丘处。"

——虞愚 书

笔者所不自料也。李长吉好言身后事，世辄目为鬼才；韩翰林作《香奁集》，世遂赏其艳体，此皆浅识炫于目前，与作者之意相去绝远。譬之相马者，徒颠倒于牝牡骊黄之间，而不复知有千里也。岂不哀哉！……

这倒是一番较为全面且通达的话。弘一法师在准备续作《韩偓评传》时，特意向高文显推荐了吴氏父子的《韩翰林集评注》本，他自己自然看过小吴的跋语。遗憾的是，由于他一门心思要为韩偓辩解，并否定其有香奁艳体之作，因此未能接受小吴的这番通达之语。导致其极力否定《香奁集》为韩偓所作的原因之一，是否如小吴所说的那样，由于他单"赏其艳体"，而"与作者之意相去绝远"了的缘故呢？或者，"譬之相马者，徒颠倒于牝牡骊黄之间，而不复知有千里"呢？

其三，所谓《香奁集》"决非偓作，乃他人嫁名于韩"一说，也缺乏足够的说服力。

弘一法师初次提到《香奁集》非韩偓所作，依据的是旧版《辞源》中的说法。而《辞源》释文依据的是宋代沈括的说法。[沈说早于方（虚谷）说。]沈在《梦溪笔谈》卷十六《艺文三》"和凝艳词嫁名于韩偓"条中说："和鲁公凝有艳词一编，名《香奁集》。凝后贵，乃嫁其名为韩偓，今传韩偓《香奁集》，乃凝所为也。凝生平著述，分为《演纶》《游艺》《孝悌》《疑狱》《香奁》《籝金》六集。自为《游艺集》序云：'予有《香奁》《籝金》二集，不行于世。'凝在政府，避议论，讳其名，又欲后人知，故于《游艺集》序实之，此凝之意也。"和凝自己只是提到有《香奁集》一作，和"不行于世"的事实，并非进一步点出他的《香奁集》就是署名韩偓的那本《香奁集》。两人作品的名字相同是常有的事，从和凝有本"不行于世"的《香奁集》的自述中，不能推出署名韩偓的《香奁集》，即是和凝所作那本《香奁集》的结论。沈括所谓"凝后贵""在政府，避议论，讳其名，又欲后人知""乃嫁名其为韩偓""今传韩偓《香奁集》，乃凝所为"等说法，只是一种想当然的主观推论，并非确有真凭实据的科学论断。

况且和凝（898—955）比韩偓晚生五十多年，在其青年时期，韩偓已经去世，而到其飞黄腾达之时，韩偓的《香奁集》（至少其中有一部分也收入了《韩翰林集》的作品）早已闻名于世，他怎么可能暗示世人韩偓的《香奁集》是他的作品呢？世人能相信吗？和凝不仅有诗作，也有词作。《北梦琐言》中说："晋相和凝少时，好为曲子词，布于汴洛。洎及相，专托人收拾焚毁不暇。"但据宋人说，他那次焚词毁作是经过选择的，并非将所有艳词丽曲全数焚去，其存而未焚者名为《红叶稿》。这些作品内容之轻狎、词语之藻丽，比起韩偓的《香奁集》，有过之而无不及。他能将这样的作品留存下来，还怕世人议论自己亦有韩偓式的作品，而去嫁名于韩偓吗？在五代时期，和凝也算是一位颇为有名的诗人和词人，当然更没有必要暗示韩偓的《香奁集》系他所作，借以抬高其在诗词界的地位。凡此种种，都可说明，"和凝艳词嫁名于韩偓"的推论是不能成立的。近代多数文学史家和文学史著作，并没有接受这一推论，也可证明其说法是经不起推敲的。

再有，作品本身是再充分不过的证据。弘一法师推荐过的吴氏父子评注本《韩翰林集》，是韩偓诗词结集的总名，其中包括两个集子，《韩翰林集》（三卷）和《香奁集》（三卷），还有作为附录的几篇杂著文字。据笔者粗略对照，至少有以下15首诗词作品，既在《韩翰林集》中出现，同时也收入了《香奁集》。篇名是：《袅娜》、《多情》、《闺怨》、《夜闺》（《香奁集》题为《闺情》）、《半睡》、《春恨》、《已凉》（《香奁集》题为《天凉》）、《初赴期集》、《咏柳》、《荔枝三首》、《南浦》、《深院》、《阑》。

《香奁集》收韩偓诗词近百首，与《韩翰林集》重复的篇名占十分之一以上。这就出现了以下两个问题：一是，假若真像弘一法师所推论的，韩偓不可能去写奁体诗词，《香奁集》也"决非偓作"，那么收入《韩翰林集》中的那十多首奁体诗词，又系何人所作呢？能把他人的作品收入韩偓的集子中吗？在这里，"和凝艳词嫁名于韩偓"之说是无济于事的，因为《韩翰林集》问世时，和凝恐怕还没有登上诗坛呢。能将后人之作充当前人的创作吗？对晚唐大家韩偓来说，也没有这种必要啊！如果《韩翰林集》系他人或后人所编，又有何必要将相同的作品收入其不同的集子中呢？这里只有一种解释，即韩偓先有收入《韩翰林集》中的那十多首奁体之作，之后，他不但不认为自己不该作这类作品，还继续创作了更多的同类之作，后被结集成为《香奁集》问世。二是，以弘一法师的思路，尽可以否认《香奁集》为韩偓所作，但他犯了顾此失彼的错误，或者说同时有了不能自圆其说的疏忽，即他在否认韩偓创作过整本的《香奁集》之后，对那部分同时收入《韩翰林集》中的奁体之作，又该如何解释呢？

关于弘一法师指责的"假物寓兴"之说，这里也需要申说一下。法师在致高文显的信中批评"假物寓兴"的说法，具体对象指的是吴闿生。其实，他是将批评对象搞错了。在吴氏父子的《韩翰林集评注》本中，写作跋语的小吴，是有"美人香草"的提法，但明确提出

"假物寓兴"说的，却是为这一刻本写叙的冀州人赵衡。当然，这只是小小的差错，不足深论。关键问题是，法师是想通过批评"假物寓兴"这一"旧说"，一概否定所谓在其"文饰"下出现的"奁体诗词"。这是从其佛家眼光来看的。但具体到韩偓的作品，如此批评，恐怕过于偏激了。文学史上的确有一部分在"假物寓兴"幌子下专写奁体诗词的作者，但从屈原一直到韩偓，他们的不少作品也确实在以"美人香草""假物寓兴"，表达其"忠亮大节"和"亡国悲愤"等政治意愿和人格品位。弘一法师在一定程度上是从表面去判断韩偓《香奁集》中的部分作品了，由于是从表面上着眼，再加上佛家固有的眼光，就很自然地要一概否定韩偓的《香奁集》了。而为了维护韩偓，他在做出这种否定时，又只能沿用并无确切事实根据的"和凝艳词嫁名于韩偓"的旧说了。

弘一法师极力否定韩偓作有《香奁集》的做法，与其对待自己部分诗词作品的态度是一致的。前面说过，与法师同是南社社员的尤墨君在20世纪20年代初期，有意将其在俗时写作的诗词作品辑录出版，取名《霜影集》。一开始，他并不反对，只是说："三十岁以前所作诗词多涉绮语，格调亦单，无足观也。"他嘱咐尤墨君，《霜影集》刊出后，给他在北京的侄儿李圣章寄一册，说是圣章为"俗家后辈之贤者，以此付彼，聊表纪念"。但在尤墨君编定目录，寄去审定时，法师却说："若录旧作传布者，诗词悉可删，以诗非佳作，词多绮语……鄙意以为传布著作者，宁少勿滥；又绮语尤宜屏斥，以非善业也。"（转引自尤墨君《追忆弘一法师》）

从其佛家眼光来看，弘一法师这样做，也是可以理解的，是顺理成章的。但否定事实，不等于事实没有存在过，也不等于事实不再存在。不恭敬地说，李叔同在成为弘一法师之前，不只写过绮语艳词，且还走马章台，出入柳巷，甚至为"乐籍"辩护，认为"乐籍"是文明发达的动因之一（参看其为铄镂十一郎著《李苹香》一书写的序言）。这固然是时代使然，不足深怪，但毕竟是事实，是其人生道路上的一个阶段。这些往事，李叔同在成为弘一法师、成为受人崇敬的一代高僧大德之后，实在无须回避，也是无法回避的。李叔同根器再深再广，或者前世多么有缘，他和众多遁入佛门者一样，也是从一般俗人慢慢修炼成高僧大德的。对于以往做过的诸多（包括写作绮语艳词之类）非善业中事（就佛家眼光而言），除了念经忏悔，消除业障，当初的事实本身，恐怕也难以否定吧！因此，既已成了高僧大德的弘一法师，实在无须有这样的考虑：因为以往那些非善业性行为，有可能影响到自己作为高僧大德的形象，从而硬是采取一概否定的态度。而李叔同自己在成为高僧大德之前，也写过类似奁体性诗词的作品这一事实，不正好可以证明，刚正忠烈的韩偓，并非不可能写下《香奁集》这类作品。弘一法师如果能够反躬自问，恐怕不会有《香奁集》"决非偓作"的说法了。

高文显重新编纂的《韩偓评传》，弘一法师住世时没能问世，直到1984年，才由台北新文丰出版公司出版，书名直称《韩偓》。笔者无缘见到该书，因此无法推断高文显居士在弘一法师圆寂之后，是否对原稿再行作过修改，其观点是否仍然沿用了弘一法师当年的种种说法。如前所说，高文显虽是评传的作者，但撰写中的主要观点和思路出自弘一法师，他仅仅是执笔者。上面引述过高在1941年发表的《弘一法师的生平》中的一段话，从那段话的字里行间看，高似乎并不完全同意弘一法师的想法。他甚至将所作韩偓传记，直截了当地说成是弘一法师的作品。这并非全是谦词，而是一种很大程度上的实情。就是在那段引文中，有这样的话："他（弘一法师）在韩偓的传记中曾有一章《〈香奁集〉辨伪》，用十二分的考古癖，把《香奁集》证明是伪作……"玩味其文外之意，高文显对弘一法师所作的《香奁集》辨伪，不是没有保留吧！

在高文显第一次完稿《韩偓评传》时，弘一法师竟然送了他一只古苍蝇。据高在《弘一大师逸闻》中描述，它"装置精巧，用比较厚的、如名片用的纸中刻一方孔，如同精制的显微镜标本。苍蝇安在正中，再盖上透明玻璃纸，又用一较小之长方形宣纸贴上，边缘书以朱红色线条，右上题曰：'瑞穗国古苍蝇。'左边字两行较小，加以说明曰：'自彼国古版大藏经中检出。'接下题以年月，'丙子十二月'，再用'弘一'二字之小印，盖于'月'字左角上。又另用一种宣纸，安于名片之下，亦长方形，可以折叠起来，左短向内，右长可折而成为请帖状，供珍藏之用也。"这的确是一件精巧的珍藏品。而就是这一珍藏品，使得佛道上的两僧一尼一居士之间，造就了一段奇妙而有趣的故事。两僧是指本传传主弘一法师及其弟子广洽法师，一尼是指一代才女，后亦入佛的吕碧城——宝莲法师，一居士则是胜进居士高文显。关于广洽与胜进的生平，前文已有所提及，不再赘述，需要着重介绍的是吕碧城及其与弘一法师的关系。

吕碧城（1883—1943），一名兰清，字遁夫，号明因（后又改为圣因），安徽旌德人。父凤岐，字瑞田，清光绪三年（1877）丁丑科进士，与清末著名诗人樊增祥（樊山）同年，曾任山西学政。1895年，瑞田公中风猝死，其子又早已夭亡，按封建宗法制度，女儿不得继承遗产。碧城更分文未取。两年后，母亲送其远赴天津，依恃在塘沽任盐场总管的舅父严凤笙，并接受现代化教育。碧城母亲系继室，族人觊觎其财产，唆使匪徒将她劫持。后虽由时任江苏布政使的樊增祥出力救援脱险，但此类事终被时人认为有损吕家名誉，碧城先前所订之婚约，亦以此而被对方解除。这对她日后的感情生活产生了极大的负面影响，以致终身不嫁。

吕碧城姊妹四人，均称才女，碧城之声名成就出三姊妹之右。这固系其才情和性格所致，也与她一时之际遇有关。1903年春天，年已二十的吕碧城因与舅父发生龃龉，只身出走，有好心人佛照楼主妇将其挈往市内家中住下。后在联系一位熟人的过程中，她的信件被《大公报》经理英敛之（1866—1926，名华，以字行，满洲正红旗人，《大公报》创办人）偶然见到，英大加赞赏，当即聘其为助理编辑。这之后，才情焕发的吕碧城在数月之内，以其诗词文章声名鹊起，至有"绛帷独拥人争羡，到处咸推吕碧城"之说。时在北京的秋瑾，就因倾慕其才而专程到津拜访，并与其共商倡导女权之计划。

英敛之其人，可说是发现与提携吕碧城的伯乐。他介绍吕遍识严复、严修、傅增湘等津门名流，并在他和津门这些名流的奔走下，吕得到直隶总督袁世凯和天津道尹唐绍仪的支持，于1904年创立北洋女子公学，任总教习；两年后公学添设师范科，并更名为北洋女子师范学堂，吕任监督即校长。民国成立后，吕曾在袁世凯总统府中任秘书，及至筹安会起、袁氏策划帝制自为，吕便奉母南下移居上海。此后数年间，吕碧城一边闭门读书，进修外文，亦笔耕不辍，诗文频出；一边则投资外商公司，以其谙于陶朱之术而获利巨丰。一个原是寄人篱下的女子，以其个人的才能与努力，仅仅十余年工夫，便成了十里洋场的巨富和一代才女，生活之阔绰排场，诗文之无所顾忌，令人瞩目。樊樊山在为《吕碧城集》题词中称之为"手散万金而不措意，笔扫千人而不自矜"。吕碧城亦资质艳丽漂亮，生性风流倜傥。叶遐庵（恭绰）、杨千里（天骥）、杨云史（圻）、陆枫园（丹林）、张啬庵（謇）、费仲深（树蔚，柳亚子舅父）、袁寒云（克文，袁世凯次子）等名公才士，一时均趋之若鹜，成为吕宅的座上客。发迹后的吕碧城自20世纪20年代开始，曾两次周游世界，写了大量描述西方风土人情的诗文。她是中国女性中只身"绕地球一匝"的第一人。1929年5月，她在由国际保护动物会举办的维也纳大会上发表演说，大力倡导素食主义。其言辞、其衣着、其风采，令与会者惊叹不已，一时成为西方媒体瞩目的人物。

这样一位才貌双全的时代女性，自不会不引起南社中人的注视。1914年，吕碧城由南社中坚朱少屏介绍入社。同年出版的《南社丛刻》第十一集，即收入其早年所作并为时人所看重（有徐沅赞誉为"拔天斫地，不可一世，在词家独辟一界，不得以音律绳之"）的词作《法曲献山音·题女郎看剑引杯图》一阕。在南社女词人中，吕与张默君最为著名，成就最大。

以各自在津门和沪上知名度之高，又都是南社中人，李叔同与吕碧城不会相互不知道对方[214]，但从目前掌握的史料来看，很难说二人的活动轨迹曾有过直接的交会点。

1905年7月底，李叔同在天津为母举丧。关于李母的追悼会，天津《大公报》在是年8月2日做过专门报道。有消息称，"到者四百余人"，其中除点出直隶高等工业学堂监督、李叔同老师赵幼梅和直隶学务处总办、李家世交严修等人的名字外，其余则以"各学堂校长、教员等大半皆与斯会"一句概括之。其时，吕碧城虽然还不是北洋女子公学校长，但作为该校总教习和誉满京津的名人，不排除她也参加了李母追悼会的可能性。1911年初夏，李叔同由日本留学返津，任教于直隶高等工业学堂。此时，吕碧城已是北洋女子师范学堂的监督，且两人都是教育界中人，又都是诗词大家，不排除李、吕二人有过交往的可能性。这里有一具体事例，可以作为进一步查找与落实李、吕或许有过直接交往的线索。

2004年7月14日，天津《城市快报》上登了一篇该报记者张博撰写的报道《广告艺术先驱者津门藏有见证物》。报道中提到，自1912年4月至8月下旬，李叔同作为上海《太平洋报》主编之一，在他主编的副刊《太平洋画报》上，曾"刊登了许多外国艺术作品，如天津著名女教育家吕碧城收藏的古埃及王后头像拓片。李叔同在天津时，将头像拓片复制了一份，并将其刊登在《太平洋画报》上，让当时的人们了解与中国古代齐名的埃及文明"。报道后面还刊登了《太平洋画报》上所刊《古埃及王后头像》拓片复制品照片。对于这一信息，可以做出存有以下两种可能性的推断。一种可能性是，如果《太平洋画报》上所刊《古埃及王后头像》拓片复制品照片，系由李叔同直接从吕碧城那里借用其所藏拓片拍照而来，那就说明，这两位才子与才女是曾经见过面的，时间当在1911年初夏至1912年2月中旬、旧历辛亥年年底之前。吕是1903年才由天津塘沽住进市内的。而李叔同则早已于1898年秋冬去了上海，后又留学日本，1911年3月毕业后，才于同年初夏返回天津，在直隶高等工业学堂担任了半年多时间的图画教员。这样，有如上述，李、吕同为津门教育界中人，又都是诗词大家，也就有了相识的可能性。而另一种可能性则是，李叔同刊于《太平洋画报》上的《古埃及王后头像》拓片复制品照片，是李叔同经由他人从吕碧城那里拍照复制而来，甚至是按照他人手中的复制品再行复制的。如果是这样，李、吕二人在天津仍未有过见面的机会。也就是说，李在《太平洋画报》上刊出《古埃及王后头像》拓片复制品照片一事，也只不过是他们二人的另一段间接因缘而已。1914年，吕碧城亦由天津去了上海，但此时李叔同已去了杭州。此后的三四年间，二人虽都参加过在沪上举办的南社雅集，但由于阴差阳错，未能在同一次集会上碰面。1918年后，李入佛门，隐居丛林，云游各地；吕则或出国留学，或放洋周游，二人更无相见之缘了。李、吕二人究竟是否有过直接交往，还有待广泛而深入的考证与研究。

诚然，现在还不能说，李、吕二人有过直接的交往，但同为南社中人，当不会陌生。尤其是1930年后，吕亦正式出家，成为佛门一尼，在生命观念和生命价值的取向上，更拉近了与李的距离。而李、吕之先后入趋佛门，则是二人此前此后或同或异之人生境遇、思想情绪的必然结果。这是可以专门研究的一个题目，这里不再涉及。[215] 令人兴味无穷的是，李叔同与吕碧城，这南社中的一僧一尼，曾经为同一只"瑞穗国古苍蝇"写过有关的文字。

"瑞穗国"者，日本的另一古称。胜进居士高文显在回忆文章中说：八一三事变后，他去了菲律宾，弘一法师送他的那只"瑞穗国古苍蝇"标本丢失了。其实并没有丢失。高是长期借住在厦门南普陀寺的，弘一弟子广洽法师则在高走后不久去了狮城，从此在那里定居，成为新加坡佛教界的一面旗帜。广洽临走时，查看过高住过的房间，发现了他落下的那只古苍蝇的标本。广洽当然知道其价值，于是把它收拾好，带到狮城保管着。此后不久，再次出国赴欧的吕碧城途经狮城时，从广洽那里见到了弘一制作的这只古苍蝇标本，大为欣喜，便以号圣因题字其上。字云："古有书中虫食神仙字，三次，化形为发圈，名曰脉望。古今诗人为之题咏者多，予昔知其出处，今不能忆及矣。顷见弘一上人所藏佛经中之一蝇，遂述此事，亦饶兴趣也。丁丑岁杪圣因题于星洲旅次。"（"脉望"一物之名称，最早见于唐代文学家段成式所著之《酉阳杂俎续集·支诺皋中》。）弘一法师制作的这一标本，最后又物归旧主，回到了高文显的手中。时间可能是在1967年，高文显到星洲小住时，由广洽交还的。久经战火、人间沧桑之一微细之物，竟将与弘一法师有关的三个人物，在巧合中联系了起来。这从佛门观念上说，亦堪称一奇缘了。而由于上面有了吕碧城的题字，它就更加可贵了。"瑞穗国古苍蝇"的照相图版，现已收入由福建人民出版社出版的《弘一大师全集》中。

无史料证明，吕碧城与李叔同两人曾经相见。但自有了"瑞穗国古苍蝇"标本之缘，他们之间的距离更拉近了。这里可以提前叙出往后吕对李的钦慕。在李六十周甲及其圆寂之时，吕分别写过祝寿诗和挽诗。现将吕的诗作引录如下，以供读者玩味。

鹊踏枝·祝弘公大师无量寿

冰雪聪明珠朗耀，慧是奇哀，哀慧原同调。绮障尽头菩萨道，才人终曳缁衣老。

极目阴霾昏八表，寸寸泥犁，都画心头稿。忍说乘风归去好，繁红划地凭谁扫？

挽弘公大师辞世诗[216]

大哉一公，浊世来仪。磨而不磷，涅而不缁。

锐轧群伦，是优波离。昔为名士，今人天师。

须弥之雪，高而严洁。阿耨之华，澹而清奇。

厥功圆满，罔世憗遗。土归寂光，相泯圭畸。

公既廓尔亡言兮，我复奚能赞一辞！

第二十一章 黄花晚节

第二十一章 | 黄花晚节

1937年旧历四月初，厦门市政府议定，阳历5月下旬在中山公园举行全市第一届运动会。关于大会会歌，拟请弘一法师编撰。

弘一自遁入空门，碍于佛制，诗词歌赋等诸般艺事，已大多弃而不作。但他这次在收到市府的函请之际，或许想起了年初在街上所见东洋浪人吹奏日本国歌的情景，一股爱国之情，从其久已寂静的心田中腾然跃起……他觉得，应该答应为运动会写首会歌，以激励国人抵御外敌自强不息的精神。他很快写出了以下歌词：

> 禾山苍苍，鹭水荡荡，国旗遍飘扬！
> 健儿身手，各献所长，大家图自强。
> 你看那，外来敌，多么狼狈！
> 请大家想想，请大家想想，切勿再彷徨。
> 请大家，在领袖领导之下，把国事担当。
> 到那时，饮黄龙，为民族争光；到那时，饮黄龙，为民族争光！

就在写出这首《厦门市第一届运动大会会歌》几天后，弘一致信高文显说，厦门"讲律事即可结束"。不久，"将往他方，埋名遁世，以终其天年。实不愿久堕此名闻利养窟中，以辜负出家之本志也"。

弘一法师准备离开南方，做一次北上之行……

阳历5月中旬，滨海城市青岛，还是暮春时节。因了季候偏于春长的缘故，不时还有寒气袭来。这里的居民身上，依然离不开夹衣夹裤。

1937年5月20日这天一大早，湛山寺的大小僧侣们，沉浸在兴奋而庄严的氛围中。他们仰慕盼望的当代高僧弘一法师，今天将莅临本寺，开始他在北方的弘法讲律活动。

湛山寺位于青岛市东部湛山西南、太平山东麓，为市内唯一一座佛寺。1931年，我国佛学界知名人士叶恭绰、周叔迦居士等，为纪念明代高僧憨山大师弘法青岛，倡议在该地兴建一座佛寺，择址于湛山。1933年建成后，延请名僧倓虚法师为开山方丈。

倓虚法师（1875—1963），俗名王福廷，天津北塘镇人。年轻时在家闲居期间，他广泛涉猎过医卜星相等杂书，积累了不少知识。20岁开始，他先后在沈阳、大连、营口、烟台等地经商、从军、行医、打卦占卜，还当过专门讲述圣谕、善举、懿行的宣讲堂讲师。经历了中日甲午战争、八国联军入侵等战事，王福廷对动荡不定的世俗生活日渐厌倦，对个人的前景感到惆怅空虚，遂由博览佛书、佛寺听经，终于遁入空门。1917年43岁时，经天津清修院（今居士林）住持清池和尚引荐，他前往河北涞水高明寺拜纯魁和尚为师，剃度出家；后到浙江宁波观宗寺礼拜谛闲法师，专学天台宗教义。由于好学深思，悟解透彻，谛闲亲授其天台宗法卷，继承第四十四嗣位，成为该宗的嫡系传人。自入空门以后，倓虚以"讲经弘法，建寺安僧"为职志。四十余年中，在营口、哈尔滨、长春、沈阳、天津等地，由他亲手创建或修复的寺宇就有7座。为弘扬天台教规，他在各地设立弘法支院和佛学院二十多处；先后在东北、西北、北京等地当过住持。倓虚晚年居留香港15年，又创办和主持宗属天台的佛教机构多处。他的最大成就是搜集和整理了第四十三世天台宗法嗣谛闲法师的生平事迹和著述百万余言，编成遗集十册、语录四册。自己亦有《金刚经讲义》《心经义疏》《楞严经妙言要旨》《湛山文钞》等多种佛学著作行世。

倓虚宗天台，但并不自树樊篱、拒斥其他宗派。主持湛山寺后，为将是寺办成十方丛林，他经常聘请各地高僧来寺轮流讲学。他与弘一法师同籍天津，为近代籍出津门的两大高僧。两人虽未曾谋面，但相互心仪已久。倓虚敬重和服膺弘一法师，1937年旧历三月下旬，派出本寺书记梦参法师，专程前往厦门万石岩礼请。弘一法师有意结识同籍津门的一代高僧，也想到多年来未曾有机会去北方弘法讲律。

这天上午9点多钟，弘一法师乘坐的轮船抵达青岛，倓虚法师早就带着道俗二人赶到码头迎接。寺中其他僧众亦披衣持具排列在山门两旁，肃立恭候。

没多少工夫，几辆汽车飞驰而来，在山门前停住。车门开处，首先走下来的是满面笑容的本寺老和尚倓虚法师，接着走下来的是一位身材细长、面孔生疏的僧人，那就是大家正在等候的弘一法师了。只见他穿着一身半旧的衣裤，外罩夏布海青，光脚穿着一双草鞋。这里的气候还很寒冷，但他并无一点儿畏寒的样子。苍白的脸面，满颊的短须，掩饰不住他那清秀的神气和慈蔼幽雅的姿态。

弘一法师见到如此隆重热情的欢迎队伍，有些过意不去。他不肯带头从队列中穿过，和倓虚法师谦让了好几回,才勉为其难地走在了前面。僧众们向他合掌致礼,问候请安,他边走边微笑着,向大家频频还礼。

弘一法师和倓虚法师走了过去,两排僧众和闻讯而来的居士们又一齐拥向客堂台阶下面,举行正式的欢迎仪式。弘一法师客气地还礼,连声说:"不敢当!不敢当!哈哈,劳动你们诸位,实在不敢当、不敢当啊!"

随侍来湛山的有传贯、仁开、圆拙等几位弟子。人数一多,行李就多,柳条箱、铺盖卷、木桶、网篮、提箱,还有其他杂物,在客堂门口堆了一大堆。

欢迎队伍中有位名为火头僧[217]的僧人,悄悄地问迎请归来的梦参法师:"哪件是弘老的衣单?"

梦参法师指指那条用麻绳扎口的旧麻袋和一个约一尺见方的扣盒式旧竹篓说:"那就是。其余的都是别人的。"

火头僧初听很感诧异:"弘一法师,怎么凭他鼎鼎大名的一代律师——也可说是一代祖师,他的衣单怎会这样简单朴素,甚至是很简陋呢?"想了想,他有些明白了,弘一法师,"所以鼎鼎大名,到处有人恭敬的原因,大概也就在此吧!不,也得算是原因之一了。"

弘一法师到湛山寺没几天,应僧众的请求,开始给大家开示和讲解戒律。头一次开示的题目为《律己》。他说:"学戒律的须要'律己',不要'律人'。有些人学了戒律,便专门拿来'律人',这就错了。记得我年少的时候住在天津,整天指东画西地净说人家的不对。那时我还有位老表哥,一天,用手指指我说:'你先说说你自个。'这是句北方土话,意思就是'首先律己',不要光说别人。这句话直到现在我还记得,真使我感激万分。大约喜欢'律人'的,总是看着人家的不对,看不见自己的不对。北方还有句土话是,'老鸦飞到猪身上',只看见人家黑,看不见自己黑,其实它俩是一样黑。

"还有,人们都为遭到诽谤而苦恼,总想出来解释解释,分辩分辩。其实是不必要的。何以息谤呢?两个字,'无辩'。人要是遭到诽谤,千万不要'辩',因为你越辩,谤反弄得越深。譬如一张白纸,忽然误染了一点儿墨水,这时候你不要再动它,它不会再向四周溅污。假使你立时想要它干净,一个劲地去揩拭,那么结果这墨水一定会展拓面积,接连玷污一大片的。"

开示末了,弘一法师在提到"要律己""不要律人"两句话的时候,一连说了十几个

"慎重""慎重""慎重"又"慎重","慎重"又"慎重"。

弘一法师来湛山寺,主要是讲南山律学。开始几次,讲律学大意和三皈五戒,作为铺垫,以引起大家对主要课程的兴趣,主课讲《随机羯磨》和《四分戒本》两部律学著作。弘一法师有自编的《随机羯磨随讲别录》,提纲挈领,一目了然,将一部文字繁琐奥博的著作,解释得通俗易懂。在第一堂课结束的时候,法师说:"我研究二十多年的戒律,这次开头一课,整整预备了七个小时。"这表明他对教学何等地慎重认真。但他终因体力不支,只讲了十几次,剩下的课程,由仁开法师代讲了。每有疑难问题,仁开法师向他执卷请决,他都欢喜明确地加以解答。

来湛山寺一个多月,七七事变发生,战火迅速蔓延。报上的消息说,青岛成了军事上的争夺点,形势十分危急,有钱人都在慌忙南下,以致轮船的票子抢购一空。这年旧历七月十三,弘一法师出家首尾二十载,他书横幅"殉教"两字张于室内,并作题记:"曩居南闽净峰,不避乡匪之难;今居东齐湛山,复值倭寇之警。为护佛门而舍身命,大义所在,何可辞耶?"

夏丏尊、蔡丏因等友生们担心着弘一法师的安全,纷纷来信劝他及早离开青岛,转移到较为平静的地方。但法师没有立刻走开的意思。他回信说:"此次至青岛,预定住至中秋节为止(绝不能早动身)。"(1937年8月20日致夏丏尊信)"今若因难离去,将受极大之讥嫌。故虽青岛有大战争,亦不愿退避也。"(1937年旧历七月中旬致蔡丏因信)他还安慰友人说:"湛山寺居僧近百人,毫无恒产,每月食物至少须三百元。现在住持者不生忧虑,因依佛法自有灵感,不至绝粮也。"(1937年旧历八月初三致夏丏尊信)

弘一法师在湛山期间,除为僧众讲学,解难释疑,多数时间,屏处一室,或拜佛念经,或沉潜于佛典的研读之中。只在朝暮课诵的当儿,院里寂静无人了,悄悄地走出寮舍,在院中各处走走看看,聊作休息。他喜欢大海,有时也独自溜达到海边去,观看海水与礁石的激撞。面对大海,他的心房有大海似的广阔无垠,却无其激荡的涌浪波澜。他是那样地宁静恬适,超然于天地之外……

10月上旬,弘一法师和随侍的弟子们,圆满完成了讲学任务。湛山寺本来预备留他久住的,连过冬的衣服也都给他准备了。可是弘一法师的身体不适于北方的严寒,他平时洒脱惯了,不愿穿一身沉重的棉衣服,像个棉花包一样。因此他还是要回南方过冬,于是到倓虚法师的寮房去告假。倓虚是知道弘一的脾气的,向来不徇人情,他要走,谁也挽留不住的。

第二十一章 黄花晚节

弘一法师从口袋里掏出一个纸条，给倓虚规定了五个条件。

> 第一，不许预备盘川钱；第二，不许备斋饯行；第三，不许派人去送；第四，不许规定或询问何时再来；第五，不许走后彼此再通信。

这些有点儿不近人情的条件，倓虚都答应了。只是第三条，倓虚也无法阻拦别人去送他。

在临走前半个月当中，弘一法师公开接受求书。除了主动送给寺中每人一幅书有"以戒为师"的小中堂作为纪念，个人主动求写者，他也给予满足，书写的词句大都是《华严经集联》和蕅益大师的警训，总数达数百幅。

明天要走了，僧众和居士们请他作最后开示。他说："这次我去了，恐怕再也不能来了，现在我给诸位说句最恳切最能了生死的话——"说到这里，他沉默了起来，大家注意着要听他下面的话。沉默了好一会儿，他才大声地说："就是一句'南——无——阿——弥——陀——佛'！"大家或许一时不解，但弘一法师所说的这句话，却是往生西方极乐的关键所在。

弘一法师一行离寺这天，僧众们和迎接他的时候一样，主动集合起来，举行了隆重庄严的欢送仪式。先前赴厦迎请弘一的梦参法师，又把他送到船上。临别之际，弘一拿出一部厚厚的手写经典，笑容满面地对梦参法师说："这是送给你的！"这是一部用上等玉版宣纸书写的《华严经净行品》，四十多页，数分大的字体，恭整庄肃，苍古遒劲。末幅有跋语说："居湛山半载，梦参法师为护法，特写此品报之。"下署"晚晴老人"，并盖有印章。这是弘一留于人间的又一书法精品，梦参得之，喜不自胜，珍如拱璧。

弘一走后，倓虚法师到他住过的寮房去看，只见屋子里的东西安置得次序井然，里外都打扫得干干净净。桌上一个铜香炉里，正燃烧着三炷名贵长香，空气幽远静穆。倓虚在那里徘徊良久，向往着古今的大德，嗅闻着余留的馨香……

青岛离天津并不是很远，天津居士林还派一位严姓居士，专程来青岛请弘一法师前去弘法讲经。弘一却无意就便回趟俗家，理由可能还是他屡次对朋友提到的，所谓"北地冬春严寒，非衰老之躯所能堪受"吧！而天津老家的人，未必不知道他正行脚青岛呢。

倓虚法师不只是湛山寺住持，还荫庇着东北、华北的不少寺院。因了这个缘故，弘一法师这次湛山讲律的影响，既深且远。倓虚法师说："弘一法师在南方多年，然而，没有能够拿整个丛林完全来接受其律仪的，唯独北方的湛山寺能够接受。每到黑白半月[218]诵戒羯磨，四月十五日结夏安居，七月十五日自恣，平常过午不食，都能按律仪行持……乃至弘一法师走后多年，还是照规矩行持着。不但湛山寺是这样，和湛山寺有关系的庙，如哈尔滨极乐寺、长春般若寺、天津大悲院等，也都按照弘一法师宣讲的律仪在行持。虽然不能完全做到，但最低限度，出家人对四根本戒、十戒、十三僧残等戒律，都在拣要紧的实行着。"（《忆弘一法师》）

弘一法师是1937年10月中旬，由水路经上海南返的。这个时候，日本侵略军正直取大场，向上海市区逼进。炮火喧天，炸弹如雨。相比来说，青岛反而平静些。因此，夏丏尊在弘一离开青岛之前，写信告诉他，最好不要来沪，暂住青岛为宜，但弘一法师还是来了上海。[219]

法师在新北门广东泰安旅馆住下后，打电话到开明书店找夏丏尊先生。夏不在，章雪村先生去看望了他。先前从信中得知，夏家在八一三事变前夕，已经迁往租界，但具体细节并不清楚。见了章雪村先生，他详细询问了夏家的一切，逃难的情形，事业和财产的情形，等等，什么都问到了。章先生每说完一项，法师念一句"阿弥陀佛"。

当天晚上，夏丏尊赶来旅馆看望法师。四五年不见了，彼此都觉得老了许多。见到老友愁苦的神情，法师笑着说："过去就给你说过，世间的一切，本来都是假的，不可认真。我不是替你写过《金刚经》上的四句偈语吗？'一切有为法，如梦幻泡影，如露亦如电，应作如是观。'——你现在正可觉悟这真理了。"

佛语是这么说，实行起来却很难。夏丏尊毕竟还在红尘中生活，不可能将红尘中事截然地置之度外。即使是弘一法师，这时也想起了高文显执笔的《韩偓评传》的下落。虽说这是一项佛门中事，但要圆满完成，也离不开俗界的机缘。夏丏尊告诉他，书稿在八一三事变的战火中，和开明书店厂房一起遭殃了。法师听此消息，不免唏嘘感叹。

第二天，夏丏尊又来旅馆看望弘一法师。那旅馆一面靠近民国路，一面靠近外滩。日本飞机正在狂轰滥炸浦东和南市一带，在房间里坐着，隔几分钟就被震惊一次。夏显出有些慌神的样子，法师却镇静如常，微动着嘴唇，大概是在默诵"阿弥陀佛"吧。

在炮火连天的环境中，谈话是很难进行的。坐了一会儿，夏丏尊说："来趟上海不易，我约了几位朋友，请你到觉林素食处便餐。"弘公念了一句佛，表示感谢。

餐后在附近照相馆摄了一影。

弘一法师离开上海时，夏丏尊、蔡丏因等到码头送行。大家心中都很明白，今后的局势难以预料，从此一别，不知道是否还能相聚！

依依惜别中，蔡丏因问道："弘一法师，什么时候还能再来上海？"

法师自慰慰人地说："朽人后年六十岁，假如有缘，当重来沪上，还有浙江等地，和大家再行见面畅谈。顺便也到白马湖山房小住一回。"顿了顿，又说："且看吧！这种事是要看机缘的，或者就在西方相见了！"他也觉得，来日茫茫，相见无期呢！

这一别，真的成了与上海友人们的永诀。之后，弘一法师再没有来过上海，也没有再到过江浙。

1937年10月16日，弘一法师带领圆拙、仁开、传贯等随侍弟子，和十多位由青岛同来学律的小和尚，回到厦门。先在万石岩住了一段时间，后移至中岩。除了自己精心钻研，还为远道而来的学僧们做些律学方面的辅导。

时与弘一同居中岩的，有位文心法师。弘一见他居室里面除了经书，别无所有，给人以清寥寂寞之感，便将亲手栽植的三四盆名花，很慈爱、很小心地搬到文心法师的桌沿，还一一介绍了花的名字。其中一盆花，开得很香艳，一摆上桌沿，室内立即充满了馥郁之气。弘一说完花名后，和悦地转身回寮房了。文心说，一直过了六七年，每每想起弘一法师送花的事，好像还闻到了阵阵花香呢。

厦门位处东南沿海，属战略要地。弘一法师刚由沪上回来，就感觉到了战事即将来临的紧张空气。他怕夏丏尊、蔡丏因、李芳远等远方朋友们挂念，去信说：

> 厦门近日情形，仁等当已知之。他方有谆劝余迁居避难者，皆已辞谢，决定居住厦门，为诸寺院护法，共其存亡。必俟厦门平静，乃能往他处也。
>
> ——1937年11月1日致夏丏尊、蔡丏因信

> ……近日厦市虽风声稍紧，但朽人为护法故，不避炮弹，誓与厦市共存亡。……吾人一生之中，晚节为最要。愿与仁等共勉之。
>
> ——1937年12月23日致李芳远信

老马

田子方见老马于道，问其御曰："此何马也？"其御曰："此故公家畜也，老罢而不能用，出而鬻之。"田子方曰："少而贪其力，老而弃其身，仁者弗为也。"束帛以赎之。

——《韩非子》

对前来劝其避入内地的人，弘一法师也是那句话："为护法故，不怕炮弹。"他还题其居室为"殉教室"。

1937年年底至1938年年初，弘一法师相继在晋江草庵、泉州承天寺和开元寺等处，为僧众和居士们开讲《华严经大意》《华严经·普贤行愿品》等佛典，每讲都切嘱缁素，读诵行愿品十万遍，以此功德回向，国难消除，民众安乐。十万遍行愿品文字之多、篇幅之长，可以想见，但弟子和居士们都深感弘一法师对国家民族的忠心和诚意，表示要用一年工夫认真念完。

一天早晨，弘一法师在承天寺食堂用餐，当食之际，禁不住潸然流涕，备极痛苦地对弟子们说："吾人所吃的是中华之粟，所饮的是温陵之水，身为佛子，此时此刻，不能共纾国难于万一，为释迦如来张点体面，自揣不如一只狗子，狗子尚能为主守门，吾人却一无所用，而犹腼颜受食，能无愧于心乎！"

弟子们听着弘一的话，也都泣不成声，悲痛异常。在这之后，他每有开讲，座位后面的墙壁上，挂起了一幅由其亲手书写的中堂："念佛不忘救国，救国必须念佛。"后有跋语曰："佛者，觉也。觉了真理，乃能誓舍身命，牺牲一切，勇猛精进，救护国家。是故救国必须念佛。"讲演中，他又往往触景生情，感时伤乱，勉励佛教徒们对国家、对民族应有爱护的热忱。

泉州处于战事前沿，舰队频繁出入，飞机不断轰炸，时有伤亡的危险。弘一法师却依然独往独来，集众演讲，弘法开示，置个人之生死于度外。在他，以其佛门的观念，万一遇上不幸，不正可以用自己的头颅脑髓，去替代众生受苦，从而实现往生西方的夙愿吗？这并非弘一法师在故作勇猛，而是他所信仰的佛教教本之所在。因此，在他来说，是心甘情愿、顺理成章的事。他在写给丰子恺的信中说：

……朽人出家已来，恒自韬晦，罕预讲务。乃今岁正月至泉州后，法缘殊胜，昔所未有，几如江流奔腾不可歇止。朽人亦发愿为法舍身。虽所居之处，飞机日至数次，（大炮叠鸣，玻璃窗震动）又与军队同住（军人住寺内），朽人亦安乐如恒，盖已成为习惯矣。幸在各地演讲，听者甚众，皆悉欢喜。于兵戈扰攘时，朽人愿尽绵力，以安慰受诸痛苦惊惶忧恼诸众生等，当为仁者所赞喜。……

——1938年4月18日信

第二十一章 | 黄花晚节

1938年4月下旬，弘一法师由泉州到厦门。这时，厦门战事日趋紧张，变乱即将发生。关心法师安全的各方人士，又纷纷致信劝其尽快远避他方，法师却无意马上走开。4月间致郁智朗的信中说，"当来厦门战事平静后"，再"拟移居乡间，现在仍须居厦门，未能他往"，并将其近来阅读《灵峰宗论》所见蕅益大师的一首诗，抄录于信中，以表心志。诗云：

> 日轮挽作镜，海水挹作盆。
> 照我忠义胆，浴我法臣魂。
> 九死心不悔，尘劫愿犹存。
> 为檄虚空界，何人共此轮。

蕅益此诗中的第一句与第三句、第二句与第四句相应互发，激昂雄健，包蕴天地，为高僧诗中所罕见。在抗战初起之际，弘一法师引录此诗，显示了他那"忠义之胆""法臣之魂"的浩大宏阔、清澈纯正。

远在上海的蔡丏因，从报上看到消息，也写信来劝请弘一法师立即移居。法师也回信说："时事未平靖前，仍居厦门，倘值变乱，愿以身殉。古人诗云：'莫嫌老圃秋容淡，犹有黄花晚节香。'"宋代韩琦诗《九日小阁》"莫嫌老圃秋容淡，且看黄花晚节香"两句中"黄花晚节"一语，常被用来比喻人在晚年能保持高尚之节操。弘一法师将韩琦的这两句诗，略加变化，在抗战期间致友人的信中反复引用，自勉勉人。前述1937年12月致李芳远信中已引用一次，现在写信给蔡丏因时，又加以引用，以表明其保持晚节的心志和决心。

5月12日，厦门沦于日寇之手。童子李芳远，为弘一法师的安全四出查访，一时又不获其行踪之所在，急得坐卧不宁。直到接读法师5月17日发自白龙溪南山寺的来信，才一块石头落了地。信中说："朽人于厦门难事前四天，已到漳州弘法，故能幸免于难。"他还致信夏丏尊，说是在漳州弘法十分顺利，"当此国难之时，人多发心归佛法也"。

弘一法师双重弟子丰子恺，抗战后流徙各地。1938年6月与马一浮等到了桂林。其时，桂林汇集着文化界的众多精英，成为抗战文化的中心。桂林的佛教信仰也很盛行，但丰子恺发现，在崇奉佛教、吃素念佛的外衣下，潜流着一股亵渎佛法的歪风邪气。有感于此，丰写了一篇题为《佛无灵》的文章。文中说：

……我不屑与他们为伍。因为这班人多数自私自利,丑态可掬。非但完全不解佛的广大慈悲的精神,其我利自私之欲且比所谓不信佛的人深得多!他们的念佛吃素,全为求私人的幸福。好比商人拿本钱去求利……

信佛为求人生幸福,我绝对不反对。但是,只求自己一人一家的幸福而不顾他人,我瞧他不起。得了些小便宜就津津乐道,引为佛佑;(抗战期中,靠念佛而得平安逃难者,时有所闻。)受了些小损失就怨天尤人,叹"佛无灵",真是"阿弥陀佛,罪过罪过!"他们平日都吃素、放生、念佛、诵经,但他们的吃一天素,希望比吃十天鱼肉得更大的报酬。他们放一条蛇,希望活一百岁。他们念佛诵经,希望个个字变成金钱。这些人从佛堂里散出来,说是统是果报:某人长年吃素,邻家都烧光了,他家毫无损失。某人念《金刚经》,强盗洗劫时独不抢他的。某人无子,信佛后一索得男。某人痔疮发,念了"大慈大悲观世音菩萨",痔疮立刻断根……此外没有一句真正关于佛法的话。这完全是同佛做买卖,靠佛图利,吃佛饭。这真是所谓:"群居终日,言不及义,好行小惠,难矣哉!"……

对某些所谓"信佛者"亵渎佛法的行径,作为弘一法师的弟子,丰子恺做了尖锐的抨击。但丰觉得,自己的力量还不足以扭转这种歪风邪气。他想起了正在闽南遭受炮火威胁的弘一法师,便写信请恩师前去桂林,一则可以避难静修,二则也可以其崇高的威望和影响,纯净一下那里的佛门风气。法师却无意离开闽南,回信说:"朽人年来老态日增,不久即往生极乐。故于今春在泉州及惠安尽力弘扬佛法,近在漳州亦尔……犹如夕阳,殷红绚彩,随即西沉。吾生亦尔,世寿将尽,聊作最后之纪念耳。"(1938年9月30日信)在另一封信中,法师不只再次引录韩琦的那两句诗,也再次引录了明蕅益大师的《日轮挽作镜》一作,然后说:"朽人近恒发愿,愿舍身护法(为壮烈之牺牲),不愿苟且偷安独善其身也。"(1938年旧历五月十一信)表现了他护国护法的坚定决心。

弘一法师在记载其第二次过化民间的《泉州弘法记》中,有这样一段话:"因阅省府令将使僧众服兵役事,于[己卯年]正月廿五日在[承天]寺演讲一次,安慰僧众,倘此事实行时,愿为力争,并绝食以要求,令大众毋惧。……"

抗战军兴,需要各界人士努力参战,但在佛门中人看来,此乃杀生之事,非僧侣所为；僧人救国，应以别种形式，不宜直接参战。弘一法师故有上述之言行。

僧人不战，这是佛门固有的观念和逻辑，自与世俗观念、世俗逻辑有异，也不能以世俗观念和世俗逻辑去要求僧人的行为方式。但在实际生活中，僧人抗战爱国的形式也是多种多样的。据有关资料记载，佛门中直接或较为直接地参与抗战的，亦大有人在。七七事变一发生，中国佛教会（即中国佛学会）即在上海召开理监事紧急会议，决定成立灾区救护团和僧侣救护队，圆瑛法师[220]被选为救护团团长，他的徒弟宏明法师为救护队队长。八一三事变后日寇侵占上海，宏明带领一百多名僧侣开赴前线，以"大无畏、大无我、大慈悲"的精神，3个月内，在枪林弹雨和连天炮火中，救护伤员和难民8000多人。一些僧人光荣地献出了生命，或被炸弹炸伤，终身残废。他们的英勇行为受到上海人民的称赞，被誉为"英勇僧侣"，连外国人也赞扬他们是"战神之敌"。镇江北固山佛寺的青年和尚法启，在陈毅将军的影响下，串联周围三十多座寺宇的五十多名和尚，组成了一支身穿袈裟的抗日武装——僧抗大队，活跃于泰州、江都、兴化交界的三角地区，频繁地展开了伏击日伪军、铲除汉奸恶霸的抗日斗争，还配合新四军主力部队参加大小战斗二十多次。队员恒海，原是一名军人，后弃武归佛。面对国难，他重披战袍，英勇杀敌，最后为国捐躯。这支"和尚兵团"的出现，每使当地日伪军闻风丧胆。在南岳衡山，名僧巨赞法师[221]和暮笳、演义等人联合道教徒，组织成立了"南岳佛道救难协会"，召集青壮年僧侣和道士，举办军事训练班。参加者身着新式僧装，佩带红色三角符号，接受政治常识、佛学、军事知识、救护常识、精神讲话、抗战歌曲六门课程，集中训练两个月后，分成佛教青年服务团和佛教工作流动团，分赴长沙、湘潭二地开展抗日救亡活动。人们亲切地称他们为"和尚兵"。周恩来曾为他们题词，"上马杀贼，下马学佛"……这类例子，在抗战时期的佛教界遍及全国各地。由此看来，在国难面前，身为僧侣，"下马学佛"与"上马杀贼"是可以统一的。僧侣并非绝对不能参战杀敌。抗战初起，名僧应慈法师[222]就说过这样的话："当国家清平之时，自应隐逸清修，一旦有事，仍当作狮子奋迅以赴。"

在"爱国"与"念佛"的关系上，弘一法师的总的观念是："念佛不忘救国，救国必须念佛。"这的确是一个很全面的口号。但深究其内涵，不能不指出，在弘一的观念中，念佛是唯一的救国之道。即使不是唯一的，也是最重要的途径。以弘一的看法，护法就是护国，护国的首要（如果不是唯一的话）途径是护法，这样，他就必然地要去阻止省府有关僧众服兵役的命令了。而护国与护法并不矛盾。当国家清平之时，可以说护法就是护国；在外敌入侵国家危难之际，护法只是护国的一种方式，且是次要的方式。道理是很简单的：单靠念佛是不能却敌的，唯有上阵杀敌，才能赶走入侵者，之后，也才有护法可言。下令僧众当兵，固然有违宗教政策，但阻止此等命令，恐怕也与时势不合吧！况且，在当时的佛教界，也并非一概反对僧众参战杀敌的。这从上面所举的一些例子中，是可以得到印证的。弘一法师所提的那个著名口号，前一句"念佛不忘救国"，显示了他作为佛教徒，在彼时彼地的一颗赤子之心；而后一句"救国必须念佛"，如果是指念佛系救国的唯一的或主要的途径，不免有些片面了。

己卯年二月二十二日（1939年4月11日），弘一法师在温陵养老院宣讲《地藏菩萨之灵感事迹》。三天后，他由泉州出发，长途跋涉，杖锡百里之外的永春县。路过县城，他在东门古寺桃源殿勾留一天，为当地缁素作通俗演讲，题为《佛教之简易修持法》。二月二十七日，他前往蓬壶乡普济寺驻锡。

永春县位于泉州西北，古称桃源。晚唐诗人韩偓，曾游历至此，留有遗迹。普济寺有"桃源甲刹"之称，始建于北宋，后屡经兴废，现存寺宇为明隆庆年间重修。民国以来，渐露衰败气象。当地人林奉若深以为忧，而又自知性情孤介，拙于应酬，不宜于世，便在寺顶旷地修筑茅篷栖止，为普济寺作护法。他请闽南大德性愿法师前来住持，讲经说法，重新燃起了香火。性愿法师应菲律宾之聘去了海外，但仍身兼普济寺住持；他请弘一来寺挂锡，以树僧范，以继香火。弘一法师喜欢顶寺僻静，林奉若便将茅篷让给了他，并任供养之役。

在普济寺，弘一法师除了为诸善信作过《药师如来法门一斑》（1939年）、《普劝净宗道侣兼持诵地藏经》（1940年）两次演讲，其余时间均在关内静修撰述，完成了《南山律在家备览略编》《华严经疏科分》《盗戒释相概略问答》《戒体章名相别号》等多种佛学著作。

三年前在厦门结识的永春童子李芳远，抗战爆发后，已来老家避难。弘一法师掩关普济寺，芳远曾两次入山参访照料。第二次来寺，正值法师不适，由他将有关饮食的要求，转达下院厨房。法师在便条上写道：

> 自明日起，每日送粥两次，希为转知厨房。早晨送来时间，再延迟一点钟（一小时）送来。因余近来老病日甚，晨起手足无力，精神颓唐，不能早起

床，故须再延迟一点钟也。午粥送来时间，仍旧十一点钟，不可迟。病态日甚，仅能食粥或地瓜。若干饭、菜饭、面，皆不能食，不可送来。

——1940年春信

法师为了感谢李芳远，赋偈书联以赠。偈语正是他一年多以后留别人间的那四句话。[223]

问余何适，廓尔亡言。华枝春满，天心月圆。

在蓬壶山中，弘一法师度过了六十岁生日。初度之际，他用门生刘质平及宁波郁智朗居士寄来的钱，在普济寺以大面供众，还分了"瞰钱"[224]。刘质平等友生为募印法师手书《金刚经》和《地藏菩萨九华山垂迹图赞》，开始征集题赞，以为庆贺法师六秩大寿的内容之一。澳门《觉音》月刊和上海《佛学》半月刊，为出版法师六秩纪念专刊向各方友人征集祝寿诗文。远在广西宜山的门生丰子恺，正在根据法师审定和手书的说明文字，赶紧编绘《护生画续集》。缁素两界的人们，在庆贺弘一法师六秩之际，都盼望他能久住世间，广传佛音……

在蓬壶山中，弘一法师由于身体不好，几乎断绝了与外界的所有来往。到1940年春天，外边又有了他已经圆寂的传闻。林奉若居士致书浙江宁波郁智朗，报告了法师的近况。《觉音》月刊还专门刊登《弘一律师近踪》一文以息疑。文中说：

弘一律师年前息影泉州蓬壶山居，谢绝一切，专编律典情形，已迭志本刊。近据友人来书，谓已迁居该处附近之灵应寺，依旧杜门谢客，从事律部编著，所有酬酢，皆已决绝；即编者为出专刊，曾去数函，亦蒙原璧封存。闻其编著之《南山律苑丛刊》，已由哈同园主罗嘉陵氏，负责全部影印，因战时无法出版。近著《在家备览》一书，已寄上海影印云。

弘一法师自1939年4月16日莅临蓬壶山普济寺，及至1940年11月10日下山，前后573天。这是他在闽南14年中，挂锡一地一寺时间最长的一次。他在深山中生活有年，却一直因水土不服而时常闹病；时间久了，远处方内方外的朋友们，都在关心着他的行踪和健康；再说，蓬壶山尽管绝尘清静，适于掩关，但行脚范围毕竟有限。以弘法济世、拯救众生为己任的弘一法师，决定远行他去，以其不多的来日，在西方的天空中，放射出殷红的绚彩。

　　11月10日这天清晨，蓬壶山下的河面上飘出一挂孤帆，正往下游永春县城渐飘渐远……

第二十二章 无声与有声

第二十二章 | 无声与有声

已是寒蝉微喘的深秋。

永春一地，距离海洋较远，海风难以吹到，几天来又下了霜，气温骤然下降。李芳远惦念着山中的弘一法师，不知道他的身体怎样了？从前些天的来信看，他于近期将会下山移锡吧！

正当芳远惦念着的时候，这天——1940年11月11日晚上，父亲从永春城里回来说，法师已于昨天来城，挂锡桃源殿。今日应城中各界敦请，勾留一天。明日一早，将乘帆船前往南安洪濑。

次日破晓，沾衣欲湿的雾雨蒙蒙地下着。李芳远特意从住家冷水村，赶到上游一个渡头，站立在木桥上，等候法师从这里经过。

芳远或许来得早了点儿，已经站立了个把小时，还不见法师船只的踪影。他在木桥上踟蹰，在河岸边彷徨，远望着悠悠而来的一江碧水。……正在失望之际，忽见江头芦花丛里，露出了一挂孤帆，芳远想，那必定是慈渡法师的小舟了。

一会儿，船近了，再近了，法师先瞧见了木桥上的童子，惊喜地站了起来，向芳远诵了声"阿弥陀佛"。那清泠轻快弥漫周遭的声音，竟使芳远全身震颤，莫敢仰视了。在肃然地回敬中，芳远跳上了小船，准备送法师一程。

似雪的长髯，瘦如苍松般的身躯，法师好像更老态了。不过从那精神气韵看，又是青年所望尘不及的。法师静穆地微露着笑容，一边毫无躁忿地续动着念珠，一边和芳远交谈着。芳远觉得，此时此刻，法师的飘逸神态，正和他的书法一样，清绝人间，一无矜才使气的烟火。

芳远问道："法师何时还能重来永春？"

法师别有天地非人间似的微笑着说："待来年机缘成熟，当即重来；然亦未可确定，或许那时已经往生西方了……"

沉默了一会儿，法师问芳远道："你送我到哪里呢？"

一个"送"字，虽说不是什么特别的字眼，在眼下这种特定的情景中，芳远听来却有味道极了。他想，法师在说到这个字眼时，一定是记起了他在俗时所作的那首传唱南北的

《送别》吧!

> 长亭外,古道边,芳草碧连天。晚风拂柳笛声残,夕阳山外山。天之涯,地之角,知交半零落!一壶浊酒尽余欢,今宵别梦寒。长亭外,古道边,芳草碧连天。晚风拂柳笛声残,夕阳山外山。

芳远似乎听到了远方传来的《送别》的乐曲声,心头顿生一阵茫然与寒冷之感。他回答法师说:"我家冷水村,有座木渡桥,就在那里告别吧!"

法师不再言语,无声地勤念着佛号。一会儿,又闭上了眼睛。专程赶往永春照料他下山的传贯法师插口问道:"贵村治安状况如何?太平吗?"李芳远据实说了说情形。传贯法师听后没再多问,也微动嘴唇念起了佛号。

今天早上前来迎候的路上,李芳远想到了不少人和事,准备作谈话的资料。可眼下两位和尚这般超然物外只管念佛的样子,好多要说的话都烟消云散了。就这样凝神地静坐着,面对两位闭眼念佛的和尚,再谛听着船过浅水处与石子摩擦时发出的"叉——叉——叉"的响声,李芳远觉得,这种境界有无限的美,正像叶圣陶先生所说,这样对坐两小时,胜过共聚十年的光景哩。

船到冷水村渡头,李芳远跳上岸,向弘一法师告别。他怆然地望着帆船,驶向迷蒙不辨的远方。当他走回村中的时候,想起了两句诗:

> 关山月皎清风起,送别人归野渡空。

这是法师多年来念兹在兹的晚唐诗人韩偓《江南送别》中的诗句。李芳远反复默诵着,觉得心头空落落的。阴沉沉的天空,数点寒鸦凄厉地叫着。他又想起了古人的两句诗:"乌啼月落人何处?又是一番新别离!"李芳远后来说,他送别弘一法师时的心情,正如李后主《相见欢》所描摹的:"是离愁,别是一般滋味在心头!"

南安洪濑镇是弘一法师旧游之地。此前十一二年两次旧历年岁,他都是在这里的杨梅山南麓雪峰寺度过的。洪濑还有一座远近闻名的古刹灵应寺。该寺位于洪梅乡玳瑁山(俗称戴帽山)南麓的半山腰。初名灵应岩,又名紫帽岩。北宋皇祐年间文愈禅师(俗姓李,名应）为开山祖，俗称李公祖师，其肉身迄今近千年，依然端庄在位。明末清初，如幻、超弘二师重修扩建，其规模仅次于雪峰寺，为南安第二大丛林。清道光年间，县令梁韵清祈雨，巧合有应，遂以"灵应"匾其寺，寺名越发地远播了。现存殿宇，为清光绪十八年（1892）重修。弘一法师在南闽，灵应寺寺主定眉和尚向慕已久，近年来曾五次恳请他前来弘法讲律，化导缁素。弘一这次下蓬壶，上玳瑁，即应定眉和尚之请。

一挂孤帆，轻风吹送。弘一法师于11月12日晚抵达洪濑，在树德寺过夜。次日清晨，由传贯、性常等弟子护送，步行上山，安居灵应寺。

弘一法师挂锡灵应寺的消息，立即在当地缁素中传开，前来礼拜问佛者络绎不绝。他不能拂逆了道友们的渴望与热忱，数日间，接待了好些往访者，并以法书道谢结缘。

南安县立炉内中心学校、惟仁小学、蓬溪小学和晋江县立金溪中心学校等几所小学校长，联袂来访。晤谈间有人询问弘一法师："目前物价不断高涨，工资有限，小学教师生活费用无法维持，我们中不少人想改业他往，不知是否可以？"

法师说："小学教育为栽培人才的基础，关系国家民族的未来，至重至大。小学教师虽然目下清苦，然人格实至高尚，未可轻易转途改业。"

几位校长深以法师的开示为然，暗暗下定决心，长久地坚守在教育岗位上。初来时的扰攘告一段落。弘一法师在灵应寺安定下来，尽量辞谢见客和通信等事，以便习静养疴，精心撰述。其间，曾两次去附近水云洞短期居住。

位于洪梅乡新联村商南寨半山腰的水云洞，始建于明洪武十八年（1385）。传说当年乡民营建祖坟开挖地基时，发现有大铜钟一座、神农氏石像一尊。正将两件宝物取出之际，突然浓云蔽天，大雨倾盆，乡民们意会到，此处乃"仙公"所居，不可擅动。于是一边将祖坟移建他处，一边赶紧就此地基兴建佛刹，取名水云洞，供奉水月观音，兼祀神农石像，以保风调雨顺五谷丰登。清光绪三十一年（1905），水云洞开始供奉灵应祖师，作为灵应寺的一处分院。弘一法师来此挂单，也是一段香火因缘使然吧。

七八年前，弘一在泉州开元寺讲律。当时，后出家为僧的慧田其人，还是个十二三岁的少年，正在寺中举办的慈儿院念书。他听老师介绍，弘一法师原是富家阔少、东洋留学生，还是中国艺术界的先进，书画音乐样样都好。出于少年人富于崇拜的心理，他老是想象着像弘一法师这样一个人，为什么也要出家，并对弘一法师出家的生活态度种种问题，起了莫大的憧憬和好奇，也不无羡慕与向往。他常常这样猜想着："那种出家生活是不是真的伟大高尚和富有意义呢？不然，为什么像弘一法师这样一个人，竟会抛弃了惬意舒适的世俗生活和艺术家的浪漫生活，硬是走到芒钵衲衣这种异常艰苦的生活途径上来呢？"或许是耳濡目染和寺院氛围的浸透吧，少年时的慧田，对弘一法师走过的和正在走着的路途，慢慢地相信起来。

慧田的友人陈海量居士，恰是弘一法师的在俗弟子。他经常鼓励慧田，说出家如何高尚、如何尊严，可以为人天师范，等等。这更使慧田心花怒放，跃跃欲试了。不久，又因了陈海量的关系，慧田得以亲近弘一法师，常有机会聆听他的开示和启导。在单纯的信仰与崇拜底下，慧田终于走了出家为僧之一途。

但慧田出家以来，很少有机会见到弘一法师，亲承謦欬。前些天一个下午，他正在水云洞外的麦田里，和工人一起冬耕，从过路人的口中，得知弘一法师已由永春移锡灵应寺。获悉这一消息，他不由得喜出望外，立即丢下工作，飞也似的越过山巅，赶去灵应寺拜谒多年不见的老法师。

到了灵应寺，听说弘一法师已经掩关静修不见来客，慧田不敢说出要见法师的话。不过，他倒不是一般外人，是本寺下院的僧侣。他正失望之际，已有人通报他特地赶来的事，弘一法师说是"特别的会见，理应破例"，请他赶紧去寮房见面。

慧田本是抱了一腔的热情，也积蓄了好多要说的话，但一见弘一法师，看到他和善地笑望着自己，好像喉头塞住了什么似的，反倒说不出一句话来，在那里局促地僵坐着。静坐了一二分钟，还是法师先开了口，问他现在住在什么地方。

"就在附近的一个山头上躬耕，实行着我在战争时期奉行的出家人的'农禅主义'。想用这种自食其力的生活方式，作为避免被看成为社会蠹虫的一种尝试。"话开了头，慧田说得非常起劲，"请法师到我那里去玩玩如何？"

法师见慧田稚气十足的神情，好奇地问道："你住的到底是出家人的地方呢，还是在家人的地方呢？"接着又问："有几个人同住呢？"

慧田一一作了回答。这一问一答，成就了弘一法师两次移居水云洞的因缘。灵应寺为一方丛林，进香拜佛的香客比较多，不太安静。1941年1月间，法师为躲避喧闹，第一次到了水云洞。

水云洞地处偏僻，设备不全。法师前来居住，慧田在力所能及的范围内，打扫出两间简陋的房间，作为他的静养之室。睡觉的床还是由自己让出的两扇门板搭成的。慧田觉得有些过意不去，法师见了，却非常的欢喜，满口"很好!很好!"地赞叹着，还说，"我们出家人，用的东西都是十方施主的，什么东西都要节俭的、爱惜的。住的地方，只要有空气，干净，就好。用的东西，只要可以用，不必怎么精巧华丽，那是太贵族化了，我们出家人不应该有的，要受人家批评的。我住的地方，也只求简洁清净而已，用不着高楼大厦的。像这样的房子，我们出家人是住得惯的。在门板上睡眠，也是很好的。"

一般人看来最无用最坏的东西，在弘一法师眼中，都变成了很好的东西。一天，他从寺后田陌上散步回来，见到泥坑里有几个坏了的小萝卜，认真地捡了起来，当成什么宝贝似的，欢喜地对慧田说："生萝卜吃下是补气的。"

那几个萝卜正是慧田丢弃的。听了弘一法师的话，他心里想，"吃生萝卜补气我是不知道的，而丢了萝卜作了孽我是知道的。"于是对弘一法师说："田里还有很好的，我去拿几个给你吃。"

弘一法师坚持不让慧田去拿，就把几个捡来的小萝卜洗干净放了些盐，有滋有味地吃了起来。慧田看着法师这种惜物的举动和精神，心里很是难过，也很自责，从此不敢再有此类事情发生，也禁止寺中工人在山上乱丢食物了。

弘一法师惜物，更惜人。他的惜人，表现在对人的严格要求和深切期望上。他对慧田说："我总希望你做个上等人，至于出家还是在家，都是可以的。如果出家，希望你做个佛门的栋梁；如果在家，希望你成为国家社会的中坚，做个佛教的大护法。要出家，就得亲近明师，精心研究佛法，以便自度度人。出家人的饭，总是要给用功的出家人吃的，不是要给猫猫虎虎的不用功的出家人混的。你总是要自己明白尊重自己，可不能糊里糊涂地混下去。糊里糊涂地混下去是很可惜的，是自己糟蹋了自己。这是我对你的一点儿希望。"

慧田聆听着弘一法师的教诲，心潮起伏，感念丛生："大师用这种诚恳的话激励着自己，我能继续糊涂下去吗？当头有棒，金石为开，就是怎样铁石心肠的人，也不能无动于衷吧！不由得不使你投在他崇高伟大的精神人格的怀抱里，发誓改头换面地做个老老实实发奋用功的出家人。"

慧田午夜自思，抚躬而涕："以大师感我之深，其复能朝夕忘之哉！"

弘一法师那般教诲，事出有因；慧田聆听后，也有所反省。但弘一法师对慧田仍有些担心，他便致信远在上海的陈海量居士，请其来闽加以"规劝"。信中说：

不晤近十载，至为悬念。朽人尔来未与外间通信。兹因有极重要事，故破例致书与仁者，略陈其概。传如师[225]近管理水云洞，体弱多病，数年前修习世间文章，于佛法罕有所知。近惟终日招待香客，督理农务，几忘却出家之本务，至为可憨。朽人未能与彼常晤谈，即偶谈时，亦未能尽言，未能直言。朽人反复思维，惟有乞仁者速来南闽，与传如师同住，时时规劝，尽力扶持。俾传如师能精进向道，而仁者居此乡间闲静之寺中，亦可安心用功，胜于沪上多多矣。务乞垂怜故人传如师近况，深加悲愍，速命驾来闽，至为感祷。

陈海量终因寇乱而未能来闽。慧田确有"可憨"之处，如"终日招待香客"，忙于应酬，有碍于"出家之本务"。但将其"督理农务"与"出家之本务"对立起来，弘一法师未免有些片面或过于固执佛法了。如实说来，慧田的思路和做法，即他在战争时期奉行"农禅主义"，力求自力更生，以"避免被看成为社会蠹虫"的那种尝试，不但不应该视为"可憨"之处，相反，正是其在特定历史条件下（国家和民族处于危难之际，各种生活物资异常匮乏），所采取的一种值得赞赏的务实之举。

水云洞有李卓吾像。李卓吾即李贽（1527—1602），系明代闽籍著名学者，先为儒家，后不但时与名僧交游，参论佛理，且批儒甚力，最终又出家为僧。其《焚书》《续焚书》《藏书》《续藏书》《史纲举要》等著作，名重一时。弘一法师第一次居南安水云，为先生之像题赞，曰："由儒入释，悟彻禅机。清源毓秀，千古崔巍。"奖赞有加，推崇备至。

弘一法师在南安灵应寺住了将近半年，撰有《普劝出家人常应受八戒文》《受八关斋戒》等律学著作。1941年5月中旬，由灵应寺移往晋江福林寺。路过水云洞，又小住了几天。书写云峰禅师偈语"即今休去便休去，若欲了时无了时"，请慧田师转寄沪上陈海量居士。

福林寺位于晋江市檀林（又名苿林）乡东南隅，现存殿宇为清同治五年（1866）重修。1941年，弘一法师在此结夏期间，完成《律钞宗要随讲别录》《事钞略科》《随分自誓受菩萨戒文析疑》等律学著作。

福林寺有念佛会期，弘一法师作《略述印光大师之盛德》演讲。他说，印师"生平不求名誉"，"他人有作文赞扬师德者，辄痛斥之"；印师"不贪蓄财物"，"他人供养钱财者甚多，师以印佛书流通，或救济灾难等"；印师"一生不蓄剃度弟子"，"而全国僧众多钦其教化"；印师又"一生不任寺中住持监院等职"，"而全国寺院多蒙其护法。各处寺房或寺产有受人占夺者，师必为尽力设法以保全之"。因此，就其一生而言，印师自己绝不求名利恭敬，却令一切众生皆受其莫大之利益。弘一法师在演讲中，特举出印师"习劳""惜福""注重因果""专心念佛"等盛德四端，开示僧众。他以为，印师之盛德甚多，非常人所能企及，但所举之四端，"至简至易，无论何人，皆可依此而学也"。

弘一法师在福林寺，很少与外界交往，但他对有望的青年，从不拒绝。

泉州人张人希，擅长篆刻。他的方外友觉圆和尚，是铜佛寺（百源寺的俗称）住持。觉圆请张刻过一方印章。有一次，弘一法师驻锡铜佛寺，无意中看到了这方印章，很是喜欢，对觉圆说，以后如有机缘，望你介绍结识张君。觉圆很快将张请来寺中，弘一法师亲切随和地与之交谈，并书写韩偓七绝一首相赠作为纪念。法师有一封谈论书画篆刻的长信，原是前年回复青年篆刻家马冬涵的，因马被关在上饶集中营，无法投出，这次来晋江后寄给张人希作为纪念。张见信，立即前来福林寺拜谒，并请求皈依。法师愉快地为其证授，从此又多了一位在俗弟子。

张人希见过弘一法师，赶到附近的石狮镇，对另一位书画爱好者黄福海说："法师已由南安来到晋江，住在福林寺，刚才我就在那里皈依了法师回来的。"

黄福海听到弘一法师来到晋江的消息，很是高兴，但对张人希皈依一事，有些惊讶，看了看他的装束后说："皈依？是要叩头，要受五戒的啊！"

张人希说："刚才，我确实在法师那里受了皈依。法师说，穿着洋装，不必叩头，鞠个躬就可以了。又说，先守不饮酒、不邪淫两戒，其他的慢慢来。……我顺便告诉他，你在石狮呢。他问了你的住处，还说与你已经好久不见了。你快去看看他吧！"

黄福海原籍江苏，前些年在泉州参加抗日地下工作。他早就知道弘一法师不但是一代高僧，也是书画大家。两年前的初春时节，他得知法师在泉州承天寺讲经，便慕名前去拜访。

法师问了黄的姓名与简历，很和善地请他进禅室去坐。

在黄的感觉中，法师的禅房矮小，光线幽暗，但布置得整齐妥帖，大多数物件都显出清洁的灰淡色。房里没有一点儿灰尘，也无一点儿声音。法师面部清癯，两眼若开若闭，嘴带慈祥的微笑，正襟危坐着，态度庄严，显露慈威。在这种严净的环境与氛围中，法师像一位道地的活菩萨。黄是素来浪漫不羁的,面对此情此景,直噤得规规矩矩,不敢乱动,不敢作声,但又舍不得就此辞退,只好木偶般地坐在那里,呆呆地望着法师。

在法师的心目中,眼前的黄福海还是个孩子。法师看出了这个孩子的尴尬相,但又不知道他有什么要求,便笑嘻嘻地用爽快轻松的口气说:"我会写字,你要我写字吗?"

这正是黄福海求之不得的事,于是说:"谢谢法师,能送我几个字,再好也没有了。但不忙,什么时候写了什么时候给我吧!"

黄觉得,让法师写字,有些过意不去。次日早晨,买了四个一般大的橙子,低着头,蹑着脚,悄悄地将橙子捧进法师的禅房。法师随即离座起立。黄一声不响地轻轻地将橙子放在旁边的小桌上,堆成了一个金字塔。法师没像俗人那样说声"谢谢",也没谦拒不纳,而是以长者的口吻说:"你还买橙子请我啊?"

黄腼腆地笑了笑。临走,法师将写好的一卷字送了他。黄心奇法师写字的迅捷,也感佩承诺的真诚,法师真是毫无一点儿世俗书画家因袭和骄傲的习气呢。他便恭敬地用双手从法师手中接过字卷。大概是过于欢喜和感激吧,他竟忘了应该说声"谢谢"。

法师还答应黄和他去拍张纪念照片。

黄低着头跟在法师后面,向照相馆走去。法师的脚步原是轻捷快速的,走着走着,忽然放慢了步子。黄抬头看了看,前面不远的地方走着一个个子不高的和尚。法师指了指那和尚的背影,用低微的声音说:"这位是承天寺的主持转尘大和尚,他岁数比我大,出家的时间比我早,是佛门中的老前辈,所以我这时候要慢一点儿走,不能走到他的前头去。"

由这一细节,黄领略到弘一法师谦逊的品格。

在照相机前面,法师双手捏着佛珠,立着不动。

黄请问:"法师,怎样照才好?"

"随便。"法师很客气地答道。

黄和照相师布置好背景,调适好光线,又问法师:"这样照如何?"

"就这样好。"法师又随和地说。

照片洗出来后,法师在上面题了几句话:"己卯二月二十日与黄栢(引者按:黄福海别号黄栢)贤首同写影于清源。时年六十,将往永春山中习静。"后面还盖了法师的印章。

张人希通报弘一法师已在晋江的第二天,黄福海抽空前往福林,拜见法师。他一路上边走边想,两年前的种种情景,还恍如昨日一般清晰。但自照完相片之后,法师去了永春,没有机会再次见到过他。而这两年多来，自己竟很少给法师写信问安。想到这里，黄有些自责了。

到了福林寺，黄由传贯师领着上楼，去见弘一法师。

法师正倚凭栏杆，左手捧着一本经卷，面对东边一个水塘在远望。转首见到黄福海来了，很兴奋地请他进了会客室。

法师先说了说他的近况，然后询问起黄来到石狮的原委，和他离开江苏的年数等情形。黄一一作了回答。谈完这些，彼此默默地坐了很长时间。在法师，静默或许也是一种人间思想感情的特殊交流吧！但在黄福海，却耐不住这种静默的场景，便起身向法师告辞了。

出乎黄意料的是，过了几天，法师竟让一个小和尚送来了一幅小中堂，上面写了两首绝句，都是法师推崇的晚唐诗人韩偓的作品。前一首七绝《曲江秋日》，前些年也为张人希写过。诗云：

> 炊烟缕缕鹭鹚栖，藕叶枯香插野泥。
> 有个高僧入图画，把经口吟水塘西。

后一首为五绝《与僧》，诗云：

> 江海扁舟客，云山一衲僧。
> 相逢两无语，若个是难能。

黄福海展读之下，深为法师选诗之高妙贴切和幽默风趣所折服。前一首诗不正是前些天在福林寺楼上所见的，法师凭栏远眺之状的生动写照吗？而后一首诗又恰好是当时与法师相见时的逼真素描哩。书法之精湛不必说了，即以诗篇而言，虽非法师自作，其如此巧妙恰当地活用古人之作，以况眼前之景，不也说明了法师在中国古典诗词方面的高深修养吗？字好诗好，怪不得黄福海一见，不能不为之赞叹钦服了。

还有让黄福海惊叹之处。小和尚送来了一卷书件，黄撕开封皮一看，奇怪！除了法师送他的书件，还附了许多大小宽直不等的白纸条。

黄不解地问小和尚："这些作什么用的？"

小和尚说:"这是你从前送去许多的纸张,裁了书写后,剩下来的零碎纸条,法师说将它附还给你。"

黄说:"不过是些零碎纸条,丢掉就是了,还让你费心送回来。法师真是太认真了。"

小和尚说:"不是一般的认真,这是律制的要求。法师反复开导我们,佛门中人,对于他人之物,即是一点一滴,如果不是人家主动施舍,是不能纳为己有的。再说,佛门中人又特讲惜物惜福。任何东西,哪怕是一些零碎纸头,只要可用,是不能随意丢弃的。我曾看见法师在垃圾堆上拾得一些小布条,宝贝似的带回去,洗干净了留着补缀破衣裳。"

小和尚所说的这些情形,在黄的心灵上产生了深深的震撼。弘一法师由一个过惯锦衣玉食的富家子弟,转变为连一点儿废纸碎布都不忍丢弃的高僧大德,这个修炼过程需要付出何等巨大的决心和毅力呵!怪不得人们都说,出家为僧,芒鞋锡杖,非大彻大悟大勇者,其孰能之!

弘一法师在福林寺住了较长一段时间,黄福海经常抽空来看望他,也讨教一些问题。有一次,他做了个不速之客,未经通报就进了法师的禅房。

法师正在写字,一见黄福海进来,准备放笔迎接。黄赶紧上前说:"法师,您莫客气,仍请写字,容我在旁边看着,也好看个门道呀!"

法师便顺着黄的意思仍旧写字。黄一边帮着按纸,一边定睛地细看着法师如何运笔和按指。法师则一边写一边说:"我写字,好像在摆图案。其实,写字不背图案的法则。"

黄趁机说:"我很喜欢法师的字体,曾将您从前赠我的一部珂罗版《金刚经》,就是您手书的那部,作帖临摹。已经临了好久了,可总是写得不像。"

法师将笔指着黄,勉励说:"我看过你的字,写得与我很相近呢。"说完,欣慰地微笑起来。

黄见法师兴致很好,又大胆地请问说:"法师,您虽是出了家,不再愿意谈艺术,但在我的心目中,老是认定您是一位老艺术家。我的看法,您以为怎样?"

"不敢当!"法师很客气地应了一声。

"我始终从艺术观点来瞻仰法师。您在所著《佛法十疑略释》一书中,论及佛法非迷信、非宗教、非哲学等,唯独没有说到佛法非艺术这一层。我可不可以这样说:佛门中的生活,就是艺术的生活呢?"黄又这样问道。

"各人的观点不同,也可以这么说吧!"法师点点头说。

第二十二章 | 无声与有声

黄很爱听弘一法师讲话。听他讲话，不只可以获得深刻的人生和艺术的启示；听他说话时的声音，也是一种独特的美的享受呢。

黄描写道："弘一法师声音的高低，正合钢琴上G调的音。他讲话，语调自然，表情纯挚，咬字清晰，国音准确。当他讲课时，就好像听到一位老剧人在念台词。每一句话中的每一个词，好像都经过了洗练，而又合乎修辞学的某种辞格。他好像按着6个W讲出每一句话。就是说，他在何时、何地、对何人、为什么说、怎样说法、说出什么话，无一不合6个W。他有时沉默无言，让空气中的风，草丛中的虫，或是树上的蝉，讲话给人听。……"（《弘一法师与我》）

不是与弘一法师十分亲近的人，不是真正领略了弘公特殊气质与品格的人，是不会有黄福海这般深微而准确的感受吧！

弘一法师对黄的影响是微妙而深远的。在当地一般人的印象中，黄是一位在家的佛门信徒。从一个角度说，黄当时正需要这种社会效应。他以信佛作掩护，从事抗日地下工作，也因此而多次摆脱了敌人的跟踪。而作为一个书法爱好者，黄自结识弘一法师以后，专攻弘体。半个多世纪以来，成绩显著。法师的俗家孙女李莉娟见了黄的弘体书法，赞叹地说和她祖父晚年的字没有两样。

黄在回忆到这段经历时说："昔日与佛做邻客，只为隐身报国家。"[226]

晋江地处东南沿海，每有外敌入侵，必首当其冲，深受其害。

1941年春到夏，夏到秋，秋到冬，弘一法师在晋江福林寺结夏安居，掩关著述。这段时间，战争风云日渐浓重。日军炮舰频繁地向晋江沿海炮击，不少村庄被毁，无辜平民被炸死。

泉州开元寺住持一直关心着弘公的安全。这年初冬，又特派传贯法师前来福林寺，再次存问其起居饮食，并持红菊花一束供养慰安。弘公深为感动，托菊寄兴，作偈一首：

亭亭菊一枝，高标矗劲节。
云何色殷红，殉教应流血。

偈前小序云，"辛巳初冬，积阴凝寒。贯师赠余红菊花一枝，为说此偈。"所谓"积阴凝寒"，并非单指节令特色，也包含着当时的战争气氛。在这种节令战氛中，弘一法师为护国、为护教的晚节情操，犹如亭亭之菊，高标矗立。

《太平洋报》和南社时期友人柳亚子，今春写有《旧友李息霜六秩寿诗》二首。诗云：

> 君礼释迦佛，我拜马克思。
> 大雄大无畏，救世心无歧。
>
> 闭关谢尘网，吾意嫌消极。
> 愿持铁禅杖，打杀卖国贼！

见者缩颈咋舌，以为柳诗对弘一法师有所不敬。其实，这既是对柳亚子诗意的误解，对弘一法师也是多余的顾虑。柳诗中说得很明白，两人虽信仰不同，但爱国之心同样地坚定（"救世心无歧"）。柳亚子深信弘一法师是会理解自己、信赖自己的。而在弘一的心目中，柳亚子之于自己，也是这样的。也就是说，他们两人，在爱国一途上，心是一致的，只是方式不同罢了。因此，弘一对柳诗，不以为忤，并报以上述近作《为红菊花说偈》一首，再次表达了自己的心迹。

这里我们不妨将行文岔远一些，叙述一下柳亚子意会尤其是诗作中的弘一法师李叔同的形象。

在以往李叔同的研究中，谈到一代诗人柳亚子与李叔同的关系，只涉及李加入过以柳为盟主的文学团体——南社，与其在《太平洋报》合作编辑过文艺副刊，共同发起成立了文美会、国学商兑会等，至于柳对李的评价、怀念等，也只提到过柳写有祝其六秩寿辰诗二首和一篇回忆文章《怀弘一上人》。此外，似再无其他记载了。

实际上，从《柳亚子文集》之一《磨剑室诗词集》上下两册来看，柳亚子直接或间接写到弘一法师李叔同的作品，有15首之多，写作时间从1916年至1950年，前后延续34年。可以说，在弘一法师李叔同的旧时友生中，除了夏丏尊和丰子恺，柳亚子则是另一位以文字涉及其人其事最多，也是寄怀最为长久的人。所以说，研究一下"柳亚子诗中的弘一法师李叔同"这样的题目，是有助于我们从另一侧面了解弘一法师李叔同出家之举的社会效应，进而予以客观和全面的评价的。

《为李息霜题扇》诗二首,作于1916年冬,系柳亚子写李诗中最早的作品。诗曰:

海内争传李息霜,奇芬古艳冠东南。
风花六代烦收拾,底事中年感谢公。

返日谁能挽鲁戈,已知无奈夕阳何。
严陵新筑黄昏馆,两地闲情问孰多。

第二首第三、四两句后面有一注解,曰:"君自号黄昏老人,社友淳安邵次公亦称小黄昏馆主,故云。"这是指1916年9月间,李叔同在上海愚园参加南社第十二次雅集后,受托重订《南社姓氏录》,11月间完成该姓氏录设计,并由其题签,署别号为"黄昏老人"。邵次公(1886—1938)即邵瑞彭,浙江淳安人,"小黄昏馆"为其斋名,历任大学教授、众议院议员、临时参政院参政。曹锟贿选总统,议员每投一票可得贿金5000元。邵不只抵拒,还以真凭实据向法庭告发了贿选内幕,其崇尚气节人格,为时人称道。作者在二诗中分别用谢安遁迹东山、严光隐逸富春江事典,以比附李叔同当时有意退隐的思想动向。这就透露出,1916年年底李叔同前往杭州虎跑定慧寺实验断食一事,在是年夏秋之交已有征兆,并在言词间隐约地向柳亚子等沪上友人流露过。题签"黄昏老人"是又一迹象。第二首第一句"返日谁能挽鲁戈",用了"鲁阳抚戈"一典。《淮南子·览冥训》中说,鲁阳公与韩构难,战酣日暮,只因"援戈而抚之","日为之反三舍"。后人以此比喻人能胜天的意志和坚强勇敢的战斗精神。这里是说,李叔同面对夕阳西下般的时局,缺乏抚戈反日的意志与精神,因而有退隐的意念。末后两句将其与也想做严子陵的"小黄昏馆主"邵次公做巧妙串联,并在调侃的口吻中,对二人有所微词。应该说,在中国近现代历史上,柳亚子是跟随时代前进的革命者。邵次公的情形不论。李叔同则在《太平洋报》即将关闭离开上海以后,与柳亚子等南社中的骨干们,在感应时代的思想情绪方面,差异明显了。他这种表现,柳亚子是很感惋惜的。对他两年后出家为僧之一举,柳则不仅持保留态度,更有直率的批评。这在柳往后的诗作中,反复有所表露。

1932年10月间,柳亚子因何香凝之招,前往浙江上虞白马湖边经亨颐(经与何后为儿女亲家,其女经普椿为廖承志夫人)寓所长松山房晤谈。当时弘一法师李叔同正驻锡附近兰皋山上的法界寺，或许是因为消息不通，或许是知而回避，弘一与柳没有见面。柳返回途中游览杭州，有浙一师美术教师姜丹书招饮。姜与李叔同在该校同事数年。边饮边谈中涉及李出家一事。柳写有《浙游杂诗八十首》，其中两首与李有关。一首即因与姜丹书"谈息霜披剃事有感"而作。诗曰：

> 重话樽前李息霜，风流文采亦何常。
> 精修苦行吾无取，麻醉神经事可伤。

意思再明白没有了：柳以为，李叔同的出家之举是"麻醉神经"的行为，实不可取。

前文叙述过，1915年5月间，柳亚子与李叔同、高吹万、陈虑尊、丁白丁等南社中一批人，结伴游杭州，并举行临时雅集。其间，在孤山冯小青墓畔巧遇名伶冯春航。后柳作《明女士广陵冯小青墓》散记一篇。柳记和同游诸子之名，则由李叔同以北魏笔法分别书写勒成二碑，矗立于冯小青墓两侧。柳作《浙游杂诗八十首》中另一首与李叔同有关的诗，即追述了这段往事。诗曰：

> 剔藓重寻旧日碑，念年尘梦渺难追。
> 息霜披剃春航隐，异物陈丁更足悲。

柳写此诗之际，距所记之事17年，诗中谓"念年"（即廿年）是个笼统的说法。李息霜早已披剃出家，冯春航亦隐遁他去，而陈虑尊兄弟和丁白丁昆仲等都已长逝矣！故有重见旧碑而尘梦难追之叹。诗句间，充满了对李叔同等旧友追思怀念之情。

两年后——1934年，柳亚子又有《杭州杂诗五十八首》之作，其中三首写到了李叔同。《怒潮澎湃〈太平洋〉》（原诗无题，此处由笔者拟题）一首，深情追叙当年《太平洋报》时期，南社文人们以文场作战场的动人情景，其中朱少屏、林一厂、苏曼殊、李息霜尤为意气风发，文采流宕，故柳诗中有"朱林苏李各飞扬"之句。另一首《当年春柳几英奇》（原诗无题，此处由笔者另拟），在赞扬李叔同开创中国话剧事业的同时，对他的出家之举再次表示深深的惋惜，曰："李息逃禅有叹欷。"（李叔同有李息之别署。）

在柳作怀李诗中，直接向李表示对其出家之举有所异议的，则是前面已有引录的《旧友李息霜六秩寿诗》二首，诗句明白晓畅，大家亦熟悉，无须多谈了。

过去未发现，1942年弘一法师圆寂后，柳曾有过诗作悼念。今见《磨剑室诗词集·骖鸾集卷一》中，有《十一月十一日，佛西、仲寅、瘦石偕巨赞上人过访，抵掌剧谈，漫成三绝》，其中一绝，即为悼念弘一法师之作。这里提前一并叙述。

1937年上半年，巨赞上人（即巨赞法师）在厦门南普陀寺闽南佛学院任教，弘一法师亦在该寺讲律，二僧当在此时结识。柳亚子既与巨赞上人相见，"抵掌剧谈"间必涉及弘一法师圆寂之事，柳故有悼念之作。诗曰：

无端出世复入世，一笑翁山比曼殊。

苦行精修今已矣，生天成佛究何如。

诗尾注中则说："闻弘一大师圆寂泉州，追念南社旧游，不胜凄惘。"

清初文学家屈大均（1630—1696），字介子、翁山，广东番禺人。清兵入广州前后曾参加抗清队伍。失败后，削发为僧，名今种，不久还俗。能诗，部分作品揭露清军暴行，感伤时事，诗风明健。又与陈恭尹、梁佩兰并称为"岭南三家"，有《翁山诗外》《翁山文外》等存世。苏曼殊曾反复出家又还俗，很难说是严格意义上的僧人。以此，对其一往情深的柳亚子，也免不了要将他与其同乡屈大均相比拟，并要说他"无端出世复入世"了。关于李叔同，在柳亚子看来，他虽"苦行精修"，功告圆满，但便是"生天成佛"，又会如何呢？同时吟成的《赠巨赞上人》一诗中，柳又有"旧雨伤弘一"等句，对弘一法师的圆寂，再次悲之悼之。

及至1950年，距柳亚子结识李叔同已三十有八年，李去世亦已八载。因种种机缘得遇，时常勾起柳对李的怀念惋惜之情。是年12月16日，有李叔同之崇拜者、浙江当湖人张卓身其人，将李叔同在浙一师手写编纂之《白阳》杂志影印本送呈柳亚子过目，并求题词。柳作《题影印本李息霜手写〈白阳〉杂志》诗二首。诗曰：

文采风流李息霜，茶花春柳擅坛场。

还教余技传书法，摹拟斯冰写《白阳》。

> 子谷归儒弘一释，天生南社两畸人。
> 写真留取精灵在，喜杀当湖张卓身。

"茶花春柳"，指李叔同在东京发起成立"春柳社"，首演《茶花女》，并扮演主人公玛格丽特一角。柳亚子在诗中重提此事，显有提醒人们不要忘了李叔同为中国话剧运动奠基的历史功绩。"斯冰"，即秦李斯、唐李阳冰，二人皆以篆书著名，此处指李叔同在书艺上能继承传统并有所创造，终成一代书法和金石大家。苏曼殊俗名玄瑛，字子谷，其"无端出世复入世"之行为，意属"归儒"；相较之下，李叔同之出家，则是由儒入佛了。这在南社中，都被视作畸人畸行之举。当湖人张卓身之崇拜李叔同，绝非无因，恐与李之祖籍亦为当湖有关吧！

柳亚子于李叔同旧友叶遐庵（恭绰）座上，见到照喜和尚，得诗三首，"兼柬巨赞上人"。其中第二首曰：

> 老夫持论非宗教，底事莲邦邁宿缘？
> 子谷归儒弘一释，黄垆向笛感无边。

柳亚子一本其"非宗教"之"持论"，依然对李叔同入佛之举持异议，故有"底事莲邦邁宿缘"的发问。但他对亡友苏曼殊、李叔同还是很有感情的。"黄垆向笛"句用了"黄公酒垆"和"竹林之游"的事典。《世说新语》中说，晋王戎曾与嵇康、阮籍酣饮于黄公酒垆。嵇、阮既亡，王乘车再过此垆，对同车的人说："吾昔与嵇叔夜、阮嗣宗共酣饮于此垆，竹林之游，亦预其末。自嵇生夭、阮公亡以来，便为时所羁绁。今日视此虽近，邈若山河。"后世遂以此为伤逝忆旧之词。柳以《世说新语》中事典入诗，于苏、李实有无限怀念之思存焉。

同一时期柳作《赋谢西泠印社元老唐醉石》（诗题由笔者另拟）组诗第二首，亦属对弘一法师等旧友的追怀之作（"西泠开社忆当年，弘一颐渊并九泉"）。

综观上述15首诗作，可以看出，柳亚子对李叔同出家之举是持异议以至否定态度的，但这并不影响他对李叔同的友谊与怀念之情。他之在长时间中一吟再吟、一悼再悼，正说明他对这位故人之不能忘怀。而在弘一法师李叔同，也正是由于其能深信柳亚子对自己的信赖，并深信柳日后也不会忘却自己，才能在接读柳作《旧友李息霜六秩寿诗》后，有酬答以《为红菊花说偈》之一举了。

三四年前，弘一法师有意去南洋弘法化导，并作过补习英语的准备。后因战争爆发，未能成行。到1941年冬天，他又旧题重议，有菲律宾之行的打算。这时，他再次以"莫嫌老圃秋容淡，犹有黄花晚节香"两句古诗，书赠静渊法师。跋语中说："一音时将游菲岛。"只因太平洋战争来临，弘一法师的菲岛之行，二次未能如愿。

太平洋战争爆发后，日本帝国主义者进一步扩大了对华的侵略部署。闽南时局，更加动荡不安。其时，弘一法师挂锡泉州开元寺。他借南闽道耆宿[227]七秩大寿作联一对，亦表了对护国护教的决心。

老圃秋残，犹有黄花标晚节。
澄潭影现，仰观皓月镇中天。

写作这副联语时，弘一法师年已六十又二，离其圆寂仅有半年多时光，真可以说是到了"老圃秋残"的季节，但其"黄花晚节"，依然不变；耿耿忠心，犹如中天皓月，澄潭影现。

弘一法师喜欢李义山的诗，"天意怜幽草，人间重晚晴。"在他看来，人之一生，晚节最要。晚节如秋圃，色彩虽淡，犹有黄花之幽远清香；晚节如夕阳，便是随即西沉，尚有瞬间的绚彩殷红西天。弘一法师在致友人的信件和所写的书件中，反复地以菊花自况，以菊花标节，以夕阳自喻，以夕阳明志。在国家和民族危难的岁月中，他虽渐近老境，又只能以独特的救国之道（在他，护教即护国）行事，但他以黄花之姿，挺立于高山大地，以夕阳之色，染红十方世界的奋进努力，依然可敬可佩，辉耀史册。

第二十三章 不骛名闻利养

第二十三章 不骛名闻利养

在晋江福林寺，弘一法师同住者中，有怆痕比丘。弘一每对怆痕太息："佛教陵夷，已至极点，僧人颓状，不堪言喻。"

那么，在弘一看来，又该如何重振佛法的威严呢？

有一次，怆痕患病，弘一亲为看护，大有释迦照料弟子之遗风。弘一还以慈音安慰，劝导怆痕放下一切，专心念佛，求生西方。怆痕病愈后，弘一为其起名"律华"。

他说："'律华'之名，含义有三解：一、奉持律教，如华开敷（引者按：佛门中常将'花'字作'华'字，'莲花'作'莲华'），当来能结圣果。今开华，后结果。二、敬护律仪，戒香熏修，则净域莲华，渐以敷荣。受持戒律功德，能生极乐净土。《往生论》上说：'初发心，极乐宝池，已萌莲种。若精进不退，日益生长，华渐开敷；其或懈退，日渐憔悴；若能自新，华复鲜丽；其或不然，芽焦种败。'三、行依律，教启华严。即是说，如律行持的同时，还须遵照《华严经》所言，发广大宏愿。因为僧人依律行持，不只自利，亦要利人。"

弘一法师又为怆痕书写律偈一幅，偈云："名誉及利养，愚人所爱乐，能损害善法，如剑斩人头。"并作长篇跋语：

> 明诵帚道昉禅师，晋江溜澳人，住开元寺。尝以是偈，铭诸座右。余初落发，亦书是偈，用是惕励。迩者律华法师，于是偈言，深为爱乐，复请书写。余嘉其志，赞喜无已。愿师自今以后，熟诵灵峰所撰《诵帚师传》，尽此形寿，奉为师范，如诵帚所行，一一追踪而实践之。甘淡泊，忍疲劳。精勤禅诵，唾弃名利。以冰霜之操自励，以穹窿之量容人。亲近善友，痛除习气。勇猛精进，誓不退惰。余所期望于师者至厚，所遵仰于师者至高，故不觉其言之缕缕也。

弘一这一长篇跋语，要在不骛名闻利养。这既是对律华师的嘱望，也是他自身剃度以来，一贯奉行的准则和时加惕励之所在。弘一不骛名闻利养的事迹，我们在以上的叙述中，已经谈过不少，现在，再做些集中补述。

弘一在俗时，早就名声在外，为人钦慕。其出家为僧之一举，在他的形象声誉上，更增添了一层神秘感和崇高感，其声望也以此而越发地炽盛远扬了。于是，在他的周围，除了众多真心的亲近者，也不乏别有所想的人，在追逐着、趋赴着。他成了某些附庸风雅、攀龙附凤者借以自炫自耀的一个特异的目标。

出家初期，弘一在杭州寺院中息影了两三年之后，决心远走永嘉掩关静修，其原因之一，就是为了避开烦人的俗世应酬。但由于他的名气太大，当地一些达官贵人，依然闻名而至，以一睹其尊颜、一接其謦欬为幸事。弘一却丝毫没有借重、托庇于他们的意思。前任温州道尹林鹍翔，四到庆福寺进谒，都被弘一称病拒绝。继任道尹张宗祥[228]，又来求见。作为弘一的依止师和一寺之主，寂山长老心想来人系一地长官，且与弘一相识，不便遽然辞却。他拿着张的名片，劝说弘一出来见面。弘一乍听之下，两颊泛赤，心生不快。当其意识到不该在师父面前显露愠色时，立即合掌谢罪，念了几声阿弥陀佛。但他还是流着眼泪说："弟子出家，非谋衣食，纯粹是为了生死大事，连妻子儿女都抛弃了，又何况朋友呵！请师父以弟子有病为由送走客人吧！"张宗祥也没能见到弘一法师。

生性孤僻，加上先前科举道路上的挫折，弘一法师不喜与官方交结，也蔑视那些凭借官方以自重的僧人。20世纪30年代初，有位二十多岁、伶俐僄僥的僧人，通过多层关系，让弘一法师写信，介绍给他的学生李鸿梁学绘佛像。李鸿梁热情地接待了这位年轻和尚。就在第二天，弘一法师又有快信到达，说某僧前来学画，希予方便，但又嘱告李鸿梁，他的通讯处切勿告知某僧，信末还附了一句，"此信阅后毁去。"李当时觉得很奇怪，他想弘一法师之所以如此，或许是为了避免某僧纠缠的麻烦。后来才知道，这位青年僧人喜欢出入豪门，交结权贵，实在无意于书画。弘一已经看出了这一点，自然要远避了。

以弘一的声望和业绩，每到一地，不必自己示意，就会有人前呼后拥，车马接驾。即使有些名人派头，也不会有人苛责。但他的自律之严，却是常人所难以企及的。1937年暮春，他答应去青岛讲授律学，但对湛山寺有约在先：一、不为人师，二、不开欢迎会，三、不登报宣传。道经上海，湛山寺大护法叶恭绰先生等探询到了他启程的轮船班次，私下致电青岛方面到时迎接。这是考虑到他人地生疏，也是对方应尽的地主之谊。弘一察觉了叶先生的安排，悄悄地改换了轮船班次，提前启程。至于在青岛受到的那种欢迎场面，实在是有违其本愿的，是寺方毁约的结果。在弘一本人看来，是很不得已的。

到了湛山寺，弘一衣单之朴素简陋，火头僧等小和尚们有些惊奇，也不无怀疑。

一天，天气晴爽，弘一法师将那个扣盒式的小竹篓，很安详而敏捷地托到阳光地里，打开来晒一晒。火头僧发现了，有意站在不远的地方，细心地观察着，想看看里头装着什么宝贝。原来，里头只有两双鞋子，一双是半旧的软帮黄鞋，一双是补了又补的草鞋。就这些？火头僧还是有些不信。一天早斋后，弘一去寺外散步了。火头僧趁这个机会，偷偷地溜进他的寮房，想瞧个仔细。一看："啊！里头东西太简单了，桌子、书橱、床，全是常住预备的，没有特别添置的东西。桌上放着个很小的铜质方墨盒，一支秃笔头；橱里有几本点过的经，几本稿子；床上放着一条灰单被，拿衣服折叠成的枕头；对面墙根立放着两双鞋，就是前两天拿出去晾晒的那两双……此外，再无别的东西了。在房内，只有清洁，沉寂，地面光滑，窗子玻璃明亮，一全是他老亲手收拾的，使人感到一种不可言喻的清净和静肃。"火头僧后来说："经过这一看，我终于明白了，弘一法师之所以能鼎鼎大名到处有人恭敬的原因，大概也就在此吧！不，也得算原因之一了。"（《弘一律师在湛山》）

湛山寺寺主倓虚法师觉得，弘一法师是他特意请来的，又持过午不食戒，生活上应该照顾好。头一次弄了四个菜送到寮房里，弘一一点儿没动；第二次又预备次一点儿的，还是没动；第三次预备两个菜，还是不吃；末了盛去一碗大众菜，弘一问端饭的人，是不是大众也吃这个，如果是的话他就吃，否则他还是不吃。这样，寺里也无法厚待他，只好满愿了。

弘一在湛山，和在别处一样，除了讲律授学，力避交际。在院子里两下走对头的时候，他就很快地躲开，避免和人见面谈话。不过平常学生去见他，谁去谁见，你给他磕一个头，他照样也给你磕一个头。

愈是权贵人物，弘一愈是不见。朱子桥将军虽曾为军政要人，20世纪20年代后期已脱离政治生涯，致力于赈灾慈善事业。朱将军多年来一直羡慕着弘一的德望，只是没有见过面。1937年夏天，朱有事到青岛，正赶上弘一在湛山寺弘法，便让倓虚法师介绍拜见。大概是弘一先前在浙东五磊寺筹备南山律学院期间，曾得到朱将军的支持，知道朱的为人，也了解朱对慈善和三宝等事很热心，因此倓虚一说，他很高兴地单独会见了朱将军。朱是由市长沈鸿烈陪来的，沈有意凭借朱的关系，见见这位一代高僧。但当朱转达此意时，弘一却小声地对朱说："你就说我睡觉了。"

沈鸿烈等当地政要，准备在湛山寺请朱子桥吃斋。朱说："可请弘老一块来，列一知单[229]，让他坐首席，我作陪。"沈鸿烈正想找个机会与弘一法师见面，朱子桥这么一说，他当然很同意，立即将知单写好，并让俠虚去代请弘一法师。

俠虚拿着知单，到弘一法师寮房里转达朱将军和沈市长的意思，弘一笑了笑没有言语。俠虚是知道他脾气的，没敢再勉强。第二天临入席时，又派监院去请他。监院带回来的却是他的一张字条，上面写着这样四句话：

> 昨日曾将今日期，出门倚杖又思惟。
> 为僧只合居山谷，国士宴中甚不宜。

朱子桥见了这张字条大笑起来，不以为意地说："这是清高。"沈鸿烈脸上却有些挂不住。按地方官来说，他是主人，又是在这样一个欢迎贵宾的场合，弘一法师却如此反应，于他有点下不来台。俠虚法师和朱将军看到这里，赶紧拿话来遮掩。朱平素有些天真气派，这时嘻嘻哈哈地说了一些无关的话，把这个尴尬场面给遮掩过去了。

一些年谱和传记往往将上述弘一法师写在纸条上的四句话，误认为是他的作品。实际上，他笔录的是古德的偈语。这四句话最早见于宋代释晓莹所著《罗湖野录》（卷中），系宋惟正禅师辞叶青臣的偈语。惟正禅师，华亭黄氏子，生平行履高洁，律身精严，四众畏而敬之。叶青臣，长洲（今苏州市）人，天圣中进士，初为两浙转运副使，后擢翰林学士权三司使，其间曾当过金陵地方长官。叶有意设宴招待惟正禅师，以示优礼尊奉。请帖已经送达惟正禅师，陪客也接到了邀约，可是到了宴会那天，惟正却叫人送来了上述那四句的偈语辞谢了。当下弘一法师在湛山寺演出的一幕，正是其追踪八百多年前惟正禅师高风亮节的表现。

弘一法师的书信、书法和文章中，经常出现"晋水兰若"的称名。这是他自拟的一处院名，真正的名称是兜率陀院，它是厦门名刹南普陀寺的一座别院。20世纪20年代末期，该寺退居和尚转逢上人，在寺后五老峰间寻到一条水源，就在那里开辟自来水池，由池后的隙地建起了这座别院。其风景胜致，有人描述说，"兰若三楹，清池一碧"，"海内外的名山胜景很少能和它相提并论"，连岳阳楼也"不足比其万一"。[230]就是这样一个人间仙境似的所在。依照惯例，只有南普陀寺的常住、退居和尚和诸方长老，才能在兜率陀院居住养老。弘一法师三下南闽后，应南普陀寺住持常惺法师之请，来寺帮助整顿佛学院。常惺法师安排弘一法师住到兜率陀院，起先他没有答应，住在寺前的一个小楼上。后因常惺法师再三恳请，

第二十三章 | 不骛名闻利养

他不便拂逆坚拒,才答应住了进去。但在致常惺的信中他又说,自己既非常住、退居和尚,又不是诸方长老,住此兰若胜地已属过分攀缘,所以要求每日饮食须和大众一样同甘共苦,否则不免徒增罪戾,于心不安。寺里要设斋特别款待他,他又写信婉谢说,自己福德微薄,一向不敢享受过分优遇,所以设斋款待等一概敬谢厚意。又考虑到不应完全拒绝寺里的好意,他说如必欲有所点缀,就在斋堂里设一普通面斋,和大众一同享受,那就感激之至了。

兜率陀院内种有几棵桃树。弘一住在这里时,正值桃树结果累累,新鲜红润,馋人欲滴。看管水池的净人(在寺院中充当杂役而没有出家的人),说要拣几枚大的摘来供养他,弘一听了连连止住,说:"那是犯戒的。十方僧物要由常住来采摘,经过执事的分配才能领受的。私下采取常住的桃子,即使供物也不免犯戒的。更不必说,单是为了供养我去采摘了。我为何人?只不过是和大众一样的普通一僧,怎能有特殊之遇啊!使不得,万万使不得!"结果还是照他的办法,通知寺里的执事,派人采摘后,再进行分配处理,他才分到了几枚。弘一不认为自己名气大,威望高,就可以违反戒律,获得特殊的供养。[231]

自入山第一天起,弘一法师即立下不当住持、不为他人剃度、不作依止师的誓愿。他是严格遵守着自誓的。永春普济寺住持性愿老法师有意复兴古刹,推举弘一担任该寺一管理机构的名誉主席。弘一以为不妥,致信说:"前闻常师面谈时,则云名誉首座。窃谓主席字义,常人将误解为住持。乞仍依前常师所云,用名誉首座之名乃妥。虽后学之道德学问,皆无首座之资望。"(1940年9月28日信)弘一不但自己从未担任过任何教界职务,还劝告芝峰法师说:"末学敬劝仁者,今后无论居住何处,总宜专力于学问及撰述之业。至若作方丈和尚等之职务,愿仁者立誓,终身决不为之。因现代出家人中,能任方丈和尚等职务者,甚多甚多,而优于学问,能继续虚大师(引者按:指太虚法师),弘宣大法,以著述传布日本乃至欧美者,以末学所知所最信仰者,当以仁者为第一人矣。末学于仁者钦佩既深,故敢掬诚奉劝。"(1931年信)

弘一法师于"名闻"的危害,有高度的警惕,并能接受他人的监督和提醒。1936年12月,青年佛学才俊高胜进(文显),在厦门《星光日报》上为弘一法师出了一个特刊。当天,弘一就对传贯法师说:"胜进等虽运思好意,实是诽谤于余也。古人云,声名谤之媒也。余此后闽南恐难容身。"在写给开仁法师等人的信中,他还多次声明,从此,他拟取消僧俗两界加给他的"老法师""法师""律师""大师"等尊号称谓。

僧界却不能与俗界完全分开,其本身,也是人世的一部分。这样,弘一法师不可能杜绝世俗人情。到20世纪30年代后期，他来闽南已经10年。他觉得，在这10年中，受了当地人的种种优惠，现在自己老了，"不久即可谢世"，在生西之前，应该为当地人多做些事，以报答他们的"护法厚恩"。他到泉州、漳州、惠安等地多处讲律弘法，为善男信女们写了许多字幅，祝愿他们来生如意。他也出席一些信徒们的简单宴请，意在不使他们失望。在常情，这也是可以理解的。而就在这个时候，永春15岁童子李芳远，给他写来一封长信，说他不应一改常度，变成一个"应酬和尚"，劝告他远离"名闻利养"。弘一见信后大为感动，立即复信说，见到这样的提醒，真是惭惶万分，又庆幸之至，决心"自明日起，即当遵命，闭门静修，屏弃一切"（1938年旧历十一月十四日信）。后又说，当"韬光埋名，遁世终老"（1939年旧历四月初十信）。1938年晚秋，弘一在佛教养正院同学会上，还专门谈到李芳远对他的提醒，发表了"最后的忏悔"。说了一番非常沉痛而又决心改过的话。

……他劝我以后不可常常宴会，要养静用功。信中又说起他近来的生活，如吟诗、赏月、看花、静坐……啊！他是一个十五岁的小孩子，竟有如此高尚的思想，正当的见解。我看到他这一封信，真是惭愧万分了。我自从得到他的信以后，就以十分坚决的心，谢绝宴会，虽然得罪了别人，也不管他……

……但我的过失也太多了。可以说是从头至足，没有一处无过失，岂只谢绝宴会，就算了结了吗？尤其是今年几个月之中，极力冒充善知识，实在是太为佛门丢脸。别人或者能够原谅我，但我对我自己，绝对不能够原谅，断不能如此马马虎虎的过去。所以，我近来对人讲话的时候，绝不顾惜情面，决定赶快料理没有了结的事情……孑然一身，遂我初服。这个——或者亦是我一生的大结束了。

1941年冬天，在为怆痕法师写过律偈并作长跋后不久，弘一法师由晋江福林寺移居泉州。偶然看报，得知门生石有纪已由安溪调任惠安县县长，他非常高兴。正想写信约石有纪来泉见面，石恰好前来拜谒。在石的印象中，法师的容颜和三四年前相比，显得衰老多了。法师说在泉州办完事，还准备回檀林去。石有纪没有听清楚，法师就在石的日记本上写了"檀林"二字，手有些发抖。

石有纪看着很难过，问道："老师近来目力可好？"

法师回答说："还好，平常人五十岁的眼力呢。身体嘛，也着实可以，还能走二十里路呢。"

法师虽这样说，石有纪还是为他的健康状况担忧着。于是说："惠安是老师熟悉的地方，再到那里去住些日子。老师可静养身体，学生则能朝夕领教啊！"法师说："惠安现在比较寒冷。等开春以后，天气暖和一点儿再说吧！"

在泉州小住了20天，见客写字，异常繁忙。这在弘一法师看来，还是像三四年前致信高文显、丰子恺等所说的那样，不过是为了继续报答十多年来闽南各界为他护法的深情厚谊。

其间，开元寺因太平洋战争爆发，经济来源告急。上海有位刘传声居士闻讯，担心弘一法师道粮不足，影响其完成《南山律丛》的编撰，特地汇来千元供养，信由广义法师转呈。弘一法师得知后，坚决辞谢，对广义法师说："吾自民国七年出家，一向不受人施；即挚友及信心弟子供养净资，亦悉付印书，分毫不取。素不管钱，亦不收钱，此款当璧还。"

广义说："上海交通断绝，没法寄回。"

弘一又说："寺中僧多粥少，道粮奇荒，可将此款拨充。这事可找驻军柯司令证明，我不再复信给上海方面，由开元寺函复鸣谢就是了。"一会儿，又说："民国二十年，挚友夏丏尊居士，曾送我一副美国白金水晶眼镜，因为太漂亮了，我一直没戴。搁着也没啥用处，现在将它一并送给开元寺常住作为道粮，约价五百余元。"

开元寺就按弘一法师所说，将那一千元和拍卖眼镜所得充了道粮。

弘一法师在不断地警惕着自己，不要堕于名闻利养之中。他多次致信李芳远说：

……朽人此次居泉两旬，日堕于名闻利养陷阱中，至用惭惶。
……

——1941年旧历十二月二十一日信

……诸承关念，并示箴规，感谢无尽。此次朽人至泉城，虽不免名闻利养之嫌，但较三四年前则稍减轻。此次至泉，未演讲，未赴斋会。仅有请便饭者三处，往之。惟以见客、写字为繁忙耳。夫见客、写字，虽是弘扬佛法，但在朽人，则道德学问皆无所成就，殊觉惶惭不安。自今以后，拟退而修德，谢绝

雨余春水满

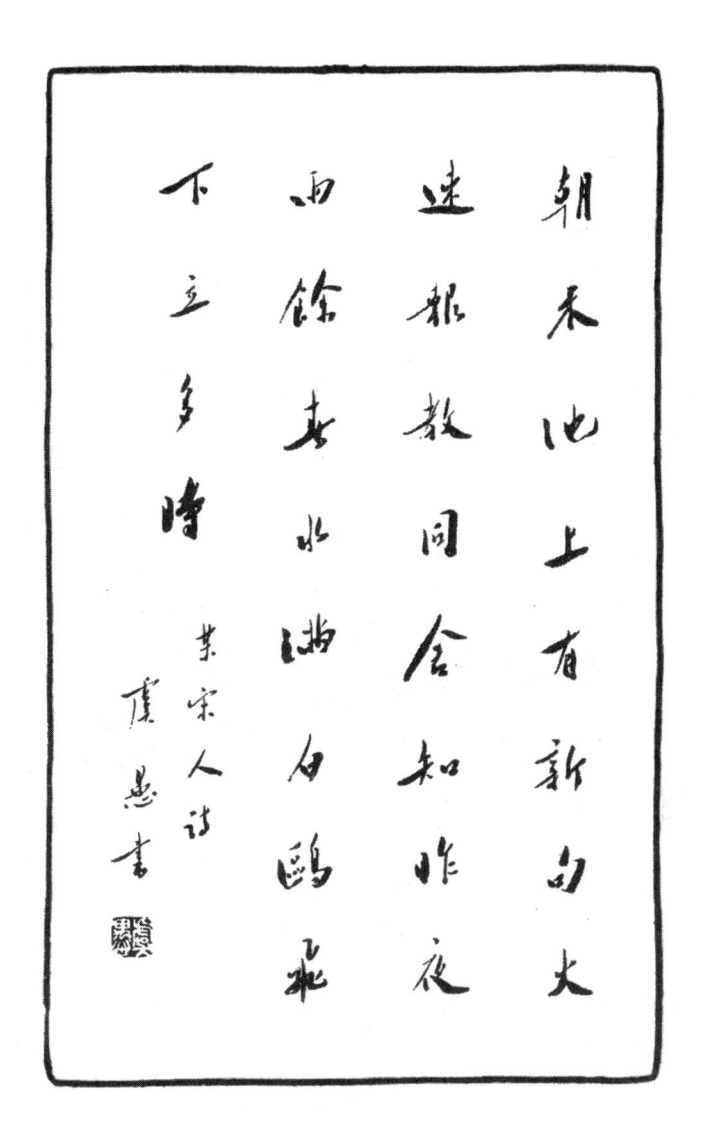

朝来池上有新句，
火速报教同舍知。
昨夜雨余春水满，
白鸥飞下立多时。
　　——某宋人 诗　虞愚 书

诸务。

　　以后，倘有他人询问朽人近状者，乞以"闭门思过，念佛待死"八字答之可耳。

　　……

——1942年元宵日信

　　从弘一法师说得如此具体的情形推测，李芳远来信提醒一些事，对于一个年迈体衰的老人，或许有些过于苛求了。弘一法师却不以为忤，反将它视为对自己的爱护，并且更加深了对李的信赖。李拟去沪上亲近佛学家蒋维乔[232]，弘一在推荐信中说，芳远童子"颇于朽人有所规导。今岁年十九矣。工诗词，善刻印，识见尤超卓绝俗。生于富贵之家，而不沉溺晏客。犹如莲华，不着水矣"。深沉的信赖，才有这般奖赞之词。

　　就在发出这些信件不久，弘一法师委托李芳远与文坛巨匠和著名史学家郭沫若联系，代送手书寒山诗一首诗云："我心似明月，碧潭澄皎洁。无物堪比伦，教我如何说！"并向郭氏代致"虔仰之意"。郭沫若也通过李芳远，回赠了手书自作诗一首。弘一法师、郭沫若这一僧一俗两位文化名人间的一段因缘，一段佳话，在中国近现代史上因一位童子的热忱搭桥，而圆满，而远播。

　　漳州人刘绵松[233]，有意编辑《弘一法师文钞》。法师致信刘绵松说：

　　……编辑文稿之事，由朽人自编。或用或删，排列，定名，皆由朽人自己裁酌。数年前，已略拟定办法。名目决定不用"文钞"之名。因朽人旧作，可取者甚少，仅能编成两小册而已。

　　一、《晚晴寱语》。内容、序、传等约二十余篇。平庸之作，皆力删之。

　　二、讲稿数篇。名尚未定。其平庸之讲稿，皆不编之。

　　此外，如手札诗偈等，罕有可取，决定不编入。编辑之主旨，在于精，不在于多。……仁者所编计划书，至为精密。但意在广辑巨帙，洋洋大观。此与朽意未合，乞亮之。

　　朽人在家，曾有时见昔贤所撰之文或诗或词等数首，叹为精绝。亟欲览其全集，以广眼界。及至求得其全集，卷数十卷或百卷，而披阅之，乃大为失望。因其一生之作,所谓精湛者,仅此数首而已。其他皆平庸敷衍,毫无可取。昔贤之全集,大半如此。朽人在(俗)之时,屡于是而兴失望之叹矣。(唐韩偓诗仅一卷,皆精美,岂必以多为贵哉?)

朽人出家之宗旨,决不愿为文字之法师。今所拟自编之两小册,亦是未能免俗,聊复尔尔。岂期以此而传诸久远、流芳万古耶?故关于编辑文稿之事,乞勿视为重大。……

……

目次,应移至内封面后、序文前。朽人近影,宜删去。因与佛像并列,不恭敬。

——1941年冬信

1941年冬致广义信中,谈及刘绵松拟编其文钞一事,弘一法师又说:"此事万万不可行。余已去信阻止。"

这里,弘一法师不仅仅是在谈如何编书的技术问题。从中,也表达了他不骛声华、不求名闻的意愿志趣。

1942年春节后,石有纪请当地人曾词源先生[234],专程赴晋江迎请弘一法师去惠安静养。法师回信说,过了旧历二月二十,天气放晴,即可动身。但他提出了三个条件:"一、君子之交,其淡如水。二、不迎不送,不请斋。三、过城时不停留,径赴灵瑞山。"

这是法师第三次到惠安。途经瑞集岩时,约见东堡斋友许连木、许贵望等多人,商议将瑞集岩寺[235]扩建为大华严寺,并责成惠安佛教会会长觉圆法师筹办建材。他说:"昆山紫岩,胜于乾山[236]、科山[237]等处多多矣。朽人之意,亦可名为大华严寺。"

弘一法师在灵瑞山讲经说法、静修养疴一个月,石有纪多次上山探视。有一次,石带着妻儿去看望,法师很高兴,和他们全家照了相。他劝石茹素念佛,昭示他做人要"存诚",做官"不可嗜杀"。他还评改了石的诗,指点了石的字。

法师从灵瑞山下来,已是阳历5月中旬,在曾词源先生家吃过斋,石有纪送他上车回泉州。法师走后,石和惠安人谈起对他的印象,说:"我觉得法师多才多艺,和蔼慈悲,克己谦恭,庄严肃穆,整洁宁静,他是人间才子,现在的弥陀。他虽然避世绝俗,而尤处个近人

483

情。"当地一位前辈汪煌辉说:"弘一法师毕竟由儒入佛,不比一般和尚。"

法师仍想还驻晋江檀林。泉州缁素以为,晋江沿海,战氛浓重,时局扰攘,很不安全。且公年老体弱,还是住在城里方便一些。这样,他就在温陵养老院安居下。

疾病侵扰着弘一法师,但他更多惦记的是他人。

已由水云洞移来承天寺的慧田法师,原想请弘一法师搬来同住,他也答应了。不料,正想着替弘一法师搬运行李时,慧田自己病了起来,两腿软得不能走路。等到有一天,稍能走动了,他打算去看看弘一法师。恰好妙莲法师走了进来,手上还捧了些香蕉,说:"大师身体不舒适,要等好了以后,再设法搬过来。请你不要挂念。他老人家听说你在大病,不能过来看你,特地叫我送些药丸和香蕉给你。并嘱我向你转告:'他老了,不中用了,你是年轻的,你快把这些药吃了,快快好起来,将来可以做佛教的栋梁。'"

慧田接过香蕉和药丸,思潮起伏,感泣良深。他想起自己从小浪迹天涯,而今父母又远隔重洋,生下来以至于现在,没有享受过父母的抚爱与照护,也未得过他人的深深爱惜,这样深受大师的抚爱,算是生平第一次爱的感受。此时此刻,他难以找到一句足以表示感激的话语,只好勉强写了这样几个字:"大师有病,应当服药,以期早痊,用慰弟子之心。药丸香蕉敬受之下,感泣奚似,敬达不宣。"托妙莲法师带呈弘一法师。

1942年春夏,永春王梦惺居士两次来信,请弘一法师再入桃源弘法宣化,连旅资都寄来了。法师却已心有余而力不足矣!他回信说:"老态日增,精神恍惚,未能往尊邑弘法,至用歉然。""不久仍闭关静养,谢绝缘务,诵经念佛,冀早生极乐耳。"王赠送的旅资也"附以寄返",说是"已无所需",请其"改作他用"。

叶青眼居士有一篇记叙弘一法师盛德的长文,题为《千江印月集》。其第九章《爱惜物力》中有一段话,约可概括弘一法师不骛名闻利养之品德,现转录如下:

> 公自移锡入闽以至温陵舍报十余年中,生活四事,无非三衣过冬,两餐度日,数椽兰若,一只粗椅而已。生平颇好鲜花,往往翠柏一茎,红花数蕊,装置一小瓶中,供诸佛前,便觉生意弥满,庄严无尽。此外即一枝火柴亦不轻用,何况其他。(在温陵养老院五个月,院供火柴二匣,不曾动用一枝,由莲师返交院董,余亲为接收。)其应诸山说法也,时间约定,辄先期而至,无劳主人接待。路近稍可步行即步行,不乘车。有一次,某军事长官以公为一代高

僧，亦是革命前辈，特仿古贤尊师重道遗意，请公定一时间地点，俾彼召集所部官佐，共听教益。吁请至为恳切，公亦叹为难得，结果未受所请，仅许多多书写文字结缘，替代讲演，谓书法即是佛法。或谓公辞却微意，无非为在此非常时期，道路交通，已感不便，往来供应，诸事烦苛，故尔不允所请，容亦有然者。观公爱惜物力如此，无疑其为当代大德，一个实行头陀行者。然另一方面，公则尽量讲经，尽量说法，虽至力竭筋疲，唇焦舌敝，最后一点血，亦无不愿输诸众生，而毫无吝惜。于戏，义之尽，仁之至，在昔孔子赞禹之德曰："禹，吾无间然矣，菲饮食而致孝乎鬼神，恶衣服而致美乎黻冕，卑宫室而尽力乎沟洫。"禹为治世之圣人，公为出世间之大德，禹为东方政治标准领袖，公实为东方佛化标准和尚焉。

第二十四章 佛学系统（上）——修持的思想体系

在弘一法师即将圆满功成往生西方之际,对其24年僧腊岁月中奉行的佛学系统,作一梳理与概述,是很有必要的。

与同时期的高僧相比,弘一之所以更加引人瞩目,名声远播,除了自有其超越他人之处,还有一个不能忽略的事实是:出家前的弘一法师,不是一般的无名之辈和底层人士,而是一位朱门子弟、风流才子和艺术先驱,并早就以此而名闻大江南北。正是由于这个原因,他的出家越发地为世人所关注。也就是说,弘一法师的知名度,有一部分来自其在俗时的影响;反之,李叔同之名传后世,有一部分原因,则是他后来出家成了佛门一僧的缘故。弘一法师作为一个完整的人,其在俗的前半生和出家的后半生,是相关相连、相辅相成、不能分割的。他在俗时的某些行为方式,出家之后仍在继续着。以此,我们梳理和概述其佛学系统时,在某些方面——主要是指他在诗词、歌曲、篆刻,特别是书法方面的创作,将其前后期的活动连带了起来。

弘一法师入佛初期,除了阅读僧人必读的佛典,他的进修博览而广纳。在他看来,只要有助于培育超生脱死的信念,提高和深化佛化境界,一切佛典和其他思想系统的典籍,都可作为生西的资粮。但弘一并非一般撞钟念经的和尚,他当初出家,除了厌弃世俗看破红尘,也是由于对博大精深高深莫测的佛学思想的入迷和向往。何况,他原是个对任何事情,除非不做,做就要做得认真彻底的人。做了和尚,在佛学思想方面,自然也得做出自己的特色。入佛后七八年,大概在20世纪20年代中后期,弘一在广泛进修、深入把握佛理佛法,尤其是中国佛教各宗各派佛理佛法和传统思想文化的基础上,开始逐渐形成他的佛学思想体系。这一由思想基础、实践行为和最终目标构成的思想体系,包括以下将要叙述的四个方面:"以华严为境","借助儒道为辅","以四分戒律为行","导归净土为果"。在四个方面中,"以四分戒律为行"则是承上启下的中心环节和关键之所在。

1. "以华严为境"

华严者,既指印度佛教典籍《大方广佛华严经》(简称《华严经》),又指以《华严经》作为立宗义理的中国佛教教派之一的华严宗。华严一经,传说是释迦牟尼佛成道后第二七日,在菩提场等处为文殊、普贤等诸位菩萨,讲述其因行果德如繁华(花)庄严、广大圆满、无尽无碍之妙旨的记录。佛灭度后700年,印度龙树菩萨在龙宫中见此典籍,共有上中下三本,其上中两本,非凡力所持,便记诵下本十万偈四十八品以出,从此流入人间。我国东晋义熙年间,佛陀跋陀罗三藏将其十万偈中前三万六千偈译为汉文60卷34品,东土始有此经,史称旧译。唐武后时,实叉难陀三藏又将其十万偈中前四万五千偈译成汉文80卷39品,史称新译。唐德宗贞元年中,般若三藏又别译其入法界一品为《普贤行愿品》40卷(简称《四十华严》),此为《华严经》中最流行的本子。

华严宗初祖为陈、隋间人杜顺禅师,但其实际创始人为此宗三祖、杜顺再传弟子、唐武后时长安人法藏大师。法藏承继其师、华严宗二祖至相大师智俨《华严搜玄记》,作《华严探玄记》,又作《华严金师子章》《五教章》《起信论义记》等《华严经》章疏二十余部,终成一宗之教义。法藏是个政治色彩很浓的僧人。武则天信佛,并利用佛教的部分迷信色彩为其封建统治服务,法藏则有意附和配合。他与武后过从甚密,关系很深。不只奉命参与《华严经》新译,还多次进宫为武后讲解。据宋《高僧传》记载,有一次,法藏在讲解《华严经》中"十重玄门""六相圆融"时,所说高度抽象而又错综玄奥的义理,天资聪颖的武则天也感到很难理解和把握。"善巧化诱"的法藏随机举譬,灵活运用,以殿前一尊金狮子的构成作喻,形象具体,径捷易解,立即使武则天"开悟其旨"。法藏的著名章疏《华严金师子章》(书名中的"金师子",即为法藏借以说法阐理的"金狮子"),就是根据这次对武则天的宣讲记录整理而成。还有一次,讲堂上出现地动(即地震)现象,法藏当即加以附会,并上报武则天。女皇则欣然利用,借机把地动灾害当作天降瑞应来宣扬,说是如来佛降迹显灵,命史官将此事编于载籍。法藏以此为武则天所赏识,赐号"贤首",故又名"贤首大师",华严宗也因此又名"贤首宗"。

在中国十大佛教宗派(俱舍宗、唯识宗、律宗、成实宗、二论宗、禅宗、天台宗、华严宗、密宗、净土宗)中,华严宗是一个理论体系比较完备,且有哲学深度的派别。它的理论体系称为"法界缘起"说。这一佛教学说,在哲学根本问题上,是以"一心法界"(又名"一真法界")作为其认识论和本体论的。在此基础上,它结构出了"四法界""十玄门""六相圆融"等一整套严密系统的佛理佛法。

华严宗理论体系的中心教义是"法界缘起"说。"法界缘起"包含两层意思:一层含义是说，世界上的每一个事物，即佛教所说的"法界"，都是由众因缘（条件）和合而生成，也会由众因缘的演变而消失，因此，宇宙万有实际上是空无所有，并不真实存在的。法藏在以金狮子作例时说，金狮子是由工匠用金子打造的金狮子的头、眼、耳、身、毛等众多部分和合而成的，离开了金子和工匠的打造以及各个部分的和合，金狮子的本质是不存在的。如此立论，在华严宗是为了说明世上的物质现象都是虚幻的、似有实无的。但以此理论推论下去，华严宗遇到的一个不易解决的难题是，缘起也得由东西去和合才能成立，那些东西又是从哪里来的呢？为了解决这个难题，华严宗又提出了"缘起说"的第二层含义，也是更基本的含义，即"一心法界"随"缘"而生起世间的一切。在华严宗看来，"一心法界"是宇宙现象的本体，宇宙万有都由它而派生。法藏在讲到这个本体时，是把它作为与"事"相对的产生"事"的"理"，即变现万物的"佛智"，是一种无人身的神性，精神性的实体，也就是他所说的"净心"和"真心"，所以"一心法界"又称"一真法界"。十方三世的万千法界（万事万物），都是虚幻的、色空的，唯有这个"一心法界"，才是真有的、永恒的。而且，正是有了这个"一心法界"，才有十方三世的万千法界。就是说，这个"一心法界"是产生十方三世万千法界的终极根源。它也无时无处不在十方三世的万千法界之中。

上述华严宗"法界缘起"的两层含义，前者是从外在表现上，将宇宙万有最终归结为色空虚有，后者则从内在根源上，将宇宙万有归结为由本无实体的"净心""真心"，即"佛智"的产物。亦即法藏所说，"心为尘因"，"离心之外，更无一法，纵见内外，但是自心所现，无别内外"。（《华严义海百门》）举世间的一切，都由"一心法界"而来。"一心法界"是"理"、是"性"、是"体"；世间的一切是"事"、是"相"、是"用"。"一心法界"是"真空"，世间一切是"妙有"。"随缘不变"，"俗事"就是"真理"；"不变随缘"，"一心法界"就是宇宙万有。简言之，就是"理"生"事"，"真如"（即"一心"）生"万有"。

由"法界缘起"，特别是"一心法界"说，华严宗又递次推导出"四重法界""六相圆融"等"法界观"和"唯识论"，进而构成繁复严密的理论体系。法藏认为，"一心法界"摄万有，便成"四重法界"，（一）事法界，是指千差万别的事物，即万法；（二）理法界，是指产生万千事物的理体，即"一心""真如"；（三）理事无碍法界，既然事由理（即"一心""真如"）生，理由事现，理即事，事即理，二者自然无碍；（四）事事无碍法界，万千事物，其相虽异，其体则一，既然万物都由理（"一心""真如"）所生，自然一一称性圆通，各各具有一即一切、一切即一之关系，即万差诸法，皆具"一心""真如"之法性。就是说，任何地方、任何时候、任何事物之中，都有佛性和佛境存在。如果你能自觉地意识到并认同和实践这一点，你就迈出了成佛的第一步。华严宗讲究的是修"心"，如果你能把自己的那颗"心"，通过修炼，达到佛性所要求的，能衍生并包蕴万事万物的高度，即佛心的境界，你将无生无死，永恒存在了。

如前所说，弘一法师入佛，不单是为了避却俗世的纷扰，以求清静；入佛后，也不想仅仅做个撞钟念经的和尚，他是为了生西成佛，超生脱死。而要达到这一终极目标，从修行角度上说，首先就得从佛教哲学的高度上，把握到佛性和佛境的内涵，以及到达的途径。弘一法师钻研《华严经》和华严宗，正体现了他在探索佛性和佛境时的深度和品位。

关于《华严经》，弘一法师作过《华严经大意》的演讲，可惜讲稿已经散失。另一篇专题文章《华严疏科分》也已不存。现存的主要著作有《华严经读诵研习入门次第》《华严集联》《浙衢祥符寺华严经文碑刻题词》《西泠华严塔写经题偈》《梦后书华严偈赠普润法师自跋》《金陵刻华严疏钞题记》《温陵刻普贤行愿品跋》《华严经普贤行愿品观自在菩萨章序》《扶桑普贤行愿赞梵本私考序》，以及散见于众多书信中的有关论述，等等。他还主持出版《华严疏论纂要》、点校《华严经注疏》等典籍。

在佛陀诸经中，《华严经》开讲最早，后贤比之太阳初出，先照高山，钝根之人要理会它，谈何容易。从弘一法师有关文字来看，他读诵研习《华严经》，采取两种方法：读诵时，抓其核心；研习时，先疏后论。按照《华严经》的经义结构和华严宗的传统观念，《入不思议解脱境界普贤菩萨行愿品》（简称《普贤行愿品》），是整部《华严经》的核心部分。此品由唐般若翻译，原指《四十华严》，后专指《四十华严》最后一卷。《普贤行愿品》主要以《华严经》"一真缘起说"，一切诸法，即毗卢遮那佛（亦即释迦牟尼法身佛）显现的教义和一粒微尘映世界、一瞬之间含永恒的思辨逻辑，说明法界缘起既来自"一真缘起"，唯有修行"十大愿"才能证人，才能到达"一真"境界，自利利他。此品经文有长行、偈赞两部分。长行十大段，说明成佛所修十种广大行愿：（一）礼敬诸佛；（二）称赞如来；（三）广修供养；（四）忏除业障；（五）随喜功德；（六）请转法轮；（七）请佛住世；（八）常随佛学；（九）恒顺众生；（十）普皆回向。偈赞六十二，每赞四句，表述皈依佛门之愿，等等。弘一法师在全面深入读诵研习的基础上，牢牢地把握了《华严经》的这个核心。他在《华严经读诵研习入门次第》和其他有关序跋、题记、题词中，向佛徒们反复申述研读此品，对把握整部《华严经》和整个华严宗的重要性，他说：

> ……可以读诵《普贤行愿品》，回向往生。因经中最胜者，《华严经》。《华严经》之大旨，不出《普贤行愿品》第四十卷之外。此经中说，诵此普贤愿王者，能获种种利益。……
>
> ——《净土法门大意》

> 若好乐简略者，宜读唐贞元译《华严经普贤行愿品》末卷。……唐清凉国师曰：今此一经，即彼四十卷中第四十也。而为华严关键，修行枢机，文约义丰，功高德广。能简能易，惟远惟深，可赞可传，可行可宝。故西域相传云：普贤行愿赞为略华严经，大方广佛华严经为广普贤行愿赞。
>
> 或兼读唐译《华严经净行品》。清徐文霨居士曰：当以净行一品为入手，以行愿末卷为归宿。又曰：净行一品，念念不舍众生。夫至念念不舍众生，则我执不破而自破。纵未能真实利益众生，而是人心量则已超出同类之上。胜异方便，无以逾此。
>
> 以上二种，宜奉为日课。此外，若欲读他品者……或一或多，随力读之。……
>
> ——《华严经读诵研习入门次第》

> ……朽人读《华严》日课一卷以外，又奉《行愿品别行》一卷为日课，依此发愿，又别写录《净行品》、《十行品》、《十回向品》（初回向及第十回向章）作为常课，每三四日或四五日轮诵一遍。……
>
> ——1924年12月11日致蔡丏因信

弘一法师多遍诵读过整部《华严经》，至于诵读《普贤行愿品》末卷的遍数，就无法计算了。抗战期间，他曾多次劝请佛徒们诵念《普贤行愿品》末卷十万遍，以回向众生，消灾避难，挽救国运。

关于先疏后论的研习方法，弘一法师用徐文霨居士的话说："以疏是疏体，解得一分即获一分之益，解得十分便获十分之益。终身穷之，而勿能尽。纵使全不能解，亦可受熏成种，有益而无损。论是论体，利根上智之士，读之有大利益。而初心学人，于各种经教既未深究，于疏钞又未寓目，则于论旨未易领会。但就论文颟顸笼统读去，恐难免空腹高心之病。莲池大师谓统明大意，则方山专美于前；极深探颐，强微尽玄，则方山得清凉而始为大备。斯实千古定论，方山复起，不易斯言。"（《华严经读诵研习入门次第》）而《华严疏钞》[238]，"此书法法具足，如一部《佛学大辞典》。若能精研此书，于各宗奥义皆能通达。（凡小乘论、律、三论、法相、天台、禅、净土等，无不俱足。）"（1931年4月28日致弘伞法师信）在弘一法师看来，《华严疏钞》不但是进入《华严经》、华严宗，也是进入佛教各宗的方便之门。

从20世纪20年代开始，弘一法师由《华严疏钞》《华严经疏论纂要》等疏论进入《华严经》。他发现现行本《华严疏钞》多有节略错讹，便发下大愿，要用20年工夫，将其重新整理一过，再刊版流行。他致信青年佛教学者蔡丏因说："近与伞法师发愿重釐会修补校点《华严疏钞》，（今之《会本》，为明嘉靖时妙明法师所会。彼时清凉排定之科文久佚，妙师臆为分配，故有未当处。妙明《会本》，后有人删节，甚至上下文义不相衔接。《龙藏》仍其误。今流通本又仍《龙藏》之误。……）伞法师愿任外护，并排版流布之事……朽人一身任釐会、修补、校点诸务，期以二十年卒业。先科文十卷，次悬谈，次疏钞正文。"（1926年5月19日信）可惜此项工程未能完成，弘一只留下了一本供自己阅读的点校本《华严疏钞》。但由他发现和筹资影印出版的《华严经疏论纂要》一典，获得了海内外佛学界的赞誉。

正是由精心阅读疏论典籍入手，弘一法师一步一步地接近了《华严经》所建构的佛境，并从自己所走的途径出发，为青年佛徒和佛教学者，开出了这样一份由简入繁、由浅入深地研读《华严经》和华严宗的系列书目，即《华严感应缘起传》→《华严悬谈》→《华严吞海集》→《大藏辑要》目录提要"华严部"所列诸书→《华严合论》。

关于如何读疏，弘一不赞成专注一家一疏，以免拘囿思路，妨碍对《华严经》以至整个佛境的融会贯通。他在写给蔡丏因的信中说：

……《华严悬谈》，文字古拙，颇有未易了解处，宜参阅宋鲜演《华严谈玄抉择》及元普瑞《华严悬谈会玄记》。反复研味,乃能明了。仁者若欲穷研《华严》,于《清凉疏钞》外,复应读唐智俨《搜玄记》及贤首《探玄记》。《清凉疏钞》多宗贤首遗轨,贤首复承智俨之学脉,师资绵续,先后一揆。三师撰述,并传世间,各有所长,宁可偏废。乃或故为轩轾,谓其青出于蓝,寻绎斯言,盖非通论。前贤创作者难,后贤依据成章,发挥光大,亦惟是缵其遗绪耳,岂果有异于前贤者耶。至若慧苑《刊定记》,反戾师承,别辟径路,贤宗诸德,并致攻难,然亦未妨虚怀玩索,异议互陈,并资显发,岂必深恶而痛绝耶。……

——1925年旧历正月十四日信

这段话不只表现出弘一研读《华严经》之深度,也说明了这种深度,来自他善于广纳博取的胸襟和方法。

弘一法师还主张,读华严疏不可偏废科文。在他大量讨论如何刻经的信件中,反复地批评过删去科文的做法。在致蔡丏因的信中说:

……《华严经疏》科文十卷,未有刻本。日本《续藏经》第八套第一册、二册,有此科文。他日希仁者至戒珠苑寺检阅。疏、钞、科三者,如鼎足不可阙一。杨居士[239]刻经疏,每不刻科文,厌其繁琐,盖未尝详细研审也。(钞中虽略举科目,然或存或略,意谓读疏者,必对阅科文,故不一一具出也。)今屏去科文而读疏钞,必致茫无头绪。北京徐居士[240]刻经,悉依杨居士之成规,亦不刻科。……朽人尝致书苦劝,彼竟固执旧见,未肯变易,可痛慨也。

——1924年旧历十二月初三日信

古人说:"科者,断也。禾得斗而知数,经得科而义自明。"佛教经文从头至尾连成一篇,不易阅读,不易理解。所谓"科文",先是将经文加以断句和分成段落,进一步,再以表格的形式,列出其纲目和细则,使文义一目了然。不少解经的疏钞,原是列有科文,但往往被后来的刻经者删节了,致使阅读者茫无头绪,无从着手。弘一法师在恢复科文一事上,可以说是念兹在兹,不遗余力了。

弘一法师主要信仰的是净土宗，并以此作生西的资粮，但他在《华严经》和华严宗上所下的功夫特深。在他大量回答问学的通信中，涉及华严的信件占了很大一部分。这是什么原因呢？

弘一法师的俗家弟子蔡丏因，作过这样的比喻：

> 在灰胡尔巴颜喀拉山寻到长江的源头，自然比认岷山为长江的源头来得彻底。
>
> ——《廓尔亡言的弘一大师》

这是说，有如巴颜喀拉山之于滔滔东去的万里长江，《华严经》和华严宗对于繁复渊深的佛教义理来说，它更具有源头的位置与意义。这个源头，就是前面所说的以"一心法界"（"一真法界"）为基础的"法界缘起""四重法界""六相圆融"等义理。在弘一法师看来，找到了这个源头，就能找到成佛的三昧，找到抵达佛境的途径。有如长江和黄河滋养了整个中华民族那样，由《华严经》和华严宗这个源头顺流而下，就能将佛教所具有的恩泽，普施于一切众生。一个佛教徒如此普施的结果，必然会走向他所希冀的所在——西方极乐世界，或东方净琉璃世界。

至于《华严经》、华严宗与净土宗的关系，又正如弘一弟子蔡丏因所言：

> ……华严每会，虽然有很多的事相，很多的妙义，而善财遍参知识，于证齐诸佛之后，普贤菩萨为说十大愿王（望），令皆回向往生西方极乐世界，圆满佛果，可见《华严经》和净土三经始终还是一贯的。……
>
> ——《廓尔亡言的弘一大师》

在弘一法师看来，《华严经》、华严宗，对整个佛教义理而言，带有源头的意义，那么把握了这个源头，就能解读和理解种种佛典，就能解读和理解佛教上的种种公案。本著在前面《四莅绍兴》一章中提到过，蔡丏因曾请求弘一法师，就下列问题予以开示："世尊在因地，为了伤害了一只鹰，竟至受尽苦报，但为什么又说，念弥陀佛的名号，就能带业（引者按：指罪业）往生呢？理可通得，事却有碍……"法师为了回答蔡的提问，在书赠的横批上抄录了蕅益大师一段阐述"事""理"关系的法语。那段法语中所说的"事理无碍""事事无碍",正是来自由华严宗"一心法界"衍生的"四重法界"中第三、第四两个法界。称颂一句阿弥陀佛,一念之中就有了佛心。这个佛心,就能遍及十方三世一切诸法("事理无碍");一切诸法,也就进入了佛境之中("事事无碍")。如此,便是"带业"吧,也无碍于往生了。

《华严经》这部大经,晋译60卷,唐译80卷,又有数量繁浩的疏钞,是很难全读和读通的。而除了有志成为高僧大德或专门研究佛学者,对一般信仰佛法的人,也不能作那样的要求。但不读《华严经》,又难以进入佛教境界。为了弥补不能阅读全经的缺憾,弘一法师将三种译本中的偈赞,经过通俗化的改造,集为联句,编成《华严集联三百》韵语一部,并手书影印流布。既以此回向亡母,冀其早成佛道,又以此善巧方便,导俗利生。圆成其事的刘质平,在跋语中说,该集出版,"广般若之宣流,永孝思于不匮。世界有情,共顶礼之"。功德可谓大矣!

2. "借助儒道为辅"

儒、佛、道三家是中国传统文化思想的三大构成部分,而儒家思想又始终处在主导地位。无论本土固有的,还是域外传来的,任何一种思想意识形态,欲在中国生根发展,都或多或少需要带上儒化的和其他中国化的色彩。便是国产的道家学说的某些观念,也往往借用孔子之口表述出来。这是《庄子》一书中常见的现象。作为外来的思想意识形态,佛教由于其对宇宙人生的构成观念,以及它所追求的出世境界,与中国的道家哲学和处世态度,有不少相似之处。因此,当其初传中国,往往被人以类比的方法,即所谓"格义"的方法,用道家哲学的观念加以比附解释,用道家哲学的概念术语加以表述显现。因此,中国早期佛教,是道家化了的佛教,尤其富于庄子哲学的味道。但正如道家或庄子哲学本身需要一定的儒化色彩,才能在中国存在与发展一样,佛教在中国化的过程中,也不可避免地需要与长期统治中国思想文化领域的儒家思想相结合,需要借助利用与佛学思想相通或相接近的部分儒家思想资料,以充实和丰富自己。这也是佛教实现中国化的过程。还有一个历史现象不能忽略,即中国众多的高僧大德(弘一法师亦然),在其入佛之前,大都是儒家的门徒。他们或由于仕途不畅看破红尘,或由于接触了佛教思想人生观发生改变,从而由儒入佛,出家为僧。然而，入了佛门，又往往以儒解佛、以儒辅佛，即在批儒的僧人那里，也不自觉地流露出昔日进出儒门的影子。这又使中国佛教的儒化成了一种必然现象。

佛教追求的是出世境界，儒家讲究的是如何做人、如何入世。从表面上看，二者好像是矛盾扞格的。但佛教中人追求出世，是一个过程；无论哪个僧人或居士，其生命再匆促短暂，或者何等彻底地看破了红尘，当其未生西之前，他就得在人世间生活（没有全然隔绝了人世的丛林庙宇）。这就有个如何做人和完善人格的问题；况且，从因果报应的佛教观念上说，僧人或居士，在尘世间能否积善去恶，自利利他，正是其死后能否往生净土、得入较高品位的关键。往生净土是死后的事，眼前需要的是在现实生活中做个好人，以佛门眼光堪称理想的人。正是在这些方面，儒家学说中有不少值得佛门中人借鉴的成分，或者说，儒佛二家存有共同之处。

诚然，弘一法师幼年时期生活在一个佛教气氛比较浓重的家庭，自会受其影响、熏染，但他接受的更多的是儒家的教育，在这种思想文化中浸染很深。他并非一开始就远离传统文人学而优则仕的思想观念和实践方式，否则，他就不会两度参加乡试了。第二次，他还不怕路途遥远，千里迢迢地从上海到河南开封去寄籍赶考。其出世观念的形成，是由于后来经历了时局的变幻和人生的挫折。他也是由儒入佛的。而且，即使在有了出世之想并正式成了僧人之后，他也没有完全放弃儒家思想。他在念佛修行、严持戒律的同时，也往往将儒家学说中有关如何做人、完善人格的教化，作为圆满华严之境的辅助和往生的资粮之一。这中间，他于宋明儒家修心养性的理学尤为看重。而主虚主静的道家学说，也成了他涵育佛性的一种思想资料。

1935年春天，弘一在为泉州温陵养老院内过化亭补题亭额的题记中说："余昔在俗，潜心理学，独尊程朱。"他年轻时到上海不久，参加城南文社课试，以第一名的优异成绩应答了《朱子之学出于延平，主静之旨与延平异又与濂溪异，试评其说》（以下简称《朱子之学》）这样的试题。这是一个较有难度的有关宋明理学的题目。

理学是宋明时期儒家的一种哲学思想，亦称道学。它是儒家哲学思想发展到一定历史阶段的产物。汉代以后的儒家哲学家（主要是古文今学派），多重名物训诂；至宋代，因受佛学思想的影响，哲学家们往往援佛入儒，用佛教思想解释儒家的纲常名教，探究微言大义，兼及性命；明代以后，理学成为中国封建社会末期的正宗学说。这一学说的形成，是有一个过程的。城南文社《朱子之学》这个课试题目本身，就概括了宋明理学的发展脉络，及其不同阶段主要代表人物之间的师承关系。题中的濂溪，即理学的奠基者周敦颐（1016—1073，字茂叔，湖南道州人），因晚年在江西庐山建濂溪书堂，故学界称之为濂溪先生。他把陈抟的《太极图》改造成为论证世界本体及其形成发展的图式，并写成《太极图说》一书。按其所说，世间万物，是以"无形的太极"为本的。这个精神性的本体，亦即"无形而有理"的"理"。濂溪的入门弟子程颢（1032—1085，即大程，河南洛阳人，世称明道先生）、程颐（1033—1107，即小程，世称伊川先生）兄弟，在濂溪"太极"说的基础上，更明确地将"理"（亦称"天理"）强调为哲学的最高范畴，以为"天下只有一个理""万事皆是一个理"。二程如此思辨和生发，不仅将精神性的"理"当成了万物的本体，还将其作为封建社会伦理道德的核心"三纲五常"的本源。从二程（这里主要指小程，下同）到朱熹，中间经过了杨时、罗从彦、李侗等递相传授的过程。从师承关系上说，李侗（1093—1163，南剑州剑浦人，世称延平先生），系濂溪的四传弟子、二程的三传弟子，他的学生朱熹，已是濂溪的五传弟子、二程的四传弟子。经过这一传承过程，朱熹从李侗那里全面地继承和深化了由濂溪奠基的客观唯心主义哲学。如果说，在他之前的理学家们，虽都把精神性的"理"作为万事万物的本体，但在具体论述"理""气"（与"理"相对待的物质形态）的关系时，不免留下二元论的痕迹，那么，自从朱熹明确地提出"理"先"气"后的命题，则将宋明理学客观唯心主义哲学推向了极端。从社会历史观上说，在朱熹那里，以"三纲五常"为核心的封建伦理道德，也成了"天理"的最完善的体现。

  "理"，或者说"天理"，作为万事万物的本体，既是精神性的，自与物质性的东西相对峙。这就提出了一个如何进学和修身养性的问题。在理学家们的观念中，人唯有摆脱了物质的以及由其引起的羁绊，方能把握和到达"理"的境界，也才能恪守封建主义的道德伦常。在这个问题上，从濂溪开始，所有理学家都持"主静"的原则，但具体含义又不尽相同。濂溪本人对"主静"的解释是"无欲故静"。他认为一切进学和修养能否有所成就，关键在"无欲"二字。无欲才能心诚。无欲心诚，是人们认识和修养的最高要求。而他的四传弟子延平（李侗），主静的原则是"默坐澄心体认天理"。诚然，无论是濂溪，还是二程，都把"理"或"天理"视作万事万物的本体，但他们毕竟还有"格物致知"一说（尽管最终还是为了把握和体认"理"这一精神性的本体），而延平的"默坐澄心"，彻底排除了对外部世界的接触与认知，完全是一种诉诸直觉的内心体悟。为了防止外部世界以及由其触发的人的喜怒哀乐和各种欲望，他主张进学修养于"未发"之时（即指由外部世界可能触发的人的喜怒哀乐和各种欲望尚未发生之时），不能于"已发"之后，因为那时就不能心澄无波了。朱熹在这个问题上，既与他的祖师濂溪不同，也与他的业师延平有异。他认为，在人欲中，有些欲望（如为保持生存而必要的最低限度的食欲）是符合"天理"的，因此，不能完全像濂溪所说的那样"无欲故静"，即有一部分极小的欲望是符合"天理"的。因此，他在主静问题上，也与延平"澄心"于"未发"之时不同，他主张对干扰"澄心"的那些因素，在"已发未发"之际加以控制的"中和"说。

这就是张蒲友孝廉在城南文社课会命题中，要求课试者"试评其说"的一些内容。关于宋明理学，在张的命题中只涉及宋代的程朱理学，未及宋明陆王心学，从唯心主义的彻底性上说，后者是对前者的进一步发展。然而，在陆九渊（1139—1192，江西抚州人，世称象山先生）和王守仁（1472—1528，浙江余姚人，世称阳明先生）看来，程朱理学承认"理"在人的主观世界之外，作为唯心主义是很不彻底的。他们以为，"人皆有是心，心皆具是理""心即理也""心外无理""心外无物"，所谓"格物致知"，不是致心外之理，而是致心内之良知（"致良知"）。这就将程朱的客观唯心主义，变成了以"心学"为核心的主观唯心主义。

李叔同在到沪前一年（1897）所作县学课试文章《非静无以成学论》中，即有对濂溪为学主静之说的评论。他在引述《言行录》所云"周茂叔志趣高远，博学力行，而学以主静为主"和《嘉言篇》所云"非静无以成学"之时说，"是静如水止而停畜弥深，静如玉之藏而温润自敛。……气躁则学不精，气浮则学不利……能静则学可成矣"。而李在城南文社的课试文章《朱子之学》一作，虽然没有留传后世，我们无法评论他是如何阐述其见解的，但既被评阅者张蒲友定为一等佳作，说明他对宋明理学确有深厚根底。而这种深厚根底，应该说是他往后入佛的一个远因，尤其影响他以华严宗的理念为哲学基础的整个佛学思想体系的形成。在弘一看来，这是他人生和思想观念演变进程中的一个必然结果。他在年轻时潜心研究的宋明理学，本来就是一种以佛解儒的学说，沉潜久了，容易产生佛化的倾向。而弘一在进入佛门之后，由于其原有的理学观念与佛学观念诸多和合之处（更确切地说，它本身就是一种以佛解儒的产物）。理学中"理"和"心"的概念，与佛学中"理"（"理事无碍"之"理"）和"心"（"一心法界"之"心"）的概念，从哲学内涵上说，本质是一样的。因此，它们就很自然地成了构成弘一佛学思想体系的哲学基础之一。理学、佛学，两者之间在很多方面，是一种一而二、二而一的关系。

弘一出家之前和出家之后，对明末理学家刘宗周（1578—1645，号念台）的《人谱》，明朝大臣、思想家薛瑄（1389或1392—1464，谥号文清）的《读书录》，清梁瀛侯的《日省录》，以及由清代学者金缨纂辑的《格言联璧》等几部格言集，始终抱有浓厚的兴趣，时常带在身边，作为日课的必读书。他编纂过四本格言集，头两部，即为依照《格言联璧》等书摘录选编的《格言别录》和《佩玉编》；后两部则是集录佛典和历代高僧大德语录的《晚晴集》、单独摘录明代四高僧之一蕅益大师警训之语的《寒笳集》。《格言别录》《佩玉编》所录，多为儒道两家有关修心养性的格言。如果将弘一的这两部编著，与佛教典籍和蕅益大师等高僧语录对比阅读，即能清楚地看到，他是如何以儒道学说，作为其自身涵育佛性并宣扬佛学之一助的。这里，我们对照着录出几段，以见一斑。

包含着儒道思想的语录	蕅益大师等高僧的语录
莫大之祸，皆起于须臾之不能忍。不可不谨。 （尹和靖语）	世出世事，莫不成于慈忍，败于忿躁。……倘一念瞋起，百万障生。小不忍，大谋斯乱。（引者按：此语中的"小不忍，大谋斯乱"一句，即来自儒家之言。） （蕅益大师语）
静坐常思己过， 闲谈莫论人非。 （《格言联璧》中语）	远众近静处，端坐正思惟。但自观身行，口勿说他短，结舌少论量，默然心柔软。 （道宣律师语）
造物所忌，曰刻曰巧；万类相感，以诚以忠。谦挂六爻皆吉，恕字终身可行。 （《格言联璧》中语）	当主敬、存诚，于二六时中，不使有一念虚浮怠忽之相。及与世人相酬酢，唯以忠恕为怀。 （印光法师语）
竞标榜，邀权贵，务矫激，习模棱，此市名也。 辱身丧名，莫不由此。求名适所以坏名，名当可市哉！ （《格言联璧》中语）	名誉及利养，愚人所爱乐，能损害善法，如剑斩人头。 （有部律中语） 倘名关未破，利锁未开，藉言弘法利生，止是眼前活计。 （蕅益大师语）

（续表）

包含着儒道思想的语录	蕅益大师等高僧的语录
以虚养心，以德养身，以仁养天下万物，以道养天下万世。 涵养冲虚，便是身世学问；省却烦恼，何等心性安和。 （《格言联璧》中语） 刘直斋[241]云："存心养性，须要耐烦耐苦耐惊耐怕，方得纯熟。" 刘念台[242]云："涵养全得一个'缓'字，凡语言动作皆是。" （《格言联璧》中语）	处众处独，宜韬宜晦。若哑若聋，如痴如醉。埋光埋名，养智养慧。随动随静，忘内忘外。 （翠岩禅师语） 粉身碎骨，唯心莫动。收拾自心，如一尊木雕圣像，坐在堂中，终日无人亦如此！幡盖簇拥香花供养亦如此！赞叹亦如此！毁谤亦如此！ （盘山禅师语）
只可潜修默进，不可求人知。 （薛文清语）	深潜不露，是名持戒，若浮于外，未久必败。 （《西方确指》中语）
知足常足，终身不辱。 知止常止，终身不耻。 （《格言联璧》中语）	草食胜空腹，茅堂过露居，人生解知足，烦恼一时除。 （莲池大师语）
正己者乃能正人。未有枉己而能正人者也。 汲汲自修不及，何暇责人？不自修而责人，舍其田而耘人之田也。 （薛文清语）	先须专求己过，无责人非，见贤思齐，见恶内省，法法消归自心，时时警策自心。 （蕅益大师语）
放下一切外物，觉得心闲省事。 （薛文清语）	将身心世界全体放下，作一超方特达之观。 （薛文清语）
少陵诗曰：水流心不竞，云在意俱迟。从容自在，可以形容有道者之气象。 （薛文清语）	千峰顶上一茅屋，老僧半间云半间，昨夜云随风雨去，到头不似老僧闲。 （归宗芝菴禅师语）

从上引语录的对比，可以看出，在弘一法师的佛学思想中，包含着儒道两家的思想，其中儒家-理学思想尤为突出。儒家思想是他佛学思想的有机组成部分；不少时候，与其说，他是在弘扬佛法，不如说，是在宣扬儒学-理学，更为确切。《佩玉编》反复选录了薛

文清《读书录》中的这样一些话，"孔子曰：焉用杀，《论语》二十篇，无以杀字论为政者。圣人之仁心大矣"；"《论语》一书，未有言人之恶者。熟读之，可见圣贤之气象"；"孔子言有恒者难见。验之人，信然"；"颜子终日不违如愚。喋喋多言，而能存者寡矣"；"程子曰：省躬克己不可无，亦不可常留在心作悔。盖常留在心作悔，则心体为所累，而不能舒泰也"，等等。而曾子所说，"战战兢兢，如临深渊，如履薄冰。君子之守其身，可不慎乎"，以及林退斋临终，子孙跽请训诫时所说，"若等只要学我吃亏"等语，更是弘一法师弘法演讲中，经常用来告诫僧俗两界的箴言。1939年，弘一入佛已久，仍念念不忘幼年所读。他在《题〈格言联璧〉》中说，"余童年恒览是书，三十以后，稍知修养，亦奉是为圭臬。今离俗已二十一载，偶披此卷，如饮甘露，深沁心脾，百读不厌也。或疑'齐家''从政'二门，与出家人不相涉；然整顿常住，训导法眷，任职丛林，方便接引，若取资于此二门，善为变通应用，其所获之利益，正无限也"。在弘一看来，儒家的治世学说，亦可移来作为管理佛门的"方便"。

最为典型的是弘一所作题为《改过实验谈》的著名演讲。观其通讲内容，与其说是在弘扬佛法，不如更确切地说，是在以儒解佛，以儒说佛；甚至可以说，干脆就是在佛门中宣扬儒家修身之说呢。弘一在开场白中就明确地说："余于讲说之前，有须预陈者。即是以下所引诸书，虽多出于儒书，而实合于佛法。因玄说妙，修正次第，自以佛书最为详尽，而我等初学之人，持躬敦品，处事接物等法，虽佛书中亦有说者，但儒书所说，尤为明白详尽，适于初学。故今多引之，以为吾等学佛者之一助焉。"弘一此次"演讲"，分"总论"和"别示"二门。"总论"将改过过程，分为三个次第，即"学""省""改"三个阶段。在阐述每一个阶段的内涵时，弘一所说，几乎都是儒家的教诲。关于"学"，弘一说："须先多读佛书儒书，详知善恶之区别及改过迁善之法。倘因佛儒诸书浩如烟海，无力遍读，而亦难于了解者，可以先读《格言联璧》一部。余自儿时，即读此书。归信佛法以后，亦常常翻阅，甚觉其亲切而有味也。"关于"省"，弘一虽没有直接引述儒家之言，但其所说内容，"既已学矣，即须常常自行省察，所有一言一动为善欤？为恶欤？若为恶者，即当痛改。除时时注意改过之外，又云每日临睡时，再将一日所行之事，详细思之。能每日写录日记最善！"这些话，不就是对《论语》中曾子所说"吾日三省吾身"一语的具体阐释吗？关于"改"，弘一先是说，"省察以后，若知是过，即力改之。诸君应知：改过之事，乃是十分光明磊落，足以表示伟大之人格"，然后引录了《论语》中子贡的话："君子之过也，如日月之蚀焉。过也人皆见之，更也人皆仰之。"还引录了另一位古人的话："过而能知，可以谓明；知而能改，可以即圣。"在"别示"一门阐述其奉行的十条"改过迁善"之事时，每一事中几乎都是以儒家之言或儒家观念为准则的。如关于"虚心"一事，反复叙述了孔子等人的言行，"五十以学易，可以无大过矣"；"闻义不能徙，不善不能改，是吾忧也"；蘧伯玉为当时之贤人，彼使人于孔子，孔子与之坐而问焉。曰："夫子何为？"对曰："夫子欲寡其过而未能也。"对此，弘一说："圣贤尚如此虚心，我等可以贡高自满乎！"关于"慎独"，弘一引录了《论语》中曾子之言："十目所示，十手所指，其严乎！"关于"寡言"，引录了孔子的话："驷不及舌。"关于"不说人过"，在引录古人之言："时时检点自己且不暇，岂有功夫检点他人。"紧接着，又引录了孔子的话"躬自厚而薄责于人"。关于"不文己过"，在引录孔子弟子子夏的话"小人之过也必文"之后，弘一说："我众须知，文过乃是最可耻之事。"如此等等。从这些引录中可以看出，弘一虽在佛门，但他同时仍是个儒家的门徒。在他看来，中国佛教的很多方面，是与儒家学说相辅相成的；以儒说佛，或许更能为中国佛教信众接受吧。所以他的弘扬佛法，常常是与宣扬儒家学说紧密相连的。

下面一例更说明了以儒入佛在弘一佛学思想体系中的一贯性。离弘一圆寂不到半年（1942年五月间），由其证授皈依的永春胜闻居士（梁鸿基），请写遗训。弘一抄录了他"生平不敢忘怀"的《论语》一章，并作题记。《论语》的原文是："曾子有疾，召门弟子曰：'启予足，启予手。'诗云：'战战兢兢，如临深渊，如履薄冰。而今而后，吾知勉夫，小子。'"弘一的题记则说："是为予生平得力处。愿共勉焉。"便是在临终之际，弘一在遗嘱中，还在嘱咐温陵养老院董事会，应对已经破损的过化亭"加以修葺"。可见，在弘一的佛学思想体系中，儒学是始终与佛学融合为一的。

3."以四分戒律为行"

戒律是佛教为出家和在家的信徒制定的戒规，用以防非止恶，增长善根。"戒"与"经""论"合称"三藏"，又与"定""慧"合称"三学"。相传释迦牟尼在世时，已随根制戒，灭后由弟子优婆塞尊者于一夏九旬之间，分八十番诵出，故结集时名为《八十诵律》。这是佛教最根本的律藏，佛灭后百年内唯有此律。在此期间，由佛弟子迦叶、阿难、末田地、商那和修和优婆毱多五师，先后相继传授，如泻瓶水，并无支派。其间，唯有上座部、大众部，窟内（上座）、窟外（大众）之异，但并非宗义之别。直到佛灭百年之后，由佛制定的这一根本律藏，虽统称为摩诃僧祇，即律藏中的大众部和根本部，但在再传过程中，开始出现了宗义纷披、派别林立的状况。其中最主要和影响最大的，是由上述五师中的第五师优婆毱多，他的五个弟子各执己见而形成的五大律学派别。这五个派别，都以五人的名字称之，（一）昙无德部四分律；（二）萨婆多部十诵律；（三）迦叶遗部解脱戒经；（四）弥沙塞部五分律；（五）婆粗富罗部即犊子部律，此部戒律未传东土。这五个派别，实际上都是由部主们从窟内上座部僧祇律中，提出契合己见者集合而成。诸部律中传来东土的有四律，即上述一、二、四部律和僧祇律。

曹魏嘉平二年（250），中天竺僧昙摩迦罗来洛阳，译出《僧祇戒心》和《四分羯磨》，并传授羯磨受法。这是中国有戒律和受戒的开始。

姚秦弘始六至八年（404—406），由弗若多罗和鸠摩罗什译出十诵律。

姚秦弘始十二至十五年（410—413），由佛陀耶舍和竺佛念译出四分律。

东晋安帝义熙十四年至刘宋景平元年（418—423），相继译出僧祇律和五律。

唐天后久视至睿宗景云年间（700—710），义净三藏译出根本说一切有部律，称为有部新律。

经过四百五十多年，佛教各种派别的戒律，才先后传来中国。十诵律、僧祇律等虽然曾在中国盛行一时，但都时间不长。唯独四分律，化缘独深，始终传授不衰。

四分律系佛灭后百年时，由昙无德尊者集诵而出。名之为四分者，是因为由四个部分组成；但这四个部分并非该律内容上的分类，而是因为它由昙无德分四次诵出的缘故。第一部分为比丘戒，第二部分为比丘尼戒和二十犍度中的前三个半犍度（犍度为佛教术语，指戒律和戒法。一般指佛门事务和僧尼生活的礼仪规矩等）；第三部分为二十犍度中的中间十四个半犍度；第四部分为最后两个犍度。全律规定僧尼应遵守的戒条，比丘戒250条，比丘尼戒348条，概称"五百戒"。从行动（身）、言语（口）、思想（意）三个方面，对出家比丘（男）、比丘尼（女）的修行和衣食住卧规定详细而具体的戒条。并规定对违犯者应采取的惩罚方式，例如：重犯戒者（如犯杀、盗、淫、妄语、瞒罪等），驱出僧团（梵语名为"波罗夷"）；轻犯者（如说粗俗之语、接触异性等），在一定时期内被剥夺僧籍，并须向僧众忏悔（梵语名为"僧残"），等等。传来东土后，成为中国古代佛教中最有影响的戒律，为唐代律宗所依据的基本律戒经籍。惩罚方式即戒律，有"五篇""七聚"之说。"五篇"即"波罗夷"、"僧残"、"波逸提"（犯此戒者，虽罪不如犯"波罗夷""僧残"戒者罪重，但不忏悔，死后将堕地狱，若忏悔则可免），以及"提舍尼"（此罪较轻，大多与饮食有关，只要对一位僧人坦白忏悔，即可宽宥）、"突吉罗"（犯此戒者，大多为生活礼仪不拘所致，如与女人对坐、恶作剧、逗乐等，属小过失，罪较轻）。"五篇"中的"波罗夷""僧残""提舍尼"加上"偷遮栏"（犯"波罗夷""僧残"两大戒而未遂者）和"堕""恶作""恶说"，称为"七聚"。每类戒律（"篇""聚"），又包含若干戒条。如弘一法师在《四分律比丘戒相表记》中所列："四波罗夷法""四提舍尼法""十三僧残法""三十舍堕法""九十单提法"，等等，共计500多条。

昙无德创立的四分律，居于戒律派别之先，从师承次序上说，上距佛灭时间又最近，故在律宗发展史上称为旧律，其他晚起的律学派别则称新律。中土自元魏时比丘法聪开始推行四分律，五传至隋唐间律师智首，智首之弟子道宣律师专攻此律，作《四分律删繁补阙行事钞》（十二卷）、《四分律比丘含注戒本疏》（三卷）、《四分律删繁补阙随机羯磨疏》（二卷）三大部，加上《拾毗尼义钞》《比丘尼钞》等四分律注疏，史称"五大部"。中国律宗以此"五大部"而建立。道宣住陕西终南山，故后人称其律学为南山律宗。和道宣先后弘扬四分律的共有三大家，即相州日光寺法砺的相部律、终南山道宣的南山律和西太原寺东塔怀素的东塔律。但此三家中，唯有道宣的南山律，流传的时间最长，影响最大。道宣所著《行事钞》，不但是南山宗的主典，也是律学其他宗派必修的典籍。

中国佛教史上所说的律宗，实际上就是指道宣的南山宗，道宣则是中国律宗的高祖。第二祖为道宣弟子、唐代周秀律师。第三祖为北宋道恒律师。第五代祖北宋元照（灵芝）律师，兼贯内外，该罗大小，作《四分律行事钞资持记》（四十二卷）、《四分律含注戒本疏行宗记》（二十一卷）、《四分律羯磨疏济缘记》（二十二卷），史称"灵芝三部记"，于四分律剖析精微，于南山宗发挥淋漓。南山宗之大义，至元照而完备，被称为律宗的一代中兴。自元代起，律宗却显露出衰败气象。明清两代，由于典籍散佚，加之禅风盛行，佛纪松弛，律宗继续消沉不振。明末清初，仅存南山《随机羯磨》一卷，即有寂光、见月等律师欲振颓风，终因古典不存而无所措手。蕅益大师著述《毗尼事义集要》一卷，但初讲时听众不多，以后更少，结果成效不佳。见月律师弘律颇有成绩，撰有解读南山律著的《毗尼作持》和《传戒正范》等书，后者还被誉为"独此一部传戒之书"，但也因为不见南山原著而未能契合原义。因此，佛教史称南宋至清七百余年，律宗已湮没无闻。20世纪头二三十年间，中国开始从日本请回部分唐宋律宗之书，此宗才重新被佛教界重视。正是在这个过程中，弘一法师被誉为重兴律宗的一代宗师。

弘一法师并非一入佛门，就专攻和弘扬南山律的。初出家时，他读《梵网合注》《灵峰宗论》，并起学律之愿。受戒后，随时参阅《毗尼事义集要》《传戒正范》《毗尼珍敬录》及《毗尼关要》等律籍。1920年春天，弘一自日本请得古版南山"三大部"和灵芝"三部记"。第二年，弘一法师依据四分律和南山、灵芝等人的注疏，始编《四分律比丘戒相表记》。在这个时候，他读到义净三藏所译的有部律，及其所作《南海寄归内法传》，深为赞叹。以为这些律学著作，较之南山旧律为善。因此，在其所撰"表记"的一二次草稿中，屡引义净之说，以纠南山。后自悟到如此轻谤古德先贤，有所未可，遂将征引义净的材料，一一涂抹之。经过多次删改，乃成定本，并于1927年正式刊行流布。

此后，弘一法师虽未敢再轻谤南山，但于南山"三大部"、灵芝"三部记"和整个南山律宗，还是无意专门用心穷研。他专习的是根本说一切有部律，并编撰了《根本说一切有部毗奈耶自行钞》《根本说一切有部毗奈耶犯相摘记》两部专著，写有《学根本说一切有部律入门次第》一文，有大力提倡有部律之意。

有部律是萨婆多部律中的一部戒律。萨婆多部律的形成和流传后于昙无德部的四分律，也后于萨婆多部的根本戒律《十诵律》，因此，从时间上说，它是一部更新的戒律，但它有简明易学的特点。弘一在《入门次第》一文中就这样说："学有部律者，与学四分、十诵等异。彼则章钞繁杂，条理纷糅。斯乃专宗律文，惟依自部。故义净三藏云：'出家之侣，各依部执。'又云：'且神州持律，诸部互牵。而讲说撰述之家，遂乃章钞纷杂。故使覆一篑而情息，听一席而心退。上流之伍，苍髭乃成。中下之徒，白首宁就！律本自然落漠，读疏遂至终身。又凡是制作之家，意在令人易解。岂得故为密语，而更作解嘲。譬如水溢平川，决入深井。有怀饮息，济命无由。准验律文，则不如此。论断轻重，但用数行；说罪方便，无烦数日。'今承是义，略述入门次第。中人之资，依斯修习，二年可讫。以视他部，难易迟迅，较然大殊矣。"从这些话来看，学根本说一切有部律，应该说是一条简捷易行之路。但就在弘一法师专习此律之时，天津刻经处的徐蔚如居士，以为他宗有部轻南山的做法不妥，来书规劝说，我国千余年来承禀南山一宗，今欲弘律，宜仍其旧惯，未可更张。在徐的规劝之下，弘一乃有兼学南山之意。虽说"此意渐次增进"，然其专攻南山律宗，还是七八年后的事。

1931年旧历二月十五,弘一在浙江上虞县法界寺佛前立誓发愿,舍有部而就南山。誓愿文曰:

> 本师释迦牟尼如来般涅槃日,弟子演音,敬于佛前发弘誓愿,愿从今日,尽未来际,誓舍身命:
>
> 拥护弘扬,南山律宗。愿以今生,尽此形寿,悉心竭诚,熟读穷研,南山钞、疏,及灵芝记。精进不退,誓求贯通。编述表记,流传后代。冀以上报三宝深恩,下利华日僧众。弟子所修,一切功德,悉以回向,法界众生,同生极乐莲邦,速证无上正觉。

在《余弘律之因缘》一文中,弘一又说:

> ……昔佛灭后九百年,北天竺有无著天亲等兄弟三人,天亲先学小乘而谤大乘,后闻长兄无著示诲,忏悔执小乘之非,欲断舌谢其罪。无著云:汝既以舌诽谤大乘,更以此舌赞大乘可也。于是天亲遂造五百部大乘论。余今亦尔。愿尽力专学南山律宗,弘扬赞叹,以赎往失。此余由新律家而变为旧律家之因缘,亦即余发愿弘南山宗之因缘也。

弘一发专学南山律誓愿后的第一个行动,便是当年夏天,在浙江慈溪金仙寺自誓受菩萨戒,并发弘律誓愿。愿文中说,以此弘律功德,"愿我及众生,无始已来所受众罪,尽得消灭。若一切众生所有定业,当受报者,我皆代受。遍微尘国,历诸恶道,经微尘劫,备尝众苦,欢喜忍受,终无厌悔;令彼众生先成佛道"。第二个行动是,在五磊寺筹建南山律学院,此事未果,又在金仙寺和镇海伏龙寺举办流动施教团式的律学讲座。为了专弘南山律,弘一还将那些想学新律(根本说一切有部律)的学僧另入旁听之列,表示他已重南山而轻有部了。

弘一第三次移锡南闽后,在弘法讲律过程中,对自己昔年在律学所宗上的过错,屡次表示了忏悔。他创办了南山律苑,以主要精力投身于弘扬四分律和南山宗的佛事之中。为了表示决心，他和性常法师及诸弟子，第三次发了学习和弘扬南山律的愿。

弘一法师经常在各地作弘扬南山律的专题讲演。如：1932年11月在厦门妙释寺、1937年夏在青岛湛山寺讲《含注戒本》，又分别在厦门万寿岩和湛山寺讲《随机羯磨》；1933年1月在妙释寺作《改过实验谈》；1933年2月在妙释寺作《南山律苑随讲别录》；1933年6月在泉州开元寺讲《放生与杀生之果报》；1933年8月在泉州承天寺讲《常随佛学》《改习惯》；1935年12月在承天寺讲《律学要略》；1936年2月在南普陀寺讲《青年佛徒应注意的四项》；等等。还写了大量宣扬律宗和解释各种戒相的通俗文章。如：《征辨学律义八则》《占察法》《问答十章》《略诵四分戒菩萨戒法》（以上四篇写于第三次来闽之前，为了叙述方便，在此一并提及），以及《菩萨璎珞经自誓受菩萨五重戒法》《毗奈耶质疑编》《普劝出家人常应受八戒文》《自恣法略例》《说戒法略例》《安居法略例》《结戒场及大界法略例》《受戒法略例》《盗戒释相概略问答》《受十善戒法》《依长养功德经或四分随机羯磨受八戒者之区别》《受八关斋戒法》《随分自誓受菩萨戒文析疑》《梵网经菩萨戒本浅释》，等等。这些文章为普及戒律尤其是南山律宗起了广远的影响。

弘一法师在为天津徐蔚如居士考订刻印的《四分律随机羯磨疏》所作跋语中说："宋元明藏本中，此书讹误最多，舛错脱落，满纸皆是，惟有掩卷兴叹，束之高阁……南宋已后，南山律教渐以湮没，殆由斯耶？余以夙幸，获读新校订本，欢喜忭跃，叹为稀有！誓愿尽未来际，舍诸身命，竭其心力，广为弘传。更愿后之学者，奉持此册，珍如球璧，讲说流布，传灯不绝。俾吾祖律教可以光大炽盛，常耀世间耳。"这段话大体上写出了弘一法师弘扬四分律南山宗的情由与决心。而他在这方面最大的功德，是在最后十年中，句读校注了从日本请回的南山"三大部"和灵芝"三部记"。他句读和校注的律要，还有南山《四分律比丘尼钞》、灵芝《四分律拾毗尼义钞》、法藏《梵网经菩萨戒本疏》、灵峰《佛说优婆塞五戒相经笺要》并作补释三章，以及《四分律行事钞资持记扶桑本通释》、《梵网经古迹记、宗要》、《地持论菩萨戒羯摩义记》、《四分律删补随机羯磨》（依敦煌本校改）和《律相感通传》等，总数超过五百万字。为对校而阅读的相关典籍，恐在千万字以上。

南山"三大部"、灵芝"三部记"，卷帙浩繁，文字古拙，义理赜隐，以这些著作为代表的四分律南山宗，以及每种戒律，内在结构，外在形式，繁琐严密之状，有如蛛网，后之学者，每畏难而不敢问津，或虽学而浅尝辄止。面对这种情景，多年来，弘一法师有意撮挈其要，为居士们编辑一部《南山律在家备览》，但因行踪不定和渐形衰老、疾病侵体而未能成就。1939年后避居福建永春桃源，花了将近两年时间，纂成《备览略编》一部，别以流通。"虽文不具足，义未详释，而大途略备"，以此，"亦可窥见广本之概致"（《备览略编》例言语）。这部编著分"宗体篇""持犯篇""忏悔篇""别行篇"四篇，"篇"中复分"门"，再分为"章""节""项""支""类""端""目"等诸多细目，以此次第，将四分律南山宗中涉及戒法、戒体、戒相、止持诸相、忏悔仪规，以及敬佛仪相、入寺法式、造像塔寺、瞻视病人、出家宗致等佛门日常规范的主要言论，摘录汇编在一起。虽说此编的整个框架，出于弘一的精心结撰，其中也有他所加的注释性文字，但数量很少，因此，还只能说是一部体系完整的文摘性编著。

前面谈到过，清末民初刻经每删去科文。弘一法师不仅多次表示异议，还身体力行，设法弥补这种做法带来的弊端。在浙东时，他已仿照古版科文格式，编撰了《四分律比丘戒相表记》《五戒持犯表记》。来南闽后，在句读校注南山律要的过程中，又编撰了《事钞持犯方轨篇表记》《菩萨戒受随纲要表》《表无表章科》《释门归敬仪科》《事钞略科》《随机羯磨疏略科》《事钞戒业疏科别录》《行事钞资持记随讲别录》《律钞宗要随讲别录》《随机羯磨随讲别录》《含注戒本随讲别录》《含注戒本科》《含注戒本略释》《含注戒本疏略科》《戒体章名相别考》《僧尼十种受法料简图》《本宗他部百一受戒通局图》《四分律比丘尼钞科》等科表别录。弘一所作这些科文，或将有关典籍的章节细目，按其内在联系，撰为层层隶属的图表系统，或将各种戒律，按其犯缘（成犯的因素）、境缘（成犯的具体环境）、罪相（犯罪的外在表现）、境想（犯罪的心理状态）、结罪（判罪等级）、开缘（可不作犯罪判断的情景）等，列成表相网络，有的还附录古德的有关文字或撰者当下的讲解。通过这些撰著，无力阅读原典者，也可以把握到四分律南山宗的大致内涵、戒律的要害所在；有意精研者，则可由此入门而渐进堂奥。

弘一法师每句读校注一部典籍，编撰一科一表，都写有题记或序跋。这类文字，或叙律学的发展轨迹，或说自行学律的演变，或记每一撰著的完成经过，或考版本的沿革优劣，将其联系起来阅读，可对律宗的历史、撰者律学观念的形成变化，留下一个轮廓印象。其中有些书于封面的题记，录出古籍古德的名句名言，借以曲尽校读编撰者的宗旨和心情。如《行事钞》卷上之三、卷下之一、之二封面题记，分别书录了南山《行事钞》、《业疏》（即《四分律随机羯磨疏》）和灵芝《资持记》中这样的话：

萨婆多云：于非众生上，亦得无量戒善功德。如三千世界，下尽地际，伤损如尘，皆得其罪。翻恶戒善，一一尘处，皆得戒善，乃至一草、一叶、一华，反罪顺福，皆得戒门。故善生云：大地无边，戒亦无边，草木无量，戒亦无量。虚空大海，戒德高深，亦复如是。以此文证，理通法界，义须戴仰。

本不了心，妄取尘境，随境起业，业生妄受。今达本妄，体虚不实，自耻往业，交搆所造。如蚕作茧，非他所缠。深生惭愧，誓断妄习。如斯念念，不忘境缘，无量罪垢，自然除净。

《业疏》云："今集法者，且列名相，依而解之，用在将来。"记云："开明法眼，资补心灵，或委质莲邦，或亲逢三会，或为因行而化物，或作果用而利生。用在将来，所期远矣。"

这是在提醒佛门中人，坚持学律持戒之必要。《行事钞》卷下之四封面题记，书录律宗初祖道宣的下列一段话：

余七十暮年，脚疾摧朽。愿求法者，不远关山。今秋气已清，客心飞举。将事终天之别，必爽载面之期。力疾集之，用为送终之赠也。言此饮泪，穷独可悲！

弘一法师以录写道宣此语的方式，贴切地表达了他当时当地悲欣交集的心境。1300年前的道宣，写下这些语句的时候，年已七十，时在秋季，身体状况不好，两年后即生西；弘一录写之际，年已六十又一，时令也在秋天，体质亦欠佳，在桃源山中已居一年有余，正"客心飞举"，拟即下山，两年后也圆寂了。其情景之相同，因缘之具胜，诚不可思议矣！

诚如古德所云，"行由教立"，若非教本，行将何据！然而，"道假行成"，若非假之以行，道又将何成！道（教）和行，二者相辅相成，缺一不可。弘一之成为中兴律宗的一代高僧大德，非唯其精通律要，还在于他是个虔诚坚毅的实践者。

弘一法师持戒之严，我们在前面已有过部分描述，例如，他持过午不食戒、三衣戒等情形；以后，还将谈到他对自身荼毗的种种约定。这里则介绍一些有关他对待盗戒一条的见解与践履的情景。

杀、盗、淫、妄、酒，是佛教戒律中最基本的五戒。1933年2月，弘一法师在为普润（广洽）法师所书《在家律要之开示》中，提到五戒之一的盗戒，说：

> 凡初发心人，既受三皈依，应续受五戒。倘自审一时不能全受者，即先受四戒三戒，乃至仅受一二戒，都可。在家居士，既闻法有素，知自行检点，严自约束，不蹈非礼，不敢轻率妄行。则杀生、邪淫、大妄语、饮酒之四戒，或可不犯；惟有在社会上办事之人，欲不破盗戒，为最不容易事。例如与人合买地皮房产，与人合做生意，报税纳捐时，未免有以多数报少数之事；因数人合伙，欲实报则人以为愚，或为股东所反对者有之。又不知而犯，与明知违背法律而故犯之事，如信中夹附钞票，与手写函件取巧掩藏，当印刷物寄，均犯盗税之罪。凡非与而取，及法律所不许，而取巧不纳，皆有盗取之心迹，及盗取之行为，皆结盗罪。非但银钱出入上，当严净其心；即微而至于一草一木、寸纸尺线，必须先向物主明白请求，得彼允许，而后可以使用。不待许可而取用、不曾问明而擅动，皆有不与而取之心迹，皆犯盗取盗用之行为，皆结盗罪。……

1935年12月，弘一法师在泉州承天寺戒期胜会所作《律学要略》讲演中又说：

> ……五戒中最为难持的，莫如盗戒。非于盗戒戒相研究十分明了之后，万不可率尔而受。所以我盼望诸位，对于盗戒一条，缓缓再说，至要！……

信中夹寄钞票，或把手写信件当印刷品邮寄，是经常发生的事，一般人看来是不以为犯法的，但在佛门戒律上却就犯了盗戒。有一次，义俊法师将手写信件当印刷品邮寄，作为收信人的弘一，结果被罚大洋四角五分。弘一在写给性常法师的信中谈到此事时说，他"实无辜而被罚"，所以请性常转告义俊法师，"写信之人，若已受戒而得戒者"，此"亦犯偷税之罪也。（已满五分，应结重。）"（1936年旧历闰三月二十一日信）有了这个教训，弘一于此种犯戒行为特为看重,曾多次致信友人加以提醒。如在1940年写给丁葆青的信中,详细地谈了"贴邮票"的规矩。

>……再有奉达者一事。寻常所寄之信札,皆须贴邮票五分,明信片则二分半。若信封剪口者,仅能内装印刷品,外贴邮票一分。若如仁者上次所寄之信,信封剪口,内装信笺,仅贴邮票三分,则与邮章不合。如是则受信之人,应被罚大洋四分。以后与他处通信,必须贴五分;若用明信片亦善,则仅二分半也。若少贴邮票而寄信者,且与盗戒有违。叨在至好,故敢奉告,以后幸注意为要。
>又乡间邮务代办处之执事者,多不谙邮章,所言事不可轻信。
>又依邮章,可以自己盖印于邮票上(防他人驳去),其例如下:
>须用阳文图章,用红印色印之。
>所印之地位,必不能超过邮票全体二分之一。此例见于邮章书内(计一厚册)。彼并画一图,其式如下:(图略)。此事余曾亲向温州城内邮局员询问,彼言亦尔。但以盖用至四分之一之地位为宜,万不可多盖,恐此邮票无效也。(余今用此信封,即自盖印,乞阅之。)以后交他人寄信时,多谨慎可也。邮票宜自贴,用糊十分黏固,俾他人不致窃去。稍迟拟撰文一首,登入半月刊,详言邮章及应防范流弊之法,因同人知者甚少也。

这封信由《觉有情》杂志编者截头去尾后,登于该刊1947年3月第八卷第十三、十四期合刊,并加按语说:"大师对于邮票之黏贴,郑重叮咛如此,盖以有关盗戒故,其利人之心至矣!"

佛教戒律上所说的盗戒,远比世俗所理解的内涵广泛得多。一切不合法规而取、非分之取、未得许可而取、不明所属而取,乃至一时混淆而取、非分而减等行为,都被称之为"盗罪"。而且,在数量上亦有严格的界限。无由而取,超过五钱之值,就可视为成犯之缘,并结重罪。按照以上所界定的种种含义,稍不留意,是很容易成盗结罪的。

出家之人,除了三衣一钵,是没有也不允许有个人财产的。弘一法师在佛门,最基本的生活所需和请经云游等开支,除了由驻锡的寺院供养,一部分来自师友和护法的施舍。乞食、乞讨是僧人的本分。弘一法师每当有所需求，写信向师友和护法提出要求，并说明所需的理由、款项数目，事后向施主们报告花用情形、有何剩余。即对至亲好友，也决不含糊其事。如1925年旧历二月十五，在写给俗侄李圣章的信中说：

> ……承施金三十圆，感谢无尽。是中拟以八圆为添换衣被等费，以二十二圆为行旅之资及旅中所需也。……

如并非自行需求而有人供养，弘一法师或将汇票径直退回，或与施主商量用途，绝不无名而纳。1920年旧历五月，佛学家丁福保主动向弘一法师供养禅衣之资，弘一法师则致信说：

> ……承施禅衣之资，至可感谢。但音今无所须，"佛制"不可贪蓄，谨附寄返，并谢厚意。……

1932年旧历五月二十四，在致性愿法师的信中，对性师寄赠的款项，提出处理办法说：

> ……承施十金，却之不恭，谨以受收。惟来函所云，备作邮笺之需云云，后学现不需用邮笺，拟以移作他用，想为慈意所许诺也。

1942年7月间，永春王梦惺居士汇来旅资，请弘一法师再次前去讲律。但此时法师已"老态日增，精神恍惚"，未能动身。他回信说："承寄旅资，已无所需，附以寄返，乞改作他用。……仁者收到汇券后，乞复函挂号（由开元寺转交）寄下，俾免朽人悬殊（念）。"[243]

戒律中有"蓄钱宝戒"一条，是说佛门中人，不该聚敛和保管钱财。除日常急需的少量净资，弘一法师手中没有多余的钱。夏丏尊、丰子恺、刘质平等师友，为保证弘一法师请经、印书、购买笔墨纸张等开支，发起成立了一个"晚晴护法基金会"。筹集的款项，弘一法师并不经手，存在上海银行里。如有所需，写信通知夏丏尊，由夏取款办理。

四分律行事钞上说："盗通三宝，僧物最重。"寺院中的所有物件，由常住掌管，称之为僧物。不许而取，借用不还，均有犯盗之嫌。对其他僧人之物，也应这样看待。于此，弘一法师亦能严格恪守，秋毫不犯。1923年春天，他由永嘉赴杭州，借了庆福寺一副碗筷，途中使用。一到钱塘，他就托林赞华居士带回了庆福寺。1941年4月，弘一法师在南安灵应寺，为做一个漉水囊[244]，郑重其事地致信妙慧法师说："兹拟做大漉水囊一件。兹送上竹圈一个，即以白布缝于此上。此竹圈，系林居士物，乞代告知，即以此赠与余，为感。送上洋一圆，乞代购白布。以能漉水，而小虫不得出者为宜。"

弘一法师严守戒律的这些事，在一般僧人和俗人眼中，都系鸡毛蒜皮、芥子细屑之类，无须顾及。然，人的道德之提升，人际关系之清净，社会规范之建立，端赖细枝微节之纯正。大堤之决，始于蚁穴，能不鉴乎？

4. "导归净土为果"

弘一法师说："净宗者为佛教诸宗之一，即念佛求生西方之法门也。此宗现在最盛，以其广大普遍，并利三根。印光法师现在专弘此宗。余亦归信是宗。"（1928年致姚石子信）

净土宗源于东晋名僧慧远，在庐山设立"莲社"而信奉死后往生西方阿弥陀佛之净土，故名，又称"莲宗"。它依据《无量寿经》《观无量寿佛经》《阿弥陀经》以及世亲《往生论》等大乘佛典，提出只要一生至诚念佛，临终时便可凭借阿弥陀佛或观音菩萨之力，往生西方极乐净土，为一种借他力以往生的教派。慧远被尊为初祖。我国有唐一代善导法师大力弘扬净土教义，故被视为此宗实际形成独立教派的创始人。

佛教各宗各派，尽管义理不同，修持途径有异，但大都以探索死后归宿，即命终后的往生去向为目的。概而言之，佛门所描绘的往生去处，有"四世界"和"四大部洲"等等。"四世界"者，即以阿閦佛为教主的东方妙喜世界；以微妙声佛为教主的北方莲华世界；以阿弥陀佛为教主的西方极乐世界；以宝相佛为教主的南方欢喜世界。"四大部洲"者，即须弥山[245]四周的东胜神洲、南赡部洲、西牛货洲和北俱卢洲。东南西北四个往生世界，由于各自的教主并非一个，即佛是无数的，又各自隶属不同的国土，故有种种相异之情景。例如，中国佛教中经常提到的东方世界，一般是指以药师佛为九品教主的净琉璃世界；西方极乐世界，又称净土，由于主管净土的佛有无量数，净土也有无量数，如弥勒佛的兜率净土、释迦牟尼的灵山净土、阿弥陀佛的极乐净土，等等；中国佛教中经常提到的西方净土，一般是指以阿弥陀佛为九品教主的极乐世界，以其为主要信仰对象的教派，称为"净土宗"。按佛教的描述，往生西方极乐世界或往生东方净琉璃世界，是一个漫长的过程。从娑婆世界到佛所在的世界，需要经过无量劫的时间（其跨度之久是无法言说的）和十万亿刹土的空间（说是十万亿刹土，实际上，其广大遥远也是无法言说的）。在这个时间和空间中，人按其在无数次轮回中的善恶和修行功德之大小深浅，需要递次经历九个阶段：地狱、畜牲、鬼、阿修罗、人、天、声闻、缘觉、菩萨，即所谓"九界""九品"往生。"九界""九品"，是相对于"十界"（上述"九界"加佛界）中最高界位和品位的"佛"而言。其中前六界、前六品，又称"六凡"，是指没有超脱生死、没有获得解脱者；后三界、后三品，虽都已属于觉悟者、超脱生死轮回者，但与"四圣"（声闻、缘觉、菩萨、佛）中的最后一圣，即"十界"中最高界位、"十品"中最高品位的"佛"相比，也还低好几界、好几品。"九界""九品"都由佛所管辖，故东方净琉璃世界的教主药师佛和西方极乐净土的教主阿弥陀佛，都被尊称为"九品教主"。而净土宗认为，即已修行完满进入了佛的国土——极乐净土，身坐莲华台座者，亦因各人生前修行深浅不同，所坐莲台有九等之别。九品莲台是其中最高一等，那是佛所端坐的地方，一般人是难以企及的。如此看来，便是佛门中修行最深的高僧大德，他自己也很难自信，圆寂之后，是否就能一步到位得以成佛。经过无数次轮回之后，来世生为善人，死后再经过无数次回入娑婆的修行积德，递次上升到声闻、缘觉、菩萨的品位，已经很不错了。但何时到达这些品位，进入西方净土（或东方净琉璃世界），也是很难说的。弘一法师尽管经常说，"于此娑婆世界，已不再生贪恋之想，惟冀早生西方耳"，但又不断地表示"去去就来"，"当来回入娑婆，再弘佛法"。这也说明，他自知在生西路上，并非能一步到位的。所以说，往生极乐，尤其要晋升到四圣的品位，是一种生生死死、死死生生，不断反复的无限的追求。

路途是那般遥远，时间是那般久长，但在佛门中人看来，还是值得追求的，因为在那神秘的远方，有一个迷人的世界。比如，中国佛教净土宗所宣扬的西方净土，在其主要经典《无量寿经》（九品教主阿弥陀佛的寿命是无量的，故有此经名）和《阿弥陀经》中是这样描绘的。其国土，以黄金铺地，所用一切器具都由无量杂宝、百千种香料合成，处处莲华香洁鸟鸣雅音，众生无任何痛苦享受无限欢乐；"若饮食时，七宝钵器自然在前……百味饮食，自然盈满"；"衣服饮食，花香璎珞，缯盖幢幡，微妙音声，所居舍宅，宫殿楼阁，称其形色高下大小，或一室二室，乃至无量众室，随意所欲，应念即至。"以药师佛为教主的东方净琉璃世界，其国土则由琉璃造成，众生不受鞭挞、牢狱、无食、无医药、丑陋烦愚、聋盲跛躄、身挛背驼、白癞癫等苦处。

在弘一法师的全部僧腊生涯中，与其修习推阐华严宗和律宗相始终的，是他对净土法门的修持与弘扬。如果他不是在读诵和研习其他佛典，称念不离口的，就是西方九品教主（有时也可能是东方九品教主）的佛号了。劝念佛号求生西方，在弘一法师的讲演、著作和书信中，占有相当的分量。讲演、著作的主要篇目有：《净土法门大意》《人生之最后》《净宗问辨》《劝人听钟念佛文》《劝念佛菩萨求生西方》《佛教简易之修持法》《药师经析疑》《药师如来法门略录》《药师法门修持课仪略录》《药师如来法门一斑》《释迦牟尼佛为法舍身》《普劝净宗道侣兼持诵地藏经要旨》等。

佛教教理，看似奥博玄妙，高深莫测，其实，最基本的内核，不外乎两点：一是善有善报恶有恶报的因果报应观念；二是发大菩提心，广修一切善行，自利利他，齐成佛道。以弘一法师的看法，在佛教诸多宗派中，净土宗则是较为直接地体现这两个基本观念的宗派。此宗的教理和修持方式简单易行，无须深谙更多的佛学、佛经，只要内心清净，一无妄念，虔诚地称号念佛[不断地口念、默诵"阿弥陀佛"或"南无（皈依）阿弥陀佛"名号]，就能进入佛门，往生西方净土。它能普及四方，成为中国佛教中影响最大、最深远的宗派，除其描述的西方极乐世界那般美妙引人，原因之一也是它的修持方式简便易行。弘一法师反复劝告信徒们说：

……义海渊微，未易穷讨，念佛一法，最契时机。印老文钞[246]，宜熟览玩味，自知其下手处也。……

——1921 年 8 月 27 日致夏丏尊信

……佛所说的法门很多，深浅难易，种种不同。若修持的法门与根器不相契合的，用力多而收效少。倘与根器相契合的，用力少而收效多。在这末法之时，大多数众生的根器，和哪一种法门最相契合呢？说起来只有净土宗。因为泛泛修其他法门的，在这五浊恶世，无佛应现之时，很是困难。若果专修净土法门，则依佛大慈大悲大力，往生极乐世界，见佛闻法，速证菩提，比较容易得多。……

——《佛教之简易修持法》

……（净土宗）无人不可学，无处不可学。士农工商各安其业，皆可随分修其净土。又于人事善利群众公益一切公德，悉应尽力集积，以为生西资粮……

——《净宗问辨》

（在提倡念佛堂时说）念佛，则无一人不能念者。即懒人不肯念，而大家一口同音念，彼不塞其耳，则一句佛号固已历历明明灌于心中……如香染人，身有香气，非特欲香，有不期然而然者……

——《万寿岩念佛堂开堂演词》

……宜常念阿弥陀佛及观世音菩萨名号，并随己意读经数种。以此功德，回向众生，同生西方，齐成佛道。……

——1938年旧历十二月二十五日致刘绵松信

……余暇则持名或持咒，能勿间断，为善。执务、陪客、行路等时，亦应持念。……

——1940年旧历十一月二十八日致东华法师信

在弘一法师看来，修持净土一宗，不只简便易行，是企盼当来往生西方极乐者可走的捷径，其于现前的功德亦大矣。他在1928年旧历九月二十日致丰子恺的信中说："念佛一声，能消无量罪，能获无量福。"

一般人将净土宗说成为送死的法门。弘一法师不同意这种说法。1932年11月，他在厦门妙释寺所作演讲《净土法门大意》中说：

修净土宗者,第一须发大菩提心。《无量寿经》中所说三辈往生者,皆须发大菩提之心。《观无量寿佛经》亦云:"欲生彼国者,应发菩提心。"由是观之,惟求自利者不能往生。因与佛心不相应,佛以大悲心为体故。常人谓:净土宗惟是送死法门(临终乃有用)。岂知净土宗以大菩提心为主。常应抱积极之大悲心,发救济众生之宏愿。

修净土宗者,应常常发代众生受苦心。愿以一肩负担一切众生,代其受苦。所谓一切众生者,非限一县一省,乃至全世界。若依佛经说,如此世界之形,更有不可说、不可说许多之世界,有如此之多故。凡此一切世界之众生,所造种种恶业应受种种之苦,我愿以一人一肩之力完全负担。决不畏其多苦,请旁人分任。因最初发誓愿,决定以一人之力救护一切故。

譬如日,不以世界多故,多日出现。但一日出,悉能普照一切众生。今以一人之力,负担一切众生,亦如是。

以上但云一人能救一切,是横说。若就竖说,所经之时间,非一日数日数月数年。乃经不可说、不可说久远年代,尽于未来,决不厌倦。因我愿于三恶道中,以身为抵押品,赎出一切恶道众生。众生之罪未尽,我决不离恶道,誓愿代其受苦。故虽经过极长久之时间,亦决不起一念悔心,一念怯心,一念厌心。我应生十分大欢喜心,以一身承当此利生之事业也。……

至于作慈善事业,乃是人类所应为者。专修念佛之人……现在能作种种慈善事业,亦可为生西之资粮也。

以此来看,净土一宗,一心念佛,并非小乘(自利),并非"消极的、厌世的、送死的",而是"努力作利益社会种种事业"的,"救世的、积极的"法门。

1935年3月,弘一法师在厦门万寿禅寺作《净宗问辨》讲演。其中,在谈到"弥陀法门于现生何尝无有利益"时,讲了四则他所亲闻的事实。

第一则,"瞽目重明"。嘉兴佛学家范古农友人戴君,曾卒业于上海南洋中学。忽而双目失明,忧郁不乐。古农劝其念阿弥陀佛,并介绍居住平湖(弘一法师原籍)报本寺,日夜一心专念佛号。如是年余,双目重明如初。

第二则,"沉疴顿愈"。海盐佛学家徐蔚如居士旅居京师,屡患痒疾,经久不愈。曾因事远出，乘人力车摩擦颠簸，归寓之后，痒疾大发，痛彻心髓，经七夜不能睡眠，病已垂危。后因忆及《华严经十回向品》代众生受苦文，发愿一心专念阿弥陀佛名号，不久遂能安睡，醒后竟痒疾顿愈。以后数十年，未曾再发。

第三则，"冤鬼不侵"。四川籍僧人显真，在家时历任县长，杀戮土匪甚多。出家后驻锡浙东慈溪金仙寺，听过弘一法师讲律。其僧每夜梦见土匪多人，血肉狼藉，凶暴愤怒，执持枪械，向其索命。显真为之恐惧不已，后发勇猛心，专念阿弥陀佛名号，日念不息。乃至每梦见土匪，亦能持念，加以劝化。自是梦中土匪，渐形和驯，数月之后，不复见矣！

第四则，"危难得免"。即前述温州吴璧华居士在飓风屋塌之际一心念佛幸免于难一事。弘一法师在提及此事时说："璧华早岁奔走革命，后信佛法，于北京、温州、杭州及东北各省尽力弘扬佛化，并主办赈济慈善事业。临终之际，持念佛号，诸事悦豫，正念分明。及大殓时，顶门犹温，往生极乐，可无疑矣！"

由于实行了自我安慰、自我（心理）补偿，因而得以宁定的心态去面对危难情景，从这个角度来说，上述四则事实中所说一心念佛获得的那般结果，恐怕并非毫无可能吧！

在佛教宗派观念上，弘一法师有自己特定的遵循与追求，但他并不拘囿于一宗一派，自树樊篱，而是能够将其他宗派中有助于实现其特定意愿的部分，尽量吸收，融会贯通，以增长往生的愿力。他于《普贤行愿品》那样看重，非唯由于《华严经》之大旨不出此品第四十卷之外，还因为此品与净土宗相通。因此，他在《净土法门大意》中说：

>……修净土法门者，固应诵《阿弥陀经》，常念佛名。然亦可以读诵《普贤行愿品》，回向往生……此经中说：诵此普贤愿王者，能获种种利益，临命终时，此愿不离，引导往生极乐世界，乃至成佛。故修净土法门者，常读诵此《普贤行愿品》，最为适宜也。

弘一法师称号念佛，主要念阿弥陀佛，但也经常念"南无药师琉璃光如来佛"名号和"南无地藏菩萨"名号，也经常读诵和讲解《药师本愿功德经》《地藏菩萨本愿经》。

药师佛系东方之佛，但在弘一法师看来，持念药师佛的名号，不只对愿在祛病去疾身体健康或往生东方净琉璃者，有无穷的利益，便是一心生西者，亦可得到极大资助。1940年，上海佛学书局拟于药师如来佛圣诞之际刊行专号，嘱弘一法师撰文以为提倡。法师忙碌，未及另行撰文，以书信形式表达了他的看法。信中说：

> 余自信佛以来，专宗弥陀净土法门，但亦尝讲《药师如来本愿功德经》。讲此经时，所最注意者三事：一、若犯戒者，闻药师名已，还得清净。二、若求生西方极乐世界而未定者，得闻药师名号，临命终时，有八大菩萨示其道路，即生极乐众宝华中。三、现生种种厄难，悉得消除。故亦劝诸缁素，应诵《药师功德经》，并执持药师名号。而于求生东方净琉璃世界之文，未及详释，谓为别被一机也。今者佛学书局诸贤，欲弘扬药师圣典，提倡求生于东方，胜愿大心，甚可钦佩，但依拙见，惟可普劝众生诵典、持名，至于求生何处，宜任其自然，则昔日求生极乐或求生兜率者，亦可发心诵《药师经》并持名号，而于本愿无违。因经中谓求生极乐者，命终有八大菩萨示路；又东晋译本云：若欲得生兜率天上见弥勒者，亦当礼敬药师琉璃光佛。如是则范围甚广，可以群机并育矣。……
>
> ——1940年旧历七月致上海佛学书局信

为了弘扬药师佛的功德，弘一法师点校书写过《药师本愿经》一卷、编撰《药师经析疑》一书，作过《药师如来法门略录》（1938年旧历八月在泉州清尘堂）、《药师法门修持课仪略录》（1939年3月在泉州光明寺）、《药师如来法门一斑》（1939年5月在永春普济寺）等多次讲演，还打算编辑《药师圣典汇集》、作《药师经注解》等著作。1938年避乱漳州瑞竹岩，为李芳远童子诵《药师琉璃光如来本愿功德经》10部，愿其在战乱中"消除灾难，身心安宁，早成佛道，普利众生"（见1938年旧历五月致李芳远信）。至于在致信僧俗两界友人时，弘一法师就更经常提醒他们读诵药师经、持念药师名号了。

地藏菩萨是中国佛教信奉的四大菩萨之一（其他三尊是观世音菩萨、文殊菩萨和普贤菩萨）。《地藏十轮经》谓其"安忍不动犹如大地，静虑深密犹如地藏"；称其受释迦牟尼嘱咐，在释迦即灭、弥勒未生之前，自誓尽度众生，拯救诸苦，始愿成佛。又因其以度死鬼为主，被称为"幽冥教主地藏王菩萨"。相传其出生来历有六说：大长子者；古印度婆罗门女；古印度摩揭陀国王舍城婆罗门目犍连；金蝉子；释迦入灭至弥勒诞生之间的代理佛乞叉底蘗婆；新罗（今朝鲜）国王族，姓金名乔觉，后于中国唐玄宗时来华入安徽九华山，居数十年圆寂，肉身不坏，以全身入塔，故九华山被推崇为地藏菩萨显灵弘法的道场。《地藏菩萨本愿经》《大集地藏十轮经》《占察善恶业报经》，世称"地藏三经"。又，《金刚三昧经》最后一品，亦系地藏菩萨所说之经。

弘一法师出家虎跑寺，即忏地藏经甚严，后24年间，又始终修习不懈。他说受地藏菩萨的"慈恩甚深"。其感动之深，已从当年在浙东金仙寺听静权法师讲经时痛哭失声的情景中可见一斑。他不只经常读诵"地藏三经"，于其他经典中提及地藏菩萨的经文，也时加留意。这与他信奉净土宗和往生西方的意愿有何关系呢？他在写给李圆净的信中说：

……问地藏菩萨经中，亦有往生净土之言否？答：有。……秘密部《地藏菩萨仪轨》云："地藏菩萨说咒已，复说成就法。若念灭罪生善，生身后生极乐，以草护摩[247]三万遍。"《地藏十轮经》云："当生净佛国，导师之所居，乘于无上乘，速得最胜智。"又云："当生净佛土，远离诸过恶，往彼证菩提，令离诸瞋忿。"又云："如是菩萨福德智慧速疾圆满，不久安住清净佛国。证得无上正等菩提。"又云："速往净佛国，证得大菩提。"《占察善恶业报经》云："地藏菩萨言，若人欲生他方现在净国者，应当随彼世界佛之名字，专意诵念，一心不乱。"如是观察者，决定得生彼佛净国。善根增长，速获不退。故蕅益大师依《占察经》立忏法，谓欲随意往生净佛国土者，应受持修行此忏悔法。忏法中发愿文云："舍生他世，生在佛前。面奉弥陀，历侍诸佛。亲蒙授记，回入尘劳。普会群迷，同归秘藏。"（引者按：此信写作日期不详）

信中的引录，既显示出弘一法师读经之广博，也说明他博览而精取，将持念地藏菩萨一事，列入其导归净土为果的宗旨之中。以他之见，地藏菩萨既"与此土众生有大因缘"，因此，1940年9月1日，在永春普济寺作《普劝净宗道侣兼持诵地藏经要旨》专题讲演时，弘一法师劝告说，"净宗道侣修持之法，固以'净土三经'为主。三经之外，似宜兼诵《地藏经》"，念地藏菩萨之名号，"以为助行"。他还提议青年佛教学者胡宅梵编著《地藏菩萨本愿经白话解释》一书，并为之审定。几十年来，胡著成为普及地藏经的最佳本子。弘一法师本人则编有《地藏菩萨九华垂迹图赞》《地藏菩萨圣德大观》等著作，书写印行了《地藏菩萨本愿经见闻利益品》,等等。

佛门"戒""定""慧"三学,以"戒"为首;而"闻"(闻法而生智慧)、"思"(思维而生智慧)、"修"(修习而生智慧)三慧,则以"修"为终。弘一法师注重持戒弘律,又以修慧为握要,可谓把握住了成始成终的佛门妙道。他知道,在佛教法门中,净土宗不只修持最为简便易行,且其启示的西方极乐世界,是往生的最佳去处,在那里,人可以真正地超生脱死,获得生命的永恒。因此,导归净土,是他入佛追求的最终结果。他深刻地理解到,在佛教义理中,唯华严宗最为完备,其华严普贤十大愿王(望)又有导归极乐之功,与净土法门有密切之关系。因此,修习"以华严为境",不只可使自己的修慧获得最高的境界,也可将自己修持的净土宗和往生的愿望,建立在坚实的哲学基础上面。以戒为首、以戒为师,这是对一般佛徒的要求;没有实践上的严格要求,佛徒将不成其为佛徒,往生西方云云,将成为一句空话。弘一法师在律学上专宗南山,而南山于教,所依的正是贤首华严宗。如此看来,弘一法师的佛学,于净于教于律,一以贯之;在他的思想体系中,净土、华严和南山,三者融会贯通,一脉相连;相连间,又不忘以儒道为助力。其与一般僧人不同,正在于他有如此明确与贯通一体的佛学思想体系。

"以华严为境"也好,"以四分戒律为行"也罢,弘一法师的整个佛学思想体系及其全部僧腊生涯,都是为了"导归净土为果"这个最终目的。所谓"导归净土为果",在弘一法师来说,包含着两层含义:一是,他的全部修慧和持律,都以归趋净宗为旨;二是,他的全部律事活动和静修,都是为了往生西方净土。这两层含义,表面看相似,实际还是有区别的:前者是他在佛门中的修持手段,后者则是其进入佛门和所作种种修持的最终目的。这里也就出现了弘一法师遁入空门后的意向问题。按照其思想行为的时间顺序,即可看出他意向之所在。下面这些话,摘自他与僧俗两界友人的通信。

……不佞自知世寿不永(仅有十年左右),又从无始以来,罪业至深,故不得不赶紧发心修行。自去腊受马一浮大士之熏陶,渐有所悟。

世味日淡,职务多荒。近来请假,逾课时之半,就令勉强再延时日,必外贻旷职之讥(人皆谓余有神经病),内受疚心之苦。……不佞即拟宣布辞职,暑假后不再任事矣。……秋初即入山习静,不再轻易晤人。……

——1918年2月致刘质平信[248]

……自今以后,若非精进修持,不惟上负佛恩,亦负君等之厚德。故拟谢绝人事,一意求生西方,当来回入娑婆,示现尘劳,方便利生,不废俗事。……

——1920年旧历四月致杨白民信

……近来余深感娑婆之苦,欲早命终往生西方耳。

——1929年旧历三月晦日致夏丏尊信

……余近患伤寒及痢,较甲子年尤重。今已渐愈,惟身体疲弱已极,即拟预备后事,念佛待往生矣。……

——1930年闰六月二十八日致因弘白伞信

……今以五十之年而患此病,又深感病中起立做事之困难(无有看病之人),故于此娑婆世界,已不再生贪恋之想,惟冀早生西方耳。……

——1932年8月19日致夏丏尊信

……朽人近来朽衰日甚,约于中秋返厦门掩室念佛,求早生西方。

——1937年6月13日致胡宅梵信

……世变日亟,惟求早生极乐耳。……

——1939年春致传贯法师信

……朽人近年已来,精力衰颓,时有小疾。编辑之事,仅可量力渐次为之。若欲圆满成就其业,必须早生极乐,见佛证果,回入娑婆,乃能为也。古德云:"去去就来",回入娑婆,指顾间事耳。……吾人修净土宗者,以往生极乐为第一标的。其现在所有讲经撰述等种种弘法之事,皆在其次。时节到来，撒手便行。决不以弘法事业未毕，而生丝毫贪恋顾惜之心。……

——1940年旧历三月十八日致李圆净信

……朽人尔来衰老益甚，于此娑婆世界，未能久住。当来往生安养，必与仁者欢聚耳。希仁者勤修净业，发愿力行，是所厚望焉。……

——1940年6月26日致高文显信

……朽人近来病态日甚，不久当即往生极乐。犹如西山落日，殷红绚彩，瞬即西沉。……

——1941年10月8日致李芳远信

弘一法师的这类自述，在其书信中甚多，这里只是摘录了很少一部分。但也已经足以表明，弘一法师之遁入空门、修行净宗，"第一标的"是往生极乐净土。导致其如此意向的，有这样几个原因：一是由于深感"娑婆之苦""世变日亟"，从而"世味日淡""精神大衰"，有意逃避现实人生；二是不堪承受各种疾病折磨，希望能早日获得解脱；三是深信有一个超现实的西方极乐世界存在，在那里可以超生脱死、生命永恒；四是相信往生极乐见佛证果之后，再度"回入娑婆"时，不只可以提高品位，更能利益众生。以深信存在着彼岸世界和人死后还能回入娑婆这样一种佛教眼光看，弘一法师的生命观念及其价值取向，自无可以非议之处；况且，当其身处世间时，又并非自利之人，他做了很多以净化社会、劝人为善为中心的利益众生之事，所以不能笼统地说，他的整个佛化过程是厌世的、消极的、送死的。然而，以不信有什么彼岸世界之存在、不信人死之后还能回入娑婆的世俗眼光来看，弘一法师以"往生极乐为第一标的"的生命观念及其价值取向，不能说不包含着较多厌世的、消极的和送死的成分。生命观念及其价值取向，无不以现实的人生表现为基础；没有多少利益众生的现实人生表现，便是一旦往生（如果真能往生的话）于西方极乐世界，也不会感到快乐和意趣无穷吧！就说那些英雄伟人吧，他们被称之为生命永存，也是就形容其精神之不朽而言，并非说他们的生命真还活跃于什么地方。作为一代艺术先驱和艺术大师的李叔同，当人们期望其能对中国艺术做出更多贡献之时，他却遁入了空门。不能否认，他在佛门之中，也在尽力从事着利益众生的事，但他又时刻不忘于自己的往生。（1938年旧历十二月初八致信传贯师说："至于求早生西方，乃是宿愿，未敢忘怀也。"）是否可以说，他之从事现实的佛事活动，正是为了其当来更顺利地往生西方，并期望在西方九品教主管辖的世界中，获得较高的品位呢？他可以说，时刻不忘往生，是为了当来回入娑婆，以更好地利益众生；然而，那是永远无法确定和证实的事。现实的人（人也只能是现实中的人），唯有根据其在现实人生中的行为，确定他的现实的生命意义。弘一法师在现实人生中做了不少弘佛扬善的事，不能说对现实人生没有价值、没有意义，但其一心往生的观念和行为方式，又局限了他对现实人生做出更多的贡献。

　　佛教上有个术语叫作"世出世间"，是说有两个世间存在，一个是现实的、此岸的世间（"世"），另一个是非现实的、彼岸的世间（"出世间"）。美学家朱光潜先生（朱先生与弘一法师俗侄李圣章是北平大学的同事，弘一为他写过《华严经》偈语的字幅），在谈到弘一法师时，有"以出世的精神做入世的事业"的提法。他认为："红尘中人看破红尘而达到'悲欣交集'即功德圆满，是弘一法师生平的三部曲。……弘一法师虽是看破红尘，却绝对不是悲观厌世"；"佛终生说法，都是为救济众生，他正是以出世精神做入世事业的。"（《以出世的精神，做入世的事业》）朱先生的这个提法，常被弘一法师的研究者所引用，是有影响的。不能笼统地说这个提法不对，但以笔者看，它只说对了一半。弘一法师是否像朱先生所说的："绝对不是悲观厌世？"从我们前面引录的，法师一而再再而三的自述来看，恐怕不能作出这种"绝对"的结论吧？这是第一。第二，诚然，弘一法师是在以出世的精神做着入世的事业，但不能推断出绝对没有悲观厌世的心态的结论。因为他所做的种种入世的事业，无一不是为了更好地出世往生；而且，还不单单是为了他个人的出世往生，其终生说法，救济众生，说到底，都是为了让那些受惠于他的众生，与他一起离却世间，往生极乐，所谓"齐成佛道"罢了。简言之，李叔同成为弘一法师之后，他所做的入世事业，绝不是在教导众生如何更加积极地投入现实人生，而是在启发他们及早地脱离世间。既以出世的精神做入世的事业，更以入世的方式做出世的事业，这便是弘一法师的精神事业与现实人生的全部关系。

第二十五章
佛学系统（下）——善巧方便的艺术形式

弘一法师未出家以前，即以中国近代艺术的先驱驰誉当世。举凡诗词、篆刻、书法、美术、音乐、戏剧等，无不领风气之先。出家以后，除书法和韵语（偶尔涉及篆刻、音乐），其他艺术则很少涉足。其翰墨一事，也已不再是世俗意义上的艺术活动，而是一种弘法接引的资粮和表达其往生情绪的方便了。法师之依然撰作韵语，也不再是才子性灵的抒写，而是一种对佛教境界的追寻和化教世人信奉佛理佛法的规箴。他进行这类创作，或是为了供人配图作画（如前已详细叙述过的《护生画集》），或是为了供人配曲演唱（如作《清凉歌集》），而更主要的则是为了书成条幅联语，便于佛徒们诵念记忆。即为《护生画集》所作韵语和《清凉歌集》，除了分别由丰子恺作画、刘质平等谱曲，他又都以书法形式一一出之。所以说，出家后的弘一法师非唯翰墨因缘绵延不辍，且有大的发展。

1. 书法篆刻

翰墨之于弘一法师，既给他提供了弘法的方便，这方面的造诣与成就，也提升了他的精神境界以及他在僧俗两界的声誉。在整个20世纪华夏佛门中，声誉显赫的高僧，并非弘一一人。印光、虚云、太虚和弘一，并称中国近代四大高僧，但前三位的名声，尤其在世俗间的影响，似乎都比不上弘一上人，并非他们在佛学上的成就不及后者；弘一之得以名声大噪，除了其身世和出家的社会效应，恐怕也与他出家后在书法艺术上的成就有关。他在20世纪的中国，不只是修持深严的高僧，还是一位公认的书法大家，是20世纪十大书法家之一。佛门中人不必说了，众多并不信佛的人，崇拜、接近弘一，很大程度上也是受他书法艺术的吸引。

书法大家的弘一法师，在艺术上的成就，来自他深厚广阔的修养和转益多师基础上蜕化而成的独创。

文化人都会写字，但所写的字并非就是书法，就是艺术。写字得成书法，得成艺术，需要经过循序渐进的专门训练。1930年至1937年，弘一法师在泉州承天寺和厦门南普陀寺，多次作过"出家人与书法"的演讲，通俗地阐述了书法艺术的入门之径。他说，发心学字的人，要研究一点儿文字学，写字的方法要有一定的步骤，须由篆字下手，再学隶书，然后入楷，楷字写好了，再学行书、草书。每一个汉字，都有它的来源和演变过程，不是凭空虚构出来的。"一笔一画，都不能随便乱写的。"篆书是中国最早的文字形式，许慎的《说文解字》是讲篆字起源的。因此，"若不学篆书，不研究说文，对于字学及文字的起源就不能明白——简直可以说是不认得字啊！"还有一部清人吴大澂的《说文部首》，也是不可不学的。先学写篆书，可以避免写错了字，也可以为写隶书、楷书、行书打下基础。"学会了篆字之后，对于写隶书、楷书、行书就都很容易——因为篆书是各种写字的根本。"

弘一法师还说："篆书、隶书乃至行书都要写，样样都要学才好；一切碑帖也都要读……学了一个时期以后，才可专写一种或专写一体。"他在讲演中介绍了一些古人谈论书法源流和各体技艺的书。如：论述各体书法的唐孙过庭的《书谱》、张怀瓘的《三体书断》《十体书断》，论述运笔之法的虞世南的《笔髓论》，等等。然而，他又以为："这些书的内容虽然极有价值，但是陈义太高，初学不易领会。"要想字写得好，其道在多看多写中会得了古人的神髓，自然而然地就会进入自己的独创境地。所谓多看，是指多搜集古人的书法碑帖，比较研究，用心揣摩。所谓多写，是说要临之摹之，熟悉到真假不分的程度。

弘一法师还说："写字必须先守法则，要择一良师，学习他的经验法则，用功苦练，学到得心应手，才能发挥自己的个性。但如果过于拘泥法则，结果只是模仿了古人而已。艺术的极致就是要入格而出格，才能自成一家。"[249]

这是弘一法师的经验之谈。他的学习书法并得以成家，就是沿着这条路子走过来的。

弘一法师幼年随常云庄先生读书，即喜习《说文解字》。12岁时开始学写篆字，临摹石鼓文《宣王猎碑》三年，每天写500字，打下了大篆书法的坚实基础。后又随津门书画金石名家唐静岩先生学篆书和治印，习写《峄山碑》《天发神谶碑》等秦汉三国时代的小篆碑刻。接着又临摹《曹全碑》《鲁峻碑》《张迁表颂碑》《孔庙碑》《武梁祠画像题词碑》等汉隶石刻墨迹。在南普陀寺对学僧们讲书法时，弘一法师说："既然要发心学写字，大楷、中楷、小楷，这几样都应当写。我以前小孩子的时候，都通通写过的。"楷书始于魏而盛于唐。弘一法师幼年摹写过晋《爨宝子碑》、北魏《张猛龙清颂碑》、"龙门四品"（《洛阳刺史始平公造像记》《孙秋生等造像记》《杨大眼为孝文皇帝造像记》《魏灵藏薛法绍造像记》）、《司马景和妻墓志》等南北朝各种楷书碑版。在行书艺术方面，他也临摹过晋代以后的名家法书，如宋四家之一黄庭坚的《松风阁诗》墨迹。在草书艺术方面，临摹过哪家字帖，因其披露的临古法书中没有提供有关资料，我们不能悬拟推想，但说他在这一书体上也作过按规入矩的训练，不会是妄测吧！至于后由夏丏尊编辑的《李息翁临古法书》一帙中不收其临摹草书的字迹，恐怕是考虑到和尚已回避书写此种字体的缘故。

弘一法师早年进入书法领域，是沿着篆—隶—楷—行—草的路子走过来的。这并不是说，一巡之后从此完结，或者一巡之间没有交叉回环。以上的叙述，来自法师自己审定的《李息翁临古法书》的大体编排顺序。这个顺序既是他学书之路的反映，也包含着他对学书步骤的见解和体会。他在学书期间师从和交往的，不但有唐静岩等名家，还有像严修、王守恂、周啸麟等一批精于鉴赏和实践的方家。

奉母南迁后，年轻时代的弘一又很快进入沪上书画一界，和高邕之、朱梦庐、袁希濂、宗仰上人等时相切磋探讨技艺。就读南洋公学，他也没有间断书法艺术的磨炼。黄炎培先生说，和他"同学时，他刚二十二岁。书、画、篆刻、诗歌、音乐都有过人的天资和素养。他独居一室，四壁都是书画"。再后来，在《太平洋报》、浙一师等处供职，师友中吴昌硕、黄宾虹、陈师曾、经亨颐等人，都是一代书画金石大家。与他们交往，不会不受到潜移默化的影响。而这个时候，他的书法艺术已开始名扬沪上。像《太平洋报》等代表时代潮流的报纸，其报额题头，即出自其手。夏丏尊甚至说，法师早年的字，"于海外已能使洛阳纸贵"[250]"虽片纸人亦视如瑰宝"[251]。

关于弘一法师的书学渊源，有过多种说法。有的说他"临摹周秦两汉金石文字，无不精似"[252]；有的说他"居俗日，好临习前代古书诸名刻，多至四十余种……其得力处，尤在张猛龙、张黑女，与夫天发神谶碑等"[253]；有的说他"胎息六朝，别具一格……所窥涉者甚广，尤致力于天发神谶、张猛龙及魏齐诸造像"[254]；有的高度概括地说，"大师书法，得力于《张猛龙碑》"[255]……说法虽有差异，但有两点可以肯定：一是，法师的书学渊源是以整个中国源远流长的书学历史为根基的；二是，他在摹写的过程中，对每种书体，都下过深厚的功夫，且都达到了神似的境界。

以笔者看，从其学习临摹时的具体情景和往后书艺风格的演变上考察，弘一法师书学的渊源，更多的来自汉魏六朝隶书和楷书的碑碣墨迹。其中，以楷书魏碑中的北碑为主，尤以所受《张猛龙碑》的影响最为深远。出家前夕，他将全部碑帖送给了学生，单单留下《张猛龙碑》，恐非偶然。而从思想情绪上说，他出家前受北碑中那部分佛菩萨造像记的影响较为明显。这可从其临古法书集中收录此类作品数量特多透出信息。

弘一法师书学渊源中，楷书魏碑尤其北碑影响的成分较多，这与当时康有为的提示启发有关。

康作为中国近代资产阶级维新运动的领袖人物，其变革思想和"托古改制"的舆论方式，涉及文艺领域。康是书法大家和书法理论家，有《广艺舟双楫》行世。在这方面，弘一年轻时亦受其启示。

在中国书法发展史中，随着实用书写的需要和人们审美趋向的变化，楷书一体在东汉章帝建初年间出现，但真正的发展和到达高峰，是在六朝的北魏和有唐两代，史称魏碑和唐碑，这是楷书的两大体系。魏碑系统，由于处在楷书的发展时期，正如康有为所说，它表现出"笔势浑厚，意态跳宕，长短大小，各因其体，分行布白，自妙其致，寓变化于整齐之中，藏奇崛于方平之内"的特点，因而富于自然质朴的野趣。唐碑在取法魏晋的基础上，又有所创新发展。它讲究字体结构，精求形貌之美，表现出剑戟森严，备尽法度，点画撇捺一丝不苟，风格规整，意态端凝的特点，将楷书艺术推向了高峰。但其意态作风，又严肃规整有余，活泼变化不足，犹如人们应对于庙堂之上，庄严肃穆的仪容中，有较多人工文饰的宫廷味。[256]宋元明三代楷书，固有发展，但就总体水平言，比不上有唐一代。及至清末，由于长期科举考试以书法取士，趋时应试的深重积弊，馆阁体书法大为流行。有人形容，写大卷、白摺的字，如同算盘珠一样，死板板地毫无活气。[257]在这种背景下，康有为著书立说，大声疾呼提倡魏碑，竭力推崇魏碑之美，对《张猛龙碑》更为赞美不已。他认为，"唐人最讲结构，然向背往来伸缩之法，唐世之碑，孰能比《杨翠》《贾思伯》《张猛龙》也"。在他看来，魏碑的种种特点，在《张猛龙碑》那里，"皆极精彩"，"作字工夫，斯为第一，可谓人巧极而天工错矣"。人工的艺术超过了天工的创造，其推崇备至竟如此。康有为的意思是，学习书法，应从魏碑中探讨楷书的结体和笔法，才能打好根基。弘一法师的研究者们，都将其"南海康君是吾师"的自白，仅仅局限于思想情绪方面；以笔者看，那方闲章中实在也有其当时书法艺术上的师从倾向在。正是由于他在博采众长的前提下，服膺于康有为书法艺术的见解，才热衷碑学，广收拓片，眼界为之大开，并初步找到了形成其书艺风格的方向。

弘一法师的书法，大体可分为早期、中期和晚期三个阶段。

早期——是指他39岁出家以前和出家初期的书法作品，大都收在《李息翁临古法书》一帙中。这一时期的作品临摹汉隶魏楷者不必说了，便是他自己的创作，亦可见其由碑版脱胎而来的遗影。结构紧凑，体势较矮，肉较多，苍劲浑朴，又不失逸宕灵动之气，浓重的古趣中透露出求索的锋芒。这在他此一时期写给杨白民、夏丏尊等人的书信和自书旧作诗词上有明显的表现。字态的肥扁、横划末端的微微上翘和撇捺的"燕尾"，即有汉隶魏楷的意味。而像《演坛》《灵化》《勇猛精进》等横披，其笔势的坚挺强劲，真力开张，英华勃勃中有力的美。

中期——是指他自出家至50岁左右的作品。与早期相比，法师这一时期的作品已明显地跳出了北碑隶楷的影响，肉渐减，气渐收，力渐凝，结体由肥扁转为较方较楷，笔画稍瘦，结构整饬，又不失婉转流通；从外部看，平淡冲和，安泰恬然，其势不如往昔，但骨骼俊健，力在骨中，端严中有深沉的悲愍。

弘一法师在《出家人与书法》讲演的第一部分中说：

> 倘然只能写得几个好字，若不专心学佛法，虽然人家赞美他字写得怎样的好，那不过是"人以字传"而已！我觉得：出家人字虽然写得不好，若是很有道德，那么他的字是很珍贵的，结果都是能够"字以人传"的；如果对于佛法没有研究，而且没有道德，纵能写得很好的字，这种人在佛教中是无足轻重的了。他的人本来是不足传的。即能"人以字传"——这是一桩可耻的事！就是在家人也是很可耻的。

这段话当然并非劝说人不要去学习书法，而是在讲书法与做人即人格的关系。书法创作和其他艺术活动一样，要想独创一格，就不单单甚至主要不是技术上的制作，而是作者的个性、人格和思想情绪的表现。在致马冬涵的信中，法师说得更明确："无论写字刻印等，皆足以表示作者之性格。（此乃自然流露，非是故意表示。）"（1938年旧历十月二十九日信）弘一法师的中期书法，是其出家后十多年间虔诚苦行、与世无争，却又关怀一切有情的人格修养和精神境界的反映，也是他将佛法引入书法，或者说是以佛法精神驱动笔端的结果。

入佛初期，弘一法师曾以书札体格写经，或写佛号和古德法语。印光法师见到后，写信给他说：

> ……今人书经，任意潦草，非为书经，特藉此以习字，兼欲留其笔迹于世

后耳。如此书经，非全无益，亦不过为未来得度之因。而其亵慢之罪，亦非浅鲜。……

……写经不同写字屏，取其神趣，不必工整。若写经，宜如进士写策，一笔不容苟简。其体必须依正式体。若座下书札体格，断不可用。古今人多有以行草写经者，光绝不赞成。……

印光法师是弘一法师一生最服膺的僧界大德。前辈既有如此教诲，弘一法师从此下定决心，力求工整。他在写给堵申甫的信中，说到自己书体转换时说："拙书尔来意在晋唐，无复六朝习气，一浮曾赞许。"（1923年旧历九月初一信）所谓"六朝习气"，是指楷书处于由隶入楷的摸索阶段，字体大多稚拙谲诡，肥胖低矮，虽有浑厚质朴之古趣，但与峻整精严、圆融流通的"晋唐楷书"（当然不是清末的那般楷书）相比，显得有些村野和外放。"晋唐楷书"，既能"简要精通"，又"淳朴未除，精能不露"，端凝平正，婉丽宽博，在六朝和北魏基础上，将楷书艺术向前推进了一大步。大力倡导北碑的康有为，为的是针砭宋元明清四代人只知一味临摹唐帖和效仿其严正结构而不知变化的弊病；也是为了打破馆阁体占领书坛的死板局面，提醒书家要从北碑楷书结构中吸取意态跳宕的活气，所以说，其本意并非要否定晋唐楷书的讲究结构。先前师从康有为书法理论和在北碑上下过功夫的弘一法师，在其书法活动的中期，一变追踪六朝为"意在晋唐"，也并非为了否定六朝之体，而是作为一个佛门书法家，书及佛典法语，不能单纯追求神趣，更需要精严工整。他所遗落的是北碑结体外貌之迹，非其浑厚质朴的内质。更深层地说，六朝和北魏是佛教由汉代传入东土以来，得到广泛传布并形成第一个高潮的时期，与此并行的中国书法艺术本身，就受到佛教的深刻影响。这一时期的书法成为中国佛教艺术不可分割的组成部分。如前所说，弘一法师早年临摹的众多北碑中，有相当部分即是各色人等为佛菩萨造像的碑记。在这种临摹过程中，他不只接受其书法艺术的影响，也被其内含的平和冲淡的佛教出世情绪所熏陶。因此，所谓弘一法师书法"胎息六朝"，北碑是其翰墨的"法乳所在"，这"胎息"与"法乳"，是不能局限于从技艺上去理解的。他早期沉浸于北碑，不但使其在书法艺术上打下了扎实的根基，也成了他后来出家的一个远因。弘一自己称他出家后的书法"意在晋唐，无复六朝习气"，是说以往习染的村野外放的六朝习气没有了，结体变得端严平正了，而来自六朝的平和冲淡宁静高远的出世情绪,则可表现得更充分了。这也就是,尽管弘一称其出家后的书艺"意在晋唐,无复六朝习气",而众多赞叹者,却又不断地指认其书法艺术,高古挺秀,直逼汉魏六朝的原因之所在吧。

弘一法师的中期书法以写经书和联语为主,如:《佛说大乘戒经》《佛说八种长养功德经》《华严经十回向品初回向章》《佛说五大施经》《佛说阿弥陀经》《般若波罗蜜多心经》《金刚般若波罗蜜经》《华严经普贤行愿品偈》《华严集联三百》等。其中,《华严经十回向品初回向章》和《华严集联三百》,则是这一时期的代表作。前一部作品,系作者1926年夏,与弘伞法师赴庐山参加金光明道场,驻锡牯岭青莲寺时书写,点画结体婉转流通,墨色饱满匀称,章法整饬而不失于死板。整部作品含宏敦厚,饶有道气。这是唯有在宁静淡泊、觉得世事无不圆满的心态中方能写就的作品。《华严集联三百》,用墨运笔不如前一部作品饱满婉通,结构也显得放松随意,然淡而丰腴,松而不散,瘦而不枯,圆转处不求势,横竖止笔处不见力点,其冲淡萧然之气流溢于笔墨之外。那是一种"秋水澄潭"般的心境,是一种"冷却的深悲",因而"静得振作,了无倦容"(柯文辉《弘一法师书法集序》语)。

佛学家和书法鉴赏家马一浮先生,那段评论弘一法师入佛后书法艺术的话,即由《华严集联三百》这部作品说起。他说:

> 大师书法,得力于《张猛龙碑》。晚岁离尘,刊落锋颖,乃一味恬静,在书家当为逸品。尝谓华亭(董其昌)于书颇得禅悦,如读王右丞诗。今观大师书,精严净妙,乃似宣律师文字。盖大师深究律学,于南山、灵芝撰述,皆有阐明。内熏之力,自然流露,非具眼者,未足以知之也。……
>
> ——《华严集联三百手稿跋》

马不愧为精于鉴赏书画的"具眼者"和弘一法师的知音。他引出"如读王右丞诗"一说,不是偶然的。王维(摩诘)早年所作《少年》《观猎》等边塞诗,意气风发,情绪昂扬;后官至右丞,职位可谓不低,但他40岁后,因政治上失意、中年丧妻等诸多变故,遂信佛老,亦官亦隐,饮酒赋诗,挥墨作画,借山水风光排遣寂寞。王深究禅理,又好梵呗,所作诗文如《竹里馆》《鹿柴》等,有脱俗之情、入佛之意。其绘画如《渡水僧图》《高僧图》《须菩提像》《维摩诘图》《十六罗汉图》等，所写更是佛教题材。王或经常焚香独坐，以禅诵为事，或与寺僧玄谈为乐，并为长安慈恩寺、千福寺等绘制壁画，是这样一个"诗佛""画佛"。王隐居的辋川别墅在终南山，正是有唐一代高僧道宣律师大弘佛法的地方，他可能受到这位先辈大德的影响。王虽与道宣严律不同，他走的是放逸一途，然其隔尘避世则一。

弘一法师入佛前后的思想历程，与王维有某些相似之处，因此，他在宗奉道宣的同时，又特别喜欢王维的诗作。亦幻法师在《弘一大师在白湖》一文中说："据我的观察，他的兴趣是沉溺在建安正始之际。对于诗亦一样。不过他不喜欢尖艳，他好陶潜和王摩诘的冲淡朴野。他有一册商务国学丛书本的右丞诗，曾加许多圈点，并且装上一个很古雅的线装书面，给人猜不出是什么书。"（这恐怕与他所说的，佛门的人不应弄诗有关。但又禁不住要弄它，所以要加以掩饰。）弘一自己也说："王维诗，于暇时偶读一二首，可见隐逸的乐趣。"（1936年旧历五月致高文显信）这些情况表明，马一浮引出的"如读王右丞诗"一说，不只是在比喻董其昌的书艺境界，也是为了说明弘一法师所受王维的影响，是对其离尘远世进入佛门后，"于书颇得禅悦"的一种评价。

晚期——50岁以后的作品。在前一时期的基础上，弘一法师进一步减锋敛神，骨肉由饱满变为瘦硬，运笔由温婉变为挺秀，结体由方正紧凑变为修长疏松，气韵由沉雄变为清拔。其洗净铅华不事修饰，不求意态趣味，拙朴自然，镇定从容，看似脱去规矩，又无不从法度中升华而来，一如弘一法师长身直立之形貌和潇洒谦和之风神。弘一法师强调书法如佛法，"非思量分别之所能解"，而书法又是人格修养的表现。他自己说晚期之字所示者，"平淡、恬静、冲逸之致也"。他在佛门的长期修炼中，涤荡了种种俗念凡情，消滤着人间烟火气，及至晚年，接近了他所追求的忘人忘我、一片浑然的境界。他晚年藏锋敛神、妙迹难寻，而又处处真气流行、圣情馨逸的书法，正是由其高度的人格和佛教修养所圆满成功的，心澄气清、宁静致远那种境界的自然流露。这在他晚年书写的横披"无上清凉"、单幅"莫嫌老圃秋容淡，犹有黄花晚节香"，以及《护生画集》题词等代表性作品中，表现得再明显不过了。

作为篆刻家，弘一法师早年之作即驰誉津沪艺坛。前述1941年，法师年轻时的友人王吟笙，在寿其六十诞辰诗中就说："少即嗜金石，古篆书虫鱼。铁笔东汉学，寝馈于款识。唐有李阳冰，摹印树一帜。家法衍千年，得君益不坠。"其欣赏赞美者如此。黄龙丁编辑出版的《缶老人手迹》序中说:"昔年与息翁同客西泠,同人有延入印社者,遂得接社长缶老人丰采。于是挑灯释琢,待月扪诗,符钵杂陈,烟霞供养,甚得古欢,未几俱作海上寓公,往来益密……"从这段文字可以看出李叔同出家前几年,在杭州、上海等地沉醉于篆刻艺术的一些情景。说明在那些年,他是经常镌刻印章的。而自从进入佛门,他于篆刻亦如诗画,只是偶一为之了。

弘一法师的篆刻艺术富于独创性。这种独创性,与他对中国篆刻历史的深入研究有关。他在《李庐印谱序》中说:

> 繄自兽蹄鸟迹,权舆六书。抚印一体,实祖缪篆。信缩戈戟,屈蟠龙虵。范铜铸金,大体斯得,初无所谓奏刀法也。赵宋而后,兹事遂盛。晁王颜姜,谱派灼著。新理泉达,眇法葩呈。韵古体超,一空凡障,道乃烈矣。清代金石诸家,搜辑探讨,突驾前贤;旁及篆刻,遂可法尚。丁黄唱始,吴蒋继声,异军特起,其章章焉。

在叙述了中国篆刻艺术的起源、兴盛、发展、变化的历史之后,弘一法师又归结到篆刻和书法的关系。他说:

> 盖规秦抚汉,取益临池,气采为尚,形质次之。而古法畜积,显见之于挥洒,与诒之于刻画。殊路同归,义固然也。

在弘一法师看来,镌刻为写字的升发。即使是"规秦抚汉",亦须"取益临池",篆刻家应该首先是书法家;刀法以书法为基础,同样以神韵风采为上。

正是在传统金石的浸泡中,自身又有书法的深厚功底,弘一法师的篆刻艺术才有创造性发展的基础。在艺术创作上,法师又不是那种依傍门户、随人脚跟的人。具体说,与别人不同的是,他创造了一种刀尾扁尖而平齐的椎刀。他在1938年旧历十月间的信中,向青年篆刻家马冬涵介绍这一形状的工具时说:

> 椎形之刀,仅能刻白文,如以铁笔写字也。扁尖形之刀,可刻朱文,终不

> 免雕琢之痕，不若以椎刻白文，能得自然之天趣也。此为朽人之创论……

先前，法师时相过从的金石大家吴昌硕，有自创的"吴刀"。吴昌硕的刀锋不利，重压硬入，刻成的线条苍老古朴，有人形容为"如天马脱缰，大刀入阵"。而法师自创的刀尾扁尖而平齐的椎刀，刻成的线条则能得"自然之天趣"，清越流畅，丰神跌宕。

弘一法师入佛后，很少动刀镌石。连他自己所用的"音""弘一""亡言""无畏""吉月""胜音""无得""大方广""龙臂""臂""六十后作""名字性空""不拘文字"和佛像等印章，大多由其俗侄李晋章和在俗弟子李鸿梁、许霏、马冬涵等所刻。他也有过几次篆刻活动。例如，1922年春天在温州庆福寺，他刻了五方印章（"大慈""弘裔""胜月""大心凡夫""僧胤"），将印文制成小轴写上跋语，寄赠挚友夏丏尊。再如，1924年春，也是在温州庆福寺，他为王心湛居士治一印，寄印时致信说，"刻具久已抛弃，假铁锥为之"，并嘱咐，"石质柔脆，若佩带者，宜以棉围衬，否则印文不久将磨灭矣"。还有一次，是在1932年年底，弘一法师第三次入闽后不久，驻锡厦门万寿岩，以唐温庭筠诗句"看松月到衣"[258]作印文，为同居者了智上人刻一白文印章。从近几年披露的情形看，弘一法师出家后所治印章，约有二十来方，与出家前相比，数量是很少的。[259]

虽说弘一法师自己创作不多，但他从弘法的角度，仍很重视篆刻艺术的价值。1939年年初，他在见到马冬涵为其所刻佛像后复信说："所刻各印，甚佳。佛像尤胜。仁者将来，可以刻佛像印百方，辑为百佛印谱十卷（每十印及边款共数十叶为一卷），流传世间。亦可以艺术而弘传佛法利益众生。想仁者当甚欢赞也。"

弘一法师以书法和篆刻为善巧方便，"弘传佛法利益众生"，有其作品内容在，不必多说。而他于这两种艺术形式本身，又有其独特的追求。尽管他并不忽视局部的结体艺术，但他更看重全幅的章法布置。他在以上提到的致马冬涵的信中说：

> ……仁者暇时，乞为刻长形印数方，因常需用此形之印，以调和补救所写之字幅也。朽人于写字，皆依西洋画图案之原则，竭力配置调和全纸面之形状。于常人所注意之字画、笔法、笔力、结构、神韵，及至某碑、某帖之派，皆一致摒除，决不用心揣摩。故朽人所写之字，应作一张图案画观之斯可矣。不唯写字，刻印亦然。仁者若能于图案法研究明了，所刻之印必大有进步。因

印文之章法布置能十分合宜也。……

弘一法师所写之字，无论一条单幅，一件横披，无论字数多少，有无题跋，其布局总是那么妥切，高低适度，大小相应，虚实互济。他之所以还要用些印章佛像，因为纸面上的某些空当，可能使整幅字面，给人以不圆满或不稳当之感，以佛像、闲章之类压角章加以调和补救，全纸面便如一幅图案画谐和精美起来。

同是书法家和篆刻家的叶圣陶先生，对弘一法师书法篆刻艺术之妙谛，所作的"蕴藉有味"与"全面调和"两点概括，最为切要精当。叶先生的具体说法是：

……若问我他的字为什么教我喜欢，我只能直觉地回答，因为它蕴藉有味。就全幅看，许多字是互相亲和的，好比一堂谦恭温良的君子人，不亢不卑，和颜悦色，在那里从容论道。就一个字看，疏处不嫌其疏，密处不嫌其密，只觉得每一画都落在最适当的位置，移动一丝一毫不得。再就一笔一画看，无不教人起充实之感，立体之感。有时有点像小孩子所写的那么天真，但一边是原始的，一边是纯熟的，这分别又显然可见。总括以上这些，就是所谓蕴藉。毫不矜才使气，意境含蓄在笔墨之外，所以越看越有味。

——《弘一法师的书法》

[全面调和]试观其"无住斋"草书小额三字及落款之每一字每一笔，皆适居其位，似乎丝毫移动不得。更观其小印五方一轴，五印之位置，下方之题识，融为一体，呼吸相通，而每一小印，其布局，其刀趣，亦复如是。……

——《全面调和》

2. 诗词歌曲

在近代中国文学史上，弘一法师李叔同的诗词应占有一席之地，但至今还没有进入文学史家的视野。这可能与他中年后遁入空门不再写作有关。

李叔同在19世纪最后一年客居上海，弱冠即以横溢的才华，在城南文社中为诗友文友们所瞩目赞叹。只是由于年代久远，加上当时又非正式发表出版，李叔同20岁以前的诗词作品，现在已不易看到了。从诗作已不存的《二十自述诗》的序言来看，那可能是些悲叹国家沦陷、河山声咽、感慨人生如"驹隙一瞬"的感时伤怀之作，语多"哀怨"，调作低沉。目前所能见到的李叔同较早的诗词作品，如写于1899年的《咏山茶花》，写于1900年的《清平乐·赠许幻园》《戏赠蔡小香四绝》《老少年曲·梧桐树》《和宋贞题城南草堂图原韵》等，这几首诗词倒也写得比较轻快清新、生意盎然一些。

1901年，李叔同有北上探亲之行。返沪后，他将途中所作诗词以文串联，编为《辛丑北征泪墨》发表。作者耳闻目睹了八国联军攻陷天津后留下的凄惨场景，每到一处，无不触景生情，情不能抑。与此前之作相比，《辛丑北征泪墨》中串入的几首诗词，则由一般的感叹、哀怨变为忧国忧民的悲愤与怒号了。

李叔同在出家前夕，曾将1900年至1907年的二十多首诗词自书成卷。这或许是他自己对其留日前后诗词创作所作的一个总结。在那些作品中间，固然有或赠或忆妓女与歌郎的吟唱，但更有《留别祖国并呈同学诸子》《哀国民之心死》《醉时》《春风》《昨夜》《初梦》《帘衣》等作品，还有同一时期所作而未书入诗卷的，如《为沪学会撰文野婚姻新戏册既竟系之以诗》（四首）、《朝游不忍池》、《东京十大名士追荐会即席赋诗》（二首），等等，都是值得称道的佳作，表现了李叔同对国家命运和民生疾苦的深切关注。

从日本留学回来，李叔同写出了可以作为其诗词高峰之作的《满江红·民国肇造志感》；还写了《咏菊》一诗，托物明志，以菊自况，"生来未藉东风力，老去能添晚节香"。但到浙一师任教后，他的诗词创作逐渐稀少起来。虽偶一为之，也大都是题画之作。如《玉连环影·为夏丏尊题小梅花屋图》，小巧玲珑，清新活泼。而《题梦仙花卉横幅》透露出作者自幼潜在的"人生如梦"的思想，在其甫及中年时开始活跃外现的信息。《题陈师曾荷花小幅》则是作者在年秋，即将入山坐禅（施行断食实验）时所写，诗曰："一花一叶，孤芳致洁。昏波不染，成就慧业。"题记中说："'慧业'云云，以美荷花，亦以自勖也。"可以说，这是李叔同准备进入佛门修炼的最早的自白书。

李叔同的诗词日渐减少，可能与他把主要精力放到歌曲创作上有关。他也作曲，但主要是写作歌词。在其出家之前的五六年间，有三十余首歌词问世。其中有歌颂祖国历史悠久、"地大物博"、"山川灵秀"，漾溢着民族自豪感的《大中华》，提醒人们即在"严冬风雪""浮云掩星"面前,也要深信"逢春依旧郁苍苍""云开光彩逾芒芒"的未来,激励人"心志宜坚强,历尽艰辛不磨灭"的《人与自然界》,等等,这类词意奋发调子高昂的作品。而大多数则是借景抒情,宣泄人在不同季令、不同境遇中情绪变换之作。这些作品,由于表达了人们在相同景遇中大都会发生的思想情绪,曾经风靡一时,有的还成了传世之作,历久不衰。李叔同也因此而成为中国近代音乐史上歌词创作的大家。

在李叔同出家前五六年间的歌词作品中,固然有《春游》、《秋夜》(有两首同名之作,此处指起句"眉月一弯夜三更"的《秋夜》),以及《莺》《采莲》《冬》等,这样一类词意畅适恬然、节奏欢快跳跃之作;但亦毋庸回避,在李叔同这一时期的歌词作品中,往往流露出一种感叹岁月之迅捷、人生如朝露的佛家情怀,和向往虚无缥缈幽远苍茫之境的道家气息。《落花》《天风》《晚钟》等作品最为典型。写作《落花》时,李叔同正值盛年,他是在借落花之景悲叹着生命之无常、青春之易逝。整首歌词,使人感到他一无着落似的。《天风》一作,又渲染着何种情景呢?请吟歌词:

> 云瀚瀚,云瀚瀚,拥高峰。气葱葱,气葱葱,极巃嵸。苍耸耸,苍耸耸,凌绝顶,侧足缥缈乘天风。咳唾生明珠,吐气嘘长虹。俯视培塿之垒垒,烟斑黛影半昏蒙。仰视寥廓之明明,天风回碧空。
> 漭洋洋,漭洋洋,浮巨溟。纷曚曚,纷曚曚,接苍穹。浪洶洶,浪洶洶,攒铓锋。扬泄汗漫乘天风。散发粲云霞,长啸惊蛟龙。俯视积流之茫茫,百川四渎齐朝宗。俯观寥廓之明明,天风回碧空。
> 天风荡吾心魄兮,绝于尘埃之外游神太虚。
> 天风振吾衣袂兮,超乎万物之表与世长遗。

依照李叔同的人生体悟,现实世界既无所着落,令人失望,就该向尘埃之外去求索了。《天风》一词显示出,他开始寻找的,是一种道家的境界。该作用语及其描述,不是让我们看到了一个活脱脱的近代道家信徒的形象吗?在李叔同所作歌词中,还有两首词意相同、题名相近的作品——《幽人》和《幽居》。这里引述后一首,以见作者对道家风采的向慕。

>唯空谷寂寂，有幽人抱贞独。时逍遥以徜徉，在山之麓。抚盘石以为床，翳长林以为屋。眇万物而达观，可以养足。
>
>唯清溪沉沉，有幽人怀灵芬。时逍遥以徜徉，在水之滨。扬素波以濯足，临清流以低吟。睇天宇之寥廓，可以养真。

李叔同在虎跑断食前后，有一段时间迷恋过道家学说，并自称"欣欣道人"。《天风》《幽人》《幽居》等，可以视作其夫子自道之词。但他毕竟在儒学中长期浸染过，一时也还不能完全摆脱入世济世的思想。在他看来，像《天风》中所描述的那种道家境界，也还是过于虚无缥缈、无从把握吧，而像"幽人""幽居"的生存状态和生命境界，虽很具体切近，却又过于"贞独"自利遗忘世人了，因此他并没有在道家的境域中止步停留。他在继续向前探寻着，希望找到一种既能出世、又能济世的人生信仰。当他由道家境界继续行进之际，正是其自幼潜在的佛教意识日渐觉醒、明确之时。于是，他找到了我们在前面已经谈到过的，《晚钟》所写的境界，即佛的境界。《晚钟》这首歌词的出现，标志着李叔同终于向佛的境界靠近了一步。道家一味虚无，佛家则有"彼岸"之说；尽管在俗人看来，"彼岸"之境同样地无影无踪，在佛家眼光中，它所设定的境况和进入的步骤，要比道家所说，具体而能把捉多了。况且，奔趣于此道者，不像道家中人那样只顾自己"贞独"而不顾世人。当然，道家与佛家并无根本扞格之处，由道入佛是顺理成章的事。在李叔同，他是由儒入道，又由道入佛的。《落花》《天风》《晚钟》等作品，尤其《晚钟》一作，既透露了李叔同中年时期的思想情绪和生命追求，也显示出他还没有正式进入佛门的时候，已经自觉不自觉地在歌曲中弘扬佛法了。不只是《落花》等篇章，他如《月夜》《春夜》《秋夜》（起句"正日落秋山"一作）等作品，其词其曲，都会在一定程度上，激发起读者或听众尘世不可留、仙境在天涯的佛教情绪。即如名曲《送别》，在倾诉真挚情谊的同时，亦不无惆怅茫然、空无着落的情绪，这种情绪也是容易引发人生如梦之感的。而《月》一词，则是佛教音乐《清凉歌集》的先声了。

李叔同出家前五六年间创作的三十余首歌词，是他这一时期灵魂的寄托、思想情绪的反映。虽不能说，他已自觉地在以这一艺术形式作"方便"直接地弘扬佛法了；但毋庸置疑，他通过这一艺术形式，纤毫毕露地展现了他正逐步靠近佛门的情绪演变和思想历程。由这些歌词所包蕴的或显或隐的佛教情绪的现象中，人们也能预见到，李叔同进入佛门后，以这一艺术形式作为弘扬佛法的"方便",也是顺理成章的事。

1929年秋天,友生们在白马湖边晚晴山房,为入佛已经十年的弘一法师庆贺五十华诞。饭后清谈,门生刘质平谈到当世音乐教育,叹息于作歌者之难得,说:"如果任凭靡靡俗曲流行闾阎,影响所及,后果实在可虑。"又说:"从这个角度说,老师出家有点过早了,没能充分发挥您在音乐上的才华呢!实在可惜。如果老师能继续写些歌曲,其功德无量矣!"

弘一法师听后怃然,沉默了一会儿说:"我可试试,再作歌词若干首。不过,曲子是不能谱写了。由你们配曲试唱后,付梓流传吧。"

夏丏尊、刘质平等听后惊喜不已,表示要与和尚通力合作,将这件佛门胜事圆满告成。这是弘一法师佛教声乐著作《清凉歌集》的由来。

按照刘质平原先的设想,《清凉歌集》将包括108首,拟作十编陆续出版。弘一法师后在厦门致信刘质平说,他拟先作10首为第一编,争取明年(1930)下半年出版。他说:"惟此编之作,意义多深,然颇有兴味。……以后倘有材料,即可续作。若无材料,不妨从缓。以是之故,将来九编之歌集,或每年出一册,或一年出两册,两年出一册,皆不能预定。总期首首有精采,决不敷衍了事。所谓宁缓勿滥也。"

实际进程是,经过反复推敲,多次修改,及至1930年秋天,弘一法师在慈溪金仙寺,才最后改定《清凉歌集》歌词五首。为了让刘质平等理解歌词包含的深奥佛理,以便相应谱曲,弘一委托其钦佩有加的青年佛学家芝峰法师,撰成《清凉歌集达旨》一文,为歌词之意详加诠释。

《清凉歌集》第一编,未能按原计划于1930年下半年出版。刘质平遵照师嘱"宁缓勿滥",与其弟子潘伯英、徐希一、唐学咏、再传弟子俞绂棠等累年合作谱曲,并经过整整7年,在上海、宁波等地反复演奏试唱,于1936年秋天才交由夏丏尊主持的开明书店出版流传。三五首歌曲,竟费时7年,多方试练方告罄,此亦中国音乐史上之一大佳话。

一编甫及流传,即逢日军大规模入侵,弘一法师、刘质平等辗转各地,或忙于念佛,或疲于奔命,图存尚恐不及,遑论艺事小技!二编、三编……无法再行创作,弘一法师最初编出的5首歌词,也就成了那个宏大规划的绝唱!

弘一法师所作《清凉歌集》歌词五首为:(一)《清凉》;(二)《山色》;(三)《花香》;(四)《世梦》;(五)《观心》。五首歌词在总的思想主旨统率下,构成一有机的艺术整体。这个总的思想主旨是,唯有把握到佛的智慧,扫除了一切错觉,猜破了宇宙

运粮

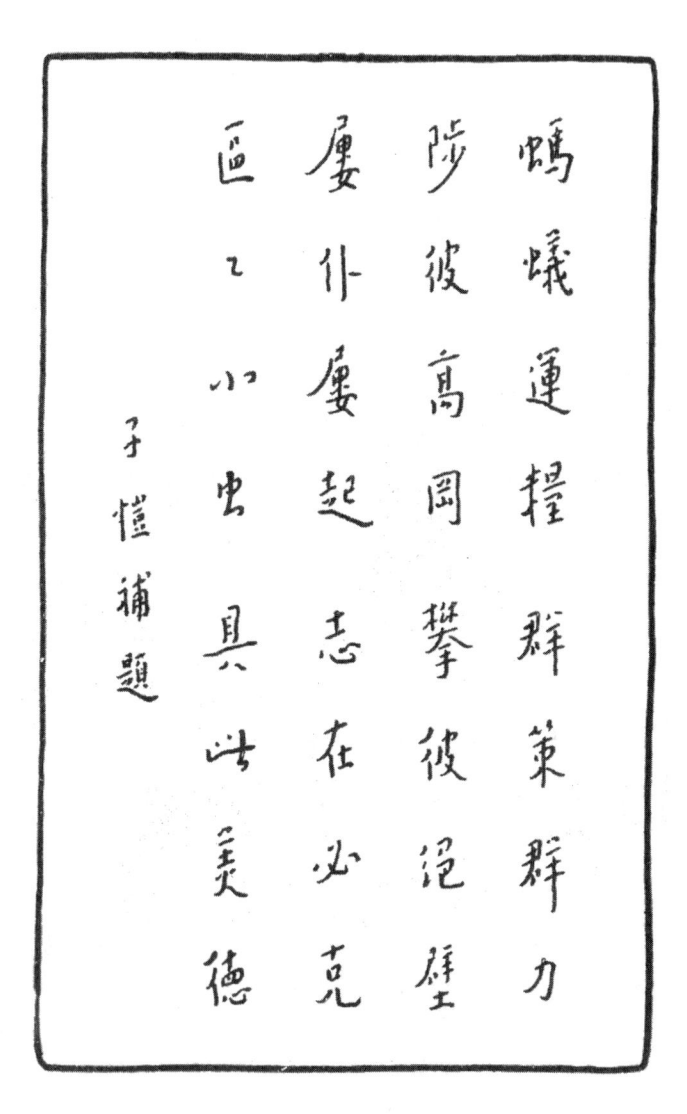

蚂蚁运粮，群策群力。
陟彼高冈，攀彼绝壁。
屡仆屡起，志在必克。
区区小虫，具此美德。

——子恺补题

人生一切如梦的"吊诡"[260]之谜,才能证得宇宙万有的真相,最终到达与宇宙万有融合为一的境界,即佛的境界。其间,要在破尽"无明",真性流露,大觉(非常清醒的人)能仁。五首歌词以形象化的描绘,递次渐进地阐发了这一佛理。

第一首《清凉》歌,有如序曲,初步写出了真性流露的情景。歌词曰:

> 清凉月,月到天心,光明殊皎洁。今唱清凉歌,心地光明一笑呵。清凉风,凉风解愠,暑气已无踪。今唱清凉歌,热恼消除万物和。清凉水,清水一渠,涤荡诸污秽。今唱清凉歌,身心无垢乐如何。清凉,清凉,无上究竟真常。

歌词中用"清凉月""清凉风""清凉水",对人之身心所起的作用,表现人在这般自然环境中获得的物我两忘,无物无心,肝胆天地,与宇宙万有融化一体的境界。但在弘一法师看来,这种"热恼消除万物和""身心无垢乐如何"的境地,毕竟是由"清凉月""清凉风""清凉水"等特定自然环境触发而生,也还是一时的天机流露,修养功夫不深的人,一旦离开了这类特定环境,其心境可能就会有所变化,而人也不可能时时会处于这种环境之中,如此,其心地未必时时光明,其"热恼"未必长久消除,其"身心"亦未必永远"无垢"。

怎样才能完全到达和永久保持物我两忘、无物无心的境界呢?首先要排除人在认识宇宙万有时的杂染之心。《山色》和《花香》形象地描述道:

> 近观山色苍然青,其色如蓝。远观山色郁然翠,如蓝成靛。山色非变,山色如故,目力有长短。自近渐远,易青为翠;自远渐近,易翠为青。时常更换,是由缘会。幻相现前,非唯翠幻,而青亦幻。是幻,是幻,万法皆然。
>
> ——《山色》

> 庭中百合花开,昼有香,香淡如;入夜来,香乃烈。鼻观是一,何以昼夜浓淡有殊别?白昼众喧动,纷纷俗务萦。目视色,耳听声,鼻观之力,分于耳目丧其灵。心清闻妙香,用志不分,乃凝于神:古训好参详。
>
> ——《花香》

通过人在不同空间（远近）和时间（昼夜）中，对山色和花香的不同感觉（近青远翠、昼淡夜浓），说明宇宙万有本身是不存在的，说它有，说它存在，是指它是各种"缘会"，即各种关系的产物，是人的杂染之心即主观认识的产物。

"是幻，是幻，万法皆然。"不只人所感觉到的宇宙万有是不可靠的，一切人生世相也都是虚幻不实的。《世梦》又进一步描述说：

> 却来观世间，犹如梦中事。人生自少而壮，自壮而老，自老而死。俄入胞胎，俄出胞胎，又入又出无穷已。生不知来，死不知去，蒙蒙然，冥冥然，千生万劫不自知，非真梦欤？枕上片时春梦中，行尽江南数千里。今贪名利，梯山航海，岂必枕上尔！庄生梦蝴蝶，孔子梦周公，梦时固是梦，醒时何非梦？旷大劫来，一时一刻皆梦中。破尽无明，大觉能仁；如是乃为梦醒汉，如是乃名无上尊。

《维摩经》上说："是身如梦，为虚妄见。"依佛经所说，不只梦中所见，全无实事，醒着时所争所历的一切，亦如梦境一般，并无实性。人们为什么要你争我斗、趋利求荣呢？就因了不懂得这个人生如梦的道理。芝峰法师在解释《世梦》一词时，依据佛理说了两段非常透彻的话。

> ……在梦中不明白这是梦境，不是实有的，却反执为实有，而起喜怒哀乐，这即是"梦中无明"。进一步讲：我们在这生不知来，死不知去，蒙蒙冥冥，贪名争利，生死死生，旷大劫来，何曾知道这是如幻的人生呢？因为这样，在这千生万劫的长夜，做其大梦，以为是实有，这就是"大梦的无明"（即与生俱来所谓先天的或本能的）。假使我们知道这是大梦，在这长夜无明中力求其醒，——就是以智慧来观世间，明白一切的一切，都是缘会幻有、缘散幻灭，不固执为实在。渐渐的明白了宇宙的人生，皆是缘生，是无固定有实自性，因无实有自性，所以一为固执无明的心力所主动的时候，就有了幻现种种的世界（参阅《山色》），醉生梦死的流转着，如梦中由梦的无明幻力所变现梦中种种境界一般。……

我们在这个世界上，数十年寒暑中，没有认识人生的由来，——即生从什么地方来？死向什么地方去？——宇宙的真相，即万物为什么变现出来？一会儿又消逝了？——这精神和物质没有真正的认识；徒知为这个身体谋生活，为个人的权利荣誉拼命去角逐；这个原因就是没有认识宇宙人生的两大根本。宇宙的普遍性，原是其大无外，其小无内的；人生的永久性，原是上溯无始，下推无终的；合起来讲，平等一如，是其真性。我们亡其大而取其小，舍其长而执其短；用虚妄的尘心，争鸡虫的得失；倘是一旦照澈这真理，回首前尘，那不是同刚才所说的梦境还有两样么？

排除了宇宙人生的一切都系"缘会幻有"、缘散则幻灭、人生如一场大梦，再排除了"人生永久性"中的轮回转世的说法，或将其改为人类绵延不绝的永久性，芝峰法师对宇宙人生两大根本问题的解说，是很有启发性的。一般俗人之所以"争鸡虫的得失"，并往往为之身心热恼、污垢满身，不就因为被"亡其大而取其小""舍其长而执其短"，那样一种"虚妄的尘心"驱使之结果吗？

那么，又该如何"破尽无明，大觉能仁"，从醉生梦死的流转中彻底摆脱出来呢？这是《清凉歌集》最后一首《观心》所要回答的问题。

这里所说"无明"一词，是个关键性的词。在佛学概念中，所谓"无明"，是指人的主观心和以主观心观察宇宙人生的杂染心，也指人不能彻解人生是一场大梦的迷误之心。以这样的"心"态去观察，以为宇宙万有和人生经历的一切是实有的。第一首《清凉》歌中，虽然写出了在"清凉月""清凉风""清凉水"那种情景下，人能达到无人无我、无物无心、肝胆天地、万有一体的谐融境界，但那还只是暂时的，是由于人一时不自觉地遗落了主观心和杂染心，一时不自觉抛却了尘世间的争名夺利而已，并非对宇宙人生真相的彻悟，因而那种"清凉"的感觉是不牢靠的、不能持久的，离开了那种"清凉"环境，主观心、杂染心依然会抬头作祟，从而继续坠入世网之中不能自拔。而唯有以佛的智慧，"破尽无明，大觉能仁"，力能彻底体悟宇宙人生的真相。达到这一步的途径是"观心"，即寻觅到和把握住"一念心性"；这是贯穿整个宇宙人生的总线索，也是一把最终启开宇宙人生"吊诡"之谜和彻底实现亡人亡我、无物无心、与万有一体的总钥匙。《观心》一词曰：

世间学问，义理浅，头绪多，似易而反难。出世学问，义理深，线索一，虽难而似易。线索为何？现前一念心性应寻觅。试观心性：在内欤？在外欤？在中间欤？过去欤？现在欤？或未来欤？长短方圆欤？赤白青黄欤？觅心了不可得，便悟自性真常。是应直下信入，未可错下承当。试观心性：内外中间，过去现在未来，长短方圆，赤白青黄。

"一念心性""无物无心"之心，与"主观心""杂染心"之心，虽说都名之为心，但有本质上的不同。二者的区别在于，后者——"主观心"等有我，前者——"一念心性"等无我。由于"主观心"等有我，在观察宇宙人生时，也就有了障碍，有了界限，有了真幻，以此判断，佛理上称之为"无明"；而"一念心性"等，由于破除了"无明"，即破除了"我执"，从而最终显露其真性，把握了这一真性，能够见到宇宙人生无始无终，无内无外，无长短方圆、青黄赤白和真幻之别。更准确地（按照佛理）说，宇宙人生的一一现起，就是"一念心性"的自然流露。宇宙人生的一切，由于是"一念心性"这一真性的自然流露，或者说是它的自身和外现，所以说是自性真常的，并无真幻之别。寻觅到和把握了这种"一念心性"，并彻悟了由其显现的宇宙万有"无有一法真，无有一法垢"（王维诗句）的自性真常的奥义，便可称之为"大觉能仁"，称之为"梦醒汉""无上尊"了。

前面在谈到弘一法师"以华严为境"的佛学思想体系时，曾提到过"一心法界""一真法界"等概念。而这里所说的"一念心性"，与"一心法界""一真法界"等概念的内涵相同，只是名词有异而已。

《清凉歌集》以"一念心性"作尾声，说明它是弘一法师佛学思想体系以至其整个佛学系统的组成部分。1930年2月，弘一法师为太虚法师作词的《三宝歌》谱曲，歌颂佛、法、僧三宝，那更是标准的佛教音乐了。

关于弘一法师的诗词创作，有些误传。除前面已作过辨证的《书愤》和《出军歌》，还有《题胜月吟剩》《题罗阳选胜录》两首诗，亦非弘一法师之作，更是明显的。1933年旧历正月十三，弘一法师曾致信其弟子胡宅梵。信中说道：

……近作二偈，又郑智仁居士诗二首，附写奉览。……郑居士温州谢池巷三十二号。郑伯烺皈依芝峰法师，法名智仁。……

……

智仁居士诗（智仁年三十，自幼习贾，不学而能诗，是宿慧也。初披读《离骚》，若旧已习诵者，能一一了知也）。

题胜月吟剩

莽莽神州里，斯文孰起衰。

沧江明月夜，何幸读君诗。

题罗阳选胜录

惯携蜡屐踏烟潭，绝妙诗情画里参。

浊世谁知山水乐，况添高咏继环庵。

信中所说"近作二偈"，即弘一法师所作《虞愚居士问书法妙义为说二偈》。《弘一大师全集》杂著卷、《弘一大师韵语》中收录了这二偈，当然是对的。但不知为什么，又将弘一法师同一封信中抄录的明明是郑智仁的上述两首诗，也当作弘一法师之作录入《弘一大师全集》文艺卷和《弘一大师韵语》。如果说，后者是以讹传讹，前者之错却不好解释了。杂著卷和书信卷合编为全集第八册，编者不可能没有读过上引的那封信、读过信中转录的郑智仁的那两首诗，读过而又何以要作为弘一法师的作品录入其全集文艺卷？这就令人难以理解了。

3. 偈句联语

弘一法师对联语有浓厚的兴趣，且有较高的鉴赏和创作能力。

弘一法师每外出上街，对住家或店铺的门联，时加留意。遇到精湛之作，不但自己反复吟诵，还经常向同道推荐介绍。

20世纪20年代初，弘一法师驻锡温州庆福寺。该城北门万岁里巷有一家小旅馆，门窗破旧卑污。有一天，弘一法师路过这个小旅馆，为其所张门联惊叹不已。联语曰：

> 震川文派朋樽盛，昌谷诗题旅壁多。

联语中的震川其人，即明朝归有光，江苏昆山人，嘉靖进士，尝居嘉定安定江上讲学，故学界称他为震川先生。昌谷者，即唐代诗人李贺，家居福昌县之昌谷，故名。弘一法师获诵此联后，曾致信刘肃平居士大加赞赏，说："雅思渊才，叹为希有。亦既衰世，斯文沦替。知昌谷、震川名者盖鲜，矧复摭其遗事，缀为骈辞，有如贤首，则是人中芬陀利[261]矣。书法亦复娴雅，神似阴符。"（1923年春信）十三年后，弘一法师又向高文显居士推荐此联说："联为寓此某君撰，固怀才不遇潦倒终身者也。"（1936年8月信）

厦门南普陀寺山门有一联：

> 分派洛迦开法宇，隔江太武拱山门。

系出自晚清南闽学者和诗人陈石遗（衍）之手。弘一法师每住进寺内，常在山门前驻足凝视，玩味陈衍联语，还多次和夏丏尊、大醒法师等探讨过此联的创作艺术。大醒法师以为，下联"隔江太武拱山门"，不如改为"隔江太武涌浮图"，更为佳妙。

1937年春天，弘一法师又在厦门市内一家宅门前发现一联。

> 一斗夜来陪汉史，千春朝起展莱衣。

上联含忠义，下联说孝道，上下相应，既忠且孝。《汉书》可以下酒一典，《桃花扇》中曾经提到过，但其事可能出于《稗史汇编》卷三十六的下列记载。

> 苏子美豪放，饮酒无算。在妇翁杜正献家，每观书以一斗为率。正献深疑，使子弟密察之。闻读《汉书·张子房传》，至良与客击秦皇，误中副车，抚案曰："惜乎击之不中！"遂满引（饮）一大白。……正献公知之，大笑曰："有如此下酒物，一斗诚不为多！"

莱衣，即莱彩，五色彩衣。事出《列女传》。

老莱子孝养二亲,行年七十,婴儿自娱,着五色彩衣。尝取浆上堂,跌仆,因卧地为小儿啼。

儒家常引"莱彩"一典宣扬孝道。弘一法师见到上述联语,兴奋叹佩之至,立即致信高文显居士,推荐说:"未知是古诗句,或其自撰。幽秀沉着,洵为佳句。书法亦神似东坡(应是高士手笔)……余至南闽八年,罕见有如是佳联,足与南普陀山门'分派洛迦'一联相媲美也。"可谓推崇备至。他还嘱咐高说:"仁者暇时,可往一阅。能询其撰书者为何人,则至善矣。门内下首边房亦有联,余未见,仁者能入门一阅否?"为了让高找到那户人家,法师还在信中画上详细的路线图。其对联语的兴致与钻研精神,可见一斑。高文显亦好此道。接信后第二天,即于薄暮微雨中前往探访。原来为一潮州老妪所居。经询问,门上春联由摊上买来,除夕后该摊已撤,已无法打听出联语为何人所作。按照师嘱,高抄下边房之联寄给法师,不过那是一副寻常之联,无足可观。法师赞赏既忠且孝的联语再次说明,他的佛学思想中,包含着浓重的儒学成分。

与书法相配合,联语这一通俗而普遍的艺术形式,成了弘一法师宣扬佛法的一种"方便"。

法师将《华严经》经义,集为联句,并一一书写,编成《华严集联三百》。自晋、唐二译《华严经》偈颂和唐贞元译《华严经·普贤行愿品》偈颂中,各集一百联(还有部分附录集句)。联文大都"依上句而为次第","字音平仄,惟调句末一字,余字不论";除个别联语,"一联之中,无有复字"。法师在序中说,"割裂经文,集为联句,本非所宜。今循道侣之请,勉以缀辑。其中不失经文原意者虽亦有之,而因二句集合,遂致变易经意者颇复不鲜。战兢悚惕,一言三复,竭其驽力,冀以无大过耳。兹事险难,害多利少。寄语后贤,毋再赓续。偶一不慎,便成谤法之重咎矣。"法师虽说得这样谨慎,这部《华严集联三百》,半个多世纪以来,一直被缁素两界看作其佛学著作的代表和书法精品之一。如:"立志如大山,种德若深海","普雨润大地,如月行虚空"等联句,既保持了经偈的精义,又有一定的意境,而副之以恬静绝俗的书法,越发显示了它的艺术魅力。

弘一法师为各地寺院和缁素撰作的众多嵌字联语,更表现出他的奇思妙想和深厚的艺术功力。如经常为人称道的《草庵门联》("草藉不除,时觉眼前生意满;庵门常掩,毋忘世上苦人多"),表现了法师深切关怀群众疾苦的心肠。按佛陀所说,草木亦有情之一种,属于戒杀护生之列，故有"草藉不除"之说。作者在致啸川信中解释此联说："眼前生意满者，生意指草而已。此上联隐含慈悲博爱之意。宋儒周、程、朱诸子文中，常有此类之言。即是观天地生物气象，而兴起仁民爱物之怀也。"（1936年旧历正月信）法师这样说，又一次表明其佛学思想中所包含的儒学成分。

再如以"会泉"法名分嵌第一字的《赠闽南会泉长老联语》：

会心当处即是，泉水在山乃清。

20世纪60年代初，南普陀寺为会泉法师建造石塔，有意将塔址选在一泓泉水之旁，并将弘一法师所书联语镌刻在塔前的护栏上。泉水，联语，相映成趣。善男信女们来到这里，顿觉高妙清凉，禅意盎然。

他如以"净山"分嵌第二字的《净峰寺门联》，"自净其心，有若光风霁月；他山之石，厥惟益友明师"；以"适南"分嵌第一字的《晋江适南亭联》，"适愿往生极乐国，南巡参礼洛迦山"；将"龙安佛寺"全名分嵌于首的《惠安龙安佛寺柱联》，"龙胜空宗传竺土，安清古泽冠中邦，佛曦高照阎浮境，寺刹巍峨建法幢"等，都是嵌得自然贴切，内涵深意的佳联。1941年，弘一法师两次驻锡晋江檀林乡福林寺，两次为寺中撰写门联。如下面一联，手法巧妙之极。

胜福无边，岂惟人天福；檀林建立，是为功德林。

不只在下联中冠首嵌入了地名"檀林"二字，还使"福林"寺名在上下联第二字和最末一字处两次出现。弘一法师撰写联语的艺术，越发娴熟精巧了。

在宣扬佛法导引众生佛化的过程中，弘一法师还将联语这一形式，作为劝人为善的巧妙手段。晋江有位医生叫杜培材，设有"安人诊疗所"。此人医道高明，但索价昂贵，病人时有怨言。杜对弘一法师仰慕已久，早想一接謦欬。1941年秋天，他得知法师驻锡本地福林寺，前来拜谒，法师为他书写一偈作为留念。1942年春天，法师也听说了杜培材收费高昂的事，便将平时佛门和诸善信供养的名贵药品，托人赠予杜氏，嘱其普施穷苦病人。还以"安人"二字冠头撰联相赠，暗示其培养医德。联语曰：

> 安宁万邦，正需良药；人我一相，乃谓大慈。

杜培材接到药品和对联，深为法师的高尚品德所感动，也意会到了法师的婉言劝告。他致信法师说：

> 昨承惠赐良药十四件，接受之余，万分惭愧。因为在公医制度尚未实行的社会里，所谓医生者，充其量亦不过是一种靠技术换生活，与其他职业无异——为工作而生活，为生活而工作。这种自私自利的心理，还谈得上甚么"本我婆心，登彼寿域"，或甚么"济世为怀"这类虚伪或广告式的言词吗？不过由于领受这次的恩赐以后，我希望良心会驱使我，把我既往的卑鄙、从前的罪恶，在可能范围内，尽量地改革过来，效法师"慈悲众生"的婆心，真正地把"关怀民瘼"的精神培植起来，藉符法师去年为我题赠"不为自己求安乐，但愿众生得离苦"之箴言。那么，我所受惠的，其于精神方面的价值，将较胜于物质的百万倍矣。……

自此以后，杜培材医生也真的改变了高价收费的医疗作风，为群众所赞扬。

第二十六章 悲欣交集

第二十六章 | 悲欣交集

1941年旧历十二月间,弘一法师自晋江福林寺致信泉州开元寺诸师。信中说:

> 后学近欲往闽东,承诸法师、诸居士诚意挽留,至用感谢。又承开元诸位法师屡次劝命后学居住开元。后学拟于此时移居开元暂住,但有预为声明者二事,先以函陈,敬乞垂察。
>
> 广谦老人近示寂于福林寺。广空法师等坚持己见,强迫速入铁笼,速急焚化等事,后学闻之,甚为不安。后学将来命终之时及命终之后,若由旁人坚持己见,违背后学之遗嘱,唯依世情不遵佛法,致令后学一生之修持,不得圆满之结果,最后一着,完全破坏。
>
> "人谁无过,过而能改,善莫大焉。"从上皆称,改过为贤,不以无过为美。故人之行事,多有过差,上智下愚,俱所不免。唯智者能改过迁善,而愚者多蔽过饰非。迁善,则其德日行足称。君子饰过,则其恶弥著,斯谓小人。
>
> ——《圆悟勤禅师与文主簿书》

弘一法师对身后之事何等地看重!他觉得,这"最后一着"如果安排不当,"完全破坏",一生修持将付诸东流。所以他要郑重声明,他的荼毗之事,务必遵其遗嘱按佛法料理。广谦老人可能有过犯戒行为,但已改过,广空法师等未能加以谅解,在其圆寂之后"强迫速入铁笼,速急焚化"。弘一法师以为,这种做法有违古训,故有"唯智者能改过迁善,而愚者多蔽过饰非"的议论。

弘一法师在福林寺住到翌年三月间,应门生石有纪之邀,移锡闽东惠安县灵瑞山。下山后在泉州百源寺小住,又应叶青眼居士之请,移居温陵养老院,并旋即闭关,谢绝访客。连负责院务、时刻惦念他起居饮食的叶青眼居士,也常常数周不获一面。

最初一两个月间,弘一与院内院外还有些文字上的来往。他好像预感到了什么,在料理着身边剩下的一些事。先是(1942年夏四月)致信书法爱好者黄福海,请其将用剩的一些纸头送给他。信中说:

> 遗余素楮多纸，属作草稿时用之。当来集辑以遗返居士而为纪念。近将远行，无有草稿可书，乃节录印光法师嘉言十数则，以塞其责。书法极潦草，恶劣不堪，与寻常作草稿时，无以异也。居士曩所遗余素楮，似不止此。或存檀林书箧中，现在未能检寻，拟请居士以此余楮，惠施与余，不再偿还。衰老颓唐，希居士愍察，勿责备焉。

刚由闽东灵瑞山下来，弘一法师何以又有"近将远行"之说？从其为黄福海所录有关临终之事的印师嘉言来看，弘一法师所说"近将远行"，实际上是已预感到了他将往生西方。印师法语曰：

> 人生事事皆可伪为，独临死之时不可伪为。况其无爱恋之情，有悦豫之色，安坐而逝。若非净业成熟，曷克臻此？礼诵持念种种修持，皆当以诚敬为主。经中所说功德，纵不能圆得，而其所得亦已难思议。若无诚敬，则与唱戏相同，苦乐悲欢皆属假装，不由中出。纵有功德，亦不过人天痴福而已。而此痴福，必倚之以造恶业，其将来之苦何有了期。

临终一事，无法作伪，欲要安坐而逝，就得以诚敬之心多多念佛，修持净业。此时此刻，弘一如法师此引录法语，与其说是对黄福海的嘱告，毋宁说弘一法师是在借此表达自己的最后信念。

接着，弘一法师又致书弟子龚天发（胜信居士），作"最后之训言"。信中说：

> 与朽人同住一载，今将别离，属写警策之训。窃谓居士曾受不邪淫、不饮酒二戒，今后当尽力护持。若犯此戒，非余之弟子也。余将西归矣，书此为最后之训。

他为密林法师手书其所作咏潮州灵山寺八景诗，又应福州名医罗铿端和陈宝琛族人陈士牧之请，为福州怡山长庆寺润色并手书《修放生园池记》。

永春童子李芳远，不仅精修佛法，对诗词艺术亦勤于探索，并有意将二者结合起来，以佛入诗，以诗宣佛。自前年冬初，芳远与弘一法师在永春冷水村木渡桥头告别，已一年有余。一年来，他无时不惦念着法师的一切，便于今年春末夏初致信问候，信中引了唐人的一句诗，借以抒发别后的思念和渴望。法师也挂念着这位忘年交，复信说：

……见来书有唐人诗"西楼望月几回圆"【262】句，知近境大进。朽人年亦喜此诗，今老矣，尚复如是。所恨蹉跎岁月，无所成就，愧见故人耳。仁者春秋正富，而又聪明过人，望自此起，多种善根。精勤修持，当来为人类导师，圆成朽人遗愿……

——1942年夏信

不久，李芳远将所作诗词辑成《大方广宝诗初集》，恳请弘一法师题词。法师题书《灵峰遗语》一纸，以作诗集的卷首语。在复信中，法师又寄以深切的期望：

……仁者能于文艺有表树，至用欣慰。朽人早岁留滞东京，亦尝一度醉心于此。今年老矣，又入佛门，当不复措意。且绮语之类，佛所深诫，尤非沙弥之所宜言矣。竹老【263】之言，感佩万分……世出世事，非一番苦心经营，其成就必不惊人。若欲超脱尘障，更须一番风霜磨砺，故迟迟出版无妨也。

——1942年夏信

旧历七月下旬，弘一法师一度走出关门。有些佛寺对沙弥戒剃度仪轨不甚明白，征询于弘一法师。七月二十一日，弘一法师假温陵养老院过化亭为戒坛，向寿山法师等教演剃度仪式，并为广翰、道详二沙弥证授沙弥戒。叶青眼等参与观礼，再聆教诲。但不知道是因为久不见弘一法师之面的缘故，还是他们也有了什么预感，竟产生了"虽在咫尺间，直同万仞壁垒"的感觉。第二天，弘一法师将《剃发仪式》抄本一卷，交给前来问学的师惭等法师，说："自灵芝律师后，剃发仪轨已失传七八百年，今朽人特为删订此本。昨日已集数位法师在过化亭按此操演一过。这一抄本是妙莲法师缮送。将来有发心出家的人，可依此仪式剃度。如果还有不明白的地方，可请寿山师等加以指导，即能一一如法。"

入夏以来，弘一法师在关中致力于撰述《佛说八大人觉经释要》，到八月十三日圆满完成。他又在跋语中说："衰老日甚，体倦神昏。勉力录此，芜杂无次，讹误不免。此稿未可刊布流传，惟由友人收存以留纪念可耳。"

八月十五、十六日，连续两天，弘一法师在开元寺尊胜院，根据刚刚完成的著作稿，宣讲《八大人觉经》。因无力一人讲解始终，经文的译述，只好委托给了昙昕法师等人，他自己仅仅作些即兴式的发挥。不过，八月十六日这天，他在温陵养老院还讲了一课，题为《净土法要》。这是弘一法师最后两次弘法宣讲。

听众们明显地感觉到，弘一法师讲演，已不如先前那般声宏力足了。于是，在感激其涵育化导的同时，也在为他的健康担心着、忧虑着……

弘一法师又退回关中修持养疴。一个星期之后，即八月二十三日上午，应请为转逢、转道两位法师书写大柱联，因劳累过度，下午即开始发热。

第二天起，食量减少。后三四天，犹力疾为晋江中学学生书写中堂百余幅，病情进一步加剧。

八月二十七日，整天断食，只饮开水，药品亦一律拒绝。

众多崇敬者得知弘一法师有病，又不知道得的是什么病，都很着急。有位叫罗元庆的居士，以为法师得了疟疾，便去买了12粒奎宁交与黄福海。黄也凭着意念买了几种药，赶紧由石狮送来温陵养老院。

法师收了别的几种药，就是不收奎宁丸，说："这药目下是很贵的，我不是疟疾，请带还罗居士转施他人。"

黄福海见弘一法师坚决不收，便说："罗君既然让我送来了，请法师收下一半，留着以后也许用得着。"

弘一法师只好收下了6粒。过了两天，又托人将这些奎宁丸送了一位正在患着疟疾的小和尚。

八月二十八日下午，弘一召妙莲法师单独入室，口授第一纸遗嘱，曰：

> 余于未命终前、临命终时、既命终后，皆托妙莲师一人负责，他人无论何人，皆不得干预。

妙莲录下遗嘱交弘一审定，弘一在上面加盖了私章。可见其对临终和荼毗一事之郑重

第二十六章 | 悲欣交集

将事。

妙莲法师何等僧人，能得弘一如此重托？此僧系上海市人，中年出家，为圆瑛老法师之徒孙。原驻锡苏州岩山寺，1937年春，得知弘一法师赴青岛讲律，即前往依止。后随弘一法师移来闽南，依从治律，彼此结下深厚情谊，为弘一法师所推重信赖。1939年10月5日，弘一法师在永春，曾有一信致妙莲。信中说：

> 传贯师来，谈及仁者将移居他处，彼等至用惭惶。窃念仁者居承天、福林诸寺，一切缁素皆受仁者之感化，爱念仰望如慈父母。南门外，寺院林立，尤希望仁者与彼等僧众时时接近，随缘教化，则闽南他日僧英济济，法化昌明，悉出仁者之厚赐也。千乞仍住福林寺，不可他往。传贯师与朽人相交多年，忠厚诚实，堪称善友也。……

去年冬，弘一法师为怆痕法师改名律华，并作释义。事后又贻书于怆痕，嘱其慎重保存，说是须等他圆寂后方可启视。这样神秘，这样慎重，究竟是一封什么样的信呢？现在弘一即将生西，我们可以看看这封信的内容了。这是弘一法师为律华法师修持进道之事的最后嘱咐。原先那样神秘，就因为信中着重谈到了妙莲法师。

> ……妙莲法师行持精勤，悲愿深切，为当代僧众中罕见者。且如朽人心中敬彼如奉师长。但朽人在世之时，畏他人嫉妒疑义，不敢明言。今朽人已西归矣，心中尚有悬念者，以仁者年龄太幼，若非亲近老成有德之善知识，恐致退惰。故敢竭其愚诚，殷勤请于仁者。乞自今以后，与妙莲法师同住，且发尽形承侍之心，奉之如师，自称弟子。并乞彼时赐教诲，虽受恶辣之钳锤，亦应如饮甘露，万勿舍弃。至嘱至嘱。

一面是关爱有加，一面是推崇备至，而两方面都与妙莲法师有关。弘一法师之于妙莲法师，其倾倒者如此，怪不得要将自己的身后事重托于他了。

八月二十九日上午，弘一法师致书李芳远：

白云明月任西东

白牛常在白云中,
人自无心牛亦同。
月透白云云影白,
白云明月任西东。

——普明禅师《牧牛图颂》 虞愚 书

……朽人近来病态日甚，不久当即往生极乐。犹如西山落日，殷红绚彩，瞬即西沉。故未圆满之事，深盼仁者继成之。则吾虽凋，复奚憾哉！

并赋"问余何适"一偈赠李芳远。告别之际，对李童子再次寄以深切的期望。下午，弘一法师再召妙莲法师入室，嘱托荼毗之事的具体细节。

（一）在已停止说话，及呼吸短促，或神智昏迷之时，即须预备助念应需之物。

（二）当助念之时，须先附耳通知云："我来助念"，然后助念。如未吉祥卧者，待改正吉祥卧后，再行助念。助念时诵《普贤行愿品赞》，乃至"所有十方世界中"等正文，末后再念"南无阿弥陀佛"十声。（不挝木鱼，大声缓念。）再唱回向偈："愿生西方净土中"，乃至"普利一切诸含识"。当在此诵经之际，若见余眼中流泪，此乃"悲欣交集"所感，非是他故，不可误会。

（三）察窗门有未关妥者，关妥锁起。

（四）入龛时如天气热者，待半日后即装龛，凉则可待二三日装龛。不必穿好衣服，只穿旧短裤，以遮下根即已。龛用养老院的，送承天寺焚化。

（五）待七日后再封龛门，然后焚化。遗骸分为两坛：一送承天寺普同塔，一送开元寺普同塔。在未装龛以前，不须移动，仍随旧安卧床上。如已装入龛，即须移去承天寺。去时将常用之小碗四个带去，填龛四脚，盛满以水，以免蚂蚁嗅味走上，致焚化时损害蚂蚁生命，应须谨慎。再则，既送化身窑后，汝须逐日将填龛脚小碗之水加满，为恐水干去，又引起蚂蚁嗅味上来故。

大至临终助念，小至为填龛脚的碗加水，每一细节都不得违反有关佛制。其恪守佛教轨仪之精严庄重，为佛门所少见。

一生一死，人生两大关口。生乃欢庆之事，无不亢奋高歌；死乃悲剧事件，难免伤感落泪。临终之际，能如此这般从容平静而周到地自行安排后事的每一个细节，非如弘一法师这等能于死亡一事大彻大悟，并有所期待的高僧大德者难以为之。这是何等悲壮而伟大的场景呵!

旧历八月三十,法师整天不开口,独自默念佛号。

旧历九月初一上午,弘一法师为黄福海居士书写座右铭一幅;下午,书写"悲欣交集"四字交予妙莲法师。此二件,乃弘一法师最后之墨宝。

九月初二,命妙莲法师书写回向偈。

九月初三,妙莲法师再请吃药,弘一法师说:"吃药不如念佛,也不如乘愿再来度生利益。药不必吃了。你再为我书写遗嘱交给院中,有几件事需托付董事会:(一)过化亭有一部分已经破损,请董事会加以修葺。(二)请董事会对老人开示净土法门。(三)请董事议定,住院老人至八十岁,应举为名誉董事不负责任。(四)请董事议定湘籍老人,因已衰老,自己虽乐为助理治圃责任,应改为庶务,以减轻其负担。"

妙莲法师再次录完遗嘱,弘一法师从一本经书中取出几张信纸,说:"这是几封早就写好的信,待我命终后填上日期,分别寄给夏丏尊、刘质平、丰子恺、沈彬翰、性愿法师等几位友人,通知他们一下。"

妙莲法师接过一看,几封信抬头不同,内容则一,只是迁化日期空在那里。信的全文是这样的:

××居士文席:朽人已于　月　日迁化。曾赋二偈,附录于后:君子之交,其淡如水。执象而求,咫尺千里。问余何适,廓尔亡言。华枝春满,天心月圆。

谨达,不宣。

音启

前所记月日,系依农历。又白。

妙莲法师手捧书信,不禁悲从中来。弘一法师则像当年化导李圆净那样,平静地劝慰妙莲师说:"朽人近年以来,精力衰颓,时有小疾,勉力维持到今日,得有机会做了些弘法之事。但此次真的要走了,我有预感。有些事已心有余而力不及,恐难圆满了。然,若欲圆满成就其业,必须早生极乐,见佛证果,回入娑婆,乃能为之。仁者不必悲伤。古德云:'去去就来!'回入娑婆,指顾间事耳。各人精修净土,以往生极乐为第一标的,其他所有之事，皆在其次。时节一到，撒手便行，决不因尘世间事，乃至弘法等事业，而生丝毫顾惜之心。经云：'人命在呼吸间'，固不能逆料未来之事也。余与仁者情谊深厚，于仁者又有殷切之期望，故敢作最后之尽言。你我有缘，当来重入娑婆，定会再次聚首，同弘佛法……"

弘一法师在缓缓地倾吐着最后的心声，妙莲法师已泣不成声了。

去年秋天，弘一法师赋偈赠予李芳远，其偈语即为遗书二偈中的第二偈，而且当时下署"晚晴老人遗偈"。这样看来，弘一法师此时交给妙莲师待寄的这些讣告式的信件，恐在半年之前已经写好了。而自写讣告，不只在佛教史上，在尘世间，都是独一无二的事。即在处理后事上，弘一法师李叔同亦别出一格了。

旧历九月初四，友人王拯邦等前来探视，力劝其吃药、饮少许牛奶，弘一法师非但坚持不受，还就此机会讲起了十诵戒文，有最后弘律之一举。

探视的外人走后，弘一法师将手书《药师经》一部及《格言别录》送与妙莲法师供养，并作纪念。

是晚七时四十五分，弘一法师呼吸少促。妙莲法师等待弘一法师吉祥卧后，按其遗嘱，开始助念，诵《普贤行愿品赞》。少顷，弘一法师眼中淌下晶莹的泪珠。妙莲法师等知道，这是他悲欣交集之感的流露。

弘一法师一生的归结，其生命价值的升华，正凝聚呈现于此时此刻悲欣交集的一瞬间。

他一面欣庆着自己的解脱，一面还在悲愍着众生的苦恼。他入世一场，曾经享受过荣华富贵，而一旦大彻大悟，又历经千辛万苦，修习种种，以赎前愆。终于在生西之际，迎来"春满""月圆"的境界，因而欢喜满足，了无缺憾，有欣证禅悦之泪流淌。他虽孜孜矻矻，艰苦卓绝，发愿弘扬律宗，但他和每位高僧大德一样，绝非仅仅局限于个人的超生脱死，他在佛门的一切言行，无不与大乘相连。他无时无刻不在惦念着处身苦难之中，却又未能觉悟生死之义的十方众生。即在临终之际，也不能忘情于此，因而又有悲见有情之泪流淌……

妙莲法师等没有惊动弘一法师，唯有助念诵经。八时整，弘一在悲欣交集中吉祥生西。

妙莲法师等遵照弘一法师遗嘱，念完经文佛号，将晚晴室门窗紧紧关闭，退了出来。

第二十六章 | 悲欣交集

……

翌日清晨，闻听噩耗的缁素弟子，从四面八方赶来，在晚晴室外焚香献花，叩头礼拜。院中气氛凄清惨淡。弟子们虽阵阵心酸，但都忍住了哭泣，怕的是惊扰了正在生西路上的弘一法师的步履。

从石狮赶来的黄福海居士，将燃香安插于窗外的泥土中，向窗内行三顶礼，以向弘一法师告别。当他起身时，妙莲法师悄悄过来，交给他一个字卷，结结巴巴地说："这……这……这是法师在病……病……病中为你写的一幅座右铭。法师在病……病……病终前一天交我，嘱……嘱我在他归西后，等……等……等你来时转交与你！"

黄福海恭恭敬敬地接过字卷，又含泪向窗内一拜，以表谢忱。走出温陵养老院，他就将字卷拿去装裱。字卷上写的是：

吾人日夜行住坐卧，皆须至诚恭敬。

裱装店师傅一面为黄福海能得到弘一法师的墨宝庆幸，一面嘱咐他不要辜负了法师的深切期望。此时此刻的黄福海，只能诺诺称是，说不出更多的话来。

旧历九月，闽南炎热未退。

荼毗诸事，严格遵照弘一法师的遗嘱办理。遗体停放一日后，于九月初六早晨入龛。

弘一法师至友、温陵养老院董事会的叶青眼居士，进入晚晴室顶礼告别。只见法师遗体向西侧卧，两腿端叠，左手垂于腿上，右手扶腮，盖以被单，脸上隐露微笑，唇际略现红色，与在生无异。然此时离气绝已三十五六小时矣。叶居士觉得："如是谓为未死，已气绝一二日，谓为已死，何以面色如生？如果说，弘一法师这次从发病到去世，几天来写字依然如故，那叫示疾如无疾然的话，遗貌所呈现的征候，则是示死如未死然了。"

叶青眼退出晚晴室时，向四壁环顾一周，别无长物，只有那枚松枝依然挂在弘一法师头顶上方的灰墙上。传说这是法师出生时的一个异征。他一直带着它，走过了六十三个春秋。

九月初六上午，弘一法师灵龛由温陵养老院移往承天寺供奉。善男信女千余人，口念六字洪名（"南无阿弥陀佛"）跟随恭送。沿途观者，无不肃然起敬。其场面之宏大壮观，气氛之肃穆庄严，八闽大地，实属空前。这是一方民众，对弘一法师十四年弘化恩德的报答和感激。

"过七"日为九月十一日。是日晚，弘一法师灵龛在承天寺化身窑荼毗。举火一时许，善男信女们刚刚恭敬绕行，一道异彩突从窑门燎出，炽燃照耀，辟易一切。众善信为之震撼，厉声念佛，异彩即须臾散去。未几，已告化尽。其荼毗之猛捷神速，世无伦比。

翌日，众检灵骨，分为零整两种。整的质呈坚固，洁白兼带青色黄色微红色；零的千百碎片，从中检出如绿豆大者舍利多枚。令人奇异的是，过了二十多天，妙莲法师检出的一枚舍利，色泽异常，投诸瓷盆中，有铿然之声。

叶青眼居士面对弘一法师荼毗的全过程，感想万千。他觉得："如是谓为未化，可已迅疾薪尽火灭；谓为已化，又何以会有坚固舍利大小一千八百多枚？这是弘一法师示化如未化然的境界吧！"

如同其当年出家为僧的消息迅即传开那样，现在，弘一法师迁化之讯，也快捷地传向海内外……

弘一法师李叔同，由朱门子弟，风流半世，享尽富贵，一变而为空门高僧，穷困半生，历尽艰辛，最后化作千百粒舍利。在此过程中，自有其对社会、对人生、对生命含义的独特体悟与征候。

弘一法师李叔同生命征途上的巨大落差，在俗人眼光中，或许会被视作一种自行下沉的行为，但从佛家眼光看，却是一种由苦海深渊跃向极乐天上的飞升之举。

超生脱死，永驻净土，固属镜花水月，梦中佛事，非俗世间人所能易明透悟。然人生有限，时空无限，高僧大德们苦苦追寻的无生忍境界，对一切因名缰利锁之困扰而烦恼不宁欲生欲死者，或许不无参照的价值。

弘一法师李叔同已逝，其体已化。如今，他的魂魄当在何处？或正在生西之路，或已上九品莲台，或又回入娑婆，重救诸苦……愿他永存于茫茫大化、常寂光中。

1994年10月—1996年4月一稿
1996年5月—8月二稿
2007年12月—2008年2月修订

关于"雨夜楼'藏'李叔同画作"的真假问题

——录以代辩并代跋

2002年和2003年，中国美术界发生了一件令人瞩目的事。即有浙江省李柏霖先生等人，在所谓"雨夜楼"主"洪强老人"处，发现了大批世所罕见的中国早期油画及水彩画、素描等，其中也包括李叔同的作品，且数量最多，有38件。一时间，在中国，有中央和地方（包括港台）数十家媒体，纷纷炒作，大肆宣扬。但很快也就有了质疑之声。笔者即为最早提出质疑者之一。2002年4月27日、5月18日，分别在《今晚报》（天津）和《联谊报》（浙江），还在同年第三期《中国油画》杂志上，发表了同一篇题为《"雨夜楼"藏李叔同画作质疑》（所以要一稿多投，因为我所面对的是众多媒体，而又不可能也无须去写多篇意思一样的文章）。不久，即有李柏霖先生在同年6月29日《联谊报》上，发表了针对拙作的《对"李叔同画作质疑"的质疑》，又有陈星先生在其文集《中年记忆》上册（亚太国际出版有限公司2003年6月版第245—256页）中刊出了亦针对拙作的《关于"雨夜楼"藏画中的李叔同画作》。尽管陈星先生认为李柏霖的文章，"逐一就金梅先生的质疑提出了反驳"，而我却以为李文采用的是"王顾左右而言他"，或者干脆说是东拉西扯的方法，避开了我五点质疑中每一点质疑的核心，特别是避开了第五点质疑的要害：所谓"雨夜楼"主"洪强老人"究系何人，现在何处？而陈星先生的文章，也未能从技术与艺术层面，真正对"雨夜楼藏画"的真假问题，得出准确的、有说服力的答案。职此之故，当时我没有再作答辩。究竟谁说得更有道理一些，这里不再多说，读者可找来两方面的文章，对照阅读，然后做出自己的判断。在那以后的一年多时间中，杭州美术界的专家学者曾多次召开会议，撰写文章，纷纷对"雨夜楼藏画"的真假问题,进行了严肃认真的探讨。就我所知,对"雨夜楼藏画"的质疑者,要数倍于宣扬者。港台媒体亦多有质疑之声。所以很长时间,我就不再关注"雨夜楼藏画"真假的争论了。这次在修订本传时,读到陈星先生的新著作(中华书局出版)《说不尽的李叔同》一书。发现作者将上述那篇文章,改题为《"雨夜楼"案》后,作为该书《艺术人生》章中的一节,又旧话重提,与我争论。中心意思是,遭到那么多质疑的"雨夜楼"主,以及由李柏霖等人发现的"雨夜楼"主收藏的"李叔同画作"是"可靠的"。

李柏霖和陈星两位先生都反复提到,我在未看过"雨夜楼藏画"原作之前,不该草率地为文质疑。"质疑"有之,"草率"则未必。我该承认,不只为文质疑之时,即在6年后的今天,我仍未看过所谓"雨夜楼藏画"原作。其原因是,我非此道(美术界)中人,对于美术,纯属外行,就是能像陈星先生似的,"多次对这些画作作了近距离的观摩、对比和研究",由于无论从技术还是艺术层面上讲,我都一窍不通,依然不能冒充内行,冒充书画鉴赏家,去确定那些画作究竟是什么人的作品。就是说,我就是去看了,不懂还是照样不懂。所以,也就不必再去白花路费了。

诚然,本人生无艺术细胞,又学识浅薄,但常识告诉我,鉴定书画作品的真假,是一门专门的学问,它需要精深的书画艺术的修养和历史文化知识的积累,还需要在浩如烟海的书画作品中,长年累月地浸泡过,那样,方能略知一二,在一定范围内辨别真假。不是仅仅看过一两个人的几件作品,甚至还是印刷品,就可以去充当内行的。常识还告诉我,鉴定书画,除了对原作本身作艺术上和技术上的剖析、判断,还需要顾及作品以外的一些因素,如作品的完成年代及其与作者彼时彼地的心理、心态、思想情绪的关系,以及与作者作品相关的社会历史背景、人际关系等,特别是作品流传的具体过程,即收藏者本人的履历、收藏品的来历等。收藏界有一句名言,也可以说是一个人人认同的规则,那就是流传有序。你看电视台赏宝栏目中,每当持宝人将宝物往桌上一放,主持人毫无例外地都要问一句:"您这件宝物是怎么收藏到的?请讲讲它的来历。"这不是套话,也不是例行公事。厘清收藏品的来历,乃是鉴别其真假的第一道关口。如果收藏品来历不明,就很可疑了。我们可以将中国的一句古语"皮之不存,毛将焉附",改为"原本无皮,焉有其毛",然后用来比喻藏家(以及藏品的流传过程)与藏品的关系。如果你所提供的藏品的出处(某地某楼某人),根本就不存在,人们能相信你叫卖的是真货吗?我对所谓"雨夜楼藏李叔同画作",最初为文质疑,就是从作品完成年代及其与作者彼时彼地的心理、心态、思想情绪、人际关系等方面着眼的。而这类质疑，不看原作，单凭印刷品，也不是不可以进行的。当然，还是看过原作，即使是假充内行，能仔细地去看过，总是好的。由于我至今未去看过，李柏霖和陈星等先生确认为真是李叔同画作的那些作品，所以这次我拟借用看过"雨夜楼藏画展"，又是业内专家们的意见，供李、陈等先生参考。但在未摘录他们的文字之前，还是要对陈星先生文章中的某些说法，讲一些自己的看法。

陈星先生认为"雨夜楼"收藏的李叔同画作"是可靠的""在画作真假的论辩中"，有"几个基本点是我们大家首先予以确认的"。不知道陈先生所说的"我们"是指哪些人，他所说的"几个基本点"，主要是指"雨夜楼"收藏的那些所谓"李叔同画作"上，都签有和盖有"叔同""李岸""息翁""息霜""凡"等名字和印章。如果仅仅依靠画作上署有某一名家的名字，盖有某一名家的印章，就能断定某一书画作品，确系出自这一名家之手，这样鉴定书画作品的真假，不是太简单、太容易了吗？不是只要具备识得姓名的文化程度，就能去当书画鉴定家了吗？用这种鉴定法去衡量，如今书画市场上的书画作品也就都是真的，不会存在假冒之作了。陈先生是最早与李柏霖先生相呼应，肯定"雨夜楼藏画"是真品的学者（特别是其中的"李叔同画作"，因为他是"多年的弘一大师研究者"）。但遗憾的是，他也与李柏霖先生一样，始终不向读者和观众解释清楚所谓"雨夜楼"究在何处，所说画作收藏者"洪强老人"，究系何县何乡何村人氏，这就给人以讳莫如深之感。然而，有如上述，一个最世俗最低层次的问题是，如果是一批来历不清或来路不明的藏画，能使人相信真是某一名家的吗？陈先生在文章中还引出了李鸿梁文章《我的老师弘一法师李叔同》中的这样一段话："1942年春，绍兴小云栖寺来信说，寄于寺中的弘一法师的字画及其他字画、书籍等，都被绍兴三十五号汉奸胡耀枢运走了。"陈先生在引文后面接着说："此说明，有部分李叔同的字画曾被收藏于绍兴的小云栖寺。当然，这里所指的弘一大师绘画作品亦有作于出家之后的可能。"陈先生特意在引文中引出"绍兴"这一地名以及"三十五号汉奸胡耀枢"之名，不完全是因为原文中就有的缘故吧，是否也想借此暗示一下被人们反复追问的所谓"雨夜楼"的所在地，同时也想暗示一下对"雨夜楼"主之所以讳莫如深，或者说其有难言之隐的原因，以及其所藏之画的来历？但绍兴真有这样一座"雨夜楼"，真有一位称作"洪强老人"的楼主吗？有兴趣的读者可以去实地考察一下。但我也想追问一句：时至今日，不知道陈星先生是否已经在什么地方看过了"雨夜楼"及其主人"洪强老人"呢？其实，从李鸿梁在同一文章中的叙述来看，他手中所藏弘一法师的字画，除了弘一法师第一次莅临绍兴时留下的100张左右的佛号（这部分叮嘱李鸿梁"分赠有缘者"的佛号，说不定早已"分赠"出去了），和历年来写给他的"二三十封的信札、七八十条佛号，以及对联条幅等墨宝"，所谓画作，只有一幅，那就是，上面"画的是以大海为背景的一个扶杖老人，意态有点像米勒的《晚餐》，不过色彩比较淡静，调子也比较柔和，这是法师在日本东京美术学校里的第一张油画习作"。李鸿梁在文章中说得很清楚，在抗日战争时期与其他书画文物，全数被绍兴城区三十五号汉奸胡耀枢一起"抢去"的，李叔同的绘画作品，也就是这一幅。除此之外，李鸿梁在文章中并没有提到过法师还有什么"作于出家之后"的画作，寄存于绍兴小云栖寺。李鸿梁是李叔同最信任的学生之一，又是绍兴本地人，并很长时间在绍兴工作，如果李叔同真有什么寄存于"绍兴小云栖寺"的所谓"作于出家之后"的画作，他能不知道，在上述文章中能不提及吗？而陈星先生也只说是"可能"，只是"可能"，那就不是铁定的事实。

陈先生说我纠缠在某一个文字上，"实在不会成为一个解决问题的理由"。可是陈先生自己，还是在究竟是"丁巳"，还是"丁己"的问题上，做了一大段文章，无非想断定那是"丁巳"而不是"丁己"。然而，被陈先生等认为是"李叔同画作"《采果图》上落款处，那个究竟是"己"还是"巳"的字，底下一勾的起笔，起于下面一横画起笔的右边，无论如何，是只能读"己"而不能读"巳"的，因为它底下一勾的起笔，根本与"封口"不"封口"不搭界。

还有关于画作的用纸及同时出现曾孝谷画作的问题。陈先生让日本学者考证出，那些所谓"李叔同画作"，所用上面盖有商业标记"东洋棉花株式会社名古屋支店"和"东洋棉行名古屋"木头印的纸张，是1922年后才在中国出现的，是一种用来制作粘贴布匹样品簿子的纸，并非画画的专用纸。我还是那样认为，1922年后弘一法师李叔同的行踪，可以用频繁地移锡挂单于浙东各地来形容，1932年年底开始又定居于闽南，其于念经、弘法、编书，尚觉心有余而力不足，哪还有时间、心情与精神去画那么多世俗作品呢？而曾孝谷约在1914年返回原籍四川后，基本上与弘一法师李叔同没有了来往。这是可以从他俩分别三十多年之后，曾孝谷写给李叔同的一封信，以及由于李长期不了解曾的情况，对曾所作的有些片面性的评价中看出来的。远在四川的曾孝谷，怎么会在差不多相同的时间，得到了与"李叔同画作"一样的用纸去作画，并同样被"雨夜楼"主一起收藏了呢？能有如此奇巧的巧合吗？世上固多巧合之事，但过于巧合离奇了，你须留

关于"雨夜楼'藏'李叔同画作"的真假问题

意：乃中必有故意造作之嫌。李柏霖、陈星二先生说，曾孝谷并非绘画界名人，伪造他的画作，所为何来呢？而我则以为，这正是造假者们用以迷惑读者与观众的手段，他们同时伪造出"曾孝谷画作"的目的，为的是衬托出其伪造的"李叔同画作"之"真"。陈星先生的文章，在无意中也帮我们揭开了造假者之所以制造某种特定巧合的秘密。不过他是从认定"雨夜楼"藏李叔同、曾孝谷画作，都是"可靠的"、都是真迹这个角度上说的。他的原话是，（"雨夜楼"藏画中同时有了曾孝谷的画）"这也为证明本次发现的李叔同的画作的真实性提供了旁证"。应该说，那些造假者们，是对李叔同的生平事迹作过一些专门研究的，他们是很善于从夹逢里面和可乘之机中寻找其下手之处的。

好了，还是让我们看看参观过"雨夜楼藏画展"的专家们的意见吧。

"雨夜楼斋主"系何许人也？

至今，凡涉及"藏画"及其"斋主"（引者按：这里所说"藏画"，是指"雨夜楼藏画"，所说"斋主"，是指"雨夜楼"斋主"洪强"或"洪先生"，下同）的"出处"与"背景"等问题，任凭人们向"藏画"的受委托方或其关键人物再三打听，亦都是竹篮打水无着落。哪怕是熟客，有幸应邀参观"雨夜楼"画展，还应约到西子湖畔一个茶楼里与"藏画"的某知情人在一起对面长谈，当提及类似问题，对方也仍是装聋作哑、三缄其口，使你从他们守口如瓶的铁板一块中，充分领悟到要使其"芝麻开门"，实在是谈何容易。

不要说他们不亮底牌，就是声称对"油画主人"作过专访的那位新华社浙江分社的女记者，因此变得莫衷一是。最近，有人通过电话向其咨询"你到底见过洪强老人没有"，她竟然用一句"你为什么要问这个问题"的反问来作答。对方锋芒毕露、讳莫如深的"封口"，着实让咨询者感到十分奇怪和意外。笔者见诸网页拜读此女记者号称"独家专访"的报道[摘录者按：指其所写报道《"雨夜楼"藏画瑰宝发现记》（新华社杭州3月18日电/载《新华网浙江频道·记者个人主页》）]后，也不知该如何再提几个问题向她讨教：比如，"所作报道中，为何不点明在何时、何地、何种场合分别对'油画主人'和'相关知情人'进行采访的情况？""所谓'油画主人'是指'洪强老人'

吗?""如果是他的话,为何对他的出场亮相不作一句哪怕是很简短的形象描绘?""有关他那'艰辛藏画史',为何在报道中都成了几小段被斩头去尾、不着边际的雪泥鸿爪?为何这些又都是靠从'知情人'方面转达的?难道'洪强老人'他是个哑巴吗?",等等。

……为了彻底揭开蒙在"藏画"及其"斋主"头上的那块神秘面纱,让大家能看出个所以然,笔者想对"藏画"的发现者和操纵者即"洪强老人"的代言人和代理人说:"你们敢不敢来玩真格的?"比如:

(1)发动写作人员,把"洪强老人"这位大藏家的传奇故事挖掘、整理出来,写出像当年作家徐迟为大数学家陈景润写《哥德巴赫猜想》那样的大块文章,以供传扬与扩大影响。

(2)指名道姓、有根有据地公布是由哪些"专家、画家"曾给予"藏画"以那么高的具体评价。比如,"绝大多数作品是原创作品",究竟是指哪些画——其"真"在哪里?其水平又"高"在哪里?这些要一一对照,以示过硬,不来虚的。

(摘自浙江省美术评论研究会副秘书长张所照2003年6月2日作《从令人刮目到拭目以待》一文。)[263]

"雨夜楼藏画"之谜,归根结底是其源头之谜:"雨夜楼"究竟在哪里?"雨夜楼"主人究竟是怎么回事?——何以他不能有其真名而只有化名?何以人们只闻其化名而不觉其踪影?近日读到《浙江日报》2003年8月29日第6版上记者檀梅8月28日对李柏霖等有关人士的专访(《收藏整理"雨夜楼藏画"的有关人士表示希望权威机构作出鉴定》),更让人觉得是谜中添谜:媒体最初(一年半前吧)有关洪强老人的报道,分明都将他描述为活生生的人并伴有一幕幕感人的藏画故事,何以现在此人突然被受访人李柏霖宣布为"过世"的故人?同时,何以又突然为我们抛出了一个对绍兴的洪强老人要称"外公"却对其藏画详情并"不了解"的所谓"家居杭州""约40岁"的"洪先生"?

对此,我们不禁要问:约40岁的洪先生(如果不是用化"姓"来唬弄人的话)其"名"又叫什么?他是杭州哪个部门、哪个单位的人?他的上辈即他的母亲亦即洪强老人的女儿（相比起来，她对洪强老人即自己父亲的情况总该更加了解吧）又在哪里？

……

（摘录者按：下面这段文字前，有一小标题为《2003年7月31日，〈文化交流〉杂志社总编辑傅通先向我们坦言："连李柏霖至今都没有见过洪强老人！"》）……我们都知道，从2002年1月16日《文化交流》杂志社为"雨夜楼藏画"举行新闻发布会以后，李柏霖在传媒上一直是以"雨夜楼藏画""第一发掘人"的身份出现的（见蒋萍、万润龙报道《拂去尘埃见瑰宝——记"雨夜楼"藏画第一发掘人李柏霖》，载《文汇报》2002年1月22日第7版）；他自己也有类似的自称，即"发掘者和整理人"（见《对"李叔同画作质疑"的质疑》，载《联谊报》2002年6月29日第3版）。这样一个"第一发掘人"怎能没有见过"雨夜楼"主人洪强老人呢？人们并不都是健忘症患者，对当初的几篇报道，总有人记忆犹新。让我们再回到一年半前——2002年1月22日《文汇报》的那篇《拂去尘埃见瑰宝——记"雨夜楼"藏画第一发掘人李柏霖》的报道上来，那篇报道的第二段从第三句起明明白白是这样写的：

"三年前一个偶然的机会，李先生（即李柏霖——笔者注）与这批画结下了不解之缘。那是1998年下半年，一位朋友拿了几幅林风眠的画到浙江博物馆，找到李柏霖请求帮助鉴别。李先生找了几个朋友看画，难以确定这些画是否真的。听说那位藏画家家中还有许多画，李柏霖便要求见见那位主人，看看其他的画。就这样，李柏霖在浙东某地见到了那位名叫洪强（化名）的老者。"（着重号是笔者所加，下同。——笔者注）

这篇报道以下还有"当他看到老人家里挂着的油画""诚恳地向老人说明了它们的价值""征得老人同意""李柏霖等人已经与'雨夜楼'主人商定"等用语，可以说都是表示了李柏霖与洪强老人有着直接面对或相处的关系。换言之，根据这篇报道，李柏霖早在1998年下半年就在浙东某地（后来的报道把地点具体化为绍兴）见到了那位化名为洪强的老人。而由《文汇报》驻浙记者蒋萍、万润龙采写的这篇报道，其内容在正常情况下应当是来自被采访人李柏霖本人的陈述的——然而……2003年7月31日，《文化交流》杂志社总编傅通先向我们坦言"连李柏霖至今都没有见过洪强老人"。……

……

这里笔者不得不费点笔墨，来补充陈述此节小标题中《文化交流》杂志社总编傅通先向我们作出"坦言"的具体背景。那是徐永祥会长代表"浙江省美术评论研究会部分成员"为要求在《浙江美术界》会刊发表对"雨夜楼藏画"的"质疑与抨击"文章，向浙江省美协递交了一封日期为2003年6月25日的打印函之后。按照浙江省美协主席肖峰的动议意见，征得几方面的认同，最后约定就"雨夜楼藏画"引发的问题于2003年7月31日下午与晚上分别举行两个沟通会，一个是下午浙江省美协与美评会的沟通会，一个是晚上浙江省美评会与《文化交流》总编傅通先的沟通会。两个小型沟通会的地点均在杭州市建德路9号浙江省文联4楼会议室。……后者参加者为徐永祥、张所照与笔者VS傅通先；肖峰、魏新燕为沟通中介主持人。所谓"傅通先先生向我们坦言"的"我们"，是晚上参加后一个沟通会除傅通先之外的全体，即徐永祥、张所照、笔者以及肖峰与魏新燕五人；换言之，听到这一"坦言"的，除了笔者（美评会秘书长），还有徐永祥（美评会会长）、张所照（美评会副秘书长）以及肖峰（省美协主席）与魏新燕（省美协副主席兼秘书长），他们都是现场的目击证人。以下是笔者作为沟通一方成员在与傅通先先生举行沟通的会议现场做的摘记与事后追记补充的有关情况（对此情况陈述的真实性，笔者愿负完全责任）。

傅通先讲话，说他很多事情都不知道，比如杨志勤与司机为莫朴的油画到塘栖的考证，并且附在杂志里散发"考证"材料……；说"雨夜楼"网站不是《文化交流》搞的，是杨志勤搞的，他并不知情；几幅"藏画"典当了120万的事情他也不知道。说李、杨在《文化交流》杂志社工作都不拿工资；说姚振发（摘录者按：《文化交流》杂志社副总编）曾经主张要在《文化交流》上发表启功讲话的摘要；说搞藏画展览花了10万元（场租不是20万元），《文化交流》并没有赚钱。说李柏霖说过：藏画的真假我不知道，但可以肯定是古旧作品。傅通先最终透露：他自己、肖峰甚至连李柏霖至今都没有见过洪强老人——我们在场者基本认定这已经可以最终证明所谓"雨夜楼藏画"是一场造假骗局。肖峰主席对"雨夜楼藏画"的看法早就完全转变过来，他说除非一个月内让我见到洪强老人,否则这些就是假画。21:40左右沟通会结束。肖峰对徐永祥不辞辛苦调查取证写文章表示赞扬,他代表浙江省美协同意在内部刊物《浙江美术界》发表我们美评会组织来的争论文章,魏新燕也全力支持。肖峰还建议应该在《文化交流》杂志上披露不同方面的新动态。我们则建议《美术报》要介入(傅通先目前兼任《美术报》社长一职)。

(摘自浙江省美术评论研究会秘书长范达明2004年9月作《洪强老人今何在?——对"雨夜楼藏画"源头之谜的剖析与举证(上、下)》一文,原载北京《艺术市场》2004年第6、7期,总第17、18期)

当李柏霖先生因为至今为止确实根本没有见过什么"洪强老人",使得一年多前李柏霖们借助媒体散布他们所编造的"雨夜楼藏画"来源的传奇故事,已经成为弥天大谎,并且日益显得难以自圆其说的时候,在媒体新一轮的追问下(比如,2003年8月24日在接受《浙江日报》记者檀梅的专访以及此后不久在接受《新闻午报》记者朱家的电话采访时他所面临的追问),李柏霖先生不得不改口以一个"约40岁"的、作为"洪强老人"外孙的所谓"洪先生"(或"洪强")作为"藏画"的继承者与提供者来做搪塞了。我们可以设想,此时的李柏霖先生一定是说要怎么尴尬就有怎么尴尬了⋯⋯

在这方面,与李柏霖先生相关的"雨夜楼"网站www.art.-sky.net(据《文化交流》杂志总编傅通先称,这一由绿扬工作室制作发布网页的网站是李柏霖先生好友"杨志勤搞的"),也同样采取了相应的行动。他们在2003年8月10日最新更新、题为"《雨夜楼》艺术的殿堂"的网站主页上,已经提出了一个对"雨夜楼藏画"来源的全新解释,其主页宣称:

"雨夜楼藏画的来源非常广泛,主要来自江浙沪地区广大的民间收藏。收集这些藏画的时间跨度很大,超过了半个世纪。"

换言之,"雨夜楼"艺术网站已干脆把此前他们对"雨夜楼藏画"的源头——来自绍兴的"洪强老人"的说法一笔勾销,比起李柏霖先生"改口"了的说法,这委实是一个推出更早也更彻底的全新解释!然而在笔者看来,这一因为更彻底因而似乎更坦白的"改口",简直是不打自招!它倒证实了我的两位同道前不久曾经作过的基本判断——一位是浙江画院艺术事务所总经理陶小明先生，他在浙江省美术评论研究会2003年5月10日召开的"雨夜楼藏画之我见"学术研讨会上，就揭露过"藏画"造假的源头。他说百分百"用不着怀疑，这些画的来源、出处都在上海，专门造假的"（参见本文作者整理的《"'雨夜楼藏画'之我见"座谈会纪要》，载《CANS艺术新闻》2003年第9期第87页）。

另一位是上海油画雕塑院韩连国先生，他（与钱益中合撰）的《大煞风景的"雨夜楼"藏画》一文对"藏画"中颜文梁《湖畔》一画，就有对其真正来源的具体揭露：

"其实这是欧洲人画的风景画，两年前这张画还挂在上海老街福佑路工艺品市场'藏宝楼'二楼的一家小店里，当时画右下角的署名为yiney，店主曾拿到上海博达拍卖有限公司参拍，流标后就一直挂在店里，后来说是给外地人买去了。"（载《上海艺术家》2003年第2期第69页）

2003年7月10日，韩连国先生给笔者的来函中对"藏画"来源有进一步的揭露：

"因为工作的关系，（我）与上海的收藏界关系较为熟悉，提到'雨夜楼'，可以说几乎没有一个人是认可的。尤其在福佑路藏宝楼提到这批画，都一笑了之。说这些杭州人胆子太大，非闯祸不可。"（摘录者按：文尾所附韩连国致作者信从略）

情况已经大致清楚，"雨夜楼藏画"的实质是：一些人（包括所谓"约40岁"的"洪先生"或"洪强"）与后来进入浙江省《文化交流》杂志充当编辑或记者的李柏霖、杨志勤等内外呼应，以《文化交流》杂志为传媒据点，制造假象，虚构了那位在绍兴的"洪强老人"及其所谓几十年的"艰辛藏画史"，发布虚假新闻，欺骗舆论，蛊惑人心地打出了"雨夜楼藏中国早期油画"的招牌，以此来掩盖他们从上海"福佑路藏宝楼"的"摊位"或从"江浙沪地区"类似"福佑路藏宝楼"的假画经营商或贩卖商那儿倒来的拙劣的、毫无价值的抄袭摹品，以便以假乱真，搅乱中国近代油画史与中国油画市场，以达到他们不可告人的目的。

（李柏霖先生"改口"后的"雨夜楼"主人已不是耄耋老人"洪强老人"，而是"约40岁"的"洪先生"；李柏霖先生并称那位"洪先生"为"我的挚友"）李柏霖既然与"雨夜楼"主人"洪先生"是"挚友"，那么，就不能逃避交代"洪先生"这位"雨夜楼藏画"现主人的来龙去脉这个关键问题；李柏霖也绝没有理由向上海记者朱家说什么"我甚至没有他的电话，有事他会来找我，但我找不到他"这样不负责任的话了。（参考朱家《"雨夜楼藏画"——建国以来最大的艺术造假事件》，载2003年9月4日上海《新闻午报》A7版）

（摘自浙江省美术评论研究会秘书长范达明2003年10月作《"雨夜楼藏画"造假的真正源头在哪里？》一文）[264]

[对"雨夜楼藏画"（以下简称"藏画"）中李叔同作品的质疑与反驳]

我们来看看李柏霖先生的《李叔同画作的发现与考证》一文中的具体说法和谬误。先看原文摘录："这批油画没有接触之前，老油画几乎在我头脑中是一片空白，但凭着自己对文物工作的经验，我对'雨夜楼'所藏油画初步认定是收藏有年的'历史遗存'。"这位自称是头脑中一片空白的李先生，原来是凭着他的经验主义就先入为主地把"藏画"定格在"历史遗存"上，他通过了进入误区的第一道门。之后，"历史遗存"也就成了"藏画"炒作最重要的宣传口径，这能说是严肃的学术态度吗？在进入了"历史遗存"的"花园"之后，可以开始歌唱了，据李先生说就有了"兴趣"和"研究动力"。是怎么研究的呢？请看原文："我接触过无数明清家具，也研究过中国画中的纸张和纤维织物，从表面上分析这批油画作品，无论画框的陈旧感，画布的绷脆程度及油彩的龟裂状况，无疑是岁月形成的历史沧桑，决非人工所为。"以如此常识性的考证就推论出"藏画"是"历史遗存"，能让人放心吗？李柏霖先生完全无视以上这些因素在当代造假技术中真乃小菜一碟！退一万步说，李先生不应不知道"旧瓶可以装新酒"！一只18世纪的画框装了一幅20世纪的油画，这幅油画并不会因画框的关系也变成18世纪的。李柏霖先生是绝不相信"藏画"有造假的，他说："人为仿制或做旧都会留下现代工艺的痕迹……不可能没有破绽。"这两句话说得好极了,我同意。问题是"藏画"硬是留下了不少现代工艺的痕迹,简直是破绽百出!李柏霖先生为什么熟视无睹?我不愿说李先生水平太低看不出破绽,又不敢说李先生是看得出破绽而在有意隐瞒,请李先生自己说吧!还有第三个理由吗?

李柏霖先生对"藏画"总体并没有写出多少具体分析文字,而对李叔同作品则至少写了三篇以上,他肯定了李叔同作品都属真迹,且不容置疑。文章翻来覆去基本是同样内容,却经多家报纸刊物重复发表,因为这是"藏画"炒作者的必须坚持的"底线",只要李叔同作品不被证明是赝品,也算是了不起了,并且"藏画"不致"全军溃退"。李柏霖先生们心里明白,他们已经认定了李叔同作品全是真迹,谁认为有赝品,请拿出证据来。确实应当承认要证实李叔同作品中的赝品难度较大,因为这位先人留下的作品,哪怕是复制印刷品都是凤毛麟角,难以找到对证。

李柏霖先生放言:"对李叔同等老一辈油画家的作品进行了认真的研究。"但文章中反映出来的是极不认真!连李叔同在留日期间的师从传承、风格由来都未认真考证,却大谈其李叔同画风是接近印象派。统观"藏画"中李叔同作品有三十八件,风格极不一致,技巧悬殊太大,根本不可能出自一人之手,更谈不上印象派。不能因为日本保留的自画像及"藏画"中的一幅《冥思》用了点彩小笔触,就得出印象派的结论。且李柏霖先生又不懂什么叫印象派,他会把属于两个对立派别的毕沙罗和西湟克修拉硬拉在一起,他在《采果图》的评论中会写出"……色调灰暗……见不到一丝光线……"天哪,那还能叫印象派吗?但不管怎么说,李柏霖先生总算多少涉及了油画的学术层面。我只想提醒,人们往往会在自己并不熟悉甚至是无知的领域内,胆子显得特别大,这叫无知产生无畏,我有过这种教训,愿与李先生共勉。

李叔同属于哪个流派,其实并不重要,要紧的是李叔同画作是真迹还是赝品?这是要和李柏霖先生商榷论争的主题。李先生已经肯定都是真迹毋庸怀疑,我则肯定有赝品,且大大的值得怀疑。下面就来举例剖析,看看谁是谁非。

请看图一(摘录者按:由于技术上的原因,原文所附图片从略,下同),

关于"雨夜楼'藏'李叔同画作"的真假问题

这是一幅水彩肖像，读者无须什么艺术素养，只须凭生活常识就能判定这是一幅赝品。请仔细端详一下肖像头上的那顶帽子，一顶道道地地的解放帽！李叔同时代有这种款式的帽子吗？（请李柏霖先生别往日本的学生帽上想，完全是两回事。）李叔同留日回国是1911年，1918年出家，1942年谢世，这幅肖像要是李叔同所作，最可能是1918年之前，距今已八十五年了。请问李柏霖先生，你对这顶帽子有没有"认真研究"和"考证"过？八十五年前能有这顶解放帽吗？

请接着看图二：这是一幅风景水彩，也是一幅赝品。为此，我得费点口舌。这幅标为《孤山朱公祠》的作品（摘录者按：陈星先生所著《说不尽的李叔同》第162页就附有这幅被称为"李叔同画作"的照片），很写实，是（"藏画"）李叔同二十八幅水彩作品中较好的一幅。画面上出现的最高建筑，观众都能猜出那是楼外楼，没错。但是在李叔同时期，这建筑的方位应是另一座菜馆太和园，楼外楼是在画面的左边，也就是俞楼的隔壁。直到1958年太和楼让位迁到卖鱼桥，楼外楼拆迁到太和园旧址重建。这幅画上所画的就是1958年改建成的楼外楼。李叔同在世时能画到这个景观吗？此其一。再来说二，请读者注意我已用圆圈圈住的一个小不点（摘录者按：位于画面上船只的左侧），就是这一细节，李叔同在世时是绝对不存在的，这是解放后的1953年左右西湖水上派出所购置了一条漂亮的小汽艇，用来湖面巡逻及救生之用，为这小汽艇的停泊造了一个船棚，这是一个可以标测出历史年代的标志性"符号"，这个"符号"彻底否定了此画为李叔同所作。就是这个"符号"，它可推测出这幅作品是作于1958年后至1978年前，因为楼外楼在1978年又改建成今天的模样了。这个"符号"本身也在不断改建中消失。附带说说笔者就是在这个朱公祠中住了近三十年，孤山景观变迁，我颇有点发言权。

再接着看图三，这是一幅冠名《平湖秋月》的"李叔同油画"。其实画面所画的不是平湖秋月，而是平湖秋月斜对面的"逸云精舍"（如今属杭州老干部活动场所，已改名明鉴楼），为三层楼建筑，特点是小巧而有十二只飞檐，黄色琉璃屋顶，完全有别于二层楼、只有八只飞檐、白墙黑瓦的平湖秋月，画面上是看得出来的。这里且不管"藏画"炒作者们张冠李戴的用心是什么，我们只谈这幅作品的真假。逸云精舍是1927年建造的，其时李叔同已出家九年，请问李柏霖先生，已经至少当了九年和尚的李叔同，你是否认为他还能划着一条船在西湖里画油画？因为不在湖里是画不到这个角度的，我拍了一张今天的明鉴楼照片，见图四，供参考。

以上三幅"李叔同画作"是赝品。如果你李柏霖先生没有置疑，我想你是不应该再有置疑的，那么我要追问一句了：作品既是赝品，那么赝品上的签名、印章，也应该是赝品，这赝品上的赝品是谁签盖上去的？李柏霖先生在文章中是把李叔同印章当作重点研究的，并且有门道调出西泠印社李叔同的全部印章供你研究，你所发表的印章宏论，连一向治学严谨的启功老先生也上了你们的当。

我可以肯定地说你们的"李叔同防线"是防不住的，统观"藏画"中李叔同三十八件作品，有六七幅具有一定的水平（包括上面指为三幅赝品中的两幅），其他三十余件都是业余和不足业余水平，甚至可以说蹩脚。而李叔同绝对是一个高天分高水平的画家，可惜作品存世太少，给造假者占了便利的空子。请看图五（摘录者按：即人们常见的，李叔同留日时期所作木炭画少女像），这才是李叔同的一幅高水平的素描。大气、洒脱、透着绘画灵气，生动而准确。请再看图六图七、"藏画"中的"李叔同素描"，有多少人会相信这三幅素描是出于同一个李叔同之手？再请注意一个有趣的现象，请看图八，这是"藏画"中"曾孝谷的作品"，倒是和图六图七的"李叔同作品"如出一人之手，其风格、画法、线条处理、连眼珠子的刻画均难以区别，我以为那是同一个人造了两个人的假。

"藏画"炒作者们似乎只满足于空洞的肯定都是真迹，你们说了多少空话和大话，某些地方说你们是吹牛说谎也不为过！你们口口声声说经过"认真考证""认真研究"，我以为你们就是犯了太不认真的大忌！再随手拈个例子来证明。请看图九，"藏画"中标为潘玉良作品，冠名又是《平湖秋月》，作于1936年。这幅作品上描绘的景点在平湖秋月西侧，是1959年才建造出来的新景点，是当时的罗苑（曾称哈同花园）拆除，经过整体搬迁移动重建起来的新景点，突出湖面上的亭子则绝对是1959年的全新产品。1936年的潘玉良怎么会画出一幅当时还不存在的景观？我知道李柏霖先生一度是孤山区的居民，咱们曾是邻居，李先生每天会走过平湖秋月、逸云精舍、朱公祠等景点，当你看到"藏画"中描绘这些景点的作品时，就没任何触动？或觉得应该认真研究考证一番？李先生只是凭一般的考古常识，大谈其作品尘封、画框剥落、东洋棉纸，有民国三十五年《新华日报》、原框保存、做工精美，又有印章签名……于是"藏画"是"历史遗存"、属真迹无疑！这是哪家子的推理和逻辑，画面上的文章呢？李先生从未认真研究考证过。

我要告诫"藏画"的炒作者们，我们不是在争论几幅作品造假，这在市场上是司空见惯的"小儿科"，我们是在争论你们提出的大题目："藏画"是否是历史遗存？是否是第二个兵马俑？是否是中国近代美术史找回来了？是否是真迹？……这都是大问题，你们已震动了海内外，希望你们能对世人有个正确的、令人信服的交代。

（摘自中国美术学院油画教授、浙江省美术评论研究会会长徐永祥2003年5月作《"雨夜楼藏画"再质疑——兼驳李柏霖先生对"藏画"研究的谬误》一文，原刊杭州《鸭嘴兽》文学月刊2003年第8期、《浙江美术界》季刊2003年第3期）[265]

摘录的文字已经够多的了，就此打住吧。撰写这些文字的作者，大都身在杭州，且多为美术界专业人士。同处一个城市的陈星与李柏霖先生，不知道是否了解过他们的见解呢？是否有意识地、主动地去兼听或事后去打听过浙江省美术评论研究会多次召开的"'雨夜楼藏画'之我见"研讨会上众多发言的内容呢？如果不了解，也没去兼听过和打听过，那么，在读了上述所摘他们的有根有据的、摆事实讲道理的言论以后，会作何感想呢？陈星先生是很善于"换一种思维方式考虑问题"的，那么在读过上述所摘言论之后，是否也可以再来一次"换一种思维方式"，以重新"考虑"一下"雨夜楼藏画"究竟是真是假这个"问题"呢？

弘一法师李叔同的研究者，并非都信佛，但在笔者看来，佛门中的有些戒律，便是俗人、俗世学者，也是应该遵守的。比如，五戒中有一戒是不妄语，即不说假话，不说没根据的话，不说骗人的话，等等。从本文的主旨上说，如果根本没有什么"雨夜楼"及其楼主"洪强老人"，你还硬是要说有什么"雨夜楼"主收藏的所谓"李叔同画作"，这不就是在说妄语，是在犯戒吗？佛门戒律中还有这样的戒条，凡是一切不合法规而取、非分之取、未得许可而取、不明所属而取，乃至一时混淆而取，等等行为，都被视之为"盗罪"，都是戒律所不许可的犯戒行为。也从本文的主旨上说，如果原本就不是李叔同自己的画作，你非要让李叔同去收受、领取，归于他的名下，这不是如同故意在迫使他去犯下"盗罪"吗？那样做，是在提高一代高僧的名望呢，还是在贬低其声誉呢？这难道还要分辨吗？陈星先生一边斩钉截铁地说，"雨夜楼"藏"李叔同画作"是"可靠的"，一边却又说，"在没有充足的证据全数或部分否定其真实性之前，不妨先将其视为李叔同的作品，至少可以说在李叔同的名下有这些绘画作品。当然，如果日后有学者提供了充足的证据可以将其否定，亦应该为此表示祝贺，因为这也是对弘一大师李叔同研究的重大贡献"。这是陈星先生对所谓"李叔同画作"真假问题，由斩钉截铁地肯定到模棱两可的一种转变，也可以是他在学术上为自己留下一条退路的说辞。但我的想法，却与陈先生大大地不同。在我看来，在没有充足的证据（单有所谓签名盖章和东洋棉纸等，从证据上说，这是十分不充足的）证明其确为李叔同画作之前，是不能将它作为李叔同的画作挂在其名下的。正常的做法应该是，先将《"雨夜楼"藏"李叔同画作"之真假》作为一个题目进行研究，而不能先肯定所谓"李叔同画作"是"可靠的"再去进行研究。道理是很低幼的，如果先确认了那是"可靠的""李叔同画作"，还有研究其真假的必要吗？

但愿某些热衷于造假的人们，在"雨夜楼藏李叔同画作"的把戏玩完之后，不要再去制造类似的事件了，如果已经再次制造，希望你们好自为之，赶紧收场，严肃治学，以免在进一步玷污大师令誉的同时，更贬损了你们自己的名声……

戊子年新春于津门

注释

【1】笔者按：长期从事平湖历史和李叔同家世研究的陈宰先生，在《李叔同——弘一大师》一文中说，李氏远祖有弟兄三人，约于明末清初，因避乱而至浙江省平湖县乍浦镇，先以串街卖布为生，后在镇北三里许置地筑屋，开设染坊。其"所染玄色工艺独特，着色牢固，经久不褪，客户纷至，家业渐丰，其地亦渐趋为市集，因此被乡民称之为'染店镇'。李氏家族以后又继继经营酱园、盐务和榨油业（平湖盛产油菜籽）等，'遂鼎盛为浙西镇族'。三四百年间，李氏子孙繁衍，聚族而居，故地名又称'李家壕'"（今乍浦染店桥一带）。该地现有李姓七十余户，都是李氏远祖弟兄三人中大房和三房的后裔。而二房的后裔，即李叔同的祖辈李锭、李锐兄弟，"约于清嘉庆朝时，得到海宁袁花查氏引导而往北地经商。……经查氏帮助而到长芦盐场置下不少盐田引地，经营致富，遂移家寄籍天津"。（海宁在乍浦西边不远，查李两家早就是世交，故有查氏"引导"李氏之举。）以上陈宰先生的说法，可作李叔同家世研究的参考。见其所著《东山丛谈》，香港金陵书社出版公司1999年版。

【2】笔者按：关于李筱楼迎娶王氏及王氏之身世，在前揭陈宰书中描述说，李"在光绪初年的一次南归到乍浦办理商务时，复纳乍浦小桥头旧墙门王氏之女为侧室。〔自乾隆朝以来，长芦盐商来乍浦办理商务者绵延不断，较著名者有范毓馪（官太仆寺卿）、范毓馧及其侄子等人……清末有程洪然、李筱楼、王永阶等人。〕王氏，名凤玲，清咸丰十一年四月二十一日（1861年5月30日）生……其父是一儒商，在乍浦西大街东段开设王源责南货号，前店堂、后作坊（兼烧制红烛，今烛坊弄犹存），颇有规模。……几经战乱，王氏家道渐趋中落。女儿凤玲已过及笄之年，攀高亲，陪不起妆奁；嫁贫民，怕女儿过不惯生活。其时，适逢长芦盐商李晓楼来乍，欲纳侧室，经人作伐后就将女儿凤玲远嫁……凤玲文化素养极高，通翰墨，能赋诗著文"。这些具体的描述，可作为李叔同研究时的参考。

【3】【10】【119】胡宅梵编：《记弘一大师之童年》，《弘一大师全集》附录卷，福建人民出版社1993年版。

【4】龚望：《李叔同金石书画师承略述》，《李叔同——弘一法师》，天津古籍出版社1988年版。

【5】肯堂即范肯堂（1854—1904），名当世，别号伯子，江苏南通人，近代著名诗人。

【6】【7】王吟笙、曹幼占诗句，转引自林子青：《弘一法师年谱》，宗教文化出版社1995年版。

【8】笔者按：李叔同在青少年时期，就表现出了在书法、篆刻等艺事方面的才能，但对他这时期（尤其是少年时期）的成绩与影响，也不能夸大其词。李叔同研究专家郭长海在《李叔同早期事迹别录》一文（刊《天津文史》第22期）中，引录了上海《中外日报》1899年9月下旬连续数天所登一则与李有关的消息。其中说道，1895年李叔同16岁时，在北京见过兵部尚书、总理各国事务大臣荣禄和农部大臣王文韶等清廷重臣。郭文中没有透露，当时李叔同何能以一介少年得见荣禄、王文韶等高官显贵。这在笔者看来，若不是由于李石曾之父李鸿藻所引见，很可能就是华世奎（时任三品衔军机领班）极力推荐所致吧！《中外日报》消息中所称，荣、王对李叔同"亟赏其才，于其书法尤为称羡"，从鼓励后进上说，这是可能的。至于消息中所说李"名誉远播，诸臣公求书于门者，且络绎不绝"，从李叔同当时的书法实况来看，这就不无广告词的意味了。

【9】王文韶（1830—1908），浙江杭州人。清末重臣，1895年接替李鸿章任直隶总督、北洋大臣；1898年以户部尚书、协办大学士入直军机处。戊戌变法时，受命办理新政，却暗中阻挠。八国联军进攻北京时，又力主妥协，升体仁阁大学士，后任政务处大臣，转文渊阁大学士、武英殿大学士。

【11】【12】【17】【80】【81】【82】【83】【92】【93】【94】【103】【133】【134】郭长海、郭君兮编：《李叔同集》，天津人民出版社2006年版。

【13】袁希濂（？—1950），江苏宝山（今属上海市）人。1897年肄业于上海龙门书院，1904年留学日本，攻读法律。1911年任职天津为法曹，曾多次赴李叔同家中晤谈。

【14】蔡小香（1862—1912），上海人，名钟骏，号轶鸥，以字行。沪上名医，曾任中国医学会会长，主编《医学报》和《医学杂志》等。

【15】福建人民出版社1992年版《弘一大师全集》将许氏卒年标为1925年，不确切。袁希濂《余与大师之关系》中提到，1928年冬，他与许一起到江湾立达学园丰子恺家中看望过弘一法师李叔同，可见其时许尚未去世。第二年，袁在夏丏尊家再次与李叔同见面时，已没有许幻园了。

【16】宋贞原诗为："花落花开春复春，城南小筑寄闲情。研（砚）前写画身尤壮，莫为繁荣失本真。"

【18】严修：《壬寅东游日记》，《严修东游日记》，天津人民出版社1995年版。

【19】【20】【21】【22】【23】【25】王华斌：《黄炎培传》，山东文艺出版社1992年版。

【24】即蔡元培任会长的中国教育会下设之爱国学社，成立于1902年11月。所引蔡元培的话见《蔡元培自述》，河南人民出版社2004年版。

【26】【27】参见《李叔同——弘一法师》，天津古籍出版社1988年版。

【28】陈星：《说不尽的李叔同》，中华书局2005年版。

【29】1903年秋，李叔同致许幻园信中说："弟于前日由汴返沪……小楼兄……今秋亦应南闱乡试……"又据李叔同侄李圣章说，是年三叔曾赴开封应试未中。林子青《弘一法师年谱》（宗教文化出版社1995年版）将此次考试列入1902年条，不确。李叔同不可能同一时间，应浙江、河南两地乡试。

【30】【35】郭长海、郭君兮编：《李叔同集》附录之"系年"，天津人民出版社2006年版。

【31】李叔同：《中国语言齐一说》，郭长海、郭君兮编：《李叔同集》，天津人民出版社2006年版。

【32】《李叔同集》编者另拟题《论学堂用经传》。其实，作者已在文末出示了该文的标题。

【33】张静蔚：《近代中国音乐思潮》，龚书铎编：《近代中国与近代文化》，湖南人民出版社1988年版。

【34】梁启超：《饮冰室诗话》，周岚、常弘编，时代文艺出版社1988年版。

【36】参阅毛泽东写于1923年4月10日的《外力，军阀与革命》（《新时代》第1卷第1号）、写于同年6月的《北京政变与商人》（《响导周刊》第31、32期合刊）。此处转引自穆家修等编著《穆藕初先生年谱》（上海古籍出版社2006年版）、唐国良主编《穆藕初：中国现代企业管理的先驱》（上海社会科学院出版社2006年版）。

【37】参阅《新文学史科》1992年第4期。

【38】穆家修等编著：《穆藕初先生年谱》，上海古籍出版社2006年版。

【39】1957年3月29日，丰子恺在《人民日报》上发表了《李叔同先生的爱国精神》。

【40】笔者按：笔者曾写有《李叔同与章士钊的〈李苹香〉》（刊于《书城》杂志1995年第3期），后成为本传初版本中的内容。其中披露了李叔同有此七首绝句及《〈李苹香〉序》。在这之后出版的一些李叔同诗文集中，才陆续出现李氏这些作品。故此次修订本传时仍依初版时原文叙述与引录。

【41】【43】张彦丽：《李叔同留日三题》，见方爱龙主编：《弘一大师新论》，西泠印社2000年版。

【42】严修：《严修东游日记》，天津人民出版社1995年版。

【44】本田种竹（1862—1907），明秀，字实卿，以号行，俗称幸之助。20岁即以汉诗名满东瀛，被称为"早熟的天才"，曾担任过东京美术学校的教授。与另一位著名汉诗人、"随鸥吟社"发起人之一森槐南之父友好。著名教育家严修1902年赴日考察文化教育时，与本田种竹结下了友谊。以此，有学者认为："严修与本田幸之助（即本田种竹）的交往则为李叔同后来加入'随鸥吟社'，铺垫了道路。……本田和李叔同随后留学的东京美术学校之间也有渊源。"后一句话的意思是，在李叔同报考东京美校时，本田可能有指引性一类帮助。——参阅张彦丽：《李叔同留日三题》，见方爱龙主编：《弘一大师新论》，西泠印社2000年版。

【45】此为沈心工所作学堂乐歌《体操—兵操》（即《男儿第一志气高》）第一句的旋律。

【46】李叔同还加入过日本综合性文艺团体"文艺协会"。他的名字至今仍以第519号会员载于早稻田大学戏剧博物馆收藏的《文艺家协会会员簿》上。参阅陈星：《芳草碧连天——弘一大师传》，河北人民出版社1995年版。

【47】民国以前，日本人称中国为"清国"，称中国人为"清人"。

【48】如：林子青的《弘一大师年谱》及其修订本《弘一法师年谱》，朱经畬的《李叔同（弘一法师）年谱》，陈星著《芳草碧连天——弘一大师传》《天心月圆——弘一大师》，天津李叔同研究会编《弘一大师韵语》，弘一大师全集编委会《弘一大师全集》文艺卷，余涉编《李叔同诗全编》，萧枫编注《弘一大师文集·文学·佛学作品卷》，秦启明编《李叔同著述系年》等。

【49】李晋章（1895—1945），名麟玺，以字行。

【50】刘志坚、邓小飞注释：《马君武诗注》，广西民族出版社1985年版。

【51】马君武自己编定的《君武诗集》即有此诗，参见《马君武集》，华中师范大学出版社1991年版。

【52】秦启明编：《弘一大师李叔同讲演集》，中国广播电视出版社1993年版。

【53】吴玉章：《吴玉章回忆录》，中国青年出版社1978年版。

【54】高天梅（1877—1925），名旭，以字行，江苏金山（今属上海市）人。留学日本东京帝国大学，曾任中国同盟会江苏分会会长。南社创始人之一。先后编辑出版《觉民》《醒狮》等刊物，又创办建行公学及钦明女学，宣传革命，提倡女权和女子教育。其诗作多鼓吹反清斗争，一时传诵。有《天梅遗集》《高旭集》存世。

【55】参阅李叔同在1912年4月15日刊于《太平洋报》上的一则"文艺消息"，见郭长海、郭君兮编：《李叔同集》，天津人民出版社2006年版。

【56】李叔同的父亲早就去世，其母在他来日本前半年也离开了人世。报道中这样记载，或者是记者的误听，或者是李

故意这样回答，免得让日本人以为他很孤单似的。

【57】【58】这也可能是李叔同故意作此回答。

【59】《藕初五十自述》（上海古籍出版社1989年5月第1版）中，亦有一段写到日本记者采访李叔同的情景，录在这里供参考："（叔同）嗣后赴日求学，贤名籍甚，邻邦人士惊为稀有。时大隈伯主报务，闻而奇之，特地往访，觉其人骨格清奇，精神卓越，谈吐俊拔，作品粹雅，迥异常人，认为留学界白眉。临去，索其近作画稿一幅，刊布大隈伯报，竭意揄扬，视为晚近人瑞。"

【60】【86】【111】【112】毕克官：《近代美术的先驱者李叔同》，《美术研究》1984年第4期。

【61】李叔同与这位日籍夫人的关系，在李本人所有的作品中只字未提，讳莫如深，连她的名字都未记下；在亲友们的回忆中，也仅仅提到有这位日籍夫人，余者语焉不详。陈慧剑等多位传记作家，却将这段姻缘演义成可歌可泣的婚恋故事，而女主角的姓名又多多不一。此属虚构，小说笔法也，不可深信。笔者以为，在未掌握确切材料的情形下，宁可阙如，语焉不详，绝不能凭主观想象幻设故事。此传记之准则，不可不循也。

【62】李叔同在东京时，几次变换过住地。这里所说的，是指他进东京美术学校后所住的不忍池畔的小白楼。

【63】参见欧阳予倩《自我演戏以来·春柳社的开场》一文。另，徐半梅在《话剧创始期回忆录·李息霜》中有类似记载，但说的是李叔同约吴我尊的事。欧阳予倩记的是自己的亲身经历，应该说更为可靠。徐半梅的回忆那样记载，或许是徐先生记忆上的差错，将欧阳遇到的事安置到了吴我尊身上；或许吴我尊也有过相同的经历，那就更可见出李叔同的性格特征和对时间的珍惜了。

【64】【65】【66】【68】【69】【70】【110】均见刘晓路：《档案中的青春像：李叔同与东京美术学校（1906—1918）》，方爱龙主编：《弘一大师新论》，西泠印社2000年版。这几处所述关于李叔同在东京美术学校学习情景的叙述，参考了刘晓路的上述文章。

【67】李叔同在刊登于1912年4月11日《太平洋报》上的一则"日本文艺消息"中说，"去年白马会名目已解散"。据此，白马会解散于1911年。参见郭长海、郭君兮编：《李叔同集》，天津人民出版社2006年版。

【71】参阅李叔同刊登于1912年4月13日《太平洋报》上的一则"日本文艺消息"，见郭长海、郭君兮编：《李叔同集》，天津人民出版社2006年版。

【72】关于春柳社第一次上演的剧目，说法不一：有的说是《黑奴吁天录》，有的则说是《茶花女》。据欧阳予倩《自我演戏以来·春柳社的开场》中的回忆来看，当为《茶花女》。因为欧阳是在看了该剧演出后才加入了春柳社，并在后来上演的《黑奴吁天录》中扮演小海雷一角的。

【73】最早将《茶花女》译成中文的是林纾和王寿昌，系长篇小说，译名为《巴黎茶花女遗事》，1899年1月在福州以"畏庐藏版"印行。后简称为《茶花女遗事》。李叔同等演出的话剧亦以此为名，恐是受了林、王译本的影响。

【74】徐半梅：《话剧创始期回忆录》，中国戏剧出版社1957年版。

【75】转引自孟忆菊：《东洋人士对李叔同先生的印象》，《弘一大师全集》附录卷，福建人民出版社1993年版。

【76】参阅朱虹：《斯陀夫人》，《外国名作家传》（中册），中国社会科学出版社1979年版。

【77】【78】参阅秦启明：《李叔同生平活动系年》，《弘一大师李叔同讲演集》，中国广播电视出版社1993年版。

【79】关于李叔同归国返津后任教的学校，说法不一。有说在"天津初等工业学堂"任图案教员者，也有说在"直隶模

范工业学堂"任图案教员者，还有说先后在"天津高等工业学堂任图案教员，在直隶模范工业学堂任国画教员"者，等等。这些说法都不够准确。一是所说这些学校有的校名不确，或与事实不符；二是有的当时天津无此学校。查张大民主编的《天津近代教育史》（天津人民出版社1993年10月第1版）第171页上说到，李叔同归国后，"曾应老友天津高等工业学堂语文教员周啸麟介绍任该校图画教员"。以此，李叔同当时任教的学校名称应为"直隶高等工业学堂"（或称"天津高等工业学堂"）。

【84】孤芳：《忆弘一大师》，《弘一大师永怀录》，上海大雅书店1943年版。

【85】方汉奇：《中国广告艺术的开创者》，《中国近代报刊史》，山西人民出版社1981年版。

【87】【88】李叔同：《广告丛谈》，郭长海、郭君兮编：《李叔同集》，天津人民出版社2006年版。

【89】李叔同：《西洋画法》，郭长海、郭君兮编：《李叔同集》，天津人民出版社2006年版。

【90】林子青编：《弘一大师年谱》，弘化苑己亥年重印本。

【91】陈星：《芳草碧连天——弘一大师传》，河北人民出版社1995年版。

【95】柳亚子：《柳亚子文集·南社纪略》，上海人民出版社1983年版。

【96】柳无忌：《苏曼殊传》，三联书店1992年版。

【97】五位次长是：内政部居正，教育部景耀月，实业部马君武，交通部于右任，司法部吕志伊。参议院副议长是陈陶遗。三位总统府秘书是：朱少屏、柳亚子、雷昭性。

【98】朱鸳雏（1894—1921），苏州莫里山人，南社社员，患肺病而死。

【99】成舍我（1898—1991），湖南湘乡人，南社社员。后在北京大学读书期间编辑《世界晚报》，发表张恨水的《春明外史》。历编数报，在报界甚有影响。

【100】姚石子（1891—1945），名光，号复庐，江苏金山人，曾继柳亚子之后为南社主持人。晚年学佛，藏书甚丰。新中国成立后，其子悉数捐献上海文物保管会，撰有《复庐聚书献书记》。

【101】高吹万（1879—1966），名燮，江苏金山人，为姚石子舅父，南社耆宿。所著《武林新游草》，李叔同为之题签。

【102】1923年编辑出版的第22集《南社丛刻》，选入李叔同诗二首：《贻王海帆》《题陈师曾赠荷花小幅》，但那时他已遁入空门整整5年，这次编选与他无关。新南社成员郑逸梅（人称"补白大王"）编有《南社诗选》，选入李叔同诗二首：《春游》《贻王海帆先生》，但已是1980年的事了。另，1914年，李叔同在杭州组织"乐石社"，其成员中有不少是南社社友，南社中坚姚鹓雏更作《乐石社记》并刊于第18集《南社丛刻》。但很难说，李组织此社，与南社有什么必然的联系。

【104】参见郑逸梅：《南社丛谈》，《郑逸梅选集》第1卷，黑龙江人民出版社1991年版。

【105】文中提到的有关李叔同与杨白民及其"女学"的文字因缘，参阅了郭长海《李叔同与杨白民》一文，所引李叔同作评语，则见郭长海、郭君兮编：《李叔同集》，天津人民出版社2006年版。

【106】乌鹏廷：《南宋古都——杭州》，《中国历史名都》，浙江人民出版社1986年版。

【107】江浙话，意思是"这样画就像样了"。李叔同前些年在上海，学会了当地方言。

【108】本书在叙述李叔同的这段经历时，参考了陈星著《丰子恺传》中的部分资料。

【109】《弘一大师全集》传记卷，福建人民出版社1991年版。

【113】钱仁康：《学堂乐歌考源》，上海音乐出版社2001年版。

【114】盛钟健：《佛学思想对柔石的影响》，《西湖》文学月刊1981年2月号。

【115】《白阳》杂志，1913年4月，由李叔同以"浙师校友会"名义编辑，并由他设计、楷书后石印出版的一份综合性文艺刊物。只出版了一期。其宗旨、内容大体上与李叔同在东京编辑的《音乐小杂志》相似，其中的多数作品，也出自他一人之手，故不再作详细介绍。（详细情形，可参阅张静蔚：《从〈白阳〉看〈音乐小杂志〉》，《音乐爱好者》1983年第1期。）

【116】"狄葛浪"，江浙话，意思是"这里""这上面"；"勿大里对"意即"不大对"。

【117】【118】曹布拉：《命运的二重奏：弘一大师与刘质平》，西泠印社2001年版。

【120】林子青：《弘一法师年谱》，宗教文化出版社1995年版。

【121】李叔同的日籍夫人没留下名字，以致假设者甚多。林子青在其所著年谱中认为，"福基也许是日籍夫人的真名"，算是一家之说吧。

【122】这里李叔同的记忆有误，应为"十八日"。整个断食期分为前期5天、正期7天、后期6天，共18天。见李叔同《断食日志》。

【123】在几部李叔同年谱中，涉及其入山的时间，大都语焉不详。1918年旧历五月二十二，李叔同致杨白民信中有这样的话："附致质平函，乞转交，弟定明晨入山。"是年旧历五月二十二，系阳历6月30日。由此推断：李叔同离校入山的确切日期为1918年7月1日。秦启明编《弘一大师李叔同讲演集》（中国广播电视出版社1993年版）所收《我在西湖出家的经过》注释29条中说："李叔同在杭州虎跑之正式出家日，应为一九一八年六月三十一日。"此说明显不确，阳历6月无31日，故应为7月1日；且这天应为李叔同入山的时间，而不是出家的日子（披剃后才算正式出家）。

【124】王璨（1871—1944），号冬饮，学界称冬饮先生。江苏溧水人。原在南京图书馆任职，1915年后为南京高等师范学校教员，与李叔同同事。著作有《冬饮庐诗稿》《冬饮庐文稿》《冬饮庐藏书题记》《冬饮庐读书记》等。

【125】《经亨颐日记》（浙江图书馆藏稿本），浙江古籍出版社1984年版。

【126】某些写李叔同的传记和电视剧，行笔至此，极摹李叔同与日本籍夫人如何在上海寓所中难舍难分，纯属虚构想象、毫无根据之词。

【127】本传所引李叔同致叶为铭的信，未见于《弘一大师全集》（福建人民出版社1992年版）及其他已出版的弘一法师书信集。原件藏于杭州市文物考古所。

【128】丰子恺著，丰一吟编：《缘缘堂随笔集》，浙江文艺出版社1983年版。

【129】转引自丰子恺：《桐庐负暄》，见《缘缘堂随笔集》，浙江文艺出版社1983年版。

【130】参阅丰子恺：《为青年说弘一法师》，《弘一大师全集》附录卷，福建人民出版社1993年版。

【131】以上参阅苏渊雷、杨同甫等编著：《佛学十日谈》，上海书店出版社1996年版。

注释

【132】此处指本传初版本出版时的20世纪90年代末期。

【135】范古农（1881—1951），字寄东，浙江嘉兴人。初主持嘉兴佛学会，在沪杭一带致力讲经说法，后出任上海佛学书局总编辑。

【136】禅宗僧人从每年旧历十月十五至腊八，前后四十九天进行"七七"参禅活动，称为"打七"，主持此项活动称为"主七"。净土宗僧人进行此项活动时，仅念佛号"阿弥陀佛"或"南无阿弥陀佛"，伴以木鱼、磬声。

【137】黄檗禅师：指黄檗希运（？-805）禅师。唐代禅宗高僧。其语录被收入《钟陵录》《宛陵录》，并被后人整编进《传法心要》。

【138】《十二门论》，佛书名，古印度龙树著，主要解释大乘空宗的佛理。全书共"十二门"，即十二章。

【139】秦启明作年谱（载《弘一大师李叔同讲演集》，中国广播电视出版社1993年版），将三人共燃臂香的日期定为1919年1月9日，不确。

【140】胡宅梵编：《弘一大师全集》文艺卷，福建人民出版社1992年版。

【141】秦启明所作的年谱将此信年限推断为1921年，不确。此信当写于1920年旧历三月下旬，由沪返杭之后，未去新城之前。

【142】丁福保（1874—1952），字仲祜，江苏无锡人。本为数学家兼医学家，中年后学佛，所著佛学书籍甚多，代表作有《佛学大辞典》等。他主持的医学书局出版物，严肃认真，讲究质量，颇得鲁迅好评。

【143】上述四首马一浮诗作，由马一浮之侄马镜泉先生抄寄笔者。关于程中和居士正式出家的日期，丰子恺等人的回忆和某些弘一传记定在弘一出家之前，是不准确的。马一浮的诗作则给了准确的说法。

【144】蕅益大师，明代高僧、佛教学者，生卒年及事迹见后。

【145】天如禅师，生卒年及事迹不详。

【146】二林居士，原名彭绍升（1739—1796），清代居士、佛教学者。主张佛、儒一致，禅、净融合，弘扬净土宗教义，有《净土三经新论》《华严念佛三昧论》等著作多种。

【147】穆藕初：《藕初五十自述》，上海古籍出版社1989年版。

【148】由此也得以证实，弘一法师前年转道上海去永嘉的时间，应该是旧历三月底四月初。

【149】弘一法师曾四莅绍兴，其具体情景，将在以后章节中一并叙述。

【150】玄父居士，即弘一法师南社旧侣尤墨君。前此在衢州时，曾相与晤对，欢如平生。

【151】此信应在1925年写于温州，《弘一大师全集》标为1924年，不确，因1924年此时，弘一尚在衢州。

【152】石禅，经亨颐别号。

【153】"宝子"，即晋碑《爨宝子碑》。经擅晋碑书法，有《爨宝子碑古诗集联》等传世。

【154】《〈石禅皈佛碑〉题记》，参阅林子青编著：《弘一法师年谱》，宗教文化出版社1995年版。

【155】王一亭（1867—1938），名震，别号白龙山人，上海浦东周浦人。1911年上海光复后，曾任军政府商务总长；

后从事慈善事业并信佛,曾任上海世界佛教居士林林长;著名书画家。

【156】蔡冠洛(丐因):《廓尔亡言的弘一大师》,《弘一大师全集》附录卷,福建人民出版社1993年版。

【157】转引自李孟娟:《弘一法师的俗家》一文,《李叔同——弘一法师》,天津古籍出版社1988年版。

【158】弘一法师俗家长子李准。

【159】李石岑(1892—1934),著名哲学家。湖南醴陵人。"五四"时期大量介绍西方哲学流派,并笃信柏格森生命哲学。1920年曾与哲学家张东荪陪同罗素到湖南讲学,倡言"人生哲学",强调"我的人生观就是表现生命","所谓生命的表现,即无异于自我表现"。1927年赴法、英、德等国考察西方哲学,1930年回国后转而推崇辩证唯物主义哲学。主要著作有《人生哲学》《人格之真检》《中国哲学十讲》《哲学概论》等。

【160】周予同(1898—1981),著名经学史家。浙江瑞安人。1921年后任商务印书馆编辑、教育杂志社编辑主任。1932年后在多所大学任教授。中华人民共和国成立后,任复旦大学历史系主任、副教务长、上海社科院历史所副所长、上海市文委副主任等职。主要著作有《经今古文学》《群经概论》《经学历史》等。

【161】指《护生画集》初集中,附录的李圆净作《护生痛言》一文。

【162】参见陈星:《〈护生画集〉出版前言》,《护生画集》,海天出版社1993年版。

【163】苏居士,即佛教学者苏慧纯(?—1978),福建泉州人。早年经商南洋。返国后,深信佛教。1929年春,陪同弘一法师由厦门返回永嘉。抗战期间,在沪开办大法轮书局,出版《觉有情》杂志,对佛教文化事业做出颇多贡献。

【164】"兕",音"寺",古代犀牛一类的兽名。《弘一大师全集》附录卷,将此字误植为"兜"。

【165】夏丏尊:《我的畏友弘一和尚》,见余涉编:《漫忆李叔同》,浙江文艺出版社1998年版。

【166】佛说八苦:一、生苦;二、老苦;三、病苦;四、死苦;五、爱别离苦;六、怨憎会苦;七、求不得苦;八、五阴盛苦。

【167】谛闲(1858—1932),近代名僧。俗姓朱,名古虚,号卓三,人称谛公。浙江黄岩人。早年开过药铺,也切脉问诊。20岁时,因妻儿母亲相继病故,遂出家为僧。29岁在上海龙华寺由方丈端融授记传法,传持天台教观第四十三世。后至浙江慈溪芦山圣果寺专修天台教义。1910年被公推为南京佛教师范学校校长兼总监。1912年住持宁波观宗寺,创观宗研究社。1915年任北京大乘讲习会主讲,中外听众日达数万。著名佛教学者叶恭绰、蒋维乔等,均为其弟子。主要著作有《谛闲大师遗集》十册、《谛闲大师语录》四册。

【168】《人民日报》(海外版)1992年4月2日。

【169】查《鲁迅日记》,1914年至1918年共7处记到与钱均夫的交往,内容为饭局招饮、逛书肆、代买碑帖、赠送《新青年》杂志等。

【170】虚云(1840—1959),现代僧人,俗姓萧,名古岩,又名演彻,字德清,晚年自号虚云。祖籍湖南湘乡,生于福建泉州官宦之家。19岁潜入福州鼓山涌泉寺出家,为临济宗第四十三代传人。僧迹遍历江、浙、川、藏、山西、云南等地。为报父母恩德,曾用三年时间,三步一拜,从浙江普陀山拜到山西五台山,其虔诚与忠孝之德行,为世人称赞。1948年接纳美籍詹宁女士为禅徒,开中美佛教文化交流之风气。中华人民共和国成立后,曾任全国佛教协会名誉会长。晚年兴复江西云居山真如寺,并圆寂于此。著有《虚云和尚法汇》等。

【171】聂云台(1880—1953),名其杰,湖南衡山人。曾任上海总商会会长。初信基督教,中年因病改信佛教,颇有

注释

造诣。

【172】亦幻法师（1903—1978），号慧律。浙江黄岩人。早年出家，就学武昌佛学院。曾任闽南佛学院教师，后任浙江慈溪金仙寺住持。弘一法师曾受其供养。

【173】芝峰法师（1901—1949），名象贤。浙江温州人。早年出家，受教宁波观宗寺谛闲法师、武昌佛学院太虚法师，造诣颇深。后任闽南佛学院教师、《海潮音》月刊编辑。学识渊博，为弘一法师所推崇，弘一委托其作《〈清凉歌集〉达旨》一篇。

【174】静权法师（1881—1960），俗姓王，名良安。浙江永嘉人。幼年学儒，能诗善文，屡考秀才不中。25岁投天台山国清寺出家，法名宽显，字静权。后在宁波观宗寺从谛闲法师学天台宗教义，学成任弘法社主讲。1957年任中国佛教协会副会长、上海市政协委员。主要著作有《地藏经略解》《楞严经·大势至菩萨圆通章讲义》等。

【175】维那，佛教称谓，寺院"三纲"之一。位居上座、寺主之下，主管僧众杂务。在禅宗寺院中，为东序六知事之一，主掌僧众威仪进退纲纪。

【176】山房，即白马湖"晚晴山房"。

【177】驿亭，上虞县城东边的一个火车站。

【178】南山三大部，指唐代道宣律师居陕西终南山所撰律学名著：《四分律删繁补阙行事钞》《四分律含注戒本疏》《四分律随机羯磨疏》。

【179】陈石遗（1856—1937），文学家，名衍，字叔伊，以号石遗老人行世。福建侯官（今福州）人。光绪年间举人，任学部主事。曾为张之洞幕客。辛亥后所作《石遗室诗话》，系清末民初同光体诗派的主要评价性著作。另有《石遗室诗文集》，辑有《近代诗钞》《辽诗纪事》《金诗纪事》《元诗纪事》等。

【180】大醒法师（1899—1952），别号随缘，江苏东台人。精书法篆刻。出家后就学武昌佛学院，与芝峰、亦幻等为同学。后历任闽南佛学院教务主任及《现代僧伽》《海潮音》编辑等职。

【181】蔡丏因文《廓尔亡言的弘一大师》、李鸿梁文《我的老师弘一法师李叔同》，将法师这次来绍兴的时间，分别推断为1923年、1924年，均不准确。蔡、李所说的是同一次法师莅绍，但时间都不对。可参阅法师1925年10月致李圣章信、1925年冬致孙选青信、1925年底夏丏尊《〈子恺漫画〉序》。另，李文说弘一莅绍先后三次，也是不准确的，实际上共四次；1923年秋第一次莅绍时，李未在，故有此误记。

【182】荼毗，佛教习俗，指僧人死后火化。

【183】从1932年夏天法师于上虞法界寺写给刘质平的信（以上正文中已经引录）和"遗嘱"中提及《四分律比丘戒相表记》一书，"仍由中华书局石印""一切照前式，惟装订改良""此书原稿，存在穆藕初居士处"等来看，这份"遗嘱"写于1932年夏初法师在法界寺期间。林子青著《弘一法师年谱》（宗教文化出版社版1995年版）将其列在1924年条中，显然不妥。

【184】陈敬贤（？—1936），时主厦门大学校务。虔诚佛教徒。1927年，他曾到杭州向弘一法师探讨禅理。陈逝世后，弘一法师著有《陈敬贤居士轶事》。

【185】性愿法师（1889—1962），名古志，号栖莲，福建南安人。早年出家，遍参江浙丛林。回闽南后，历任漳、泉、厦诸寺监院、住持等职。1937年赴菲律宾弘法，首任信愿寺住持，为华僧在菲弘法之先驱。

【186】性常法师（1912—1943），福建晋江人，弘一赠其别号丰德。早年从会泉法师问学，后为亲近弘一者中较久之一僧。

【187】无生忍，佛教术语，指对"无生无灭"（即涅槃）理论的认识智慧。

【188】众含识，佛教术语，指芸芸众生。

【189】南山三大部，即《四分律含注戒本疏》《四分律删繁补阙行事钞》《四分律删补随机羯磨疏》。

【190】灵芝三部记，即《行事钞资持记》《羯磨疏齐缘记》《戒本疏行宗记》。

【191】毗尼，梵文"律"的旧音译。

【192】四宏誓愿，佛教术语，指一切佛、菩萨所立的四项誓愿，即：愿普度一切众生，消灭一切烦恼，学会法力无穷的佛法，达到最彻底的觉悟境界。

【193】资生，往生西方的资粮。

【194】羯磨，梵文，意译为"业"或"办事"。指僧团按照戒律的规定，处理僧侣个人或僧团事务的各种活动。如忏悔羯磨、受戒羯磨等。

【195】毗奈耶：梵文，意译为"律"。

【196】八敬法：一、尼百岁，礼初夏比丘足；二、不得骂谤比丘；三、不得举比丘过；四、从僧受具戒；五、有过从僧忏；六、半月从僧教诫；七、依僧三月安居；八、夏讫，从僧自恣法。

【197】优婆夷，梵语，佛教称谓，指皈依三宝、接受五戒之在家佛教女信徒，通称女居士。

【198】摩尼教，伊朗（古称波斯）古代宗教之一，又名明教、明尊教。该教于7世纪时传入中国。晋江草庵是当时泉州摩尼教徒的聚会场所。此亦可证，泉州早在一千多年前已与海外有了交往。

【199】所谓"念佛"，是指口诵或心念"阿弥陀佛""南无阿弥陀佛"之佛号。

【200】《缁门崇行录》所列十门为：清素、严正、尊师、孝亲、忠君、慈物、高尚、迟重、艰苦、感应。

【201】袁了凡即袁黄，明万历进士，浙江嘉善人。初任宝坻知县，后升任兵部主事。长于文理各科，首创"功过格"记录"善恶"，扩大了程朱理学的影响，为后世儒教所推崇。

【202】叶青眼（1875—1966），福建泉州人。曾参加辛亥革命。晚年学佛，为弘一法师皈依弟子。曾任泉州开元慈儿院院长多年。

【203】1935年旧历十一月间，弘一法师在泉州承天寺戒期会讲律，会后复赴惠安。其间曾有一信致蔡丐因，内涉及请蔡在上海觅购一本《韩内翰别集》等事，且说"余不久仍往惠安讲经"。《弘一大师全集》书信卷（福建人民出版社1992年版）及林子青编《弘一法师年谱》（宗教文化出版社1995年版）将此信列入1933年事迹中，不确。因信中"仍往"等字样，说明弘一已去过惠安，写此信时告诉对方他准备再行前往。而弘一第一次去惠安在1935年旧历四月，不是1933年。

【204】王伯祥（1890—1975），原名钟麒，以字行。虽仅有中学学历，却靠自学不懈，当过大学教授，并成一代名家，文史著作达二十多种，《史记选》《春秋左传读本》《二十五史补编》等为传世之作。

注释

【205】陈垣（1880—1971），中国史学家、佛教史学家。字援庵，广东新会人。早年在广州参加反清斗争，后从事历史研究和教育工作。曾任北京大学、辅仁大学、北平师范大学等校教授，以及辅仁大学、北平师范大学校长，中国科学院历史所第二所所长。在火祆、摩尼、佛、道、天主等宗教史，以及元史、年代学、校勘、辑佚、史讳等方面，均有创造性成就。佛教史方面的著作有《中国佛教史籍概论》《明季滇黔佛教考》等传世；他如《史讳举例》《元典章校补》《元西域人华化考》《中西回史日历》等史学著作，向为中外史学界所重视。

【206】林子青编：《弘一法师年谱》（宗教文化出版社1995年版）1936年条及有关证文中，将"明鎏"作"明鉴""明丱"，不准确。

【207】赵家欣：《郁达夫访弘一法师》，《文艺报》1985年12月14日。从赵文记载来看，在1936年12月31日以前，弘一法师并不知道郁达夫其人。陈星著《天心月圆——弘一大师》（山东画报出版社）"南来有意访高僧"一节中，引用了上述赵文中的一段记载，但又在文中引录弘一法师于1936年旧历九月一日致广洽法师信中的一段话："又郁居士托代订《佛教公论》一份，乞仁者代付大洋一元交订，住址附呈。定单乞直接寄与郁居士。……"以此作为弘一法师与郁达夫的交往事例。这是不准确的。此信中的郁居士，显然不是指郁达夫，似为法师的另一友人郁朝朋。

【208】克定上人（？—1937），俗姓刘，名儒，字绍成，江苏扬州人。南京高等师范毕业，为李叔同再传弟子。蒋维乔任江苏教育厅长时，曾任该厅视学，后随蒋氏在商务印书馆当编辑。出家后，1936年在福州鼓山从慈舟法师律，后至厦门从弘一法师学律，持戒精严。

【209】胜进居士，即厦门大学心理学系学生高文显，时借住南普陀寺。

【210】鹤峰，指蔡鹤峰，名烈，明代龙溪人。王遵岩，即王慎中，字道思，初号遵岩居士，更号南江，明代学者，晋江（今福建泉州）人，为一代文章之正宗，著有《遵岩集》；《明史》中有传。

【211】据明季徐𤊹公著《钓璜堂集》称，有王忠孝其人，在浙江舟山发现过韩偓断碑。而弘一大师在致王梦惺信中则说，当时在南安"重修偓墓时，启视旧穴，空无所有，人颇疑之"。以此，弘一法师认为，从《钓璜堂集》的记载和卷首所附年谱及七绝句来看，"偓终舟山"之说"颇可征信"。

【212】弘一法师为《韩偓评传》写过三次序言。第一次为未用稿，题《韩偓全传序》；第二次为被战火焚毁稿，题《〈韩偓评传〉序》。前两稿均写于1936年，后收入福建人民出版社版《弘一大师全集》序跋卷。第三次写于1939年秋，题《〈韩偓评传〉序》，最初披露于同年旧历十月十日致刘绵松信中。《弘一大师全集》序跋卷，将其题名为《唐学士韩偓墓道摄影题记》，似不确。所谓"摄影题记"，应为1935年旧历十一月十三日致高文显信中的一段文字。（请读者查阅，此处从略。）

【213】李叔同年轻时，曾与沪上著名诗妓李苹香过从甚密。巧合的是，吕碧城与李苹香亦有交往，并有《赠李苹香》一诗存世。兹录如下，以供研究者参考："采芳人去楚天凉，一片闲情琐夕阳。却喜苹花性情洁，不从风露浣尘妆。"

【214】读者如有兴趣，可参阅笔者所著《李叔同影事》附录之《李叔同与吕碧城之比较》一文，百花文艺出版社2005年版。

【215】此诗原无题，此处由引者所拟。

【216】火头僧（1908—1987），法名隆安，字保贤，山东东平人。幼年出家，历住北京广济寺弘慈佛学院、青岛湛山寺佛学院，先后从空也、慈舟、弘一诸法师研究天台止观及律学。后到苏州主讲灵岩山佛学院，又到上海圆明讲堂亲近圆瑛法师学楞严。新中国成立后移锡香港组织"佛教青年中心"，接引青年学佛，为佛教培养新生力量，并时以"火头僧"笔名发表佛学方面的文章。1987年圆寂于香港。

【217】《大唐西域记》卷二:"月盈至满,谓之'白分';月虚至晦,谓之'黑分'。'黑分'或十四日、十五日,月有大小故也。黑前白后,合为一月。"

【218】夏丏尊在《怀晚晴老人》中说:"大场陷落的前几天,他果真来上海了。"按:日军从1937年10月11日围困大场,半月后——10月26日大场陷落。弘一法师在上海住了两天,10月16日回到厦门。以此推断,弘一法师此次在沪时间,当为10月11日至14日之间。

【219】圆瑛法师(1878—1953),现代爱国高僧。俗姓吴,名宏悟,以字行。福建古田人。19岁出家于福州鼓山涌泉寺,次年受具足戒。后赴常州天宁寺、宁波天童寺等地学习禅宗理义,研习《楞严经》。31岁起,登坛讲法,活动于京津闽浙,并远赴南洋。先后住持槟城(今马来西亚)独乐寺、宁波天童寺、福州雪峰寺。1929年与太虚法师发起创立中国佛教会(即中国佛学会),任会长。主张佛教与爱国一致。1953年中国佛教协会成立,被推选为第一任会长。其著作会编为《圆瑛法汇》。

【220】巨赞法师(1908—1984),俗姓潘,名楚桐,字琴朴,法名传戒,字定慧,后改名巨赞。江苏江阴人。早年曾从事共产党地下活动。1931年经太虚介绍出家杭州灵隐寺。1938年在南岳华严研究社讲学,经田汉引荐得识叶剑英后,从事佛教界抗日活动。1940年赴桂林任广西佛教会秘书长,主编《狮子吼》月刊。时与田汉、夏衍、郭沫若、柳亚子等相过从,宣传抗战救亡与佛教革新主张。1944年避祸无锡,任教国学专修学校。1946年后在杭州灵隐寺,任省市佛教会秘书长。中华人民共和国成立后,任中国佛教协会副会长、全国政协常务委员等职。有《新佛教概论》等著作。1936年巨赞以万均为笔名发表在《佛教公论》上的论文《先自度论》《为僧教育进一言》等论文,被误认为弘一之作。弘一法师在作说明时认为:"求诸当代,少有匹者,岂余暗识所可及也!"

【221】应慈法师(1873—1965),俗名余铎,号振卿,法名显亲,自号华严座主、拈花老人。28岁出家,34岁受法为临济宗第四十二世祖。一生于僧教育贡献甚多。1954年当选为上海市佛教协会名誉会长、1957年被选为中国佛教协会副会长、1962年被选为中国佛教协会名誉会长。著有《心经浅说》《正法眼藏》《八识规矩颂略释》等。

【222】弘一法师圆寂前另有一偈:"君子之交,其淡如水。执象而求,咫尺千里。"这四句话,在永春普济寺的时候,亦已写出。见林汉忠文《弘一法师在永春》。

【223】僧众于斋时,除受饮食供养外,再分得若干金钱,这金钱称为"嚫钱",故又谓"分嚫"。

【224】关于当时水云洞的住持其人,说法不一,有说是定妙法师的,有说是传如法师的。笔者以为,当以弘一法师此信为准,应该是传如法师,也是他约请弘一法师来寺驻锡的。传如法师究为何人?从弘一法师此信内容以及慧田法师与陈海量居士的关系来看,可推断为:传如法师与慧田法师系一人。以此,笔者作如此引述。另,弘一法师此信当于1941年2月在水云洞所写。

【225】参见《文汇报》1995年10月17日"现代家庭"专栏。

【226】道耆宿(1872—1943),即转道和尚,闽南佛教界耆宿,时居新加坡,兼任泉州开元寺住持,建树甚多。

【227】张宗祥(1882—1965),字阆声,号冷僧,斋号铁如意馆,浙江海宁人。民国成立前,曾与鲁迅、许寿裳、沈钧儒等任教浙江两级师范学校(即后来李叔同任教的浙一师);民国头十年中,在北京与鲁迅、许寿裳、钱均夫等任职教育部。1922年回浙江任教育厅长,为完璧文澜阁《四库全书》出力甚巨。1926年夏调任瓯海道尹。中华人民共和国成立后,任浙江图书馆馆长等职。有《清代文学》《铁如意馆手抄书目录》《书法源流论》等著述。林子青编著的《弘一法师年谱》1925年条中,将张往访弘一的时间提前了一年,并将其混淆为五四运动中被爱国学生一致要求惩办的亲日派卖国贼之一章宗祥。

注释

【228】知单，佛教术语，指佛门中开列的名单。

【229】【230】参阅林子青：《弘一法师在厦门》，《弘一大师全集》附录卷，福建人民出版社1993年版。

【231】蒋维乔（1873—1958），号竹庄，江苏武进（今常州）人。早年在沪上与蔡元培、章太炎等组织中国教育会、爱国女校。曾任南京东南大学校长，后学佛皈依谛闲法师，著有《中国佛教史》《因是子静坐法》等。

【232】刘绵松（1919—1983），1938年得识弘一法师，始有信佛倾向，法师为其取号胜华。刘拟编法师文钞事，应在1941年冬。《弘一大师全集》书信卷（福建人民出版社1992年版）所收此信，编者所注时间、地点为"1938年旧历十一月廿六日，泉州承天寺"，似不确。因其时刘方识法师，不可能即有编辑其文钞之动议；另，此信中提到刘已编辑出版过《药师如来法门讲述录》，亦证明这点。"书信卷"收有1941年夏（应为冬）致广义法师一信，谈及刘绵松编辑《弘一法师文钞》一事，说"万万不可行"，亦证明此处引录之信当写于"1941年冬，晋江福林寺"。

【233】曾词源（1906—1967），福建惠安人。在厦门办理教育多年。能诗。极尊敬弘一法师。1936年年初，法师由黄丙丁治愈臂疮，请曾居中商量酬谢事。

【234】瑞集岩寺，在惠安东堡村昆山。壁上画有一棵紫荆树，故又称紫岩。

【235】乾山，净峰寺所在之净山，又名乾山。

【236】科山，科山寺之所在。

【237】《华严疏钞》，唐僧澄观著。澄观（738—839），越州山阴（今浙江绍兴）人，出家后在五台山专攻《华严经》；唐德宗听其讲经，生清凉之感，赐号"清凉"，以此，其所著《华严疏钞》被称为《清凉疏钞》，其所居之五台山，亦名清凉山。

【238】杨居士，即杨仁山（1837—1911），名文会，以字行。同治五年（1866）倾家产创立金陵刻经处，一生刻经二千余卷。在刻经处所设祇洹精舍，培养了欧阳竟无、谭嗣同、章太炎、梅光羲等众多佛学者。

【239】徐居士，即徐文爵。

【240】刘直斋，即刘源渌（1619—1700），字昆石，号直斋先生，清初著名理学家，山东安丘人。他专心攻读宋明理学著述。

【241】刘念台，即刘宗周（1578—1645），字起东，号念台，绍兴山阴（今浙江绍兴）人，明末理学家。因讲学于山阴蕺山，又被称为蕺山先生。

【242】《弘一大师全集》书信卷（福建人民出版社1992年版），将此信写作日期和地点，标为"一九三九年七月二十九日，永春普济寺"，不确切。此时弘一法师正在那里。从内容看，此信应写于1942年旧历七月二十九，弘一法师时在温陵养老院。

【243】漉水囊，为比丘六物之一。六物即三衣、钵、坐具及漉水囊，为比丘必备之物。佛制，比丘为不杀饮水中之幼虫及除尽尘芥，故制能过滤水的漉水囊。

【244】"须弥山"，佛教术语。原为印度神话中的山名，后为佛教所用。指帝释天、四大天王等的居所，其高八万四千由旬，顶峰居帝释天（护法神，力能劈山引水、掌握雷雨），山腰为"四天王天"，居四大天王（即四大金刚）及眷属。山周围为七香海、七金山。第七金山之外为咸海，咸海中有四大部洲，洲外之咸海，又被铁围山团团围住。

597

【245】"印老文钞",即近代净土宗高僧印光法师的代表作《印光法师文钞》。

【246】护摩,梵语,义为焚烧,即烧火投物其中的火祭,是密宗常行的修法之一。

【247】此信写作日期,《弘一大师全集》书信卷(福建人民出版社1992年版)标为1917年3月,不确。秦启明编《弘一大师李叔同书信集》(陕西人民出版社1991年版)标为1918年2月,较确,此处从秦说。

【248】参阅弘一法师讲稿《出家人与书法》(秦启明编《弘一大师李叔同讲演集》,中国广播电视出版社1993年版)、林子青著《漫谈弘一法师的书法》(《弘一大师全集》附录卷,福建人民出版社1993年版)。

【249】转引自陈珍珍《一代艺术大师李叔同(弘一法师)》,《弘一大师全集》附录卷,福建人民出版社1993年版。

【250】【253】夏丏尊:《李息翁临古法书后记》,《弘一大师全集》附录卷,福建人民出版社1993年版。

【251】马叙伦:《何缘之悭》,《弘一大师全集》附录卷,福建人民出版社1993年版。

【252】陈雪蕉:《弘公临古法书重印引》,《弘一大师全集》附录卷,福建人民出版社1993年版。

【254】马一浮:《华严集联三百手稿跋》,《弘一大师全集》附录卷,福建人民出版社1993年版。

【255】参阅洪丕谟:《中国历代书法名作赏析》,上海教育出版社1988年版。

【256】参阅北京中国书法研究社编:《各种书体源流浅说》,人民美术出版社1962年版。

【257】温庭筠诗《题造微禅师院》曰:"夜香闻偈后,岑寂掩双扉。照竹灯和雪,看松月到衣。草堂疏磬断,江寺故人稀。惟忆湘南雨,春风独鸟归。"林子青著《弘一法师年谱》1932年条中说,"师居万寿岩时,曾为同住之智上人刻李义山诗句'看松月到衣'印章",不准确。

【258】《弘一大师遗墨》(华夏出版社1987年版)、《弘一大师全集》文艺卷(福建人民出版社1992年版)所收弘一篆刻,有的系早期作品,有的很难断定即他所刻(如"臂""名字性空"等),很可能出自李晋章或马冬涵之手。

【259】"吊诡",即为奇异的空谈。这是借用庄子的话。《庄子·齐物论》中说:"梦见饮酒作乐的人,醒后或许会遇到不如意的事而哭泣;梦见伤心痛哭的人,醒后或许会有一场打猎的快乐。当人在梦中,却不知道是在做梦。有时梦中还在做梦,醒了以后才知道是做梦。只有非常清醒的人,才知道人的一生就像是一场大梦。可是愚人却自以为清醒,自以为什么都知道。什么帝王呀,臣子呀,真是浅陋极了!我看孔丘和你,也都在做梦;我说你在做梦,也是在做梦。这些话,称为奇异的言谈。"(此处用陈鼓应译文)意思是说,宇宙人生的一切,像梦境一般,都是虚幻不实的。

【260】芬陀利,梵语,即芬陀利华,汉译白莲花。

【261】"西楼望月几回圆",为唐代诗人韦应物七律《寄李儋元锡》末联中一句。全诗是:"去年花里逢君别,今日花开已一年。世事茫茫难自料,春愁黯黯独成眠。身多疾病思田里,邑有流亡愧俸钱。闻道欲来相问讯,西楼望月几回圆。"

【262】竹老,即蒋维乔(字竹庄)居士。

【263】【264】张所照、范达明二文,系浙江省美术评论研究会秘书处提供,经作者认可,摘录部分内容于此,以供关心"'雨夜楼'藏李叔同画作"真假问题的读者参考。

【265】欲知徐永祥先生文章中所附全部图片之读者,请查看发表其原文之刊物。

参考与征引文献主要篇目

《弘一大师全集》编辑委员会编：《弘一大师全集》第一至第十册，福建人民出版社1991–1993年版。

秦启明编：《弘一大师李叔同讲演集》及附录，中国广播电视出版社1993年版。

秦启明编注：《弘一大师李叔同书信集》及附录，陕西人民出版社1991年版。

《弘一大师法书集》，上海书画出版社1993年版。

丰子恺绘画，弘一法师等书写：《护生画集》第一至第六集及附录，海天出版社1993年版。

郭长海、郭君兮编：《李叔同集》，天津人民出版社2006年版。

林子青著：《弘一大师年谱》，香港弘化苑1959年版。

林子青编著：《弘一法师年谱》，宗教文化出版社1995年版。

天津市政协文史资料研究委员会、天津市宗教志编纂委员会编：《李叔同——弘一法师》，天津古籍出版社1988年版。

蔡建国编：《蔡元培先生纪念集》，中华书局1984年版。

柳无忌编：《南社纪略》，上海人民出版社1983年版。

郑逸梅：《郑逸梅选集》第一至第三卷，黑龙江人民出版社1991年版。

郑逸梅：《艺海一勺》，天津古籍出版社1994年版。

王华斌：《黄炎培传》，山东文艺出版社1992年版。

陈星：《人间情味——丰子恺传》，北岳文艺出版社1991年版。

马镜泉、赵士华：《马一浮评传》，百花洲文艺出版社1993年版。

来新夏主编：《天津近代史》，南开大学出版社1987年版。

张大民主编：《天津近代教育史》，天津人民出版社1993年版。

田青：《李叔同早年的两首爱国词作》，《佛教文化》1995年第4期。

许半梅：《话剧创始期回忆录》，中国戏剧出版社1957年版。

中国佛教协会编：《中国佛教》一至四，知识出版社1980年版。

黄忏华：《佛教各宗大义》，江苏广陵古籍刻印社影印本。

杨卓：《佛学基础》，书目文献出版社1992年版。

法藏著、方立天校释：《华严金师子章校释》，中华书局1983年版。

南怀瑾：《楞严大义今释》，北京师范大学出版社1993年版。

郭朋：《隋唐佛教》，齐鲁书社1980年版。

郭朋：《宋元佛教》，福建人民出版社1981年版。

郭朋：《明清佛教》，福建人民出版社1982年版。

全国政协文史资料委员会宗教组编：《名僧录》，中国文史出版社1988年版。

莫世祥编：《马君武集（1900-1919）》，华中师范大学出版社1991年版。

任道斌主编：《佛教文化辞典》，浙江古籍出版社1991年版。

陈聿东主编：《佛教文化百科》，天津人民出版社1993年版。

文化部文物局主编：《中国名胜词典》，上海辞书出版社1989年版。

隗芾新主编：《中国名胜典故》，吉林人民出版社1989年版。

余秋雨：《文化苦旅》，知识出版社1992年版。

洪丕谟：《中国历代书法名作赏析》，上海教育出版社1988年版。

徐祖光：《回忆庆福寺"弘一大师纪念室"》，《上海佛教》1988年第2期。

附录：李叔同——弘一法师年表

1880年（庚辰，清光绪六年）1岁

10月23日（农历九月二十），生于天津。幼名成蹊，学名文涛，字叔同，号漱筒。祖籍浙江平湖。其始迁祖在天津经营盐业和钱庄业，逐渐殷富。父名世珍，字筱楼，清同治四年（1865），与桐城派后期重镇吴汝纶等同科进士，官吏部主事；后引退继承家业，并以信佛之诚，举办义塾、备济社等慈善事业，有"李善人"之美誉。叔同行三，系侧室王氏所生；其时，父年六十八，母仅二十。

1884年（甲申，光绪十年）5岁

是年夏，父患痢疾不起，弥留之际，家人依其所嘱，延请僧人诵念《金刚经》；亡故（农历八月初五）后七日，又由僧道超度、放焰口等，助其往生。此后数年间，叔同常招其侄辈等幼儿，仿道场情景为游戏。是岁起，从母学诵名诗格言。

1885年（乙酉光绪十一年）6岁

从仲兄文熙（字桐冈，长叔同12岁），受启蒙教育，始学《三字经》《百家姓》等，继读《百孝图》《返性篇》《玉历钞传》《格言联璧》及《文选》等。

1887年（丁亥光绪十三年）8岁

是岁始七八年间，从常云庄受业，读《孝经》《毛诗》《四书》《古文观止》《左传》《史汉精华录》等，又读《尔雅》《说文解字》等，习训诂文字之学，打下国学根基。并临摹篆帖，醉心于书艺。其间，有举人王孝廉者，由普陀山出家回津居无量庵；叔同之大侄媳从王学诵《大悲咒》《往生咒》，叔同亦随之旁听，旋即能诵。

1896年（丙申光绪二十二年）17岁

是年从津门名士赵幼梅学诗词，于唐五代词及王维诗尤为喜爱；又师从书印名家唐静岩，书艺大进。始与同辈名士广泛交游，获益良多。

1897年（丁酉光绪二十三年）18岁

是年尊母兄之命，与茶商之女俞氏完婚。以童生资格应试入天津县学。

1898年（戊戌光绪二十四年）19岁

是年戊戌变法失败。叔同曾谓"中华老大帝国，非变法无以图存"，又传其刻有"南海康君是吾师"闲章一方，为避"康梁同党"之嫌，奉母携妻迁居上海，居法租界卜邻里。

1899年（己亥光绪二十五年）20岁

加入以沪上名士许幻园为盟主之"城南文社"。"文社"每月会课，叔同屡屡夺魁。

1900年（庚子光绪二十六年）21岁

农历正月作《二十自述诗》并《序》，诗今不存。

是年春，许幻园因倾慕叔同才华风采，邀其迁居他家之"城南草堂"，命其居室曰"李庐"。与袁希濂、许幻园、蔡小香、张小楼结金兰之谊，号称"天涯五友"。

亦在春季，与高邕之、朱梦庐及乌目山僧黄宗仰等成立"上海书画公会"，每周出版书画报一纸，始随《中外日报》赠送，后自办发行。

编印《诗钟汇编初集》。拟编《李庐印谱》，然仅有序言存世。

11月10日（农历九月十九日），长子李准生。

1901年（辛丑光绪二十七年）22岁

一月，编印《李庐诗钟》并作《自序》。

三月初北上津门。原拟转赴河南探视仲兄文熙，因路途不宁未果，遂返沪。八月入南洋公学（上海交通大学前身）特班，师从蔡元培、吴稚晖等。同学中有邵力子、黄炎培、谢无量等；由谢无量，结识后为国学及佛学大师之马一浮。

1902年（壬寅光绪二十八年）23岁

是年秋，各省补行庚子辛丑恩正并科乡试，以平湖县监生李广平报名应试，不第。11月间，南洋公学发生退学风潮；蔡元培以同情学生去职，叔同等随之。

1903年（癸卯光绪二十九年）24岁

担任上海圣约翰书院国文教员，约一年后离去。

翻译并出版日本玉川次致著《法学门径书》及太田政弘等著《国际私法》二书，署李广平译。

是年秋，赴河南开封借籍应乡试，不第，遂返沪。

1904年（甲辰光绪三十年）25岁

是年与马相伯、穆藕初、黄炎培等发起成立"沪学会"，开设平民学校，教唱歌、开演说会、编演文明新戏等，宣传富国强兵、移风易俗。并常票演《虮蜡庙》《白水滩》等京戏。还应友人之请，从《诗经》《楚辞》及其他古诗词中选出二十多首，配以中外名曲，编为《国学唱歌集》。其所作《祖国歌》，唱遍全国；从此，以音乐家名闻遐迩。

叔同迁沪，即有出入北里之迹；南洋公学退学后两年间，与名妓、歌郎等交往愈频。

12月9日（农历十一月初三），次子李端生。

1905年（乙巳光绪三十一年）26岁

是年3月10日（农历二月初五日），母亲王太夫人逝世。叔同挈眷扶柩搭轮回津。其所谓"幸福期"结束，遂改名李哀。居丧期后独自返沪。秋，东渡日本留学；行前作《金缕曲》一阕，留别祖国并呈同学诸子。

1906年（丙午光绪三十二年）27岁

是年春，在东京编辑出版《音乐小杂志》，寄回国内发行。下半年始，参与日本"随鸥吟社"等社团，与森槐南等名诗人酬唱往返。秋，考入东京美术学校西画科，改名李岸。并在音乐学校听课。

是年冬，与同学曾孝谷等发起成立"春柳社"。次年二月和七月，先后上演《茶花女遗事》《黑奴吁天录》等剧，为中国话剧运动奠基；叔同饰二剧中马格丽特和爱美柳夫人等女角，其演艺为日本戏剧界名流所激赏。

1911年（辛亥清宣统三年）32岁

留日期间，与所雇人体模特儿（姓名不详，一说"幸子"）产生感情，结为夫妻。

是年春毕业归国，将日籍夫人安置沪上，后返津，任职直隶高等工业学堂，为图画教员。

辛亥革命前后，金融业混乱动荡，叔同家几处票号相继倒闭，百万财产顿失，几至破产。

1912年（壬子民国元年）33岁

是年春，离津南下，从此一去不回。至沪任教于杨白民主持之城东女学，教授文学和图画音乐。

2月间，加入以柳亚子为首的文学社团"南社"。

4月初，《太平洋报》创刊，被聘为主笔之一，主编文艺和画报副刊。秋，《太平洋报》关闭之前，应经亨颐等邀请，赴杭州任浙江两级师范学堂（次年改名浙江第一师范学校，以下简称浙一师）图画音乐教员。此后数年间，创作《春游》《送别》《忆儿时》等一批著名歌曲。

1913年（癸丑民国二年）34岁

是年5月，以一人之力，编辑出版《白阳》杂志，所刊其论文《欧洲文学之概观》，系国人最早撰写之欧洲文学史。

1914年（甲寅民国三年）35岁

是年，在浙一师试用人体模特，开我国裸体写生之先河。

课余，发起成立乐石社，并编印《乐石集》。

1915年（乙卯民国四年）36岁

是年应江谦之邀，兼任南京高等师范学校（中央大学前身）图画音乐教员。在该校组织宁社，借佛寺陈列古书字画金石等，并蔬食讲演，有导儒归佛之意向。夏，偕日籍夫人赴东京洗温泉浴。

1916年（丙辰民国五年）37岁

是年冬，入杭州虎跑定慧寺试验断食，前后20天，作有《断食日志》。返浙一师后，始素食，并阅佛典。

1918年（戊午民国七年）39岁

是年春节，在虎跑定慧寺习静听法。适逢马一浮友人彭逊之在寺出家，深受感动，随即拜了悟上人为师，法名演音，法号弘一。返浙一师后，在居室内供佛上香，晨昏念佛。逐渐结束校中事务，并将衣物、书籍、字画等分送友生。

8月19日（农历七月十三日），在虎跑定慧寺正式披剃出家，法名、法号依旧。10月17日，在灵隐寺受具足戒。不久，应佛教学者范古农之请，赴嘉兴精严寺读藏，月余返杭州，参与海潮寺"打七"。年末至玉泉寺度岁。

1920年（庚申民国九年）41岁

是年六月，赴浙江新登县贝山闭关静修，研治律学。八月，移锡衢州莲华寺，继续读藏研律。

1921年（辛酉民国十年）42岁

是年正月，由衢返杭，居玉泉寺。始草《四分律比丘戒相表记》。三月下旬，转道上海赴温州，居庆福寺。暂停对外联络，期以二年掩关治律。称温州为"第二故乡"、庆福寺为"第二常住"。

1922年（壬戌民国十一年）43岁

是年正月，拜庆福寺长老寂山上人为依止师。

1923年（癸亥民国十二年）44岁

是年三月底启关游方。由温州抵沪，居闸北太平寺，与尤惜阴居士合撰《普劝发心印造经像文》。四月，由沪至杭州小住。又至绍兴，住草子田头普庆庵。九月，二次卓锡衢州，居莲华寺。

1924年（甲子民国十三年）45岁

是年四月中旬，由衢返温，习静养疴。八月，《四分律比丘戒相表记》完稿。

1925年（乙丑民国十四年）46岁

是年五月至普陀山参拜印光法师，六月返温。八月，将如钱塘，拟经南京往九华山，因"变乱复作"，滞留上虞、绍兴月余，十月初复返温州。

1926年（丙寅民国十五年）47岁

农历正月初三（公历2月15日），在俗之妻室俞氏病故，仲兄文熙嘱其返津，以"变乱未宁"，未成行。

是年春，自温州至杭州，居招贤寺，与师弟弘伞法师商讨厘定、修补、校点、印行《华严疏钞》事。夏，与弘伞法师同赴庐山参加金光明法会；道经沪上，与丰子恺等访旧居"城南草堂"等处。十一月初，由庐山至杭州。

1927年（丁卯民国十六年）48岁

是年春夏在杭州，先后居常寂光寺、本来寺。时北伐初起，浙省当局激进者有灭佛驱僧之议，弘一为护法故，约请主政者若干人来寺会谈；又致函旧师蔡元培、旧友经亨颐及马叙伦等，申述整顿佛教之意见。

三月和七月间，俗侄李圣章及仲兄文熙之连襟、国民党元老李石曾相继来访。文熙来信，希其返津与亲属团聚。

秋，至上海，居江湾丰子恺家。托内山书店老板内山完造，将其新印之《四分律比丘戒相表记》分赠日本佛寺及大学图书馆。与丰等商定编绘《护生画集》；为丰证授皈依。其间，原拟北上探亲，终以路途不宁，未果行。（后二年，仲兄文熙即去世。）入冬前，返温州。

1928年（戊辰民国十七年）49岁

是年春夏，在温州大罗山诛茆宴坐。冬初赴上海，与丰子恺等编定《护生画集》。在旅馆遇尤惜阴、谢国梁，决定随二居士赴泰国弘法；船至厦门，以当地缁素恳留，弘一未能远行，居南普陀寺。

1929年（己巳民国十八年）50岁

是年正月，在南安小雪峰寺过完年返南普陀寺，参与闽南佛学院整顿教育。四月，返温州，途经福州勾留数日；在鼓山涌泉寺藏经阁发现清初刻本《华严疏论纂要》，叹为稀有，决定刊印25部以流传。

九月，由经亨颐、夏丏尊、刘质平、丰子恺等，为其倡议醵资之上虞白马湖晚晴山房落成，弘一由温州前来初住；适值五十寿辰，友生们为其祝嘏。不久，复返。

十一月，二下南闽，先居南普陀寺，后移住太平岩。年末，往小雪峰寺度岁。

1930年（庚午民国十九年）51岁

是年正月，自小雪峰寺至泉州，居承天寺。三月中旬返温州；四月至上虞白马湖晚晴山房，后移居同县之法界寺。秋，自法界寺至慈溪金仙寺，听静权法师讲《地藏本愿经》。其间，弘一亦为寺中青年僧人偏房讲律。并缀成《华严集联三百》。十一月下旬返温州。

1931年（辛未民国二十年）52岁

是年一月底，自温州至上虞法界寺，发愿舍弃有部律，专学南山律，以此由新律家变为旧律家。四月，移锡慈溪金仙寺。与寺主亦幻法师等拟在附近之五磊寺创办南山律学院；五至十月，弘一两度前去参与筹建，终与五磊寺寺主意见不合而未果。其间，撰就《清凉歌集》。年末，赴镇海伏龙寺度岁。

1932年（壬申民国二十一年）53岁

是年初，由伏龙寺至金仙寺，为部分青年僧人讲授南山律；仅半月，以因缘未具，率学僧二人返伏龙寺，半月后，又以将远行终止。初夏，游上海、绍兴后复返伏龙寺，约月余至法界寺。八月，病卧兰阜（法界寺）。十一月，三下南闽，居山边岩，并时到妙释寺小住，作《净土法门大意》《人生之最后》等讲演。

1933年（癸酉民国二十二年）54岁

是年正月，在妙释寺作《改过实验谈》等讲演。以梦中有兆，在厦门、泉州两地举办"南山律苑"讲座，历时约一年。驻泉期间，在西门外葵山发现晚唐诗人韩偓墓碑，因钦佩韩之忠烈，嘱在俗弟子高文显编著《韩偓评传》，并拟自撰《〈香奁集〉辨伪》一章。十一月间，赴晋江草庵过冬度岁。

1934年（甲戌民国二十三年）55岁

是年二月，由晋江至厦门，居南普陀寺。以闽南佛学院学风不易整顿，别倡一教育机构"佛教养正院"。讲课之余，依明末清初宝华山高僧见月律师之《一梦漫言》，作律师《行脚略图》《年谱》等。

1935年（乙亥民国二十四年）56岁

是年正月，在厦门山边岩撰《净宗问辨》。三月，至泉州开元寺讲《一梦漫言》。四月，赴惠安净峰寺，讲律弘法，并过化民间。年底至晋江，患臂疮甚剧，卧草庵。

1936年（丙子民国二十五年）57岁

是年春，移至厦门治臂疮，数月方愈。五月后居鼓浪屿日光岩。年末，文学家郁达夫来访。

1937年（丁丑民国二十六年）58岁

是年初，在南普陀寺讲南山律著《随机羯磨》。二月，在佛教养正院讲《南闽十年之梦影》及《关于写字的方法》。四月，赴青岛湛山寺讲律；九月，经上海返厦门。岁末，至晋江草庵。

1938年（戊寅民国二十七年）59岁

岁首在晋江草庵。二月在泉州承天寺、开元寺，演讲《普贤行愿品》及《心经》等。三月,在清尘堂演讲《华严大意》,嘱缁素弟子读诵《普贤行愿品》十万遍,以消除国难,祈愿民众安乐;在梅石书院演讲《佛教之宗派和源流》。旋至惠安讲经。三月下旬至厦门,于该市沦陷前往漳州,先后在南山寺、瑞竹岩、安海金墩宗祠讲经过化。冬初,至泉州,居承天寺,后移至温陵养老院,于佛教养正院演讲《最后之□□(忏悔)》。

1939年（己卯民国二十八年）60岁

是年二月底,赴永春县蓬壶乡毗峰普济寺闭关静修,致力于编写《南山律在家备览略篇》等著作。九月,各方道友为庆祝其六十寿辰,募印其手书《金刚经》及《九华山垂迹图赞》,并征集贺诗;澳门《觉音》月刊、上海《佛学半月刊》等出版庆祝其六秩之专刊。秋末,为《续护生画集》题诗作跋,并嘱丰子恺等以其岁秩续编画集。

1940年（庚辰民国二十九年）61岁

是年十月上旬,离永春至南安,在灵应寺弘法近半年。其间,曾去附近之水云洞小住并过年。

1941年（辛巳民国三十年）62岁

是年夏初,离南安赴晋江檀林乡福林寺结夏。为学律者讲《律钞宗要》,并编就《随讲别录》及《晚晴集》。于寺念佛期,作《印光法师之盛德》之演讲。腊月,赴泉州百原寺,又至开元寺小住;值结七念佛,书"念佛不忘救国,救国必须念佛"警语并题记。岁末返福林寺。

1942年（壬午民国三十一年）63岁

是年二月下旬,应门生石有纪之邀,再赴惠安讲经弘法。一月后回泉州百原寺,后移居温陵养老院。七月下旬,假院中朱子(熹)过化亭为戒坛,教演出家剃发仪式,并出示由其删订之《剃发仪式》一卷。八月十五、十六两日,连续作《八大人觉经》及《净土法要》等讲演。二十三日示微疾;二十八日口授遗嘱;九月初一,书"悲欣交集"四字交侍者妙莲法师,为一生之绝笔;初四(公历10月13日)晚八时,圆寂于泉州不二祠温陵养老院晚晴室。（示寂前,已自行写就致夏丏尊、性愿法师、刘质平等友生告别辞,圆寂之具体日期则待他人填写。）

图书在版编目（CIP）数据

悲欣交集：弘一法师李叔同全传：丰子恺插图本 / 金梅著；丰子恺绘 . —成都：天地出版社，2023.11（2024 年 6 月重印）
ISBN 978-7-5455-7457-9

Ⅰ.①悲… Ⅱ.①金… ②丰… Ⅲ.①李叔同（1880-1942）–传记 Ⅳ.① B949.92

中国版本图书馆CIP数据核字（2022）第224592号

BEIXIN JIAOJI HONGYI FASHI LISHUTONG QUANZHUAN FENGZIKAI CHATUBEN

悲欣交集：弘一法师李叔同全传（丰子恺插图本）

出 品 人	杨　政
作　　者	金　梅
插　　图	丰子恺
责任编辑	杨永龙　曹志杰
责任校对	马志侠
封面设计	今亮后声
内文排版	金　刚
责任印制	王学锋

出版发行	天地出版社
	（成都市锦江区三色路 238 号 邮政编码：610023）
	（北京市方庄芳群园 3 区 3 号 邮政编码：100078）
网　　址	http://www.tiandiph.com
电子邮件	tianditg@163.com
经　　销	新华文轩出版传媒股份有限公司

印　　刷	北京文昌阁彩色印刷有限责任公司
版　　次	2023 年 11 月第 1 版
印　　次	2024 年 6 月第 4 次印刷
开　　本	710mm×1000mm 1/16
印　　张	39
字　　数	750 千字
定　　价	128.00 元
书　　号	ISBN 978-7-5455-7457-9

版权所有◆违者必究

咨询电话：（028）86361282（总编室）
购书热线：（010）67693207（营销中心）

如有印装错误，请与本社联系调换。